기업 창업가 매뉴얼
The Startup Owner's Manual

Korean-language edition copyright ⓒ 2014 by acorn publishing Co. All rights reserved.

Copyright ⓒ 2012 by Steve Blank and Bob Dorf.
Title of English-language original: The Startup Owner's Manual: The Step-By-Step Guide for Building a Great Company,
ISBN 978-0984999309.

이 책은 K&S Ranch, Inc.와 에이콘출판(주)가 정식 계약하여 번역한 책이므로
이 책의 일부나 전체 내용을 무단으로 복사, 복제, 전재하는 것은 저작권법에 저촉됩니다.

기업 창업가 매뉴얼
The Startup Owner's Manual

창업가를 위한 린 스타트업과
신규 비즈니스 성공 전략

스티브 블랭크 · 밥 도프 지음
김일영 · 박찬 · 김태형 옮김

에이콘

추천의 글

한 사회가 지속적으로 성장하기 위해선 성장 동력이 필요하다. 한국은 제2의 벤처 붐이 불고 있으며 이는 새로운 성장 동력이 되고 있다. 일자리 문제에 대해서도 한국의 10대 기업이 만들어내는 일자리는 150만 개에 불과하다. 나머지 2,000만 개는 벤처나 중소기업에서 나온다. 그러나 냉혹한 시장 속에서 성공하는 벤처가 극소수인 것이 현실이다. 기술력과 아이디어뿐만 아니라 벤처에 필요한 경영 기술과 기업가 정신으로 무장하지 않으면 시장에서 살아남을 수 없다. 이 책으로 많은 창업가들이 성공의 열매를 맺고, 이를 공유하여 사회 전반으로 확산시키는 발판이 되길 바란다.

고영하
고벤처포럼 회장, (사)한국엔젤투자협회 회장

경기침체로 시장 상황이 어려워지고 일자리 창출이 어려워지면서 1인 기업에 눈을 돌리는 사람들이 많아지고 있다. 대부분의 스타트업들이 그러하겠지만, 제한된 자원을 어떻게 효율적으로 활용하느냐는 1인 기업들에게는 사업 성공 여부가 달린 절실한 문제다. 린 스타트업은 자원의 낭비를 줄이고, 고객 개발을 통해 스타트업의 위험을 감소시킨다. 1인 기업에게 필요한 것이 바로 린 스타트업이라 할 수 있다. 이 책은 성공적인 창업의 해답을 모색하는 창업가들에게 더없이 좋은 길잡이다. 창업이라는 험난한 길을 앞서 걸어간 경험자들이 알려주는 방법론이 독자들에게 큰 힘이 되어 줄 것이다.

안기완
(사)1인창조기업협회 회장

스타트업에는 아이디어, 비즈니스 모델, 운영 능력 등 많은 것이 필요하다. 하지만 가장 주목할 것은 고객이다. 가치를 고객에게 어떻게 전달할 것이며, 가치를 통해 고객을 어떻게 확보해야 할지 끊임없이 고민해야 한다. 고객 개발 및 고객 모집은 린 스타트업의 핵심적인 활동이며, 성공의 '핵심'이다. 이 책이 완전히 자신의 것이 되도록 여러 번 읽어볼 것을 권한다. 창업이라는 외로운 싸움 속에서 길을 잃었을 때 지침이 되어 줄 것이다.

최원식
MKT포럼 대표이사, 린 스타트업 코리아 고문위원

미국은 다양하고 독창적인 스타트업이 많은 나라다. 일부 스타트업들은 성공의 대열에 오르지만, 대부분은 망한다. 이러한 차가운 현실 속에서 성공할 수 있었던 기업들은 그들만의 비즈니스 모델을 갖고 있기 때문이다. 드롭박스^{Dropbox}, IMVU, 우버^{UBER}, 허브스팟^{Hubspot}과 같은 미국 유명 스타트업들이 바로 린 스타트업을 비즈니스 모델에 적용하여 성공한 예다. 이 책의 저자인 스티브 블랭크 교수는 IMVU의 창업가인 에릭 리스의 스승으로, 많은 스타트업들에게 영감을 주었다. 이 책이 한국의 기업에게도 큰 도전이 되길 바란다.

에릭 김(Eric Kim)
미국 Streamlyzer, Inc 대표

미국 실리콘밸리에서 창업 성공률을 높여 주는 방법론으로서 널리 활용되고 있는 린 스타트업이 이제 한국에서도 주목받고 있다. 린 스타트업은 도요타 자동차의 린 생산 방식에 근간을 둔다. 린 스타트업은 신규 사업을 시작할 때 가치를 창출하는 부분에 노력을 집중하고, 불필요한 부분은 제외시킨다. 특히 고객 개발에 집중하며 고객의 요구사항을 제품에 반영하도록 노력한다. '현장으로 나가라'는 저자의 조언은 창업가뿐만 아니라 신규 개발팀 모두에게 유효하며, 이러한 린 사고방식의 도입이 한국에 불러올 많은 변화를 기대해본다.

조성주
CCVC 센터장, 타운스퀘어 대표이사

흔히 완벽한 제품을 만드는 것이 사업 성공의 열쇠라고 생각한다. 하지만 완벽한 제품이란 개발자의 머리에서 나오는 것이 아니라 고객의 필요에서 만들어지는 것이다. 고객의 피드백 없이 개발자의 머리로만 만들어진 제품은 자기만족일 뿐이다.

이 책은 시장에서 환영받는 제품을 완성해가는 과정에서 낭비를 줄이고, 위험을 최소화할 수 있도록 조언해준다. 동시에 마케팅의 기본 원칙들을 효율적으로 활용할 수 있는 방법을 알려준다. 검증된 사례들을 통해 실패 가능성을 지워나가다 보면 성공에 다가서게 될 것이다.

신성철
한국과학기술연구원 선임전문원

스타트업 창업가로서 힘들었던 점 중 하나가 기존의 경영학 지식으로는 부족함을 느꼈다는 것이다. 새로운 지식과 도구에 목말라 하는 중에 이 책의 한국 출간 소식을 듣고 누구보다 반가웠다. 이 책은 린 스타트업의 아버지라 할 수 있는 저자들의 이론을 집대성한 책으로 스타트업의 바이블이라 하기에 부족함이 없다. 새로운 비즈니스를 시작하는 사람들과 새로운 프로젝트를 시작하는 사람들 모두에게 권하고 싶다. 이 책을 통해 한국의 스타트업들이 실패를 두려워하기보다 실패를 딛고 일어설 수 있기를 바란다.

변영호
전 스핀노트 대표이사, 앙트프로너

한국 독자들에게 보내는 서문

린 방법론은 미국의 현상으로 볼 수 있지만 아시아 전역에도 나타나며, 특히 한국에서는 매우 대담하고 새로운 혁명이 일어나고 있다. '현장으로 나가라'와 '빠른 실패'가 주는 교훈을 통해 스타트업은 비교적 적은 비용과 빠른 성공으로 괄목할 만한 결과를 이루었다. 이러한 일이 어떻게 가능한가? 스타트업은 비즈니스 모델을 완성하기 위해 풍부한 고객 의견을 수집하고 검증하기 때문이다.

세계의 창업가들은 확장 가능한 비즈니스 모델을 발견하고, 학습을 가속하는 내가 만든 고객 개발 방법론을 사용하고 있다. 그들은 현장으로 나가 학습하고, '제품 시장 일치'를 발견하며, '모집, 유지, 성장'에 목표를 둔다. 그리고 수익성이 있는 비즈니스 모델 가능 여부를 알기 위해 주요 지표를 활용하는 방법을 찾는다.

이 책은 그저 한국어로 번역된 미국 책이 아니라, 매우 중요한 깨달음을 전달한다. 이 책에서는 전 세계적으로 모든 스타트업의 성공을 이끌어내는 데 주효한 강력한 혁신 프로세스를 설명한다. 특히 아시아의 성장하는 기업가들에게 매우 중요하다.

❖ 이 책은 모든 기업가와 모든 유형의 스타트업을 위한 책이다.

스타트업은 무엇인가? 스타트업은 대기업의 작은 버전이 아니라, 확장, 반복, 수익 가능한 비즈니스 모델을 탐색하는 임시 조직이다. 처음에는 스타트업 비즈니스 모델을 아이디어와 가설로 캔버스에 그려본다. 이때는 아직 고객이 없거나 최소한의 고객 지식만 가지고 있다.

스타트업의 유형은 뚜렷하게 구별된다. 이 책은 유형에 따라 지침을 제공하고, 창업가의 가설을 검증하고 테스트할 수 있도록 도움을 준다.

고객 개발 방법론은 초기 지출을 줄이고 학습의 속도를 높여준다. 이것은 매우 중요한 것으로 스타트업의 위험을 감소시키는 데 도움을 준다. 스타트업이 어떻게 작동하고 무엇을 하지 말아야 하는지 알게 된다. 성공하는 스타트업의 지표는 바로 고객 의견이다.

이 책은 이곳에서부터 세계로 나아가는 스타트업 여정의 안내서다. 십년 전보다 더 많은 스타트업들의 여정이 시작되고 있다. 전 세계적으로 많은 스타트업들이 생겨나는 이 변화가 매우 기쁘다.

이 책의 단계별 지침을 통해 아시아 전역에 스타트업의 성공과 성장이 가속되기를 바란다.

스티브 블랭크
2013년 가을 미국 캘리포니아 페스카데로에서

목차

추천의 글 · 4
한국 독자들에게 보내는 서문 · 8
이 책을 읽는 방법 · 23
들어가며 · 29
이 책의 대상 독자 · 32
머리말 · 36

1부 시작

1장 몰락의 길: 스타트업은 대기업의 축소판이 아니다 · 47

전통적인 신사업 추진 전략 · 49
    개념과 초기 · 50
    제품 개발 · 50
    알파/베타테스트 · 52
    제품 출시와 고객 모집 · 53

신사업 추진 전략의 9대 죄악 · 54
    1. 고객이 무엇을 원하는지 안다고 생각한다 · 54
    2. 어떤 기능이 필요한지 안다고 생각한다 · 54
    3. 제품 출시에만 집중한다 · 55
    4. 실행을 강조하고 가설, 검증, 학습, 반복을 고려하지 않는다 · 57
    5. 시행착오나 오류를 고려하지 않는 사업 계획을 세운다 · 58
    6. 전통적인 직책을 스타트업에서의 역할과 혼동한다 · 59
    7. 판매와 마케팅의 실행 계획에 집중한다 · 60
    8. 성공에 대한 이른 예측이 섣부른 확장으로 이어진다 · 61
    9. 위기 관리가 악순환으로 이어진다 · 62

2장 깨달음으로 가는 길: 고객 개발 모델 · 65

고객 개발 입문 · 68
비즈니스 모델 탐색: 단계, 반복, 전환 · 70
    1단계: 고객 발굴 · 71

  2단계: 고객 검증 · 73
  3단계: 고객 창출 · 76
  4단계: 기업 설립 · 76
 고객 개발 선언문 · 78
  원칙 1: 사무실에서 알 수 있는 것은 없으니 현장으로 나가라 · 78
  원칙 2: 고객 개발에 애자일 개발을 접목하라 · 79
  원칙 3: 실패는 탐색 절차의 필수적인 요소다 · 79
  원칙 4: 끊임없이 반복하고 전환하라 · 80
  원칙 5: 고객과 만나는 순간 어떤 사업 계획도 무의미하므로 비즈니스 모델 캔버스를 활용하라 · 81
  원칙 6: 가설을 검증하고자 실험과 테스트를 설계하라 · 84
  원칙 7: 시장 유형에 맞춰라. 시장 유형에 따라 모든 게 바뀐다 · 85
  원칙 8: 스타트업은 기존 기업과 다른 지표를 쓴다 · 88
  원칙 9: 빠른 의사 결정, 순환 주기, 속도, 박자를 중시하라 · 89
  원칙 10: 열정이 가장 중요하다 · 90
  원칙 11: 스타트업의 직책은 대기업의 직책과 다르다 · 91
  원칙 12: 필요할 때만 쓰고 아껴라 · 92
  원칙 13: 배운 것을 소통하고 공유하라 · 94
  원칙 14: 성공적인 고객 개발은 합의에서 시작한다 · 94
 고객 개발 과정 정리 · 96

2부   1단계: 고객 발굴

3장   고객 발굴 소개 · 99

 고객 발굴 원칙 · 102
  현장으로 나가라 · 102
  문제와 해법 일치를 위한 탐색 · 103
  다수가 아닌 소수를 위한 제품을 개발한다 · 103
  얼리반젤리스트: 가장 중요한 고객 · 104
  MVP를 먼저 만들어라 · 106
  웹과 모바일 MVP의 차이 · 108
  고객 발굴 지표로 비즈니스 모델 캔버스 사용 · 109

고객 발굴 개요 · 112
    고객 발굴 4단계 · 112

4장   고객 발굴 1단계: 비즈니스 가설 도출 · 115

[물리적, 웹/모바일] 시장 규모 추정 · 117
    전체 시장, 유효 시장, 목표 시장 · 118
    웹/모바일 시장 규모 추정 · 119

[물리적] 가치 제안 가설 1단계 · 121
    제품의 비전 · 121
    제품의 기능과 혜택 · 123
    MVP · 125

[웹/모바일] 가치 제안 1: 완성도 낮은 MVP 구상 · 127
    기능 명세 대신 사용자 이야기를 써라 · 128

[물리적] 고객 세그먼트: 고객 탐색, 문제 가설 수립 · 129
    고객의 문제, 요구사항이나 열망 · 129
    고객 유형 · 131
    고객 원형 · 133
    고객의 일상 · 134
    고객 구조와 관계도 · 137

[웹/모바일] 고객 세그먼트: 영향/관계 가설 · 138
    고객 원형: 고객에게 안내하는 지표 · 138
    고객의 일상: 고객이 무엇을 하는지 파악하라 · 139

[물리적] 채널 가설 · 143
    제품이 채널에 적합한지 파악하라 · 144
    물리적 채널의 종류 · 144
    채널 선택 · 148

[웹/모바일] 채널 가설 · 150
    웹/모바일 채널의 종류 · 151
    채널 역할을 하는 플랫폼 · 153
    채널 선택을 돕는 테스트 · 155
    다면 시장용 채널 계획 · 155

가치 제안 2: 시장 유형과 경쟁자 가설 · 157

시장 유형 · 157
기존 시장에서의 경쟁 · 160
기존 시장의 재분류 · 161
신규 시장 진입 · 165
경쟁사 요약 · 167

[물리적] 고객 관계 가설 · 171
물리적 채널에서의 고객 관계 형성 · 172
고객 모집 · 173
고객 모집 전략 수립 · 175
간단한 고객 모집 방법의 예 · 177
고객 유지 · 180
고객 유지 전략 수립 · 180
고객 성장 · 183
고객 성장 전략 도출 · 184

[웹/모바일] 고객 관계 가설 · 186
고객 모집: 확보와 활성화 · 188
고객 모집과 고객 활성화의 차이 · 188
살펴보기: 고객의 온라인 쇼핑 방법 · 189
고객 모집 전략 도출 · 190
고객 모집 방법 검증 · 191
작업자 · 194
고객 활성화 방법의 검증 · 194
고객 유지와 보유 · 196
고객 보유 전략 · 197
주시해야 할 고객 보유 지표 · 200
추가 수익과 추천으로 고객 확장 · 201
1. 현재 고객의 추가 구매 · 202
2. 더 많은 사용자를 유입시켜 고객 모집 · 204

[물리적, 웹/모바일] 핵심 자원 가설 · 205
인적 자원을 간과하지 말라 · 207
지적재산권도 핵심 자원이다 · 208
스타트업에서 하는 대표적인 지적재산권 실수 4가지 · 210
이외의 중요한 핵심 자원 · 211
의존도 분석 · 211

[물리적] 제휴사 가설 • 212
[웹/모바일] 트래픽 제휴사 가설 • 214
수익과 가격 가설 • 216
    질문 1: 얼마나 팔 수 있는가? • 217
    질문 2: 수익 모델이 무엇인가? • 217
    질문 3: 가격을 얼마로 책정할 것인가? • 218
    B2B 가격 책정의 2가지 문제 • 220
    질문 4: 비즈니스를 지속할 만큼의 수익을 낼 수 있는가? • 221
    단일이나 다면 시장이 재무에 끼치는 영향 • 222
    추가로 고려할 수익상의 문제 2가지 • 223
    수익 요소간 연계 가설 • 224
    최종 가설 수립 단계 • 224

5장   고객 발굴 2단계: 문제를 알아내려면 현장으로 나가라, 관심을 보이는가 • 225

디자인 테스트와 통과/실패 실험 • 229
    테스트 • 231
    통찰력 • 232
[물리적] 고객 연락처 준비 • 234
    50명의 대상 고객으로 시작하라 • 234
    참고 사례 발굴 • 236
    약속 잡기 프로세스 시작 • 237
[웹/모바일] 완성도 낮은 MVP 개발 • 239
    완성도 낮은 MVP 전략 • 239
    완성도 낮은 MVP를 만드는 방법 • 240
    여러 개의 MVP 사용을 고려하라 • 241
[물리적] 문제의 이해와 중요도를 측정하여 평가한다 • 242
    문제 프레젠테이션 개발 • 242
    문제 미팅 • 243
    현재의 문제 해결 방식 이해 • 244
    새로운 시장에서의 문제 미팅 • 246
    모든 부분에 대한 정보를 수집하라 • 246
    대기업 미팅의 함정을 피하라 • 247

고객 데이터를 합치고 점수를 매겨라 • 248
[웹/모바일] 완성도 낮은 MVP로 문제 테스트 • 251
고객의 눈이 커지기 전까지는 실제 데이터를 얻은 것이 아니다 • 254
트래픽을 유도하고 집계 시작 • 254
'일단 시작해라'의 유혹 • 256
고객의 이해를 얻는다 • 257
[물리적] 시장 지식 수집 • 261
[웹/모바일] 트래픽과 경쟁력 분석 • 264

6장   고객 발굴 3단계: 현장으로 나가 제품 솔루션을 테스트해라 • 267

솔루션 테스트의 개요 • 270
비즈니스 모델 및 팀 갱신: 전환이나 진행 시점 • 271
데이터 수집 시작 • 271
모든 것을 질문하라 • 272
전환 또는 진행 • 274
[물리적] 제품 솔루션 프레젠테이션 생성 • 275
[웹/모바일] 완성도 높은 MVP 테스트 • 277
비공개나 공개로 진행 여부 • 278
[물리적] 고객에게 제품 솔루션 테스트 • 279
솔루션 프레젠테이션 • 279
제품 구매 비용이 있는지 질문 • 280
가격 질문 • 281
채널 질문 • 282
획득, 유지, 성장 질문 • 283
프레젠테이션 조언 • 283
채널을 만나보라 • 284
[웹/모바일] 고객 행동 측정 • 286
열정을 측정하라 • 286
통과/실패 테스트 수행 • 288
테스트 결과를 신중하게 측정한다 • 289
비즈니스 모델 재갱신: 그밖에 전환이나 진행 시점 • 291
고객의 엄청난 열정을 조사한다 • 291

제품 재포장: 전환 전략 · 294
비즈니스 모델 캔버스 재갱신 · 295
초기 자문 위원회 구성원 · 296

7장 고객 발굴 4단계: 비즈니스 모델 검증과 전환, 진행 · 297

제품/시장 일치 발견 · 300
심각한 문제를 해결하거나 중요한 요구사항이 충족 가능한지 확인한다 · 300
제품이 고객의 문제를 해결하거나 요구사항을 충족하는지 확인한다 · 301
비즈니스 기회를 이끌어낼 수 있을 만한 충분한 고객이 있는지 확인한다 · 303
대상 고객과 접근 방법을 알고 있는지 확인한다 · 305
수익을 창출하고 회사를 성장시킬 수 있는지 확인한다 · 307
수익 모델 데이터 수집 · 307
전환 또는 진행 · 310
검증 확인 사항 결정 · 311
고객 검증 단계로 이동하는가? 축하한다! · 313

3부 2단계: 고객 검증

8장 고객 검증 소개 · 317

브라우저로 돌파구 마련 · 318
에피퍼니 사의 깨달음 · 319
고객 검증 철학 · 321
비즈니스 모델 캔버스에서 세일즈 로드맵 구상까지 · 321
세일즈 로드맵 구축 vs. 영업팀 구축 · 323
창업가는 반드시 고객 검증팀을 이끌어라 · 324
다양한 채널에서는 다양한 속도로 검증이 진행된다 · 325
얼리반젤리스트에게 초기 판매를 시도한다 · 325
고객 검증 단계에서 지출 제약 조건 · 325
검증 항목의 우선순위 결정 · 326
회계사가 스타트업을 하지 않는 이유 · 326

갑자기 아이디어가 번뜩인다면 무서워 말고 앞으로 나가라 • 327
고객 검증 철학의 요약 • 327
고객 검증 프로세스의 개요 • 329

9장 고객 검증 1단계: 판매 준비 • 333

판매 준비: 포지션 선언문 기술 • 335
[물리적] 판매 준비: 영업과 마케팅 자료 • 339
물리적 영업의 보조자료 • 341
    세일즈 발표 준비 • 341
    데모, 모형, 비디오 • 342
    데이터시트 • 342
    가격 목록, 계약서, 과금 방식 • 343
보충자료는 고객의 눈 높이에 맞춰라 • 344
물리적 채널 마케터를 위한 온라인 도구 • 346
    웹 사이트 • 347
    소셜 마케팅 도구 • 347
    이메일과 이메일로 사용할 만한 마케팅 도구 • 347
[웹/모바일] 판매 준비: 고객 모집과 활성화 계획 • 349
모집 계획과 도구 • 351
    샘플 고객 모집 스프레드시트 • 352
    고객 모집 계획을 개발하기 위한 지침 • 354
고객 모집 계획용 도구 • 356
    제품에 고객 모집용 도구 사용 • 356
활성화 계획과 도구 • 359
    고객 활성화 계획 개발용 지침 • 361
    활성화 계획의 예 • 362
    활성화 계획을 위한 도구 • 363
    홈페이지나 랜딩 페이지 자체에 적용할 것: 콘텐츠와 모양, 느낌, 기능으로 승부하라 • 363
    모양과 느낌 • 366
    내비게이션 고려사항 • 367
    홈페이지 자체를 넘어서 추가로 고려해야 할 활성화 도구들 • 369
    활성화 계획 관리 • 370

[물리적] 판매 준비: 판매 담당자 고용 · 371
[웹/모바일] 판매 준비: 완성도 높은 MVP 구현 · 372
[물리적] 판매 준비: 세일즈 채널 로드맵 · 374
　세일즈 채널 '먹이 사슬' · 375
　채널 책임 · 376
　채널 할인과 재무정보 · 376
　채널 관리 · 378
　다면 시장 · 379
[웹/모바일] 판매 준비: 측정 도구 세트 · 380
　측정에 대한 주요 지표 · 380
　지표를 모니터하고 수집하는 시스템이나 대시보드 사용 · 383
[물리적] 판매 준비: 세일즈 로드맵 개발 · 385
　조직 구성과 영향지도 · 386
　고객 접근 지도 · 389
　판매 전략 · 390
　구현 계획 · 391
[웹/모바일] 판매 준비: 데이터 분석 책임자 고용 · 392
[모든 채널] 판매 준비: 자문위원회 공식화 · 394
　자문단에게 보상 · 396

10장 고객 검증 2단계: 현장으로 나가 팔아라! · 399

[물리적] 현장으로 나가라: 얼리반젤리스트를 찾아라 · 402
[웹/모바일] 현장으로 나가라: 계획/도구의 최적화 준비 · 405
　고객 최적화 전략 · 406
　성공적인 최적화 전략을 위한 핵심 요소 · 407
　최적화 전략 수립을 위한 학습 · 409
　최적화 도구들 · 411
　A/B 테스트 · 412
　사용성 테스트 · 412
　열 지도 · 413
　아이 트래킹 · 415
　카피 문구 테스트 · 416

[물리적] 현장으로 나가라, 판매를 테스트하라 · 417
　　　　시험 판매 · 417
　　　　영업 프로세스 · 418
　　　　판매 결과를 수집하고 기록하라 · 419
　　　　전환 · 421
　　　　검증에 필요한 주문 수 · 422
　　　[웹/모바일] 현장으로 나가라: 더 많은 고객 모집을 위한 최적화 · 423
　　　　고객 모집 노력의 최적화 방법 · 424
　　　　고객 모집 최적화 프로세스를 실행하는 방법 · 424
　　　　일반적인 최적화 기회와 문제 · 426
　　　[물리적] 현장으로 나가라: 세일즈 로드맵을 개선하라 · 431
　　　　회사와 소비자 조직 · 431
　　　　조직도를 사용하여 영향지도를 만들어라 · 432
　　　　핵심 전략을 개선하라 · 433
　　　　접근 지도를 개선하라 · 434
　　　　세일즈 로드맵 개발 · 436
　　　[웹/모바일] 현장으로 나가라: 유지와 성장 최적화 · 438
　　　　고객 유지 프로그램 최적화 방안 · 439
　　　　코호트 분석은 고객 유지 노력에 가이드 역할을 한다 · 440
　　　　고객 성장의 최적화 · 441
　　　　더 많은 구매를 위한 고객 모집 · 442
　　　　다른 고객의 추천을 통한 고객 모집 · 443
　　　　다면 시장은 반드시 다른 측면에서 최적화해야 한다 · 445
　　　[물리적] 현장으로 나가라: 판매 채널 파트너의 실험 · 447
　　　　채널 대상 식별 · 448
　　　　채널은 단지 가게 매대에 불과하다 · 449
　　　[웹/모바일] 현장으로 나가라: 판매 트래픽 파트너 실험 · 451

11장 고객 검증 3단계: 제품 개발과 회사 포지셔닝 · 453

　　　홍보 대행사는 필요없다 · 454
　　　포지셔닝 평가 · 455
　　포지셔닝 개발: 제품 포지셔닝 · 458

제품 포지셔닝 요약서 · 458
포지셔닝 개발: 시장 유형에 대한 제품 포지셔닝 일치 · 460
　기존 시장 · 460
　신규 시장 · 460
　복제 시장 · 461
　재분류 시장 · 462
포지셔닝 개발: 회사 포지셔닝 · 464
개발 포지셔닝: 포지셔닝 검증 · 467

12장 고객 검증 4단계: 어려운 질문, 전환 또는 진행 · 471

전환 또는 진행: 유효한 데이터를 찾아 조립하라 · 472
　전략 회의실 구축 · 472
　데이터 검토 · 473
전환 또는 진행: 비즈니스 모델 검증 · 475
　비즈니스 모델 캔버스는 스코어 카드로 사용된다 · 476
전환 또는 진행: 재무 모델의 검증 · 479
중요 지표들 · 480
　경비 지출 속도에 대한 조언 · 481
　중요 지표의 시나리오 · 483
　중요 지표 예제 1 · 483
　중요 지표 사용 방법 · 485
　지표에 따라 창업가가 해야 할 일 · 487
중요 지표 예제 2 · 489
　지표의 중요 항목 · 490
　지표에 따라 창업가가 해야 할 일 · 492
중요 지표 예제 3 · 495
　중요 지표와 요약 · 495
　지표에 따라 창업가가 해야 할 일 · 497
　금융 모델에 대한 최종 의견 · 498
　회계사를 고용할 타이밍 · 500
　비즈니스 모델을 완성하라 · 501
전환 또는 진행: 비즈니스 모델 재검증 · 502
　최고의 거래 · 503

가치 제안이 올바른지 확인해라 · 503
제품 납품이 올바른지 확인해라 · 503
수익은 높이고 비용은 낮춰야 한다 · 504
비즈니스 모델이 올바른지 확인해라 · 505
어려운 스타트업 질문: 전환 또는 진행 · 506
다음 단계 · 507

부록 A 체크리스트 · 509

부록 B 용어집 · 571

부록 C 웹 스타트업을 시작하는 방법: 간단한 개요 · 583

찾아보기 · 591
지은이 소개 · 598
감사의 말 · 602
옮긴이 소개 · 607
옮긴이의 말 · 609
아마존 리뷰 · 611

이 책을 읽는 방법

이 책은 '창업 매뉴얼'을 강조하지만, 소설은 아니다. 수익, 확장, 성공할 수 있는 스타트업을 만드는 과정을 안내하는 상세한 설명서다. 따라서 흥미롭고 재미있는 책보다는 자동차 정비 매뉴얼에 가깝다. 한 번에 다 보거나 너무 오래 보는 것을 피하고, 이 책을 동료로 삼아 가장 친한 친구가 되길 바란다. 확장할 수 있는 성공적인 스타트업 비즈니스를 만들 때까지 6~30개월 이상을 늘 함께 하라.

책의 구조

이 책은 크게 4개 부로 나뉜다.

1부에서는 고객 개발 방법론을 소개하고, '고객 개발 선언문'을 마지막으로 설명한다. 고객 개발 선언문은 스타트업의 고객 개발 과정에 대한 14가지 원칙으로 이루어진다.

> ❖ 한 번에 너무 많이 읽지 마라.

2부에서는 '고객 발굴'을 설명한다. 창업가의 비전을 비즈니스 모델 캔버스로 만들고, 일련의 가설을 도출한다. 가설은 실험을 통해 검증하며, 고객의 문제를 파악했는지, 문제의 해결책을 제시하는지 확인한다.

3부에서는 '고객 검증'을 설명한다. 비즈니스 모델의 검증이 다방면으로 이뤄진다. 반복, 확장이 가능한 비즈니스 모델인지 판단하기 위해 고객의 주문이나 확보한 사용자가 충분한지 알아본다.

부록 A는 고객 개발 과정의 단계별 진행 상황을 점검할 수 있는 체크리스트다. 매 단계를 마치면 질문에 응답하고, 주요 목표를 모두 달성했는지 파악하라. 관련

페이지를 복사, 스캔해서 팀원들과 함께 응답하라. 단계를 모두 마치면, 다음 단계로 넘어가기 전에 꼭 응답해야 한다는 것을 명심한다.

웹/모바일 채널 vs. 물리적 채널

이 책은 웹/모바일 채널과 물리적 채널로 구분한다. 웹/모바일 채널과 물리적 유통 채널을 거치는 물리적 제품은 많은 부분이 다르다. 고객 개발 과정의 속도가 상이하고, 비즈니스의 핵심이 되는 고객의 '모집, 유지, 성장' 단계도 다르다. 웹 제품의 개발은 고객 의견 수집을 빠르게 진행할 수 있다. 이 책은 물리적 제품, 채널에 대한 사례와 웹/모바일 제품, 채널에 대한 사례를 같이 다룬다. 물리적 채널을 설명한 뒤 웹/모바일 채널을 설명하는 식으로 영역을 구분했다.

다음 도표는 고객 탐색과 검증 단계의 이해를 돕기 위한 것이다. 전체 단계 중 현재 진행 중인 단계를 파악하는 데 도움을 준다.

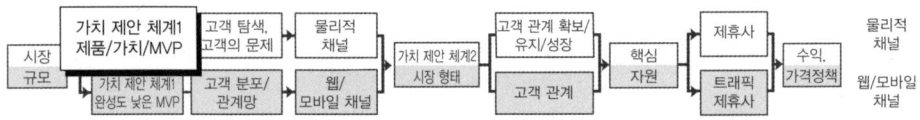

위는 물리적 채널을 가진 스타트업의 단계고, 아래는 웹/모바일 스타트업의 단계다. 양쪽이 유사한 단계를 거치는 경우는 하나로 합쳤다.[1]

➡ 웹/모바일 채널, 제품, 전략, 기법의 설명을 시작할 때는 ➡ 기호로 표시했다. 문단 옆에 화살표가 있으면 다른 채널을 설명한다는 뜻이다.

---

[1] 웹/모바일 채널은 온라인을 통해 제품/서비스를 판매하는 것으로 이해하면 좋다. 이 채널은 전통적인 온라인뿐만 아니라 스마트폰을 통한 앱, 웹 서비스, SNS 등을 포함한다. 물리적 채널은 오프라인을 통해 제품/서비스를 판매하는 것으로 전통적인 물류, 유통 채널뿐만 아니라 전단지, 방송, 팜플렛 등 다양한 홍보 매체도 포함된다. - 옮긴이

자신의 비즈니스 유형에 대한 설명을 따르기 전에 양쪽을 모두 보는 것이 좋다. 한쪽 채널에 대한 정보가 다른 채널의 스타트업에도 중요한 정보가 될 수 있다. 웹/모바일 스타트업의 창업가라면 각 장의 웹/모바일 진행에 대한 내용을 읽고 실행하기 전에 물리적 채널에 대한 부분을 간략히 읽어보는 것이 좋다.

이 책을 보는 순서

- 부록 B의 용어집을 먼저 읽어라. 고객 개발은 고유한 용어가 있다.
- 세부 내용을 파악하기 전에 고객 개발 선언문을 먼저 읽어라(78~95페이지).
- 고객 개발이 친숙해졌다면 1~3장을 훑어보고, 4장의 '비즈니스 가설'을 시작하라.
- 공동 창업가, 초기 직원, 투자자, 고문에게 고객 개발의 철학을 이해시키려면 1~2장을 읽게 하라.
- 전체적인 개요, 중요 내용을 빠르게 파악하기를 원한다면 2가지 방법이 있다.

    (a) 부록 A의 체크리스트를 간략히 읽어본다. 고객 개발에서 완수해야 할 각 단계의 의미를 알 수 있을 것이다.

    (b) 책을 넘기면서 중간에 크게 강조한 구절을 살펴보라. 다음과 같다.

> ✧ 이 책은 소설이 아니다. 공식 매뉴얼이다.

중간에 강조한 구절은 이 책의 가장 중요한 핵심 이념으로 100개 이상의 아주 큰 아이디어를 보여준다. 클리프 노트(CliffsNotes)와 트위터(Twitter)에서도 이 책 전체에 이르는 내용을 배포 중이다.[2]

---

2 클리프 노트: 책 내용과 의미를 요약해서 보여주는 서비스 – 옮긴이

- 창업가가 가장 먼저 실천해야 할 항목의 상세 내용이 궁금하면 4장의 '비즈니스 가설'을 보고, 부록 A의 체크리스트를 사용하라(510페이지).
- 사업이 순조롭다면, 7장의 '전환 또는 진행'에서 진행 상황을 평가하고, 12장의 '중요 지표'로 넘어가 확장시킬 준비가 되었는지 살펴라.
- 웹/모바일 제품의 최소 기능 제품MVP, Minimum Viable Product을 만들고, 검증하고 싶다면 '디자인 테스트(229페이지), 완성도 낮은 MVP 개발(239페이지), 완성도 낮은 MVP로 문제 테스트(251페이지), **더 많은 고객 모집을 위한 최적화**(423페이지)'를 읽어라.
- 물리적 제품의 MVP를 만들고, 검증하고 싶다면 '**고객 연락처 준비**(234페이지), **문제의 이해와 중요도를 측정하여 평가한다**(242페이지), **고객의 이해를 얻는다**(257페이지), 세일즈 로드맵 개발(385페이지)'을 읽어라.
- 웹/모바일 마케팅에서 어떻게 고객을 '모집, 유지, 성장'하는지 알고 싶다면 다음을 읽어라.
  - 가설: **고객 세그먼트: 영향/관계 가설**(138페이지), 채널 가설(143페이지), 고객 관계 가설(171페이지)
  - **완성도 낮은 MVP 개발**(239페이지), 완성도 낮은 MVP로 문제 테스트(251페이지), 트래픽과 경쟁력 분석(264페이지), 완성도 높은 MVP 테스트(277페이지), 고객 행동 측정(286페이지)
  - 판매 준비: 포지션 선언문 기술(335페이지), **고객 모집과 활성화 계획**(349페이지), 높은 완성도 MVP 구현(372페이지), 측정 도구 세트(380페이지), 데이터 분석 책임자 고용(392페이지)
  - 현장으로 나가라: **계획/도구의 최적화 준비**(405페이지), 더 많은 고객 모집을 위한 최적화(423페이지), 유지와 성장 최적화(438페이지), 판매 트래픽 파트너 실험(451페이지)

- 물리적 채널 판매와 마케팅에서 어떻게 고객을 '모집, 유지, 성장'하는지 알고 싶다면 다음을 읽어라.
    - 가설: **고객 탐색, 문제 가설 수립**(129페이지), 채널 가설(143페이지), 고객 관계 가설(171페이지), **수익과 가격 가설**(216페이지)
    - **고객 연락처 준비**(234페이지), 문제의 이해와 중요도를 측정하여 평가한다(242페이지), **시장 지식 수집**(261페이지), **제품 솔루션 프레젠테이션 생성**(275페이지), **고객에게 제품 솔루션 테스트**(279페이지)
    - 현장으로 나가라: **영업과 마케팅 자료**(339페이지), **판매 담당자 고용**(371페이지), **세일즈 채널 로드맵**(374페이지), 세일즈 로드맵 개발(385페이지)

- 고객 개발을 가르치고 싶은 교육자, 린 런치패드Lean LaunchPad 수업을 듣는 수강생은 반드시 다음을 읽어라.
    - 웹 사이트(www.steveblank.com)에서 스탠포드, 버클리, 국립과학재단에 개설된 수업 계획서를 볼 수 있다.
    - 수업 시작 전에 수강생은 다음을 읽어야 한다.
        - 2장의 '고객 개발 선언문'
        - 2장의 '고객 개발 입문'
    - 매 주 강의는 1단계의 가설을 중심으로 진행한다(99~225페이지).
    - 린 런치패드 수업을 듣는 수강생은 다음을 읽어야 한다.
        - 5장 **문제를 알아내려면 현장으로 나가라, 관심을 보이는가**(227~265페이지)
        - 6장 **현장으로 나가 제품 솔루션을 테스트해라**(267~295페이지)
    - 모든 수강생은 반드시 다음을 읽어야 한다.
        - 7장의 전환 또는 진행(297~313페이지)
        - 12장의 중요 지표들(471~507페이지)

유용한 팁

이 책의 낡고 너덜거리는 정도가 기업가의 성공과 관계가 있다는 것을 발견했다. 읽지만 말고, 실제로 써라!

> ✦ 이 책의 낡고 너덜거리는 정도가 기업가의 성공과 관계가 있다.

부록 A의 체크리스트를 이용하라. 고객 개발의 단계별로 40개 이상의 체크리스트가 있다.

한 번에 너무 많이 읽지 마라. 이 책은 공식 매뉴얼이다. 소설처럼 보면 지칠테니, 적은 양을 조금씩 읽어라. 책장을 접고, 포스트잇으로 붙이고 메모하며 읽어라. 자주 인용할 수 있게 책은 항상 가까이 둬라.

먼저 책 전체를 살펴보라. 진행 중인 과정의 전후 관계를 파악할 수 있다. 가령 4장을 읽기 시작했다면, 먼저 5장을 빠르게 살펴보라. 다음 단계를 위해 지금 무엇을 해야 하는지 알 수 있다.

아래와 같은 경고 문구에 유의하라.

> **신중히 진행하라:** 설명하는 내용이 개요 및 소개임을 명심하라. 모든 것을 한꺼번에 실행하거나 단숨에 하는 방법은 없다.

기업가 정신은 매뉴얼을 보고, 체크리스트에 응답한다고 생기지 않는다. 창업가는 결국 예술가로 거듭나야 한다. 모든 것이 이 책의 설명대로 될 거라고 기대하지 마라. 이 책이 기업의 모든 결정, 스타트업의 전체 유형을 포괄할 수도 없다.

현장으로 나가서 찾아야 할 것은 사실만이 아니다. 통찰, 영감도 함께 얻어야 한다. 모든 조언이 직면하는 현실을 다 반영하고, 통하는 것도 아니다. 기업가 스스로 대응해야 한다.

들어가며

1602년에 설립된 네덜란드 동인도 회사는 처음으로 주식 증서를 발행한 최초의 '현대적 기업'으로 여겨진다. 이후 300년간 기업의 시작, 설립, 성장이 이어졌다. 이때는 전문 교육을 받은 경영진이 없었다. 20세기에 접어들어 기업 구조가 복잡해졌고, 대규모 기업 관리를 위한 전문 경영진을 필요로 했다. 1908년, 하버드가 첫 MBA 학위를 수여했다. MBA 학위는 대기업을 위한 공식적인 전문 교육이 됐다. 교육 과정이 표준화됐고, 현대적 기업을 운영하는 데 필수적인 요소가 총망라되었다. 비용 회계, 전략, 재무, 제품 관리, 공학, 인사 관리, 운영 등이 포함됐다.

❖ 공식적인 경영 기법의 역사는 100여 년에 불과하다.

20세기 중반, 현재의 벤처캐피탈과 스타트업이 처음 등장했다. 스타트업 산업은 폭발적으로 성장했지만, 지난 50년간 스타트업의 지속 가능한 성공 공식은 계속 미지의 영역으로 남아 있었다. 창업가들은 경영 대학원에서 배운 '대기업 비즈니스'의 방식, 규칙, 과정을 스타트업에 도입하려 했고, 투자자도 마찬가지였다. 투자자들은 스타트업이 '계획'대로 실행되지 못하는 것에 충격을 받았다. 하지만 사업 계획대로 실행할 수 있는 스타트업이 존재하지 않음을 결코 인정하지 않았다. 50년이 지난 현재는 전통적인 MBA 교육 과정이 IBM, GM, 보잉[Boeing]과 같은 큰 기업을 운영하는 데는 적합하지만 스타트업에는 그렇지 않다는 것이 명확해졌다. 스타트업에는 오히려 독이 된다.

뒤늦은 깨달음이지만 창업가들은 이제 스타트업이 대기업의 축소판이 아니라는 것을 이해한다. 대기업은 고객, 문제, 제품에 필요한 기능을 모두 파악한 비즈니스 모델을 실행한다. 반면 스타트업은 지속 가능하며, 수익을 낼 수 있는 비즈니스 모델을 찾는 '탐색' 상태다. 비즈니스 모델을 찾으려면 전혀 다른 규칙, 로드맵, 기술, 방식 등이 필요하다. 그래야 위험을 최소화하고, 성공 가능성을 높일 수 있다.

21세기 초, 웹/모바일 스타트업의 창업가는 독자적인 경영 방식을 찾고 발전시켰다. 이제 10년이 지나 스타트업만의 방식이 생겼다. 대기업의 방식과 완전히 다르지만, 'MBA 핸드북'만큼 포괄적이다.

이 결과가 '과학적 기업 경영'의 도입이다. 나의 첫 책 『깨달음에 이르는 4단계 The Four Steps to the Epiphany』(K&S Ranch, 2005)는 이 분야의 초기작 중 하나로서 성공하는 스타트업을 위한 고객 개발 방법론을 창안한 책이다. 대기업의 경영 방식은 초기 단계의 스타트업에 적합하지 않음을 설명하고, 기존 사업 추진 전략의 재검토를 강조한다. 제품 출시 훨씬 이전에 고객을 확보하고, 고객의 요구사항을 파악하는 등 대기업의 경영 방식과 근본적으로 다르다.

> 우리는 스타트업에 특화된 경영 기법을 최초로 만들었다.

이 책은 스타트업에 적합한 방식을 설명한 책이다. 책이 막 출간됐을 때 애자일 방법론이 제품 개발 방법론으로 각광받기 시작했다. 애자일은 반복적이고, 점진적인 개발을 강조하는 방법론으로, 고객 의견을 제품 개발에 빠르고 지속적으로 반영하기 위해 만들어졌다. 애자일은 『깨달음에 이르는 4단계 The Four Steps to the Epiphany』에서 설명한 고객 개발 과정에 완전히 적합한 방법론이다.

지난 10년간, 과학자, 개발자, MBA 졸업자 수천 명이 스탠포드 공과대학과 UC 버클리의 하스 Haas 경영대학에서 내 수업을 들었다. 미국 국립과학재단의 후원을 받은 이 수업에서 수강생들은 고객 개발에 대해 논의하고 활용하면서 평가와 개선 과정을 거쳤다. 이후 세계 전역의 기업가, 개발자, 투자자 수만 명이 고객 개발 과정을 실제로 도입했다. 이 책은 고객 개발의 근본적이고 강력한 '4단계'를 핵심으로, 더 발전시킨 후속작이다. 고객 개발의 모든 단계와 접근 방법을 10년의 경험을 바탕으로 강화하고 다듬었다.

> 고객 개발은 애자일 개발 방법론과 잘 어울린다.

다행히도 10년 뒤인 지금은 많이 바뀌었다. 기업 전략, 경영 과학 분야가 생겼고, 관련된 책도 늘었다. 창업가 경영에 관련된 다른 분야는 다음과 같다.

- 애자일 개발은 점진적 증가와 상호작용 과정을 중시하는 접근이다. 제품이나 서비스 개발에서 고객과 시장의 고객 의견을 반영해 반복과 전환을 거친다.
- 비즈니스 모델 디자인: 전통적인 사업 계획서를 대체하는 9개의 핵심 요소로 기업을 설계한다.
- 창의적이고 혁신적인 도구는 성공적인 아이디어 육성과 도출을 위해 사용된다.
- 린 스타트업은 고객 개발과 애자일 개발이 결합한 것이다.
- 린 사용자 인터페이스 디자인은 웹/모바일 인터페이스를 개선하고, 전환율을 향상시킨다.
- 벤처 및 창업 금융은 혁신을 위한 자금을 유치하고 관리할 수 있게 한다.

이 책을 포함한 어떤 책도 창업가를 위한 완벽한 로드맵이 되거나 답을 알려줄 수 없다. 하지만 창업가적인 경영 과학 분야의 책은 전에 없던 창업가 지침이 될 수 있다. 수십억의 잠재 시장을 보고 사업을 추진하는 스타트업이라면, 핵심 지침을 잘 활용하라. 아이디어의 검증, 개선, 측정 과정을 훨씬 빠르고 적절히 할 수 있다.

> 이 책을 포함한 어떤 책도 완전한 로드맵을 제시하지 못한다.

밥과 나는 이 책이 스타트업과 여러분에게 도움이 되기를 바라며, 혁신 속도와 성공 가능성을 높일 수 있기를 빈다.

스티브 블랭크
2012년 3월, 캘리포니아 페스카데로에서

이 책의 대상 독자

이 책은 스타트업이란 단어를 글자 그대로 수백 번씩 쓰는 창업가를 위한 책이다. 스타트업은 정확히 무엇일까? 스타트업은 대기업의 축소판이 아니다. 스타트업은 확장, 반복, 수익 창출이 가능한 비즈니스 모델을 찾는 임시 조직이다. 스타트업의 초기 비즈니스 모델은 아이디어와 가설을 캔버스에 그린 것이다. 고객도 없고, 고객에 대한 최소한의 이해도 없는 상황이다.

스타트업, 창업가, 대대적 혁신과 같은 단어는 고유한 의미가 있다. 하지만 실리콘밸리 중심부와 대기업에서는 서로 다른 뜻으로 쓴다. 이 책에서는 스타트업의 종류에 따라 각 지침을 제공한다.

> ✧ 스타트업은 확장, 반복, 수익 창출이 가능한 비즈니스 모델을 찾는 임시 조직이다.

소규모 비즈니스 기업: 미국 내 대부분의 기업과 창업은 소규모 비즈니스로 이뤄진다. 수는 약 590만 개로, 미국 내 전체 기업의 99.7%를 차지하고, 민간 고용의 50%를 담당한다. 세탁소, 주유소, 편의점과 같은 서비스 분야가 많다. 여기서 성공의 기준은 소유주가 돈을 벌고 이익을 내는 것으로, 특정 산업 분야를 공략하거나 1억 달러 이상의 비즈니스를 목표로 세우는 경우는 드물다.

확장 가능한 스타트업: 전통적으로 기술적 역량을 가진 창업가가 세운 경우가 많다. 창업가는 자신의 비전이 세상을 바꿀 수 있다고 믿는다. 수십억 달러는 아니더라도, 수억 달러의 가치가 있는 기업을 목표로 한다. 설립 초기에는 반복과 확장이 가능한 비즈니스 모델을 찾는다. 이후 비즈니스 확장에는 외부 투자가 필요하다. 벤처 캐피탈로부터 유치한 수천만 달러의 투자금은 확장 속도를 높여준다. 이런 스타트업은 기술 중심지인 실리콘밸리, 상하이, 방갈로르, 이스라엘과 같은 곳에 모여드는 경향이 있다. 전체 스타트업 중 확장 가능한 스타트업은 소수이지만 이들의 발전이 벤처캐피탈의 투자와 언론의 관심을 독점한다.

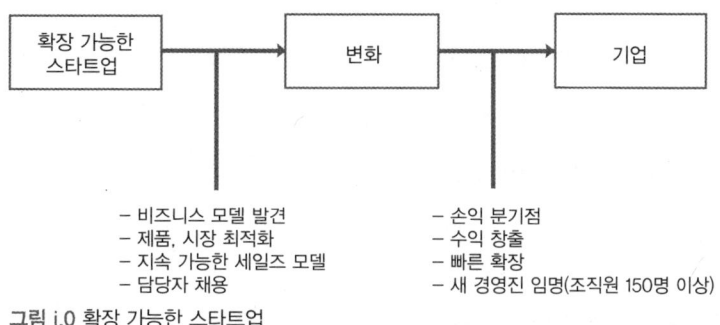

그림 i.0 확장 가능한 스타트업

피인수 스타트업buyable startup: 최근에 등장한 형태의 기업다. 웹/모바일 애플리케이션 개발에 드는 비용이 매우 낮아지면서 자체적으로 자본금을 충당할 수 있게 되었다. 필요한 자본금을 창업가의 신용카드로 메우고, 벤처 캐피탈로부터 1백만 달러 미만의 투자금만 유치한다.

이런 스타트업과 스타트업의 투자자는 500~5,000만 달러 정도에 자사가 인수되기를 원한다. 인수하는 대기업은 스타트업의 구성원, 비즈니스 전부를 합병한다.

대기업: 정해진 제품 개발 과정을 가진다. 핵심 제품을 변형한 새 제품을 내놓고, 이를 기반으로 성장한다. 이 과정을 지속 가능한 혁신이라 부른다. 파괴적 혁신을 취하기도 한다.

새 시장과 고객을 개척하기 위한 신규 제품을 출시할 때도 있다. 하지만 대기업의 규모와 문화에서는 파괴적 혁신이 극도로 어렵다. 대기업 내부에 확장 가능한 스타트업을 만드는 노력이 절실히 필요하다.

> ❖ 대기업의 규모와 문화에서는 파괴적 혁신이 극도로 어렵다.

사회적 기업: 세상을 바꾸겠다는 목표로 세운 혁신적인 비영리 조직이다. 고객 개발을 활용해 확장 가능성, 자산 활용, 투자수익률^{ROI, Return On Investment}, 성장 통계에 대해 점검할 수 있다. 사업적 수익보다는 국제 빈곤 지역의 물, 농업, 의료, 소액금융 등의 해결책에 치중한다.

고객 개발은 확장 가능한 스타트업에 가장 도움이 되지만, 다른 기업의 형태에도 기업가 정신과 혁신에 보탬이 된다. 고객 개발을 통해 성공을 위한 올바른 길을 찾고, 성공 가능성을 높일 수 있다.

이 책을 활용할 수 없는 분야

고객 개발 방법론을 사용할 때 이 책을 잘못 활용하는 경우도 있다. 초기 단계의 기업이 갖는 위험은 두 종류로 발명 위험과 고객/시장 위험이 있다.

- 발명 위험은 생명과학이나 암 치료처럼 제품을 만드는 기술의 실현 가능성이 낮은 경우다. 그러나 성공한다면 고객은 회사 문 앞으로 몰려들 것이다.
- 고객/시장 위험은 고객이 제품을 받아들일지 확신할 수 없는 경우다.

웹 기반의 제품을 만드는 기업은 제품 개발 과정이 어려울 수 있다. 하지만 충분한 시간을 갖고 반복을 거치면 결국 해결책을 찾아 제품을 출시할 수 있다. 이 과정은 발명이 아니라, 개발이다. 진짜 위험은 고객과 시장이 제품의 기능을 받아들이지 않는 경우다. 이 경우가 고객/시장 위험이다.

반면 제품을 발명해야 하는 경우도 있다. 생명과학 기술처럼 연구하고 제품을 출시하기까지 5년에서 10년이 걸릴 수도 있다. 성공은 불확실하지만 성공의 보상이 크고, 투자자들은 위험을 감수한다. 이 경우는 발명 위험이다.

> ❖ 스타트업은 이 책을 보고, 고객과 시장의 위험을 줄일 수 있다.

발명 위험과 시장 위험을 동시에 가지는 경우도 있다. 예를 들어 새로운 반도체 설계는 예상만큼 좋은 효율을 낼지는 만들어 보기 전까지 모른다. 좋은 결과가 나왔지만 이미 경쟁자가 있거나 완전히 새로운 제품인 경우 받아들여지지 않을 수 있다. 이런 경우 고객 개발에 집중해서 어떻게 경쟁사를 제치고, 공급 업체와 계약할지 배워야 한다.

스타트업은 시뮬레이션 도구들을 사용하여 발명 위험을 줄일 수 있다(전산 유체 역학, 유한 요소 분석 등). 또 이 책을 보고 고객과 시장의 위험을 줄일 수 있다. 고객이나 시장의 수용이 문제라면 이 책이 길을 열어줄 것이다.

머리말

> 전설적인 영웅은 대개 무언가를 창건한다.
> 새로운 시대를 개시하거나 새로운 종교를 창시하며,
> 도시를 세우고 생활 양식을 만든다.
> 새로운 무언가를 만들려면 낡은 기존 관습에서 벗어난
> 새로운 발상에 매진해야 한다.
> 움트기 시작한 발상이 곧 새로운 도약의 잠재력이 된다.
>
> - 조셉 캠벨,
> 『천의 얼굴을 가진 영웅(The Hero with Thousand Faces)』(민음사, 2010)

조셉 캠벨은 세계 각지의 신화와 종교에서 공통적으로 나타나는 '영웅의 여정'을 정리했다. 출애굽기에 등장하는 모세의 이야기에서부터 루크 스카이루크와 오비완 캐노비의 만남까지, 모든 영웅의 여정은 한 영웅이 소명을 받는 것으로 시작한다. 불명확하고 끝이 보이지 않는 여정을 시작하면, 모든 영웅은 저마다의 시련을 겪는다. 조셉 캠벨이 간파한 것은 모든 이야기의 구조가 동일하다는 사실이다. 천 명의 영웅이 아니라 천 개의 얼굴을 가진 한 영웅이 존재한다.

영웅의 여정은 스타트업을 떠올리게 한다. 새로운 회사, 새 제품은 모두 비전으로부터 시작한다. 스타트업의 비전은 새로운 것에 대한 희망이며, 극소수만 이해하는 목표다. 창업가의 비전이 가진 강렬함과 열망이 거대 기업과 일반 기업, 스타트업과 기존 기업의 CEO를 구분하는 자질이다.

창업가는 비전을 만들고 사업을 현실화시키는 데 힘쓴다. 성공하려면 현상 유지란 없다. 비전을 공유할 수 있는 팀을 채용해 불확실성과 두려움이 가득한 새로운 길을 개척해야 한다. 성공을 향한 여정에는 역경과 고난이 따른다. 금전적 위기가 생길 수 있지만, 이보다 더 어려운 것은 체력, 민첩함, 용기에 대한 시험이다.

> ❖ 새로운 길은 불확실성, 두려움, 의문으로 가득 차 있다.

모든 기업가는 자신의 여정이 유일하다고 여긴다. 스타트업의 길은 이정표가 없고, 어떤 사례나 본보기도 적용할 수 없다고 믿는다. 따라서 어떤 스타트업의 성공과 다른 스타트업의 파산에는 운이 작용한 것처럼 보인다. 하지만 틀렸다. 앞서 조셉 캠벨이 간파한 것처럼, 모든 이야기의 구조는 동일하다. 성공을 위한 스타트업의 여정은 이미 잘 닦이고 파악된 길이다. 성공을 위한 확실하고 반복할 수 있는 길이 존재한다. 이 책은 이러한 길에 대한 기록이다.

반복할 수 있는 길

20세기의 마지막 25년간, 스타트업은 자신의 길을 잘 알고 있다고 여겼다. 경영대학원에서 가르친 대기업에서 쓰는 제품 개발 방법론, 출시, 수명주기관리 기법을 그대로 적용했다. 제품 출시를 위한 전 비즈니스 단계별 상세 사업 계획, 확인 사항, 목표 등을 제공했고, 이에 맞춰 시장 규모, 판매 예측, 마케팅 요구사항명세, 제품 기능 우선순위 등을 도출했다. 하지만 이 모든 방법을 충실히 따른 경우에도 10개 중 9개 이상의 제품이 실패했다. 기업의 규모와도 무관했다. 신생 스타트업뿐 아니라 안정된 거대 기업조차 마찬가지였다. 모든 제품 군에 적용됐다. 제품 기술의 정도, 온/오프라인, 소비재, B2B, 충분한 자금 여부와도 관련이 없었.

지난 수십 년간, 같은 실패가 반복됐음에도 투자자들은 신생 벤처의 실패한 '사업계획서'에 당황했다. 그리고 계속해서 같은 제품 도입 방법론에 의지할 뿐이었다.

하지만 이제 무엇이 문제였는지 알게 됐다. 익숙한 비즈니스에 적합한 방법을 스타트업에 적용했기 때문이다. 스타트업의 비즈니스는 알려진 것이 아무것도 없다. 스타트업이 성공하려면 새로운 방식을 시도해야 했다.

승자들은 기존 기업에서 익힌 전통적인 제품 관리 방식과 도입 방법론을 폐기했다. 대신 고객 개발과 애자일 개발을 접목했다. 제품을 점진적으로 만들고 검증하며 비즈니스 모델을 찾았고, 미지의 것을 아는 것으로 바꿔나갔다.

또 스타트업의 '비전'이 검증되지 않은 일련의 가설이며, '고객 검증'이 필요함을 알게 되었다. 며칠에서 몇 주씩 끊임없이 성찰하며 고쳐나갔다. 수년에서 수개월씩 걸려서는 안 된다. 현금은 보존해야 하며, 고객이 원하지 않는 기능과 제품을 만드는 데 시간을 낭비해서는 안 됐다.

> ❖ 승자들은 스타트업이 검증되지 않은 일련의 가설임을 안다.

패자들은 제품 관리와 도입 방법론을 그대로 적용하고 실행했다. 창업가의 비전을 곧 비즈니스 전략 및 제품 개발로 여기고, 창업가의 남은 일은 실행 자금을 조달하는 것뿐이라 생각했다.

비즈니스 모델을 탐색하는 역할은 직원이 아닌 창업가가 맡아야 한다. 가장 좋은 방법은 본격적으로 제품을 만들고 기능을 정하기에 앞서 창업가 스스로 현장에 나가는 것이다. 잠재 고객 개인의 상세하고 직접적인 요구사항을 파악해야 한다. 승자와 패자의 차이가 여기서 갈린다. 고객 개발 과정은 이후 더 자세히 설명할 것이다.

새로운 10년

전작 『깨달음에 이르는 4단계 The Four Steps to the Epiphany』의 출간 이후 10년간, 많은 스타트업이 '고객 개발'을 적용했다. 전작을 접하지 못했다면 처음 접하게 된 것을 환영한다. 물론 전작을 접한 수많은 독자에게는 이 책이 전보다 많은 것을 제공할 것이다. 전작의 스타트업은 물리적 채널에서 제품을 팔아 수십억 달러의 비즈니스를 목표하는 실리콘밸리의 첨단기술 벤처를 지칭했다. 하지만 지난 10년간 많은 것이 변했다. 이 책은 이러한 변화를 반영했다.

비트: 제2의 산업 혁명

바퀴가 발명된 이후 수천 년간, 제품은 음식, 차, 접시, 책, 가정 용품처럼 손에 잡히는 물건이었다. 이런 물리적 제품은 판매 사원이 고객을 방문하거나, 고객이 상점에 방문하는 식으로 고객을 만났다. 그림 i.1은 물리적 채널을 통해 판매되는 물리적 제품을 나타낸다.

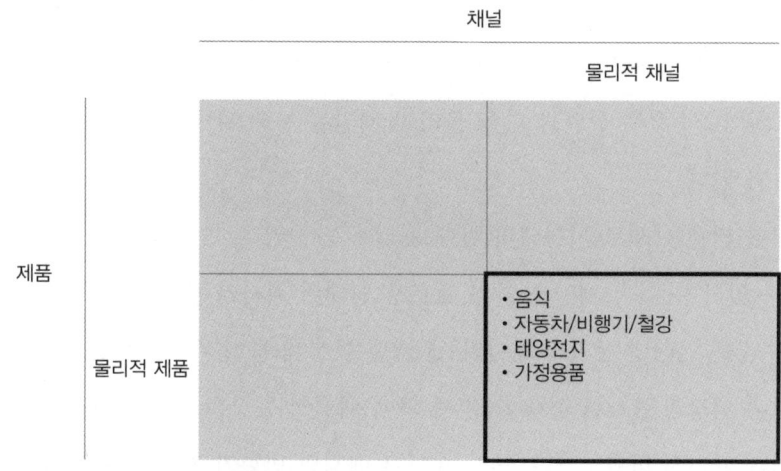

그림 i.1 물리적 채널에서 판매되는 물리적 제품

상거래 분야의 획기적 진보 중 하나는 생명보험, 건강보험, 주식, 채권, 상품 선물 거래처럼 생각이나 약속과 같이 물리적 실체가 없는 제품의 발견이었다.

1970년대부터는 소프트웨어가 컴퓨터와 별개로 판매되기 시작했다. 비트를 구매한다는 것은 완전히 새로운 개념이었다. 비트 자체는 쓸모가 없었지만, 소프트웨어 애플리케이션의 형태로 컴퓨터와 결합하면 사람들의 문제를 해결하거나 즐겁게 만들 수 있었다(예: 워드프로세서, 수표 결산, 게임). 비트로 이뤄진 소프트웨어 애플리케이션과 게임은 전문 컴퓨터 매장 같은 물리적 채널에서 판매됐다.

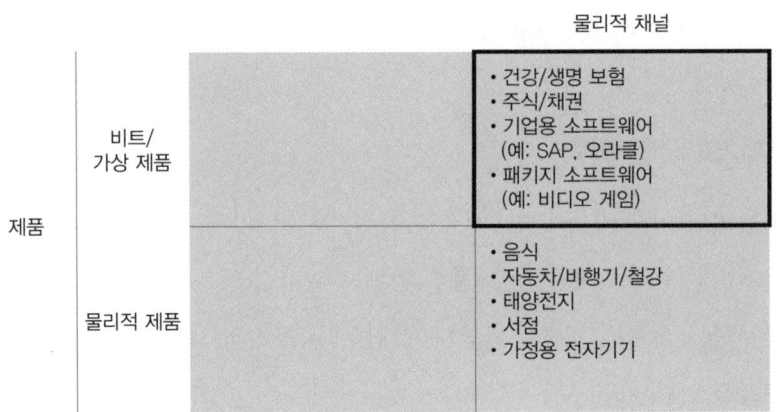

그림 i.2 물리적 채널을 통해 판매되는 소프트웨어 제품

여전히 많은 소프트웨어 애플리케이션이 기업의 문제를 해결하기 위해 존재하며, 그림 i.2의 우측 상단과 같이 물리적 채널을 통해 판매되는 소프트웨어 제품 중 하나가 된다.

반면 인터넷은 새로운 형태의 판매 채널을 만들었다. '인터넷으로 물리적 제품을 살 수 있다'는 가치 제안을 가진 새로운 형태의 회사가 생겼다. 아마존, 자포스, 델 등 수많은 인터넷 상거래 회사가 웹 채널을 통해 물리적 채널을 판매하는 방법으로 기존 시장의 틈새를 공략했다. 새 판매 채널의 등장은 물리적 채널을 통한 유통 방식을 완전히 바꿔놓았다. 책과 음악 소매점의 변화가 가장 대표적 예다.

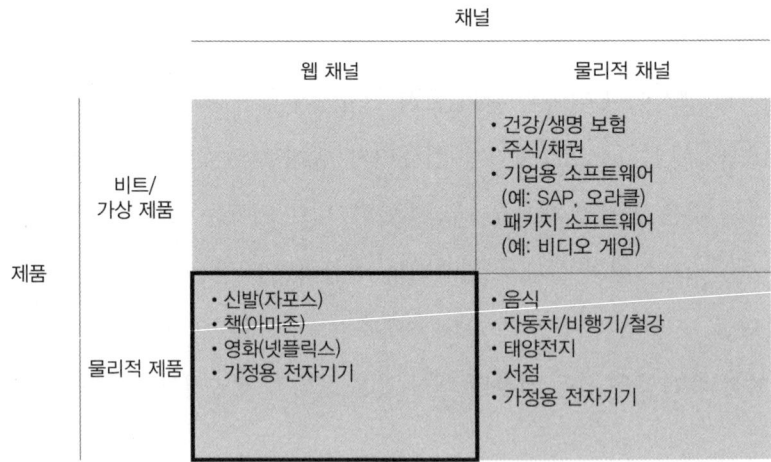

그림 i.3 웹/모바일 채널에서 판매되는 물리적 제품

지난 10년간, 새로운 형태의 제품이 탄생했다. 제품과 채널 둘 다 비트로 이뤄진 제품이다(그림 i.4 참고). 스타트업은 회사 설립에 수백만 달러와 수 년의 시간이 필요하지 않았다. 수천 달러와 몇 주의 시간이면 충분했다. 그 결과 신생 스타트업의 수는 매년 폭발적으로 증가했고, 새로운 애플리케이션도 생겼다. 기존의 면대면 사회적 관계를 컴퓨터를 통해 재현하는 소셜네트워크, 구글이나 빙처럼 웹을 조사하는 검색엔진은 완전히 비트로 이뤄지고, 웹/모바일 채널을 통해 공급되는 제품의 예다.

더 주목할 점은 전체 산업이 변화했다는 사실이다. 원래 물리적 공간에서 물리적 제품을 팔던 비즈니스가 비트로 이뤄진 채널에서 물리적 제품을 팔기 시작했다. 과거에 책, 음악, 비디오, 영화, 여행상품, 주식, 채권은 해당 상점에서 면대면으로 거래됐다. 하지만 지금은 방식이 완전히 바뀌었거나, 물리적 제품이 비트로 바뀌면서 사라져가는 중이다.

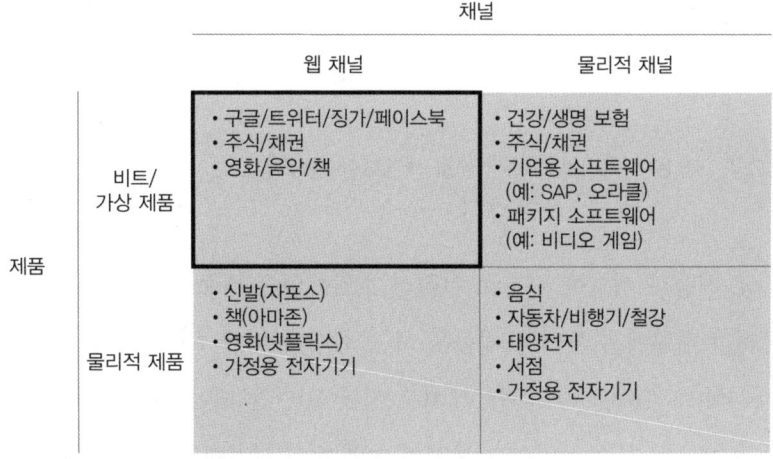

그림 i.4 웹/모바일 채널에서 판매되는 소프트웨어 제품

속도, 시간, 반복: 제2의 산업 혁명

그림 i.4의 우측 하단 물리적 채널에서 판매되는 물리적 제품(그림 i.1 참고)에 관심을 가졌던 각 비즈니스 영역의 모든 기업가들은 지난 10년간, 과거 물리적 비즈니

스와 물리적 채널의 법칙과 도구가 더는 통용되지 않음을 깨달았다. 웹/모바일 채널과 제품에 더 익숙해지고, 빨리 바꾸고, 제품과 제안을 검증하고 최적화해야 한다는 교훈을 얻었다. 웹/모바일 채널과 제품이 주는 새로운 자유를 재빨리 활용할 새 방법론이 절실했고, 이를 고객 개발에서 찾았다.

고객 개발은 제품, 채널, 가격, 포지셔닝 등에 대한 고객의 반응을 얻고, 이를 반영한 뒤 다시 고객에게 검증하는 과정이다. 고객의 즉각적인 반응을 비즈니스의 반복 및 최적화에 활용할 수 있다. 따라서 웹/모바일 채널의 스타트업은 인터넷 속도와 같은 빠른 성장이 가능하다. 물리적 유통 채널과 제품에서는 불가능한 속도다.

불과 10년전까지, 비디오 게임의 고객 반응을 얻으려면 포커스 그룹을 모집한 뒤 게임을 하게 하고 단방향 거울로 대상자를 관찰해야 했다. 하지만 이제 징가와 같은 회사는 기능을 검증하고 고치는 데 불과 며칠이면 충분하다. 게임 난이도가 높아 판매가 부진하다면 수치를 보정하거나 게임의 다른 요소를 보완해 제품 자체를 빠르게 개선할 수 있다.

> ❖ 고객 개발은 비즈니스 모델 탐색을 체계화한 과정이다.

이론상, 제품과 채널이 비트로 이뤄진 스타트업은 정보를 모으고 행동하는 속도가 물리적 채널에서 물리적 제품을 파는 회사에 비해 100배는 빠르다(반복 학습 주기가 10배 빠르고, 비용은 10%만 든다). 실제로 지난 10년간 페이스북, 구글, 그루폰, 징가와 같은 회사는 기존 산업의 전통적인 기업이 20세기에 성장한 것보다 빨리 성장했다. 가히 제2의 산업혁명이라고 표현할 수 있는 이유다.

4번째 단계: 새로운 길

고객 개발의 핵심은 더없이 단순하다. 고객을 먼저 찾고, 자주 만난 창업가의 제품이 성공하고, 제품을 만든 뒤 판매 및 마케팅 조직에 떠넘기면 실패한다는 사실이다. 사무실에서는 어떤 사실도 알 수 없다. 무조건 현장으로 나가야 한다. 현장으로 나가 고객의 요구사항을 완전히 이해하고 제품을 점진적으로 개선해야 한다. 이때 고객 개발과 애자일 방법론을 접목하면 신제품과 회사의 성공 확률을 크게 높일 수 있다. 초기 비용을 줄여 불필요한 금전 및 자원 낭비를 막고, 들이는 시간과 노력을 최소화할 수도 있다.

> ❖ 사무실에서는 어떤 사실도 알 수 없다. 무조건 현장으로 나가야 한다.

고객 개발의 관점에서 스타트업의 임무는 비전과 아이디어를 끊임없이 탐구하며 다듬고, 이 과정에서 비즈니스의 전 영역을 바꾸고 개선하는 것이다. 이때 비즈니스 모델상의 불확실한 가설(추측)을 검증하는 것은 경영자의 몫이다. 누가 고객이며, 어떤 기능을 넣어야 할지, 성공적인 기업으로 어떻게 성장시킬 것인지 등을 파악해야 한다. 고객 개발에서의 스타트업은 확장과 반복 가능한 비즈니스 모델을 탐색하는 임시 조직이며, 조직이 비즈니스 모델을 탐색하는 방법이 고객 개발이다.

1부

시작

1장 * 몰락의 길: 스타트업은 대기업의 축소판이 아니다

2장 * 깨달음으로 가는 길: 고객 개발 모델

고객 개발 매니페스토

1장

몰락의 길:
스타트업은 대기업의 축소판이 아니다

광기란 같은 일을 몇 번이고 되풀이하면서 다른 결과를 기대하는 것이다.
- 알베르트 아인슈타인

웹밴Webvan은 오래된 사례이지만 당시의 교훈은 여전히 유효하다. 닷컴 버블이 한창이던 20세기 말, 웹밴은 단연 돋보이는 스타트업이었다. 사업 아이디어는 미국의 모든 가정을 사로잡을 것처럼 여겨졌고, 역대 최대의 투자금을 유치할 수 있었다.[1] 웹밴은 식료와 잡화 류의 당일 배송을 보증하는 온라인 서비스였는데, 연간 시장 규모가 4,500억 달러에 달하는 식료와 잡화 산업의 판도를 바꾸고자 했다. 웹밴은 자사가 인터넷 시대의 첫 번째 '혁신 서비스Killer Application' 중 하나라고 여겼고, 고객은 인터넷에서 원하는 상품을 찾고, 클릭하면 주문이 됐다. 웹밴의 CEO는 포브스와의 인터뷰에서 "산업에서 가장 큰 소비재 시장의 법칙을 새로 쓸 것"이라고 이야기했다.

---

[1] 8억 달러가 넘었다. – 옮긴이

막대한 투자금을 유치한 웹밴 경영진의 후속 조치도 적절해 보였다. 벤처캐피탈 투자자의 자문을 받아, 사용하기 쉬운 웹 사이트를 구축하는 동시에 자동화 설비를 갖춘 대형 물류창고를 짓고, 배달 트럭을 구입했다. 또한 컨설팅 업계에서 노련한 CEO도 영입했다. 게다가 대부분의 초기 고객은 서비스에 만족했다. 하지만 웹밴은 기업 공개 이후 2년여 만에 파산했다. 무슨 일이 벌어진 걸까?

> ❖ 기업 공개 이후 2년만에 파산했다.

실행의 문제는 아니었다. 웹밴은 이사회와 투자사가 요청한 모든 것을 실행했다. 회사는 신사업에 신조로 받아들였던 '시장 선도자의 우위'를 지키고, '빠르게 성장하라'는 가르침을 철저히 따랐다. 하지만 정작 '고객이 어디에 있는가?'는 묻지 않았다. 이미 입증되어 확실하다고 믿었던 전략은 역대 최대의 투자를 유치한 스타트업을 몰락시켰다.

전통적인 신사업 추진 전략

20세기에 들어 새로운 상품을 시장에 출시한 모든 기업은 정해진 형태의 사업 전략 모델(그림 1.1)을 활용했다. 이 시기에 제품 중심의 모델은 초기 제조업 분야에서 주로 이용되었다. 1950년대부터는 소비재산업 분야에서도 받아들여졌으며, 1970년대 중반부터는 정보산업 분야로 확대되었다. 여기서 스타트업 문화의 필수 불가결한 일부가 되었다.

신사업 추진 전략을 간략히 묘사한 도표(그림 1.1)를 보면 도움이 될 것이다. 그림은 새 제품이 만들어져 고객의 손에 도달하는 과정을 보여준다. 새 제품을 개발하여 고객 검증을 위한 알파/베타테스트를 진행하고, 초기 테스트상의 의견을 반영하여 제품 개발팀이 출시하기 전까지 기술적 오류를 고친다.

신사업 추진 전략은 고객을 파악하고, 제품에 필요한 기능을 알고, 시장이 명확히 존재하며, 차별화 방안을 찾을 수 있는 기존 기업에게 적합하다.

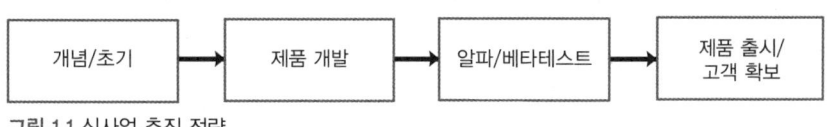

그림 1.1 신사업 추진 전략

스타트업에 이러한 신사업 추진 전략은 누가 고객이 될지 모르기 때문에 적합하지 못하다. 하지만 여전히 많은 사람이 신사업 추진 전략을 사용하여 새 제품을 만드는 과정뿐 아니라, 고객 탐색, 판매 시점 파악, 출시와 수익 계획에까지 활용할 수 있다고 믿는다. 투자자들은 신사업 추진 전략을 스타트업의 투자 단계에서부터 사업 전반의 발전 방향을 살피는 지침으로 사용한다. 물론 이 결과가 실패임은 말할 것도 없다.

이러한 전통적인 사업 전략의 문제는 무엇이며, 어떻게 웹밴을 몰락하게 만든 것일까?

개념과 초기

사업을 막 구상하는 개념과 초기 단계에서 창업가들은 열정과 비전을 찾는다. 때로는 냅킨 뒤의 메모가 사업 계획의 핵심 아이디어가 된다.

다음은 제품을 둘러싸고 있는 요소를 정의해야 한다. 제품이나 서비스의 개념은 무엇인가? 제품의 기능과 혜택은 무엇인가? 구현 가능한가? 추가로 필요한 기술은 무엇인가? 누가 고객인가? 어디서 찾을 수 있는가? 통계, 시장 조사, 고객 인터뷰로 각 요소를 평가하고, 사업 계획을 세운다.

이 단계에서는 제품의 차별점, 유통 채널, 소요 비용 등 고객 모집에 관련된 논의를 포함하여 궁극적으로 어떻게 고객에게 제품을 전달할 것인지에 대한 첫 번째 가설을 살펴본다. 초기 포지셔닝positioning 차트는 기업과 기업의 수익을 벤처캐피탈이나 임원에게 설명한다. 사업 계획은 시장 규모, 경쟁자, 재무 부문을 망라하고, 예상 수익과 지출에 대한 엑셀 도표를 첨부한다. 문학적 표현과 열정을 총동원한 사업 계획은 가죽 파일에 담겨, 기업 설립이나 부서 확장을 위한 투자 유치를 기다린다.

> ❖ 일단 폭포수 개발이 시작되면 지난 결정을 무조건 따라야 한다.

웹밴은 모든 게 좋았다. 매력적인 사업 아이템을 가진 훌륭한 경력의 창업가가 1996년 12월에 설립해, 1997년에는 실리콘밸리 최고의 벤처 투자자로부터 1,000만 달러를 유치했다. 2년 뒤, 기업 공개IPO 전까지 유치한 개인 투자액만 3억 9,300만 달러였다.

제품 개발

제품 개발 단계에서는 모두가 논의를 멈추고 일을 시작한다. 각 부서는 담당한 영역을 나누고 맡은 업무를 수행한다. 마케팅팀은 사업 계획에서 정의한 시장 규모를 재검토하고, 목표 고객을 설정한다. 잘 조직된 스타트업(프로세스를 중시하는)에서는 거점 시장으로 여기는 시장에 대해 한 두 개의 포커스 그룹focus group을 운영하기도 한다. 시장요구사항명세MRD, Market Requirement Document를 작성해 최종 제품의 기능과 특징에 포함한다. 예상 판매 방안, 판촉 자료(웹 사이트, 프레젠테이션, 관련 수치)를 만들고, 언론 홍보 담당자를 채용한다. 보통 제품 개발 단계나 알파테스트 때 판매 부문 총 책임자를 임명한다.

그동안 개발팀은 제품을 설계하고 만드는 데 집중한다. 제품 개발 과정은 '폭포수waterfall 모델, 나선형spiral 모델, 점증incremental 모델'과 같은 제품 개발 방법론으로 진행되는데, 이들 방법론의 목적은 개발 과정(그림 1.2)의 위험을 최소화하는 것이다. 창업가의 비전으로 제품 개발이 시작되면, 시장요구사항명세와 제품요구사항명세로 확장된다. 구체적인 개발 내역이 결정되면 개발자는 식은 피자를 먹고, 야근과 주말 근무를 하며 제품을 만든다. 폭포수 모델로 제품 개발을 시작하면 지난 결정은 무조건 따라야 한다. 1년 반에서 2년 혹은 더 긴 시간 동안 상황이 변해도 더 좋은 아이디어가 생겨도 변경할 수 없다.

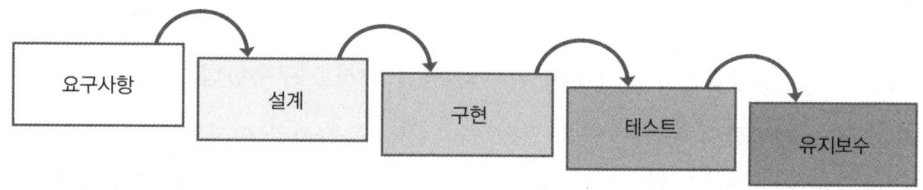

그림 1.2 폭포수 모델의 제품 개발 과정

웹밴은 제품 개발을 두 영역에서 진행했다. 자동화된 물류 창고를 짓고, 웹 사이트를 만들었다. 물류 창고에는 각종 기술이 집약됐다. 자동 컨베이어 벨트와 운반 장치는 배송할 식료품을 포장 담당 직원에게 전달했다. 독자적인 재고와 배송 시스템이 고객의 모든 주문과 배송 과정을 관리했다. 웹 사이트와 연동해 고객의 주문이 배송 센터로 즉각 접수됐다. 배송 일정이 잡히면 시스템은 고객의 집으로 가는 가장 효율적인 배송 경로를 알려주었다.

같은 시간, 웹밴의 브랜드를 강화하고 목표 시장의 고객 모집을 위한 마케팅 전략 수립과 프로모션 기획이 진행됐다. 충성도 높은 고객을 확보하고, 서비스 이용률과 구매 빈도를 높이려 했다. 브랜드 구축 계획의 일환으로 샌프란시스코 야구 경기장 좌석의 컵 홀더에 홍보 스티커를 부착했고, 고객 충성도를 높이기 위해 언론 홍보, 캠페인 광고, 판매 프로모션을 했다. 이 과정의 예산도 사업 계획에 고려되어 있었다.

알파/베타테스트

세 번째 단계 알파/베타테스트에서 개발팀은 폭포수 개발 방법론을 따라 정해진 출시 일을 목표로 개발을 진행한다. 베타테스트 단계에서는 외부의 소규모 팀이 제품을 테스트하고, 기획한 대로 작동하는지 살핀다. 마케팅팀은 마케팅 커뮤니케이션 계획을 마치고, 회사 홈페이지를 만든다. 준비한 홍보 자료로 제품을 알리고, 거리 홍보 시작한다. PR 대행사는 제품의 포지셔닝을 다듬고, 주류 언론과 블로거에게 접촉한다. 브랜딩 활동도 시작한다.

판매팀은 베타테스트의 참가자를 모으고(참가자는 금전적 대가를 얻거나 새 제품을 먼저 쓰려고 지원한다), 영업망을 확보하며 외부의 영업 조직을 구축한다. 판매 부문 책임자는 사업 계획상의 목표 수익을 달성하려 한다. 투자자와 이사회도 테스트 결과를 보고 진행 상황을 파악한다. CEO는 다음 투자 유치를 위해 노력한다. 외부 미팅을 하고, 전화를 하며 모회사를 찾기도 한다.

웹밴은 1999년 5월부터 베타테스트를 시작했다. 테스트 참가자는 1,100명이었다. 입 소문을 노린 PR 홍보를 시작했고, 수백 개의 언론 기사가 막 시작한 소매 식료품 사업을 알렸다. 개인 투자자들이 수백만 달러를 더 투자했다.

제품 출시와 고객 모집

제품이 선보이고, 기업이 활동을 시작하면 지출이 폭발적으로 증가한다. 기업은 대규모 기자 간담회를 열고, 고객의 관심을 얻기 위한 일련의 홍보 프로그램을 선보인다. 제품 판매 전에 영업 조직을 확충하고 판매 목표, 할당량도 미리 정했다. 이사회는 기업의 판매 성과를 사업 계획의 목표를 기준으로 평가했다. 처음 투자를 받았던 1년 전에 쓴 계획이지만 신경 쓰지 않았다.

판매망을 구축하고, 제품을 홍보하는 데 막대한 돈을 지출했다. 기업 유동성의 징후는 보이지 않았지만, 추가 자금 동원은 계속 필요했다. CEO는 제품 출시와 영업 및 판매팀의 확대를 살피는 동시에 추가 투자 확보에 나섰다. 닷컴 버블 시대에 투자자들은 투자금을 회수하기 위해 제품 출시와 함께 기업 공개를 했다. 기업 공개는 기업의 성공, 실패 여부를 판단하기도 전에 이루어졌다. 제품이나 프로세스에 중심을 둔 많은 스타트업이 제품을 출시할 때 같은 전략을 썼다.

웹밴은 1996년 6월, 일부 지역에 대한 온라인 상점을 열었다. 베타테스트를 시작한지 불과 1달만이었다. 그리고 60일 뒤 기업 공개를 신청했다. 총 4억 달러를 공모했고, 기업 공개 첫 날 기업 가치는 85억 달러에 달했다. 이는 식료와 잡화 체인 상위 3개 기업의 시가 총액을 합친 것보다 컸다. 하지만 기쁨은 오래가지 않았다.

신사업 추진 전략의 9대 죄악

웹밴과 같은 신규 서비스 사례에서 살펴본 것처럼 사업 계획서는 올바른 지표가 될 수 없다. 제품과 고객에 대해 아무것도 모르기 때문이다. 대부분 스타트업의 9가지 대표적인 실책은 다음과 같다.

1. 고객이 무엇을 원하는지 안다고 생각한다

첫 번째 실책으로 창업가는 자신이 고객을 잘 알고 있다고 믿는다. 누가 고객인가, 고객이 무엇을 필요로 하는가, 어떻게 제품을 팔지 알고 있다고 착각한다. 냉정한 시각에서 보면, 스타트업은 아직 고객이 없음을 처음부터 이해하고 있어야 한다. 창업가가 특정 분야의 전문가라고 할지라도, 고객, 고객의 문제, 비즈니스 모델에 대해 단지 추측할 뿐이다. 스타트업은 의문 속에서 믿음을 갖고 계획을 세우는 과정이다. 하지만 전통적인 사업 추진 전략은 창업가가 따라야 할 여러 비즈니스 모델에 대한 가설을 마치 사실처럼 제시한다. 단 한 명의 고객과도 이야기해본 적 없는 상황에서 제품을 설계하고, 초기 고객 모집을 위한 예산을 집행한다.

> ❖ 처음부터 스타트업은 의문속에서 믿음을 갖고 시작한다.

성공하려면 창업가는 가설이나 의문을 최대한 빨리 사실로 바꾸어야 한다. 현장으로 나가서 고객을 만나고, 가설이 맞는지 직접 물어본다. 틀렸다면 빨리 바꿔야 한다.

2. 어떤 기능이 필요한지 안다고 생각한다

두 번째 실책은 첫 번째 실책으로부터 생긴다. 창업가는 고객이 필요로 하는 모든 기능을 파악하고, 고객을 알고 있다고 생각한다. 이러한 창업가는 현장으로 나

가지 않고 전통적인 개발 방법론을 사용하여, 전체 기능을 포함한 제품의 기능 정의, 설계, 제조를 진행한다. 그러나 스타트업에게 이러한 것이 필요한가? 아니다. 이것은 이미 고객을 확보한 기존 기업에서 쓸 수 있는 방법이다.

> 제품의 기능을 고객이 선호할지, 선호하지 않을지 알 수 없다.

폭포수 개발 과정(그림 1.2 참고)은 1년이나 2년 이상 걸릴지라도 결코 중단 없이 일련의 순서로 진행된다. 제품 출시 전까지 진행 상황은 몇 줄의 개발 코드를 작성했는지, 몇 개의 하드웨어 부품을 만들었는지를 보고 파악한다. 아직은 고객과 직접 만나지도, 지속적으로 교류하지 않으며, 제품의 기능을 고객이 선호할지, 선호하지 않을지 알 수 없다. 전체 제품 개발을 완성하거나 출시한 뒤에 제품의 결함을 발견할 수도 있다. 치명적이지 않더라도 개선 과정에는 막대한 비용과 시간이 든다. 오류를 고치고 나면 제품이 이미 구식이 된 경우도 있다. 시간을 낭비하는 것 외에 다른 손실도 크다. 애써 작성한 개발 코드를 버리고 새로 작성해야 할 수도 있다. 고객이 원하는 제품이 아닐 수도 있다. 모순적이게도 전통적인 사업 추진 전략 자체가 종종 스타트업을 망쳤다.

3. 제품 출시에만 집중한다

전통적인 신사업 추진 전략은 제품 출시일을 정하고, 출시일에 맞춰 개발, 판매, 마케팅에 집중한다. 마케팅은 시사회, 컨퍼런스, 블로그 등을 통해, 제품의 '출시 이벤트'를 만드는 데 주력한다. 경영진은 목표 일정과 달력을 주시하며, 제품 출시 일을 준비한다. 기업과 투자자 모두 일정을 지연시킬지 모를 '잘못된 변화'를 용납하지 않는다. 전통적인 개발 과정에서는 알파, 베타테스트를 거쳐 제품을 출시한다고 하지만, 제품 개선을 위해 시간을 쏟는 경우는 거의 없다. 오직 개발한 제품의 오류를 최소화하는 데 급급할 뿐이다.

제품 개발팀이 제품의 첫 번째 릴리즈를 마칠 때가 제품 출시와 처음 대중에게 선보일 수 있는 시점이라고 생각한다. 제품을 내놓고, 고객을 이해하고, 어떻게 판매할 것이며, 판매 준비가 되었는지는 개의치 않는다. 대부분의 스타트업이 준비가 되어 있지 않다. 준비가 덜 되었더라도 출시일을 바꿀 수 없다. 더 심각한 것은 제품 출시일이 스타트업 투자자들의 자금 운용에도 영향을 미친다는 점이다.

투자자들은 제품을 시장에 내놓고 판매하는 일이 영업 부서와 마케팅 부서의 역할이고, 그게 스타트업이 돈을 버는 방식이라고 마치 합창을 하듯이 말한다. 이는 결코 사실이 아니다. 제품 출시 후 결과만 기다리는 것은 '조준, 준비, 발사' 단계에서 '발사'부터 하고, '준비, 조준'을 하는 것과 같다. 고객 발굴 과정을 간과하는 것은 가장 근본적이면서 흔히 저지르는 중대한 오류다. 모든 스타트업은 자사 제품을 시장에 내놓고 판매하길 원한다. 하지만 고객에 대한 판매와 구매 사유를 이해하지 못한다면 시장에서 판매는 불가능하다. '지금의 가정이 틀리면 다른 시도를 해보자'고 말하는 반복 주기$^{iterative\ loop}$를 무시하고 무조건적인 제품 출시를 강행한다. '개발, 검증, 학습' 과정을 거치지 않는다. 제품 출시에 성공하면 고객이 자연히 따를 것이라고 가정하기 때문이다.

시간이 흘러 제품을 출시한 뒤에야 충분한 고객이 없음을 깨닫는다. 웹 사이트에 방문하고 게임을 하고 친구를 데려오고, 제품을 주문하는 사용자는 많지 않다. 초기 고객은 확보했지만, 주류 시장으로의 확대가 어렵거나 제품이 고객의 핵심 문제를 해결하지 못하고 유통 비용이 너무 크다는 것을 깨닫기도 한다. 사태의 심각성은 알았지만 영업과 마케팅 조직은 이미 과도하게 커졌다. 막대한 비용 집행에만 효율적인 상태가 돼 스타트업의 재정에 과도한 부담을 주게 된다. 왜 이런 결과가 생기고 어떻게 개선할 수 있는지 살펴야 한다.

웹밴의 구성원 역시 제품 출시를 앞당기려 했다. 이 경향은 스타트업에서는 흔한 일이었다. 제품 출시 후 웹밴의 직원은 400명에 가까웠고, 이후 6개월간 500명 이상이 늘었다. 1999년 5월에는 4,000만 달러를 들여 첫 번째 물류 센터를 열었다. 앞으로 고객 규모가 늘 것을 고려해 같은 규모의 물류 센터 15개를 추가할 예정이었다. 사업 계획에서 하기로 한 일이었기 때문이다. 고객의 의사는 중요치 않았다.

4. 실행을 강조하고 가설, 검증, 학습, 반복을 고려하지 않는다

스타트업의 문화는 '실행, 더 빠른 실행'을 강조한다. 개발, 판매, 마케팅 부문의 책임자들은 학습 능력이 아닌, 실행 능력 덕에 자신이 영입됐다고 여긴다. 기존의 경험이 새 사업에서도 통할 것이라고 생각한다. 과거에 실행 과정을 관리했던 경험, 지식을 새 사업에서 활용하면 된다고 믿는다.

기존 기업이 실행하는 비즈니스 모델은 고객, 고객의 문제, 제품의 필요한 기능 등을 모두 알고 있지만, 스타트업은 다르다. 초기 가설을 검증하고, 증명하는 '탐색' 과정을 먼저 거쳐야 한다. 탐색은 반복, 확장, 수익화가 가능한 비즈니스 모델을 찾는 과정이다. 가설 검증에서 학습한 정보로 가설을 보완하고, 재검증하면서 탐색이 이뤄진다.

> ❖ 이유 없는 무조건적인 실행은 죄악이다.

실제로 스타트업의 초기 가설과 추정의 대부분이 잘못된 것으로 판명된다. 검증되지 않은 초기 가설로 제품과 서비스를 만들고 출시하는 데 집중하는 것은 실패하는 것이 뻔한 전략이다.

반대로 전통적인 사업 추진 전략에서는 순차적인 단계별 실행 과정에 집중한다. 각 단계를 퍼트 차트로 나누고, 마일스톤Milestone을 지정한다. 각 단계를 마칠 수 있는 시간과 인력도 할당한다.[2] 하지만 새 제품을 잠재 고객에게 보여줬을 때 나쁜 평을 받을 수도 있다. 제품에 대한 좋을 평을 얻기까지는 2보 전진뿐만 아

---

[2] 퍼트 차트: PERT, 단계별 업무에 걸리는 시간과 필요 인력을 순서대로 표시한 프로젝트 관리 차트
— 옮긴이

니라 1보 후퇴도 필요하다. 실수로부터 배우는 능력의 차이가 사라질 스타트업과 성공적인 스타트업을 구분 짓는다.

웹밴도 다른 스타트업처럼 사업 추진 전략의 실행에 집중했다. 상품화, 마케팅, 제품 관리 세 팀에 총 책임자를 임명했다. 이들은 고객의 목소리를 듣고, 요구 사항을 찾기보다는 제품 판매와 마케팅 전략을 실행하는 데 집중했다. 제품 출시 후 60일 뒤, 3명의 총 책임자는 50명이 넘는 인원을 고용했다.

> ❖ 실수에서 배우는 능력이 성공하는 스타트업을 만든다.

5. 시행착오나 오류를 고려하지 않는 사업 계획을 세운다

전통적인 사업 추진 전략의 가장 큰 장점은 명확함이다. 이사회와 창업가가 실현하려는 목표에 대한 마일스톤을 지정하고, 명확한 사업 방향을 제시할 수 있게 한다. 개발 과정은 명확하다. 모든 개발자가 알파테스트, 베타테스트, 제품 출시가 무엇인지 잘 알고 있다. 제품이 제대로 동작하지 않으면, 모든 개발자가 하던 것을 멈추고 먼저 제품을 고친다. 반면 판매나 마케팅 활동은 그렇지 않다. 제품 출시 전까지 모호하고 불명확한 과정이 계속된다. 측정이 어렵고 구체적인 목표가 없기 때문에 잘못된 계획을 바꾸거나 하던 것을 멈추기 어렵다. 게다가 무엇이 잘못되었는지 판단하기도 어렵고 하던 것을 어떻게 멈추는지도 모른다.

재무 관리는 손익 계산, 대차 대조, 현금 흐름 등의 지표를 측정하는 것이지만, 측정할 수 있는 수입이 없는 경우에도 재무관리를 하는 경우가 있다. 스타트업의 이사회는 대기업이 쓰는 전통적인 재무 지표를 도입하지만, 전혀 도움이 안 된다. 기존 고객을 가지고 있고, 알려진 비즈니스 모델을 가진 대기업에서는 유용하지만, 스타트업은 이런 지표로 사업 상황을 점검할 수 없다. 스타트업의 유일한 목표는 반복과 확장이 가능한 비즈니스 모델을 발견하는 것으로 전통적인 지표는 방해될 뿐이다.

"베타테스트는 얼마나 시간이 필요한가?" "우리 세일즈 파이프라인sales pipeline 은 어떤 상태인가?"라는 질문을 할 때가 아니다. 스타트업의 이사회와 관리자들은 비즈니스 모델의 요소에 대한 검증과 실험 과정에서 얻은 결과에 대한 좀 더 명확한 질문을 해야 한다.

스타트업의 이사회가 이런 질문을 하지 않는다면 가치를 만들지 못하고 시간만 버리는 것이다. 물론 경영진과 창업가는 자금 소진율, 은행 잔고, 운영 가능한 기간 등 재정 수치에 늘 신경 써야 한다.

> ❖ 스타트업의 이사회가 이런 질문을 하지 않으면 시간을 낭비하는 것이다.

웹밴에는 '하던 것을 멈추고 제품 출시 결과를 평가하라' 같은 마일스톤이 없었다. 사업 계획에서 일일 8,000건의 주문이 있을 것으로 예상했지만 실제로는 2,000건에 불과했다. 제품 출시 후 한 달밖에 안 됐고, 유용한 고객 의견을 얻은 것도 아니었지만, 웹밴은 벡텔Bechtel과 계약을 체결했다. 10억 달러를 들여 3년간 26개의 추가 유통 센터를 건립하는 계약이었다.[3]

6. 전통적인 직책을 스타트업에서의 역할과 혼동한다

대부분의 스타트업은 기존 기업의 직책을 그대로 쓴다. 하지만 기존 기업의 직책은 잘 알려진 비즈니스 모델의 실행을 뜻하는 명칭일 뿐이다. 영업 담당자는 알려진 제품을 정해진 설명, 가격, 조건으로 파악한 집단의 고객에게 계속해서 파는 역할을 한다. 반면 스타트업은 알려지거나 파악한 요소가 거의 없다. 찾는다고 알 수 있는 정보도 아니다.

---

3 벡텔은 세계적인 종합 건설 전문 업체로 전 세계 20여개 나라에서 활동하고 있다. - 옮긴이

목표 고객, 제품 명세, 제품 설명은 매일마다 계속 변경되기 때문에 초기 단계의 스타트업 경영진은 안정적인 기존 기업에서 생산된 제품을 팔고, 생산 품목을 늘리는 것과 전혀 다른 경영진이 요구된다. 스타트업의 고객 발굴에는 변화와 혼란에 적응하고, 실패를 통해 배우며, 위험하고 불확실한 상황에서 일할 수 있는 사람이 필요하다. 따라서 기업가적 성향을 가진 소수의 사람들을 우대해야 한다.

이들은 새로운 것을 배우고 발견하는 데 개방적이고, 호기심과 탐구심이 많고 창의적이다. 반복과 확장이 가능한 비즈니스 모델을 찾으려고 노력한다. 애자일 방법론을 활용하면 잦은 변화나 불확실한 목표에 잘 대응할 수 있다. 또한 여러 가능성을 계속 시험할 수 있다. 실패로부터 교훈과 개선사항을 얻었다면 실패도 기꺼이 받아들일 수 있다.

웹밴의 CEO와 각 부문 부서장들은 모두 대기업 출신이었다. 스타트업의 무질서함에 당황했고, 기업의 각 부문을 평가하고, 측정해 이를 개선하려 했다.

> ❖ 제품 출시와 수익 계획에 대한 단순한 진척을 파악하는 것은 의미가 없다.

7. 판매와 마케팅의 실행 계획에 집중한다

각 부문 부서장과 경영진을 임명할 때 스타트업에 맞는 직함을 써야 하며 기존의 익숙한 방식을 사용하면 안 된다. 대규모 영업과 마케팅 담당자는 계획에 맞추어 실행하는 데 익숙하기 때문에 스타트업을 더 어렵게 만든다.

사업 계획과 전통적인 사업 추진 전략에 따라 이사회와 창업가는 제품 출시일, 예산 지출 정도, 수익화 방안, 일련의 마일스톤을 결정한다. 판매 총 책임자는 핵심 판매팀을 꾸리고, 영업 멘트를 구상하고, 다른 고객을 데려올 수 있는 영향력이 큰 고객을 확보하려 한다. 판매팀은 고객 이해 과정의 일환으로 사업 계획에서 분류한 수익 목표를 사용한다. 그동안 마케팅 총 책임자는 웹 사이트, 로고를 디자인하고, 프레젠테이션을 준비하고, 관련 데이터 수치 자료를 준비하고, 입소문을 내려고 PR 대행사를 고용한다. 이 과정은 마케팅의 수단일 뿐이지만, 이 자체가 목적이 된다. 기업의 포지셔닝, 전하는 메시지, 가격 정책, 판매 촉진 활동 등이 제품을 고객에게 공개한 뒤부터 가능하다는 것을 뒤늦게 알게 된다.

기업은 목표한 것을 실행할 계획을 세우고, 경영진과 이사회는 측정 가능한 지표로 계획의 진척도를 파악한다. 이것이 경영진과 이사회가 일하는 방식이었고, 자신들이 이 역할을 위해 임명된 것이라고 믿었다. 고객과 시장을 확보한 기존 기업에서 적합한 방식이다. 물론 고객과 시장이 존재하는 '기존 시장'을 공략하는 스타트업에도 적합하다. 하지만 대부분의 스타트업에서는 제품 출시, 수익 계획에 대한 단순한 진척도 파악은 의미가 없다. 고객으로부터 의견을 얻고, 고객을 이해하고, 문제를 찾은 게 아니라 그저 추측한 것이기 때문이다.

웹밴은 계속해서 '죽음의 마케팅 행진'을 계획하고 실행했다. 출시 후 6개월 동안 47,000명의 고객을 확보했지만, 일일 2,000건의 주문 중 71%가 기존 고객의 재구매였다. 신규 고객을 빠르게 확보하고, 높은 이탈율을 줄여야만 했다. 하지만 웹밴은 확인되지 않은 비용을 확장하고 낙관적인 마케팅 가설을 기반하여 필요한 비용마저 삭감했다.

8. 성공에 대한 이른 예측이 섣부른 확장으로 이어진다

사업 계획, 수익 예측, 사업 추진 전략은 모든 과정이 계획한 대로 순조롭게 진행된다고 본다. 중간에 오류가 생기거나 학습과 반복 및 고객 의견에 대한 어떠한 것도 고려하지 않는다. 어느 누구도 "고객을 먼저 파악하기 전까지 신규 채용을 멈추거나 줄여야 한다"나 "고객 의견을 얻은 뒤에 진행한다"고 말하지 않는다. 가장 경험 많은 경영진조차도 정해진 계획에 따라 신규 채용의 압박을 받았다. 이것은 스타트업에게 재앙으로 다가왔으며, 섣부른 확장으로 이어졌다.

> ❖ 대기업의 실수는 단지 기존의 것에 0을 더하는 것이다.

고용과 지출 증대는 판매와 마케팅을 예측, 반복, 확장할 수 있을 때 실행해야 한다. 영향력 있는 고객이 가입하거나 제품이 판매될 때 섣불리 계획된 일정을 실행하면 안 된다.

대기업의 실수는 단지 기존의 것에 0을 더하는 것이다. 마이크로소프트, 구글 같은 큰 기업은 가능성이 있는 제품을 모델 기반 엔지니어링$^{model\ driven\ engineering}$으로 빠르게 만들고 연이어 출시한다. 출시 후 고객이 적다면 제품과 관련 요소를 빠르고, 조용히 정리한다. 구글의 오컷^{Orkut}, 웨이브^{Wave}, 데스크바^{Deskbar}, 닷지볼^{Dodgeball}, 톡^{Talke}, 파이낸스^{Finance}, 마이크로소프트의 킨^{Kin}, 비스타^{Vista}, 준^{Zune}, 밥^{Bob}, 웹티비^{WebTV}, MSNTV, 포켓피씨^{PocketPC}가 이에 해당한다.[4]

웹밴의 섣부른 확장은 당시 벤처캐피탈 업계의 '빨리 확장하라'는 신조가 기업 문화에 스며든 결과였다. 1,800만 달러를 들여 사내 소프트웨어를 개발했고, 단 1개의 제품을 발송하기도 전에 4,000만 달러를 들여 자동화된 물류 센터부터 지었다. 때이른 확장은 심각한 문제를 낳았고, 웹밴을 향후 수십 년간 경영 대학원 수업에서 인용될 실패 사례로 만들었다. 웹밴의 과도한 사업 계획은 고객의 수요를 훨씬 벗어나 있었다. 지나친 확장과 기획이 이뤄졌다는 것을 서서히 깨달았지만, 고객의 관심을 얻지 못한 계획을 계속 실행했다.

> ❖ 고객과 만나는 순간, 어떤 사업 계획도 쓸모가 없다.

9. 위기 관리가 악순환으로 이어진다

웹밴의 제품 출시 후 그간의 실패가 겉으로 드러나기 시작했다. 상황은 다음처럼 전개된다.

---

[4] 모델 기반 엔지니어링은 표준화된 모델의 재사용으로 생산성을 향상시킨 소프트웨어 및 시스템 개발하는 방법이다. – 옮긴이

이사회는 판매 부문의 목표 수치를 달성하지 못하자 우려하기 시작한다. 판매 총 책임자는 이사회 회의에 참석하여 여전히 낙관적인 상황이라며 그럴 듯한 설명을 한다. 이사회는 계속 우려한다. 총 책임자는 업무로 복귀해 직원에게 더 열심히 일하라고 독려한다. 판매팀은 개발팀에 특별 고객을 위한 맞춤형 제품을 요청한다. 판매가 갈수록 부진한 상황에서 고객의 주문을 늘릴 유일한 방법이기 때문이다. 이사회의 회의는 점점 심각해진다. 얼마 뒤 판매 부문 총 책임자는 '사태 해결'을 이유로 경질된다.

새로 임명된 판매 총 책임자는 기업이 고객과 제품 판매 방법을 제대로 이해하지 못했다고 빠르게 결론내렸다. 기업의 포지셔닝과 마케팅 전략이 잘못되었고, 제품의 필수 기능도 빠졌다고 생각했다. 현 상황을 바로 잡기 위해 새 책임자가 임명되었으므로 판매 및 마케팅 부서는 판매 담당 직원이 그동안 믿어온 지난 신념은 다 부정해야 했다. 전임자가 경질되면서 과거의 신념까지 함께 버려진 셈이었다. 새 판매 계획을 세우는 몇 달간이 새 책임자의 유일한 전성기다.

어떤 때는 올바른 세일즈 로드맵sales roadmap을 찾기 위해 한 두 번의 반복을 거치고, 더 많은 고객 모집을 위해 포지셔닝을 새로 한다. 하지만 투자가 위축되는 시기에 다음 투자 유치가 결코 있을 수 없었다.

하지만 웹밴의 문제는 잘못된 판매 전략이나 포지셔닝이 아니었다. 어떤 사업 계획도 고객과 만나는 순간, 더 이상 통하지 않는다는 사실이 문제였다. 웹밴의 사업 계획은 검증되지 않은 가설이었다. 제품 출시 후 현실에 직면했을 때 수익 계획이 잘못된 것을 알았지만, 사업 계획의 실행에 계속 집중했다. 경영진을 해고할 때마다 전략을 수정하고, 비즈니스 모델을 새로 탐색했다.

> ❖ 실패는 비즈니스 모델 탐색 과정의 필수적인 부분이다.

웹밴은 1999년에 기업 공개를 했다. 분기별로 막대한 적자가 보고됐고 누구나 열람할 수 있었다. 이 상황에서 웹밴은 비현실적인 계획을 고치지도, 지출 비용을 줄이고 절약하지도 않았다. 계속해서 잘못된 계획에 비용을 썼다. 이 과정에서 6억 1,200만 달러의 적자가 쌓였다. 기업 공개 7개월 뒤 웹밴은 파산보호를 신청했고, 법정관리를 밟게 됐다.

반면 비슷한 시기에 같은 기회를 포착해 서로 다른 대륙에서 사업을 시작한 2개의 기업은 웹밴과 전혀 달랐다. 이들은 고객 개발을 통해 사업을 발전시켰다. 1999년에 기업 공개를 하지는 못했지만, 피팟Peapod과 테스코Tesco는 성공했다. 이후에도 계속 성장해 현재까지 수익을 내고 있다.

피팟과 테스코는 작게 시작했다. 가설에 기반한 추정이나 계획에 집중하지 않았다. 고객이 무엇을 원하는지 배우면서, 유효한 사업 모델과 수익 모델을 만들었다. 테스코는 영국 기업으로, 소매점을 사업의 발판이자 '창고'로 썼다. 현재 테스코는 주 85,000회 이상의 주문을 배달하고, 5억 5,900만 달러 이상의 수익을 올린다. 피팟은 미국 기업으로, 1,000만 개 이상의 식료와 잡화류를 33만 명 이상의 고객에게 배달한다. 두 기업은 의도했건 의도치 않았건 간에 고객 개발 과정의 검증과 반복을 이해하고 있었다.

2장

깨달음으로 가는 길:
고객 개발 모델

생명으로 인도하는 문은 좁고 길이 협착하여 찾는 자가 적음이라.
- 마태복음 7장 14절

2004년 6월, 윌 하비Will Harvey가 사업 아이디어를 들고 스티브 블랭크를 찾았다. 스티브는 평소와 달리 윌의 설명을 듣기도 전에 수표책을 꺼냈다. 스티브는 윌의 전 회사 데어닷컴There.com에 투자한 적이 있고, 이사회의 구성원이었다. 과거 스티브가 비디오 게임 회사인 로켓사이언스Rocket Science의 창업가 겸 CEO였을 때 윌은 기술 부문 부사장이었다. 로켓사이언스는 벤처캐피털에서 3,500만 달러를 투자받았지만, 3년도 안 되어 다 날리고, 실패 소식이 와이어드지Wired 표지에 실렸다. 이리듐Iridium을 잠시 떠올릴 만한 실패였다.

윌이 생각한 IMVU의 비전은 '가상 현실'이었다. 3D 아바타로 인스턴트 메시지를 주고 받는 소셜네트워킹 서비스였다. 윌은 업계에서 세계적으로 유명했다. 15살에 개발한 비디오 게임 〈뮤직 컨스트럭션 세트〉가 전 세계 베스트셀러가 됐고, 스탠포드에서 컴퓨터 공학 학사, 석사, 박사 학위를 받는 동안, 비디오 게임 회사를 운영했다. 자니 골프Zany Golf, 불멸자Immortal, 마블 매드니스Marble Madness 같은

대표작을 만들었다.[1]

공동 창업가인 에릭 리스Eric Ries는 예일대 컴퓨터 공학과에 재학하던 중 온라인 취업 회사를 만들었으며, 데어닷컴의 선임 개발자이기도 했다. 윌과 에릭은 IMVU에서 지난 수년간 폭포수 개발 방법론으로 웹 '가상 현실' 서비스를 만들었다. 3년 뒤 서비스를 시작할 때가 되어 대기업 경험이 있는 거물 CEO가 합류해 대대적인 출시 전략을 세울 차례였다. 하지만 고객은 공들여 만든 기능 대부분에 관심이 없고 원하지도 않는다는 사실을 그제야 발견했다.

스티브는 IMVU의 초기 자금에 투자하는 조건으로 UC 버클리대 하스 경영대학원에서 열리는 자신의 고객 개발론 수업을 청강하게 했다. 윌과 에릭은 수업을 들으면서 고객 개발 원칙을 적용하면, 지난 사업에서 계속 반복했던 실수를 막을 수 있다는 것을 깨달았다. 이렇게 IMVU 공동 창업가들이 고객 개발의 첫 번째 선구자가 됐다.

> ❖ 스티브는 IMVU의 초기 자금에 투자하는 대신 UC 버클리대 하스 경영대학원에서 열리는 자신의 고객 개발론 수업을 청강하게 했다.

스티브는 IMVU의 이사회 구성원으로 윌과 에릭이 고객 개발과 애자일 소프트웨어 개발을 접목시키는 것을 관찰하고 조언 및 격려했다. 윌과 에릭은 새로운 업무 방식을 만들었는데, 고객 의견과 고객 검증을 통해 고객에게 가장 큰 가치를 줄 수 있는 제품의 최소 기능을 결정했다. IMVU는 고객에 대한 초기 가설에 근거해 3D 채팅 서비스를 만들었다.

사용자가 원하는 아바타를 만들고, 당시 가장 잘 나가는 메신저인 아메리칸 온라인AOL, America OnLine, Inc.의 친구들과 대화할 수 있게 했다. 1년 뒤 초기 가설이 틀렸음을 깨달았다. 고객은 3D 아바타는 좋아했지만, AOL에 등록된 친구가 아니라

---

1 윌 하비: 15세 때 음악 관련 사업을 시작으로 가상 현실 기업 IMVU와 데어닷컴 기업을 세운 천재적인 창업가다. 스탠포드 대학에서 박사 학위를 취득했으며 스탠포드를 대표하는 창업가다. – 옮긴이

새 대화 상대를 원했다. 즉, 기존 친구와의 대화는 기피했지만 새로운 친구는 사귀고 싶어했다. 6개월 뒤 일련의 고객 피드백과 수업에서 배운 고객 개발 원칙을 바탕으로 '2보 전진, 1보 후퇴'라는 이름의 학습 방식을 만들었다.

> 대다수 스타트업은 비즈니스 모델 가설을 검증할 체계적인 단계가 부족하다.

IMVU는 제대로 제품을 만들기까지 계속 검증하여 전환하고 다시 검증했다. 단지 단발적 대응에 그치지 않고 일련의 학습 과정을 업무 중 필수 절차로 만들었다. IMVU는 고객 개발과 애자일을 접목시켜 처음으로 린 스타트업 Lean Startup을 만들었다.

그 결과 수익을 내고 성장하는 기업이 될 수 있었다. 가상 세계와 아바타 서비스를 제공한 비슷한 기업은 오래 전에 사업을 접은 반면, IMVU는 어떻게 성공 가도를 달릴 수 있었을까? 또 고객 개발의 어떤 요소 덕에 IMVU의 방향성이 윌과 에릭의 전 사업에 비해 더 분명했던 것일까?

고객 개발 입문

대다수 스타트업은 시장, 고객, 채널, 가격 등의 비즈니스 모델 가설을 검증하고, 가설을 사실로 확인하는 체계적인 단계가 부족하다. 전통적인 제품 출시 방법론에서는 베타테스트 단계가 되어야 고객 의견을 얻을 수 있는데, 이때는 너무 늦은 시점이다. IMVU는 고객 개발 단계를 받아들여 가정을 빠르게 검증하고, 바로 수정했다. 이 점이 IMVU와 같은 성공한 스타트업과 나머지를 구분한 결정적 요소다.

그림 2.1의 고객 개발 방법론은 1장에서 소개한 제품 개발 방법론의 9가지 문제를 개선했다. 고객 개발 방법론은 초기 단계 회사의 고객과 관련한 모든 활동을 공식 업무에 포함한다. 단계는 구분이 명확한 4단계로 이루어지며, 앞의 1, 2단계에서는 비즈니스 모델의 '탐색'을 시작하고, 뒤의 3, 4단계에서는 발견한 비즈니스 모델을 발전, 검증, 증명하는 비즈니스 모델의 '실행' 단계다.

- 고객 발굴 단계에서는 먼저 창업가의 비전을 포착하고, 일련의 비즈니스 모델 가설로 바꾼다. 그 뒤 고객 반응을 테스트하고, 가설을 사실로 확인할 수 있는 계획을 세운다.
- 고객 검증 단계에서는 도출된 비즈니스 모델이 반복과 확장 가능한지 검증한다. 그렇지 않다면 다시 고객 발굴 단계로 돌아간다.
- 고객 창출은 실행하는 단계다. 실제 고객을 모아, 판매 채널로 집중시키고, 비즈니스의 규모를 파악한다.
- 기업 설립 단계에서는 검증된 모델의 실행에 집중하고자 스타트업 조직을 기업 조직으로 바꾼다.

고객 개발의 4단계는 스타트업 비즈니스에서 이루어지는 활동의 모든 요소를 뒷받침한다. 대대적인 '탐색' 과정인 고객 발굴과 고객 검증 단계를 이 장에서 설명할 것이다.

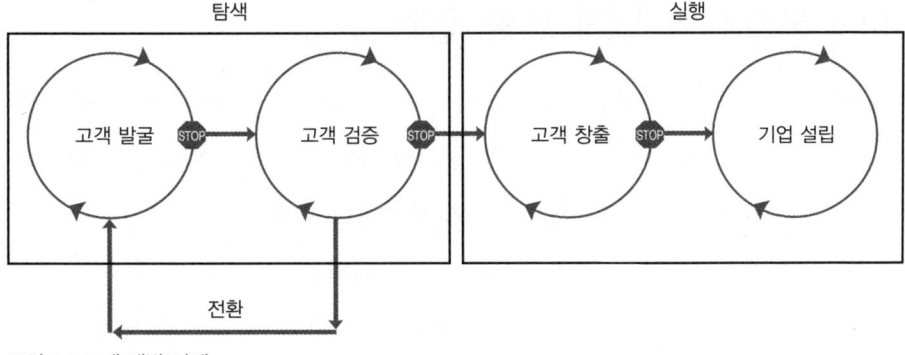

그림 2.1 고객 개발 단계

비즈니스 모델 탐색: 단계, 반복, 전환

고객 개발 모델에서 각 단계는 여러 번 반복할 수 있음을 강조한 원형의 화살표로 표시한다. 의례적으로 스타트업은 '예측 불가능'하다고 말한다. 이것은 완전히 이해하기 전까지 몇 번이고 계속 실패하고, 망칠 것을 뜻한다.

반면 전통적인 제품 출시 방법론에서는 이전 단계로 돌아가는 것을 아예 고려하지 않는다. 돌아가는 것 자체가 실패로 간주된다. 대다수 스타트업 창업가는 현장에서 배우고 실패하며, 다시 배워야 한다는 말에 당황한다. 이사회의 다이어그램은 '왼쪽에서 오른쪽으로 가면 성공, 오른쪽에서 왼쪽으로 가면 해고'라고 통제한다. 시장에 먹히지 않은 것이 분명한데, 판매와 마케팅으로 상황을 바꿔보려는 스타트업이 있는 것도 이 때문이다. 여러 스타트업에서 경험한 바에 의하면 고객의 핵심 요구가 제대로 순조롭게 증가하는 경우는 경영 대학원 수업의 사례에만 존재할 뿐이다.

반면 고객 개발 방법론은 스타트업이 실제 일하는 방식을 반영한다. 학습과 발굴 과정에서 후퇴는 자연스럽고, 필요한 일이다. 스타트업은 '탈출 속도escape velocity'에 도달할 때까지 고객 개발의 개별 단계를 반복한다. 탈출 속도란 비즈니스 모델의 탐색에서 이사회와 팀이 생각한 수준의 충분한 진전을 이루어내는 것을 뜻한다. 탈출 속도에 도달하면 다음의 고객 개발 단계를 수행한다.

> ✧ 고객은 우리의 말에 그저 동의할 뿐이다.

에릭 리스는 IMVU 이전의 사업인 데어닷컴에 대해 "회사가 원한 고객 의견과 실제 의견이 달랐다. 우리의 관점에서 고객은 우리의 말에 그저 동의할 뿐이다. 마케팅팀은 포커스 그룹을 운영했지만, 우리가 듣고 싶은 대답을 듣게 하려고 세심히 조작되어 있었다"고 말한다. 반면 고객 개발 방법론은 제대로 될 때까지 고객 개발 4 단계를 여러 번 반복한다. '망쳐도 괜찮다. 그러면서 배워라'가 고객 개발 방법론의 핵심 철학이다.

고객 개발의 4단계에는 각 단계를 마쳐도 좋다는 신호가 있다. 다음 단계로 넘어갈 수 있을 만큼 충분히 배웠는지 상기시키는 신호다. 신호를 감지하면 잠시 멈춰 지금까지 학습한 것을 정리하며, '탈출 속도'에 도달했는지 객관적으로 평가하는 지점이기도 하다.

이제 고객 개발의 4단계를 자세히 살펴보자.

1단계: 고객 발굴

고객 발굴 단계에서는 창업가의 비전으로 기업에 대한 각 비즈니스 모델의 가설을 세우고, 가설 검증을 위한 실험을 설계한다. 창업가는 사무실 안에서 짐작만 하는 게 아니라 현장에 나가 가설을 검증하고, 고객 반응을 살펴 고객 피드백에서 통찰을 얻고 비즈니스 모델을 조정한다. 특히 고객 개발에서 가장 중요한 것은 현장에서 고객을 만나는 것이다. 회의실의 안락함에서 벗어나 고객과 어울리고, 고객의 소리에 귀 기울여야 한다. 그래야 고객의 문제를 파악하고, 고객이 문제의 해법으로 여길만한 기능이 무엇인지 알 수 있다. 제품을 다른 이에게 추천하거나 만족하고, 구매하는 과정도 배울 수 있다. 성공적인 제품을 만들고, 제품을 차별화하여 구매를 유도하려면 고객 발굴에서 얻은 정보가 필요하다.

고객 발굴은 잠재 고객으로부터 제품에 필요한 기능 내역을 모으는 과정이 아니다. 고객 발굴은 창업가가 제품의 비전을 정의하면 비전에 적합한 고객과 시장을 찾는 과정이다. 포커스 그룹에서 나온 제안을 취합해 제품의 초기 기능을 결정하는 것도 아니다. 앞서 설명한 것처럼 제품의 초기 기능은 창업가의 비전에 의해 결정된다.

> ❖ 스타트업의 창업가가 제품의 비전을 정의하면 고객 발굴을 통해 비전에 적합한 고객과 시장을 찾는다.

고객 발굴은 현장에서 이뤄지는 2단계로 나뉜다. 첫 번째 단계에서는 고객의 문제와 문제 해결에 대한 요구사항을 검증한다. 적절한 제품을 내놓았을 때 충분한 수의 고객이 제품을 구매하고 쓸 것인가? 두 번째 단계에서는 고객에게 제품을 처음 선보이고(보통 최소 기능 제품(MVP, Minimum Viable Product)을 선보인다), 제품이 문제를 해결하거나 고객의 요구사항을 충족시켜 충분한 고객이 제품을 구매하는지 검증한다. 고객이 문제와 문제의 해법 모두에 열렬한 반응을 보이면 고객 발굴을 마친 것이다.

고객 발굴 과정에서 실패를 발견하고 비즈니스 모델을 전환할 수 있다. 실패는 스타트업의 자연스러운 요소다. 비즈니스 모델에 착오가 있거나 핵심 가설이 잘못되는 것은 흔한 일이다. 고객이 누구인지, 무엇이 고객이 해법을 원하는 문제인지, 문제를 해결할 수 있는 기능이 무엇인지, 고객이 문제 해결에 얼마를 지불할지 등을 잘못 판단할 수 있다.

이때 전환이 필요하다. 전환은 고객 피드백에서 얻은 학습을 토대로 비즈니스 모델 가설 9개 중 하나를 크게 바꾸는 것이다. 전환은 실패를 의미하지 않는다. 이 책에 담긴 가장 큰 통찰 중 하나는 스타트업이 실패와 전환 과정을 계속 겪게 되므로 이를 받아들여야 한다는 사실이다.

→ 웹/모바일 앱과 제품은 간단한 수준의 웹 사이트나 앱을 쓸 수 있을 때부터 고객 발굴을 시작한다. 웹 사이트에서 고객이나 사용자에 대한 비즈니스 모델 가설을 검증할 수 있다. 개발 코드로 이뤄진 제품은 간단한 MVP를 몇 시간은 아니라도 며칠이면 만들 수 있다. 창업가는 고객 탐색을 즉시 시작할 수 있고, 제품을 고치거나 고객 모집 전략을 다듬는 것도 바로 가능하다. 최근 페이스북, 그루폰과 같은 유명 스타트업이 이 접근 방식을 매우 잘 활용하고 있다. 덜 다듬은 초기 제품을 바로 공개하고, 고객 탐색을 시작한다.

❖ **전환은 실패를 의미하지 않는다.**

고객 발굴의 다른 핵심 요소는 창업가가 이 모든 것을 무시하고 잊어도 된다는 것이다. 때로는 창업가의 비전이 (특히 새로운 시장의 경우) 잠재 고객에 대한 비전보다 확실할 수 있다. 물론 예외의 경우다. 예외를 둔다면 왜 그런지 창업가는 명확한 이유가 있어야 한다. 그냥 무시해서는 안 된다.

IMVU팀은 버그투성이로 최소한의 제품을 빨리 출시했고, 하루에 5달러라는 터무니없는 마케팅 예산을 효율적으로 썼다. 구글 애드워즈로 매일 100여명의 신규 사용자를 모아 사용자의 행동을 끊임없이 관찰하고, 주시하며 평가했다. 사용과 결제 빈도가 높은 사용자는 온라인 채팅, 설문, 창업가의 전화에 시달렸다. 서비스를 계속 이용한 사용자의 최악이자, 최고의 평은 "접속할 때마다 컴퓨터가 터질 것 같다"는 말이었다. 투자를 받고 4개월 뒤 고객 발굴 의견을 활용해 군더더기 없는 새 제품이 탄생했다.

2단계: 고객 검증

고객 발굴 단계에서는 회사의 비즈니스 모델에 대한 검증과 반복을 거쳤다. 고객 검증에서는 고객 발굴을 마친 비즈니스 모델이 고객을 다수 확보해 수익성 있는 사업이 될 수 있는지 확인하는 단계다. 비즈니스 모델이 반복, 확장할 수 있는지 검증한다. 고객이 늘면 제품, 고객 모집, 수익, 채널 활동 등이 증가하는지 살펴서 비즈니스의 확장성을 검증할 수 있다. 추가 검증에서 고객의 수를 더 늘리면 그만큼 더 증가하는지 본다. 고객 검증을 진행하면서 세일즈 로드맵을 만든다. 제품 판매 방안, 나중에 구성할 마케팅팀에 대한 계획을 세우고, 온라인 수요창출 계획을 검증한다. 온라인 수요창출은 영업과 마케팅에 1달러를 투자하면 매출, 사용자 수, 방문 수, 클릭 수 등의 지표에서 2달러 이상의 상승 효과를 내는 것이다. 완성된 세일즈 로드맵은 현장에서 초기 고객에게 제품을 팔면서 검증한다.

➔ 웹/모바일 앱의 고객 검증에서 제품의 핵심 기능을 고객에게 테스트하려면 완성도 높은 MVP가 필요하다. 고객 검증을 통해 실제로 고객이 있는지, 고객은 MVP를 쓰는지, 구매 의사는 어느 정도인지 확인한다.

비즈니스 모델에 따라 다르지만, 고객 검증은 '시험 판매'를 통해 이뤄진다. 고객이 돈을 내거나 제품을 적극적으로 쓰는지 확인한다. 제품을 사야 사용할 수 있는 단면 시장single-sided market에서는 고객의 꾸준한 구매가 그럴듯한 말보다 확실하다. 제품을 구매하는 고객만큼 확실한 게 없기 때문이다. 양면 시장이나 광고 기반의 비즈니스 모델에서는 기하급수적으로 증가하는 수십만의 고객 기반이 이 역할을 한다. 제품의 사용자에게 광고하길 원하는 광고주를 찾을 수 있음을 의미하기 때문이다.

고객 개발 방법론 중 처음의 2단계인 고객 발굴과 고객 검증에서는 스타트업의 비즈니스 모델을 다듬어 입증하고, 테스트한다. 제품의 핵심 기능을 검증하고, 시장의 존재를 파악하며 고객을 찾는다. 제품이 인식되는 가치와 제품의 수요를 확인한 뒤, 제품을 살 법한 경제력이 있는 구매자를 찾는다. 가격을 정하고 판매 채널 전략을 세우며 준비한 판매 주기와 프로세스를 재확인한다. 수익성 있는 비즈니스 모델을 만드는 데 필요한 적절한 고객 규모, 반복 가능한 판매 프로세스를 명확히 확인하고, 검증했다면 '탈출 속도'에 다다른 것이다. 다음 단계로 향할 시점이다. 다음은 규모를 키우는 시기로 고객 창출 단계라 한다.

가설이 잘못됐음을 알게 됐다고 위기가 온 것은 아니다.

월과 에릭의 이전 사업에서 CEO와 경영진은 완전한 제품을 위해 3년을 기다리고 3천만 달러를 썼지만, 고객의 반응은 냉담했다. 고객의 의견도 거의 못 얻었다. 반면 IMVU는 창업한 지 120일 만에 버그투성이의 초기 제품을 출시했다. 놀랍게도 제품에 열광하는 일부 고객이 있었다. 제품을 기꺼이 구매했고 창업가들이 절실히 바라던 고객 의견과 투자금을 제공받았다.

IMVU팀은 고객 의견을 제품에 꼼꼼히 반영했다. 충성 사용자의 호불호를 살펴 기능을 추가하거나 삭제했다. 결제하는 상황에서의 중요한 발견 하나가 매출을 30%나 높였다. 10대들이 신용카드 결제를 하기 어렵다는 것을 알고, 세븐일레븐, 월마트, 인터넷, 이외의 주요 소매점에서 살 수 있는 상품권을 통한 결제를 지원했다.

고객 개발 효과: 현금과 시간의 낭비를 최소화한다

고객 개발의 처음 2단계에서 스타트업은 비즈니스 모델을 확인하고, 검증하며 확장 가능하기 전까지 예산을 제한해야 한다. 영업과 마케팅 인력을 고용하거나 새 사무실을 임대하고 광고를 집행하는 게 아니라, 창업가가 현장으로 나가 비즈니스 모델 가설을 검증해야 한다. 이 과정은 예산을 거의 쓰지 않는다.

애자일 개발과 고객 개발을 접목하면 개발 코드, 제품의 기능, 하드웨어적 낭비를 줄일 수 있다. 애자일 개발 방법론은 제품 개발을 작은 단위로 나누고, 주기마다 고객의 반응을 확인하고 측정하여 테스트를 실행한다. 고객이 원치 않는 쓸모없는 기능을 만들려고 고생했다는 것을 깨닫는 데 3년씩이나 걸리지 않는다.

고객 개발 방법론에서는 거의 모든 스타트업이 고객 발굴과 고객 검증을 여러 차례 반복하면서 잘 운영되는 기업이 예산을 신중히 집행하고 절감할 수 있게 한다. 창업가의 지분을 유지하는 것도 돕는다. 예측하고 확장할 수 있는 비즈니스 모델이 될수록 기업 가치가 높아진다. 기업 가치를 높이면 자금을 조달할 때의 지분 희석을 줄일 수 있다. 예를 들면 IMVU의 창업가들은 비즈니스를 키울 가치가 있다는 증거를 찾기 전까지 회사를 제품 개발팀으로 구성했다. 영업, 마케팅, 비즈니스 개발 인력은 고용하지 않았다. 이러한 증거를 찾은 뒤 기회를 활용하기 위해 3, 4번째 단계인 고객 창출과 기업 설립 단계를 시작했다.

3단계: 고객 창출

고객 창출의 성공은 초기 판매의 성패에 달려 있다. 여기서 비즈니스 확장을 위해 속도를 높인다. 최종 소비자의 수요를 창출하고, 세일즈 채널로 유도하고자 큰 예산을 집행한다. 고객 검증 단계에서 어떻게 고객을 확보하는지 배운 만큼 대대적인 마케팅 지출과 자금 소진율을 조정하고 자산 보유 정도를 안정적으로 유지한다.

스타트업 유형에 따라 고객 창출 방법이 다르다. 경쟁자가 명확한 기존 시장에 진입할 수도 있고, 기존 제품과 기업이 없는 새로운 시장을 만드는 경우도 있다. 두 경우를 조합해 저비용 전략이나 틈새 시장 전략으로 기존 시장을 재분류할 수도 있다. 시장 유형별로 고객 창출 활동과 소요 예산이 다르다(시장 유형은 3장에서 다룬다).

초기에 IMVU는 구매 금액이 적은 고객 세그먼트에 대한 다양한 실험을 했다. 완전히 다른 두 개의 고객 집단인 10대와 주부 세그먼트로 나누어지는 것을 발견했고, 두 집단의 고객 창출을 위한 예산을 확장했다.

4단계: 기업 설립

확장과 반복 가능한 비즈니스 모델을 찾을 때 비로소 스타트업은 '졸업'하게 된다. 이 시점에서 탐색 지향의 임시 조직인 스타트업이 아니라 기업으로 완전히 거듭난다. 스타트업 단계를 벗어난다는 것은 시원섭섭한 일이다. 탐색에 집중하던 팀을 실행에 집중하는 팀으로 바꾸고, 비공식적 학습 조직이자 탐색 지향 조직인 고객 개발팀을 개편한다. 영업, 마케팅, 사업 개발팀 등 공식적이고 체계적인 부서가 생기고, 각 부문을 총괄하는 총책임자를 임명한다. 이제 경영진은 각 부서를 발전시켜 기업을 확장하는 데 초점을 맞춘다.

이때 기업가가 셰익스피어 비극의 주인공이 될 수도 있다. 벤처 캐피탈은 기업이 투자 대비 수익성이 높은 '한 방'임을 깨닫지만, 스타트업을 성공적으로 키운 열정적이고 비전 있는 창업가가 기업을 경영할 만한 적임자가 아닐 수 있다. 이사회는 어떤 식으로든 창업가를 몰아내고, 창업가의 고객 노하우도 함께 버린다. 대신 정장을 입은 경험 많은 경영진을 새로 임명한다. 스타트업에서 기업이 된, 성공적인 기업에서 흔히 벌어지는 일이다. 유명 경영진의 후광은 있을지 몰라도 정작 기업 역량이 바래는 경우가 많다.

IMVU의 창업가들은 회사의 급격한 확장이 감당할 수 있는 능력 밖임을 깨달았다. 다음 단계를 위한 경영자가 필요했다. 둘은 회사를 떠나는 대신 더 경험 많은 CEO를 채용하고, 이사회 의장과 임원을 맡았다. 새 CEO는 비즈니스 탐색에서 회사를 실행하고 성장하는 기업으로 바꾸는 데 능숙했다.

고객 개발 선언문

고객 개발 과정을 본격적으로 시작하기 전에 고객 개발 선언문의 14개 원칙을 반드시 검토한다. 팀 차원에서 주기적으로 보고 완전히 익혀야 한다. 기업 공개 이후라면 본사 대리석 현관에 고객 개발 선언문을 새겨도 좋다.

원칙 1: 사무실에서 알 수 있는 것은 없으니 현장으로 나가라

초기 스타트업은 아직 확실한 것은 아무 것도 없지만 창업가의 비전 위에 믿음으로 만들어진 회사다. 창업가의 역할은 이러한 비전과 가설을 사실로 만드는 것이다. 사실은 고객(고객, 잠재 고객)이 생활하고 일하는 현장에 있다. 따라서 현장으로 가야 한다. 현장으로 나가는 것이 고객 개발의 근본이며, 가장 어려운 일이기도 하다. 잠재 고객을 찾고 의견을 듣는 것은 개발 언어를 쓰고, 제품을 만들며 회의를 하고 보고서를 쓰는 것보다 훨씬 어렵다. 사업의 성패도 여기서 갈린다.

> ✦ 사실은 고객이 생활하고 일하는 현장에 있다.

고객 개발에서 창업가가 직접 비즈니스 모델의 모든 요소에 대한 실제 고객의 경험을 수집해야 한다. 팀의 지원을 받을 수 있지만, 실제 경험은 다른 사람이 해 줄 수 없다. 창업가가 해야 하는 이유는 다음과 같다.

- 핵심 고객의 의견은 종잡을 수 없고, 예측할 수 없다. 듣기 괴로운 내용도 많다. 직원들은 상관에게 나쁜 소식을 전하는 것을 꺼린다.
- 직원들은 책임감이 적어 고객의 말에 덜 집중한다. 들은 내용을 충분히 보고하지 않는다. 피드백을 사소한 풍문으로 일축하거나 요점을 놓치기 쉽다.
- 컨설턴트는 직원보다도 책임감이 적다. 의뢰인이 좋아할 법한 말, 다음 계약에 유리한 내용으로 보고를 포장하는 경우가 많다. 또 피드백이 두 세 사람을 거치면서 본래의 의미가 흐려지고 분산되는 경우가 많다.

창업가만이 고객 의견을 받아들이고 즉각 대응할 수 있다. 그리고 비즈니스 모델의 핵심 구성 요소를 변경하거나 전환하는 의사 결정도 기민하게 할 수 있다.

원칙 2: 고객 개발에 애자일 개발을 접목하라

> ❖ 제품 개발 조직이 빠르고 기민하게 제품을 보완하고, 계속 개선하지 않으면 고객 개발도 소용없다.

제품 개발 조직이 빠르고 기민하게 제품을 보완하고, 계속 개선하지 않으면 고객 개발도 소용없다. 폭포수 개발 방법론으로 제품을 만든다면 처음에 제품을 기획하는 짧은 기간을 제외한 나머지 기간 동안은 고객과 단절한 채 귀머거리, 장님, 벙어리로 지내게 된다. 일단 제품 개발에 착수하면 막대한 시간을 다시 들이지 않고는 결정한 기능을 변경할 수 없다. 반면 애자일 개발 방법론을 도입하면 고객의 의견을 MVP나 필수 기능 내역에 지속적으로 반영하고 보완할 수 있다.

이 책에서 말하는 애자일 개발/엔지니어링은 하드웨어나 소프트웨어 기업이 활용할 수 있는 빠른 출시, 주기적 개발, 지속적 탐색 과정을 의미한다. 애자일 개발을 택한 것은 특정 방법론을 선호해서가 아니라, 필요에 의한 것이다. 고객 개발 방법론은 고객의 의견과 반응을 끊임없이 모으고, 애자일 방법론이 제 역할을 할 수 있도록 한다.

창업가는 고객 개발과 애자일 개발이 서로 조화를 이룰 수 있도록 처음부터 확실하게 신경 써야 한다.

원칙 3: 실패는 탐색 절차의 필수적인 요소다

스타트업과 기존 기업의 결정적의 차이 중 잘 알려지지 않은 것은 스타트업이 '실패의 연속'이라는 사실이다.

기존 기업은 무엇이 되고, 무엇이 안 되는지 이미 안다. 따라서 기존 기업의 실패는 누군가 일을 망쳤을 때 생기는 예외 상황이다. 반면 스타트업은 뭔가를 실행하는 게 아니라 탐색한다. 올바른 길을 찾는 과정은 무수한 실험과 시행착오가 따른다. 실패는 탐색 절차의 필수적인 요소다.

> ❖ 스타트업이 실패를 두려워하면 실패할 수밖에 없다.

실패는 완전한 실패가 아니며 스타트업을 학습하는 데 필요한 절차일 뿐이다. 발표, 제품 기능, 가격 정책 등을 결정할 때 수백 번은 아니라도 적어도 수십 번은 무엇이 좋을지 계속 검증해야 한다. 실패를 받아들이고, 딛고 일어설 수 있어야 한다. 뜻대로 안 될 때 성공한 창업가는 새로운 사실과 무엇을 고칠지 결정하고 결단력 있게 행동한다.

고객 개발은 주기적인 요구사항과 애자일 반복, 추가적인 반복과 전환을 거쳐 다시 검증하는 과정으로 이어진다. 이 과정을 계속해서 되풀이한다.

스타트업이 실패를 두려워하면 실패할 수밖에 없다.

원칙 4: 끊임없이 반복하고 전환하라

고객 개발은 실패를 받아들여 빠르고 잦은 반복과 전환을 한다. 전환은 비즈니스 모델 캔버스의 9개 구성 요소 중 하나 이상을 크게 바꾸는 것이다. 예를 들어 가격 정책을 부분 유료화에서 정액제로 바꾸거나, 고객 층을 12-15세의 남자에서 45-60세의 여성으로 바꾸는 것이다. 목표 고객이나 목표 사용자를 바꾸는 경우 더 큰 변화가 생긴다. 반복은 가격을 99달러에서 79달러로 내리는 것처럼 비즈니스 모델 캔버스의 구성 요소를 일부 조정하는 것이다.

> ❖ 그루폰은 전환의 완벽한 예다. 120억 달러의 가치 전환을 했다.

기업이 어려울 때는 비즈니스 모델의 구성 요소 중 하나 이상을 대대적으로 바꿀 필요가 있다. 기업을 정상화시켜 다시 성공을 노리기 위해서다. 그루폰은 전환의 완벽한 예인데, 120억 달러의(기업 공개 시점의 기업 가치) 가치 전환을 했다. 그루폰은 '더 포인트' 서비스로 출발했다. 더 포인트는 문제 해결을 위해 사람을 모으는 소셜 미디어 플랫폼이었다. 최선을 다했지만 예산이 금방 바닥났다.

더 포인트에서 가장 효과적인 캠페인은 공동구매였다. 함께 모여 대량의 물건을 사면 돈을 아낄 수 있었다. 창업가는 여러 분야의 다양한 상품을 매일 블로그에 올려 팔기 시작했다. 그루폰의 전신인 'GetYourGroupon.com'이 시작됐다. 2008년 10월, 그루폰의 첫 번째 상품이 게시됐다. 시카고에 있는 그루폰 사무실 건물의 1층 피자가게에서 파는 피자 2조각을 1조각 가격에 파는 상품이었고, 20명이 샀다. 이를 시작으로 계속 성장해 더 포인트에서 그루폰 전환이 120억 달러의 가치에 이르게 됐다.

전환은 고객 발굴과 고객 검증 과정에서 지속적인 유효성 검사$^{pass/fail\ test}$를 통해 얻은 경험과 통찰이 원동력이자 밑거름이 된다.

최고의 창업가는 변화를 주저하지 않는다. 가설이 틀렸다면 인정하고 개선한다.

원칙 5: 고객과 만나는 순간 어떤 사업 계획도 무의미하므로 비즈니스 모델 캔버스를 활용하라

사업 계획서를 작성하는 이유는 하나다. 경영 대학원 출신의 일부 투자자들이 다른 좋은 방법을 모르고, 사업 계획을 원하기 때문이다. 일단 투자가 성사되면 사업 계획은 아무 의미가 없다. 하지만 많은 기업가는 사업 계획이 증명되지 못한 일련의 가설임을 모르고, 실행 지침으로 여기는 잘못을 한다. 터무니 없는 매출 계획이 운영 계획이 되어 고용, 해고, 예산 집행의 지침이 되어 버린다. 말도 안 된다.

> ❖ 역동적 비즈니스 모델과 고정된 사업 계획과의 격차는 성공과 실패만큼 크다.

역동적 비즈니스 모델과 고정된 사업 계획과의 격차는 성공과 실패만큼 크다. 스타트업은 사업 계획서를 버리고, 유연한 비즈니스 모델을 받아들여야 한다. 비즈니스 모델은 다음과 같은 핵심 요소로 나타낸다.

- **가치 제안** 기업이 제공하는 제품이나 서비스, 혜택이다.
- **고객 세그먼트** 10대, 주부와 같은 사용자나 구매자 층을 뜻한다.
- **유통 채널** 고객을 만나고, 가치 제안을 제공하는 경로다.
- **고객 관계** 고객의 수요를 만드는 활동이다.
- **수익 흐름** 가치 제안에 의해 발생한다.
- **자원** 비즈니스 모델을 지속하는 데 필요하다.
- **활동** 비즈니스 모델을 실행하기 위해 필요하다.
- **파트너** 비즈니스에 대한 동기가 있어 함께 협력한다.
- **비용 구조** 비즈니스 모델에서 얻은 결과다.

비즈니스 모델 캔버스(그림 2.2 참고)는 비즈니스의 구성 요소 9개를 한 장에 정리한 표다. 알렉산더 오스터왈더의 비즈니스 모델 캔버스가 이 책의 1부, 고객 발굴 과정의 평가표다. 알렉산더 오스터왈더의 『비즈니스 모델의 탄생』(타임비즈, 2011)에 비즈니스 모델 캔버스의 구조가 설명되어 있다.

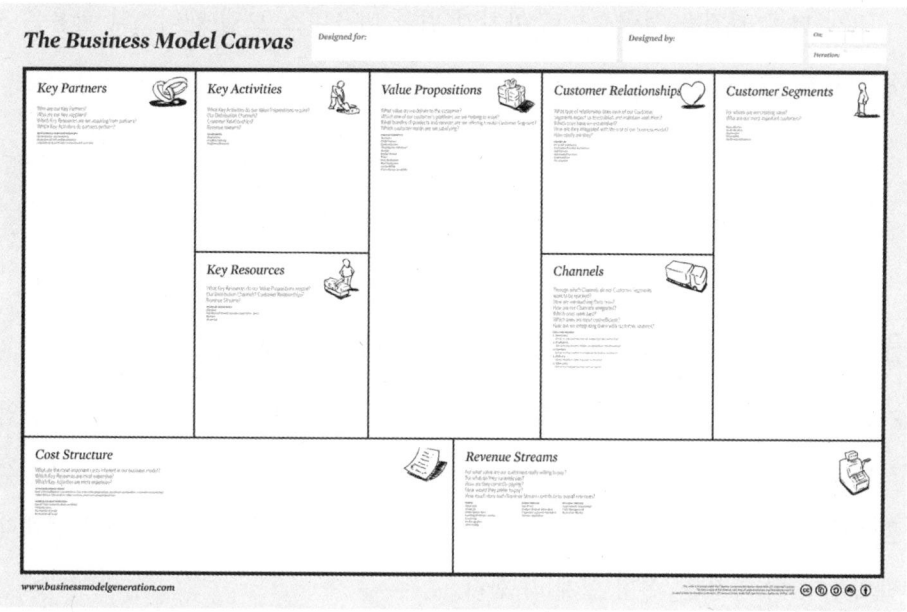

그림 2.2 비즈니스 모델 캔버스

고객 개발 과정을 진행하는 스타트업은 비즈니스 모델 캔버스를 평가표로 사용한다. 9개 구성 요소의 각 가설을 쓰고, 창업가가 알아낸 사실에 비춰 가설을 수정한다. 첫 번째 비즈니스 모델 캔버스는 가설에 대한 생각으로 시작하지만, 고객을 직접 만나거나 온라인으로 소통하면서 가설이 정말 사실인지 반드시 확인해야 한다. 가끔 고객이 비즈니스 모델의 요소에 대한 가설을 거부하는 경우가 있다. "소매점에서 사겠다", "내게 필요한 기능이 없다"와 같이 반응한다. 고객이 비즈니스 모델 가설을 수용하는지에 따라 기업은 고객이 수용한 가설을 채택하거나 개선을 위해 비스니스 모델을 전환해야 한다.

비즈니스 모델 캔버스를 활용하면 어떤 요소를 어떻게 전환할지 파악하기 용이하다. 대안과 변경 사항을 한눈에 볼 수 있기 때문이다. 창업가는 고객 피드백을 바탕으로 반복이나 전환을 거치고(원칙4 참고), 변경 사항이 반영된 새 비즈니스 캔버스를 그린다. 시간이 지나 여러 장의 비즈니스 캔버스가 모이면, 비즈니스 모델의 진화를 기록한 앨범이 된다. 애자일 정신의 스타트업이라면 기업 공개 시점 IPO-celebration에는 두께가 약 15cm는 될 것이다. 불태우며 자축하라.

깨달음으로 가는 길: 고객 개발 모델 83

고객 발굴 과정을 성공적으로 마치기 위한 비즈니스 모델 캔버스의 활용은 3장에서 설명한다.

> ✥ 가설은 '추측'을 그럴듯하게 포장한 단어다.

원칙 6: 가설을 검증하고자 실험과 테스트를 설계하라

가설은 '추측'을 그럴 듯하게 포장한 단어다. 가설이 사실임을 확인하려면 창업가는 현장으로 나아가 고객을 통해 검증해야 한다. 어떻게 검증할 수 있을까? 검증에서 무엇을 배워야 할까? 검증과 학습을 하려면 신중한 테스트 계획과 설계가 필요하다. 이 과정을 '실험 설계'라 한다.

고객 개발 실험은 빠르고 간단하며, 객관적인 유효성 검증 과정이다. 제품을 원하는 고객의 강한 신호와 열망을 찾는 게 목적이다. 12명의 고객 중 5명이 "설사 버그가 있더라도 난 이 제품이 당장 필요해"와 같이 말한다면 충분히 강한 신호다. 초기 검증이 반드시 정밀하게 이뤄질 필요는 없다. 다만 충분히 만족스러운 신호를 찾아야 한다.

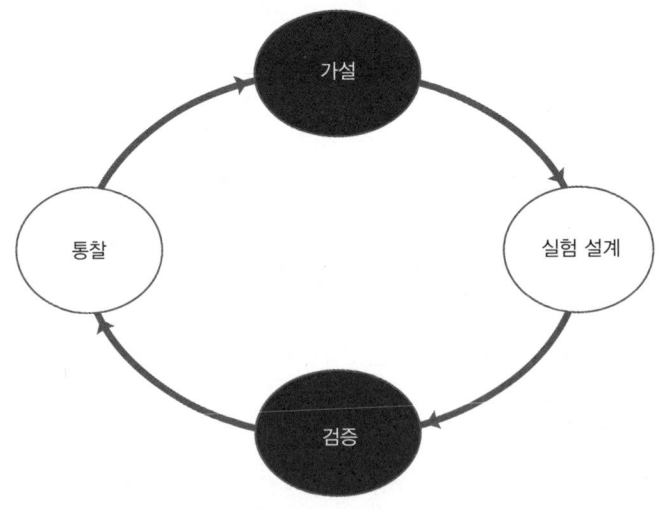

그림 2.3 고객 개발에서 통찰을 얻는 과정

다음 단계를 위해 '어떤 통찰이 필요한지' 생각해보라. 또 통찰을 얻고자 '가장 단순한 테스트가 무엇인지' 생각해보라. 마지막으로 '가장 단순한 테스트를 어떻게 설계할 것인지' 생각해보라.

개발 분야의 창업가가 하는 실수 중 하나는 실제 코드와 하드웨어, 제품이 테스트에 필요하다고 여기는 것이다. 하지만 대부분의 경우 목업 페이지, 데모 사이트, 시제품 정도면 훌륭한 학습이 가능하다.

원칙 7: 시장 유형에 맞춰라. 시장 유형에 따라 모든 게 바뀐다

이 책에서 얻어야 할 뛰어난 통찰 중 하나는 스타트업이라고 해서 다 같지 않다는 점이다. 중요한 차이점은 스타트업의 신제품과 시장간의 관계다. 제품과 시장간의 관계는 보통 다음과 같다.

- 신제품으로 기존 시장 진입
- 신제품으로 새로운 시장 창출
- 신제품으로 기존 시장에 진입하면서 다음의 전략 추구
- 저비용 전략으로 시장 재분류
- 틈새 전략으로 시장 재분류
- 다른 나라의 성공적인 비즈니스 모델을 복제

전통적인 신제품 출시 전략은 기존 시장에서 고객, 채널, 시장 등을 이미 알고 있는 알려진 비즈니스 모델로 제품을 출시하는 경우에만 유효하다. 지난 수십 년간 창업가들이 혼란을 느낀 것은 이 때문이다. 대부분의 스타트업은 기존 시장을 목표로 하지 않는다. 새 시장을 목표로 하거나 기존 시장을 재분류하므로, 누가 고객이 될지 모른다. 이러한 유형의 스타트업은 확장과 반복이 가능한 비즈니스 모델을 탐색해야 한다.

시장 유형이 기업의 활동 전반에 영향을 준다.

시장 유형이 기업의 활동 전반에 영향을 준다. 전략과 전술은 특정 시장 유형에 대한 것이라 다른 시장에서는 통하지 않는다. 시장 유형에 맞는 고객 피드백, 고객 모집 방법과 예산이 있다. 시장 유형에 따라 제품의 출시 전략, 채널, 기업의 활동뿐 아니라 고객 요구사항, 전환율, 제품 기능, 포지셔닝에 이르기까지 완전히 다른 고객 탐색, MVP, 영업과 마케팅 전략이 필요하다.

기존 시장: 기존 고객이 있으며, 마케팅이 상대적으로 쉽다. 사용자 역시 시장 상황을 알고, 자신에게 중요한 요소가 무엇인지도 안다. 새 제품과 서비스는 주기가 빠르며, 기능을 개선, 저렴한 가격이나 고객 편의를 위한 기능을 향상시킨다. 사용자, 시장, 경쟁자가 분명하다. 그리고 제품과 기능을 경쟁사의 것과 차별화하면서 경쟁이 이루어진다.

새로운 시장: 기업은 전에 없던 것을 만들어 고객이 전에 할 수 없었던 일을 가능하게 해준다. 이는 극적으로 새로운 사용자 층을 확보하는 비용을 매우 낮출 수도 있다. 글자 그대로 새로운 시장은 아직 고객이 없다. 고객이 제품으로 무엇을 하고, 제품을 왜 사는지 아무도 모른다. 제품을 아는 고객이 없고, 시장의 존재가 불확실하고 불분명하다. 따라서 고객 의견을 얻고, 수요를 만드는 것이 어렵다.

새로운 시장에서는 시장에서의 경쟁력보다 큰 규모의 잠재 고객이 있는지, 고객의 구매를 이끌어낼 수 있는지가 관건이다. 새로운 시장에서 전통적인 창업가의 흔한 실수는 영업, 마케팅에 막대한 예산을 쓰고, 기존 시장의 고객에게 통하던 판매 방식을 그대로 쓰는 것이다. 새로운 시장에서는 안 통한다. 새로운 시장과 기존 시장의 구분이 시장 유형 파악의 핵심이다.

기존 시장의 재분류: 시장을 주도하는 기업에 정면으로 도전하기 어려운 경우에 유용하다(아마존, 페이스북, 마이크로소프트 등). 시장 재분류 전략은 시장과 고객에 대한 이

해가 필요하다. 시장 지배자가 놓친 기회를 노리는 게 이상적이지만, 대개 저비용 전략이나 틈새 전략을 많이 쓴다. 재분류는 차별화와 다르게 고객 취향의 다른 지점을 공략해 독특하고 소중한 것에 대한 가치를 환기시킨다.

저비용 전략은 글자 그대로 상대적으로 저렴한 가격에 괜찮은 수준의 제품을 출시한다. 기존 시장에서 저가 보급형 제품을 구매할 고객이 있는지가 관건이다.

틈새 전략은 기존 시장을 살펴, 특정 요구사항에 맞춘 새 제품을 출시했을 때 구매 수요가 있는 고객 세그먼트가 있는지 검토한다. 틈새 시장이 어느 정도 규모가 되어야 새로운 제품의 개성이 기존 시장의 판도를 바꾸는 혁신이 가능하다. 기존 시장의 재분류에 대한 다른 방법론을 보려면 김위찬과 르네 마보안의 저서 『블루 오션 전략』(교보문고, 2005)을 참고하라.

기존 비즈니스 모델 복제: 특정 국가에서 효과가 증명된 비즈니스를 다른 나라에 출시하는 강력한 기법이다. 러시아, 인도, 인도네시아, 브라질, 일본, 중국처럼 내수 시장이 크고, 언어와 문화 장벽이 높은 국가의 스타트업이 활용할 수 있다. 미국에서 성공한 비즈니스 모델을 수정, 차용, 복제를 통해 자국 언어로 번역하고, 자국의 구매 성향에 맞춘다. 이들 나라로부터의 아이디어는 미국으로부터 복제된다.

예를 들면 중국의 바이두^{Baidu}, 러시아의 얀덱스^{Yandex}는 그 나라의 구글이다. 큐존^{Qzone}, 렌렌^{RenRen}, 펑요우^{PengYou}, 카이신^{Kaixin}은 중국의 페이스북이고, 브칸탁테^{Vkontakte}와 오드노클라스니키^{Odnoklassniki}는 러시아의 페이스북이다.

스타트업은 일반적으로 4가지 시장 유형 중 하나를 택해 전념해야 한다. 시장 유형을 잘못 택하면 고객 창출 단계에서 심각한 문제가 생긴다. 시장 유형을 맞게 택했는지는 나중에 알 수 있지만, 시장에 대한 가설을 세우는 것 자체가 초기 고객 발굴에 도움이 된다. 진입할 시장 유형을 결정하는 과정은 3장에서 자세히 설명한다.

> ❖ 현금 소진율, 현금 소진까지 남은 개월 수 등 측정할 수 있는 몇 가지 재정 지표가 있다.

원칙 8: 스타트업은 기존 기업과 다른 지표를 쓴다

기존 기업은 수세기에 걸쳐 활용해온 성과 지표가 있다. 손익 대차 대조표, 현금 유동성 예측과 비즈니스 환경 분석, 이외의 이익 지표 등이다. 스타트업이 언젠가 충분히 크게 성장하기를 희망한다. 불과 얼마 전까지 스타트업은 성과 지표를 도구로 사용했다. 다른 방법을 몰랐기 때문이다. 하지만 이제는 안다. 스타트업은 정해진 계획의 실행 정도를 살피는 기존 기업의 성과 지표가 통하지 않는다. 추측과 가설을 확실한 사실로 바꾸는 과정에 초점을 둔 스타트업만의 지표가 필요하다. 이사회와 경영진은 전체 비즈니스 모델이 확장 가능한 기업될 수 있을 때까지 모든 가설을 지속적으로 검증하고 측정해야 한다.

스타트업에서 시작한 기업의 경영진과 투자자는 분명히 알 것이다. 스타트업만의 지표가 무엇보다 중요하다. 업무의 지침이며, 현 상황을 보는 계기판이다. 처음에는 손익 계산서, 현금 유동성, 대차 대조표가 이사회 회의의 주요 안건이지만, 결국은 새로운 지표가 주요 안건이 된다.

스타트업의 지표는 유효성 검증과 반복이 제대로 이뤄졌는지 파악하는 수단이다. 다음을 살펴야 한다.

- 고객의 문제와 제품의 기능이 적절한가?
- 최소한의 기능이 고객의 반응을 이끌어 냈는가?
- 누가 실제 고객인가? 가치 제안, 고객 세그먼트, 채널 등 고객에 관련된 초기 가설이 사실인지 고객과 직접 소통해서 확인했는가?
- 고객 검증에서 '평균 주문량, 고객 생애 가치, 첫 주문까지 걸리는 평균 시간, 영업과 판매망 확장 속도, 결제 전환율 향상 정도, 판매 직원 1인당 매출'을 파악했는가?

통계 지표에 몇 개의 재무 지표를 더하면 스타트업의 이사회는 현금 소진율, 현금 소진까지 남은 개월 수, 단기 고용 계획, 손익 분기점 도달까지 걸리는 시간 등을 완전히 파악할 수 있다.

> ❖ 믿음이 아닌 사실에 기반을 둔 결정을 하라.

원칙 9: 빠른 의사 결정, 순환 주기, 속도, 박자를 중시하라

스타트업은 속도가 중요하다. 스타트업이 가진 유일한 사실은 통장 잔고가 매일 줄어든다는 것이다. 원칙 4에서 설명한 반복과 전환에 시간이 얼마나 걸릴지 모른다. 당연히 빠르면 빠를수록 좋다. '학습, 개발, 전환'과 '반복, 개발'의 주기를 더 빠르게 하면 현금이 바닥나기 전에 확장할 수 있는 비즈니스 모델을 찾을 가능성이 커진다. 반대로 너무 느리면 현금이 바닥나고 결국 파산한다. 속도를 늦추는 가장 큰 걸림돌은 정신적 피로다. 실책을 인정하고, 자잘한 전략적 실패를 겪으면 계속 지친다.

전환과 반복이 현장의 속도에 영향을 주는 것처럼, 마찬가지로 회사 안에도 속도에 영향을 준다. 스타트업의 결정 대부분은 불확실한 상황에서 이뤄진다. 개발, 고객, 경쟁사에 대한 문제 등 거의 모든 것이 불명확하고 불완전하다. 따라서 창업가는 답을 찾겠다고 너무 무리하면 안 된다. 그렇다고 회사의 운명을 걸고 도박하라는 뜻은 아니다. 감당할 수 있는 수준의 위험을 받아들이고, 빠르게 시도하라는 의미다. 물론 믿음이 아닌 사실에 기반을 둔 결정을 해야 한다. 끊임없이 결정을 내리고 시행하는 회사가 가장 확실하고, 결정적인 경쟁 우위를 갖기 마련이다.

> ❖ 스타트업은 현장에 가서 보고 회의를 마치기 전까지는 돌이킬 수 있는 결정만을 해야 한다.

스타트업의 결정은 2가지 종류가 있다. 돌이킬 수 있는 결정과 돌이킬 수 없는 결정이다. 돌이킬 수 있는 결정은 제품의 기능이나 새 연산을 코드에 추가하거나 빼고, 목표한 특정 고객을 더하거나 제외시키는 결정이다. 잘못된 결정으로 판단되면 어느 정도의 시간을 들여 복구할 수 있다. 돌이킬 수 없는 결정은 직원을 해고하고, 제품을 출시하거나 비싼 사무실을 장기 임대하는 결정으로, 이는 복구가 어렵거나 아예 불가능하다.

스타트업이 반드시 지켜야 할 규율은 현장에 가서 보고, 회의를 마치기 전까지는 돌이킬 수 있는 결정만을 하는 것이다. 완벽한 결정은 불가능하며, 쓸모도 없다. 더 중요한 것은 추진력과 사실에 기반을 둔 꼼꼼한 피드백 수집으로, 더 빨리 파악해 나쁜 결정을 바꾸는 능력이다. 대기업이 결정을 내리기 위해 위원회를 소집하고, 그 밑에 분과 위원회를 두어 회의 날짜를 잡는 동안 대부분의 스타트업은 이미 20개의 결정을 한 뒤 5개는 버리고, 15개를 시행한다.

빠르게 결정하는 것도 일종의 공식이 있다. 애자일에 기반한 스타트업들은 박자 기법을 숙지한다. 회사의 전 단계에서 꾸준히 빠른 결정을 하는 빠른 속도, 잦은 박자가 스타트업 DNA의 필수 요소다. 성공한 스타트업이 결정을 내리는 속도는 대기업보다 10배는 빠르다.

원칙 10: 열정이 가장 중요하다

열정적인 직원이 없는 스타트업은 시작할 때부터 죽은 것과 마찬가지다. '스타트업 인재'는 남다르다. 생각하는 것부터가 다르다. 일을 잘하는 대부분의 사람들은 생계와 직업적 성취, 가족과 자신의 삶을 위해 일하며, 정해진 일을 굉장히 잘한다. 이 정도면 대부분에게 훌륭한 삶일 것이다.

역사적으로 성공한 스타트업의 대부분은 성공을 이끈 남다른 인재가 있었다. 이런 스타트업 인재는 전 세계 인구 중 극히 소수다. 예측할 수 없는 혼돈과 불확실성에 익숙하다. 혼돈과 불확실성에 구애받지 않고, 빠른 결정을 한다. 이들은 시간에 상관하지 않고 일한다. 일과 직업이 곧 삶이다. 업무 시간은 오전 9시부터 오후 5시까지가 아니라 매일 24시간이다. 이런 스타트업 인재는 빠르게 성장하고 매우 성공적이며 확장할 수 있는 스타트업에서 찾을 수 있다.

❖ 스타트업에는 불확실성, 혼돈, 변화를 받아들일 수 있는 경영진이 필요하다.

원칙 11: 스타트업의 직책은 대기업의 직책과 다르다

기존 기업의 직책은 비즈니스 모델을 실행하고자 맡은 역할을 반영한다. 가령 '영업'에 관련된 직책은 인지도 있는 제품을 가격, 표준 약관, 조건, 계약 사항이 명시된 공식 자료를 활용해 충분히 파악된 고객 층에게 판매하는 역할을 맡는다. 기존 기업의 '영업직'은 이미 아는 정보를 활용해 실행하는 역할이다.

스타트업에는 대기업과 완전히 다른 경영진이 필요하다. 스타트업의 경영진은 불확실성, 혼돈, 변화를 받아들일 수 있어야 한다. 공식 자료, 제안이 매일 수정되고, 제품도 자주 바뀐다. 떠들썩한 성공이 아니라 실패로부터 배우고 깨달아야 한다. 다음의 특징을 가진 '별종'이 필요하다.

- 배우고 탐구하고자 하는 자세인가? 호기심이 많고, 탐구적이며, 창조적이어야 한다.
- 반복, 확장할 수 있는 비즈니스 모델을 찾으려고 열심인가?
- 잦은 수정, 방향과 목적지가 불분명한 경영에 대응할 만큼 충분히 애자일 문화를 받아들였는가?
- 하루에도 몇 번씩 바꾸고, 다른 방법을 써볼 준비가 되었는가?
- 실패를 통한 깨달음과 반복을 하기 위해 실패를 받아들이고, 맞이할 준비할 자세가 되었는가?

스타트업에서는 실행에 초점을 맞춘 영업, 마케팅, 비즈니스 개발 등의 전통적인 직책 모두를 고객 개발팀으로 통합해야 한다. 초기의 고객 개발팀은 스타트업의 창업가로 이루어진다. 고객을 만나 충분한 통찰을 얻어 MVP를 만들어야 한다. 고객 검증 단계에 접어들면 고객 개발팀은 '판매 담당자'를 충원하고, 초기 판매와 주문을 성사시키는 역할을 맡긴다. 판매 담당자의 역할은 전통적인 영업 총괄 책임자와 다르다. 고객 검증을 성공적으로 마치려면 다음의 요건이 필요하다.

- 고객의 거절과 제품, 제품 소개, 가격 등 어떤 부분이 문제인지 이해하고 경청할 수 있는 능력이 있어야 한다. 목표 고객을 잘못 택한 경우는 아닌지 판단할 수 있어야 한다
- 고객과 개발팀 사이를 오가며 조율한 경험이 있어야 한다.
- 방향과 목적지가 불분명하고 끊임없는 변화 상황에서도 자신감을 유지해야 한다.
- 고객의 눈높이에 맞춰 고객이 어떻게 일하고, 어떤 문제가 있는지 이해하는 능력이 있어야 한다.

위 요건은 훌륭한 기업가를 검증하는 데도 괜찮은 문항이다.

원칙 12: 필요할 때만 쓰고 아껴라

고객 개발의 목표가 돈을 안 쓰는 것은 아니지만, 반복, 확장할 수 있는 비즈니스 모델을 찾기 전까지 보유한 현금을 유지해야 한다. 대신 적절한 비즈니스 모델을 찾은 뒤에는 막대한 예산을 집행한다. 다음은 각 단계에 대한 설명이다.

현금 보존 단계: 닷컴 버블과 벤처 열풍이 극에 달했을 때 스타트업의 예산은 끝이 없었다. 더 많은 돈을 써 시행착오를 반복하며 점차 개선해도 무방했다. 하지만 지금은 다르다. 예산이 제한되어 있고, 시행착오를 바로 잡을 돈은 없다. 낭비를 줄이는 게 정말 중요하게 됐다. 고객 개발 과정에서도 낭비를 줄여 보유한 현금을 유지해야 한다. 창업가가 가설을 사실로 확인하고, 적절한 제품과 시장의 조합을 찾기 전까지 영업과 마케팅 담당자를 고용하지 말라.

탐색 단계: 초기의 회사, 비즈니스 모델이 순전히 가설에 기반한 것이며, 사실이 아니다. 창업가가 현장에 나가 가설을 실제 고객의 정보로 만들어야 한다. 고객

개발, 고객 검증 방법론의 핵심은 '현장으로 나가라$^{\text{get out of the building}}$'는 신조 및 빠른 반복과 전환이다.

> ❖ 반복, 확장할 수 있는 비즈니스 모델을 찾기 전까지 보유한 현금을 유지하라.

반복할 수 있는 단계: 이사회 임원의 연줄, 단발성 기술, CEO가 만든 큰 기회 등을 활용해 제품을 팔 수 있다. 물론 대단한 일이지만, 영업팀에 의해 지속할 수 있는 방식은 아니다. 일회성 수익에 그칠 게 아니라 영업팀이 이 방식을 배워 다시 반복할 수 있어야 한다. 영업팀이 고객에게 제품을 팔 수 있거나 고객이 꾸준히 웹 사이트를 방문하도록 해야 한다.

확장 가능한 단계: 이때부터는 한 명의 고객을 확보하는 데 그치지 않고, 많은 고객을 모아 매출과 수익을 올리는 게 목표다. 다음을 검증해야 한다. 영업 담당자를 늘리고 마케팅 예산을 늘리면 투자 대비 수익(또는 사용자 수, 클릭 수)이 얼마나 증가하는지, 고객 구매에 누가 영향을 미치는지, 제품을 누가 추천하는지, 구매 결정을 누가 내리는지, 구매력 있는 고객이 누구인지, 이런 종류의 제품을 위한 예산은 어디에 있는지, 고객 모집 비용은 얼마인지 등이다. 반복, 확장할 수 있는 판매 방법을 확인하는 고객 검증 단계에서 할 일이다. 고객 검증은 고객 개발에서 가장 중요한 단계다. 스타트업의 예산이 바닥나기 전에 목표 고객에게 제품을 판매할 방법을 배워야 한다.

> ❖ 일회성 수익이 아닌 지속할 수 있는 수익화 방안을 찾아라.

비즈니스 모델: 기업이 돈을 버는 방법에 대한 근원적인 질문의 답이다. 유료 제품이나 서비스일 수도 있지만, 부분 유료화일 수도 있다. 부분 유료화라면 사용자나 다른 무언가를 모으는 방식인가? 고객은 누구인가?

대대적인 예산 집행: 투자를 받은 스타트업의 목표는 생계를 위한 자영업이 아니다. 스타트업의 목표는 확장이다. 투자한 것의 10배 이상을 목표한다. 예산의 집행 시점은 경영진과 이사회가 반복, 확장할 수 있는 판매 방식과 적절한 제품과 시장 유형을 찾았다고 판단하는 때다. 최종 소비자의 수요를 만들고, 고객을 세일즈 채널로 모으고자 예산을 투입한다.

원칙 13: 배운 것을 소통하고 공유하라

고객 개발의 핵심 철학은 고객 개발에서 얻은 '학습과 발견'을 공유하는 것이다. 현장에서 배운 모든 것을 직원, 공동 창업가, 투자자와 나눈다.

정보를 공유하는 기존의 방법은 주간 회의에서 사내에 공표하거나 이사회 회의에서 비즈니스 모델의 탐색 진척도를 투자자들에게 안내하는 정도였다. 하지만 21세기의 기술 발전 덕에 전혀 다른 방법이 생겼다. 이제 새로 배운 것을 거의 즉시 원하는 누구에게나 전할 수 있다.

창업가에게 강력히 추천하건대 3장에서 설명한 고객 발굴 과정을 실천하며, 모든 활동을 블로그, 고객 관리 프로그램, 제품 관리 도구 등에 기록하고 공유하라. 고객 발굴 과정에서 겪은 이야기, 스타트업을 막 시작할 때의 가설을 기록하고, 팀과 얘기한 사람, 그때 받은 질문, 수행한 검증 내용, 배운 것, 자문과 투자자에게 받은 질문 등을 쓰면 된다. 번거롭게 보이겠지만, 막상 해보면 자문 위원회 구성원과 커피를 마시는 것보다 적은 시간이 든다. 외부와의 소통 창구가 생겨 밖에서 회사의 발전 과정을 볼 수 있다. 외부로부터 필요한 제안과 중요한 조언을 얻을 수도 있다.

원칙 14: 성공적인 고객 개발은 합의에서 시작한다

고객 개발의 '학습과 탐색' 철학은 계획대로 실행하는 업무를 해온 기존의 창업가, 개발자, 투자자에게 대단히 혼란스러울 수 있다. 성공적인 고객 개발을 하려면 투자자, 모기업, 개발자, 마케터, 창업가 등 구성원 모두가 고객 개발이 기존의 방식과 근본적으로 다르다는 것을 이해하고 받아들여야 한다. 개발 부문 총책임자가 폭포수 개발 방법론을 주장하거나 이사회가 빠듯한 일정을 요구하면, 고객 개발은 실패할 수밖에 없다. 고객 개발을 성공하려면 구성원 모두가 고객 개발의 방식을 인정해야 한다. 비즈니스 모델 탐색은 혼란스럽고 일관되지 못한 과정이며, 마치는 데 몇 년이 걸릴 수 있다

> ❖ 고객 개발 과정은 기존의 방식과 근본적으로 다르다.

고객 개발은 스타트업의 모든 것을 바꾼다. 행동, 성과, 지표를 달리하고, 성공 가능성을 높일 수 있다. 고객 개발은 사업 계획상의 수익 모델을 준비하는 동안 '덤으로 하면 좋은 것'이 아니다. 고객 개발은 도약이 필요한 시점마다 잦은 반복과 전환을 통해 비즈니스 모델을 새롭게 창조하고 발전시킨다. 창업가는 고객 개발을 시작하기 전에 팀과 이사회가 고객 개발에 전념하게 만들어야 한다. 구성원 모두가 고객 개발이 반복적이고 필수적이며 가치 있는 일이라는 사실에 동의하고 중간에 기준점이나 지표가 바뀔 수 있다는 점도 이해해야 한다.

"제품의 사양을 이미 정했다", "개발이 이미 시작되어, 기능을 변경할 수 없다", "이미 설비를 다 만들었다("영업팀을 이미 조직했다" 혹은 "홍보 자료를 이미 만들었다" 등)", "목표 수치를 달성하려면 지금 출시해야 한다" 등의 말은 통하지 않는다. 성공적인 고객 개발을 하려면 허황된 사업 계획의 실행을 강조하는 과거의 방법론을 잊어야 한다. 비즈니스 모델을 탐색하는 과정에서의 학습, 탐색, 실패, 반복에 반드시 집중해야 한다. 고객 개발을 시작할 준비가 되었다면 이 책이 방법을 알려줄 것이다.

고객 개발 과정 정리

고객 개발 과정은 성공한 스타트업의 모범 사례와 같다. 웹 기반의 비즈니스는 고객을 찾는 동시에 지속적인 고객 의견을 얻어 제품을 개선하지 않으면 실패하고 만다. 고객 개발의 빠른 주기, 고유의 저 예산 정책 덕에 잔고가 바닥나기 전에 더 많은 전환, 반복을 시도할 수 있어 성공 가능성이 커진다. 수익 모델을 찾고, 회사의 발전을 모색하는 기업가에게 고객 개발을 소개하라. 분명 효과를 인정할 것이다.

고객 개발의 각 단계에는 달성해야 할 개별 과제가 있지만, 전체를 포괄하는 가장 중요한 목표는 하나다. 자본금을 다 쓰기 전에 반복, 확장할 수 있고, 돈을 버는 비즈니스를 찾는 것이다. 이를 달성하면 초기에 세운 일련의 가설이 수익화 수단으로 탈바꿈한다.

> ❖ 고객 개발은 지독하게 힘들다. 거저 이룰 수 없다.

고객 개발은 지독하게 힘들다. 거저 이룰 수 없다. 순식간에 해치우거나 주말에 거든다고 될 일이 아니다. 매일 전력투구해야 하는 스포츠와 같다. 스타트업의 성장 방식을 바꾸는 데는 오랜 노력이 필요하지만, 성공 가능성만큼은 충분히 높여줄 것이다.

2부

1단계: 고객 발굴

3장 * **고객 발굴 소개**

4장 * **고객 발굴 1단계:** 비즈니스 가설 도출

5장 * **고객 발굴 2단계:** 문제를 알아내려면 현장으로 나가라, 관심을 보이는가

6장 * **고객 발굴 3단계:** 현장으로 나가 제품 솔루션을 테스트해라

7장 * **고객 발굴 4단계:** 비즈니스 모델 검증과 전환, 진행

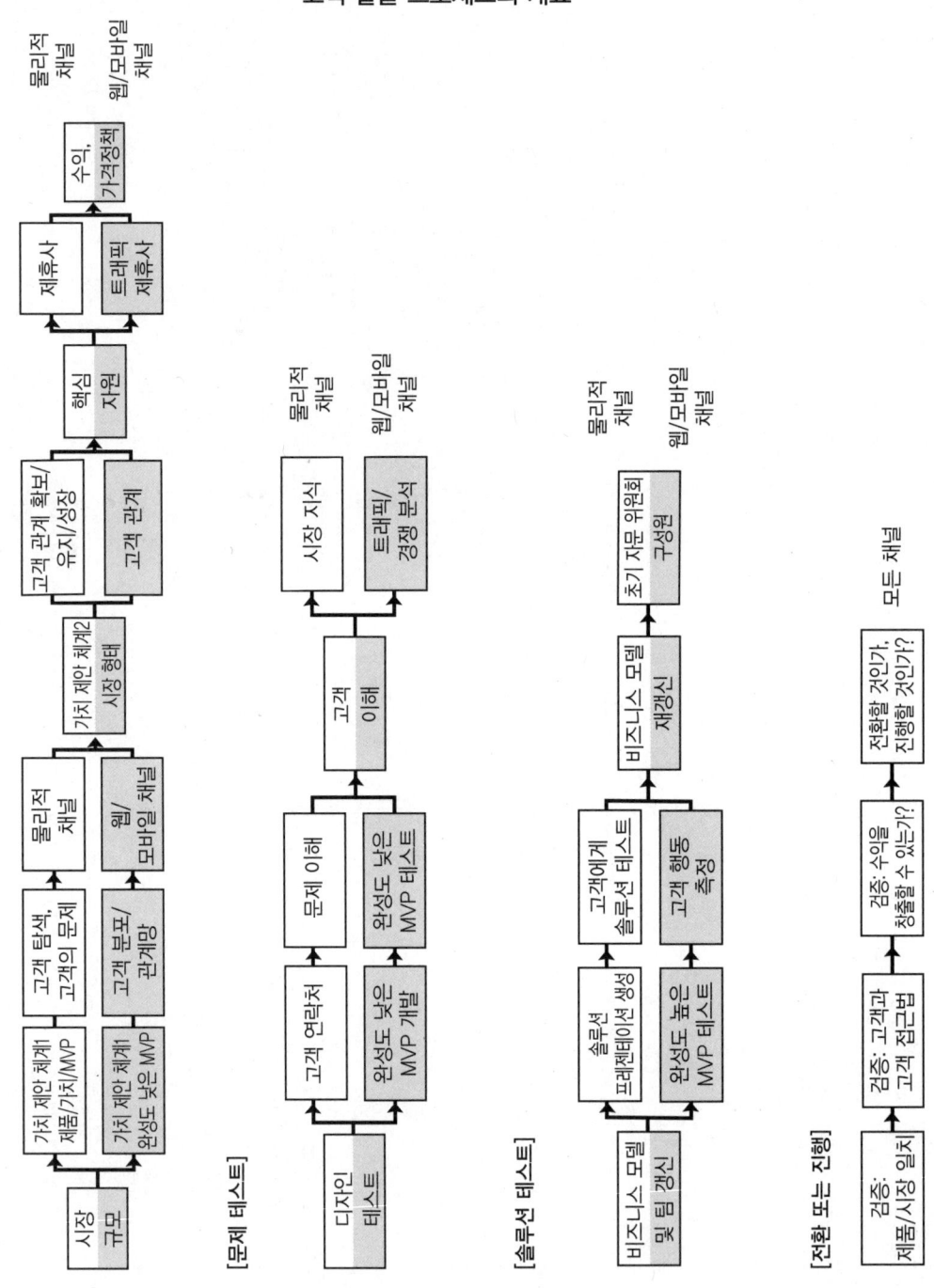

3장

고객 발굴 소개

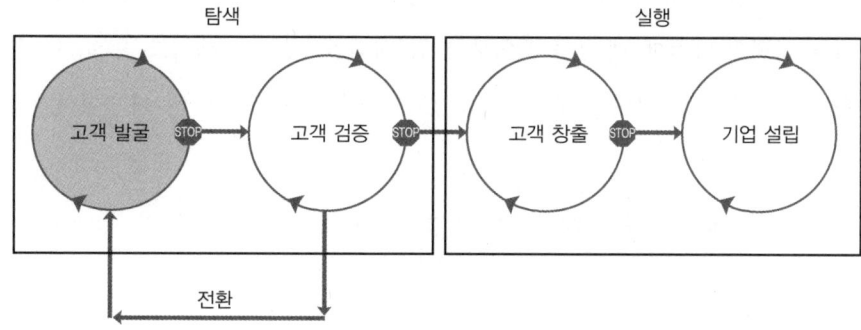

고객과 만나는 순간 어떤 사업 계획도 통하지 않는다.
- 스티브 블랭크

천리 길도 한 걸음부터
- 노자

이리듐은 역사상 가장 큰 규모의 도박성 사업 중 하나다. 대담하게 52억 달러가 투자되었다. 이리듐은 모토롤라가 설립했고, 18개 글로벌 기업이 참여했다. 목표는 모바일 통신망의 '전 지구화'였다. 통신 중계탑이 없는 바다 한 가운데에서부터 아프리카의 정글 산 꼭대기까지 통신망을 확대하려 했다.

'세상에 없던' 사업 계획을 세웠다. 러시아, 미국, 중국에서 15개의 로켓을 사서 72개의 통신 위성을 발사했다. 위성이 약 800km 상공에서 통신 중계탑 역할을 해 통신망 범위를 전 세계로 확대할 계획이었다. 이리듐 설립 7년 후 통신 위성이 완비됐고, 1998년에 첫 번째 통화가 이뤄졌다. 하지만 불과 9개월 뒤 이리듐은 파산보호를 신청했다. 이리듐 사업은 역사상 가장 큰 규모의 실패 중 하나로 손꼽히고 있다. 무엇이 잘못된 것일까?

1991년 이리듐이 설립됐을 때 전 세계의 모바일 통신망은 턱없이 적고 불안정했으며 비쌌다. 휴대폰은 소풍 바구니만큼 컸다. 이리듐은 고객, 고객의 문제, 문제를 해결할 제품에 대한 추측으로 사업 계획을 세웠다. 세일즈 채널, 협력 관계, 수익 모델 등을 고려한 재무 추정을 했고, 곧 수익을 낼 것이라 예측했다.

> ❖ 사업 계획대로 실행했지만 역사상 가장 큰 실패 중 하나가 됐다.

이리듐은 구상에서 출시까지 7년이 넘게 걸렸고, 그간 많은 것이 바뀌었다. 모바일과 전화 네트워크의 혁신이 급속도로 이뤄졌다. 이리듐이 출시했을 때 모바일 통신망이 안 닿는 지역이 급감했다. 전통적인 휴대폰 기업이 세계 주요 도시에서 서비스를 제공하고 있었다. 휴대폰 크기가 훨씬 작아졌고 통신 요금도 그만큼 저렴해졌다. 반면 이리듐 위성 전화는 벽돌보다 크고 핸드폰보다 무거웠다. 그리고 차 안이나 건물 내에서 통화가 안 됐다. 위성과 직접 '연결'되어야 했기 때문이다. 일반적인 휴대폰 통화료는 분당 50센트 수준이었지만 이리듐은 분당 7달러였고, 단말기 가격만 3,000달러였다.

이리듐의 잠재 시장은 갈수록 줄었다. 세계 시장의 막대한 잠재 사용자 대신 비싼 돈을 지불하면서 제품의 수많은 한계를 참아줄 소수의 관심을 끌었을 뿐이다. 그러나 이리듐은 1991년까지 사업 계획을 가정하고 계획을 지속시켰다. 8년간의 사업 추진 기간 동안 50억 달러가 넘는 돈을 쏟아 부었지만, 다음의 핵심 질문 4개는 전혀 고려하지 않았다.

- 고객이 해결을 원하는 문제인지 검증했는가?
- 제품이 고객이 겪는 문제를 해결하거나 요구사항을 충족시켰는가?
- 위 2개를 만족한다면 지속가능하고 수익성 있는 비즈니스 모델인가?
- 제품을 출시하고 판매할 만큼 충분히 배웠는가?

위 질문의 답을 찾는 것이 고객 발굴의 첫 단계다. 이 장에서는 답을 찾는 방법을 설명할 것이다(20년 만에 파산한 이리듐이 회생했다. 투자자 그룹 하나가 2,500만 달러에 이리듐의 60억 달러 자산 모두를 샀다. 오랜 회생 과정을 거친 뒤 2011년 9월에는 50만 번째 고객을 축하했다).

> 고객은 사업 계획대로 행동하지 않는다.

고객 발굴 원칙

스타트업은 창업가의 비전으로 시작된다. 새로운 제품에 대한 비전, 고객이 겪는 문제를 해결하거나 요구사항을 충족시키는 서비스에 대한 비전, 많은 고객에게 어떻게 다가갈지에 대한 비전 등이다. 고객 발굴은 이리듐 사례처럼 수천억을 쓰고, 무의 상태로 돌아갈 위험을 줄여준다. 고객 발굴의 최우선 목표는 시장과 고객에 대한 창업가의 최초 가설을 사실로 바꾸는 것이다.

현장으로 나가라

사실은 현장에 있으며 고객은 그곳에서 살아간다. 따라서 고객 발굴의 핵심 사항 대부분이 현장에서 이루어진다. 며칠에서 한 주 만에 마치는 게 아니라 주기적으로 지속해야 한다. 몇 달까지는 아니지만 몇 주는 필요하다. 중요한 고객 발굴을 신참 직원에게 맡기면 안 된다. 반드시 창업가가 이끌어야 한다. 창업가 자신이 참여해야 스스로가 올바른 비전을 가졌는지, 망상에 불과한 것인지 판단할 수 있기 때문이다.

말은 쉽지만 기존 기업의 직원 대부분이 고객 발굴을 혼란스러워 한다. 대기업이 신사업을 추진할 때의 원칙과 상반되기 때문이다. 고객 발굴에서는 다음과 같은 원칙을 무시한다.

- 모든 고객의 필요와 요구를 이해해야 한다.
- 고객이 제품 구매 전에 고려할 만한 기능을 모두 취합해야 한다.
- 고객의 모든 요구사항을 제품 개발에 반영해야 한다.
- 구체적인 마케팅 요구사항을 제품 개발에 반영해야 한다.
- 포커스 그룹을 운영해 제품에 대한 고객 반응을 테스트하고, 구매 의사를 파악한다.

모두를 위한 제품이 아니라 소수를 타깃으로 하는 제품을 만들어야 한다. 고객의 존재 여부를 알기도 전에 제품을 개발하는 경우라면 더 그렇다.

> ✥ 스타트업의 첫날은 고객 의견이 있다고 해도 아주 제한적인 내용이다.

마케팅, 제품 관리팀의 경험 많은 임원은 고객 발굴을 혼란스럽고 모순적이며, 이단적이라 여긴다. "왜 모든 잠재 고객의 요구사항을 고려하지 않는가? 대기업의 신제품 출시와 스타트업의 첫 제품이 다를 게 무엇인가? 스타트업의 초기 고객이 무엇인데, 원칙이 바뀌는 것인가?"하는 의문을 갖는다.

문제와 해법 일치를 위한 탐색

고객 발굴은 문제와 해법 일치를 찾는 과정이다. 많은 사람이 충족을 원하는 요구사항이나 해결되기를 원하는 문제를 발견했는가? 제공하는 해법(제품, 웹 사이트나 앱 등)이 완벽하게 문제를 해결할 수 있는가?를 살펴봐야 한다. 그래서 스타트업의 가치 제안과 고객 세그먼트가 대상에 잘 맞는지 판단하는 것이 고객 발굴의 핵심이다.

앞 절에서 살펴본 것처럼 문제와 해법 일치는 사실상 동일한 의미로 종종 제품과 시장 일치로 부른다. 따라서 이 책에서는 '문제/해법'과 '제품/시장' 두 표현을 혼용할 것이다. 하지만 다면 시장에서는 다수의 가치 제안과 고객 세그먼트가 있음을 명심하라. 문제와 해법이 조화를 이루려면 수익 모델, 가격, 고객 모집 활동이 고객 요구사항과 잘 맞을 때 가능하다.

다수가 아닌 소수를 위한 제품을 개발한다

기존 기업에서 전통적인 제품 관리와 마케팅의 목표는 가능한 고객의 모든 요청을 취합해 시장요구사항명세를 만드는 것이다. 시장요구사항명세는 제품 관리,

마케팅, 판매, 개발간의 우선순위를 조정하는 데 쓴다. 마케팅이나 제품 관리팀에서는 포커스 그룹을 운영하고, 판매 데이터를 분석하며 고객의 요구나 불평을 살핀다. 여기서 얻은 정보에 기초해 추가 기능을 요청하고, 개발팀이 다음 제품 출시에 반영한다.

원래의 시장에 진입하는 기존 기업에서는 자연스러운 과정이지만, 스타트업에서는 바보짓이다. 스타트업은 대기업의 축소판이 아니다. 기존 기업은 고객과 고객의 정보를 충분히 갖고 있어 시장요구사항명세를 만들고, 개발에 반영하면 기존 시장의 고객에게 매력적인 제품을 만들 수 있다. 시장과 고객의 요구사항을 파악하고 있기 때문이다. 반면 초기 스타트업은 제품 기능 결정에 필요한 고객의 정보가 거의 없고, 일반적인 제품 기능의 제품을 만드는 초기 스타트업이 모을 수 있는 고객도 제한적이다.

스타트업의 첫 번째 제품은 주류 고객을 만족시키기 위한 것이 아니다. 어떤 스타트업도 주류 고객이 원하는 모든 기능을 한 번에 개발할 수 없다. 시장에 내놓기까지 수년이 걸리며 출시할 때는 구식이 되어 버린다. 성공적인 스타트업은 다른 식으로 난관을 극복한다. 비전에 동의하는 소수의 초기 고객에 초점을 맞추고, 개발과 초기 판매에 집중한다. 초기의 비전 있는 고객이 제품의 점진적 기능 추가에 필요한 의견도 제공한다.

> ✣ 얼리반젤리스트(earlyvangelist)는 초기 제품을 기꺼이 믿고 구매한다.

얼리반젤리스트: 가장 중요한 고객

얼리반젤리스트는 제품에 대한 좋은 소식을 친구, 가족, 동료에게 전파하는 열렬한 팬을 말한다. 종종 에반젤리스트^{evangelist}라 한다. 하지만 비전을 갖고 테스트되지 않은 미완성품을 사는 얼리어답터$^{early\ adopter}$를 위한 새 용어가 필요했다. 이들은 남들보다 경쟁력을 갖거나 자랑 거리를 만들고자 '최초'가 되길 원한다. 완전하고 테스트된 새 제품을 사는 '주류' 비즈니스와 제품의 고객과 달리 얼리반젤리스트는 스타트업의 초기 제품을 기꺼이 믿고 구매한다. 모든 산업에는 초기 제품을 기꺼이 믿고 구매하는 비전을 가진 소수가 있다.

스타트업 창업가의 실수 중 하나는 초기의 알파/베타 제품을 핵심 고객에게 선보일 기회를 놓치거나 무시하는 것이다. 제품을 구매해야 사용할 수 있는 단면 시장에서 얼리반젤리스트는 제품을 일찍 접하기 위해 기꺼이 돈을 쓴다. 고객이 그렇게 하지 않는다면 얼리반젤리스트가 아니다. 이런 고객의 구매 의사 정도를 파악하는 것이 고객 발굴의 중요한 요소다. 전체 구매 과정을 검증하는 데 활용할 것이다.

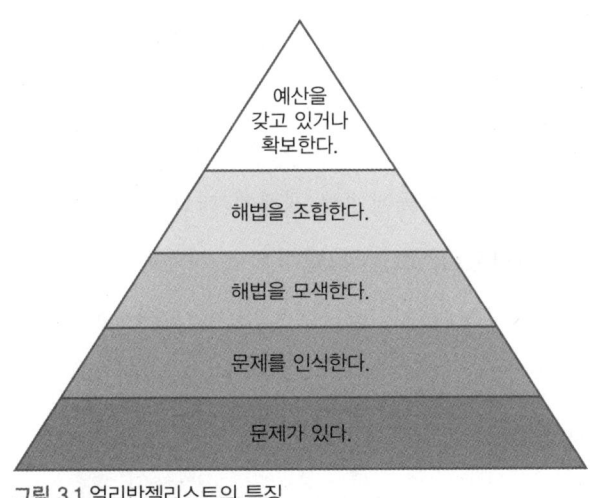

그림 3.1 얼리반젤리스트의 특징

→ 웹과 모바일 앱에서는 사용자와 구매자가 함께 존재하는 양면 시장을 종종 볼 수 있다. 이때 얼리반젤리스트가 사용자일 수도, 구매자일 수도 있다. 구매하지 않더라도 얼리반젤리스트는 자발적으로 나서 적극적으로 제품을 홍보한다.

> ❖ 얼리반젤리스트는 자발적으로 나서 적극적으로 제품을 홍보한다.

물리적 채널과 웹/모바일 채널 모두에서 얼리반젤리스트는 다음과 같은 일반적인 특징을 보인다(그림 3.1 참고).

- 문제나 필요성이 있다.
- 문제가 있음을 안다.
- 해법을 찾는 중이고 계획도 있다.
- 임시 조치를 했지만 문제를 해결하지 못했고, 여전히 심각하다.
- 해법을 얻기 위한 예산이 있고 쓸 준비가 됐다.

얼리반젤리스트의 특징을 고객의 욕구 단계에 비춰 보면 얼리반젤리스트는 이미 상위 단계의 욕구를 갖고 있다. 다음의 특징을 가진 사람은 얼리반젤리스트의 완벽한 후보자다. 문제의 해법을 찾는 중이며 직접 조치를 취한 적도 있다(회사에서 소프트웨어 솔루션을 구축하거나 집에서 식기, 전등, 청소기를 수리한다). 필요한 예산을 이미 가지고 있거나 구할 수 있다. 이들에게서 제품에 대한 피드백을 얻고, 초기 판매를 모색할 수 있다. 얼리반젤리스트는 자발적으로 제품을 홍보하고 비전을 알린다. 잠재적인 자문 위원회 후보이기도 하다(자문 위원회는 6장에서 자세히 살펴본다).

MVP를 먼저 만들어라

스타트업이 일반적인 주류 고객이 아니라 소수의 초기 고객을 위한 제품을 만들어야 한다는 것은 혁신적인 생각이다. 이때 필요한 것 역시 마찬가지로 혁신적이어야 한다.

> ❖ MVP의 목표는 최소 실현 가능한 기능을 구현하는 것이다.

막 시작한 회사는 매우 제한적인 고객을 모집한다. 모든 스타트업은 문제, 제품, 해법에 대한 비전을 가지고 있지만, 그게 정말 비전인지, 망상인지 알 수 없다.

초기 고객이 누구고 어떤 기능을 원하는지 전혀 모르기 때문이다. 그래서 창업가가 생각할 수 있는 모든 기능을 망라해 첫 제품을 만드는 것이 첫 번째 대안으로 보인다. 물론 그렇지 않다. 개발 리소스, 시간, 돈을 낭비할 뿐이다. 그렇게 개발된 대부분의 기능은 고객이 사용하지도, 원하지도 않는 불필요한 것이다.

다른 대안은 고객 개발팀이 적절한 의견을 제공하는 고객을 찾은 뒤 개발에 착수하는 것이다. 다만 여기에는 시간을 낭비할 수 있고, 부정적인 의견을 한 고객이 배제되는 문제가 있다. 세 번째는 좀 더 생산적인 접근이다. 창업가의 비전과 경험에 비춰 필요한 기능을 정한 뒤 점진적이고 반복적인 애자일 개발 방법론으로 제품의 핵심 기능을 만드는 것을 MVP라 한다.

고객 발굴의 목표는 검증이다. 고객의 문제를 제대로 이해했는지, 제시한 해법의 가장 중요한 핵심 기능이 고객의 사용이나 구매를 이끌어 내는지 살펴야 한다. 대부분의 고객은 완제품을 원한다. 따라서 얼리반젤리스트가 MVP의 완벽한 목표다. 초기 제품은 얼리반젤리스트의 요구를 충족시키는 데 집중하라. MVP에 관심이 없거나 만족하지 않는다면 충분한 수가 '좋다'고 할 때까지 반복과 전환을 거쳐라.

모든 기능을 갖춘 첫 제품을 출시하겠다는 생각을 점진적이고 반복적인 MVP로 바꾸는 것이 중요하다. 엔지니어는 제품을 더 크고 완벽하게 만들려는 경향이 있는데, MVP가 가장 중요한 필수 기능에 집중하는 것을 돕는다. MVP의 목표는 요구사항을 취합해 기능을 바꾸고 확장하는 게 아니라, 고객을 마주하고 고객의 문제를 제대로 이해해 해법의 핵심 기능을 파악하는 것이다. 그리고 나서 지속적으로 해법을 다듬어야 한다. MVP의 핵심 기능으로 고객을 확보하지 못한다면 고객이 원하는 기능을 제품 개발팀에 요청한다. 단 고객 개발 방법론에서 MVP의 기능 추가는 예외적인 것으로, 반복을 통해 이뤄져야 한다. 그래야만 제품 출시를 늦추고, 제품 개발팀을 미치게 하는 끝없는 기능 추가를 막을 수 있다.

➜ 웹과 모바일 MVP의 차이

웹과 모바일 비즈니스의 고객 발굴은 물리적 채널에서의 고객 발굴과 다르다. 온라인을 통한 확산은 면대면 상호작용에 비해 수백, 수천 배의 고객에게 닿을 수 있다. 고객 모집, 활성화, 유입 경로에 집중할 수도 있다. 웹과 모바일의 MVP는 더 빨리 만들고, 더 빨리 알릴 수 있어 고객 발굴 과정을 빠르게 한다. 제품을 고객에게 선보인 뒤 더 많이 테스트할 수 있고, 고객의 세부 정보를 얻기도 수월하다. 따라서 고객의 문제, 해법, MVP의 빠른 반복이 가능하다.

웹/모바일 스타트업의 경우 고객 발굴 과정에서 MVP가 어떻게 사용되는지 살펴본다.

단계	위치	활동	목표
고객 대면 준비	234페이지	- 완성도 낮은 MVP 개발 - 약간의 트래픽을 모아 MVP의 고객 모집	고객의 요구사항/문제에 대한 비전이 적합한지, 고객에게 얼마나 중요한 문제인지 확인
완성도 낮은 MVP의 유효성 테스트	251페이지	- MVP로의 트래픽을 늘려 사용자의 도달 수준과 반응 분석 - 고객과 면대면 관계 유지 - 향후 확장 가능성 확인	- 해결해야 하는 문제와 요구사항을 이해하고 해법 파악하기 - 고객의 반응 확인
완성도 높은 MVP 테스트	277페이지	- 본격적으로 더 많은 고객 모집하기 - 고객 활성화 속도 확인	- 고객이 제품, 사이트, 앱을 활용하거나 구매하는지 확인 (제시한 해법에 대한 검증) - 제품이 그들의 문제를 해결해 줄 것이라 확신하는, 충분히 열성적이고 열광적인 얼리반젤리스트 찾기
고객 모집을 위한 최적화	423페이지	정식으로 '오픈'해 본격적으로 고객 모집하기	고객 전략 최적화

그림 3.2 웹/모바일 제품의 MVP 활용

고객 발굴 지표로 비즈니스 모델 캔버스 사용

종종 기업의 비즈니스 모델이 사내에 제대로 공유되지 않거나 이해도가 떨어지는 경우가 있다. 고객 발굴 단계에서 알렉산더 오스터왈더의 비즈니스 모델 캔버스를 활용하면 기업이 어떻게 수익을 낼지 명확히 표현할 수 있다. 그림 3.3의 9개 블록은 특정 기업의 9개 요소로서 제품, 고객, 채널, 수요 창출, 수익 모델, 파트너, 자원, 활동, 비용 구조를 나타낸다(고객 개발 선언문에서 비즈니스 모델 캔버스를 설명했다).

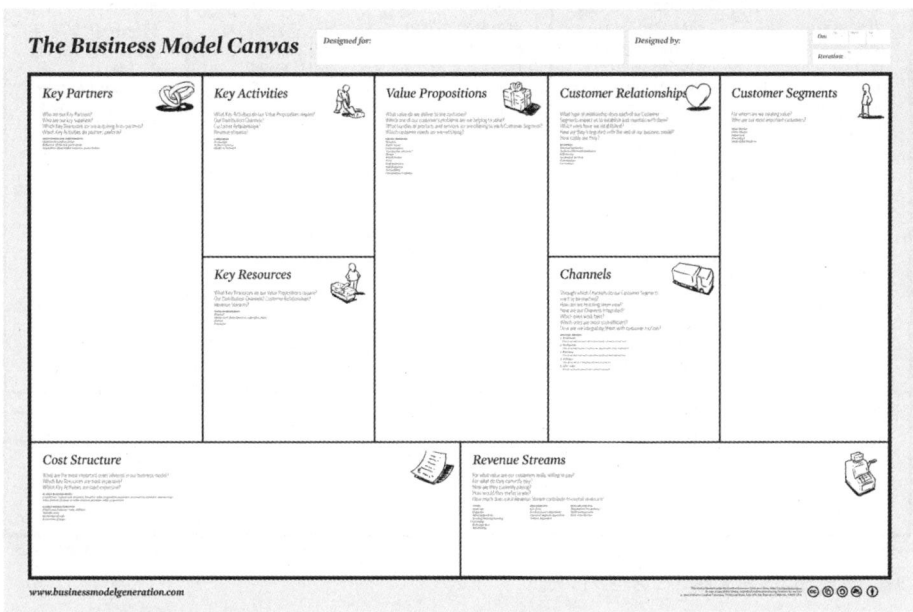

그림 3.3 비즈니스 모델 캔버스

비즈니스 모델 캔버스의 박스에 아래에 해당하는 내용을 간략하게 설명하겠다.

- **시장 규모** 기회의 크기
- **가치 제안(1차)** 제품/서비스의 혜택과 MVP
- **고객 세그먼트** 대상 고객과 해결해야 할 문제
- **채널** 제품 전달과 판매 방법
- **고객 관계** 수요 창출 방법

고객 발굴 소개 109

- **가치 제안(2차)** 시장 유형 예측, 경쟁사와 차별점
- **핵심 자원** 공급 업체, 상품, 이외의 비즈니스 핵심 요소
- **핵심 파트너** 비즈니스 성공에 필수적인 외부 기업
- **수익 흐름** 매출과 수입원, 규모

초기 가설의 밑그림을 비즈니스 캔버스에 그려본다. 그림 3.4를 참고한다.

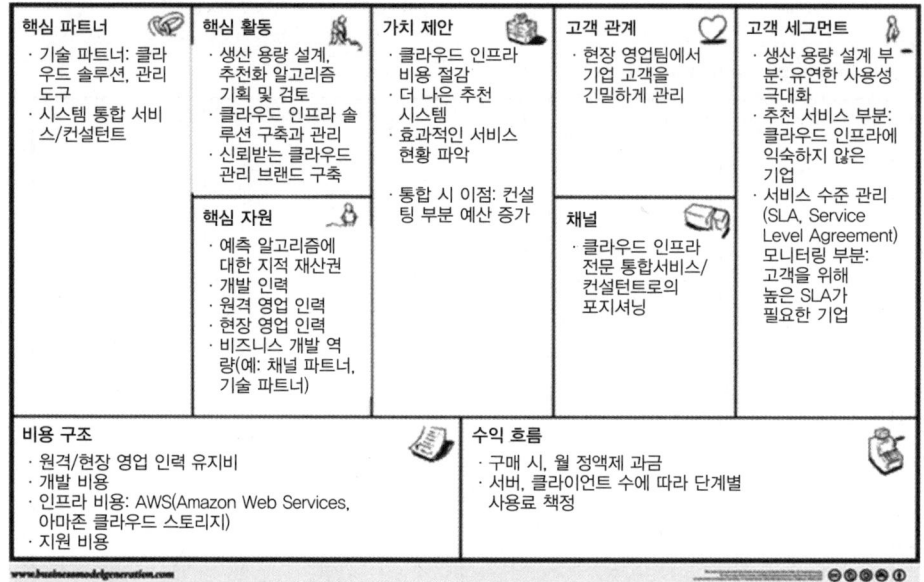

그림 3.4 비즈니스 모델 캔버스 예: 초기 가설

비즈니스 모델 캔버스를 모으면 특정 시점의 사업 진척도를 취합한 자료가 된다. 고객 개발 과정에서 비즈니스 모델 캔버스는 비즈니스 모델 탐색 현황을 파악하는 평가 지표로 사용된다.

비즈니스 모델 캔버스는 주 단위로 갱신한다. 전환이나 반복을 거쳐 수정된 부분은 붉게 표시한다.

팀 내에서 비즈니스 모델의 수정 사항에 합의하고, 이를 취합해 반영하면 그 주의 새로운 비즈니스 모델 캔버스가 된다(합의된 수정 사항은 다시 검은색으로 돌려 놓는다). 차주에 새로운 수정 사항이 생기면 다시 붉은색으로 표시한다. 매주 이 과정

을 반복한다. 새로운 비즈니스 모델 캔버스를 한 주 동안 쓰며, 수정 사항은 붉게 표시한다.

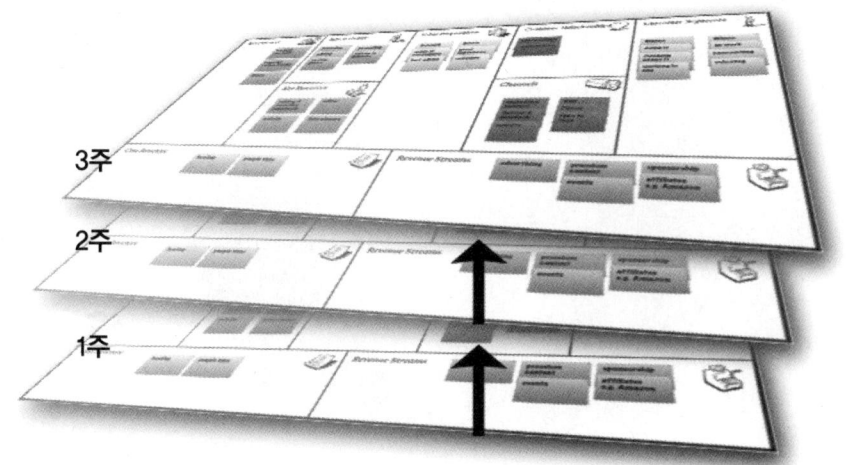

그림 3.5 주간 평가 자료로 쓰는 비즈니스 모델 캔버스

이리듐 팀 사람들이 이 책을 보고 현장으로 나갔다면 이리듐 비즈니스의 목표 시장이 얼마나 작은지 알 수 있었을 테고, 수십억 달러를 날리지 않았을 것이다. 대안을 찾고 생존을 모색했을 수도 있다.

고객 발굴 철학 요약: 시장과 제품 일치를 확인한다. 얼리반젤리스트를 찾고, 그들의 요구사항을 이해하고 있는지 살핀다. 초기 단계의 MVP가 고객의 문제를 해결하면 얼리반젤리스트는 문제를 해결하고자 기꺼이 제품을 구매할 것이다. 그렇지 않다면 고객 의견을 받아 제품과 비즈니스 모델을 빠르고 지속적으로 변화시켜라.

가설 도출 과정에서 비즈니스 모델 캔버스가 점점 많아지고 복잡해진다. 특히 아래 세 가지를 반드시 고려한다.

- 비즈니스 모델의 핵심 요소(가치 제안, 채널 등)
- 비즈니스 모델의 개별 요소에 대한 가설(예: "사람들은 이 기능을 원할 것이다", "고객은 우리 제품을 구매할 것이다. 왜냐하면...")
- 가설을 사실로 확인하는 핵심 유효성 테스트의 개요 구상(고객을 만나 의견을 얻고, 의견을 활용해야 한다)

고객 발굴 개요

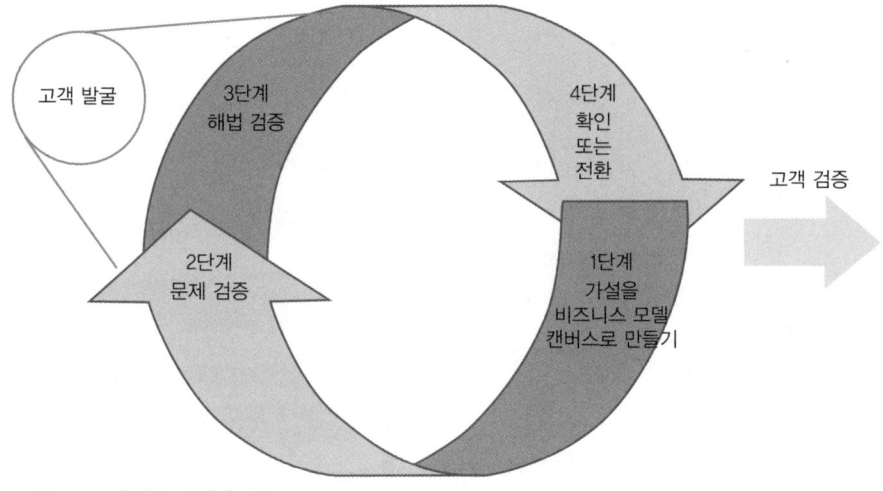

그림 3.6 고객 발굴 과정의 개요

고객 발굴 4단계

1단계에서는 창업가의 비전을 비즈니스 모델 캔버스의 9개 부분으로 나눈다(제품, 고객, 채널, 수요 창출, 수익 모델, 파트너, 자원, 활동, 비용 구조). 9개의 각 항목에 해당하는 가설을 요약하여 한 페이지로 정리한다. 각 가설을 입증하기 위한 실험, 검증 과정도 포함한다.

2단계에서는 '문제'에 대한 가설을 검증하는 실험을 한다. 문제가 얼마나 중요한지와 문제가 얼마나 큰지를 이해하는 데 도움이 된다. 비즈니스 모델, 가치 제안, 가격, 채널 전략, 판매 과정 등을 검증한다. 가설이 옳다면 사실로 받아들이고, 틀렸다면 폐기하고 새로운 가설을 세우는 게 목적이다. 이 과정에서 고객의 비즈니스, 업무 과정, 조직, 원하는 기능에 대한 폭넓은 이해를 얻을 수 있다. 개별 요소를 모두 검토했다면 비즈니스 모델 캔버스를 갱신한다.

→ 웹 기반 제품과 채널은 온라인에서 즉시 2단계를 실행할 수 있다.

3단계에서는 제안한 '해법'을 검증한다. 고객에게 제품의 가치 제안(제품, 가격, 기능, 이외의 비즈니스 모델 요소)과 MVP를 선보인다. 유효성 검증에서 예상된 목표와 고객의 실제 반응을 비교한다.

→ 웹 기반 제품의 MVP는 실제 웹 사이트, 데모 웹 사이트, 기능 명세, 제품 관련 설명이다. 제품의 판매가 목적이 아니다.

2단계에서 고객의 문제를 얼마나 이해했는지 살피는 게 목적이다. "이런 간단한 기능만으로 우리 문제가 해결될 것 같습니다", "이 제품이 필요합니다"와 같은 반응을 얻었는가? 더 좋다면 다음과 같이 물을 것이다. "언제부터 쓸 수 있습니까?"

→ 온라인에서 고객은 참여, 상호작용, 시간을 소비할 수 있도록 해야 한다. 또한 고객이 계속해서 몰려 들고, 재방문하여 주변의 친구들을 데려오게 한다.

4단계에서는 이제까지 하던 것을 멈추고, 앞에서 수행한 실험의 결과를 평가한다. 다음이 충족되었는지 파악한다.

- 고객의 문제, 열정, 요구사항을 완전히 이해했는가?
- 도출한 가치 제안이 고객의 문제를 해결하고, 열정, 요구사항을 충족시킬 수 있는가?
- 제품의 타깃이 되는 고객의 규모가 충분한가?
- 어떤 고객이 제품에 돈을 쓸지 배웠는가?
- 수익성 있는 비즈니스 잠재력을 확인할 수 있는 결과를 얻었는가?

제품 기능과 비즈니스 모델을 검증했다면 현장으로 나가, 선택한 제품을 비전 있는 소수의 고객에게 판매할 준비가 됐는지 결정하라. 준비가 덜 되었다면 다시 고객에게 돌아가 더 배워야 한다. 이 단계를 충분히 마쳤다면 다음은 고객 검증 단계다.

여기까지 고객 발굴을 간단히 살펴보았다. 다음 장부터는 고객 발굴의 각 단계를 자세히 설명할 것이다(부록 A에 체크리스트가 있다).

이제 고객 발굴을 본격적으로 살펴보자.

4장

고객 발굴 1단계: 비즈니스 가설 도출

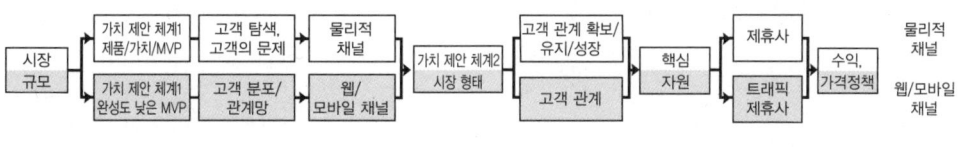

위 그림은 고객 발굴 1단계의 가설 검증 다이어그램이다. 물리적 제품과 웹/모바일 제품에서 검증할 가설이 다른 경우, 단계를 구분했다. 물리적 스타트업은 순서도 위쪽의 밝은색, 웹/모바일 스타트업은 아래에 어두운 색으로 표시했다. 물리적 스타트업을 먼저 설명하고, 웹/모바일 스타트업을 나중에 설명한다. 웹/모바일 쪽에 관심이 있는 독자도 필요하다면 물리적 채널에 대한 설명을 먼저 참고한다.

   이 단계의 시작은 새 사업의 잠재력을 가늠하고자 시장 규모를 추정하는 것이다. 이후 발굴 단계를 진행할 때 비즈니스 모델 캔버스에 비즈니스 초기 가설을 요약 정리할 것이다. 비즈니스 모델 캔버스는 스타트업의 비즈니스 모델을 한 장에 묘사한 것으로, 구성원이 보는 참고자료와 회사 비즈니스 모델의 반복과 전환을 기록한 평가표가 된다.

   요약된 가설은 구성원 모두가 뜻하는 바를 확실히 이해하고 받아들일 수 있어야 하기 때문에 간결하지만 핵심을 짚어 의미가 명확해야 한다. 1개의 비즈니스 모델 캔버스가 2장을 넘지 않는 것이 좋고, 문장이나 단락으로 풀어 쓰기보다 말머리 기호를 붙여 요점만 나열한다. 5장, 6장의 고객 발굴 2, 3단계는 거의 모든 가설을 직접 테스트하는 검증 단계다. 직접 현장에 나가 고객과 소통하며 가설의 유효성을 살피게 된다. 가설을 검증하려면 어떤 테스트를 하고, 어떤 결과를 목표할지를 판단하고자 현장에 나갈 수도 있다.

처음에는 비즈니스 모델 캔버스의 일부 가설이 지나치게 빈약해 보일 것이다. 하지만 놀라지 말라. 아직은 대략적인 윤곽을 그린 것뿐이다. 비즈니스 모델을 발전시키며 빈칸을 채우고, 초기 가설을 실제 사실로 바꿔나갈 것이다.

[물리적, 웹/모바일] 시장 규모 추정

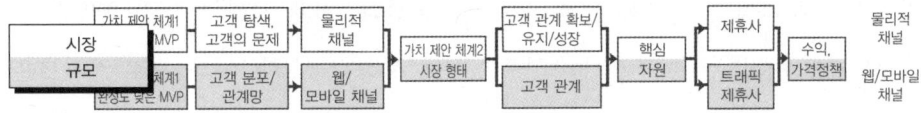

시장 규모 추정은 비즈니스 모델 캔버스와 직접적인 연관은 없다. 하지만 스타트업에서 몇 년을 허비한 뒤, 몇 백만 달러의 수익을 낼 수 있는 시장 규모가 아니었음을 깨닫게 되는 것보다 무의미한 것은 없다. 따라서 시장 규모 추정을 통해 스타트업의 잠재 시장 규모를 미리 가늠해야 한다. 성공하면 피땀 어린 노력을 충분히 보상받을 수 있을만한 큰 시장인지, 비즈니스를 전환해야 하는 작은 시장인지를 판단할 수 있다.

투자자와 창업가가 처음부터 목표를 명확하게 정리하는 것은 창업가에게 좋은 생명보험과 마찬가지다. 투자자와 창업가간의 문제가 발생하는 경우 목표와 성과에 대한 논박을 하는 시간보다 빨리 자리를 잃게 될 수 있기 때문이다.

> ❖ 투자자와 창업가간의 문제가 발생하는 경우 목표와 성과에 대한 논박을 하는 시간보다 빨리 자리를 잃게 될 수 있기 때문이다.

시장 규모 추정은 물리적 채널과 웹/모바일 채널 모두에 중요하다. 다만 페이스북, 구글과 같은 대형 플랫폼 기업에 빠르게 인수되는 게 목표인 '피인수 스타트업'은 예외다(33페이지를 참고하라). 피인수 스타트업은 거대 시장의 틈새 영역을 노려야 한다.

시장의 가능성을 높이는 3가지 요소는 '잠재 사용자 및 고객의 수가 많은가? 사용자가 늘고 있고, 증가율을 예측할 수 있는가? 실사용자 및 고객 모집 기회가 충분한가?'이다.

전체 시장, 유효 시장, 목표 시장

마케터와 투자자는 시장을 보통 3개로 구분한다. 전체 시장TAM, Total Addressable Market, 유효 시장SAM, Served Available Market, 목표 시장Target Market이다. 새로 스마트폰 앱을 출시한다면 전체 시장은 전 세계 10억 명의 스마트폰 사용자다. 하지만 영어 서비스만 제공하거나 아이폰 앱만 출시하는 경우 유효 시장과 제품의 잠재 시장이 크게 줄어든다. 여러 플랫폼 중 애플 앱스토어만 공략한다면 목표 시장은 애플 앱스토어의 고객이다. 각 시장에서 실제 결제 고객의 비율이 얼마나 될지 추정하라. 목표 시장으로 갈수록 예상 값이 줄어들 것이다.

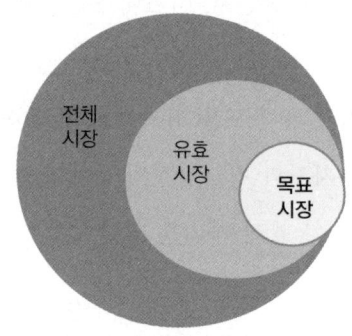

전체 시장 = 존재하는 시장의 전 영역
유효 시장 = 제품이 닿을 수 있는 범위
스타트업의 목표 시장 = 제품을 구매할 가능성이 높은 집단
그림 4.1 전체 시장, 유효 시장, 목표 시장

시장 규모 가설을 수립하기 전에 전체 시장, 유효 시장, 목표 시장을 먼저 추정하는 게 좋다. 이후 실제 고객의 도움을 받아 수립한 가설을 사실로 바꾸게 된다. 먼저 하향식 추정을 통해 시장 규모를 가늠한다. 산업 동향 보고, 시장 조사 보고, 경쟁사 보도 자료, 대학 도서관 자료 등을 활용하고, 투자자, 고객과 함께 전체 시장 규모를 논의한다. 판매량, 매출, 페이지뷰, 방문자 수 등 가능한 모든 지표를 활용하라.

주의할 것은 처음 사업을 시작한 기업가는 시장조사기관이 발표한 시장 규모에 현혹되기 쉽다는 점이다. 시장조사기관은 과거를 잘 분석할 뿐이다(미래를 예측할 수 있었다면 헤지펀드를 운영했을 것이다).

따라서 스타트업에는 상향식 추정이 더 현실적인 방법이다. 가령 장난감 제조사라면 다음과 같은 추정이 가능하다. 미국에서는 매년 약 200만명의 여자 아이가 태어나지만, 그 중 50%는 90달러짜리 인형을 살 형편이 안 된다. 따라서 새로 출시할 인형의 목표 시장은 미국 내 6~8세 여자아이 약 300만명이다.

> ❖ 시장조사기관은 과거를 잘 분석할 뿐이다.

기존 시장이나 재분류된 시장을 추정할 때는 고객이 이동할 수 있는 인접 시장까지 고려해야 한다. 가령 애플의 아이폰이 출시됐을 때 수백만의 블랙베리폰 사용자가 블랙베리폰을 해지하고 아이폰을 개통했다. 스타트업도 마찬가지다. 스타트업이 출시한 신제품이 경쟁사 제품의 자리를 차지할 수 있을까? 따라서 스타트업은 즉시 전환할 수 있는 사용자의 규모를 추산한 후 사용자의 전환에 방해되는 잠재 요소를 함께 고려해야 한다. 기간 약정이나 계약상의 조건이 있을 수 있고, 사용자가 제품을 익히고 설치하는 데 든 '매몰 비용'도 무시할 수 없다.

물론 누구도 새로운 시장의 규모를 정확히 계산할 수 없다. 아직 존재하지 않는 시장이기 때문이다. 하지만 비슷하거나 인접한 시장을 통해 예측할 수는 있다. 비교할 만한 회사가 있다면 예상 수준의 성장을 했는지, 어떤 점에서 유사한지 파악하라.

➜ 웹/모바일 시장 규모 추정

웹/모바일 시장의 규모를 파악하는 데 방문자 수, 페이지뷰, 다운로드 수, 추천 수, 체류 시간 등을 활용하지만, 가장 중요한 것은 수익이다. 처음 사업을 시작한 기업가를 혼란스럽게 하는 것은 웹/모바일 시장이 보통 여러 고객 유형을 동시에 갖는 다면 시장이란 점이다. 방문자 수, 페이지뷰, 다운로드 수, 추천 수, 체류 시간 등에는 미결제 사용자도 함께 집계된다. 하지만 실제로 돈을 쓰는 결제 사용자를 파악하는 것이 더 중요하다.

예를 들면 시장 규모를 추정할 때도 수익을 고려해야 한다. 시장 규모는 전체 방문자 수에 방문자 1인의 가치를 곱한 값이다.

따라서 대다수 웹/모바일 스타트업의 최대 과제는 비용을 효과적으로 사용하여 많은 고객을 지속적으로 확보하는 것이다(특화된 틈새 서비스를 제공하는 전자상거래 사이트는 종종 예외다). 따라서 어디서 고객을 모집하고, 어떻게 모집할지에 대한 초기 가설을 계속 발전시켜야 한다. 대부분의 웹/모바일 스타트업이 구글, 페이스북, 유튜브의 전략을 따른다. 최대한 많은 고객을 모으고 '유지(sticks)'하는 전략이다. 수익화는 나중에 고려한다.

> ❖ 비용을 효과적으로 사용하여 많은 고객을 지속적으로 확보하는 것이 최대 과제다.

사용자가 서비스에 돈을 쓰는지 알지 못하면 사용자를 이해할 수 없다. 여러 유형의 사용자가 공존한다면 시장에서는 모든 사용자를 두루 살펴야 한다. 이 중 돈을 쓰는 사용자의 파악은 특히 중요하다.

웹 시장의 규모를 측정할 때 구글의 서비스를 활용하면 편하다. 먼저 잠재 고객이 제품을 찾는 데 사용할 모든 단어를 생각하라. 가령 '다중 온라인 괴물 게임', '괴물이 나오는 컴퓨터 게임', '창조물과 온라인 게임' 등의 단어를 만들 수 있다. 구글 표제어 기능(Google keyword tool)은 특정 단어를 얼마나 많은 사람이 검색했는지 보여주는 도구다. 앞서 생각한 단어가 한 달간 얼마나 검색됐는지 확인하라. 일부 단어가 겹치거나 중복이 있어도 무방하다. 구글 표제어 기능을 활용하면 시장 규모를 추정할 수 있다. 목표로 두기에는 너무 작은 시장이 아닌지 확인할 때 특히 유용하다. 가령 총 검색 횟수가 불과 몇 천 건에 불과하다면 재고하는 게 좋다.

웹/모바일의 '30/10/10 법칙'을 활용하는 방법도 있다. 30/10/10 법칙은 유명한 벤처 투자자인 프레드 윌슨이 창안한 것으로, 그가 투자한 모바일 앱, 게임, 소셜 및 음악 서비스에서 공통적으로 발견된 수치다. 30/10/10 법칙은 다음과 같다.

- 가입하거나 앱을 다운로드한 사용자의 30%가 서비스를 매달 사용한다.
- 가입하거나 앱을 다운로드한 사용자의 10%가 서비스를 매일 사용한다.
- 실시간 서비스의 동시 접속자 수는 일 사용자의 10%를 거의 넘지 않는다.

특정 산업에 대한 조사는 시장 규모 추정에 도움이 된다. 이 책 261페이지의 고객 발굴 2단계에서 시장 조사 방안을 배우고, 활용할 수 있는 웹 기반 도구와 기법을 설명할 것이다.

[물리적] 가치 제안 가설 1단계

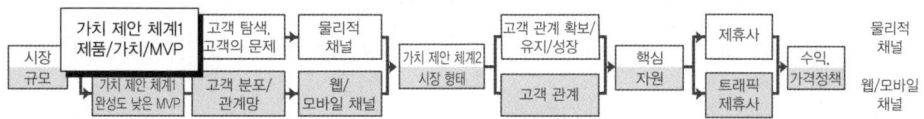

비즈니스 모델 캔버스의 가치 제안 영역에 가설을 세우는 단계다. 고객에게 제공하는 제품이나 서비스에 대한 가설을 쓴다. 제품의 기능, 혜택, 제품의 비전, MVP 등을 설명할 수 있다. 가치 제안을 고객과 회사간의 계약이라 생각하라. 고객이 자신의 문제 해결을 위해 스타트업을 '고용'하는 셈이다.

창업가의 구상과 토론을 통해 제품의 가치 제안을 도출하고 다음 3개 영역으로 나눠 아이디어를 정리하라.

- 제품의 비전
- 제품의 기능 및 혜택
- MVP

제품 개발팀은 수많은 제품 명세를 쓰지만, 다른 구성원과 공동 문서 작업을 하는 경우는 드물다. 하지만 핵심 가치 제안을 결정할 때는 공동 작업이 필요하다. 후보 가설을 적은 종이를 나열한 뒤 모든 경영진이 동의한 가설을 핵심 가치 제안으로 채택한다.

제품의 비전

가치 제안은 성공한 회사의 모습을 어떻게 그리고 구상하는지에 대한 비전을 요약해 정리한다.

시간이 흐르면 성공한 회사는 보통 여러 제품을 만든다. 따라서 멀리 봐야 한다. 회사의 장기 비전이 무엇인가? 궁극적으로 무엇을 바꾸고 싶은가? 계속 제품을 출시할 것인가? 관련 시장으로 어떻게 확장할 것인가? 어떻게 사람들의 행동을 바꿀 것인가? 앞으로 3년 후 시장 판도를 어떻게 바꿀 것인가? 또 5년 후에는 어떻게 할 것인가? 등의 질문에 답할 수 있어야 한다.

회사의 장기 비전을 요점만 써서 나열하라. 1990년대의 금융 소프트웨어 회사라면 다음과 같은 사용자 이야기를 쓸 것이다.

- 고객은 수표 정리를 싫어한다.
- 수표 사용을 기록하는 컴퓨터 프로그램을 만들 수 있다.
- 이 프로그램은 가계부 정리의 귀찮고 힘든 부분을 자동화할 것이다.
- 이 프로그램은 인터넷을 연결해 공과금을 납부할 수 있다.
- 앞으로 수백만의 사람들이 가정용 컴퓨터를 활용해 새로운 일을 할 것이다.
- 현재 소규모 사업장들은 장부를 관리하려고 장부 담당자를 고용하고 있다.
- 개인 고객의 금융 소프트웨어 시장에서 성공하면 소규모 사업장을 위한 시장으로 확장할 것이다.
- 앞으로 수백만의 소규모 사업장이 컴퓨터를 활용해 전에 할 수 없었던 일을 할 것이다.

간단한 설명 몇 줄로 회사의 비전이 명확해졌다. 고객 개발팀은 비전을 바탕으로 얼리반젤리스트에게 선보일 1, 2년 뒤의 제품을 구상한다. 따라서 명확한 비전은 매우 중요하다.

> ❖ 제품의 비전을 믿고, 불완전하고 기능도 부족한 버그투성이의 제품을 사는 것은 얼리반젤리스트뿐이다.

제품 개발팀은 장기 비전에 맞춰 MVP, 후속 제품, 개선된 제품의 출시 일정 등을 가능한 멀리 고려해야 한다(18개월에서 3년까지). 보통은 "첫 번째 MVP의 출시 일정도 불확실한데, 뒤의 일을 어떻게 알 수 있는가"라고 반응할 것이다. 지금 예측한 일정을 확정하고 그대로 밀어붙일 것이 아니라 제품 개발팀을 안심시켜야 한다.

제품의 비전을 믿고, 불완전하고 기능도 부족한 버그투성이의 제품을 사는 것은 얼리반젤리스트뿐이다. 이러한 비전은 수백만 달러를 들여 몇 년씩 매진할 가치가 있는지 모든 구성원에게 확신을 주어야 한다. 물론 극히 소수의 스타트업만이 초기 비전과 같은 제품을 내놓을 수 있다.

다음은 비전을 세울 때 반드시 먼저 고려할 전략 사항이다.

- 네트워크 효과가 있는가? 가령 1대의 팩스는 가치가 없다. 하지만 사람들이 팩스를 많이 갖고 있다면 가치가 점점 커진다.
- 가격 정책을 어떻게 할 것인가? 정기구독 방식인가, 일시구매 방식인가?
- 고객의 이탈을 막고 전환 비용을 높일 방안이 있는가? 페이스북의 정보나 진료 이력을 연동하는 방식도 고려하라.
- 매출 대비 총이익이 높은 편인가?
- 기본적인 수요가 있는 비즈니스 모델인가? 구글, 이베이, 바이두, 스카이프는 기본적인 수요가 있는 비즈니스 모델의 예다.

제품의 기능과 혜택

가치 제안은 제품의 기능과 혜택에는 제품이 무엇이고, 고객이 제품을 쓰고 구매하는 이유를 요약해 정리한다.

많은 개발자가 제품의 기능이 새로 출시하는 제품의 성패를 결정한다고 믿지만, 제품은 성공에 필요한 다양한 요소 중 하나일 뿐이다. 제품 기능 명세는 제품 비전에서 가장 중요한 기능 10개 이내를 각 한 두 문장으로 요약 정리해 한 장에 취합한 것이다(설명이 모호한 기능이 있다면 상세 기술 문서 참조를 추가한다).

제품 기능 명세가 제품 개발에 대한 회사 전체의 계약인 만큼, 요구사항 중 무엇을 개발할지 결정하는 것은 정말 어려운 일이다. MVP의 개발 역시 우선 순위를 결정하는 것에서부터 시작한다. 현장에 나아가 고객과 소통하며, 초기 MVP에 대한 고객의 반응을 통해 정보를 얻는다.

제품의 기능은 만들어야 할 것, 제품의 혜택은 해결해야 할 고객의 문제라고 생각하라.

> ❖ 제품의 혜택은 해결해야 할 고객의 문제라고 생각하라.

제품 기능 명세를 작성한 뒤 제품의 혜택에 대한 내용으로 바꿔보라. 고객의 관점에서 개별 기능에 어떤 혜택이 있는지 살피는 것이다(새로움, 개선, 빠름, 저렴함 등). 다음에는 '사용자 이야기'를 작성한다. 제품이 어떤 역할을 하는지 설명하는 것이다. 고객이 곤란을 겪던 문제를 어떻게 해결하고, 어떤 요구사항을 충족시키는지 쓴다. 근본적인 문제를 해결할 수도 있고, 매력적이거나 흥미로운 혜택을 줄 수도 있다. 잠재된 요구사항을 공략하는 방법도 있다(돈이나 시간의 절약, 증상의 완화, 재미나 위안 제공, 빠름, 개선, 저렴함 등). 은행 소프트웨어 회사에서는 다음과 같은 사용자 이야기를 쓸 수 있다.

- 현금을 찾거나 통장 정리를 하는 고객이 많은 기간(금요일, 월초, 월말)에는 고객이 몰린다. 긴 대기 시간으로 고객의 불만이 쌓인다. 심지어 화를 내는 고객도 있다.
- 오랜 기다림으로 인해 약 5~8%의 고객을 잃고 있는 것으로 파악된다.
- 고객 감소로 생기는 손실은 연간 50만 달러에 이른다. 이는 전체 수익의 7%로 상당한 비중을 차지한다
- 15만 달러의 소프트웨어를 도입하면 예금 소요 시간을 반으로 줄일 수 있다. 차기 버전에서는 더 단축될 예정이다.

제품의 기능을 생각할 때 성능 향상, 가격 할인, 편의성 등이 가치 제안이 될 수 있음을 명심하라. 틈새 시장이나 특정 고객 세그먼트를 공략하거나 문제를 해

결할 때는 새롭거나 빠르고 저렴한 방법으로 가치 제안이 된다. 제품의 형태나 디자인, 브랜드 역시 고객의 관심을 얻는 차별점이 될 수 있다. 제품이 항상 고객의 문제를 해결해야 하는 것은 아니다. 사실 대부분의 비즈니스가 고객의 요구사항을 공략한다. 고객은 자신의 요구사항을 채울 때 더 쉽게 만족한다. 대표적인 예로 온라인 게임, 소셜네트워크, 패션, 자가용이 있다.

마케터가 제품의 혜택을 기술하고 싶어하는 것은 당연하다. 하지만 이 단계에서 마케터는 아직 고객에게 확인한 사실이 없다. 그저 의견을 갖고 있을 뿐이다. 스타트업에서 고객에게 직접 확인한 사실을 아는 것은 창업가와 제품 개발팀이다. 따라서 마케터는 말을 아끼고, 제품 개발팀이 구상한 제품의 기능과 혜택을 따르는 것이 현명하다. 제품 개발 관점에서 만든 고객의 혜택은 실제 고객을 통해 확인한 사실이라는 강점이 있다. 5장의 고객 발굴 2단계에서는 현장으로 나가 고객의 피드백을 직접 모을 것이다.

MVP

MVP는 가치 제안의 마지막 요소로, 제품에 필요한 최소한의 기능을 모은 것이다. MVP는 자체로 제품의 역할을 하고, 고객의 핵심 문제를 해결하며, 제품의 가치를 드러낼 수 있어야 한다.

MVP는 다음과 같다.

- 개발 과정의 불필요한 시간 낭비를 줄이는 기법이다.
- 얼리반젤리스트에게 최대한 빨리 제품을 선보이는 전략이다.
- 고객에 대한 학습을 최대한 빨리 마치는 방법이다.

MVP를 정의하려면 무엇을, 누구에게 배울지 알아야 한다. 고객 개발은 비전과 열정을 가진 소수 고객의 피드백을 통해 제품 기능을 개발하고 수익성 있는 비즈니스 모델을 찾는 과정이다. 고객이 MVP를 먼저 쓸수록 피드백도 빨리 얻을 수 있다. MVP에 포함할 기능을 정할 때는 고객에게 특정 기능에 대해 직접 묻기보다는 "간단하고 쉬운 문제지만 돈을 써서 해결할 만한 문제가 있습니까?"라고 질문하는 것이 좋다.

이 같은 접근은 기존의 방식과는 정반대다. 기존에는 경쟁사 제품의 기능, 최근에 방문한 고객의 말을 참고해 새로운 기능을 계속 늘렸다. 대부분의 영업과 마케팅팀에서는 개발팀에 추가 기능을 요청하지만, MVP는 반대로 기능을 뺄 것을 요청한다.

> ❖ 고객 개발의 목표는 무엇을 포함하지 않을지를 찾는 것이다.

실제로 많은 스타트업이 기능을 계속 늘리는 경향이 있다. 하지만 어떤 기능을 추가해 한 명의 구매자를 늘릴 뿐이라면 10장의 기능 명세를 쓴다 해도 겨우 10명을 늘릴 뿐이다. 이런 식으로는 성공할 수 없다. 고객 개발의 목표는 고객이 원하는 기능을 수집하는 것이 아니라 무엇을 포함하지 않을지를 찾는 것이다. 완벽한 기능 명세는 한 단락으로 충분하다. 한 명을 위한 기능이 아니라 수천 수백만의 고객에게 팔리는 기능이 필요하다. 고객 개발 선언문의 핵심 신조는 '비울수록 풍부하다'는 것이다. 고객에게 MVP를 빨리 선보이고, 고객이 안 쓰는 기능을 빼며, 기능을 최소화하라. 기능 추가를 줄이는 간단한 지침은 다음과 같다. '비즈니스 모델 탐색을 충분히 거쳐 샅샅이 다 살피기 전에는 새 기능을 추가할 수 없다.'

[웹/모바일] 가치 제안 1: 완성도 낮은 MVP 구상

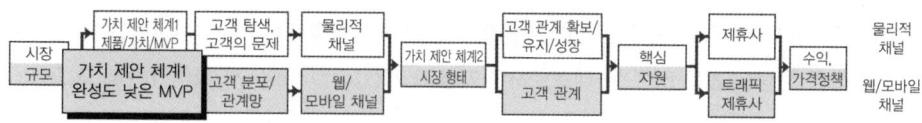

→ MVP는 완성도 낮은 웹/모바일 기능 명세로 간결하게 정리되며, 자체로 제품의 역할을 한다.

웹/모바일 MVP를 정의하려면 회사의 장기 비전을 세우고, 제품의 기능과 혜택 명세를 써야 한다. 이 과정은 물리적 MVP와 같은 과정을 거치므로 여기서는 생략한다(121~126페이지를 참고하라). 앞서 설명한 내용을 보고, 제품의 가설을 세운 뒤 다음 과정을 시작하라.

> ❖ 완성도 낮은 MVP를 활용해 고객의 문제를 맞게 예상했는지 검증한다.

웹/모바일 채널은 물리적 채널보다 MVP의 역할이 중요하다. 웹/모바일 채널에서 MVP를 활용하면 제품을 고객에게 최대한 빠르게 선보일 수 있다. 기능을 추가하고 제품과 외관을 개선할 때도 고객이 제품을 계속 이용하게 할 수도 있다. 낮은 완성도의 MVP는 한 장의 웹 페이지를 활용하여 제품이 하고자 하는 고객의 문제에 대한 의견을 모을 수 있다. 애자일 개발 방법론을 도입하고 상시 배포 체제를 운영하는 웹 기반 스타트업이라면 완성도 낮은 MVP를 하루만에 내놓을 수 있다. 애자일 개발이 제대로 이뤄진다면 약식으로 만든 간단한 시안을 매일 내놓고 거의 하루 단위로 개선하는 과정을 거치게 된다.

관심 있는 사용자가 가입하거나 정보를 등록하는 기능을 초기 MVP에서 제공한다. 이메일 주소를 남기면 제품 정보를 보내는 방식이 일반적이다. 정보를 등록한 초기 사용자는 고객 발굴 및 이후 단계에서 큰 도움이 된다.

웹/모바일 채널에서는 완성도 낮은 MVP와 완성도 높은 MVP 양쪽 모두를 테스트해야 한다. 각각은 서로 다른 목적이 있다. 완성도 낮은 MVP는 고객의 문제를 바르게 예상했는지 검증하는 데 사용된다(사이트 방문, 이메일 수신, 체험판 활용 등을 살핀다). 고객 발굴 3단계에서 자세히 설명하겠지만, 완성도 높은 MVP는 제품이 고객의 문제를 제대로 해결하는지 검증하는 데 사용된다(주문, 사이트 체류, 사용자의 제품 추천 등을 살핀다). 완성도 높은 MVP는 이후 고객 검증 단계에서 훨씬 많은 고객에게 보여지게 된다. 따라서 최종 제품에 근접한 수준의 외관과 기능성을 갖춰야 한다. 완성도 낮은 MVP와 완성도 높은 MVP를 테스트하면 제품과 시장이 일치하는지 확인하는 데도 도움이 된다.

기능 명세 대신 사용자 이야기를 써라

웹/모바일 채널은 '사용자 이야기(User story)'가 중요하다. 웹/모바일은 경쟁이 치열할 뿐 아니라 이미 수백만의 온라인 제품과 기능이 존재한다. 제품 차별화를 통한 인지도 확보가 어려울 수밖에 없다. 그래서 사용자 이야기가 필요하다. 이미 수천 개의 간호사를 위한 웹 사이트가 있지만 사용자 이야기를 활용하면 새 웹 사이트의 필요성을 설명할 수 있다. 다음과 같은 사용자 이야기를 만들 수 있다. 지금까지 수술실의 간호사는 그들이 받는 스트레스나 함께 일하는 의사에 대한 고충을 토로할 수 없었다. 안 좋은 소문이 퍼지거나 인사에 불이익이 생길 것을 우려했기 때문이다.

예를 들면 '올널스(ORNurse, nurseconfidential.net)'는 간호사를 위한 서비스로 다음의 기능을 제공한다.

- 전국의 모든 간호사와 익명으로 교류하고 대화할 수 있다.
- 비슷한 상황에 놓은 다른 간호사에게 질문하거나 조언을 구할 수 있다.
- 법무팀, 인사팀, 의료 전문가에게 익명으로 조언을 구할 수 있다.
- 개인적으로 이야기하고 싶은 다른 사용자에게 사적인 메시지를 보낼 수 있다.
- 의사, 개인적 고민, 환자의 상태에 대한 익명 댓글을 남길 수 있다.
- 서비스 내의 새소식을 이메일로 매일 받아볼 수 있다.

사용자 이야기를 활용하면 '기능 명세'가 없어도 제품의 비전, 기능과 혜택, 숨은 사용자를 확보하기 위한 장점을 명확히 설명할 수 있다.

[물리적] 고객 세그먼트: 고객 탐색, 문제 가설 수립

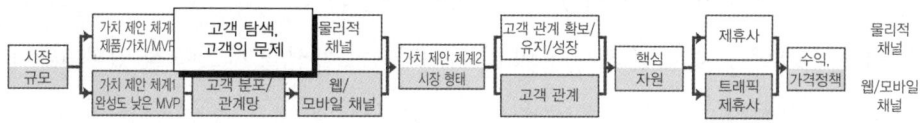

고객이 어떤 사람인가(고객 유형), 고객은 어떤 문제, 요구사항, 욕구를 가지고 있는지 설명한다. 다음 5가지 요소를 고려해야 한다.

- 고객의 문제, 요구사항, 열망
- 고객 유형
- 고객 원형
- 고객의 일상
- 고객 구조도와 관계도

고객의 문제, 요구사항이나 열망

고객은 문제 해결이나 요구사항을 충족시키려고 제품을 산다(은행 창구의 가치 제안을 참고한다. 123페이지). 고객의 문제와 요구사항을 파악하려면 먼저 고객을 이해해야 한다. 현장에 나가 고객이 겪는 문제를 파악하라. 문제가 무엇이며, 왜 문제이고 어느 정도로 문제인지 살펴야 한다. 문제의 영향력이 어느 정도이고, 회사/가족/소비자가 얼마나 곤란을 겪고 있는지 살핀다. 그림 4.2는 고객 유형에 따른 '문제 인식 정도'를 나타낸 것이다. 고객이 겪을 문제의 종류는 다음과 같다.

- **잠재된 문제** 고객에게 문제가 있지만 인식하지 못하는 단계
- **가벼운 문제** 고객이 문제를 알지만 개선 의사가 없거나 개선 기회를 못 잡은 단계

- **심각한(긴급한) 문제** 고객이 문제를 인지했고, 해결하고자 하는 열망이 있다. 문제의 해법을 원하지만 본격적으로 시도하지 않은 단계
- **비전** 고객이 문제 해결 의사가 있고, 자체적으로 개선을 시도한 적 있다. 더 나은 해결책이 있다면 돈을 쓸 준비가 된 단계

고객의 문제를 연구해서 "제품이 회사의 핵심 문제를 해결하거나 고객의 근원적인 요구사항을 충족시킬 수 있는가? 고객에게 꼭 필요하거나 고객이 원하는 제품인가? 고객의 돈과 시간을 쓰고 잠을 축내던 문제를 해결할 수 있는가?"의 답이 긍정적이라면 매우 좋은 신호다. 출시한 제품이 업계에서 '완전히 새로운 것'으로 주목받는다면 기회를 잡아라(오프라인 제품, 온라인 제품 모두 마찬가지다). 현명한 스타트업은 고객이 먼저 나름의 해법을 시도한 비즈니스를 찾는다. 고객의 핵심 문제를 찾는 동시에 고객이 생각한 나름의 해법까지 발견할 수 있다. 고객이 문제 해결을 시도한 적 있다면 다른 해결책을 쓰게 유도하면 된다. 이런 고객은 신생 비즈니스를 쉽게 선택하는 경향이 있다. 당신의 비즈니스를 팔아라!

> 현명한 스타트업은 고객이 먼저 나름의 해법을 시도한 비즈니스를 찾는다.

문제를 해결하는 제품만 있는 것은 아니다. 재미나 정보를 주는 제품도 있고, 매력이나 낭만으로 유인하는 제품도 있다. 고객의 필요나 욕구를 채우는 것이다. 재미나 특별함만으로도 고객이 제품을 사게 만들 수 있다.

먼저 고객 유형을 파악한 후 해당 유형의 고객이 원하고 바라는 것에 대한 가설을 세워라. 제품이 고객의 어떤 감성을 공략할지 생각하라. 우아함, 아름다움, 부, 인기, 데이트, 다이어트 등 다양한 종류가 있다.

고객 유형

고객이 소셜네트워크 서비스를 쓰고, 껌을 사는 것에서부터 백만 달러짜리 통신 시스템을 도입하는 모든 활동이 일련의 의사 결정이다. 고객을 파악하려면 먼저 고객의 유형을 알아야 한다. 각 고객 유형 중 일부 고객은 제품이 해결할 수 있는 문제를 겪고 있거나 제품이 채울 수 있는 필요나 열망이 있다. 이런 고객이 제품의 가능성을 제공한다. 고객 발굴을 통해 고객의 다양한 요구사항을 찾고 증명하라. 고객 유형의 종류는 다음과 같다.

최종 사용자 End User: 제품을 만지고 버튼을 누르며 사용하는 일반 사용자이며, 제품을 좋아하거나 싫어한다. 최종 사용자의 요구사항과 동기를 확실히 이해해야 한다. 최종 사용자가 제품의 실제 구매나 도입 과정에 미치는 영향이 미비하다는 것은 잘못된 생각이다. 도입 과정이 복잡한 기업간 대량 거래에서만 유효한 통념이다.

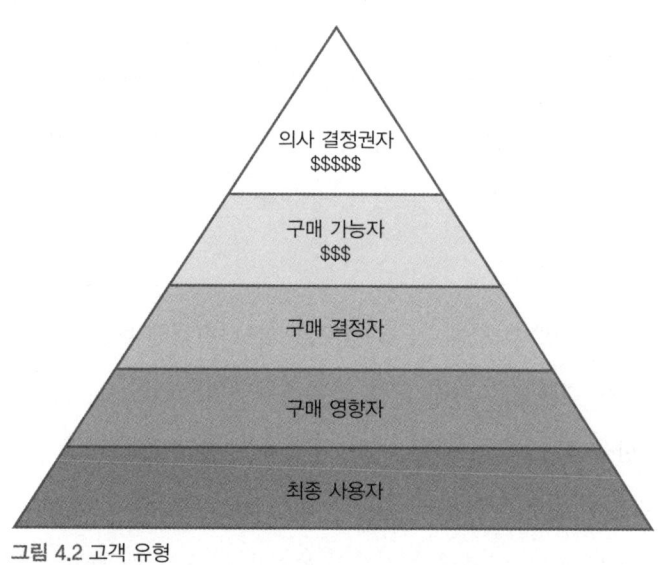

그림 4.2 고객 유형

구매 영향자 Influencer: 제품과 관련 없는 타인의 행동과 말이 구매 결정에 미치는 영향력이 스타트업의 직접적인 활동보다 큰 경우가 많다. 온/오프라인을 막론하고 모든 시장과 산업에는 유행, 주류 양식, 여론을 이끄는 선도 집단이 있다. 오스카 시상식의 배우가 입은 드레스를 만든 유명 디자이너를 찾고, 수천 명이 페이스북

고객 발굴 1단계: 비즈니스 가설 도출   **131**

의 '좋아요'를 누르거나 트위터에서 '리트윗'한 제품·광고·서비스를 주시하는 이유다. 종종 직업 블로거, 시장조사기관의 전문가가 구매 영향자가 된다. 최근 유행하는 패션에 해박한 아이나 연예인도 구매 영향자가 될 수 있다. 구매 영향자가 어떤 사람들에게 영향을 미치는지 파악하고, 어떻게 구매 영향자와 관계를 맺을지 생각하라. 무료 제품이나 구매 비용을 지원하거나 유명인 이벤트를 벌이고, 컴퓨터나 온라인 회원권을 제공하는 것도 한 방법이다.

구매 결정자 Recommender: 구매 영향자와 마찬가지로 구매에 영향을 미치지만, 좀 더 결정적 역할을 한다. 제품을 실제로 구매하거나 구매를 단념하게 만든다. 새로 출시한 온라인 게임에 대한 글을 쓰는 인기 블로거, 델 컴퓨터를 사무실에 도입하려는 부서장, 새 의학 장비를 승인하는 위원회, 특정 브랜드를 고집하는 배우자 등이 구매 결정자다. 가트너 그룹, 포레스터리서치와 같은 시장조사기관이나, 마샤 스튜어트 같은 유명인사, 컨슈머 리포트 같은 잡지도 구매 결정자가 될 수 있다.

구매 가능자 Economic buyer: 구매 의사 결정에 더 큰 힘을 발휘한다. 구매를 승인하고, 예산을 통제하는 권한이 있어 반드시 파악해야 하는 중요 고객이다. 기업의 부사장, 부장, 대출 상환을 승인하는 보험사, 용돈을 가진 10대, 휴가 예산을 가진 배우자 등이 구매 가능자다.

의사 결정권자 Decision-maker: 구매 가능자가 곧 의사 결정권자인 경우도 있지만, 구매 가능자보다 큰 결정권을 가진 의사 결정권자가 있는 경우도 있다. 구매를 결정하는 최종 권한을 갖고 있어 최종 의사 결정자UDM, Ultimate Decision Maker나 조직 내 최고 의사 결정자VITO, Very Important Top Officer라 칭하기도 한다. 부모님이나 애인이 이 역할을 할 수도 있다. 의사 결정권자의 동기를 반드시 파악해야 한다.

공작원Saboteur: 다양한 이름과 직함으로 주변 어디든 숨어 있다(실제 공작원처럼). 최고 재무 책임자CFO, Chef Financial Officer, 아이, 배우자, 친구의 판매 담당자 등 여러 직함과 다양한 역할을 갖고 있다. 보통 전략기획부서에서 발견할 수 있지만, 가족

중에도 있다. 공작원이 제품의 구매를 반대하면 상황이 한 없이 어려워진다. 공작원이 의사 결정 과정 중 어디에서 은밀한 영향력을 행사하는지 파악해야 한다.

이후에 고객 검증 단계에서는 모든 고객 유형의 특징을 파악해야 한다. 일단은 1명의 고객이 1명의 개인보다 훨씬 복잡하다는 것만 확실히 기억하라.

고객 원형

'백문이 불여일견'이란 말은 스타트업에서도 통한다. 각 핵심 고객 유형을 백날 생각하는 것보다 제품의 목표 고객을 실제로 만나 보는 게 좋다. 특히 고객 유형 중 최종 사용자와 의사 결정권자에 대해 생각하는 것은 필수다(최소한 간단하게라도 적어야 한다). 고객 원형을 만들면 고객에 대한 팀 구성원의 상상을 돕는다. 누가 제품을 사고 이용하는지 쉽게 떠올릴 수 있고, 제품 전략을 세우고 고객 획득 방안을 도출하는 등의 과정도 수월해진다.

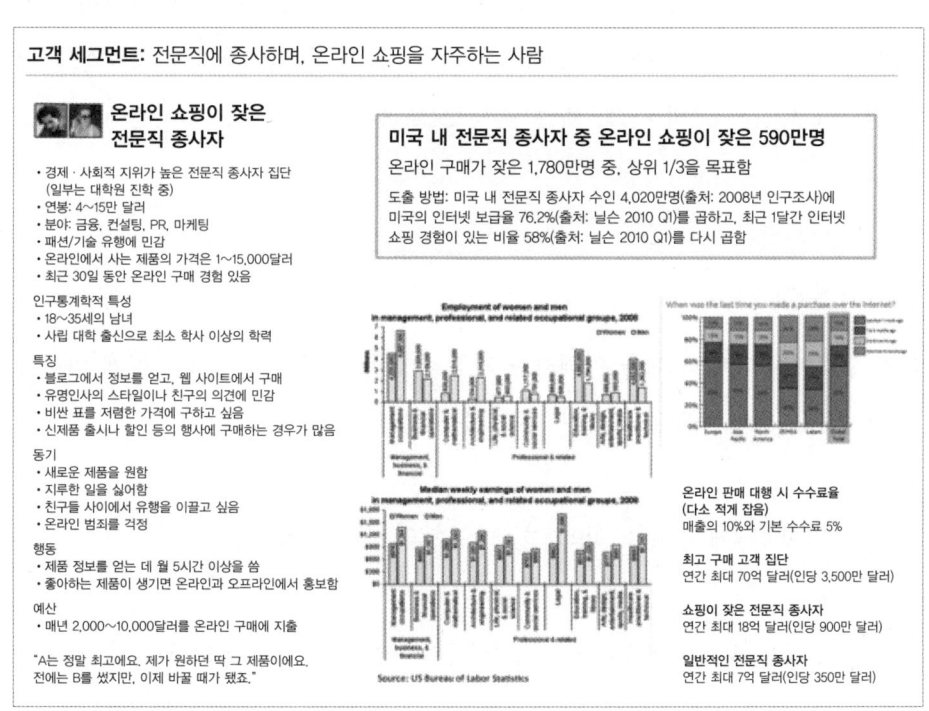

그림 4.3 전형적인 고객의 예

B2B 비즈니스의 판매라면 최종 사용자와 의사 결정권자에 대해 파악해야 한다. 최종 사용자가 회사, 칸막이 사무실, 무허가 영업소 등 어디서 일하는가? 출장을 자주 다니는 영업 사원인가? 묵묵히 일하는 회계사인가? 등의 답을 찾아야 한다. 의사 결정권자도 마찬가지다. 고급 사무실에 있는 고위 임원인가? 명문 대학의 학위와 상패가 진열된 연구실의 학자인가? 공장의 작업 현장에 있는가? 등의 질문을 던질 수 있다.

고객 원형을 더 배우고 활용법을 익히고 싶다면 다음 장 '고객 세그먼트의 고객 원형'(138페이지) 부분을 참고하라. 고객 원형의 핵심 요소를 오롯이 이해하고 수집한 데이터를 활용할 수 있을 것이다.

고객 원형은 B2B와 같이 관계가 복잡한 비즈니스보다 관계가 덜 복잡한 비즈니스일 때 만들기 수월하다. 고객 원형을 만들 때는 고객의 인구통계학과 심리학적 특성을 최대한 많이 고려해야 한다. 부유한가? 패션에 관심이 많은가? 건강하고 활동적인가? 기혼이라면 반려동물을 기르는가? 어린 아이나 10대 자녀가 있는가? 주택, 아파트, 캠핑카 등 어디에 사는가? 등의 정보를 파악하라. 구상한 고객 원형의 특징은 고객 관계, 채널, 수익 모델 등 비즈니스 모델 전반에 영향을 미친다.

고객의 일상

기업 고객이나 개인 고객을 이해하는 가장 확실한 방법은 고객이 어떻게 일하는지 파악하고, 매일 무엇을 하는지 기록하는 것이다.

> ❖ 고객이 어떻게 일하는지 파악하고 매일 무엇을 하는지 기록하라.

기업 고객을 목표한다면 목표 기업을 다각도로 심도 있게 살펴본다. 은행용 소프트웨어를 판매하는 회사를 예로 살펴본다. 은행에 가서 수표를 현금으로 바꾼다고 은행이 하는 일을 파악할 수 있는 게 아니다. 은행원의 관점에서 세상을 볼 수 있어야 한다. 제품의 잠재적인 최종 사용자인 창구직원의 하루는 어떤가? 어떤 제품을 쓰고 있는가? 특정 제품을 하루에 몇 시간이나 쓰는가? 새 제품을 쓰면 어떤 변화가 생길 것인가? 은행 창구직원의 일을 해본 적이 없다면 막막한 기분이 들 것이다. 하지만 그들의 일을 이해하지 못하면 은행 창구직원의 문제를 위한 제품을 어떻게 팔 수 있겠는가?

(영업이 익숙하지 않다면 현장에서 정보를 얻는 일 자체가 막막할 것이다. 5장 고객 발굴 단계의 '현장으로 나가라'를 참고하라. 첫 번째 미팅을 성사시키는 방법을 설명했다)

은행의 관리 직책에도 비슷한 질문을 해야 한다. 관리직은 어떤 일상을 보낼까? 새로운 제품이 관리직에도 영향을 미칠까? 등의 질문을 반복해 은행 지점장에 대해 생각하라. 지점장은 대체 무슨 일을 할까? 무엇을 볼까? 누가 지점장의 결정에 영향을 미칠까? 어떻게 하면 제품에 좋은 평을 내릴까? 등의 질문도 필요하다. 새로운 제품을 은행의 기존 소프트웨어와 연동한다면 은행 내 IT 조직과 협의해야 한다. 따라서 IT 조직에 대한 질문도 필요하다. IT 조직의 구성원은 어떻게 하루를 보낼까? 어떤 소프트웨어를 쓸까? 현재 시스템을 어떻게 구축했을까? 선호하는 공급 업체가 어디일까? 신생 회사가 완전히 다른 제품을 선보인다면 과연 호의적이고 열렬한 반응을 보일까? 등을 고민해야 한다.

> ❖ 답은 명확하다. 제대로 묻는 게 어려울 뿐이다.

기업용 제품이 해당 기업의 문제를 해결한다면 제품 도입이 순조로울 것이다. 따라서 기업 고객이 원하는 것을 확실히 파악해야 한다. 소매점에 결제 단말기를 판매해야 한다면 회사의 구성원 중 누군가가 실제로 며칠간 계산대에서 일하면 어떨까? 직접 해보면 이해가 가장 빠르다. 온라인이나 오프라인의 잠재 고객이 현재 자신의 문제에 어떻게 대응하는지 살피고, 새 제품을 쓰면 어떻게 바뀔지, 어떻게 구매를 이끌어낼지 생각한다. 고객이 일하고 쉬는 실제 장소에서 고객의 일상을 생생하고 구체적으로 그린다. 회의실이나 카페가 아니라 고객이 머무는 실제 장소여야 한다.

다시 은행의 예로 돌아가자. 금융 산업의 동향을 파악했는가? 금융 산업의 소프트웨어 협회나 전시회가 있는가? 금융 산업의 분석가는 어떤가? 등의 답을 찾아라. 목표 기업의 업계 출신이 아니라면 고객의 문제를 생각할 때 훨씬 많은 의문이 생길 것이다. 걱정할 필요 없다. 고객 개발의 답은 명확하다. 제대로 묻는 게 어려울 뿐이다. 제대로 물으려면 필요한 질문을 미리 생각하고, 현장에 나가 고객과 소통해야 한다.

개인 고객을 위한 제품도 같은 과정을 거친다. 잠재 고객이 자신의 문제에 어떻게 대응하고 있는지 확인하라. 새 제품을 활용하면 어떻게 개선할 수 있을지 파악해야 한다. 고객이 더 만족을 느끼고, 능숙해지고, 기분이 좋아질지 판단하라. 그리고 어떻게 하면 고객의 구매를 이끌어낼 수 있을 것인지 생각하라.

정보를 다 모았다면 정보를 잘 모으고 고객을 정말 파악했는지 확인해야 한다. 현장에서 회사로 복귀해 제품 개발팀과 이외의 구성원과 함께 목표 고객의 일상을 최대한 생생하고 구체적으로 그려본다.

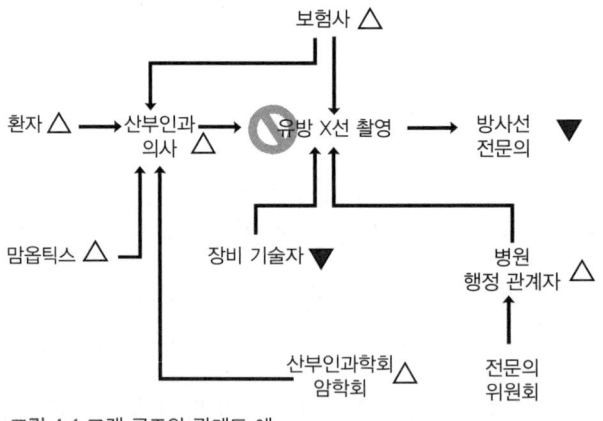

그림 4.4 고객 구조와 관계도 예

고객 구조와 관계도

고객의 일상을 확실히 이해했다면 예외를 빼고 고객 혼자 구매를 결정하는 경우가 거의 없음을 깨달았을 것이다. 개인 고객은 친구나 가족 등의 영향을 받고, 기업 고객은 회사 구성원의 영향을 받는다. 고객의 구매 결정에 영향을 주는 대상의 목록을 나열한 뒤 잠재 고객 주변에서 영향을 미치는 대상과 잠재 고객간의 관계를 그린다. 제품이 잠재 고객의 일과 사생활에 얼마나 영향을 미치는지도 함께 고려한다. 일련의 관계를 취합하면 잠재 고객과 잠재 고객에게 영향을 미치는 대상 간의 관계도를 만들 수 있다. 큰 기업일수록 영향을 주는 변수가 많아 더 복잡한 관계도가 된다.

[웹/모바일] 고객 세그먼트: 영향/관계 가설

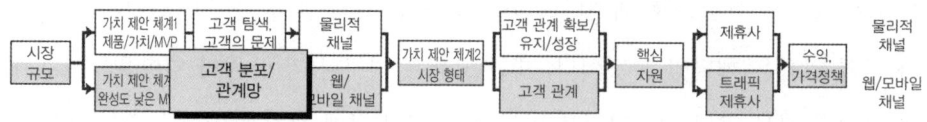

→ 이 단계를 마치면 고객 원형을 만들고, 고객을 "우리 고객의 다수는 18~25세의 기술에 해박한 도시 전문직입니다. 애플 컴퓨터를 쓰고, 매일 2시간 정도 페이스북을 이용합니다", "고객의 25%가 사이언스지와 네이처지의 애독자입니다. 화학 시약과 실험용품을 더 편하게 주문하고 싶어합니다."처럼 정의할 수 있다. 고객을 이해하면 고객의 일상을 그리고, 고객의 인터넷 구매 활동에 영향을 미치는 인터넷상의 관계도를 만들어 볼 수 있다.

먼저 물리적 채널의 고객 세그먼트 가설을 재검토하라.

고객 원형: 고객에게 안내하는 지표

고객 원형은 제품의 '가장 일반적인' 고객에 대해 파악한 모든 정보를 취합해 여러 명의 가상 프로필을 만든 것이다. 물론 모든 고객 원형을 '평균적인 고객'으로 만들 필요는 없다. 오히려 서로 상이한 고객 원형을 여러 개 만드는 편이 낫다.

고객의 인구통계학적 특성과 행동에 대해 수집한 정보를 정리해야 한다(고객 발굴 3단계의 고객 이해 부분을 참고하면 좋다. 286페이지). 웹/모바일 고객의 인구통계학적 특성을 파악하려면 구글 트렌드, 구글 인사이트, 페이스북 광고를 활용하고, 경쟁사를 파악하려면 크런치베이스(CrunchBase)를 살펴라.[1] 잠재 고객이 될 가능성이 높다고 생각하는 사람을 인터뷰하라. 미래의 잠재 고객이 누구이고 무엇을 하며 어떻게 행동하는지 파악하라. 인터넷에서 목표 고객에 대한 연구, 기사, 보고서를 검색하고, 경쟁사가 활용하는 매체, 언론사 범위, 연례 보고서도 주시하라. 이때 가장 중요한 것은 고객에 대한 새 정보를 얻을 때마다 고객 원형을 계속 발전시켜야 한다는 점이다.

---

[1] 크런치베이스는 미국 벤처와 기업 정보를 소개하는 방대한 데이터베이스다. 여기에는 회사와 창업가, 투자자, 회사의 역사를 찾아볼 수 있다. 크런치베이스는 테크크런치와 함께 AOL 계열사다. – 옮긴이

고객 원형의 특징	고객 모집 지침
40~55세의 고소득층	광고 대상을 구체적으로 설정한 배너 광고와 검색 광고를 대대적으로 집행
전문직에 종사하는 부부	평일은 광고와 홍보의 효과가 적음. 집행하지 않음
신선하고 고급스러운 식재료 구매	관련 블로거 섭외, 고급 식재료 쇼핑몰과 제휴 홍보 진행
고급 세단 보유	고급 세단 관련 사이트와의 제휴 홍보 고려
잦은 출장	관련 사이트, 블로거에게 보도 자료 발송
주말에만 요리	관련 애드워즈 광고 집행을 매일 하지 않음. 목요일과 금요일에 홍보 이메일, 트위터, SMS 집중
종종 집에서 모임 주최	주거, 파티 사이트와 블로그와 제휴 홍보 진행

그림 4.5 고객 원형의 전략적 활용 예

목표 고객, 사용자에 대한 최대한 많은 정보를 수집해야 한다. 목표 고객이나 사용자가 고위 임원인가, 육아 도우미인가, 10대 게이머인가? 교외나 도시 중 어디에 사는가? 미혼인가 기혼인가? 연령대는? 소득은? 여가에 쏟는 시간과 돈은? 웹/모바일 기기의 보유와 이용 현황도 파악해야 한다. 데스크탑, 노트북, 아이패드, 스마트폰 중 무엇을 쓰는가? 소셜 네트워킹 서비스 이용 빈도는? 평소에 이용하는 사이트나 정보를 주변에 공유하는가? 조용한 집과 붐비는 학교 중 어디서 인터넷을 주로 쓰는가? 등을 파악한다. 목표 고객에 대한 계획을 세울 때 그림 4.5의 세부 예시를 참고한다.

고객의 일상: 고객이 무엇을 하는지 파악하라

고객의 하루 중 인터넷 이용 시간은 얼마나 되는가? 집에서 데스크탑을 많이 사용하는가 아니면 외부에서 노트북을 이용하거나 차량의 내부 장비를 이용할 때가 많은가? 제품의 성공은 제품이 고객 일상의 일부가 될 수 있는지 여부에 달려 있다. 정보 제공, 소셜 네트워킹, 놀이, 온라인 교육 등 제품의 목적과 성격에 관계없이 제품이 고객의 '새로운 일상'으로 정착해야 한다.

"새 사이트나 앱을 쓰는 데 시간을 얼마나 들이는가? 잠을 줄였는가? 페이스북이나 이베이에 쓰는 시간이 줄었는가? 직장에서 멍하니 빈둥거리는 대신, 새 사이트를 이용하는가?" 질문으로 점검한다.

> ✥ 새 사이트나 앱을 쓰는 것이 고객의 '새로운 일상'이 됐는가?

고객이 새 제품을 어떻게 찾는지 확실히 알아야 한다. 고객이 주로 이용하는 서비스에 대해 파악한다. 테크크런치, 피플지, 게임 소개 사이트나 기사 등의 애독자인가? 트위터를 자주 쓰는가? 트위터에서 몇 명을 구독하는가? 하루에 SMS를 얼마나 쓰고, 누구에게 보내는가? 제품의 정보를 보통 어디서 얻는가? 또 새로운 제품의 정보를 얻는 곳은 어디인가? 얼마나 자주 방문하고, 방문하면 얼마나 이용하는가? 등을 고민한다.

고객을 어디서 찾을지도 중요하다. 인터넷이라면 고객은 어디든 존재한다. 사용자가 적은 특이한 사이트에서부터 독서 블로그, 페이스북 등의 소셜네트워크 서비스, 소셜 기사 사이트 등 어디에서든 활동할 수 있다. 트위터를 직접 쓰거나 구독하고, 커뮤니티나 위키피디아 등에서 활동하며 다른 고객들과 교류할 가능성도 있다.

고객 일상의 특징	고객 모집 시 참고사항
소셜네트워크 서비스 이용 시간은 일 15분 미만	페이스북, 소셜 미디어를 통한 홍보 효과 낮음
SMS는 일 평균 3번, 주로 배우자에게 발송	트위터는 활용할 수 없음
요리 잡지와 사이트 구독	요리법, 보도 기사 등의 대대적인 언론 활동
요리 방송을 주 2~3회 시청	제휴 홍보를 위한 창업가의 요리 방송 출연
뉴스 사이트에서 매일 1시간씩 기사를 봄	언론사의 음식/생활 방식 편집자 섭외
인터넷에서 매일 20분씩 개인적인 시간을 보냄	대대적인 이메일 홍보, 온라인 광고 집행의 사전 테스트에 활용
공영 라디오 방송을 매일 45분씩 청취	주말 방송의 협찬사 입점, 보도 자료 발송, 인터뷰 참여 고려
15~20명의 친구와 메신저를 쓰고, 이메일을 주고 받음	요리법, 비법, 할인 정보 친구들에게 유포

그림 4.6 고객 일상의 전략적 활용

고객이 아침에 일어나 잠들 때까지 매일의 '일상'을 15분에서 30분 단위로 그려본다. 고객이 웹/모바일 기기를 어떻게 쓰는지 면밀히 살핀다. 단순히 어떤 기기를 쓰는지 파악하는 게 아니다. 고객이 실제로 무엇을, 얼마나 하는지 살펴보는 것이다. 어떤 친구와 문자를 얼마나 주고 받는가, 어떤 블로그를 보는가, 어떤 모바일/소셜 게임을 하는가, 신발은 어디서 사고, 페이스북에 고양이 사진을 올렸는가 등 고객의 일상을 기록한다.

그림 4.6을 기반으로 자신의 것을 만드는 데 활용하라.

기록한 정보를 취합해 말머리 기호를 붙여 요점만 정리하면 고객 원형과 고객 일상이 된다. 고객 원형과 고객 일상은 나중에 고객 관계 가설을 세울 때 고객 '모집' 활동의 가능성을 평가하는 지표로 쓰인다. 그림 4.5와 그림 4.6은 인터넷으로 다운로드할 수 있는 고급 요리 강좌를 제작하는 회사의 예다. 함께 요리하는 맞벌이 부부를 목표 고객으로 삼고 목표 고객의 특징을 썼다.

고객 원형과 고객 일상을 다 만들고 나면 고객이 어떤 모습을 하고, 일상을 어떻게 보내며, 어디에서 찾을 수 있을지 파악할 수 있을 것이다.

그림 4.5와 그림 4.6은 '고객 모집'을 위한 활동에 초점을 맞춰 고객 원형과 고객의 일상을 그려본 예다. 거대한 시장을 단숨에 공략하는 완벽한 방법은 없다. 하지만 고객 원형과 고객의 일상을 미리 파악해서 고객을 모으기 위한 활동을 '어디서부터 어떻게 시작하는지' 알 수 있다. 이를 통해 고객 관계 활동에 드는 비용을 줄이고, 효과를 극대화할 수 있다.

온라인상의 고객 영향 관계도를 만드는 방법

웹/모바일 제품의 경우 고객 영향 관계도(136페이지 참고)가 더 유용하게 쓰인다. 하지만 그만큼 더 복잡하고 어려운 과정이 필요하다. 온라인에서 고객에게 영향을 주는 요소가 얼마나 많은가, 이들 요소를 어떻게 활용해 마케팅을 진행할 것인가를 생각해본다. 온라인상의 고객 영향 관계도는 블로그, 대화방, 유명 사이트, 소셜네트워크, 전문가, 추천과 참고 사이트 등 수 많은 요소로 이뤄진다. 이런 요소를 활용하면 사람들이 검색엔진을 이용할 때 제품의 정보가 자연스레 노출되게 할 수 있다. 검색엔진에서의 '자연 검색'을 통한 웹 사이트 유입은 제품에 대한 직접 노출과 함께 사람들을 웹 사이트로 모으는 중요한 요소다.

	활용성	
	어렵다	쉽다
빈번하다 (고객 홍보성)	• 구글 검색엔진최적화(SEO) • 허핑턴 포스트, AOL 등의 주요 매체 • 주요 블로그	• 구글 애드워즈 • 포탈 검색 광고 • 웹 링크
적다	• 비공개 커뮤니티 • 학술 사이트	• 개인 블로그 • 친구의 페이스북 담벼락 • 내 트위터 글

그림 4.7 온라인(웹) 고객 영향 관계도

마지막으로 웹/모바일 앱이 여러 고객 세그먼트를 가진 다중화된 비즈니스 모델임을 기억하라. 웹/모바일 앱의 '고객'은 제품이나 서비스에 비용을 지불하지 않더라도, 해당 제품이나 서비스 공급자에게 유용한 가치를 줄 수 있다. '다른 고객'의 구매를 이끌어 내기 때문이다. 구글은 다중화된 비즈니스 모델의 전형적인 예다. 구글의 서비스를 무료로 쓰는 수십억의 '고객'이 있지만, 수백만의 광고주가 그 '고객'을 목표로 광고비를 쓴다. 대부분의 소셜네트워크 서비스와 정보성 사이트가 이 방식으로 운영된다.

[물리적] 채널 가설

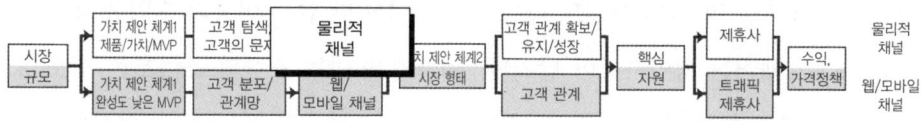

채널은 회사가 고객에게 제품을 전하는 방법이다.

물리적 제품과 웹/모바일 제품의 채널은 전혀 다르다. 물리적 제품은 하역장에서 옮겨져 고객이나 소매점에 도달하지만, 웹/모바일 제품은 실제 사람의 손을 거치지 않는다. 온라인에서 판매하고 제공하면 그만이다(바이트로 이뤄진 제품은 온라인 구매와 다운로드가 가능하다).

물리적 채널은 지난 수백 년 전부터 존재한 만큼, 스타트업이 고려해야 할 '중간 고객'이 있고, 진입 장벽도 높다. 비용과 시간이 많이 들며 통제가 힘들고 홍보가 어렵다는 게 대표적인 문제다. 대신 보상은 크다. 20세기에는 물리적 채널을 통한 유통이 특히 중요했다. 당시 유통의 정점은 월마트였다. 월마트에 입점하면 매일 2천만의 미국인을 접할 수 있었다.

> ❖ 제품이 채널에 적합한지 파악하라.

오늘날 대부분의 회사가 웹/모바일과 물리적 채널을 함께 활용한다. 1만 개의 대형 상점을 가진 월마트도 월마트닷컴walmart.com에 막대한 투자를 한다. 전 세계적인 소매점인 월마트 역시 웹/모바일을 대체 채널로 본다. 현재 대부분의 채널 전략에서는 물리적 채널과 웹/모바일 채널을 함께 고려한다. 특히 오프라인 제품에서 이러한 경향이 강하다. 회사가 어떤 채널을 활용하던 간에 고객 수요를 창출하고 판매 채널로 이끌 수 있어야 한다. 물리적 채널과 웹 채널의 고객 수요 창출 방법은 매우 다르기 때문에 주의해야 한다.

제품이 채널에 적합한지 파악하라

제품 가격대에 따라 판매 채널도 다르다. 연간 150만 달러 이상의 수익을 내는 기업용 소프트웨어는 영업사원이 맡지만, 10달러가 넘는 소수의 스마트폰 앱도 보통 30% 수수료를 지불하고 앱 마켓에 입점한다. 아마존이나 베스트바이(bestbuy.com) 같은 온라인 소매점에서는 총 매출의 절반이 수천 불의 고가 제품이 아닌 몇백 달러 정도의 제품군에서 나온다.

소요 비용을 추산할 때 채널의 모든 요소를 고려해야 한다. 유통이나 홍보뿐 아니라 제품을 진열하고, 팔리지 않은 제품 회수에도 비용이 든다. 어떤 채널을 선택하는지에 따라 회사의 수익 모델이 완전히 바뀌는 경우가 많다. 채널에 따른 지출과 순이익에 기반해 수익 흐름 가설을 재검토하고 수정해야 한다(수익 흐름은 '순이익'을 두고 계산해야 한다. 겉으로 드러난 매출만 쫓다가는 통장이 텅 비어버릴 것이다).

물리적 채널의 종류

물리적 유통 채널에는 여러 종류가 있다. 각각은 고유의 강점과 약점이 있고 소요 비용이 다르다. 직접 제품을 팔지 않고 위탁하는 '간접' 판매 채널도 있다. 이를 '판매대행사resellers'라 일컫는다. 제품을 받아 최종소비자에게 판매한다. 유통업자, 부가 가치 판매대행사, 소매점 등이 있다. 예로 휴대용 비디오 게임 제작사가 지역 내 여러 장난감 가게에서 자사 게임을 판매하려 할 때 유통업자를 찾는 것이다. 지역의 장난감 가게가 해당 지역이나 전국 유통업자에게 제품을 사기 때문이다. 현실적인 이유도 있다. 직접 유통업자를 만나는 것은 가능하지만, 미국 내 모든 장난감 가게를 일일이 찾아 다니는 것은 불가능하다. 물리적 유통은 복잡하고 비용이 많이 든다. 물리적 채널에서의 가장 일반적인 방안은 다음과 같다.

직접 판매: 회사의 영업 사원이 개인이나 기업의 최종소비자나 판매대행사에 직접 제품을 파는 형태

- 강점: 확실한 지시를 내리고 결정권을 행사할 수 있다. 우리 제품에 영업력을 총동원할 수 있다.
- 약점: 가장 비용이 많이 드는 안이다. 좋은 직원을 뽑기도 어렵고 관리하는 것은 더 어렵다.

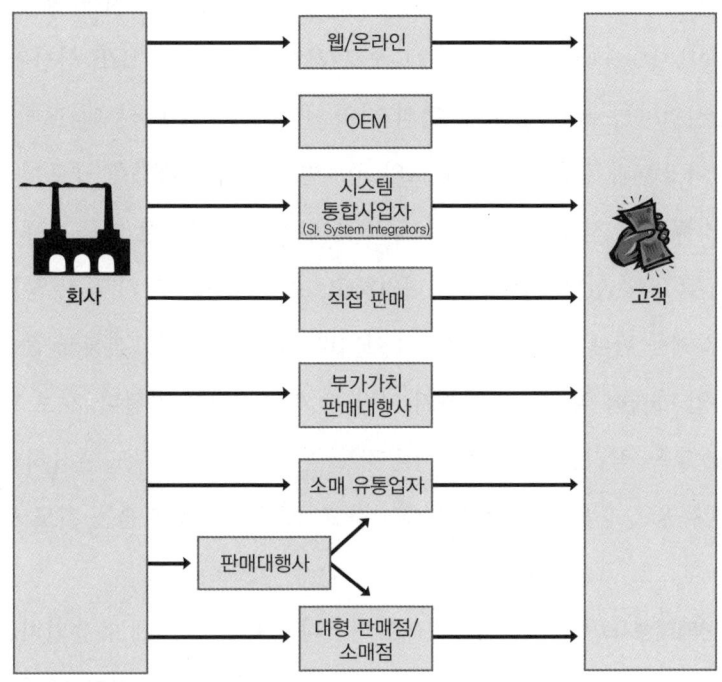

그림 4.8 물리적 유통 채널의 종류

판매 대리점: 특정 채널이나 가맹점에 특화되어 제품을 위탁 판매하는 다수의 회사를 가리킨다(특정 지역을 거점으로 둔 경우가 많지만, 일부는 전국 규모다). 한 번에 여러 회사의 제품을 담당하지만 경쟁사의 제품을 함께 맡는 것은 아니다. 판매 중계 수수료를 책정하는 경우가 대부분이지만 아예 일정 기간 고용하거나 판매한 제품 개수에 따라 과금하는 경우도 있다.

- 강점: 빠르게 전국적인 유통망을 구축할 수 있다. 들이는 비용을 조정할 수 있고 초기 비용이 거의 들지 않는다.

- 약점: 제품 판매를 맡긴 의뢰인이 아니라 제품을 사는 고객에게 집중한다. 적극적인 마케터 역할을 기대하기 어렵고, 제품 판로에 가깝다.

시스템 통합사업자/부가가치 판매대행사: 판매 대리점과 달리 시스템 통합사업자와 부가가치 판매대행사는 제품과 함께 제품에 관련된 일련의 가치를 함께 제공한다(자문, 제품 설치, 다른 제조사 제품과의 연동 등). 주로 기술산업 분야의 B2B 회사가 많다. 시스템 통합사업자는 작게는 한 두 명의 지역 내 IT 자문역에서부터 크게는 엑센츄어Accenture나 IBM과 같은 세계적 규모의 글로벌 조직까지 다양한 규모를 갖는다.

- 강점: 빠르게 전국적 유통망을 구축할 수 있고, '완전한 제품 연동 및 설치'까지 맡길 수 있다. 가격 대가 다양하고, 초기 비용이 거의 들지 않는다.
- 약점: 제품 판매를 맡긴 의뢰인이 아니라, 제품을 사는 고객에게 충성한다. 적극적인 마케터 역할을 기대하기 어렵고, 제품 판로에 가깝다. 홍보 지원, 제품 소개, 교육, 장려금을 도입하는 등 강도 높은 관리와 지원도 필요하다. 지속적인 점유율 상승을 위한 목표를 제시하고, 판매 의욕을 북돋는 것도 쉽지 않다.

유통업자/판매대행사: 중소형 규모의 비즈니스나 소비재는 대개 유통업자를 거치는 경우가 많다. 유통업자는 제조사와 소매점을 중계한다. 유통업자는 재고를 어느 정도 비축해 둬 지역 소매점이 필요할 때 적절한 양을 공급받을 수 있다. 일부는 전국 규모의 유통망을 갖고, 말 그대로 수천 개의 상품을 공급한다(예: 컴퓨터 부문의 CDW, 통신설비 부분의 애로우 일렉트로닉스, 의약 부문의 맥케슨 코퍼레이션). 유통업자를 통해 특정 제품을 홍보할 수 있지만 어렵고 비용이 많이 든다.

- 강점: 유통업자가 원하는 제품에 관심을 쏟을 수 있다. 특정 제품을 진열하거나 홍보할 수 있다.
- 약점: 비용이 많이 든다. 마케팅, 홍보의 동반자 관계가 아니라 회사의 요청을 수행하는 수동적 역할이다. 유통업자가 제품을 반품할 수 있는 권리를 갖고, 제품이 팔린 후 대금을 지불하는 게 보통이다.

소매 유통업자(소매점): 유통업자와 달리, 소매점은 미리 구매한 제품을 고객에게 판다. 기업 고객이나 개인 고객 어느 쪽에 특화되었는지에 관계없이 특정 품목의 제품을 진열하고 홍보하는 자영업이나 소형 가맹점 형태가 많다. 높은 운영 비용과 적은 판매량을 감안해 도매가에 비해 큰 중간 이득을 취하는 경우가 일반적이다(흔히 도매가의 2배로 소매가를 책정하는데, 이를 '키스톤 가격'이라 일컫는다). 소매점이 '제조사(당신의 스타트업도 포함)'와 바로 거래하는 경우는 드물다. 보통 유통업자 등의 중계업체로부터 제품을 확보한다. 규모가 큰 소매점의 예는 코스트코다. 많은 소비재가 여전히 소규모 자영업이나 편의점 등에서 판매된다.

- 강점: 소매점이 원하는 제품에 관심을 쏟을 수 있다. 특정 제품을 진열하거나 홍보할 수 있다.
- 약점: 신규 비즈니스가 소매점을 주요 채널로 활용하는 것은 구축이 어렵고 비용이 많이 든다.

대형 판매점: 미국에는 세계적 규모의 가맹점인 월마트나 코스트코에서부터 홈디포나 세븐일레븐에 이르기까지 수많은 대형 판매점이 있고, 막대한 상품을 고객에게 공급한다. 이에 제조사에 과도한 영향력을 행사하고, 소매가의 50%에 이르는 판매 수수료를 챙기는 등의 '터무니 없는 요구'를 하는 경우가 있다. 새 제품을 출시하는 경우는 거의 없다. 시험 판매 지역에서 괜찮은 결과가 나오지 않으면 입점을 허용하지 않기 때문이다. 시험 판매에서 좋은 결과를 거뒀다 해도, 제품을 진열하려면 수만 달러의 '입점료'가 필요하다(판매 수수료는 별도다).

- 강점: 대량 유통이 가능하고, 노출 및 홍보 잠재력이 크다
- 약점: 판매까지 시간이 많이 든다(1년 이상도 걸릴 수 있다). 매우 비싸고 마케팅 결정권이 적고, 영향력도 미비하다. 남은 재고를 몇 달 뒤에 떠 안을 수 있고 판매 후 대금 지불도 늦다. 6달에서 그 이후까지 늦어질 수 있다.

주문자상표부착생산OEM, Original Equipment Manufacturing: 제품이 팔려 큰 제품의 일부가 된다. PC 브랜드 기업이 하드드라이브, CPU, 메인 보드, 키보드 등을 각 제조사에서 구매한 뒤, 이를 취합해 더 복잡한 제품으로 만들어 최종소비자에게 파는 경우다. 스타트업이 고려할 문제는 다음과 같다. 스타트업의 브랜드, 인상, 정체성이 주문자상표부착생산 방식에서는 드러나지 않아 최종소비자가 인식하지 못한다 ('인텔 인사이드'는 부품 제조사의 브랜드와 명성을 가미한 예외적인 경우다). 주문자상표부착생산한 제품의 성공이 스타트업의 성패를 결정한다. 스타트업의 고객의 요구사항보다 주문자상표부착생산을 의뢰한 기업이 파악한 고객 요구사항, 문제, 반응 등이 우선시된다.

- 강점: 대량 판매 가능성이 있다.
- 약점: 제품당 이윤이 낮은 게 보통이다. 스타트업의 브랜드 강화나 인지도 확대를 기대할 수 없다.

채널 선택

많은 스타트업의 중대한 실수는 초기 채널 확장에 지나치게 힘을 쓰는 것이다. 고객 검증을 완전히 마치기 전까지는 가장 큰 잠재력을 보인 채널을 택해 해당 채널에 집중한다. 여전히 가설을 검증하고, 확장하는 단계이기에 배우는 것에 집중해야 하기 때문이다. 직접 판매, 가맹점 입점, 우편 판매 등 여러 채널에 제품을 출시하지 않는다. 모두 잘하는 것은 불가능하다. 물리적 채널에 제품을 출시한 뒤 인터넷에서 홍보나 판매를 병행하는 것은 예외가 된다.

채널을 선택하고 제품의 가격을 책정하는 것은 밀접한 관계가 있다. 따라서 채널 가설과 수익, 가격 가설을 함께 발전시켜야 한다(216페이지 참고). 가령 소매점을 통해 제품을 공급하면 중간 비용으로 인해 회사의 순이익이 훨씬 줄어든다. 반면 직접 판매로 제품을 팔면 순이익이 높아지는 반면 판매 속도가 늦어진다. 어떤 채널을 선택할지 고려할 때는 다음의 기준을 검토한다.

- 해당 종류의 제품을 구매하는 기존 방식과 관행이 있는가?
- 선택한 채널이 제품의 판매 과정을 보완할 수 있는가? 비용은 어떻게 되는가?
- 제품 판매 시 가격상의 쟁점과 구매 장벽은 무엇인가?

처음부터 제대로 된 채널 전략을 세우는 스타트업은 드물다. 대부분의 기술 관련 스타트업이 직접 판매를 잘할 수 있다는 가설로 시작하지만, 대부분은 잘못된 가설로 드러난다. 가장 현명하고 안전한 방법은 유사한 제품과 관련 제품군의 구매 방식과 관행을 먼저 살피는 것이다. 고객은 자신이 선호하는 채널에 돈을 쓰는 경향이 있다.

[웹/모바일] 채널 가설

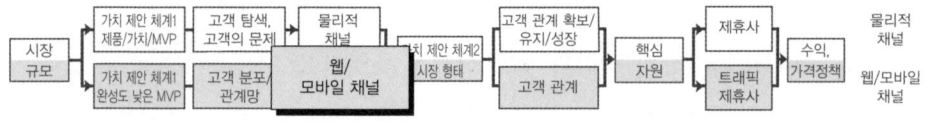

→ 웹/모바일 제품의 회사가 고객에게 어떻게 제품을 선보일지 가설을 세우는 단계다.

앞에서 설명한 물리적 채널 가설의 내용을 먼저 읽고, 웹/모바일 채널 가설을 세운다. 앞의 물리적 채널 부분에서는 일반적인 채널 전략, 채널간의 비용, 채널이 수익에 미치는 영향을 설명했다.

웹/모바일 채널은 컴퓨터, 태블릿, 모바일 장비 등을 통해 전 세계 수십억 명의 사람과 이어질 수 있다. 중간에 꺼지는 법도 없이 상시 '대기 중'이다. 고객의 손바닥 위에 있거나 손만 뻗으면 닿을 범위에 있다. 모바일 채널의 범위, 지속성, 접근성이 사람들의 삶, 일, 구매, 행동에 영향을 미치기 시작한 것은 최근의 일이다. 모바일 채널의 영향력은 앞으로 더 커질 것이다.

특정 상점이나 서비스를 매일, 매시간 수십억 명의 사람이 이용하는 것은 모든 마케터의 꿈이다. 웹/모바일 제품은 빠르게 만들고, 적은 비용으로 즉시 노출하는 게 가능하다. 야후 스토어에서는 월 5달러 수준의 비용으로 판매 웹 사이트를 개설할 수 있다. 회사가 판매 웹 사이트의 모든 결정권을 갖고, 판매 수익의 대부분을 소유한다. 가격을 바꾸거나 홍보하는 등의 작업도 몇 분만에 가능하다.

하지만 모든 면이 다 좋은 것은 아니다. 사이트를 찾는 고객이 아무도 없을 수도 있고, 관심을 끌고, 방문자를 모으고, 판매하는 모든 것이 회사의 부담과 비용이 된다(후에 고객 관계 가설에서 자세히 설명할 것이다. 171페이지 참고). 아마존과 애플의 앱스토어에서 제품을 제공하는 경우도 마찬가지다. 웹/모바일 채널에서 성공하려면 비용을 효율적으로 써 고객의 수요를 만들고 방문자를 모아야 한다. 그 뒤 제품을 쓰고 구매하는 고객을 확보해야 한다.

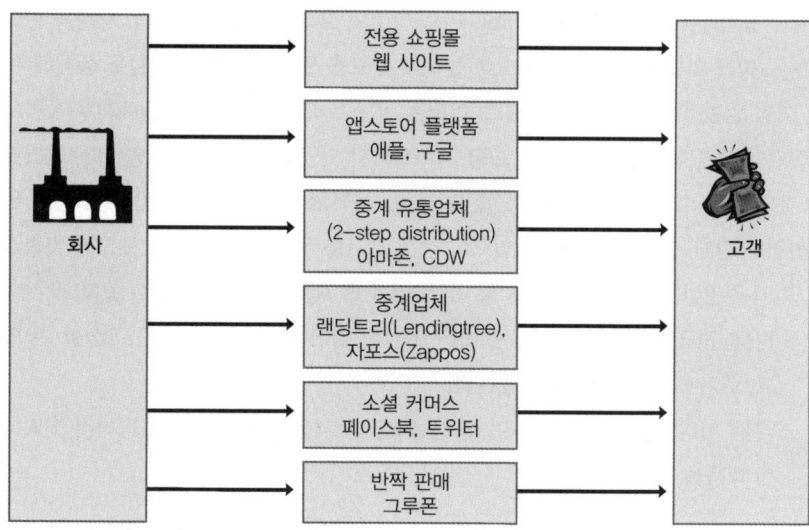

그림 4.9 웹/모바일 유통 채널의 종류

웹/모바일 채널의 종류

물리적 유통 채널과 마찬가지로 웹/모바일 채널도 종류에 따라 강점, 약점, 비용이 다르다(물리적 제품을 온라인 채널에서 판매하는 경우가 늘고 있다). 스타트업이라면 회사의 가치 제안, 비용, 수익 모델, 고객이 선호하는 구매 형태를 적절히 고려해 가장 최선인 유통 채널 한 곳에 집중해야 한다(후에 비즈니스를 확장하고 규모를 키울 때 유통 채널을 늘릴 수 있다).

> ❖ 유통 채널 한 곳에 집중하라. 후에 비즈니스를 확장하고 규모를 키울 때 유통 채널을 늘릴 수 있다.

전용 쇼핑몰(Dedicated e-commerce): 전용 웹 사이트를 개설해 고객에게 제품을 직접 판다(호스팅 서비스는 어느 것을 써도 무방하다). 고객은 웹 브라우저를 통해 쇼핑몰에 접속한다. 물리적 제품을 팔던, 웹/모바일 제품을 팔던 간에 개인이나 기업 고객이 한 사이트에서 제품의 세부 정보를 파악하여 제품을 보고, 기능을 비교하여 결제를 마칠 수 있어야 한다.

- 강점: 일반적인 사이트라면 쉽게 만들 수 있다. 제품 가격, 소개, 품목 등을 원하는 대로 관리할 수 있다.
- 약점: 모든 장애 요소에 대응하고, 트래픽 대응과 방문자의 결제 전환에 드는 비용을 모든 감당해야 한다.

중계 유통업체(Two-step e-distribution): 다수의 고객을 찾는 방법이다. 제품을 판매하는 쇼핑몰 역할과 고객의 인지도를 높이고 수요를 만드는 도우미 역할을 동시에 한다. 가장 일반적인 웹/모바일 채널로, 아마존, 베스트바이와 같은 소매점에서부터 안드로이드와 애플 앱스토어, 소규모 쇼핑 사이트까지 다양하다. 비용도 다양하다. 아마존은 가장 비싼 수준의 수수료를 책정한다. 일반 서적 소매가의 55%를 받는다. 중계 유통업체는 판매 수수료를 통한 수익으로 상품 재고를 유지하고, 제품을 포장해 발송하며, 다시 주문받는다. 고객 수요를 잘 이끌어낼수록 제품을 더 많이 팔 수 있다.

- 강점: 전국적 유통망을 갖추는 가장 빠른 방법이다. 들이는 비용을 조정할 수 있고, 초기 비용이 거의 들지 않는다.
- 약점: 사이트 내에서 제품 홍보를 진행하거나 제품 노출 정도를 조정하려면 막대한 비용을 써야 한다.

추천업체(Aggregators): 백화점을 온라인으로 옮겨 놓은 것으로, 특정 품목에 특화된 경우가 많다. 관심사가 비슷한 고객을 모아 웹/모바일 상점으로 유도한다. 웹 브라우저를 이용해 접속한다. 고객은 수백 개의 주택담보대출과 관련 금융 상품을 모은 랜딩트리(LendingTree.com), 수백 개의 SaaS 소프트웨어 도구에 대한 안내를 제공하는 클라우드쇼플레이스(cloudshowplace.com) 등의 추천업체에서 몇 번의 마우스 클릭으로 제품을 살 수 있다.

디아퍼스(Diapers.com)는 아이 용품, 자포스(Zappos.com)는 신발에 특화된 추천업체로 제조사 수백 곳의 제품을 보여준다(디아퍼스와 자포스는 아마존이 인수했다). B2B 제품을 위한 온라인 상품을 전시하는 추천업체도 비슷한 방식을 쓴다. 실제 상품 전시회와 비슷한 모습과 느낌으로 사이트를 만들고, '홍보 공간'을 마케터에게 판다. 마케터는 제품 시연, 상세 기능과 설명, 상품 주문 접수를 위해 가상의 홍보 공간을 산다.

- 강점: 전국적 유통망을 갖추는 빠른 방법이다. 소요 비용을 조정할 수 있고, 초기 비용이 거의 들지 않는다.
- 약점: 노출 정도가 미비하다. 사이트 내에서 제품 홍보 및 영업을 진행하려면 비용이 많이 든다.

채널 역할을 하는 플랫폼

모바일 앱 커머스(Mobile-app commerce): 웹/모바일 앱 유통 플랫폼은 많은 점에서 물리적 채널의 소매점과 유사하다. 모바일 앱, 다양한 웹 앱과 게임이 웹/모바일 플랫폼에서 판매되고 있다. 징가(Zynga)의 팜빌(Farmville)과 같은 온라인 게임은 수억 명의 사용자를 가진 페이스북을 플랫폼으로 활용한다. 페이스북은 수천 개 회사에게 자사 플랫폼을 제공하고, 소셜네트워크가 아닌 판매 채널의 역할을 한다. 애플과 구글도 앱 스토어를 제공한다. 모바일 사용자는 게임에서부터 가계부까지 원하는 앱을 사서 자신의 아이폰이나 안드로이드 스마트폰에 다운로드할 수 있다.

애플 앱스토어, 구글 플레이와 같은 특화된 시장은 스마트폰 앱을 위한 채널의 역할을 하는 플랫폼이다. 애플 앱스토어는 아이폰 앱 판매가의 30%를 수수료로 받고, 스마트폰 앱을 판매하려면 애플 앱스토어를 반드시 거쳐야 한다. 반면 세일즈포스닷컴(salesforce.com)은 앱익스체인지(AppExchange) 서비스를 개방해 B2B 앱이나 관련 업체가 이용할 수 있다.

- 강점: 게임, 기능, 쇼핑 등의 앱을 위한 빠르게 성장하는 거대 채널이다. 언제 어디서든 쉽게 쓸 수 있고, 수백만의 구매자가 있다. 비즈니스 잠재력이 크다.
- 약점: 중계 수수료가 있다. 용량, 제품 홍보, 결제 방식이 제한되며 해당 채널의 운영 지침을 따라야 한다. 고객의 관심을 끌고, 앱을 홍보하거나 정보를 전하기 어렵다.

소셜 서비스 커머스(Social commerce): 페이스북, 트위터와 같은 소셜네트워크 서비스는 자사 플랫폼에 상거래 기능을 추가하는 방법으로, 막대한 사용자를 활용한 수익화 방안을 모색한다. 고객은 브라우저를 통해 사이트에 접속하거나 전용 앱을 이용한다. 온라인 게임에서는 웹/모바일 화폐 및 아이템이 널리 쓰이고 있는데, 수직 시장의 많은 서비스가 온라인 게임의 방식을 차용해 수익화를 시도하고 있다.

- 강점: 발전 속도가 빠르고, 잠재력이 큰 유통 채널이다. 새로운 제품을 출시하는 데 적합하다. 제품을 널리 홍보하고, 빠르게 수익을 낼 수 있다.
- 약점: 관심을 얻고 인지도를 높이기 어렵다. 플랫폼이 판매가의 50% 이상을 수수료로 가져간다.

깜짝 판매(Flash sales): 여러 개의 브랜드 상품을 하루나 이틀간 대폭 할인 판매한다. 길트(Gilt.com), 그루폰, 이외의 유사한 서비스는 대량의 이메일 주소와 구매자의 소셜네트워크 정보를 홍보에 활용해 특정 품목의 제품과 지역 서비스 할인에 관심 있는 고객을 모은다.

> ❖ 깜짝 판매는 단기적으로는 큰 손실을 본다.

- 강점: 발전 속도가 빠르고, 잠재력이 큰 유통 채널이다. 새로운 제품을 출시하는 데 적합하다. 제품을 널리 홍보하고, 빠르게 수익을 낼 수 있다.
- 약점: 일반적으로 과한 비용이 든다. 소매가의 50% 할인을 원하는 최종소비자를 위해 제품을 할인하고, 깜짝 판매를 중계하는 업체에 다시 50%를 수수료로 지불해야 한다. 단기적으로는 큰 손실을 본다.

부분 유료화 채널(Free-to-paid channel): 엄밀히 말하면 플랫폼이나 채널로 보기 어렵고, 수요 창출 전략의 관점에서 접근하기에도 무리다. 하지만 더 강력한 고객 관리 기법으로 쓰이고 있다. 제품을 따로 고치지 않고 약간 수정하면 부분 유료화를 도입할 수 있는 웹/모바일 제품에서 널리 쓴다. 징가와 같이 빠르게 성장한 일부 회사는 소셜 네트워크 서비스를 통해 팜빌, 마피아워(MafiaWars) 등의 게임에서 막대한 사용자를 모았다. 게임의 일부나 전부를 무료로 제공하되, 무료 사용자를 자극해 게임 안의 다양한 웹/모바일 상품을 유료로 사게 만든다.

> ❖ 무료 사용자를 유료 사용자로 바꾸고, 구매하게 만들지 못하면 서비스는 실패한다.

게임의 일부를 체험하게 하거나 게임 전체를 제한된 기간 동안 할 수 있게 하는 것은 무료 사용자가 더 완전한 유료 제품을 사게 만드는 강력한 상위제품구매(Up-sell) 기법이다. 한 온라인 세금처리 소프트웨어 회사는 연방세 환급 신청 서비스를 무료로 제공해 자사 서비스를 상위 제품구매를 유도하는 채널로 쓴다. 주세, 지방세와 같이 더 복잡한 환급 신청을 위해서는 유료 제품을 구매해야 한다.

- 강점: 비교적 적은 비용으로 사용자가 제품을 수용하고 실제로 쓰게 할 수 있다. 훌륭한 제품 출시 전략이다.
- 약점: 효과는 좋지만 위험하다. 막대한 사용자를 빠르게 얻을 수는 있지만, 무료 사용자를 유료 사용자로 바꾸고, 구매하게 만들지 못하면 서비스는 실패한다. 무료 사용자를 유료 사용자로 바꾸던지, 회사가 망하던지 둘 중 하나다.

채널 선택을 돕는 테스트

일부 제품은 정해진 채널이 있다. 아이폰, 아이패드 앱이 예다. 소셜 게임의 경우도 마찬가지다. 하지만 대부분의 제품은 비용 효율성과 규모 잠재력에 대한 테스트가 필요하다. 몇 개의 채널을 살펴 어디에 집중해 노력을 쏟고 홍보 비용을 쓸지 판단해야 한다. 간단히 내려받아 설치하는 앱이라면 테스트 3개를 함께 진행할 수 있다.

부분 유료화 모델로 앱을 배포하는 동시에 앱스토어와 온라인 소매점에서는 유료 판매를 하라. 각 테스트에 최대한 적은 비용을 똑같이 들여 2달러 이상의 수익이 발생하는지 살펴라. 홍보 비용이 충분치 않아도 괜찮다. 나중에 언제든 늘릴 수 있다. 테스트를 마치면 고객당 확보 비용이 가장 적고, 가장 많은 고객을 모은 채널이 어디인지 결과를 분석하라.

다면 시장용 채널 계획

물리적 채널의 회사가 판매 채널에 대해 고민하는 것처럼 다면 시장의 웹/모바일 스타트업 역시 다면 시장의 판매 채널을 연구해야 한다. 다면 시장의 고객 유형별 가설과 '수익 채널'에 대한 가설이 필요하다.

다면 시장 대부분은 매우 단순한 수익 채널 구조를 가진다. 많은 수의 사용자를 확보하고, 사용자에게 홍보를 원하는 광고주에게 링크, 배너 광고, 게임 내 광고, 전통적 온라인 광고 등을 판다. 따라서 목표가 명확하다. 잠재 고객이 될 광고주나 대행사를 찾고, 구매력이 어느 정도인지 살펴야 한다. 판매가 제대로 이뤄질지, 고객 유형별 수익 가설이 합당한지 확인하라. 다면 시장이 흔히 겪는 가장 심각한 문제는 '적은 사용자'와 '불명확한 사용자'다.

> ❖ 좀 더 명확한 사용자는 모으기 어렵지만 그만큼 더 가치 있다.

적은 사용자(Small audiences): 광고 대행사는 자사 고객의 비용을 한 번에 크게 집행하는 것을 선호하며(광고 집행이 구매 주문인 셈이다), 한 번 집행할 때 최대한 많은 사람에게 도달하길 원한다. 광고 대행사의 광고 수주를 받거나 심지어 제품을 소개하는 제휴 미팅을 성사시키는 데도 몇 백만의 월간 페이지뷰가 필요하다. '구매자' 채널의 잠재력을 채널 검증 과정에서 확실히 살피는 것이 좋다.

불명확한 사용자(Indistinct audiences): 온라인 광고 업계는 안 팔리는 잡동사니로 가득한 혼돈의 세계다. 대부분의 광고주는 온라인 '광고 네트워크' 업체에게 배너, 마천루형 배너, 링크 등의 온라인 광고를 대규모로 집행한다. 온라인 광고 네트워크 업체는 10대 등 특정 집단에게 인기를 끄는 수십 수백 개의 사이트에서 광고를 끌어 모은다. 안 팔리던 대량의 광고를 헐값에 모아 수백만의 노출량을 가진 광고 상품처럼 포장해 소수의 광고주에게 판다.

좀 더 명확한 사용자는 모으기 어렵지만, 그만큼 더 가치 있다. '일하는 엄마', 'Y세대 구매자'는 쉽게 모을 수 있지만, 항공사 우수 고객이나 고급 세단 소유자는 모으기 어렵다. 치과 교정 전문의, 개인 항공기 소유자나 임차인, 월 100달러 이상을 쓰는 게임 이용자, 돈을 마구 쓰는 카지노 도박가 등은 높은 가치를 가진 사용자 집단의 예다. 다면 시장의 사용자 집단이 명확하면 광고를 원하는 사용자 집단에게 더 쉽게 과금할 수 있다.

가치 제안 2: 시장 유형과 경쟁자 가설

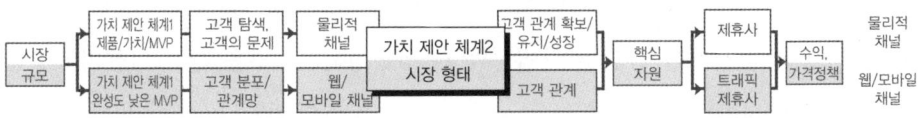

회사가 4개의 시장 유형 중 적합한 시장을 찾고(2장의 고객 개발 선언문의 7번째 원칙 참고), 경쟁자를 고려하는 단계다.

어떤 채널을 택하든지 모든 스타트업은 4개의 시장 유형 중 하나를 택하거나 공략해야 한다. 선택한 시장 유형이 적절치 않다면 심각한 문제가 직면할 수 있다(적절치 못한 때 홍보와 판매로 예산을 섣불리 소진할 수 있다). 다행히 제품 기능 결정과 달리 시장 유형 결정은 좀 더 여유가 있다. 시장 유형 선택을 고객 창출 단계까지 연기할 수 있다. 따라서 고객 개발 단계에서는 시장 유형에 대한 여러 가설을 계속 검증하는 편이 좋다. 5장에서는 시장 유형 결정을 여러 차례 다시 검토할 것이다. 고객과 시장에 대한 후속 논의를 통해 선택한 시장 유형에 대한 전략을 다듬고 발전시키게 된다.

지금은 다음 질문에 대한 임시 답을 찾는 데 주력한다. 기존 시장, 기존 시장의 재분류, 신규 시장, 다른 나라의 시장을 복제하는 것 중 어떤 시장을 택할 것인가?

> 시장 유형에 따라 마케팅 비용, 판매 시기, 예산이 다르다.

시장 유형

어떤 스타트업은 시장 유형이 명확하다. 스마트폰, 소셜네트워크, 혈당 측정기, 비행기 등의 제품은 이미 수없이 많은 경쟁자가 있다. 이런 제품을 만든다면 기존 시장에 진입해야 한다. 반면 세상에 없던 종류의 제품을 만든다면 새로운 시장이 될 가능성이 크다. 하지만 대부분의 경우 진입할 시장 유형을 선택할 기회가 있다. 시장 유형 선택을 돕는 간단한 몇 가지 질문은 다음과 같다.

- 이미 정착된 명확한 시장으로, 다수의 고객이 있는가? 고객이 시장에 대해 알고, 경쟁자가 존재하는 시장인가?
- 새 제품이 경쟁자를 압도할 차별점(향상된 성능, 기능, 서비스)을 갖고 있는가? 그렇다면 기존 시장에 진입하라.
- 새 제품이 특정 니즈를 공략해 기존 시장의 일부 고객의 구매를 이끌어낼 것인가? 가격이 더 비싸거나 일부 기능의 성능이 부족해도 구매할 것인가? 그렇다면 틈새 전략으로 기존 시장을 재분류하라.
- 기존 시장을 재분류하는 다른 전략도 있다. 기존 시장에서 저가 제품을 찾는 고객에게 만족스러운 성능의 제품을 더 저렴한 가격에 제공할 수 있는가? 그렇다면 저비용 전략으로 기존 시장을 재분류하라.
- 정착되지 않은 불명확한 시장이라면 고객도 경쟁자도 없다. 새로운 시장을 만들어야 한다
- 러시아, 인도, 인도네시아, 브라질, 일본, 중국과 같이 내수 시장이 크고, 언어 및 문화적 장벽이 큰 국가에서는 다른 나라의 시장을 복제할 수 있다. 미국에서 성공한 비즈니스 모델이나 회사를 도입/차용/복제한 뒤, 언어를 바꾸고 구매 성향을 고려하면 된다(얼마 뒤에는 해외에서 복제한 제품의 아이디어가 다시 미국으로 복제된다).

고객은 제품이 어떤 시장에 적합할지 많은 의견이 있다. 시장 유형을 결정하기 어렵다고 걱정하지 않아도 된다. 일단은 각 시장 유형을 살피고, 현재 회사의 비전에 가장 적합한 시장 유형 하나를 고를 뿐이다. 표 4.1은 시장 유형별 특징을 정리한 것이다.

	기존 시장	재분류 시장(틈새나 저비용 전략)	새로운 시장	복제 시장
고객	존재	존재	신규 사용자	신규
고객 요구사항	성능	1. 비용 2. 요구사항 충족/문제 해결	단순함 & 편리함	해외에서 검증된 아이디어
제품 성능	개선/향상	1. 저렴한 가격 대비 만족스러운 수준 2. 독특한 기능 대비 만족스러운 수준	기존 제품에 비해 낮지만, 새로운 고객을 통해 향상	국내 시장에 맞게 최적화
경쟁자	기존 회사	기존 회사	수요 없음/다른 스타트업	없음, 해외의 기존 기업
우려	기존 회사	1. 기존 회사 2. 틈새 전략 실패	시장 수용성	문화 수용성

표 4.1 시장 유형별 특징

기존 시장 진입 방식을 분류하는 최고의 방법 중 군사작전연구를 차용한 기준이 있다. 기존 시장 분석에서 다음과 같은 규칙을 적용한다.

- 1위 회사가 전체 시장의 74%를 점유했다면 완전한 독점 시장이다. 스타트업의 정면 돌파는 100% 실패한다(검색에서의 구글, 소셜네트워크 서비스에서의 페이스북이 예다).

- 1, 2위 회사가 전체 시장의 74%를 점유하고, 1위와 2위의 점유율 격차가 1.7배 미만이라면 과점 시장이다. 스타트업의 시도는 거의 무의미하다(통신 분야에서 시스코와 주니퍼네트웍스가 가진 코어 라우터 시장 점유율의 예다).

- 1위 회사가 전체 시장의 41%를 점유하고, 2위에 비해 최소 1.7배의 점유율을 가졌다면 1위 회사는 시장 선도자다.

다음 2개는 스타트업이 진입하기 어려운 시장이다. 하지만 명확한 시장 선도자가 있는 경우 스타트업은 시장 재분류를 노릴 수 있다.

- 전체 시장의 최소 26%를 점유한 1위 회사가 있지만 시장 상황이 불안정한 경우다. 순위에 급격한 변동이 생기면 시장 진입 기회를 노릴 수 있다.

- 1위 회사가 26% 미만의 점유율을 가졌다면 시장 지배력은 거의 없다. 기존 시장에 진입하고자 하는 스타트업은 이 경우를 가장 쉬운 상황으로 본다.

시장 지배력이 높은 회사가 있는 시장을 공략한다면 시장 지배력이 높은 회사의 판매와 홍보 예산의 3배가 필요하다(구글이나 페이스북과 정면으로 맞서는 것을 상상해보라).

여러 회사가 경쟁하는 시장은 진입 비용이 적은 편이다. 하지만 경쟁 회사의 판매와 홍보 예산의 1.7배는 필요하다(기존 시장에 진입하면 기존 회사의 점유율을 뺏어야 한다. 전쟁에 비유 할만하다). 표 4.2는 기존 시장에 진입하는 데 필요한 비용을 정리한 것이다.

	시장 점유율	필요한 진입 비용 (시장 선도자의 판매/ 홍보 예산 대비)	가능한 진입 전략
독점	>75%	3배	시장 재분류, 신규 시장 창출
과점	>75%	3배	시장 재분류, 신규 시장 창출
시장 선도자	>41%	3배	시장 재분류, 신규 시장 창출
불안정한 시장	>26%	1.7배	기존 시장 진입, 시장 재분류
일반 시장	>26%	1.7배	기존 시장 진입, 시장 재분류

표 4.2 시장 유형별 진입 비용

기존 시장에서의 경쟁

진입해야 할 시장의 유형을 이해했다면 경쟁 구도가 좀 더 명확해진다. 회사와 회사의 제품이 기존 시장에 진입하는 것이 적합하다고 생각하면 경쟁자의 제품을 앞서는 방법을 알아야 한다. 기존 시장의 고객으로부터 경쟁에 필요한 차별점이 무엇인지 고객이 알 수 있어야 한다. 제품의 핵심 요소에 관련된 경우가 대부분이지만, 비즈니스 모델의 채널이나 가격 등 다른 요소가 차별점이 될 수도 있다. 제품과 기능 개선을 통해 고객을 모아 "무조건 구매 하겠습니다"라는 반응을 끌어내야 한다.

다수의 경쟁자가 있는 시장에 안착하려면 경쟁에서 이길 수 있는 적절한 차별점을 선택해야 한다. 기능적인 차별화를 전부로 생각하지 말아야 한다. 편의성, 서비스, 브랜드 등이 시장 진입을 훨씬 수월하게 만들 수 있다. 생각할 항목을 미리 정리하라. 기존 시장에 진입할 때 고려할 적절한 질문은 다음과 같다.

- 기존 시장의 선도 회사는 어디인가?
- 경쟁사의 점유율은 얼마인가?
- 시장 선도자가 홍보와 판매 비용에 쓰는 비용이 얼마인가?
- 기존 회사와 경쟁하는 데 필요한 진입 비용은 얼마인가?
- 고객이 중요하게 여기는 성능 요소는? 경쟁사 제품의 성능은 어느 정도인가?
- 시장 진입 이후 3년 후 목표 시장 점유율은 얼마인가?
- 경쟁사는 시장을 어떻게 보고 있는가?
- 지켜야 할 기준이 있는가? 그렇다면 기준을 충족하는 것이 주요 사안인가?
- 기준을 수용, 확장, 대체하는 회사가 있는가?(기준을 확장하고, 대체한다면 시장을 재분류하는 경우다) 4장 후반부에서 제품 포지셔닝을 도출할 때 기존 시장에 진입할 때의 차별점을 더 자세히 논의할 것이다.

기존 시장의 진입 방안을 구상하는 방법으로 비즈니스 모델 캔버스를 활용할 수도 있다. "고객이 제품에서 얻고자 하는 것이 무엇인가? 제품의 가치 제안이 해결하는 문제는 무엇인가?" 질문을 고객에게 물어보는 것은 여러분의 의무다.

기존 시장의 재분류

기존 시장에 진입한 스타트업은 최소 자원을 가진 유약한 존재다. 따라서 기존의 거대 회사와 정면으로 경쟁하는 것은 바보 같은 짓이다. 한계를 명확히 인식하고, 기민함을 살린 전략이 필요하다. 시장 점유율이 74%가 넘는 독점 회사가 있다면 대놓고 경쟁해서는 안 된다. 정면으로 맞붙어 이기려면 시장 선도자가 가진 자원의 3배가 필요하다. 적은 자원을 가지고 이길 수 있는 부분을 집중 공략해야 한다. 고유한 제품을 만들거나 제품 차별화로 기존 시장의 하위 시장을 만들어야 한다. 또는 시장 선도자가 포괄하지 못한 새로운 영역을 공략해 아예 새로운 시장을 만들 수도 있다.

> ❖ 경쟁사가 너무 강력하면 부딪히지 말고 피하라. 공격적인 반응을 보이면 스스로를 낮추어 오만한 생각을 갖게 하라.

시장을 주도하는 회사가 26~74%의 시장 점유율을 갖고 있다면 신중히 경쟁해야 한다. 정면으로 맞붙어 이기려면 독점이나 과점 경쟁사의 3배의 자원이 필요하고, 일반적인 시장에서는 1.7배의 자원이 필요함을 명심하라.

대부분의 스타트업은 이 정도 규모의 금융 자원이 없다. 따라서 기존 회사와 맞붙는 것보다 기존 시장을 재분류하거나 새로운 시장을 창출하는 경우가 일반적이다. 강한 경쟁사의 틈새를 돌파하는 데 각종 마케팅 전략을 총 동원해야 한다. 2,500년 전의 인물인 손자는 오늘 날 적용되는 모든 전략을 집대성한 바 있다. 『손자병법』에는 '모든 전쟁의 기본은 속임수다. 적이 강하면 피하고, 화가 나 있으면 더욱 자극하라. 동등한 싸움이면 붙고, 아니면 피하라.'는 문구가 있다.

스타트업의 목표는 고객이 중요하게 여기는 특정 분야에서 1위가 되는 것이다. 제품 요소, 제품 영역, 유통 채널/소매점, 고객 기반 등 무엇이든 고객이 중요하게 여기는 부분이 될 수 있다. 특정 고객 세그먼트(나이, 소득, 지역 등)에 집중하고, 경쟁사의 약점을 계속 공략해 경쟁에서 이겨라. 모든 회사가 서로의 고객을 뺏고, 빼앗길 수 있음을 명심하라. 시장에서의 경쟁이 곧 전쟁이다.

기존 시장을 재분류할 때 다음과 같은 전략을 사용한다.

(a) 고유의 차별성을 가진 기능이나 서비스로 기존 시장을 재분류해 분명한 경쟁 우위를 갖는다.
(b) 저비용 전략을 쓴다.

(c) 차별화와 저비용 전략을 결합해 블루 오션 전략을 쓴다. 경쟁사가 없는 시장을 창출해 새로운 수요를 만들고 모을 때까지 경쟁을 피한다. 사우스웨스트 에어라인은 블루 오션 전략을 쓴 최초의 항공사다. 여러 회사가 이를 모방했지만 모두 실패했고, 훨씬 뒤에 제트블루 항공만 유일하게 성공했다. 태양의 서커스 Cirque du Soleil도 제품 차별화와 함께 운영 비용을 낮춘 블루 오션 전략의 예다.

> ❖ 기존 시장에 진입한 스타트업은 최소 자원을 가진 가장 유약한 존재다.

틈새 시장 공략으로 시장을 재분류할 때 필요한 질문은 다음과 같다.

- 어떤 기존 시장에서 고객을 끌어올 것인가?
- 목표 고객의 고유한 특징은 무엇인가?
- 목표 고객이 기존 시장의 제품에서 얻지 못한 결정적인 요구사항은 무엇인가?
- 목표 고객이 기존 시장의 제품을 버릴 제품의 핵심 기능이 무엇인가?
- 왜 기존 시장의 회사는 우리와 같은 것을 제공하지 못했는가?
- 시장을 충분히 키우는 데 얼마나 걸리고, 크기는 어느 정도인가?
- 어떻게 시장을 알리고 안내해 수요를 만들 것인가?
- 새 분야의 고객이 없음을 감안할 때 현실적인 예측 판매량은 얼마인가?
- 예측 판매량을 어떻게 검증할 것인가?
- 차별화를 위해 비즈니스 모델의 일부를 변경할 수 있는가?

틈새 시장을 노리는 스타트업이라면 그림 4.10과 같이 '시장 구조도'를 그리고 (새로운 시장이 어떻게 이뤄졌는지 보여주는 도표다), 어떤 차별성을 갖고 있는지 확인한다. 기존 시장을 재분류하는 경우 기존 시장의 고객을 끌어 온다고 가정한다. 스타트업을 중간에 놓고 고객을 끌어올 기존 시장은 주변에 위치시킨다(공통 요소를 가진 회사의 집합이 시장임을 명심하라). 합쳤을 때 새로운 제품을 가장 잘 표현할 수 있는 제품의 특징과 기능을 나열한다(제로 칼로리의 피넛 버터로 이뤄진 허쉬의 초콜릿바를 생각해보라. 제로 칼로리, 피넛 버터 각각이 서로 다른 고객 집단에게 유용한 요소다).

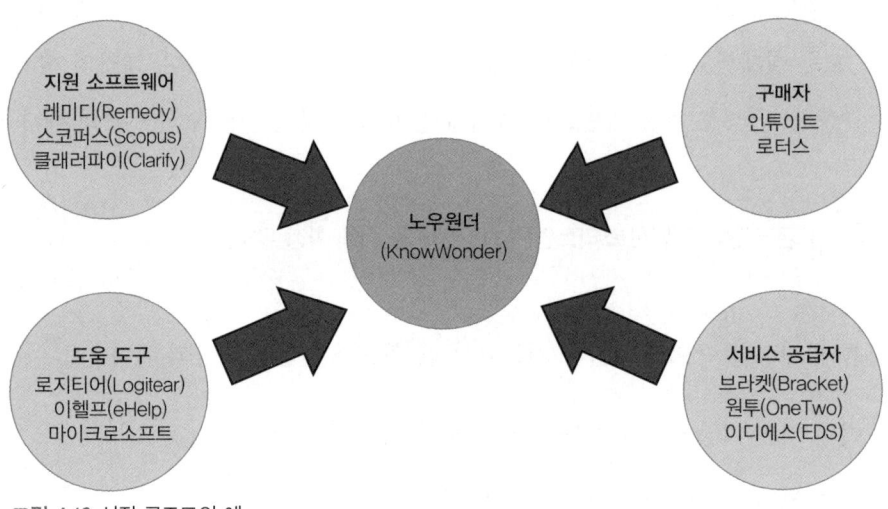

그림 4.10 시장 구조도의 예

저비용 전략으로 시장을 재분류할 때 필요한 질문은 다음과 같다.

- 어떤 기존 시장에서 고객을 끌어올 것인가?
- 목표 고객의 고유한 특징은 무엇인가?
- 고객이 온라인에서 새 서비스를 쓰는 데 걸리는 시간이나 새 제품으로 바꾸는 데 드는 '전환 비용'은 얼마인가?
- 가격이 저렴하다면 고객이 포기할 수 있는 기능은 무엇인가?
- 가설을 충분히 검증할 방법은 무엇인가?

어떻게 하면 새로운 고객 수천 명이 새로운 제품을 믿고, 새로운 시장으로 이동할 수 있을지 생각하라. 저비용 전략으로 시장을 재분류할 때 매우 신중해야 한다. 불과 며칠만에 경쟁사도 가격을 따라 내릴 수 있다. 다른 모든 회사가 새로운 시장에 가능성을 걸 수 있음을 명심한다.

→ 시장 구조도는 웹 비즈니스에서도 매우 중요하다. 고객이 사이트, 개인 회계 처리, 온라인 게임, 소셜네트워크 서비스 이용 등에 얼마나 시간을 쓸지 고려한 뒤 고객이 새로운 서비스를 쓸 시간을 어디서 확보할지 고민하라. 기존에는 A사이트나 B사이트를 이용했는데, 잠자는 데 쓰던 시간까지 뺏어 이메일이 아닌 새 소셜네트워크 사이트에서 소통하도록 한다. 웹/모바일 제품의 시장 구조도는 고객이 필요한 돈이 아니라 고객의 소요 시간을 고려해 제작한다.

고객의 시간을 어디서 확보하고, 고객을 어떻게 모으고, 고객은 왜 새 회사를 찾는지 알아야 한다. 소셜네트워크 서비스를 출시한다면 "시장의 1위 서비스인 페이스북에서 고객이 할 수 없거나, 안 하던 일을 새 소셜네트워크 서비스에서 하게 만들 수 있을까?"처럼 페이스북과 비교하는 질문을 해야 한다.

웹/모바일 제품에서는 고객의 시간을 어떻게 확보하고, 고객이 시간을 쓰는 이유가 곧 시장 점유율이다. 새로운 사이트에 고객이 시간을 쓰려면 현재 사이트의 시간을 줄여야 한다. 새 온라인 게임이 팜빌이나 마피아워즈에 쓰던 시간을 뺏지 못하면 새로운 게임을 위한 시간이 있겠는가? 이를 충분히 숙지하고 시간 자원 구조도를 그린다.

✧ 경쟁사가 없는 것보다 더 좋은 일이 있을까?

신규 시장 진입

경쟁사가 아예 없는 시장은 어떨까? 초기 고객은 "지금까지 이런 회사는 없습니다"라고 말하고, 아무리 찾아도 유사한 제품을 만드는 회사가 아예 없다면? 축하한다. 새로운 시장을 만든 것이다. 얼핏 보면 새로운 시장은 굉장히 매력적이다. '모든 새로운 시장은 TLA^{Three-Letter Acronym}(3글자로 된 고유한 영문 약어)를 갖는다'는 농담이 있을 정도다. 새로운 시장은 유일하기에 경쟁사도 없다. 경쟁사가 없으니 가격을 책정할 때 제품의 가격 경쟁력을 고려하는 게 아니라, 시장의 수요가 감당할 수 있는 가격 수준만을 고려하면 된다. 경쟁사도 없고, 높은 이윤도 얻을 수 있다!

새로운 시장을 만드는 회사는 기존 시장에 진입하거나 기존 시장을 재편하는 회사와 완전히 다르다. 경쟁사와의 시장 점유율 경쟁은 없지만, 고객도 아예 존재하지 않는다. 고객이 없다 보니 제품 출시 시점에 예산을 써 시장 점유율을 높이기 위한 지속적인 수요 창출도 불가능하다. 새 시장을 만드는 것은 오랜 시간에 걸쳐 고객을 가르치고 수용하게 만드는 과정이다.

새로운 시장에서의 수요 창출에는 가장 많은 비용이 든다. 비교 대상이 없어 마케터도 곤란하다. "그것보다 맛있습니다", "포르쉐보다 빠릅니다", "X브랜드보다 저렴합니다"라는 말을 할 수 없다. 항상 그런 것은 아니지만, 새로운 시장을 만드는 것은 기존 시장과 고객이 전혀 존재하지 않는 경우가 많다. 새로운 시장에 진출할 때 확인해야 할 적절한 질문은 다음과 같다.

- 새로운 시장의 인접 시장은 어디인가?
- 새로운 시장의 잠재 고객이 있는 기존 시장은 어디인가?
- 회사의 비전이 무엇이고, 다수의 사람이 비전을 따르는 이유는 무엇인가?
- 고객이 '전에 하지 않던 일'을 어떻게 하게 만들고, 판매할 것인가?
- 잠재 고객에게 제품을 알리고, 시장을 충분한 규모로 키우는 데 얼마나 걸리고, 시장 규모는 얼마나 될까?
- 새로운 시장을 어떻게 알리고, 어떻게 수요를 만들 것인가?
- 아직 고객이 전혀 없음을 감안할 때 처음 3년간의 현실적인 예상 판매량은 얼마인가?
- 시장을 알리고 키우는 데 필요한 인력에 드는 비용은 얼마인가?
- 스타트업이 만든 새로운 시장에 자금이 넉넉한 경쟁자가 진입하면 어떻게 막을 것인가('적은 가까이에 있다'는 옛 말을 기억하라)?
- 기존 시장에 진입하거나 기존 시장을 재분류하는 것이 더 적합한 제품은 아닌가?

> ❖ 새로운 시장 진입에는 가장 많은 비용이 든다.

새로운 시장에서의 경쟁력은 타회사의 제품 기능을 앞서는 것이 아니다. 새로운 시장의 고객에게 회사의 비전을 신뢰하게 하고, 기존의 문제를 다른 방식으로 해결하는 것이 새로운 시장에서의 경쟁력이다. 스내플Snapple, 도요타의 프리우스, 시블Siebel, 그루폰, 페이스북이 대표적인 예다. 문제는 새로운 시장의 고객이 누구이고, 시장을 어떻게 정의해야 할지 불명확하다는 사실이다. 따라서 시장 유형 가설의 핵심은 스타트업의 새로운 시장과 시장의 고객을 정의하는 것이다.

마지막으로 고려할 것은 새로운 시장은 창출한 스타트업이 수익을 낼 만큼 시장을 충분히 키울 때까지 3년~7년이라는 시간이 걸린다는 것이다. 이는 지난 20년간의 첨단기술 스타트업 수백 개에서 얻은 냉정한 결론이다. 자신의 스타트업을 예외로 여길지 모르지만, '거품 경제' 시기를 제외하고는 예외가 될 가능성이 극히 낮다. 거품 경제 시기에는 새로운 아이디어와 제품이 쉽게 확산되고 인기를 얻었다('거품 경제'는 시장이 비이성적 풍요를 누리던 시기를 뜻한다. 모든 일반적인 법칙이 무시됐다).

시장 유형 요약 Market type, in summary: 시장 유형 선택은 창업가가 결정하고, 투자자가 동의해야 하는 가장 중요한 사안 중 하나다. 시장 유형에 따라 지출, 출시 시기, 경쟁사 분석 등이 결정된다. 고객 발굴 단계에서 시장 유형을 선택할 필요는 없지만, 시장 유형에 대한 초기 가설은 필요하다. 투자자가 불과 1년만에 상당한 수익을 얻고 싶어하며, 기존 시장에 투자한 것처럼 여긴다면 이후 투자자와의 갈등으로 CEO가 교체될 가능성이 크다. 어떤 시장 유형을 선택하는지에 따라 지출과 예산뿐 아니라 기대 수익까지 결정됨을 명심하라.

경쟁사 요약

시장 유형을 이해했다면 경쟁사 요약을 설정하는 것은 비교적 수월하다. 경쟁사 요약은 시장에서의 경쟁 전략을 도출하는 데 도움이 된다.

기존 시장에 진입하거나 기존 시장을 재분류할 때 가장 흔한 오해는 가치 제안의 제품 기능을 유일한 경쟁 방안으로 여기는 것이다. 가치 제안의 제품 기능이 유일한 경쟁 방안이 되는 일부 경우도 있지만, 경쟁 방안을 제품 기능에 한정 짓는다면 보통은 더 큰 경쟁 우위를 놓치게 된다. 제휴사, 채널, 자원 등 다른 요소를 폭넓게 고려해야 한다. 애플과 애플의 아이팟처럼 시장 판도를 아예 바꿀 수는 없을까? 애플은 하드웨어 장비(수많은 경쟁사가 있었다)에 쓰기 쉬운 소프트웨어인 아이튠즈itunes를 결합했고(다른 경쟁사에는 아이튠즈와 같은 소프트웨어가 없었지만, 소프트웨어 자체는 충분히 만들 수 있었다), 음반 회사를 파트너로 포섭했다(스티브 잡스의 현실왜곡장이 효과를 발휘했다). 다시 강조하건대 비즈니스 모델 캔버스는 위와 같은 아이디어를 함께 구상하는 완벽한 도구다.

> ✥ 새로운 시장에서 '경쟁자가 없다'고 여긴다면 결국 실패할 것이다.

새 제품이 기존 경쟁사의 제품에 비해 어떤 점에서 어떻게 개선됐는지 파악한다. 경쟁사 요약을 정의할 때 고려할 요소는 다음과 같다.

- 기존의 경쟁사는 제품 요소, 서비스, 제품, 기능 중 자사 경쟁력을 무엇으로 생각하는가? 경쟁사는 무엇을 표방하는가? 새로운 회사와 제품을 완전히 돋보이게 만들 수 있는 기능, 성능, 가격 중 무엇인가?
- 새 제품으로 과거에 할 수 없었던 일을 할 수 있게 된다면 고객이 새 제품에 관심을 가질 것인가?
- 새 제품이 소매점에서 진열될 때 근처에 놓일 경쟁사의 제품은 무엇인가?
- 웹/모바일 제품이라면 경쟁사 제품의 수준, 기능, 판매량, 사용자 정보, 트래픽 수준을 파악하라.
- 경쟁사 제품의 강점은 무엇인가? 고객이 기존 제품에서 가장 선호하는 점이 무엇인가? 무엇이 고객의 마음을 바꿀 수 있는가?

- 고객이 제품/앱/사이트를 구매하거나 쓰는 이유는 무엇인가? 경쟁사가 고객의 마음을 얻는 데 실패했다면 무엇일까?

새로운 시장이 있다고 해서 '경쟁자가 없다'고 생각한다면 결국 실패할 것이다. 새 제품이 전에 존재하지 않던 것이라면 다음 질문에 대해 고민해야 한다. 사람들은 해당 제품에 관련된 일을 지금 어떻게 하고 있는가? 아예 하지 않는 것인가? 어렵고 비효율적으로 하고 있는가? 새 제품으로 전에 할 수 없던 일을 할 수 있다고 한들, 이 일을 해야 하는 이유가 있는가?

스타트업이 자신의 제품을 다른 스타트업의 것과 비교하는 것은 당연하다. 여기서 고객 개발의 핵심 신조를 기억해야 한다. 경쟁사 제품의 기능을 단순히 모아서 거대한 목록을 만들면 안 된다. 최소한의 기능 추가와 점진적인 개선은 확장 가능한 위대한 기업을 만든다. 스타트업은 초기 몇 년간 다른 비즈니스의 기능을 추가해서도 안 된다.

> ❖ 시장의 승자는 고객이 제품을 사는 이유를 안다.

모든 스타트업이 자금과 기술 자원을 놓고 경쟁하지만, 고객이 제품을 사는 이유를 깨달은 스타트업이 시장의 승자가 된다. 패자는 고객에게 관심을 기울이지 않는다. 경쟁사를 분석할 때는 왜 고객이 제품을 사는지 먼저 이해한 뒤 신규와 기존 경쟁자에 대한 전체 시장을 조망해야 한다.

> **신중히 진행하라.**
>
> 아직 제품을 대대적으로 출시하거나 언론의 주목을 받을 때가 아니다 (이 단계에서는 제품을 출시하라는 주변의 부추김을 받기 쉽다).

[물리적] 고객 관계 가설

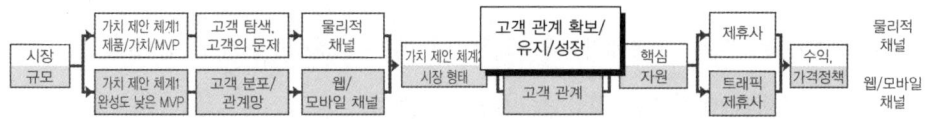

고객 관계는 고객을 판매 채널로 어떻게 '모집'하고, 계속 고객으로 '유지'하여 고객으로부터 추가 수익을 내며 '성장'하는 단계다.

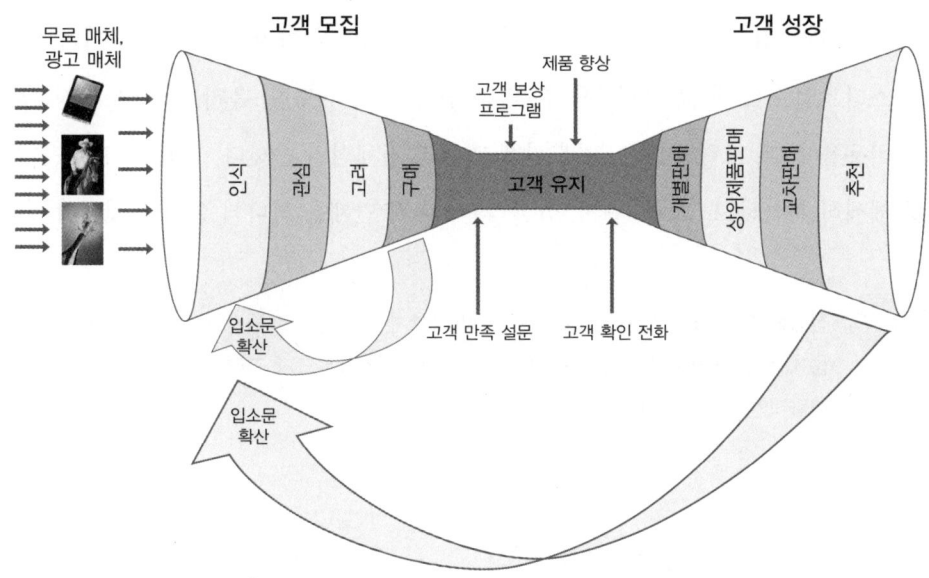

그림 4.11 물리적 채널의 '모집, 유지, 성장' 퍼널

그림 4.11은 고객 관계의 전체 과정을 보여주며, 표 4.3은 각 채널에서 고객의 '모집, 유지, 성장'을 위한 주요 활동을 정리한 것이다. 이번 단계에서는 물리적 채널의 가설을 먼저 살펴볼 것이다.

채널과 제품의 종류에 관계없이 모든 회사의 목표는 3개의 간략한 문장으로 정리할 수 있다. 첫째 훌륭한 제품을 만든다. 둘째 고객을 '모집, 성장, 유지'한다. 셋째 고객을 통해 직간접적으로 수익을 낸다.

고객 모집은 종종 수요 창출로 불리며, 선택된 판매 채널을 통해 고객을 모집하는 단계다.

고객 유지 및 보유는 고객에게 회사와 제품을 지속적으로 이용해야 할 이유를 제시하는 단계다.

고객 성장은 기존 고객에게 새 제품이나 다른 제품을 추가로 판매하고, 기존 고객이 새 고객을 데려오는 것을 독려하는 단계다.

> ❖ 고객의 '모집, 유지, 성장' 가설은 모든 스타트업에서 가장 중요한 가설이다.

고객의 '모집, 유지, 성장' 가설은 모든 스타트업에서 가장 중요한 가설이다. 어떤 스타트업도 고객 없이 생존할 수 없는 만큼 고객의 모집, 유지, 성장에 가장 많은 비용을 쓴다. 그림 4.11은 고객 관계 과정의 전체적인 순서다. 그림 4.11의 단계를 세세히 분석하고, '모집, 유지, 성장' 과정의 각 단계를 하나씩 살펴볼 것이다.

신중히 진행하라: 모든 것을 다 구현하거나 한 번의 실행으로 해결할 방법은 없다. 다음 내용은 스타트업에 맞는 최선의 마케팅 전략을 세우고자 고려할 모든 것에 대한 대략적인 소개를 다룬다.

물리적 채널에서의 고객 관계 형성

	물리적 채널	웹/모바일 채널
고객 모집 (수요 창출)	• 전략: 고객의 인식, 관심, 고려, 구매 • 기법: 무료 매체(PR, 블로그, 홍보책자, 제품 평가), 광고 매체(광고, 홍보활동), 온라인 도구	• 전략: 고객 모집, 활성화 • 기법: 웹 사이트, 앱스토어, 검색 최적화(SEM/SEO), 이메일, 블로그, 입소문, 소셜네트워크, 평가, PR, 무료 체험, 공식 홈페이지, 광고 랜딩 페이지
고객 유지	• 전략: 고객과의 교류, 고객 보유 • 기법: 충성도 프로그램, 제품 향상, 고객 설문, 고객 확인 전화	• 전략: 고객과의 교류, 보유 • 방법: 최적화, 사용자 집단, 블로그, 온라인 지원, 제품 정보/공고, 출장 서비스, 제휴
고객 성장	• 전략: 추가 수익, 제품 추천 • 기법: 상위제품/교차/추가판매, 추천, 개별판매	• 전략: 추가 수익, 제품 추천 • 기법: 제품 향상, 공모전, 재구매, 친구의 추천, 상위제품/교차판매, 입소문

표 4.3 물리적 채널을 위한 고객 관계 수단

고객 모집, 유지, 성장 '퍼널'의 '고객 모집' 과정은 막대한 수의 잠재 고객이 제품을 인식하게 만드는 단계다. 제품에 관심이 생겨 구매를 고려하고, 실제 구매하는 과정에서 잠재 고객의 수가 점차 감소하게 된다. 고객 발굴 과정에서는 작은 실험을 여러 차례 수행한다. 적은 비용을 들여 적절한 '고객 모집' 방법을 찾고, 실제 고객을 모아 퍼널을 거치게 만든다. 반복과 확장이 가능하고 비용 대비 효과가 큰 고객 모집 방법인지 확인해야 하기 때문이다. 후에 고객을 모은 뒤에는 고객 보유 활동으로 고객을 '유지'하고, 상위제품판매, 교차판매, 고객 추천 프로그램으로 고객의 숫자와 제품 수익을 성장시킨다.

고객 모집

물리적 채널의 고객 모집(수요 창출)은 인식, 관심, 고려, 구매 4단계로 구분된다. 그림 4.12를 참고하라.

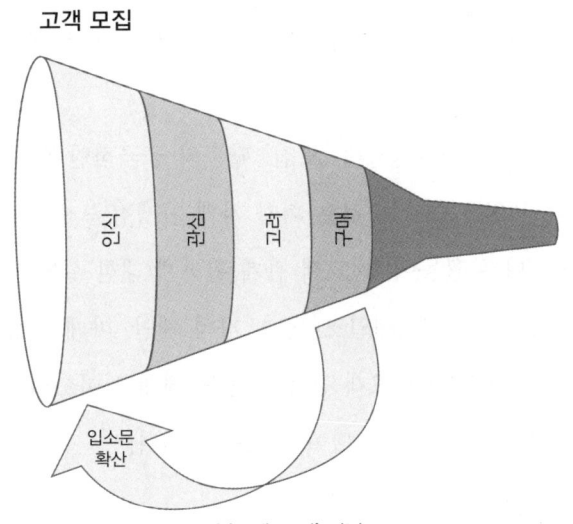

그림 4.12 물리적 제품의 '고객 모집' 퍼널

신중히 진행하라: 모든 것을 다 구현하거나 한 번의 실행으로 해결할 방법은 없다. 다음 내용은 스타트업에 맞는 최선의 마케팅 전략을 세우고자 고려할 모든 것에 대한 대략적인 소개를 다룬다.

인식은 잠재 고객이 제품이나 서비스를 알게 되는 단계다(TV 광고에서는 '신생 항공사'를 홍보하거나 "더 싸게 항공 여행을 할 수 있습니다"라는 내용의 라디오 광고를 상상하라). 사람들이 제품이나 서비스를 생각하게 만들어야 한다.

관심은 아직 구매하지는 않았지만, 제품이나 서비스의 정보가 영향을 미치는 단계다. 관심 단계의 잠재 고객은 "언젠가 저가 항공사를 이용해야겠다"라는 말을 한다. 인식 단계에서의 노력 덕이다. 이제 한 번 더 부추기면 잠재 고객은 고려 단계로 넘어가게 된다.

고려는 관심의 다음 단계다. 제품이나 서비스의 정보가 충분한 영향력과 설득력을 가졌다면 다음의 반응을 이끌어낼 수 있다. "다음 달 플로리다로 가는 여행에 제트블루 항공사를 이용하면 어떨까?" 무료 체험 기회를 제공하면 고려를 유도할 수도 있다.

구매는 고려의 다음 단계로, 고객 '모집' 활동의 궁극적인 목표다. 월마트에 진열된 가전 제품의 수요를 만드는 것은 피자 가게 가맹점을 내거나 새로운 반도체를 파는 것과 전혀 다른 활동이다. 고객 관계 활동에 대한 설명을 얼핏 보면 간단할 것 같지만, 실제로는 고객, 세일즈 채널, 가치 제안, 마케팅 예산 간의 복잡한 상호 작용이 필요한 과정이다. 고객 관계 활동을 제대로 마쳤다면 반복과 확장이 가능하고 수익을 내는 비즈니스 모델이 완성될 것이다.

고객 모집 전략 수립

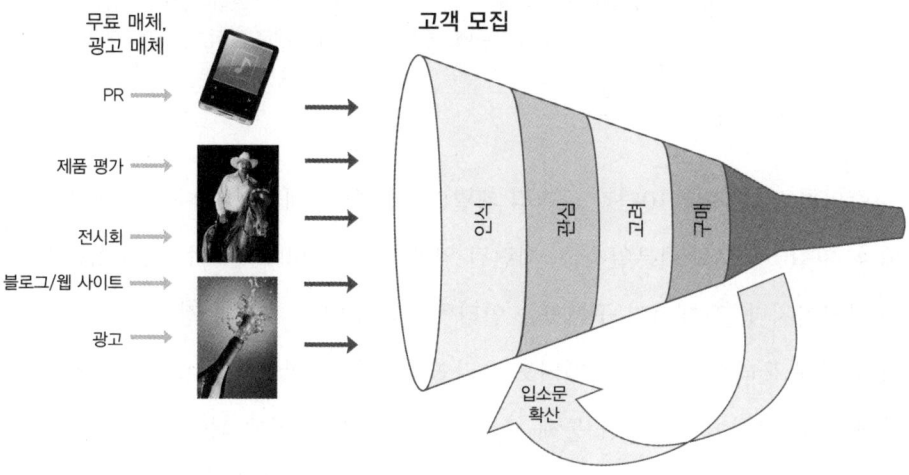

그림 4.13 무료/광고 매체에서 '고객 모집' 퍼널로의 유입

고객 모집 퍼널의 처음 3단계(인식, 관심, 고려)는 고객 마음 속에서 이루어진다. 광고를 통해 전하는 것 외에는 더 이상 손 쓸 방법이 없다. 고객 모집 퍼널의 처음 2단계(인식, 관심)는 몇 채널을 통해 고객에 접근하기까지 특별히 제어할 수 없다. 고객이 소매점이나 영업사원을 찾거나 웹 사이트에 방문해 "관심 있습니다"라고 채널로 알리지 않으면 파악할 수 없다(고객이 전시회에 명함을 남기거나 온라인으로 자료를 요청하고 영업 사원과 상담할 수도 있다). '고객 모집'은 최대한 많은 고객을 퍼널로 유입시켜 고객이 생각하고 '고려'한 뒤 '구매'하게 만드는 활동이다. 이 모든 과정은 고객의 '인식'에서 출발한다.

	물리적 채널	웹/모바일 채널
고객 모집 (수요 창출)	• 전략: 고객의 인식, 관심, 고려, 구매 • 기법: 무료 매체(PR, 블로그, 홍보책자, 제품 평가), 광고 매체(광고, 홍보활동), 온라인 도구	• 전략: 고객 모집, 활성화 • 기법: 웹 사이트, 앱스토어, 검색 최적화(SEM/SEO), 이메일, 블로그, 입소문, 소셜네트워크, 평가, PR, 무료 체험, 공식 홈페이지, 광고 랜딩 페이지
고객 유지	• 전략: 고객과의 교류, 고객 보유 • 기법: 충성도 프로그램, 제품 향상, 고객 설문, 고객 확인 전화	• 전략: 고객과의 교류, 보유 • 방법: 최적화, 사용자 집단, 블로그, 온라인 지원, 제품 정보/공고, 출장 서비스, 제휴

고객 발굴 1단계: 비즈니스 가설 도출

	물리적 채널	웹/모바일 채널
고객 성장	• 전략: 추가 수익, 제품 추천 • 기법: 상위제품/교차/추가판매, 추천, 개별판매	• 전략: 추가 수익, 제품 추천 • 기법: 제품 향상, 공모전, 재구매, 친구의 추천, 상위제품/교차판매, 입소문

표 4.3a 물리적 채널의 고객 모집 방법

주의할 것은 지난 10년간 물리적 채널의 상황이 크게 바뀌었다는 사실이다. 판매점, 자갈 채취장, 세븐일레븐, 세련된 양품점 등 어디에서 파는 제품이든지 모두 마찬가지다. 21세기의 구매자는 인터넷으로 구매할 제품의 정보를 얻는다. 따라서 이제 물리적 채널의 마케터도 온라인 마케팅을 병행하는 것이 대단히 중요한 시대다. 고객이 인터넷을 통해 제품을 쉽게 찾을 수 있게 해야 한다. 따라서 물리적 채널의 마케터는 4장 후반부의 '웹/모바일의 고객 관계 가설' 설명을 물리적 채널에 대한 내용만큼 집중해서 본다(물론 책에서 배운 것을 실행하기 전에 물리적 채널과 웹/모바일 채널 양쪽의 설명을 다 보는 것이 가장 좋다).

기회가 된다면 물리적 채널의 마케터도 기본적인 웹 마케팅 방법을 반드시 배워야 한다(웹 사이트, 애드워즈, 온라인 광고 등). 설사 온라인에서 제품을 판매하지 않더라도 고객이 온라인에서 당신의 제품의 발견할 수 있게 만들어야 한다. 고객이 실제 제품을 사는 곳이 창고이던, 월마트던 간에 마찬가지다. 판매사원이 직접 제품을 판매하는 경우에도 온라인 노출이 필요하다.

물리적 채널의 인식, 관심, 고려 단계에서는 보통 2종류의 정보 전달 수단을 활용한다. 무료 매체와 광고 매체다.

무료 매체는 비용을 들이지 않고 회사를 노출하는 수단이다. 물리적 채널의 경우 언론 보도, 제품 평가, 지면 기사를 활용하며, 홍보 공간을 빌리지 않은 전시회에서 전단을 나눠주는 등의 '게릴라 마케팅'을 시도할 수도 있다. 무료 매체는 광고 매체에 비해 훨씬 저렴하기 때문에 스타트업이 특히 선호한다. 실제로 많은 소비재가 무료 견본이나 체험판을 활용해 초기 고객을 모은다. 아예 길거리에서 견본이나 할인권을 나눠줄 때도 있다.

하지만 무료 매체는 광고 매체와 달리 정확한 날짜와 위치를 지정할 수 없고, 지면 등재 여부가 불확실하다는 단점이 있다. 지면 상황이나 제품의 보도 우선 순위에 밀려 아예 실리지 않을 수도 있다.

> ❖ 물리적 채널의 마케터가 온라인 마케팅을 병행하는 것이 매우 중요한 시대다.

광고 매체는 TV, 비행기, 이메일, 웹 등에 비용을 써서 광고를 노출하는 수단이다. 어떤 경우는 수백만 달러의 비용이 들 수도 있다. 따라서 고객 발굴 단계에서 소규모 테스트를 진행해 제품 출시 때 가장 좋은 효과를 낼 광고 매체를 미리 찾아야 한다.

고객에게 인식시키는 것이 목표인 광고 매체는 홍보, 전시회, 이메일, 소책자, 행사, 전화 판매, 상점 내 판촉활동 등이 있고 모두 비용이 든다. 이제 물리적 채널의 마케터 역시 제품을 온라인에서도 홍보할 것을 고려해야 한다. 더불어 고객 발굴 단계에서는 비용 대비 효과적인 홍보 방법을 검증하고 찾을 때까지 비용을 줄여야 한다는 것도 명심해야 한다.

간단한 고객 모집 방법의 예

고객 모집 가설을 세우고, 다음을 스프레드시트에 기입한다.

- 활용할 수 있는 무료 매체와 광고 매체
- 회사의 목표와 예산

고객 모집과 고객 관계 단계 이전에 수행할 것은 다음과 같다.

1. 고객 모집 테스트의 통과와 실패 기준을 정한다. 제대로 이뤄져 널리 적용할 수 있는지 판단할 수 있어야 한다(예: 잠재 고객 30명에게 전화하면 1건을 판매할 수 있는가?).

2. 각 테스트를 어떻게 보완할지 고려한다. 전화 공세가 통하지 않으면 이메일을 먼저 보낸 뒤 전화를 시도할 수 있다.

3. 테스트 결과를 객관적으로 측정할 수 있어야 한다. 그래야만 '느낌이 좋다'거나 '잘 될 것 같아서' 막대한 예산을 집행하는 비극을 막을 수 있다. 가령 제트블루의 라디오 광고 집행 기준은 광고비 1달러당 1통의 예약 전화를 받는 것이었다. 마케팅에 3달러를 들여 왕복 승차권 1장을 판다고 하면(이 비용을 종종 '고객확보 비용'이라 부른다), 평균적으로 전화 3통당 승차권 1장을 팔아야 한다.

4. 사람이 사람에게 제품을 산다는 것을 기억하라. 주저하지 말고, 잠재 고객과 전화로 이야기하고 만날 기회를 찾아라. 이보다 좋은 판매 방법도 없다!

> ❖ 물리적 채널에서 제품을 파는 회사의 대부분이 다양한 웹/모바일 마케팅 방법을 활용한다.

5. 물리적 채널에서 제품을 파는 회사의 대부분이 다양한 웹/모바일 마케팅 방법을 활용해 고객의 인식을 확보하고, 제품을 판매하고 있음을 명심하라. 4장 후반부의 '웹/모바일 채널에서의 고객 모집' 과정을 꼭 숙지해야 한다.

그림 4.14는 고객 모집 비용과 기대 결과를 나타낸 스프레드시트다. 2,500달러짜리 고사양 프린터 장비를 사무용품 가게를 통해 기업 고객에게 파는 스타트업을 예로 들었다. 스프레드시트는 고객 모집 가설 검증에 매우 적절한 도구다.

고객 관계 계획을 정리한 스프레드시트 예

무료 매체

계획	비용	통과/실패 기준
신제품 관련 잡지 및 전문지의 보도 5건	2,000달러	문의 50건
전시회에서 전단 1천 장 배포	100달러	문의 10건
법률 사무소 5곳에 무상 체험 제공	500달러	판매 2건
기술 출판사 3곳에 시험 설치하고, 비평 게시	100달러	판매 3건

유료 매체

계획	비용	통과/실패 기준
사무실 관리자 1,000명에게 50달러의 할인권이 포함된 이메일 발송	3,000달러	판매 20건
지역 내 컴퓨터 사용자 잡지에 광고 게재	500달러	판매 10건
소규모 홍보 사이트를 노출하기 위한 구글 애드워즈 집행	500달러	판매 5건
지역 내 주요 매장 3곳에서 판촉 활동	2,000달러	판매 10건
총합	8,700달러	판매 50건

목표   판매 50건, 문의 60건, 문의 중 10%가 판매 전환
합계   판매 56건, 54명의 잠재 고객
비용 대비 효과   판매 1건당 140달러 지출(8,700달러를 들여, 56건 판매), 판매 1건당 순익은 300달러. 따라서 효과적인 테스트로 판정

그림 4.14 고객 관계 계획에 대한 검증 가설과 투자 수익율 분석

고객 유지

고객 모집 부분에서 설명한 것처럼 새 고객을 확보하는 것은 많은 비용이 든다. 따라서 애써 모집한 고객을 유지하고 보유할 방안을 모색해야 한다. 고객이 정기 구독을 취소하거나 가게를 재방문하지 않고, 기업의 구매 계정을 삭제하면 이를 '이탈'이나 '감소'라고 부른다('보유'의 반대다!).

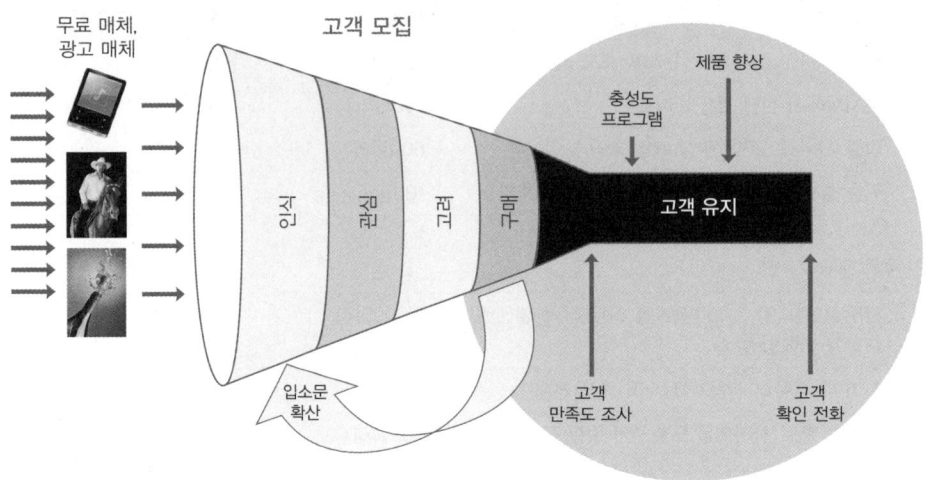

그림 4.15 고객 유지 퍼널

고객 유지 전략 수립

	물리적 채널	웹/모바일 채널
고객 모집 (수요 창출)	• 전략: 고객의 인식, 관심, 고려, 구매 • 기법: 무료 매체(PR, 블로그, 홍보책자, 제품 평가), 광고 매체(광고, 홍보활동), 온라인 도구	• 전략: 고객 모집, 활성화 • 기법: 웹 사이트, 앱스토어, 검색 최적화(SEM/SEO), 이메일, 블로그, 입소문, 소셜네트워크, 평가, PR, 무료 체험, 공식 홈페이지, 광고 랜딩 페이지
고객 유지	• 전략: 고객과의 교류, 고객 보유 • 기법: 충성도 프로그램, 제품 향상, 고객 설문, 고객 확인 전화	• 전략: 고객과의 교류, 보유 • 방법: 최적화, 사용자 집단, 블로그, 온라인 지원, 제품 정보/공고, 출장 서비스, 제휴
고객 성장	• 전략: 추가 수익, 제품 추천 • 기법: 상위제품/교차/추가판매, 추천, 개별판매	• 전략: 추가 수익, 제품 추천 • 기법: 제품 향상, 공모전, 재구매, 친구의 추천, 상위제품/교차판매, 입소문

표 4.3b 물리적 채널에서의 '고객 유지' 방법

고객 보유 전략이 제대로 먹히기 위해 가장 중요한 것은 고객에게 제품을 팔 때 했던 약속을 지키는 것이다. 고객은 자신이 구매한 제품이나 서비스에 대해 애정을 갖기 마련이다. 고객이 느끼는 비즈니스 모델의 모든 요소(고객 서비스, 불만사항 처리, 배송, 결제 등)가 탁월한 효과를 발휘하려면 제품을 계속 향상하고 개선하고, 제품의 경쟁 우위를 지켜야 한다. 제품의 지속적인 향상과 개선은 자체로 제품의 핵심 가치 창출 활동이며, 제품의 가치 제안 가설에 포함되어야 할 필수 요소다.

그 다음은 향후 고객 보유를 어떻게 강화하고 높일 방안을 구상해야 한다. 간단한 방법으로는 콜센터의 판촉 전화가 있다. 전화를 통해 고객의 만족도를 확인할 수 있다. 간단하지만 매우 효과적인 방법이다. 복잡한 방법으로는 단계별 고객 보상 프로그램이 있다. 제품을 구매할 때마다 포인트 등의 혜택을 주는 식이다. 초기 스타트업은 고객보상 프로그램의 효과를 검증하기 어렵다. 결과를 측정하려면 오랜 기간이 걸리기 때문이다.

> ❖ 초기 스타트업은 고객보상 프로그램의 효과를 검증하기 어렵다.

고객보상 프로그램을 구상할 때는 포인트, 보상, 할인과 같은 단기적인 방법뿐 아니라 다년 계약과 같은 장기적인 방안도 고려해야 한다. 고객 보유 가설에 장기적인 방안도 함께 고려하고, 고객 검증 단계에서 테스트하라.

마지막으로 비즈니스 모델 캔버스의 이외의 영역을 확인할 차례다. 제휴사가 고객 유지에 어떤 도움을 줄 것인가? 활용할 수 있는 자원이 있는가? 등의 질문을 할 수 있다.

간단한 고객 유지 전력에 대한 고려 Simple 'Keep Customers' Tactics to Consider: 고객 탐색 단계에서 떠오른 고객 유지 계획을 미리 정리해 두고, 이후 간단하고 저렴한 '유지' 활동 몇 개를 실제로 테스트해 실제 효과를 확인하라. 테스트 결과가 고객 검증과 창출 단계의 지침이 된다. 다음은 테스트에 적합한 간단한 프로그램의 예다.

고객 발굴 1단계: 비즈니스 가설 도출 **181**

- **고객보상 프로그램**Loyalty programs 고객보상 프로그램을 통한 고객 보유 방법이다. 고객 검증 부분에서 고객보상 프로그램의 상세 내용을 읽고(441페이지), 가설에 반영하라.

- **고객 확인 전화**Customer check-in calls 모든 고객이나 일부 고객(가령 5번째 고객마다)에게 1달이나 4달 간격으로 전화한다. 고객에게 제품 사용에 대한 감사 인사를 하고 제품의 만족도를 묻는다. 전화를 통해 제품, 특징, 기능에 대한 고객의 생각을 묻고 파악할 수 있다(이메일은 전화나 스카이프에 비해 효과가 낮은 대체제다). 시간이 지나면 확인 전화를 받은 고객은 통화하기 전에 비해 재구매나 서비스 갱신율이 최소 15% 이상 향상되어야 한다.

- **고객 만족도 조사**Launch a customer-satisfaction survey 웹, 우편, 이메일을 통해 제품이나 서비스에 대한 고객의 이용 만족도를 확인한다(불만이나 사용 빈도 저하를 파악하고, 문제를 지적하는 고객에게 접근하라. 문제를 파악한 고객의 이탈율이 최소 15% 이상 감소해야 한다).

- **제품의 최신 정보 공유**Send product-update bulletins 간단한 제품 팁이나 사용자의 제품 사용기를 배포해 제품을 잘 활용하는 방법을 안내한다(제품의 최신 정보를 모든 사용자에게 배포하고, 배포된 팁이나 사용기를 쓴 사용자에게는 보상을 준다. 정확한 효과를 측정하기는 어렵지만 적은 비용으로 할 수 있다).

- **고객 서비스 문제 파악**Monitor customer-service issues 자주 불평하는 고객일수록 이탈 가능성이 높다(미리 대응해야 한다. 문제를 고치고 고객을 즐겁게 하라. 문제가 해결되면 불평하는 고객의 이탈율이 훨씬 감소할 것이다).

- **고객 고착 및 높은 전환 비용**Customer lock-in/high switching costs 고객이 경쟁사의 제품으로 쉽게 바꿀 수 있다면 이탈율이 높을 수밖에 없다. 따라서 고객이 당신의 제품이나 해법에 '고착locking in'시키는 전략을 써야 한다(장기 계약, 고유 기술, 데이터를 쉽게 옮기지 못하게 하는 등의 방법이 있다).

> ❖ 새 고객을 확보하는 데는 기존 고객을 유지하는 비용의 5~10배가 든다.

장기적 고객 보유 Longer-Term Customer Retention: 고객 보유는 영업사원, 채널 제휴사, 대리점 등이 고객을 찾아 기쁨을 줄 수 있을 때와 고객의 재구매를 이끌어낼 수 있을 때 효과가 입증된다. 개별 고객에 대한 지속적인 학습이 필요한 것처럼 고객 보유는 관찰 및 측정한 고객 행동에 기반해 활동을 세분화하고 집중해야 한다. 이후 고객 검증 단계에서 더 자세히 설명할 것이다. 고객 검증 단계에서는 유지해야 할 고객이 훨씬 많다.

측정하고 반영해야 할 구체적인 보유 지표는 다음과 같다.

- **구매 행태** 구매량, 구매 빈도, 구매 감소, 구매 중단
- '고객 성장' 프로그램 포함 여부(5장에서 설명할 것이다)
- 서비스에 불평하는 고객 수, 접수된 환불 요청 수, 문제 발생 빈도 등
- 참가 수준, 활동성, 고객보상과 장려 프로그램 참여 정도

고객의 행동을 잘 살펴 누가 고객으로 남고, 누가 왜 떠나는지 파악하는 것에 보유 프로그램의 성패가 달려 있다. 특정 '집단'에서 두드러지는 지표를 찾거나 고객을 일반적인 그룹으로 분류해(예: 1월에 가입한 신규 고객) 고객을 분석한다. 가령 서비스를 쓴지 3달된 고객은 9달된 고객에 비해 더 활동적이거나 덜 활동적일 수 있다(443페이지의 보유 최적화 논의에서 자세히 설명할 것이다).

고객 성장

신규 고객을 확보하는 비용보다 확보한 고객에게 추가 판매하는 데 드는 비용이 저렴하다면 추가 판매에 신경 써야 하지 않을까? 실제로 대부분의 스타트업이 고객에게서 낸 처음의 수익만을 고려하는 경향이 있다. 하지만 현명한 스타트업은 한 사용자가 고객으로 지속되는 전체 기간을 고려한다. 고객생애가치LTV, LifeTime Value는 스타트업의 잠재력을 평가하는 결정적인 기준이다. 기존 고객을 바탕으로 얼마만큼의 추가 수익이 가능한지 파악할 수 있기 때문이다. 기존 고객의 추가 구

매와 기존 고객의 신규 고객 유치를 촉진해 추가 수익을 내야 한다.

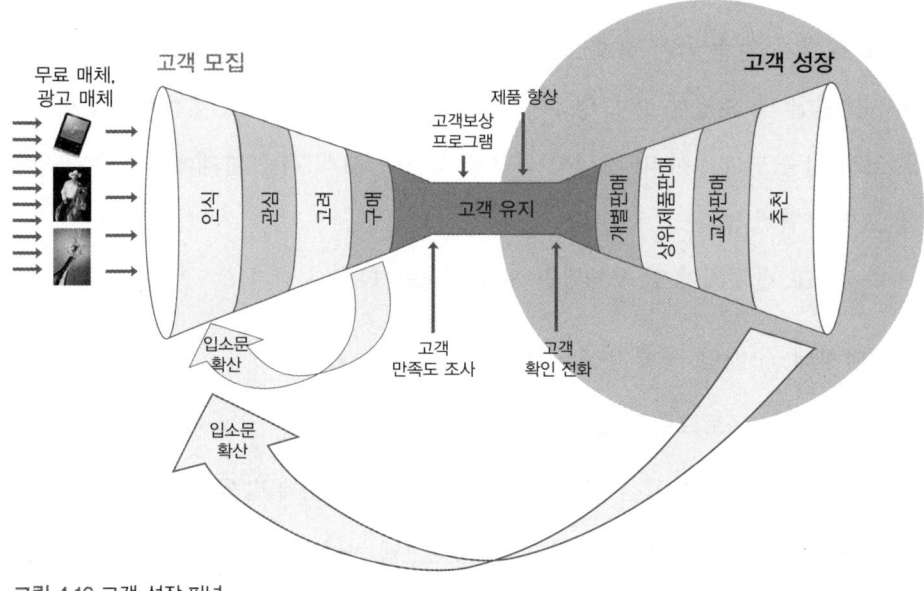

그림 4.16 고객 성장 퍼널

고객 성장 전략 도출

	물리적 채널	웹/모바일 채널
고객 모집 (수요 창출)	• 전략: 고객의 인식, 관심, 고려, 구매 • 기법: 무료 매체(PR, 블로그, 홍보책자, 제품 평가), 광고 매체(광고, 홍보활동), 온라인 도구	• 전략: 고객 모집, 활성화 • 기법: 웹 사이트, 앱스토어, 검색 최적화(SEM/SEO), 이메일, 블로그, 입소문, 소셜네트워크, 평가, PR, 무료 체험, 공식 홈페이지, 광고 랜딩 페이지
고객 유지	• 전략: 고객과의 교류, 고객 보유 • 기법: 충성도 프로그램, 제품 향상, 고객 설문, 고객 확인 전화	• 전략: 고객과의 교류, 보유 • 방법: 최적화, 사용자 집단, 블로그, 온라인 지원, 제품 정보/공고, 출장 서비스, 제휴
고객 성장	• 전략: 추가 수익, 제품 추천 • 기법: 상위제품/교차/추가판매, 추천, 개별판매	• 전략: 추가 수익, 제품 추천 • 기법: 제품 향상, 공모전, 재구매, 친구의 추천, 상위제품/교차판매, 입소문

표 4.3c 물리적 채널의 '고객 성장' 방법

고객 성장 전략의 핵심 요소 2개는 '확보한 고객의 추가 구매'와 '다른 고객에게 제품을 추천'하는 것이다. 물리적 채널에서만 가능한 고객 성장 방법은 다음과 같다.

- 상위제품구매 방법(예: '25달러를 더 쓰면 무료 배송')
- 판촉 우편 발송(예: 할인권이나 체험 제품 동봉)
- 대리점에 방문한 고객을 위한 행사 제품이나 특별 제품 판매

이메일도 효과적인 고객 성장 도구다. 최근에는 물리적 채널의 마케터가 온라인 마케팅을 하는 경향이 커지고 있는데 이메일도 이 중 하나다. 이메일은 우편에 비해 빠르고 비용이 적어 목표 고객을 구분하기도 좋다. 따라서 추가 아이디어를 위해 4장 후반부의 '웹/모바일의 고객 확장' 전략과 방법을 반드시 숙지하라(201페이지부터). 추가 판매와 제품 추천을 늘리는 고객 성장 프로그램을 시작하는 데 도움이 될 것이다.

물론 테스트할 고객이 거의 없는 상황에서는 고객 성장 프로그램을 제대로 테스트하기 어렵다. 따라서 구체적인 테스트 방법은 고객 검증 단계(441페이지 참고)에서 설명할 것이다. 고객 검증 단계에서는 고객 성장 프로그램을 테스트할 충분한 고객이 있다.

[웹/모바일] 고객 관계 가설

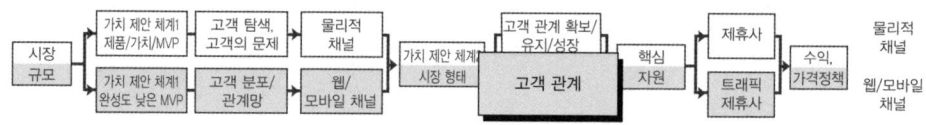

→ 고객 관계는 웹 사이트나 모바일 앱의 사용자를 확보하여 고객으로 유지하고, 성장시켜 추가 수익을 내는 방법의 가설을 세우는 단계다.

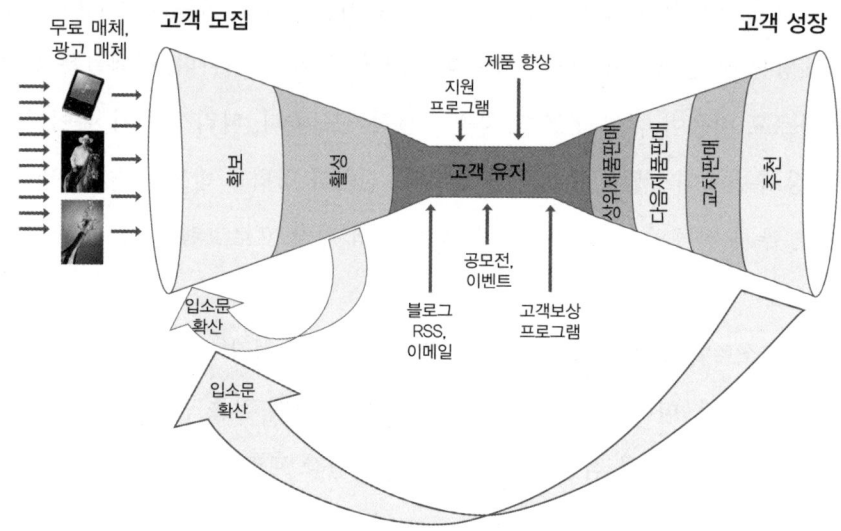

그림 4.17 웹/모바일의 고객 '모집, 유지, 성장' 퍼널

 신중히 진행하라: 아직 웹 사이트나 앱을 대중에게 널리 공개할 단계가 아니다. MVP를 직접 활용하는 게 아니라, 아직 가설을 세울 때다.

웹/모바일에 대한 내용을 읽기 전에 4장 전반부의 물리적 제품 부분을 참고하라. 웹/모바일 고객 퍼널(그림 4.17)은 물리적 고객 퍼널(그림 4.11)과 전혀 다르다. 웹/모바일의 경우 고객 모집이 단순해 2단계로 이루어진다. 또 초기 고객이 친구나 동료를 데려와 제품을 쓰게 만드는 '입소문 확산' 과정이 추가된다. 웹/모바일 스타트업에서 적은 비용으로 빠르게 테스트할 수 있는 단계는 그림 4.17에 표시하지 않았다. 웹/모바일 채널에서는 물리적 채널에 비해 훨씬 많은 고객에게 접근할 수 있다.

고객 탐색 단계에서의 고객 '모집, 유지, 성장' 활동의 검증은 적은 규모로 이루어진다. 대충 만든 제품이나 완성도 낮은 MVP를 적당한 수의 고객에게 노출하고(몇백 명 정도), 비즈니스 모델에 대한 고객의 반응을 살핀다(가치 제안, 가격, 제품 특징 등). 어떤 방법이 유효한지, MVP에 대한 고객의 반응이 어떤지 확인한다.

	물리적 채널	웹/모바일 채널
고객 모집 (수요 창출)	• 전략: 고객의 인식, 관심, 고려, 구매 • 기법: 무료 매체(PR, 블로그, 홍보 책자, 제품 평가), 광고 매체(광고, 홍보활동), 온라인 도구	• 전략: 고객 모집, 활성화 • 기법: 웹 사이트, 앱스토어, 검색 최적화(SEM/SEO), 이메일, 블로그, 입소문, 소셜네트워크, 평가, PR, 무료 체험, 공식 홈페이지, 광고 랜딩 페이지
고객 유지	• 전략: 고객과의 교류, 고객 보유 • 기법: 충성도 프로그램, 제품 향상, 고객 설문, 고객 확인 전화	• 전략: 고객과의 교류, 보유 • 방법: 최적화, 사용자 집단, 블로그, 온라인 지원, 제품 정보/공고, 출장 서비스, 제휴
고객 성장	• 전략: 추가 수익, 제품 추천 • 기법: 상위제품/교차/추가판매, 추천, 개별판매	• 전략: 추가 수익, 제품 추천 • 기법: 제품 향상, 공모전, 재구매, 친구의 추천, 상위제품/교차판매, 입소문

표 4.4 웹/모바일 채널의 고객 관계

표 4.4의 우측 열은 웹/모바일에서의 고객 '모집, 유지, 성장' 전략과 방법을 간단히 설명한 것으로 특히 고객 모집 단계에 초점을 맞췄다. 먼저 고객을 확보해야 다음 단계인 고객 유지나 고객 성장이 가능하기 때문이다.

많은 웹/모바일 제품이 다면 시장에 속한다. 구글과 페이스북이 가장 대표적인 예다. 고객은 제품을 무료로 이용하지만, 광고주는 고객을 향한 노출 광고, 애드워즈, 링크, 이외의 마케팅 정보 등에 돈을 쓴다. 이 수익으로 구글이 막대한 데이터 시설을 짓고, 검색을 '무료'로 제공할 수 있다.

다면 시장의 마케터는 고객 모집을 2개 유형으로 나눠서 생각해야 한다. 하나는 사용자, 다른 하나는 구매자다. 유형별로 매우 상이한 가치 제안을 갖는다. 다면 시장의 마케터 대부분은 먼저 사용자를 모으는 데 주력한다. 확보한 사용자가 수백만에 이르면 다른 고객 유형을 생각할 때다. 사용자에게 정보를 노출하려고 돈을 쓰는 마케터를 찾을 수 있을 것이다.

고객 모집: 확보와 활성화

고객 모집 방법에 대한 가설을 세우는 단계다.

100만개 이상의 앱이 모바일 앱스토어에서 판매되고, 셀 수 없이 많은 상거래, 소셜네트워크, 정보성 웹 사이트가 있다. 새로운 웹/모바일 제품을 출시하는 것만으로는 비즈니스가 성공할 수 없다. 제품을 만드는 것은 쉽다. 하지만 앱, 웹 사이트, 제품을 알려 고객을 모으는 것은 어렵다. 고객관계는 벅찬 일이며 끝없는 도전이다. 마치 고객을 한 명씩 모으는 것과 같다.

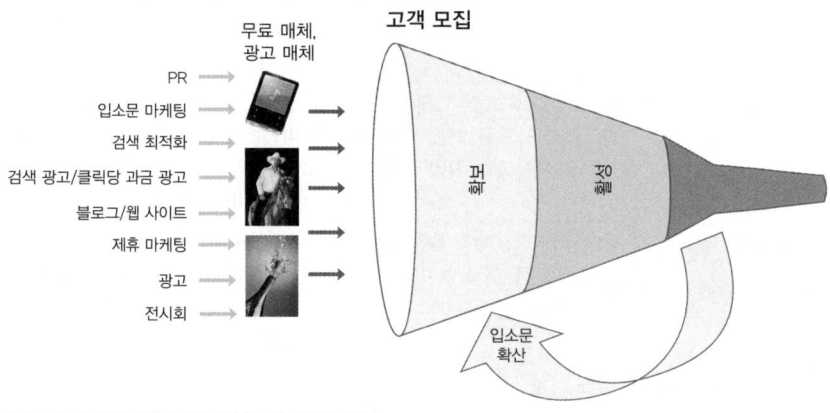

그림 4.18 웹/모바일 채널의 '고객 모집' 퍼널

> ❖ 제품을 만드는 것은 쉽다. 고객을 모으는 게 어렵다.

고객 모집과 고객 활성화의 차이

고객 관계의 첫 시작인 고객 모집은 확보와 활성화 두 단계로 이루어진다.

	물리적 채널	웹/모바일 채널
고객 모집 (수요 창출)	• 전략: 고객의 인식, 관심, 고려, 구매 • 기법: 무료 매체(PR, 블로그, 홍보 책자, 제품 평가), 광고 매체(광고, 홍보활동), 온라인 도구	• 전략: 고객 모집, 활성화 • 기법: 웹 사이트, 앱스토어, 검색 최적화(SEM/SEO), 이메일, 블로그, 입소문, 소셜네트워크, 평가, PR, 무료 체험, 공식 홈페이지, 광고 랜딩 페이지

	물리적 채널	웹/모바일 채널
고객 유지	• 전략: 고객과의 교류, 고객 보유 • 기법: 충성도 프로그램, 제품 향상, 고객 설문, 고객 확인 전화	• 전략: 고객과의 교류, 보유 • 방법: 최적화, 사용자 집단, 블로그, 온라인 지원, 제품 정보/공고, 출장 서비스, 제휴
고객 성장	• 전략: 추가 수익, 제품 추천 • 기법: 상위제품/교차/추가판매, 추천, 개별판매	• 전략: 추가 수익, 제품 추천 • 기법: 제품 향상, 공모전, 재구매, 친구의 추천, 상위제품/교차판매, 입소문

표 4.4a 웹/모바일 채널의 '고객모집' 방법

고객 모집(Customer Acquisition): 웹/모바일 채널에서의 고객 모집 단계는 물리적 채널에서의 '인식', '관심', '고려' 단계에 해당한다. 고객이 제품을 구매하기 전에 제품을 배우고 탐색하는 단계다. 웹/모바일 앱의 '고객 모집'은 최대한 많은 고객을 랜딩페이지와 같은 온라인상의 '현관'에 들이는 데 집중한다. 여기서 고객은 제품을 소개받고, 제품을 구매하거나 이용한다. 하지만 랜딩페이지에 방문해 제품 정보를 본 고객 대부분이 제품을 구매하거나 이용하지 않는다. 따라서 웹/모바일의 '고객 모집' 계획은 최대한 많은 사람을 모으는 데 달려 있다. 결제를 유도하는 웹 사이트의 경우, 수백만 명을 모아야 할 수도 있다.

고객 활성화(Customer Activation): '고객 모집' 단계의 2번째 과정이다. 물리적 채널에서의 '구매'에 해당한다. 고객이 무료 다운로드하거나 체험판을 신청하고, 제품의 추가 정보를 얻어 구매하는 등의 관심을 보인 경우다. 고객이 설사 구매하거나 가입하지 않았다 해도 신경을 써야 한다. 고객의 정보(이메일, 전화 등)만 있다면 다시 연락할 수 있기 때문이다. 물론 연락해도 좋다는 동의가 있었을 경우에만 가능하다.

살펴보기: 고객의 온라인 쇼핑 방법

지금의 웹은 영업사원이 직접 고객을 방문하던 과거와 다르다. 이제 회사의 역할은 고객에게 제품을 주는 것이 아니라 고객을 '끌어 당겨야'(pull) 한다. 웹은 고객을 끌어 당기는 것을 돕는 거의 무제한적인 도구를 제공한다.

> ❖ 웹에서 당신의 역할은 고객을 '끌어 당기는' 것이다.

고객 모집과 고객 활성화의 첫 단계는 먼저 고객이 어떻게 제품을 사고 이용하는지 이해하는 것이다. 다음의 예를 참고한다.

1단계: 문제를 해결하고 싶다는 필요나 욕구를 발견한다. "파티 열고 싶다"고 말하거나 외롭다고 생각한다. 열광적인 파티나 온라인 데이팅 사이트를 찾는다.

2단계: 문제를 해결하려고 찾기 시작한다. 요즘에는 절대 다수가 온라인 검색을 활용한다. 대부분 구글을 이용하겠지만, 친구에게 물으려고 페이스북을 쓸 수도 있다. 어쩌면 질문의 답을 구하는 쿼라(Quora)나 수많은 사람들의 '추천'에 기반한 특화된 사이트인 옐프(Yelp), 자갓(Zagat), 트립어드바이저(TripAdvisor.com)를 이용할 수 있다.

3단계: 사람들은 최선을 다해 찾지 않는다. 해당 회사를 그냥 '발견'할 수도 없다. 대부분은 처음에 발견한 몇 개에만 관심을 기울인다(구글 검색 결과에서 첫 페이지 다음으로 넘어가는 경우가 얼마나 되는지 잘 생각해보라). 사이트, 앱, 제품을 최대한 쉽게 찾을 수 있게 해야 한다. 고객이 검색할 법한 지점을 최대한 많이 공략해야 한다(뒤에서 '고객 모집'을 설명할 때 더 자세히 안내할 것이다).

4단계: 고객은 초대를 받았거나, 재미있거나 원래 알던 곳으로 향한다. 무미건조한 상품 광고나 브랜드 정보로는 고객의 관심을 끌 수 없다. 당신의 제품을 평범한 구글 검색에서 고객이 클릭할 수 있는 것은 수천 개의 선택사항 중 하나에 불과하다. 따라서 고객을 초대하고, 도울 수 있거나 흥미로운 정보를 다양한 형태(광고 문구, 보고서, 블로그, 영상, 게임, 견본 등)로 제공해 관심을 끌어야 한다. 고객이 선호하는 온라인 커뮤니티와 소셜미디어도 활용해야 한다.

고객 모집 전략 도출

고객이 검색할 때 풍부한 정보로 고객을 유인하고, 최대한 많은 검색어를 고려해 노출을 늘려야 한다. 먼저 고객에게 유용한 비상업적 정보를 보여줘 제품, 앱, 사이트로 유입시킨 뒤 본격적인 판매를 시작한다.

사람들의 결정 과정을 고객 모집과 고객 활성화 전략에 반영하여 사용한다.

1. **누가 목표 고객인지 판단하라.** 목표 고객이 주로 시간을 보내는 사이트에서 정보를 퍼뜨리는 것이 목표이다. 스케이트보더는 월스트리트저널이나 테크크런치를 볼 가능성이 적다. 스케이트보드 사이트, 블로그 등을 공략해야 한다.

2. **목표 고객이 좋아하는 콘텐츠가 무엇인가?** 스케이트보더는 장문의 에세이나 보고서보다 삽화, 게임, 영상을 더 선호할 것이다. 목표 고객이 흥미를 느끼고, 도

움을 주는 콘텐츠가 필요하다. 스케이트보드를 안전하게 타는 비결이나 스케이트보드 기술에 대한 콘텐츠면 좋다. 잘 정리된 장문의 논문은 어울리지 않는다.

3. **장소에 맞는 적절한 콘텐츠를 만들어야 한다.** 쿼라, 트위터, 페이스북의 사용자는 짧고, 흥미로운 주제를 원하고 이미 이런 콘텐츠가 넘쳐나는 만큼 장문의 콘텐츠는 무시된다. 장황한 상품 광고는 소셜네트워크 서비스에 어울리지 않는다. 게시 장소에 꼭 맞는 콘텐츠가 필요하다.

4. **목표 고객이 이용하는 커뮤니티를 활용한다.** 질문에 답하고 피드백을 주며, 팁을 제공하고 제품을 수용하는 고객을 살며시 유치하라.

5. **사람들이 공유하고 싶어하는 콘텐츠를 만든다.** 유용한 팁, 주요 질의응답, 만화, 재미있는 영상 등 고객이 친구들에게 알리고 싶은 콘텐츠가 되어야 한다. 고객 주변의 친구를 새 고객으로 확보할 수 있는 기회를 늘릴 수 있다.

고객 모집 방법 검증

고객 모집 방법을 검증하는 가장 좋은 방안은 초기 고객 모집 검증 계획을 스프레드시트에 그려 보는 것이다. 고객 모집 방안, 비용, 각 프로그램에 대한 목표를 적는다. 9장의 '활성화 계획'에 있는 고객 모집 스프레드시트 예를 참고하라(362페이지). 무료로 얻을 수 있는 웹 매체의 활용이 고객 모집의 첫 단계다. 돈이 안 드는 것이 최선의 비용이기 때문이다. 웹에서는 대중을 모으고 고객을 모집할 수 있는 무료 기회가 많다(검색최적화 SEO, 소셜미디어, 입소문 마케팅, 유행 등).

획득과 무료 고객 모집 방법

- **홍보 활동**(Public relations) 웹 사이트, 블로그, 소셜네트워크에 제품이 다루는 문제를 알리고, 기능 소개를 퍼뜨리는 소소한 '검증' 단계다. 고객 검증을 마치기 전에는 제품과 제품의 해법을 공개해서는 안 된다(비싼 돈을 들여 외부의 홍보 대행사와 계약해서도 안 된다. 고객 발굴 단계에서는 학습에 먼저 집중해야 한다).

- **입소문 마케팅**(Viral marketing) 서로 다른 웹/모바일 채널에서 사용되는 고객 모집 마케팅 유형 3개를 지칭할 때 혼용되는 개념이다. 아마 웹/모바일 마케터에게 가장 중요한 고객 모집 방법일 것이다. 모두 무료이거나 적은 비용이 들기 때문이다. 입소문 활동으로 고객의 추천을 촉진하는 고객 성장 단계에서 더 자세히 설명할 것이다(201페이지 참고).

- **검색최적화(SEO, Search Engine Optimization)** 검색 고유의 기능을 활용하는 방법으로, 돈이 들지 않는다. 구매자를 제품이나 서비스로 유도한다.
- **소셜네트워크 활용(Social networking)** 친구와 초기 고객에게 제품이나 회사에 대한 글을 쓰게 한다. 페이스북의 '좋아요'나 트위터의 '리트윗' 등 개인의 추천을 퍼뜨리는 도구를 쓴다.

무료 고객 모집 방법을 활용한 후 유료 고객 모집 방법을 반드시 시작하라.

유료 고객 모집 방법

고객 모집에 얼마의 비용을 쓸지 결정하는 것은 어렵다. 변수가 너무 많기 때문이다. 이 중 핵심적으로 고려할 3가지 요건은 '자금이 얼마나 있는지, 가설에 얼마만큼의 확신이 있는지, 목표 고객을 발견하기 어려운지'다. 높은 생애가치를 가진 양질의 고객을 충분히 끌어올 수 있는 무료 고객 모집 방안이 있다면 성공적인 비즈니스를 만드는 데 유료 고객 모집 방안보다 무료 고객 모집 방법이 낫다. 하지만 이것은 말처럼 쉬운 일은 아니다. 유료 고객 모집 방안에 다양한 무료 고객 모집 방안을 접목해 함께 써 보고 효과적인 방법을 찾아야 한다.

다음은 반드시 고려해야 할 가장 일반적인 웹/모바일 유료 고객 모집 방법이다.

- **클릭당 과금(PPC, Pay-Per-Click) 광고** 구글 등의 검색엔진에서의 검색 광고로 목표 고객을 지정할 수 있고 정해진 비용이 있다. 회사로 트래픽을 모을 때 쓴다.
- **전통적인 온라인 매체 광고** 새 제품이나 서비스를 소개할 때 주로 쓴다.
- **제휴 마케팅** 관련 사이트에 비용을 지불하고, 제품 사이트나 앱으로 트래픽을 모을 때 쓴다.
- **온라인 고객 선도** 이메일 수신에 동의한 경우 제품의 관심을 유도하는 홍보 이메일 발송(모바일 문자 발송은 훨씬 복잡하고, 복잡한 규제가 있다).

웹/모바일 스타트업의 고객 모집 방법을 검토할 때 물리적 채널의 고객 모집 방법도 참고한다. 광고, 우편은 물론 거리의 인형탈 홍보에서부터 열기구, 옥외 광고까지 후보가 될 수 있다.

빠르고 간단한 고객 모집 테스트

고객 발굴 2단계에서는 소규모의 고객 모집 테스트를 한다. 앞에서 설명한 유·무료 고객 모집 방법을 써서 고객의 문제/필요를 확인하는 게 목적이다. 고객 발굴 3단계에서는 다시 고객 모집 방법을 써서 초기 고객을 파악한다. MVP에 어떤 반응을 보이는지 확인하고, MVP가 고객의 문제를 해결하는 매력적인 해법인지 살핀다. 제품을 출시할 것이 아니라, 제한적이고 집중된 테스트가 필요한 때다. 보도기사를 배포하는 등의 활동도 안 된다. 섣부른 공개가 과도한 고객을 모을 수 있고, 제품이 출시됐다고 오해할 수 있기 때문이다.

고객 발굴 2, 3단계의 고객 모집 테스트는 제한된 형태로 진행해야 한다. 적은 비용을 들여 충분히 통제할 수 있고 결과를 명확히 파악할 수 있는 테스트가 필요하기 때문이다. 예는 다음과 같다.

- **500달러의 예산으로 애드워즈 광고를 집행한다.** 고객에게서 얻는 사이트와 앱의 잠재 수익이 5~10배 늘거나 최소한 가입을 촉진했는지 확인한다. 최소 2개 이상의 문구로 광고를 집행하고, 전환 횟수를 확인하라. 각 얼마의 효과를 내는지 신중히 살펴보고, 효과가 적은 것은 버리고 효과가 가장 좋은 것을 개선해서 사용한다.

> ✧ 입소문 마케팅은 소문을 퍼뜨릴 수 있는 고객 기반이 갖춰졌을 때 시작할 수 있다.

- **페이스북, 트위터 활용** 페이스북 대화, 트위터를 활용해 고객을 확보하라. 적어도 1,000명이 새로운 제품을 발견하도록 한다. 다양한 쪽지, 초대를 테스트해서 제품을 가장 명확히 알릴 수 있는 문구를 찾아라. 어떤 문구도 고객의 참여나 가입을 이끌지 못하면, 제품이나 초대 문구 둘 중 하나에 이상이 있는 것이다.
- **입소문 마케팅** 소문을 퍼뜨릴 수 있는 고객 기반이 갖춰졌을 때 입소문 마케팅을 시작할 수 있다. 입소문 마케팅의 몇 가지 유형은 앞 장에서 다뤘다(추가 내용은 203페이지 참고). 특히 네트워크 효과가 필요한 비즈니스는 입소문 마케팅 활동을 일찍 고려해야 한다.
- **추천 배너 광고** 거래 건당 중계 수수료를 지불하는 조건으로 외부 사이트에 우리 회사의 광고를 게시한다. 1,000달러의 예산으로 관련 사이트에 광고를 집행하라 (중계 수수료는 보통 12달러 수준이다). 배너 광고를 집행했는데 예산 소진이 더디면 타 사이트로 광고를 옮겨라.
- **목표 고객의 이메일 내역 구입(500달러 혹은 1,000달러)** 최소한 2가지 형태의 이메일을 발송한다. 이메일 발송 시 발송 전에 비해 최소 3배의 기대 전환율 증가를 목표해야 한다. 구매까지는 어렵더라도 최소한 가입 전환율 증가는 달성해야 한다.

- **트래픽 제휴사** 사용자와 고객을 확보해 고객 모집을 촉진하는 중요한 방법이다. 보통 다른 회사와의 계약을 통해 이뤄진다. 일정 수준의 사용자와 고객을 끌어오는 대가로 트래픽을 교환하거나 비용을 지불한다. 대부분의 웹/모바일 비즈니스에 중요한 역할을 한다. 4장 후반부의 '트래픽 제휴사' 가설에서 자세히 설명할 것이다. 214페이지를 참고하라.

작업자

웹/모바일 스타트업을 성공시키려면 다음의 역량을 고루 갖춰야 한다. 뛰어난 기술력(개발/하드웨어/공학), 강력한 추진력(비즈니스 모델 탐색, 고객과 시장 탐색), 훌륭한 사용자 지향 기획이 필요하다. 또 공동 창업가 중에 콘텐츠 제작이 가능한 사용자 인터페이스/디자인 전문가가 있으면 좋다. 관련 대행사의 도움 없이 충분한 결과물을 만들 정도의 수준이면 더 훌륭하다. 구루닷컴(guru.com)이나 크레이그리스트(craigslist.com)에서 작업 경험과 재능을 갖춘 비용 대비 괜찮은 외주 작업자를 찾아라.

고객 활성화 방법의 검증

고객 활성화는 고객 모집의 2번째 단계다. 고객이 실제로 구매하거나 적어도 관심을 보이는 단계이다. 마치 손을 들고 "관심 있습니다. 연락을 부탁드립니다"하고 말하는 것과 같다. 고객 활성화 단계의 고객은 사이트에 방문하거나 무료 모바일 앱을 설치해 제품을 탐색한다. 게임을 어떻게 하는지 살피고, 블로그나 소셜네트워크 서비스에 댓글을 남기는 때다. 다양한 종류의 웹/모바일 제품이 있지만, 이 중 저렴한 모바일 앱이나 무료 배포 후 구매를 유도하는 제품이 초기 고객 활성화에 가장 유리한 편이다. 아예 무료이거나 가격이 0.99센트에 불과하기 때문이다.

> 고객 활성화는 가장 결정적인 단계로 고객이 참여, 실행, 구매 여부를 결정하는 순간이다.

고객 활성화는 웹/모바일 비즈니스의 가장 결정적인 단계이며 분기점이다. 고객은 참여, 실행, 구매 여부를 결정한다. 웹/모바일 제품은 물리적 채널과 달리, 제품이 곧 영업사원이다. 구매를 설득하고 권유하는 대리점도 없다. 제품이 방문자의 탐색, 시도, 구독을 유도해야 한다. 매력적인 가치제안, 적절한 설명, 분명한 제안 등이 적절히 조화를 이뤄야 한다. 고객 탐색 단계에서는 완성도 낮은 MVP, 고객 검증 단계에서는 완성도 높은 MVP가 필요하다. 스프레드시트에 고객 활성화 계획을 세우고, 고객 활성화를 시작하라(362페이지의 예시 참고).

많은 스타트업이 자신의 고객이 온라인상에 있으므로, 온라인에서의 소통이 고객이 원하고 기대하는 전부라고 생각한다. 하지만 전화 한 통이 고객 모집과 고객 활성화에 극적 개선을 가져오는 경우가 많다. 제품을 온라인에서 발견한 고객에게 개별적인 연락을 취하자, 연락하지 않은 고객에 비해 이용과 구매 전환율이 2배 이상 상승한 경우도 있다. 단순히 회사 전화번호를 공개하는 것만으로 신뢰를 높일 수 있다.

설사 걸려오는 전화가 없더라도, 단순히 회사 전화번호의 존재만으로도 제품의 클릭율이 5~30%까지 상승했다(물론 전화를 건 고객의 고객 활성화를 위해 적절하고 충분한 정보를 제공할 수 있을 때 전화번호를 공개해야 한다).

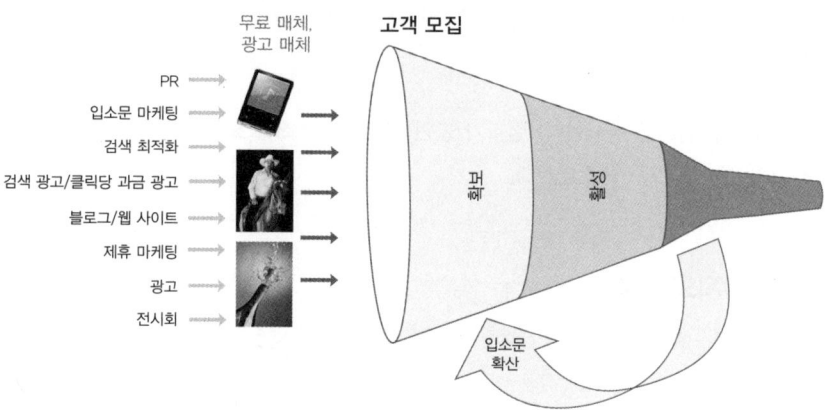

그림 4.19 웹/모바일 채널에서의 고객 모집과 고객 활성화

빠른 고객 활성화 테스트의 예

- **이메일 발송** 고객의 이메일 주소를 얻고, 정보성 이메일을 발송해도 괜찮은지 파악하라. 1,000명의 고객을 추가했다면 적어도 50명 이상의 활성화해야 한다.
- **고객 활성화 유인** 무료 체험판을 배포하거나 제품에 대한 무료 다운로드를 제공한다. 제품 백서를 나눠주거나 500명이나 1,000명의 한정된 고객에게 대대적인 할인을 제공하는 등의 방법이 있다. 최소 3가지 이상의 다른 시도를 하되, 최소 한 번은 5%의 이상의 응답율을 기록해야 한다. 비용을 예측해 수익 모델을 계산할 수 있는 수준의 응답율이 나올 때까지 계속 테스트하라.

고객 발굴 1단계: 비즈니스 가설 도출

- **잠재 고객에게 전화** 아직 활성화 단계에 이르지 못한 잠재 고객 100명에게 전화하라. 뚜렷한 수익을 낼 만큼 높은 응답율을 기록하는지 확인해야 한다. 전화를 받은 잠재 고객은 받지 않은 잠재 고객에 비해 최소 3배의 향상을 보여야 한다.
- **유료 전환 유도** 일부 고객에게 앱, 서비스, 웹/모바일 제품의 무료 체험 기간을 준다(7일이나 14일). 후에 무료 체험 기간을 준 고객과 주지 않은 고객에게서 얻은 2달간의 고객확보 수익을 비교해 성과를 측정한다. 사이트나 앱 기능을 일부 제할 수도 있다. 가령 이하모니(eHarmony.com)에서는 고객이 자신의 이상형을 찾는 것은 무료이지만, 이상형에게 데이트 신청을 하려면 결제가 필요하다.

> ❖ 한 통의 전화가 고객 모집과 고객 활성화 수준을 크게 개선할 수 있다.

- **체험판, 무료 다운로드 제공** 고객 활성화 수준을 높여 약 3달간 수익 흐름을 빠르게 할 수 있다.

모든 테스트 결과를 주시한다. 결과가 불만족스럽거나 최소 요건을 충족시키지 못한다면 재정비한 뒤 다시 테스트한다.

고객 유지와 보유

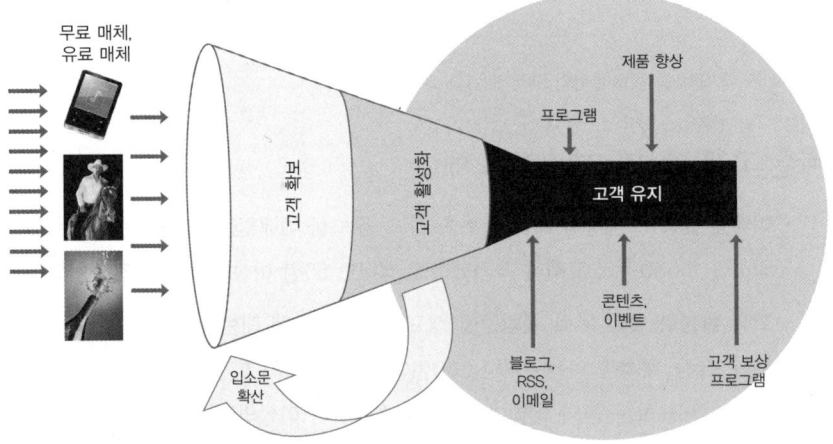

그림 4.20 웹/모바일 채널의 '고객 유지' 퍼널

웹/모바일 채널에서의 고객 유지 목표는 물리적 채널의 목표와 같다. 좋은 제품과 서비스를 제공해 고객 이탈/감소를 최소화하고, 고객과 자주 교류하는 것이다(단 고객 발굴 단계는 아직 유지할 고객이 없는 때다. 따라서 고객 보유를 위한 프로그램의 검증은 나중에 이뤄진다). 온라인에서의 고객 보유 활동은 물리적 채널에 비해 좀 더 수월하다. 온라인에서는 잠재 고객이나 실제 고객의 활동이나 비활동 상황을 샅샅이 쫓고 파악할 수 있는 방법과 도구가 있기 때문이다(물론 사생활을 침해하지 않는 범위에서 이뤄져야 한다).

	물리적 채널	웹/모바일 채널
고객 모집 (수요 창출)	• 전략: 고객의 인식, 관심, 고려, 구매 • 기법: 무료 매체(PR, 블로그, 홍보 책자, 제품 평가), 광고 매체(광고, 홍보활동), 온라인 도구	• 전략: 고객 모집, 활성화 • 기법: 웹 사이트, 앱스토어, 검색 최적화(SEM/SEO), 이메일, 블로그, 입소문, 소셜네트워크, 평가, PR, 무료 체험, 공식 홈페이지, 광고 랜딩 페이지
고객 유지	• 전략: 고객과의 교류, 고객 보유 • 기법: 충성도 프로그램, 제품 향상, 고객 설문, 고객 확인 전화	• 전략: 고객과의 교류, 보유 • 방법: 최적화, 사용자 집단, 블로그, 온라인 지원, 제품 정보/공고, 출장 서비스, 제휴
고객 성장	• 전략: 추가 수익, 제품 추천 • 기법: 상위제품/교차/추가판매, 추천, 개별판매	• 전략: 추가 수익, 제품 추천 • 기법: 제품 향상, 공모전, 재구매, 친구의 추천, 상위제품/교차판매, 입소문

표 4.4b 웹/모바일 채널에서의 고객 유지 방법

고객보상과 적립 프로그램과 같은 물리적 채널의 방법을 웹/모바일 채널에 적용해도 좋은 성과를 거둘 수 있다. 적절히 활용하면 효과적인 고객 맞춤형 서비스와 고객 지원이 가능하다. 가능하면 최대한 시스템으로 자동화하라. 온라인 지원 도구, 주요 질의 응답, 사용자 블로그, 클럽, 소식지도 고객 보유에 효과적이다.

고객 보유 전략

고객 보유 프로그램의 성패는 고객의 행동을 얼마나 잘 파악하고 배우는지에 달려 있다. 어떤 고객이 머무르는지, 누가 떠나는지, 이유는 무엇인지를 파악해야 한다. 단순히 모든 것을 주시하는 게 아니라 개선이 필요한 가장 중요한 고객의 행동에 집중해야 한다는 사실도 명심하라.

관련 예는 다음과 같다.

- 고객의 최초 방문 시기, 접속 경로 측정(유입 블로그, 사이트 등)
- **개별 고객의 활동 수준 측정** 자주 방문하는가? 얼마나 체류하는가? 얼마에 한 번 방문하는가?
- **고객의 이탈** 고객이 이탈했다면 이탈한 이유는 무엇인가?
- **고객의 사이트 내 행동 측정** 어떤 것을 클릭하고, 어떤 것은 클릭하지 않는가?
- **고객의 추천** 추천을 받아 유입된 방문자의 접속 경로와 활동성 파악
- 홍보 활동을 통한 사이트 대내외적 결과 측정

 신중히 진행하라: 전체적인 개요와 학습 과정을 소개하는 단계임을 명심하라. 한 번에 모든 것을 다 하거나, 단번에 해치울 방법은 없다.

검증 단계에서 명심해야 할 지침은 다음과 같다.

- 이메일은 간단히 무시되고, 스팸으로 여겨지기 쉬운 수단이다. 따라서 이메일에 과도히 의지해서는 안 된다. 고객은 받은 이메일의 최소 80%를 확인하지 않는다. 또 과도한 홍보 메일은 아예 거부한다.
- 고객은 어설프고 티 나는 고객 관리에 분개한다. 고객의 현재 상황에 맞고, 실제 도움을 주는 맞춤형 관리가 필요하다. 가령 '우수 고객 밥에게'라는 문구보다, '고객님의 신발 크기인 280mm에 맞는 스니커즈 운동화가 입고됐습니다'라는 문구가 훨씬 낫다.
- 항상 부지런해야 한다. 자동화된 마케팅 및 이메일은 고객 유지 방법의 하나에 불과하다. 좋은 제품을 만들고 계속 개선하며, 끝내주는 서비스를 제공하는 등의 핵심 보유 활동에 매진해야 한다.
- 소셜네트워크 서비스를 고객 보유에 활용하라. 고객의 흐름을 쫓는 데 용이하고, 고객이나 고객 주변 친구들의 방문을 촉진할 수 있다.

웹/모바일 채널에서의 고객 보유 활동의 핵심은 고객 정보다. 고객 정보를 활용하면 맞춤형 고객 보유 활동이 훨씬 수월하다. 고객의 행동을 관찰해 고객의 정보를 모아라. 고객이 한 것과 아직 하지 않은 것에 기초해 고객과 소통해야 한다.

개별 고객의 행동을 추적한 뒤 파악한 고객 정보에 기반해 1:1 맞춤형 관리를 도입할 수 있다. 고객이 회사가 의도한 행동을 하도록 유도하는 것도 가능하다(물론 사생활을 침해하지 않는 선을 지켜야 한다).

> ✧ 고객 보유 프로그램의 성패는 고객의 행동을 얼마나 잘 파악하는지에 달려 있다.

간단히 테스트할 수 있는 고객 보유 활동

고객 보유 활동의 가설에 반드시 포함되어야 할 핵심적인 초기 고객 보유 활동은 확보한 고객을 대상으로 고객 발굴과 검증을 진행하는 고객 검증 단계에서 다시 논의할 것이다. 먼저 현 단계는 앞서 설명한 물리적 채널에서의 고객 보유 단계에서처럼 웹/모바일의 고객 보유 활동 계획을 세우는 때다.

- **고객 관리 프로그램** 환영 이메일, 기본 안내, 구매 감사 전화, 제품을 더 잘 활용하는 팁 등 다양한 방법이 있다. 다음은 고객 보유 목적의 이메일의 예다.
    - 지난 2주간 접속하지 않으셨습니다. 무슨 일 있으십니까?
    - 몇 가지 문제가 있다고 들었습니다. 도움이 필요하십니까?
    - 사이트에 새로 출시된 기능을 보셨습니까?
    - 시간 절약을 원하는 고급사용자를 위한 5가지 아이디어
- **블로그, RSS, 기사 모음** 고객과 사용자에게 제품이나 사이트를 더 친숙하게 만든다.
- **고객보상 프로그램** 재방문, 재구매, 제품 추천을 독려하고 보상을 준다. 물리적 채널의 고객 보상 프로그램과 같은 방식이다.
- **대회와 특별 이벤트 개최** 온라인 회의, 특별 초대, 신규 기능 출시 등의 행사로 현 고객이 다시 접속할 기회를 제공한다.
- **모바일 앱 푸시 알림** iOS와 안드로이드 운영체제에서는 고객이 앱을 실행하지 않은 상태에서도 푸시 알림을 보낼 수 있다. 적절히 활용하면 고객 보유와 고객 참여를 높이는 데 매우 유용하다.
- **제품 개선과 보완** 고객이 애정을 갖고, 계속 이용할 수 있는 제품이 돼야 한다(제품을 고객의 요구에 맞추는 것도 필요하다).

> ❖ 새 고객을 모으는 것은 힘들고 비용이 많이 든다. 현재 고객을 유지하는 것이 더 쉽고 비용도 덜 든다.

- **사용자에게 몇 주, 한 달, 일년 간격으로 전화한다.** 특히 구독 형태의 수익 모델을 가진 비즈니스라면 계약 갱신 전에 꼭 전화하는 것이 좋다. 친절한 고객 지향 서비스를 제공하면서 이탈의 징후는 없는지 잘 살펴야 한다. 고객 유지를 위한 할인과 특별 제안도 준비해야 한다. 새 고객을 모으는 것은 힘들고 비용이 많이 든다. 현재 고객을 유지하는 것이 더 쉽고 비용도 덜 든다는 것을 반드시 명심하라.
- **소식지와 상시 이메일 발송** 안내와 조언이 담긴 소식지를 보내고, 사용자의 활동이나, 접속 빈도 하락에 맞춰 일정 주기(7일이나 14일 간격)의 이메일을 발송하라.
- **맞춤형 고객 서비스와 지원** 최대한 온라인에서 이루어지는 것이 좋다. 강력한 온라인 지원 도구, 주요 질의응답, 사용자 블로그, 클럽, 소식지 등이 고객 보유 활동에 도움을 줄 것이다.
- **고객 고착과 높은 전환 비용** 기존 시장의 비즈니스라면 고객이 경쟁사의 제품으로 쉽게 바꿀 수 있어 이탈율이 높을 수밖에 없다. 따라서 고객이 당신의 제품이나 해법에 '고착'시키는 전략이 필요하다(고유의 기술을 갖거나 페이스북이나 링크드인처럼 데이터 이전을 어렵게 하고, 공급자 전환 비용을 높이는 등의 방법이 있다).

주시해야 할 고객 보유 지표

항상 주시하고, 대응해야 기본적인 고객 보유 지표는 다음과 같다.

- 사이트나 앱의 방문자, 페이지뷰, 체류시간 감소
- 방문 빈도 감소
- 평균 고객생애(활성 사용자로 머무르는 기간), 고객생애 가치(고객생애 가치는 측정할 수 있는 경우에 고려)
- 고객 불만, 문의와 지원 요청의 증가
- 회사 이메일의 반응율과 개봉율 감소

위 지표는 특정 '집단' 단위나 일반적인 그룹으로 분류해(예: 1월에 가입한 신규 고객) 고객을 분석한다. 가령 서비스를 쓴지 3달된 고객은 9달 된 고객에 비해 더 활동적이거나 덜 활동적일 수 있다(10장의 '유지와 성장 최적화' 논의에서 자세히 설명할 것이다).

추가 수익과 추천으로 고객 확장

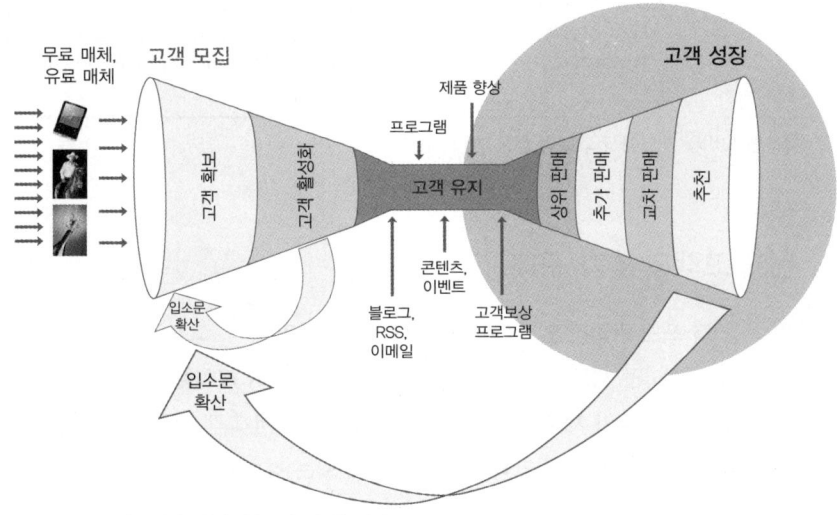

그림 4.21 웹/모바일 채널의 '고객 성장' 퍼널

기존 고객을 확장하는 방법은 두 가지다. 첫 번째는 기존 고객이 더 많을 돈을 쓰는 것, 두 번째는 기존 고객이 새 고객을 더 많이 데려오는 것이다. 10장에서 고객 성장을 자세히 설명할 것이다(더 많은 고객에 서비스를 최적화하는 방법이다. 423페이지 참고). 고객 성장 단계에 이르면 성장시킬 만한 충분한 수의 고객을 확보된 상태여야 한다.

 신중히 진행하라: 지금은 전체적인 개요와 학습 과정을 소개하는 단계임을 명심하라. 한 번에 모든 것을 다 하거나, 단번에 해치울 방법은 없다.

	물리적 채널	웹/모바일 채널
고객 모집 (수요 창출)	• 전략: 고객의 인식, 관심, 고려, 구매 • 기법: 무료 매체(PR, 블로그, 홍보 책자, 제품 평가), 광고 매체(광고, 홍보활동), 온라인 도구	• 전략: 고객 모집, 활성화 • 기법: 웹 사이트, 앱스토어, 검색 최적화(SEM/SEO), 이메일, 블로그, 입소문, 소셜네트워크, 평가, PR, 무료 체험, 공식 홈페이지, 광고 랜딩 페이지
고객 유지	• 전략: 고객과의 교류, 고객 보유 • 기법: 충성도 프로그램, 제품 향상, 고객 설문, 고객 확인 전화	• 전략: 고객과의 교류, 보유 • 방법: 최적화, 사용자 집단, 블로그, 온라인 지원, 제품 정보/공고, 출장 서비스, 제휴

	물리적 채널	웹/모바일 채널
고객 성장	• 전략: 추가 수익, 제품 추천 • 기법: 상위제품/교차/추가판매, 추천, 개별판매	• 전략: 추가 수익, 제품 추천 • 기법: 제품 향상, 공모전, 재구매, 친구의 추천, 상위제품/교차판매, 입소문

표 4.4c 웹/모바일 채널에서의 고객 성장 방법

1. 현재 고객의 추가 구매

고객이 돈을 더 쓰게 만들려면 고객이 현 상황에 만족해야 한다. 고객이 쓰는 제품, 성능, 가격에 만족해야만 제품을 더 사고 서비스 등급을 높이며 계약을 갱신할 가능성이 있다. 고객의 만족 여부가 제품의 미래에도 중요하다. 따라서 고객 검증 단계에서 최소한의 검증을 거쳐야 한다. 특히 고객 성장의 기본이 되는 것은 다음과 같다.

- **교차판매(Cross-sell)** 제품을 구매한 고객에게 관련 제품을 추가로 파는 방식이다. 프린터 잉크를 구매한 고객에게 종이, 연필 등의 사무 용품을 추가로 판매하는 방식이다.
- **상위제품판매(Up-selling)** 상위 제품의 구매를 촉진하는 방식이다. 개별 잉크가 아닌 일체형 잉크를 팔거나 복사기나 팩스 등의 사무 기기에 잉크를 끼워 파는 방식이다.
- **후속판매(Next-selling)** 고객의 다음 구매에 집중하는 방식이다. 프린터 잉크 판매를 장기 계약하거나 복사본을 넣을 봉투를 대량으로 파는 방식이다. 아예 전속 사무 용품 납품 업체 계약을 맺을 수도 있다. 후속판매는 기업간 거래뿐 아니라 소비재에서도 효과가 있는 전략이다.
- **개별판매(Unbundling)** 기능이 많은 복잡한 제품을 여러 개로 나눠 개별 판매하는 방식이다. 종종 개별판매를 통해 수익이 향상되기도 한다. 특히 기술, 소프트웨어, 산업 제품 영역에서 효과가 있는 전략이다.

이제 현재의 고객을 확장하는 방법의 가설을 세우고, 수립한 가설을 실제 고객을 통해 검증할 차례다.

쉽게 시도할 수 있는 간단한 고객 성장 방법

- 모든 구매 확인과 감사 화면에 고객이 흥미를 느낄만한 다른 제품을 배치하라. 이때 고객에게 혜택을 줘 유인할 수 있다면 더 좋다.
- 고객의 결제 과정에 새로운 제품, 특별 제안, 할인 정보를 추가로 노출해 주문량을 늘려라. 전체적인 결제 과정에 잘 녹아 들고, 잘 보여야 한다.
- 전자상거래 회사는 '추천 엔진'을 갖고 있어야 한다. 'A 제품을 구매하셨다면 분명 B 제품도 마음에 드실 것입니다'와 같은 제안을 할 수 있기 때문이다.
- 전자상거래 회사는 고객의 제품을 배송할 때마다 특별 제안을 하거나 할인 혜택을 제공해야 한다.
- 고객에게 새로 출시된 다른 제품이나 개선된 기능에 대한 이메일을 보내 구매를 유도하라.
- 고객이 아직 구매하지 않은 새 제품이나 서비스에 대한 특별 할인을 제공하라.
- 입소문 마케팅의 근본은 기존 고객의 추천이다. 따라서 기존 고객을 어느 정도 확보한 뒤 시작할 수 있는 방법이다(183페이지 '고객 성장' 부분에 자세히 설명되어 있다). 입소문 마케팅은 제품에 만족한 고객이 주변에 제품을 추천하도록 유도하는 것이다. 가능한 많은 사람이 제품의 정보를 아는 것이 좋다. 유튜브와 같은 서비스를 이용하고, 강연회에서 발표하거나 후원사가 되는 등의 방안이 있다. 회사 관계자와 구성원이 주변의 친구를 가능한 많이 초대하고 제품을 알려라. 공모전, 내기, 이벤트 등을 주최해 입소문 효과를 극대화시킬 수도 있다.
- 입소문에 유리한 제품은 알아서 전파된다. 핫메일, 지메일, 페이스북 등의 웹 서비스는 "우리 서비스에 친구를 초대해주세요"라는 한 마디 말이면 충분하다. 이 자체로 강력하며 효과적인 무료 입소문 마케팅이 된다.
- 네트워크 효과가 제품 전파를 촉진한다. 스카이프, 포토버켓(Photobucket), 팩스는 네트워크 효과를 가진 제품의 예다. 스카이프에서 계정이 없는 친구와는 통화가 불가능하고, 팩스가 없는 상대에게는 팩스를 보낼 수 없다. 따라서 고객은 자신의 편의를 위해 네트워크를 확장하려 한다. 고객이 주변 지인을 초대하면 회사는 새로운 고객을 얻는다.

> 고객의 추천은 신규 비즈니스의 가장 '진실된' 자원이다.

2. 더 많은 사용자를 유입시켜 고객 모집

고객을 확보하려고 다양한 입소문 마케팅 도구와 기법을 활용할 수 있다. 이를 활용해 아직 확보하지 못한 고객을 서비스로 유입시킬 수 있다. 다음은 가장 강력한 6가지 입소문 마케팅 기법이다.

- 제품의 페이스북 화면에서 '좋아요' 버튼을 누르게 하기
- 친구에게 제품 정보를 공유하면 할인 혜택이나 무료 체험권 주기
- 고객이 자신의 주소록을 불러와 친구에게 제품에 대한 이메일을 보낼 수 있게 하기
- 트위터의 트윗, 페이스북의 '좋아요'와 같은 입소문 활동을 하면 보상하고, 사용자가 자발적으로 공유할 만한 제품에 대한 콘텐츠 만들기
- 소셜네트워크의 버튼 액션으로 쉽게 입소문을 낼 수 있도록 눈에 띄게 보여주기
- 블로거가 제품에 대한 글을 쓰도록 독려하고 보상 주기

(고객 관계 가설에는 고객을 '확보, 유지, 성장'시킬 방법이 꼭 포함되어야 한다. 또 수립한 가설은 실제 진행 과정에서 최적화를 거쳐야 한다. 관련 내용은 359페이지의 활성화 계획과 도구 설명을 참고하라).

[물리적, 웹/모바일] 핵심 자원 가설

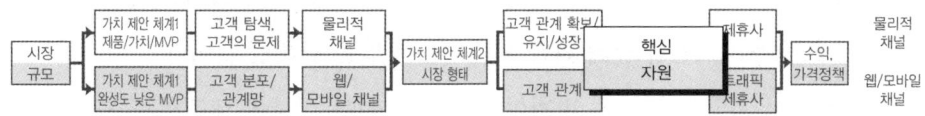

회사의 성공에 중요한 외부 자원이 무엇인지 파악한 뒤, 자원을 찾고 확보하기 위한 가설을 세우는 단계다.

핵심 자원은 크게 물리적 자원, 금융 자원, 인적 자원, 지적 재산권 4종류로 나뉜다. 종류별로 필요한 핵심 자원을 정리하고, 예상 비용이 얼마인지, 어디서 확보할지 파악해야 한다.

물리적 자원 Physical resources: 회사 설비와 제품/서비스 자원으로 나뉜다. 사무실이나 회사의 위치는 회사 설비 자원에 해당한다. 대규모의 직원을 쉽게 고용하고자 대중교통 이용이 편한 지역에 회사를 세우고, 대도시에 대형 식당을 만드는 이유이다. 매우 얇은 실리콘 웨이퍼, 철광석, 넓은 창고, 전문 연구소, 제조 공간 등은 제품/서비스 자원에 해당한다. 대부분의 물리적 자원은 자본집약적이다. 물리적 제품의 생산에 필요한 제조 장비나 원자재와 같은 자원이 대표적이다.

> ❖ 많은 자본집약적 자원이 공공재로 바뀌거나 외부에서 조달할 수 있게 됐다.

21세기에는 상황이 바뀌었다. 과거에는 구매해야만 쓸 수 있었던 자본집약적 설비와 서비스 자원이 공공재로 바뀌거나 외부에서 조달할 수 있게 됐다. 서버 장비와 용량이 필요한 스타트업은 아마존과 같은 클라우드 서비스에서 필요한 성능과 용량의 장비를 임대할 수 있다(이외에도 다양한 이유로 소프트웨어 기반의 스타트업에 필요한 비용이 대폭 감소했다).

자본집약적 자원이 필요하던 제조 부문은 아시아 국가의 업체에 외주 제작을 맡겨 필요한 비용을 줄일 수 있다(제조 비용 역시 대폭 감소했다). IT 관련 서비스에서는 인도에 외주 제작을 맡겨 비용을 절감하며, 다른 산업 부문도 마찬가지다.

금융 자원 Financial resources: 자금은 스타트업의 생명 줄이다. 자금이 고갈되면 비즈니스를 유지할 수 없다. 이 책은 낭비를 줄이고 비용 대비 효과를 높이는 방법을 통해 초기 스타트업의 실패 확률을 줄이는 방법을 안내할 것이다.

스타트업이 자금을 모으는 방법이나 자금을 얻는 대상에 대해서는 수없이 많은 기사, 웹 사이트, 책이 있으니 참고하라. 스타트업이 자금을 얻는 대상은 주로 친구, 가족, 군중 기금, 엔젤 투자자, 벤처 투자사, 기업 제휴사 등이다. 정부 보조금도 놓치지 말라. 정부 보조금은 신생 스타트업에 매우 유용한 금융 자원으로, 투자의 훌륭한 대체재다.[2] 미국 정부 웹 사이트(grants.gov)의 활용은 중소기업청SBA, Small Business Administration과 중소기업혁신연구SBIR, Small Business Innovation Research의 지원 정보를 찾는 첫 단계이다. 물리적 제품을 파는 회사는 다음의 방법으로 금융 자원을 추가로 확보할 수 있다.

- **장비 임대 구입**Equipment lease line 비즈니스 장비나 운송 차량을 한 번에 사는 비용을 아낄 수 있다. 보통 은행 상품과 결합된 형태로 제안된다. 나중의 지출이나 자금이 필요한 확장 단계를 대비해 쓸 수 있는 자금을 보존하는 데 매우 유용한 방안이다.

- **채권 매도**Factoring 제품을 구매한 고객이 비용을 나눠서 지불한다면 비용을 받을 수 있는 권한 자체를 팔 수 있다(예: 월별 청구서). 채권매입업자라 불리는 제3자는 할인된 가격에 채권을 산다. 빠르게 자금을 확보할 수 있는 방법이다.

- **판매자 금융**Vendor financing 회사에 필요한 고가의 장비를 파는 판매자가 자사 제품을 사는 비용을 빌려주는 것이다. 회사는 판매자가 빌려준 돈으로 고가의 장비를 살 수 있다.

---

2 한국에서 정부보조금과 관련된 모든 정보는 기업마당(http://www.bizinfo.go.kr)을 참조하면 된다. - 옮긴이

인적 자원을 간과하지 말라

인적 자원은 개인적인 조언가(상담가, 스승, 감독) 회사의 고문, 능력 있는 직원 3부류로 나누어진다.

스승, 감독, 상담가는 개인적인 경력의 진로에 대한 조언을 필요로 할 때 도움을 주는 사람이다. 특정 주제에 대해 배우고 싶다면 스승을 찾고, 특별한 기술을 연마하거나 목표를 달성하고 싶다면 감독을 영입한다. 더 현명해지고 진로에서의 발전을 원한다면 내게 관심을 갖고 상담을 해줄 만한 상담가를 찾아야 한다.

회사의 고문Advisors은 회사가 성공하는 데 필요한 사람이다. 창업가가 자신의 비전을 사실이라 맹목적으로 믿으면 실패하고 만다. 경험에 기반한 조언은 비전이 환상은 아닌지 깨닫는 데 도움을 준다. 자문 위원회를 만드는 것은 고객 개발 과정의 중요한 단계다. 충고를 얻는 인적 범위를 투자자 외의 구성원으로 확장할 수 있기 때문이다.

능력과 열망을 지닌 직원이 그저 좋은 아이디어와 수십억 달러짜리 회사간의 차이를 만든다. 회사의 성장에 전문 엔지니어나 개발자 수십 명이 필요하다면 어디서 어떻게 데려올 것인가? 회사의 위치, 도시는 세계적 수준의 인재가 모이는 곳인가? 인재가 부족하지는 않는가? 회사가 성장해 해외로 팀을 파견한다면 팀을 어떻게 선발해 어떻게 관리할 것인가? 전문화된 산업(예: 항공전자공학, 반도체 설계, 생명공학)의 경우 구성원을 빠르게 확보하는 게 더 중요하다. 회사가 소규모 도시나 잘 알려지지 않은 지역에 있다면 인재를 영입하려고 주요 거점을 옮길 필요가 있다. 고용할 수 있는 인력이 부족한 지역이나 국가에 있다면 인력을 확보하기 위한 창의적 발상이 필요할 수도 있다. 현재 필요한 인력 자원을 파악한 뒤, 2~3년 후에도 계속 더 필요하게 될지 미리 파악해야 한다.

지적재산권도 핵심 자원이다

지적재산권은 경쟁사가 자사의 독창성을 도용하는 것을 막는 권리다. 개발 소스 코드, 제품 디자인, 설계, 공정, 공식과 같은 '핵심 기술'뿐 아니라 브랜드, 로고, 도메인도 지적재산권에 해당한다. 지적재산권을 활용해 비즈니스 절차, 노하우, 고객 정보, 제품 지침의 도용을 막을 수 있다. 음악, 책, 영상과 같은 콘텐츠도 보호할 수 있다. 일부는 자동으로 보호받을 수 있는 권리를 갖지만, 보통은 완전히 보호받을 수 있는 권리를 위해 등록, 지원, 증명 절차는 거치는 것이 권장되며 아예 의무사항인 경우도 있다.

상표권: 브랜드와 상표를 보호하는 권한으로, '혼란을 줄만큼 유사한' 상표나 로고의 사용을 막을 수 있다. 상표권 보호는 해당 상표를 쓰는 기간 내내 지속되며, 오래 사용할수록 상표권의 힘도 커진다. 상표권 등록은 선택사항이지만 권한을 인정받는 경우의 이점이 많다.

저작권Copyright: 저작자의 창작물을 보호하는 권한으로 보통 음악, 책, 영화, 사진 등의 권리를 보호한다. 타인의 복제, 배포, 2차적 가공을 막을 수 있다. 하지만 창작물로 '표현된' 생각은 보호하지만, 창작물 안에 담긴 생각까지는 보호할 수 없다. 창작물이 소프트웨어라면 시스템과 개발 소스코드를 훔치거나 재판매하는 것을 막을 수 있다. 저작권 보호는 사실상 영원히 지속된다. 저작권 등록은 선택사항이지만 침해당했을 때 고소하려면 저작권이 필요하다.

지적재산권의 형태

지적재산권 종류	보호 범위	예
상표권	브랜드(예: 나이키 로고)	상표, 로고, 표어
저작권	창작물과 저작물의 표현 (표현되지 않은 생각은 보호하지 못함)	소프트웨어, 음악, 영화, 웹 사이트 정보
기업 비밀	경제적 가치를 가진 비밀 (예: 코카콜라 제조법)	비공개 기술, 고객 명단, 공식
계약, 기밀유지협약	계약에 명시한 것	기술, 비즈니스 정보
특허권	발명한 대상	신기술

표 4.5 지적재산권의 형태

계약Contract: 법정에서의 법적 구속력을 갖는 합의로 공식적인 절차나 규정은 없다. 계약서에 명시한 내용이 인정 받을 수 있는 권리가 된다(기밀유지에 관련된 조항이 포함된 경우 기밀 정보를 보호할 수 있는 권리를 갖는다). 계약의 보호는 계약에 명시한 기간 동안 유효하다.

특허권Patents: 정부가 인정하는 독점권으로 다른 사람의 제조, 사용, 판매를 막는 권한이다. 의도치 않은 우발적 침해까지 보호할 수 있다.

회로, 하드웨어, 소프트웨어, 알고리즘, 공식, 디자인, 사용자 인터페이스, 어플리케이션, 시스템 등 거의 모든 것이 특허의 대상이 될 수 있지만, 과학 법칙이나 수학적 알고리즘은 특허로 인정받지 못할 수 있다. 특허로 인정받으려면 발명품이 '비자명성'nonobvious을 갖고 있어야 한다. 비자명성을 갖으려면 원래의 선행 기술이 가진 문제를 밝히고, 해당 문제를 새 발명품이 개선했음이 분명해야 하며, 먼저 등록해야만 한다. 미국의 경우 제품을 판매하거나 대중에게 공표해 알려진 후 1년 이내에 특허를 등록해야만 인정받을 수 있다. 특허 출원 시 발명에 대한 세부 사항을 반드시 명시해야 한다. 세부 사항에 기술된 설명을 보고 다른 누군가가 똑같이 할 수 있어야 하며, 핵심 기법과 기술의 '최적실시예Best mode'를 알려야 한다. 더불어 지금까지의 모든 선행 기술과 기존 해법에 대한 내용도 있어야 한다.

특허권은 보통 15~20년까지 유효하며, 등록 시 공식적인 지원 절차와 심사 과정을 거친다. 특허 출원에는 2~5만 달러가 소요되며, 출원까지 1~4년이 소요된다. 특허 출원 자체로 투자자의 관심을 끌 수도 있다(일반 특허의 대안으로 '임시 특허'를 신청하기도 한다. 임시 특허로 발명을 먼저 등록해두면 특허 출원 중임을 증빙할 수 있다. 임시 특허는 특허사무소에 가면 일반 특허에 비해 빠르고 저렴하게 등록할 수 있다. 하지만 1년 후에는 자동 만료되며, 임시 특허만으로는 특허의 효력이 없다. 그럼에도 등록 비용이 저렴하며 특허 출원 자체에 지장을 주지 않으므로 나름대로 해볼 만하다).

가치를 더하는 지적재산권

지적재산권은 회사의 자산이다. 따라서 지적재산권을 얻고 보호하며 활용해야 한다. 계획을 세울 때 참고할 질문은 다음과 같다.

- 시장의 핵심 경쟁자가 누구고, 핵심 기술은 무엇인가?
- 특허(혹은 임시 특허)에 필요한 가장 중요한 아이디어와 발명이 무엇인가? 가능한 빨리 출원하라.
- 가장 먼저 출원해야 할 특허가 무엇인가?

스타트업에서 하는 대표적인 지적재산권 실수 4가지

1. 창업가가 이전 고용주와의 관계를 청산하지 않았다.

   과거의 직장, 학교가 발명에 대한 소유권을 갖고 있거나 주장할 수 있는가? 그렇다면 굉장히 불리하다. 스타트업은 법적 절차를 밟을 자원과 시간이 부족한 경우가 대부분이다. 대기업이나 학교는 소송으로 위협할 것이고 결국 아무 것도 건질 수 없다. 실제 현실로 닥치면 해줄 말은 이것뿐이다 '부디 좋게 생각하라'.

2. 지적재산권의 소유권을 증명하지 못했다.

   지적재산권을 위한 분명하고 잘 정리된 짜임새 있는 문서를 쓰는 데는 시간이 오래 걸린다(실험일지 작성을 떠올려 보라). 특정 업체와 계약을 체결하는 경우 계약서에 업무 범위를 명확히 정의해야 한다. 고용인의 발명에 대한 권리를 확인하라(반대로 하청을 맡기거나 친구와 일할 때도 마찬가지다. 계약을 분명히 하라).

3. 발명을 공개한 뒤 시간이 지체되어 특허권 제출 기한을 놓쳤다.

   미국의 경우, 아래 시점으로부터 1년이 지난 경우 특허에 대한 권리를 잃는다.

   - 출판의 형태로 공개한 경우(백서, 간행물, 총회 자료, 웹 사이트)
   - 미국에서 판매한 경우(판매 활동, 가격표, 가격 견적, 박람회 출품, 기밀유지협약을 거치지 않은 모든 형태의 시연, 미국 내 공개 사용)

   사실 해외 대부분의 국가에서는 1년의 유예기간조차 없다.

4. 스스로 지적재산권의 권한 위험을 감수했다.

막 고객을 확보하기 시작한 신생 스타트업이 핵심 시장, 해외 등에 대한 특수 권리를 넘기는 경우다(예: '최혜국대우' 조항, 경제적으로 유리한 이권). 이 경우 미래에 스타트업을 매각할 때 보유한 지적재산권의 가치를 떨어뜨릴 수 있다. 확보한 지적재산권의 양도, 이전, 포기가 불가능한 경우 아예 협상이 결렬될 수도 있다.

이외의 중요한 핵심 자원

회사의 성공에 반드시 필요한 핵심 외부 자원이 무엇인지 확인하라. 연예인에 대한 웹 사이트에는 연예계의 자극적인 소문이 계속 필요하다(이게 문제가 되면 안 된다). 마샤스튜어트닷컴(MarthaStewart.com)은 마샤스튜어트가 필요하다. 오버스톡닷컴(Overstock.com)이 좋은 질의 제품을 할인가에 구하지 못하면 실패할 것이다.

의존도 분석

회사의 의존도 분석은 다음의 질문에 답하는 과정이다. '우리가 제품을 대량으로 판매할 때 대응할 수 없는 위기는 무엇일까?' 예상치 못한 위기가 대응이 필요한 기술 환경적 변화일 수도 있다(모바일로 인터넷을 하고, 모든 집에 광통신망이 깔리고, 전기차가 대량으로 팔리는 등의 변화). 소비자의 생활양식이나 구매행태의 변화, 새 법안, 경제 상황 변화 등도 마찬가지다. 먼저 필요한 것이 무엇인지 파악하고(텔레팩시가 널리 사용되어야 한다고 하자), 언제까지 되어야 하는지 살펴라(2020년이 되면 10대들 사이에 텔레팩시가 유행해야 한다고 하자). 하지만 필요한 것이 제대로 갖춰지지 않으면 어떻게 할지 판단하라(제품은 텔레팩시 대신 인터넷을 활용할 것이다). 변화에 대응해 차선책을 택했을 때의 여파를 미리 파악하는 것도 중요하다.

모든 핵심 자원이 부족할 때의 대응 방안을 마련하고 원활한 수급 방안을 물색하라. 핵심 자원이 부족할 때의 위험성을 파악하고, 대안을 준비해 비즈니스 모델에 미치는 여파를 최소화 하는 것이 중요하다. 제휴사를 당황시키지 않도록 주의하라(이후 자세히 설명할 것이다).

[물리적] 제휴사 가설

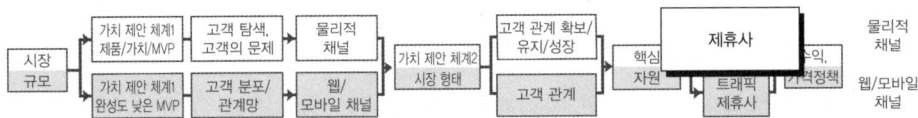

핵심 제휴사로부터 스타트업이 할 수 없거나, 하고 싶지 않은 능력, 제품, 서비스 등을 확보할 수 있다. 손전등의 배터리, 웹 사이트의 디자인 등이다. 대표적인 예로 애플과 아이팟을 꼽을 수 있다. 애플에게 음악을 만드는 음반사는 없지만 대신 아이튠즈가 있다. 아이팟과 아이튠즈는 하드웨어와 소프트웨어가 조합된 적절한 예다. 오늘날 두 제휴사는 강력한 비즈니스 모델이 됐다

핵심 제휴사 가설은 향후 회사에 필요한 핵심 제휴사와 가능한 '가치 교환'을 파악하는 것이다(예: 우리는 돈을 주고, 제휴사는 고객을 준다). 제휴는 전략적 동맹, 협조적 경쟁과 경쟁사 제휴, 신규 비즈니스를 위한 합작, 핵심 공급자 제휴 4종류로 구분된다.

제휴사 가설을 세울 때 스프레드시트의 3개 열에 다음의 요소를 정리하라. 1번째 열에는 목표 제휴사를 가장 좋은 후보부터 대안 후보까지 나열하고, 2번째 열에는 제휴사에게 무엇을 얻을 것인지, 3번째 열에는 우리는 뭘 줄 수 있는지를 쓴다. 3번째 열에 금전적 액수만 계속 나와도 불안해하지 말라. 스타트업에게는 매우 일반적인 상황이다. 특히 초기 스타트업이라면 말할 것도 없다.

전략적 동맹Strategic alliances은 일반적으로 경쟁 관계가 없는 회사간에 이뤄진다. 스타트업이 제품이나 서비스를 만들고 공급하는 데 필요한 일을 줄일 수 있다. 물리적 제품의 경우 전략적 동맹을 맺은 제휴사가 제품 교육, 설치, 서비스를 제공하고 제품 주변장치, 장신구 판매까지 모두 제공할 수 있다. 제품이 스타트업의 브랜드로 판매되건, 제휴사의 브랜드로 판매되든지 동일하다. 다양한 산업 분야의 특화된 서비스 업체와 제휴할 수도 있다(법, 회계, 공학, IT 등). 전문 업체와의 서비스 제휴를 통해 시장 범위를 넓힐 수 있다. 전략적 동맹이 스타트업의 영향력을 확장하는 데도 활용된다. 스타트업이 판매나 서비스를 제공할 수 없던 지역까지

진출할 수 있다.

신규 비즈니스를 위한 합작Joint new business은 일반적으로 스타트업이 성장한 이후에 이뤄지지만, 스타트업이 고유의 정체성과 브랜드를 확립한 시기의 결정인 만큼 매우 중요하다. 델과 HP는 다른 업체가 만든 소프트웨어와 제품을 수없이 많이 판매했다. 하지만 중요 소비자의 수요를 확신한 뒤에야 판매를 시작했다. 신규 비즈니스를 위한 합작은 장기적 관점의 투자이자, 고객 발굴 과정의 일부로 여겨야 한다.

협조적 경쟁Coopetition 역시 스타트업이 성장한 뒤에 이뤄지는 게 일반적이다. 직접적인 경쟁사와 수익을 나누거나 시장 강화를 위해 제휴하는 형태다. 뉴욕의 '패션위크'는 유명 패션 기업 간 협조적 경쟁의 좋은 예다. 항상 치열한 경쟁을 벌이지만, 패션위크는 예외다. 일정을 맞춰 최고의 고객들이 핵심 전시를 모두 볼 수 있게 한다. 맥 OS의 마이크로소프트 워드는 아마 협조적 경쟁의 가장 확실한 예다. 물론 두 기업은 제품을 개발하고 내놓기 전부터 관계를 맺고 있었다.

핵심 공급자 제휴Key supplier relationships은 스타트업의 성패를 결정한다. 중국에 있는 애플의 제조 제휴사 폭스콘이 없었다면 아이폰 수백만 대가 생산될 수 있었을까? 양질의 체리 공급 없이 벤앤제리Ben & Jerry의 유명 아이스크림 체리가르시아Cherry Garcia가 존재할 수 있었을까? 모든 기업의 성공에는 공급자의 도움이 있다. 따라서 탄탄하고 유연한 제휴사 관계가 무엇보다 중요하다. 많은 스타트업의 제품 이면에는 다양한 분야의 외부 제휴가 따른다. 창고, 제품 제작, 인사, 인력, 수익, 회계 등 다양한 분야에 외주를 맡길 수 있다. 외부 조달은 공급자의 전문 기술을 활용해, 스타트업의 효율성을 높이고 비용을 절감하는 것이 목표다.

제휴사가 초기 스타트업에 필요한 배송 기한, 주문 수량, 지불 기한, 가격 등을 맞출 수 있는지, 고객의 수요에 맞춰 공급량을 빠르게 늘리거나 줄일 수 있는지를 살펴야 한다. 예상 핵심 공급자가 필요한 조건을 만족하는지 확인하라. 후에는 공급자를 직접 만나 수립한 가설을 검증하고, 여러분과 제휴사가 상호 이익이 될 수 있는 관계인지 확인할 것이다.

[웹/모바일] 트래픽 제휴사 가설

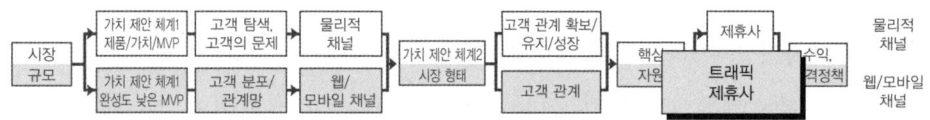

→ 물리적 채널의 제휴사가 4종류로 나뉘는 것처럼, 웹/모바일 스타트업의 중요 제휴사는 5종류로 나누어진다. 트래픽 제휴사는 다음의 방법으로 웹 사이트와 모바일 앱으로 사람을 이끄는 역할을 한다.

- 상호 추천과 교환
- 추천당 과금
- 텍스트링크, 사이트 내 홍보, 추천 사이트 광고
- 이메일 명부 교환

3단계에서 자세히 설명할 테지만, 트래픽 교환은 중요한 만큼 협상도 어렵다. 목표 제휴사에 대한 가설을 미리 세울 필요가 있다. 여러분이 무엇을 원하고, 대신 현금이나 현물 등 무엇을 줄 수 있는지 판단하라.

가끔은 제휴사가 스타트업의 생명줄이 된다. 다음의 예를 트래픽 제휴사와 비교하라.

- 징가는 온라인 게임계의 거대 기업이지만, 트래픽 제휴사인 페이스북에 과도하게 의존적이다. 팜빌과 같은 유명 게임 역시 페이스북에서만 할 수 있다. 트래픽 제휴사와의 제휴가 없다면 트래픽과 수익이 급감할 것이다
- 유튜브는 초기 트래픽의 대부분을 구글과의 제휴로 얻었고, 구글은 유튜브를 인수했다.
- 세일즈포스닷컴은 앱익스체인지로부터 트래픽을 얻고, 웹/모바일 판매와 CRM 애플리케이션으로 수익을 낸다.
- 모바일 앱은 대부분의 트래픽을 인터넷 제휴사로부터 얻는다.
- 틈새 콘텐츠 유통 사이트는 보통 자신과 비슷한 제휴사와 제휴한다.

다른 형태의 제휴사: 웹/모바일 채널만의 독특한 제휴사도 굉장히 중요하다. 가령 애플 앱스토어, 구글마켓은 모바일 앱에서 매우 중요한 제휴사다. 앱의 주요 채널이기 때문이다(채널 관련 장에서 더 자세히 배울 것이다).

어떻게 동작하고, 얼마나 협조하는지, 비용이 어느 정도인지 파악해야 한다. 신용카드 결제 문제도 간과해서는 안 된다. 웹 콘텐츠, 소셜네트워크, 게임, 전자상거래 비즈니스(특히 웹/모바일 제품을 파는 경우)는 의심의 눈초리를 받는 경우가 많다. 비양심적인 업체로 인해 관련 사고가 여러 번 발생했기 때문이다. 결과적으로 스타트업에는 더 엄격한 규정이 적용될 때가 많다.

스타트업의 초기 단계와 이후에 필요한 트래픽 제휴사를 파악해야 한다. 반드시 필요한지, 확보하면 좋은지 판단해 우선 순위대로 나열하라. 이후 3단계에서는 예상 제휴사와 직접 만날 것이다. 제휴에 관심이 있다면 같이 성공하고자 무엇을 원하는지 알아야 한다.

수익과 가격 가설

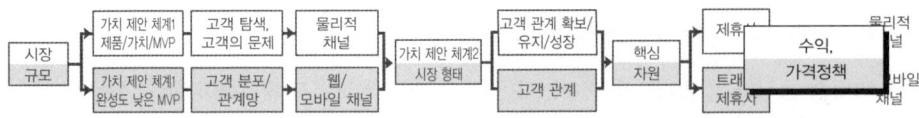

수익과 가격 가설을 세우는 것은 아마 가장 어려운 단계일 것이다. 하지만 그만큼 중요하다. 비즈니스 모델의 경제적 부분을 책임지기 때문이다. 4개 질문을 만족하는 단순 명료한 수익과 가격 가설을 세워야 한다.

1. 얼마나 팔 수 있는가?
2. 수익 모델이 무엇인가?
3. 가격을 얼마로 책정할 것인가?
4. 비즈니스를 지속할 만큼의 수익을 낼 수 있는가?

		채널 종류	
		웹 채널	물리적 채널
제품 종류	데이터 제품	• 부분 유료화 • 고객 이메일 내역 대여 • SAAS 판매 • 상위제품판매 • 부가 수익	• 제품 • 구독 • 추천 • 부가 서비스 • 상위제품판매
	물리적 제품	• 상위제품판매 • 고객 이메일 내역 • 서비스 보증 • 서비스 • 부가 수익	• 제품 • 임대 • 서비스 • 상위제품판매/후속제품판매 • 추천

그림 4.22 수익 공급원

일부 방법은 채널 종류에 따라 상이하지만, 회사의 수익을 검토하는 과정 자체는 같다. 좋은 소식은 이미 수익과 가격 가설 수립을 거의 다 마쳤다는 점이다.

질문 1: 얼마나 팔 수 있는가?

물리적 채널에서 회사는 제품을 팔아 수익을 낸다. 단일 판매로 수익을 내는 경우도 있고, 시간당 이용료, 임대나 구독과 같은 결제 방식을 도입하는 경우도 있다. 확보한 고객의 추천을 독려하기도 한다. 다른 고객을 데려오면 보상을 주는 경우가 많다.

앞에서 수립한 가설로부터 수익 흐름의 요소를 살펴야 한다.

- 시장 규모와 점유율에 대한 가설을 세워 예상 고객 수를 계산하라(100만 명의 사용자가 있는 시장의 10%를 점유하면 10만 명의 고객을 확보할 수 있다).
- 채널 가설을 세워 채널의 잠재 규모와 구축 비용을 파악하라.
- 판매에 드는 채널 비용을 반드시 고려하라(차감 필수). 채널 비용이 원래의 예상보다 훨씬 클 수 있다. 게다가 회사가 실제로 측정하고 얻을 수 있는 순수익 역시 제품 판매 금액에서 채널 비용을 제한 금액이다(열성적인 기업가는 채널 비용을 미처 고려하지 않는 실수를 자주 한다).

→ 질문 2: 수익 모델이 무엇인가?

웹/모바일 제품은 물리적 제품에 비해 폭넓은 잠재 수익원을 갖고 있다(물리적 제품은 제품 판매가 주요 수익원이다). 웹/모바일 제품의 직접 수익원 중 검토와 추정이 필요한 것은 다음과 같다.

- **판매(Sales)** 제품, 앱, 서비스를 판매한다. 대부분의 웹/모바일 스타트업의 주 수입원이다. 후속 판매를 염두에 둔 단일 판매로 이뤄지는 게 일반적이다.
- **구독(Subscriptions)** 소프트웨어, 게임, 이외의 온라인 제품 등은 월 구독 방식으로 판매된다.
- **건당 과금(Pay-per-use)** 일부 웹 제품(여행 사이트나 이베이가 대표적인 예다)은 '이용 건수'에 기반해 수익을 낸다. 구독 방식의 서비스나 대량 구매 시 할인 등을 제공하는 경우도 있다.

이외의 웹/모바일 수익원은 다음과 같다.

- **추천 수익(Referral revenue)** 다른 웹/모바일 사이트나 제품에 트래픽과 고객을 유입시키고 비용을 받는다
- **제휴 수익 또는 수익 배분(revenue sharing)** 특정 사이트(보통 전자상거래 사이트)로 고객을 유입시켜 고객이 구매하면 중계료나 판매 수수료를 받는다
- **고객 이메일 명부 대여(E-mail list rentals)** 구독과 회원제 사이트에서 자사 고객의 이메일 명부를 엄선된 광고 제휴사에게 제공해 수익을 낸다.
- **백엔드 판매(Back-end offers)** 다른 회사에게 가입과 결제 단계의 시스템과 같은 부가 서비스를 판매한다.

광고 판매의 주요한 규칙 2개는 다음과 같다. 첫 번째는 독특하고 드물며 찾기 어려운 사용자일수록 마케터가 더 많은 돈을 쓴다는 사실이다. 비행기 조종사나 경비행기로 여행을 하는 사람은 보통의 '여행자'보다 훨씬 가치 있다. 마찬가지로 보통의 10대보다 '활동적인 온라인 게임 사용자'의 가치가 훨씬 높다.

두 번째는 적은 사용자에게 관심을 보이는 마케터와 광고주는 거의 없다. 제품과 사이트가 언젠가는 막대한 사용자를 모을 수 있다 한들, 탐색, 계약, 기록에 드는 '마찰' 비용을 고려하면 광고가 도달할 수 있는 사용자는 수천에 불과하다. 이 경우 광고주에게는 아무 가치가 없다. 수익 모델을 찾는 동시에 잠재 수익원과 예상 수익에 미치는 요인을 함께 검토하라.

질문 3: 가격을 얼마로 책정할 것인가?

이 질문은 2가지 측면을 모두 고려해야 한다. 첫째는 비즈니스를 하는 데 드는 비용이다. 특히 물리적 제품에게는 훨씬 중요한 측면이다. 콩 통조림이나 송전탑을 판다면 부품, 조립, 포장, 배송 등의 소요 비용을 명확하게 측정할 수 있을 것이다.

B2B나 일부 소비재의 경우 보증 정책 등의 운영 비용을 고려해야 한다(임대료가 높고, 직원이 많고, 전기료를 많이 쓴다면 제품 비용을 높이는 요인이 된다).

두 번째 측면은 실제로 비용을 책정하는 것이다. 간단하다. '얼마입니까?'에 대한 답을 내놓으면 된다. 후에 책정한 가격에 대한 가설에 대해 살펴볼 테지만, 그

전에 먼저 해야 할 것들이 있다.

시장 유형, 제조 비용, 제품이 주는 가치, 시장에서의 신뢰도, 경쟁사 제품의 가격을 고려해야만 훌륭한 가격 정책을 세울 수 있다. '시장이 감당할 수 있는 한도' 내에서 최대 이윤을 얻는 가격 책정이 필요하다. 최적의 결과를 내고자 경쟁사 제품의 가격에 대한 충분한 이해도 필요하다.

→ 웹/모바일 채널에서 가격은 더 널리 공개되어 인터넷에서 얼마든지 찾을 수 있다. 따라서 경쟁사 제품의 가격을 주시할 필요가 있다.

스타트업은 다양한 가격 모델 중 하나를 선택할 수 있다. 널리 쓰이는 가격 모델은 다음과 같다.

- **가치 기반 책정**Value pricing 제품의 원가가 아닌 제품이 주는 가치에 기반해 가격을 책정하는 방법이다. 투자와 회계 소프트웨어, 차별화된 특허 제품, 약품 등이 이 방법으로 이윤을 최대화한다.
- **경쟁 가격 책정**Competitive pricing 타 제품에 맞춰 가격을 책정한다. 기존 시장에서 주로 쓰는 방법이다.
- **대량 가격 책정**Volume pricing 여러 개를 한 번에 구매하거나 다수의 사용자를 위한 정책이다. 사무 용품에서 SaaS 소프트웨어까지 다양한 곳에서 쓴다.[3]
- **정찰 가격 책정**Portfolio pricing 다양한 제품과 서비스를 가진 회사에서 사용한다. 원가와 기능에 맞춰 제품 가격을 차별화한다. 총 이윤을 극대화하는 것이 정찰 가격 책정의 목표다. 일부 제품은 높은 이윤을 남기고, 일부 제품은 낮은 이윤을 남긴다. 각 제품은 경쟁사 제품에 대응하면서 고객을 유치한다. 제품에 따라 특화된 가치를 제공하면서 충성 고객을 배려하기 위함이다.

---

3 SaaS 소프트웨어는 클라우드 기반의 소프트웨어를 제공한다. – 옮긴이

- **면도기/면도기 칼날 방식**The "razor/razor blade" model 제품의 일부를 무료거나 저렴한 가격에 판매한다. 하지만 이윤이 높은 제품의 추가 구매를 지속적으로 이끌어 낼 수 있다(잉크젯 프린터의 가격과 잉크의 가격을 생각해보라). 초기 비용 때문에 스타트업에서는 어려운 방법이다.
- **구독**Subscription 요즘은 소프트웨어에서도 쓰는 방식이나 월간 잡지와 같은 물리적 제품에서 익숙한 방법이다.
- **임대**Leasing 고객의 도입 비용을 줄일 수 있다. 수년에 걸쳐 지속적인 수익을 얻을 수 있는 방법이다.
- **제품 기반 가격 책정**Product-based pricing 제품의 원가에 기반해 가격을 책정하는 방법이다. 물리적 제품에서 널리 사용된다(보통 판매량 대비 이윤을 최대화할 수 있는 가격을 책정한다).

➡ 웹/모바일 제품은 물리적 제품의 가격 결정 방식과 굉장히 다르다. 웹/모바일 제품은 새 고객을 들이는 비용이 거의 없기 때문이다. 가령 온라인 게임의 앱 고객이 50명 증가해도 시스템 비용은 거의 들지 않는다.

B2B 가격 책정의 2가지 문제

소유/도입 비용 총계TCO, Total Cost of Ownership/Adoption: 기업으로의 판매는 개인에게 판매하는 것보다 고려할 사항이 많다. 다음은 기업용 제품이 고려할 질문의 예다. 소프트웨어 구동을 위해 새 컴퓨터를 사야 하는가? 제품 사용을 위해 교육이 필요한가? 필요한 물리적, 조직적 변화가 있는가? 회사 전체로 전파하는 데 드는 비용은 얼마인가? 반면 개인용 제품의 경우 제품의 '도입 비용'을 고객의 요구상과 비교하면 된다. 고객이 자신의 생활 양식을 바꾸기를 원하는가? 고객이 스스로의 구매와 이용 행태 일부분의 변화를 원하는가? 고객이 현재 쓰는 제품을 집어 던지고 싶은 충동을 느끼지 않는가?

투자수익률ROI, Return On Investment: 기업에 판매할 제품의 가격을 책정할 때 회사는 제품의 가격이 그만한 가치가 있음을 증명하거나 '좋은 거래'라고 생각하게 만들어야 한다. 제품에 지불하는 가격보다 제품에서 얻는 투자수익률이 더 커야 한다. 기업은 개인보다 투자수익률에 더 민감하다. 거래의 규모가 크고 고려할 사항이 많기 때문이다. 투자수익률은 문제 해결, 생산성, 시간 단축, 비용과 자원 절감 같은 목표에 대한 고객의 기대 수준을 나타낸다. 반면 개인 고객은 현 상황이나 형식의 변화 정도만을 기대하는 데 그친다. 그저 단순한 재미를 쫓는 경우도 있다.

기업에 판매할 때는 고객과의 첫 회의 전에 미리 투자수익률 가설을 세워둬야 한다(제품 백서의 주제로 적합하다). 제품이 충분한 투자수익률을 보장하지 못한다면 판매가 성사되기 어렵다. 가령 5만 달러의 로봇 청소 시스템이 연간 5천 달러의 청소 위탁을 대체하기는 정말 어려울 것이다. 소유/도입 비용 총계(유지비, 전기료, 부품 등)를 생각하면 더욱 그렇다. 소유/도입 비용 총계를 고려하는 것도 투자수익률 계산의 한 부분이다.

질문 4: 비즈니스를 지속할 만큼의 수익을 낼 수 있는가?

이 질문에 답하려면 평균 판매가에 제품 전체 총량을 곱해야 한다. 하지만 아직은 정확한 계산이 필요한 단계는 아니다. 명심할 것은 고객 발굴의 목표가 비즈니스 모델을 개선하는 데 있다는 사실이다. 충분히 검증된 비즈니스 모델은 더 큰 규모의 고객에게 테스트하는 고객 검증 단계를 거치게 된다. 따라서 고객 발굴 단계에서는 총 매출, 전체 고정비와 변동비를 가늠하고, 다음 항목을 미리 추정해야 한다.

- 수익이 초기 비용을 감당할 수 있는가?
- 수익이 느는데, 지나치게 오랜 시간이 걸리지 않는가?
- 매출이 늘면 수익성이 향상되는가?

다시 강조하지만, 지금 단계에서는 대략적이고 간단한 계산만 필요하다. 고객 발굴 단계에서 발견한 사실을 고객 검증 단계로 가져갈 준비가 되었는지를 판단하는 단계다. 실제로 실행하는 때가 아니다.

> ✦ 웹/모바일 시장은 다면 시장인 경우가 많다.

→ 단일이나 다면 시장이 재무에 끼치는 영향

물리적 제품을 만드는 회사의 대부분은 '단일 시장'이다. 회사가 만든 제품을 구매한 사람만이 제품의 고객이 된다.

웹/모바일 시장은 다면 시장인 경우가 많다. 따라서 많은 웹/모바일 스타트업이 막대한 사용자, 방문 수, 클릭 수를 끌어 모을 계획을 먼저 세우고, 수익 모델은 나중에 찾는다. 이런 형태는 이후 다면 시장이 될 가능성이 크다.

다면 시장은 상이한 비즈니스 모델을 가진 여러 시장으로 이뤄진다. 각 시장에 따라 가치 제안, 고객 세그먼트, 고객 관계, 수익 흐름과 같은 비즈니스 모델의 요소가 상이한 것이 일반적이다.

시장의 측면에서 사용자는 돈보다 방문 수, 페이지 열람 수, 유입 경로, 체류 시간 등으로 측정한다. 시장의 다른 측면에도 고객이 존재한다. 고객은 사용자에게 닿기 위해 비용을 지불하는 광고주로 구성된다. 수억 명의 페이스북 사용자는 무료 소셜네트워크 서비스를 이용한다고 생각한다. 하지만 페이스북은 전혀 다른 고객 세그먼트인 광고주로부터 돈을 번다. 별도의 채널에서 전혀 다른 가치 제안을 갖는다(직접 광고 판매와 자동화된 온라인 광고 서비스).

지금 바로 다면 시장의 고객 유형인 구매자에 대한 수익 모델을 계산하라. 광고주가 스타트업의 사용자에게 닿기 위해 기꺼이 비용을 지불할 법한 이유를 깨닫는 것은 비즈니스 모델의 필수 요소다.

하지만 자원이 제한적임을 명심해야 한다. 하나씩 집중해 가장 큰 수익원에 초점을 맞춘다. 제대로 커지기 전에 다음 수익원에 집중하면 역량이 분산된다.

추가로 고려할 수익상의 문제 2가지

유통 채널이 수익 흐름에 영향을 미친다. 판매 부서에서 제품을 직접 파는 경우 수익 계산은 쉽다. 제품의 정가에서 고객에게 제공한 할인액만큼 빼면 그만이다. 하지만 간접 판매를 하는 경우는 수익 계산이 어려워진다. 월마트에서 제품을 팔면 좋지만, 대부분의 소매 채널이 '반품 권리'를 갖는다는 것도 고려해야 한다(제품이 팔리지 않으면 제품을 다시 수거해야 한다). OEM 제품도 비슷하다. 제품을 대폭 할인하는 데다 제품이 팔리기 전까지 수익을 얻을 수 없다면 OEM 제품을 팔고 싶은가?

고객생애가치 고려: 고객은 결국 얼마를 지불할 것인가? 고객생애가치는 최초의 구매가 아니라, 고객이 회사와 관계를 맺는 동안 쓰는 전체 비용을 뜻한다. 특히 SaaS 소프트웨어, 온라인 데이팅 사이트, 온라인 게임은 고객 생애가치를 고려한다. 가령 세일즈포스닷컴에 가입한 고객 중 일부가 한 달에 몇 달러를 쓴다. 하지만 분명한 것은 새 사용자를 끌어와 가입시키는 데는 몇 배의 비용이 든다. 이는 세일즈포스닷컴의 평균 구독료가 몇 달씩 유지되기 때문이다. 새 고객을 유치하는 것은 한 달에 쓰는 비용 대비 몇 배의 가치가 있다. 물론 회사로서는 최대한 오래 관계를 유지하고 수익을 내는 게 좋다(구독 계약을 맺은 일반적인 고객의 생애가치는 첫 번째 비용 납부 이후 끝나는 게 보통이다).

고객생애가치는 수익 흐름과 가격 정책에 큰 영향을 미친다. 온라인과 오프라인 제품 모두에 적용된다. 모두가 잡지나 신문 구독처럼 급격한 감소를 보이는 것은 아니다. 하지만 물리적 제품 중에도 체육관 등록처럼 일정 시점 이후 급격히 감소하는 구독 형태의 제품이 있다.

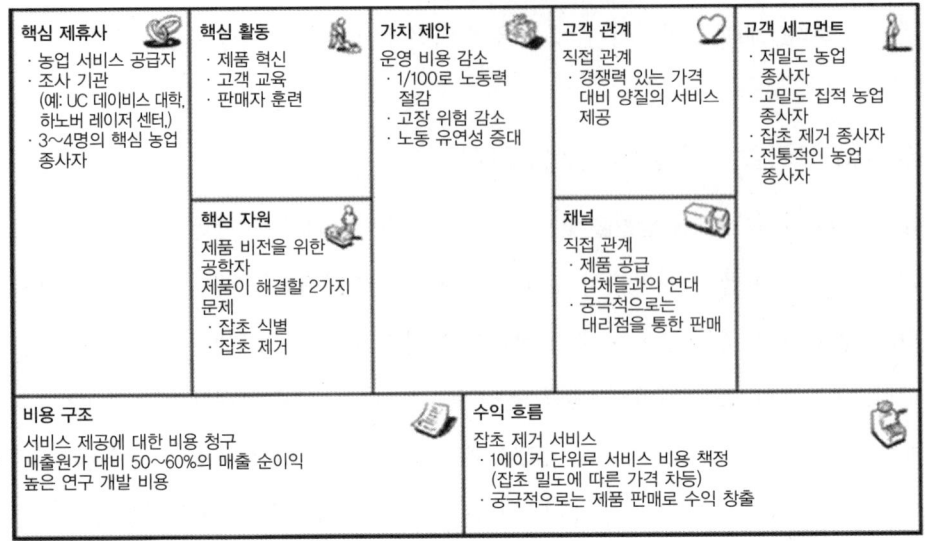

그림 4.23 비즈니스 모델 가설 최종안

수익 요소간 연계 가설

수익 흐름과 가격 정책은 가치 제안, 채널, 고객 관계 등의 비즈니스 모델 요소와 관련된다. 이는 여러 번 반복과 전환을 거칠 수 있다는 것을 의미한다. 수익 흐름 가설도 반복적으로 테스트해야 한다. 먼저 고객 발굴 단계에서 검증하고, 이후 고객 검증 단계에서 더 많은 고객에게 다시 테스트해야 한다. 완성된 수익 흐름 가설을 대상 고객을 늘려 재검증해야 하기 때문이다. 이 모든 것의 궁극적인 목표는 다음 질문의 답을 얻기 위해서다. '충분한 매출을 내고, 수익을 얻어 성장하면 시간과 자원을 투입할 가치가 있는 비즈니스가 될 수 있는가?'

최종 가설 수립 단계

이 단계는 사무실에서의 문서 작업만으로 이루어졌다. 이제 현장에 나가 잠재 고객이 무엇을 원하는지 파악하고, 초기 가설을 보완하고 개선해야 할 단계다. 하지만 그 전에 다음을 점검하라.

- 팀 구성원을 모두 모으고, 가장 최근에 만든 비즈니스 모델 캔버스와 보고서를 벽에 붙인다. 비즈니스 모델 캔버스 각 항목 옆에 관련 보고서 요약본을 붙이는 것도 잊지 마라.
- 전체 구성원이 비즈니스 모델의 가설을 살펴야 한다.
- 비즈니스 모델 캔버스를 둘러보고, 전체 보고서도 살펴본다. 팀 내 논의를 거치며 의견이 갈리고 논란이 생기는 부분에 집중하라.
- 창립자, 제품 개발팀, 엔지니어팀, 운영팀은 비용 추정을 재검토하고 조정한다.
- 초기 가설 수립 단계로 돌아와 혼란스러운 부분은 없는지 하나씩 다시 살핀다. 가령 판매 채널이 적절한지 검토할 때 다음의 질문을 던질 수도 있다. 가격을 고려했을 때 설치 서비스가 필요한가? 제품의 직간접적인 부분에 적절한 투자를 하는 소수 고객이 있는가?
- 모든 가설의 최종 버전을 재검토하고 합의한다.
- 비즈니스의 가설 요소와 비즈니스 모델 캔버스 9개 박스에 채운 내용이 부합하는지 확인한다.
- 비즈니스 모델을 적절히 개선한다.
- 추가 검토를 원한다면 부록 A를 참고한다.

이제 현장으로 나갈 시간이다. 고객과 사실은 모두 현장에 있다.

5장

고객 발굴 2단계:
문제를 알아내려면 현장으로 나가라, 관심을 보이는가

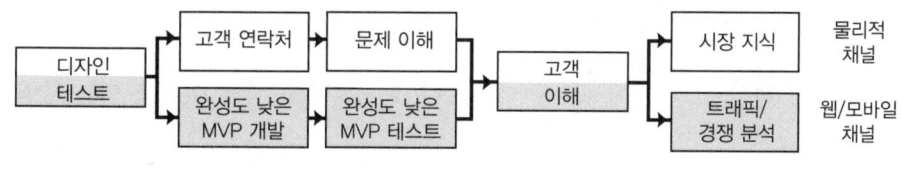

2단계에서 다음 3가지 질문에 대한 답과 질문을 테스트하려면 팀은 현장으로 나가야 한다.

- 정말 고객의 문제를 이해하고 있는가?
- 이 문제가 대형 사업이 될 만큼 수많은 사람들의 충분한 관심이 있는가?
- 친구들에게 이야기할 만큼 충분한 관심이 있는가?

6장 3단계에서는 문제점이 있다고 말하는 고객에게 제품이 강력한 솔루션을 제시할 수 있는지를 알아볼 것이다. 문제와 솔루션 관련 질문에 많은 사람이 "예"라고 대답한다면 제품과 시장이 일치하는 것이며, 고객 검증으로 이동할 시점이 된다.

➔ 이 문제 단계는 제품 개발 시간은 너무 짧고 피드백은 지나치게 빠른 웹/모바일 스타트업과의 차이점을 명확하게 한다. 문제 발견은 완성도가 낮은 MVP 웹 사이트나 모바일 앱(239페이지 설명 참조)의 개발에서 나타난다. 종종 파워포인트 다이어그램이나 단일 웹 페이지처럼 단순한 형태의 초기 MVP는 문제에 대한 즉각적인 의견을 수집하는 데 도움이 된다. 이후 솔루션은 완성도가 높은 MVP로 검증된다.

이 단계에서는 5개의 핵심 단계를 포함한다.

- 고객 테스트용 실험 설계
- 고객 연락처와 참여 준비
- 문제에 대한 고객의 이해도를 테스트하고 고객이 문제에 대해 느끼는 중요도를 평가
- 고객의 이해도 측정
- 경쟁자와 시장 지식 수집

이 단계를 진행할 때 2장의 고객 개발 선언문에서 기억해야 하는 핵심 원칙은 다음과 같다.

- 고객 발굴은 창업가가 한다.
- 가설을 검증하고자 실험과 테스트를 설계하라.
- 웹 설문 조사도 좋지만, 항상 고객과 대면으로 얻는 피드백과 연관시켜라. 이는 웹 비즈니스에서도 마찬가지다.
- 이 단계에서 고객 미팅은 고객이 제품을 좋아하는지를 알아보려는 것이 아니다. 고객들이 문제를 이해하고 있는지, 잠재 고객이 문제 해결의 긴급한 필요성이 있는지를 알아보는 것이다. 제품이 시장을 창출하기에 충분한 가치를 가지고 있다는 확신이 있을 때 제품 자체에 좀 더 초점을 맞추어야 한다.
- 초기 가설은 반복이나 전환에 대한 의견 없이는 거의 살아남지 못한다.

디자인 테스트와 통과/실패 실험

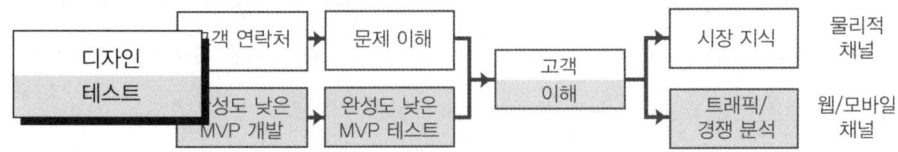

이 시점에서 1단계의 비즈니스 모델 가설은 여전히 '추측'에 불과하다. 이 단계에서는 현장으로 나가서 고객 앞에서 테스트하고 이러한 가설을 사실로 바꾸어야 한다.

여기에 시각화하는 쉬운 방법이 있다. 3개의 계층적인 비즈니스 모델을 생각하라.

맨 아래 계층은 스타트업의 초기 비전을 나타낸다. 두 번째 계층은 1단계에서 개발된 세부 가설에 대한 개요를 나타낸다. 세 번째 계층은 각 가설을 검증하고 측정하는 데 수행할 테스트를 보여준다. 이러한 테스트는 가설을 사실로 바꾸어 비즈니스 모델 검증과 측정을 한다.

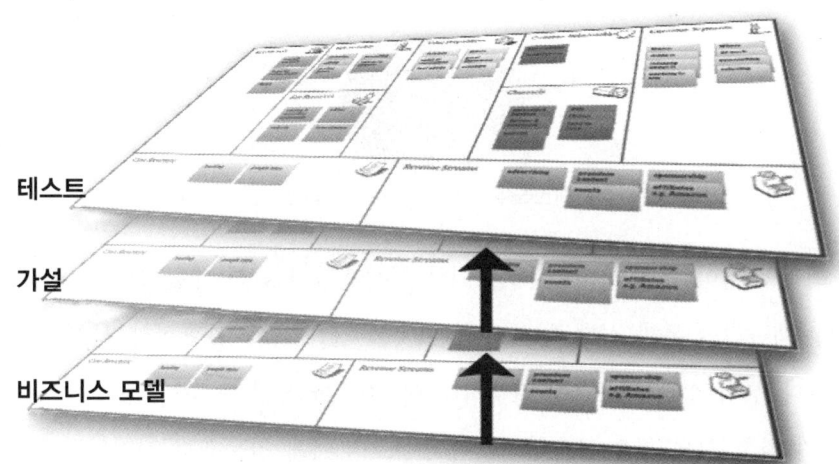

그림 5.1 비즈니스 모델, 가설, 테스트

그러나 테스트를 어떻게 수행할 것인가? 고객 개발 선언문의 여섯 번째 원칙에서 말하는 디자인 실험, 아홉 번째 원칙에서 말하는 빠른 속도와 박자, 짧은 순환 주기를 실행해야 한다. 따라서 비즈니스 모델 가설의 테스트를 수행하는 첫 번째 단계는 각 테스트에 대해 단순한 통과/실패 실험을 간략하게 디자인하는 것이다.

그 다음 테스트를 수행하고, 데이터를 수집한다. 이때 테스트를 통해 무언가를 배우려고만 하지 말고 몇 가지 통찰력을 얻을 수 있도록 노력해야 한다. 가설/실험/테스트/통찰력의 순환은 그림 5.2에서 볼 수 있다.

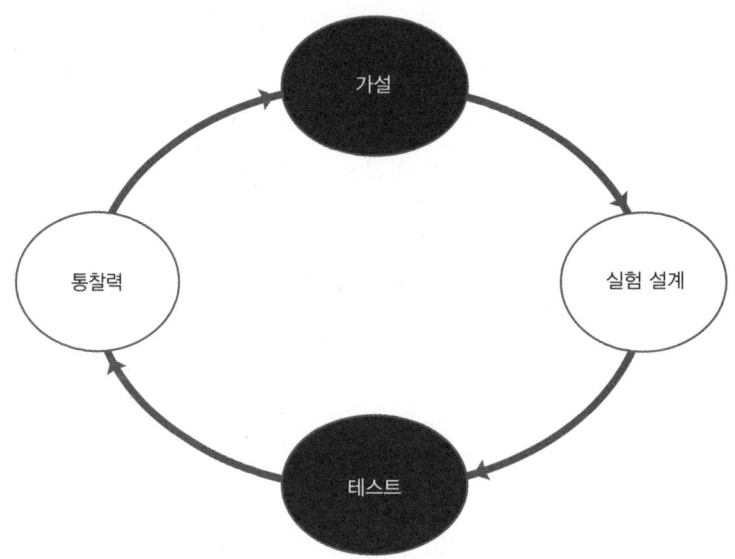

그림 5.2 가설, 실험 설계, 테스트, 통찰력

물리적 채널이나 웹/모바일 제품 여부에 상관없이 고객 개발 실험은 짧고 단순하며, 객관적인 통과/실패 테스트다. 이것은 잡음 속에서 확실한 신호를 찾는 것과 같다. 통과/실패 테스트는 진행하는 데 '충분한' 신호를 준다.

"내가 알고 싶은 것은 무엇인가?"라고 스스로에게 질문해서 시작한다. "알고 싶은 것을 알려고 수행해야 하는 가장 단순한 통과/실패 테스트는 무엇인가?"에 대한 답을 찾는다. 마지막으로 "이 단순한 테스트를 수행하려면 통과/실패 실험을 어떻게 디자인할 것인가?"를 생각해본다.

예를 들어 물리적 제품의 경우, 판매 전화를 10번 하면 이 중 3명은 실제로 구매를 고려한다고 고객 관계 가설을 세워볼 수 있다. 실험은 30명의 잠재 고객에게 동일한 프레젠테이션을 하고 9개 이상의 주문이나 편지 문의를 받으면 실험 '통과'로 간주하는 방법으로 매우 단순하다.

→ 고객 관계와 수익 모델에 대한 웹 비즈니스 모델 가설은 구글 애드워즈(Google AdWords)에서 1백만 달러를 지출해서 5백만 명의 고객을 확보할 수 있다고 가정할 수 있다. 통과/실패 실험은 "클릭당 20센트의 비용으로 구글 애드워즈를 사용하여 방문객을 확보할 수 있다고 믿는다"라는 명제의 형태를 취할 수 있다. 실험은 3개의 서로 다른 초기 페이지를 만들고, 각 페이지에 대해 구글 애드워즈에 500달러를 지불한 다음, 하루 걸러 (동일한 애드워즈를 사용하여) 각 랜딩 페이지를 연속적으로 테스트한다. 페이지당 2,500번의 클릭을 하면 '통과'로 여긴다. 이보다 적으면 가설은 실패다(이로부터 이끌어낼 수 있는 두 번째 테스트는 어떤 페이지가 가장 빠른 속도로 고객을 확보했는가 하는 것이다).

❖ 대개의 경우 가상 웹 페이지를 만들거나 데모, 프로토타입을 만들어서 가치 있는 정보를 얻을 수 있다.

테스트

기술 창업가를 혼동에 빠뜨리는 것 중 하나는 이러한 가설 테스트가 실제 코드, 하드웨어나 실제 제품이어야 한다는 생각이다. 대개의 경우 가상 웹 페이지를 만들거나 데모나 물리적 프로토타입을 만들어서 가치 있는 정보를 얻을 수 있다. 어떠한 경우에도 테스트는 큰 돈이나 엄청난 시간을 필요로 하지 않아야 한다. 처음 10명의 고객 중 4명으로부터 얻은 정보에서 강한 확신을 얻는다면 테스트를 중지하고 성공이라고 간주해도 좋다. 목표는 속도와 학습이며, 최댓값이지 극댓값을 찾는 것이 아니다.

최댓값은 무엇인가? 새롭고 멋진 주말 휴가 웹 사이트에 대해 3일간 무료 체험판을 제공한다고 가정해보자. 처음 3일간 첫째 날은 50명, 둘째 날은 60명, 셋째 날은 80명이 가입했다. "80명이라니, 훌륭해"라고 말하며 테스트를 종료할지도 모른다. 그러나 네 번째 날 놀랍게도 크게 성공할 수 있다. 이틀만 더 테스트를 수행했다면 '최댓값'이 500명이라는 것을 발견했을지도 모른다. 경험과 적절한 추측은 테스트를 수행할 기간에 대해서만 알려줄 수 있으며, 기간은 짧을수록 테스트에 용이하지만, 테스트 기간을 늘리면 최댓값에 도달할 수 있는 기회가 생길 수 있다는 점도 명심해야 한다.

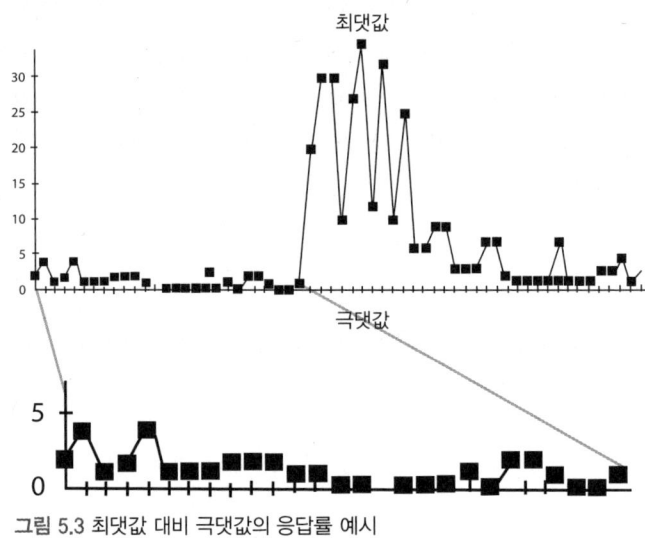

그림 5.3 최댓값 대비 극댓값의 응답률 예시

고객 검증 2단계와 3단계의 다음 단계에서는 웹/모바일 제품과 물리적 제품 모두에 대한 테스트를 설정하는 방법에 대한 세부 사항을 살펴본다.

통찰력

이러한 실험과 테스트의 목표는 단순히 고객 데이터를 수집하는 것이 아니다. 또한 통과/실패 실험에서 '통과'라는 결과를 얻기 위한 것도 아니다. 그러기를 바라기는 하지만 단순히 무언가를 학습하는 것도 아니다.

좀 더 심오하고 눈에 보이지 않는 것이며, 아직은 하나의 작품에 불과하지만 결국에는 기업가정신을 이끌어내는 것이다. '데이터를 연구하여 통찰력을 찾는 것'이 중요한 사실이다. 몇 번이고 계속해서 판매 전화를 하다가 나가떨어져 본 적이 있는가? "제품 X를 팔지 않아서 유감이군요. 그 제품이라면 많이 살 수 있거든요."라고 누군가 한 말을 기억할 것이다.

[물리적] 고객 연락처 준비

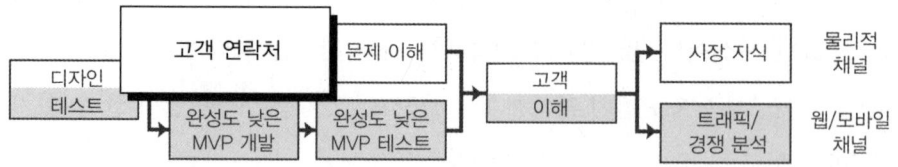

비즈니스 모델 가설을 검증하는 다음 단계는 안락한 사무실과 회의실의 테두리를 벗어나 지갑을 기꺼이 열어줄 사람들이 있는 현실 세계로 나아가 모험을 하는 것이다. 판매 대상이 대기업이든 일반 소비자이든 상관없이 구매에 우호적인 첫 번째 대상은 고객과 그들의 문제점에 대해 알려줄 사람이다. 이들이 고객이 된다면 더할 나위가 없다.

50명의 대상 고객으로 시작하라

이 단계에서 첫 번째는 매우 어려운 일이 될 것이다. 알지 못하는 잠재 고객에게 연락하고, 이들을 설득해서 시간을 가지고 직접 얼굴을 마주봐야 한다.

> ❖ 이 단계에서는 일류 회사나 높은 직책, '딱 들어맞는' 소비자는 흥미를 느끼지 않는다.

50명의 잠재 고객 목록을 수집하기 시작하여 아이디어 테스트를 시작할 수 있다. 50명의 이름은 매우 많은 인원 수로 보일지 모르지만, 이들과 매우 빠르게 접촉할 수 있다는 것을 곧 알게 된다. 이를 달성할 수 있는 확실한 방법은 매주 10명~15명의 고객과 꾸준히 접촉하는 것이다. 그리고 50명과 얼굴을 마주보고 얘기하려면 200명이 넘는 고객과 연락해야 한다. 이러한 고객 명단은 어디에 있는가? 평소 알고 지내는 사람부터 시작하는 것이 좋다. 그 다음 공동 창업가와 직원들의 주소록, 소셜네트워크 목록(페이스북, 구글플러스, 트위터, 링크인, 직쏘 등)을 살살이 뒤져서 목록을 확장한다. 친구, 투자자, 설립자, 변호사, 헤드헌터, 회계사로부터 가능한 한 모든 부탁을 해서 목록에 명단을 추가한다. 마지막으로 회의 참석자 명단, 거래처와 기타 생각할 수 있는 모든 출처를 사용한다.

판매 대상이 기업이라 할지라도, 지금 고객의 직책과 조직에서의 위치는 무관하다. 판매 대상이 일반 소비자인 경우에도, 그들이 현재 제품에 관심이 있는지 없는지는 중요하지 않다. 중요한 것은 그들로부터 무엇을 배울 것인가다. 이 단계에서는 일류 회사나 높은 직책, '딱 들어맞는' 소비자는 흥미를 느끼지 않는다. 고객 가설과 들어맞는 프로필과 그들의 시간을 기꺼이 내주어 호의를 보이는 사람을 찾아야 한다. 높은 위치의 경영진에게 지금 연락하는 것은 훌륭한 대상을 낭비하는 일이다. 검증되지 않은 추측 외에는 지금 말할 수 있는 아무런 아이디어가 없으며, 전화한 것을 곧 후회하게 될 것이다. 매주마다 변경되는 비즈니스 모델과 스토리를 마무리할 때까지는 기다려야 한다.

연락처 목록을 작성하는 것과 동시에 혁신가^{innovator} 목록 개발을 시작하라. 혁신가는 누구인가? 혁신가는 가장 혁신적인 회사 내의 부서나 업계에서 존경과 어떤 주제에 대해 앞서 나가는 영리하고 뛰어난 개인을 말한다. 소비자 제품의 경우, 조언이나 유행을 따라가려고 다른 사람이 참고하는 그룹의 사람들로 '신제품에 미치는 사람$^{gadget\ freaks}$'이 해당된다. 이 목록은 2가지 방법으로 사용할 수 있다. 첫 번째로, 새로운 아이디어를 '얻는' 것으로 알려진 공상가들을 찾아서 만나야 한다. 불행하게도 혁신에 대해 몇 사람들은 경청하고 새로운 것을 이해하려고 애쓰는 반면, 대부분의 사람은 회사 밖으로 내쫓아야 할 위험한 바이러스로 여긴다. 대화를 나눠볼 만한 사람은 많지 않다. 두 번째로, 혁신가 목록은 업계에서 영향력 있는 사람과 잠재적으로 자문 위원회 구성원으로 훌륭한 연락처 목록을 만들게 될 것이다.

모르는 사람에게 연락해본 적이 없다면 매우 어려운 일이겠지만, 연락 가능하도록 참고 사례$^{reference\ story}$를 신중하게 준비한다면 좀 더 쉽게 될 것이다.

참고 사례 발굴

고객 연락처를 만든 뒤 첫 번째로 할 일은 참고 사례를 찾는 것이다. 참고 사례는 해결하고자 하는 문제와 문제를 해결하는 중요한 이유, 구축하려는 솔루션을 강조한다. 참고 사례는 일반적으로 소개와 함께 시작한다. "주식회사 새로운 은행상품의 밥입니다. (도움이 될만한 이름)으로부터 당신에 대해 들었습니다. (해당 시장/업계)에서 가장 유명하신 분이라고 들었습니다."

이제 잠재 고객에게 연락한 이유를 설명한다. "저희는 상담원 연결 대기 시간이 긴 문제를 해결하기 위한 기업을 준비하고 있습니다. 즉시 응답 가능한 새로운 소프트웨어를 개발하고 있으며, 귀하에게 판매하기 위한 것은 아닙니다. 다만 20분 정도 시간을 내주셔서 상담원 연결 대기 시간 문제가 있는지, 있다면 상담원 문제를 어떻게 해결하는지 알아보고 싶습니다."

> ❖ 잠재 고객에게 접근할 수 있는 가장 좋은 방법은 동료의 소개다.

여러분의 연락처에는 무엇이 있는가? "이 문제에 대해 통찰력을 저희에게 줄 수 있을 것이라고 생각했습니다. 답례로 업계의 기술 방향에 대해 말씀드릴 수 있다면 좋겠습니다."라고 연습한 후 숨을 크게 내쉬고 연락한다.

명백하게 참고 사례를 다양하게 만들고 수정할 필요가 있지만 목표는 항상 동일하게 진행된다. 미팅 일정을 잡아라. 이메일로 할 수도 있지만 이는 매우 비효율적이다. 이론상으로는 매우 쉽게 들릴 수 있지만 전문적인 영업 사원이 아니라면 매우 어려운 일이다. 모르는 사람에게 전화하는 것을 좋아하는 사람은 없다. 고객 발굴을 처음으로 시도하는 사람은 전화기를 응시하고, 전화기 주변을 맴돌며 전화기를 들었다 결국 전화를 걸지 않은 채로 다시 내려놓는다. 하지만 결국에는 '이를 악물고' 전화를 해야 한다. 무엇을 알고 있는가? 잠재 고객에게서 "좋아요, 그게 바로 문제입니다. 대화하는 데 20분을 내드리죠. 화요일에 오시겠습니까?"과 같은 응답을 들을 때만큼 만족스러운 경험도 없다.

약속 잡기 프로세스 시작

다음 몇 가지 조언을 참고하자.

- 할 수만 있다면 잠재 고객에게 접근할 수 있는 가장 좋은 방법은 같은 회사에 근무하는 동료를 통하는 것이다. 소비자 제품의 경우 매우 어려운 과제일 수 있다. 모르는 사람에게 어떻게 연락할 것인가? 하지만 동일한 테크닉을 사용할 수 있다. 아는 사람으로부터 잠재 고객을 추천받는 것이다.
- 소개 이메일이나 링크드인, 트위터나 페이스북 메시지로 시작하라. 가급적이면 연락처를 준 사람부터 시작하라. 연락한 이유를 설명하고, 방문해서 나누는 시간 동안 고객에게 제공할 가치를 설명하라.
- "스티브 블랭크 씨가 꼭 연락해보라고 하셨습니다."처럼 추천해준 사람에 대해 언급하는 것으로 대화를 시작하라.
- 미팅이 판매를 위한 전화가 아니며, 업계에서 유명한 사람이 당신이라고 들었고 의견을 얻고 싶다고 말하라.
- 짧은 시간을 요청하라. "15분 정도 시간을 내주시면 좋겠습니다."(그럼 더 많은 시간을 얻게 될 것이다.)
- 제품이나 기능에 대해 말하지 말라. 고객의 문제나 시장, 제품 카테고리 내에서의 이슈, 응답자의 시간이 얼마나 소중하게 쓰일 수 있는지를 설명하고 이해하는 것을 목표로 한다.
- 때때로 가장 좋은 '미팅'은 편안한 것으로, 정보 교환만을 목적으로 하는 '긴장된' 티 타임이 철저하게 현실적인 판매 권유가 되어서는 안 된다. 고객은 편안하게 의견을 받아들이고 열린 대화를 해야 한다.

> ❖ 창업가가 저지르기 쉬운 실수 중 하나는 액션과 모션을 혼동하는 것이다.

이 단계에서 성공하는 회사는 종종 한 주를 통째로 미팅을 준비하는 데 할애하거나 적어도 몇 주를 미팅하는 데 쓴다. 성공을 위해 몇 년이라는 시간을 보내는 것과 비교했을 때 몇 주의 시간은 값비싼 대가는 아니다. 창업가가 달력에 채울 정도로 충분하게 미팅하려면 적어도 하루에 (미팅을 허락하는) 10명과 대화해야 한다.

이 단계에서 창업가들이 저지르기 쉬운 실수 중 하나는 액션Action과 모션Motion을 혼동하는 것이다. 모션은 이메일을 보내고 음성 메시지를 남기거나 링크인에 메모를 남기는 것이다. 액션은 양방향 대화이다. 따라서 10번 대화하려면 25번의 이메일, 음성 메시지, 트위터 등이 필요하다.

스케줄이 가득 찰 때까지 전화를 계속하고, 하루에 3명의 고객을 방문하라. 거절당하는 것에 익숙해져라. 하지만 "귀하가 바쁘신 중이시라면 어느 분께 연락드리면 좋겠습니까?"라고 항상 물어봐라. 적중률 통계를 사용하는 것은 도움이 된다(다른 사람들과 비교했을 때 결과가 더 좋았던 중요한 출처나 직책이 있는가?). 소비자 제품의 경우에도 동일한 접근 방법이 효과적이다. 경험에 근거한 규칙에 따르면 50번의 전화는 5번~10번의 방문과 동일하다. 현장으로 나가기 전에 대화의 첫 마디부터 결론에 이르기까지 전화하는 방법을 계획하고 연습하라.

약속된 일정에 대해 마스터 달력을 만들고 창업팀 구성원에게 각 고객을 할당한다. 지리학과 근접성, 실행 계획은 시간의 효율성에 영향을 미칠 수 있다. 가능한 한 모든 방문을 의미 있게 만들려면 해당 회사에 대해 사전 조사를 해라. 모든 고객이 모든 질문에 대해 신중하게 응답할 것이라든지, 필요성이나 문제의 모든 측면에 대해 유의미한 의견을 줄 수 있을 것이라고 기대하지 말아라. 대신 당신의 질문 목록에 대해 궁극적으로 깊이 있는 의견을 제공할 수 있도록 답변된 내용의 조각을 모을 수 있는 계획을 세워라.

[웹/모바일] 완성도 낮은 MVP 개발

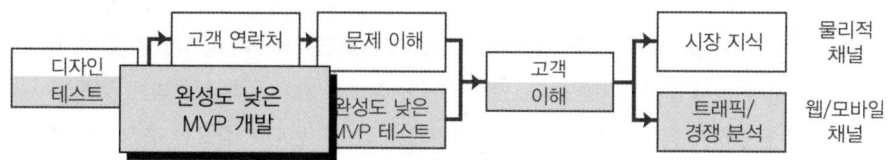

→ 웹/모바일 비즈니스 모델 가설을 검증하기 위한 테스트를 하려면 문제나 필요성에 대한 논의에 수천 명의 고객의 참여가 필요하다. 2개의 중요한 질문에 대한 답을 줄 수 있도록 완성도 낮은 최소한의 실행 가능한 제품을 개발해서 이를 수행할 수 있다. 고객의 문제나 필요성을 이해하고 있는가? 이해하고 있다면 많은 고객이 이 문제에 관심이 있는가?

완성도 낮은 이 MVP 테스트를 통해 회사가 해결할 문제나 필요성이 고객에게 시급한 문제인지를 알 수 있다. 이 단계에서는 완성도 낮은 MVP를 만들고 다음 단계에서는 실제 테스트를 수행하게 될 것이다.

완성도 낮은 MVP 전략

1단계(127페이지)에서 설명한 대로 완성도 낮은 MVP는 가치 제안, 혜택의 개요, 추가적인 학습을 위한 행동 지침, 짧은 설문 조사에 대한 응답이나 선주문으로 구성된 랜딩 페이지처럼 간단하게 나타난다. 또는 파워포인트를 사용하여 빠르게 웹 사이트 프로토타입을 작성하거나, 간단한 랜딩 페이지 제작 도구를 사용하여 만들 수 있다. 좀 더 경험이 많은 웹 개발자는 와이어 프레임 프로토타이핑 도구로 기능적인 UI를 구축하고 완성도 낮은 웹 사이트를 작동하게 만들 수 있다. 무엇이든 상관없이 이는 근사한 U/I, 로고나 애니메이션이 없는 매우 단순한 웹 사이트다.

고객의 필요성/문제에 대해 비전을 공유할 사람이 있다면 가능한 한 빨리 MVP를 작동하게 만들어라(회사 시작 후 몇 일 이내로). 다음과 같은 특징을 가진 완성도 낮은 웹 사이트로 시작한다.

- 문장이나 그림으로 문제의 심각성을 보여준다(귀하의 사무실 구조가 이렇게 생겼습니까?).
- 문제를 보여주고 사용자가 '자세한 정보를 원하면 등록'하도록 유도한다.
- 솔루션의 스크린샷을 보여준다(지불 방식은 다음과 같습니다).

유튜브 비디오 상영이나 문제에 대한 토의, 이슈에 대한 짧은 온라인 설문 조사나 방문자에게 의견을 묻는 블로그와 같은 기타 단순한 MVP 구성 요소도 고려한다.

다음 단계에서는 소비자를 초대해서 가능한 신중한 답변을 요구하고, 다음과 같이 할 수 있는 여러 가지 옵션을 제공한다. 먼저 자세한 정보를 알기 위해 등록하는 것과 마찬가지로 단순하게 응답을 요구하는 것부터 시작하라. 두 번째로 중요한 측정 방법은 방문자가 여러 친구에게 소문을 내는지 여부다. 이는 문제의 중요성이나 우선 순위, 새로운 온라인 게임에 대한 관심 등 방문자의 의견을 테스트하는 것이다.

세 번째 단계에서는 이메일이나 설문 조사 도구를 통해 더 구체적인 피드백을 받거나 새로운 제품이나 회사에 대해 의견을 구하는 전화를 받을 의향이 있는지를 묻는 것이다. 기억할 것은 방문자에게 여러 가지 행동을 요구할수록 응답할 확률이 점점 낮아진다는 것이다. 그러므로 MVP에서 눈에 잘 띄는 가장 단순하고 가장 기본적인 응답 메커니즘(예: 자세한 정보를 원하면 등록하시오)을 사용하라.

이 부분에서 나열된 도구는 예에 불과하다. 이들은 권장되거나 선호되는 것이 아니며 가능한 방식의 대표적인 사례일 뿐이다. 매일 새로운 도구가 등장한다. 여기까지 필요한 작업을 완료한 후, www.steveblank.com을 방문하여 최신 도구를 확인해라.

완성도 낮은 MVP를 만드는 방법

코드를 사용하지 않을 경우 다음과 같다.

- 파워포인트에서 빠른 프로토타입을 만들거나 Unbounce(랜딩 페이지), 구글 사이트, Weebly(웹 사이트&블로그), Godaddy(도메인&웹 사이트), WordPress(웹 사이트&CMS) 또는 Yola(웹 사이트)와 같은 무료(유료) 서비스를 사용한다.
- 설문 조사 및 사전 주문 형식의 경우, Wufoo(온라인설문)과 구글 양식을 사용하면 최소한의 코딩으로 웹 사이트에 쉽게 내장할 수 있다.

코드를 사용할 경우(UI 구축에 관한 팁)는 다음과 같다.

- 웹 사이트 와이어 프레임 프로토타이핑 도구(예: JustinMind, Balsamiq)를 선택한다.
- 99 Designs를 사용하면 콘테스트 형식을 사용하여 매우 저렴한 웹 디자인 작업과 '충분히 멋진' 그래픽 디자인을 만들 수 있다. Themeforest(WordPress용 테

마&디자인)에도 멋진 디자인이 많다.
- 와이어 프레임을 생성하고 완성도가 낮은 웹 사이트를 만들어 운영한다.
- 가짜 등록/주문 양식을 만들어서 고객의 관심도를 테스트한다. 또는 런치록(LaunchRock)이나 킥오프랩스(KickoffLabs)를 사용하여 '입소문형' 랜딩 페이지를 만들어 사용한다.
- 슬라이드쉐어(Slideshare)를 사용하여 사이트에 슬라이드 쇼를 웹페이지에 보여주거나 유튜브나 비메오(Vimeo)를 사용하여 비디오 감상을 보여준다.
- 유저 테스팅(User testing)이나 유저파이(Userfy)를 사용하여 UI 테스트를 수행한다.

그렇다고 해서 사용자 인터페이스의 중요성과 디자인의 장기적인 가치를 과소 평가해서는 안 된다. 때때로 친구나 친척들조차도 MVP가 너무 대충 만들어져서 만든 사람이 깊이가 전혀 없다고 여기며 불신의 눈으로 보는 경우가 있다. 하지만 이 단계의 목표는 사용자 인터페이스 완성도가 아니라 문제를 테스트하는 것이다. 테스트가 올바로 설계되었다면 온라인상 허구의 인물(sock-puppet)을 사용해서 진행을 완성할 수 있다.

여러 개의 MVP 사용을 고려하라

많은 스타트업 기업이 여러 문제를 테스트하려고 완성도가 낮은 여러 개의 웹 사이트를 개발한다. 예를 들어 간단한 온라인 계정 결제 패키지는 '빠른 결제(fastpay)', '쉬운 결제(zpay)', '융통성 있는 결제(flexipay)'의 3가지 다른 방법으로 테스트 할 수 있다. 각 방법은 서로 다른 세 개의 계정으로 결제 문제, 속도, 사용의 편의성과 융통성에 맞추어진다. 각 랜딩 페이지는 '사용의 편의성' 문제를 강조하는 것처럼 서로 다른 방법을 가진다.

예를 들어 문제에 대한 단순한 테스트처럼 각 URL에 대해 구글 애드워즈를 구매하고, 애드워즈 공간과 랜딩 페이지에서 문제를 3개의 서로 다른 방법으로 나타낸다. 그 다음에는 목록을 순환시켜서 정확히 3번에 한 번씩 구글에 노출되도록 한다(아무도 클릭하지 않는다면 이 장의 처음으로 돌아가라). 클릭 수가 가장 높게 나타나는 접근 방법은 무엇인가? 사용자 등록 수가 가장 많은 방법은 무엇인가? 추천이 가장 많은 것은 무엇인가?

다음 단계에서는 개발된 완성도 낮은 MVP를 구동하고 나서 무슨 일이 일어나는지 확인하게 될 것이다. 6장을 진행하기 전에 꼼꼼히 살펴보자.

[물리적] 문제의 이해와 중요도를 측정하여 평가한다

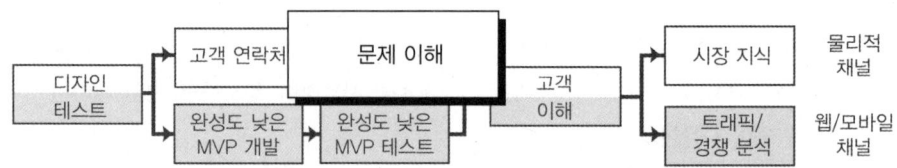

고객 미팅을 잡았다면 이제는 현장으로 나가서 고객의 눈으로 얼마나 심각하고 중요한 문제인지에 대한 열정이나 필요성을 알아볼 차례이다. 해결하고자 하는 문제는 '발등에 떨어진 불' 같이 급한 문제인지, 아니면 '언젠가' 해결되면 좋은 문제인지? 확실한 것은 이 문제 중 하나는 매우 큰 시장 기회를 제시한다는 점이다.

문제 프레젠테이션 개발

제품 프레젠테이션과는 다르게 문제 프레젠테이션은 고객으로부터 정보를 끌어내기 위해 디자인된다. 프레젠테이션은 고객의 문제와 고객이 현재 문제를 해결하는 방법의 가설을 요약한다. 또한 가정이 맞는지를 테스트할 수 있도록 몇 가지 잠재적인 솔루션을 제공한다. 프레젠테이션은 고객을 만날 때 사용할 수 있는 이야기의 주제가 된다. 다방면의 시장에서는 구매자와 판매자, 사용자와 결제하는 사람의 이슈가 서로 다르며, 이 경우 각 '주체'에 대해 프레젠테이션을 수행해야 할 수 있다.

> ❖ 제품 프레젠테이션과는 다르게 문제 프레젠테이션은 고객으로부터 정보를 끌어내기 위해 디자인된다.

문제 프레젠테이션을 개발하는 것은 비교적 쉽다. 고객의 문제와 솔루션에 대한 가설은 가치 제안 1단계의 가설에서 명확히 설명되었다. 다음과 같은 가정을 슬라이드에 삽입해라. 첫 번째 열에는 현재 알고 있는 문제를, 두 번째 열에는 현재의 솔루션을, 세 번째 열에는 제안하는 솔루션을 나열하는 단일 슬라이드 프레젠테이션으로 단순한 형태로 고려한다(그림 5.4 참조).

문제 목록	현재 솔루션	새로운 솔루션
1.	1.	1.
2.	2.	2.
3.	3.	3.

그림 5.4 고객 문제 프레젠테이션

여러분이 이 프레젠테이션을 사용할 일이 없기를 바란다. 목표는 여러분이 아니라 고객이 말하게 하는 것이다. 이것이 고객 개발에서 가장 큰 아이디어다. 문제 프레젠테이션의 실제 목표는 믿고 있는 가설을 확실히 하는 것이다. 하지만 기존의 회사와는 달리 옳다는 것을 설득시키려고 해서는 안 된다. 고객의 의견을 듣는 게 먼저다.

> 여러분이 말하지 말고 고객이 말하게 하라.

문제 미팅

슬라이드 준비를 끝냈다면 화이트보드를 사용하거나 테이블을 사이에 두고 간단하게 일대일로 프레젠테이션할 수 있도록 준비한다. 여기서 기억해야 할 것은 맥락에서 '프레젠테이션'은 실제로 고객의 반응을 이끌어내는 것을 의미한다는 것이다. 따라서 첫 번째 열에서 예상되는 문제 목록을 설명한 후 잠시 멈추고 고객의 의견을 물어라. 문제가 무엇이라고 생각하는지, 놓친 문제는 없는지, 문제의 우선 순위를 어떻게 매기는지, 반드시 해결되어야 하는 문제$^{must-solve}$와 해결되면 좋은 문제$^{nice-to-solve}$가 무엇인지 들어라. 이 문제를 해결할 수 있다면 무엇이라도 하겠다는 말을 고객으로부터 듣는다면 잭팟이 터질 조짐인 것이다.

프레젠테이션은 토론을 이끌어내야 한다. 대부분의 사람은 '듣기'를 기대하면서 회의실에 들어가며, 특히 누군가를 잠재적 판매인으로 여기는 경우에 그렇다. 슬라이드를 사용할 때는 적어도 슬라이드의 절반에서 '예/아니요'라는 답변 이상을 끌어내려고 '멈추는 시간'을 만들어야 한다. 더 좋은 것은 슬라이드를 사용하지 않고 한 두 장의 인쇄물을 준비하는 것이다. 다음과 같은 종류의 질문은 문제의 토론을 활발하게 만든다.

- "이러한 문제들이 업계가 당면한 5가지 중요한 문제라고 생각합니다. 귀하의 회사에 이러한 문제들이 영향을 미친다면 이 문제들의 우선 순위를 어떻게 매기시겠습니까?"
- "앞으로 1년 동안 (이 영역에서) 해결해야 할 3가지 중요한 문제가 있다면 무엇이며, 이 문제들이 왜 가장 중요한 문제입니까?"
- "새로운 제품에 대한 귀사의 평가는 어떻습니까?(가격, 성능, 기능 면에서)"

중요하다고 생각했던 이슈가 실제로는 중요하지 않다고 고객이 말한다면 어떻게 할 것인가? 실패했다고 느끼지 말고 훌륭한 데이터를 얻었다고 생각해라. 듣고 싶은 말은 아닐 수 있지만 이러한 지식을 일찍 얻을 수 있는 것은 행운이다.

"일을 할 때 가장 큰 문제가 무엇입니까?", "요술 지팡이를 휘둘러서 업무에서 어떤 것이든 바꿀 수 있다면 무엇을 바꾸겠습니까?" 질문을 해서 토론을 요약해라(이를 'IPO 질문'이라고 한다. 이러한 질문의 답변을 이해하면 스타트업은 공개될 준비가 된 것이다). "이 문제 때문에 소요되는 비용은 얼마나 됩니까? (수익 손실, 놓친 고객, 시간 손실, 좌절감 등)"라고 편안하게 질문한다. 이후에 프레젠테이션을 개발할 때 고객 검증 단계에서 이 숫자를 사용할 수 있다.

현재의 문제 해결 방식 이해

문제와 비용에 대한 동의를 거치면 현재의 솔루션인 2열(그림 5.4)을 보여줄 수 있다. 어떤 문제점을 놓쳤는지, 기존 솔루션의 실행 가능성에 대해 고객이 우선 순위를 어떻게 매기는지에 관계없이 다시 한 번 잠시 멈추고 고객들이 생각하는 문제의 솔루션이 무엇인지 물어보라. 여기서 집중해야 할 것은 고객들이 현재 문제를 해결하는 방식이나 다른 사람들의 해결 방식에 대한 고객의 생각을 이해하는 것이다. 문제가 매우 심각하거나 중요하다면 흥미로운 답변을 듣게 될 것이다. 이러한 점에 집중하는 한편 관심을 가져야 할 또 다른 중요한 정보는 이러한 문제를 공유하는 사람들이다. X나 Y를 하는 다른 고객이 있는가? 같은 회사에서 일하는 사람들인가? 업계의 다른 회사 사람들인가? 동일한 직책을 가진 사람들인가? 공통의 문제를 가진 집단은 곧 공통의 가치 제안을 의미한다. 이는 광범위한 청중에게 이해되는 하나의 메시지로 제품의 가치를 설명할 수 있다는 뜻이다.

❖ 요술 지팡이를 휘둘러서 어떤 것이든 바꿀 수 있다면 무엇을 바꿀 것인가?

마지막으로 기업 제품과 소비자 제품 둘 다의 경우, 3열의 회사 솔루션(다양한 기능이 아닌 핵심 아이디어)을 소개한다. 일단 멈추고 고객의 반응을 주시하라. 고객들이 솔루션의 의미를 이해하고 있는가? 고객들이 "그게 가능하다면 내가 가진 문제들이 모두 해결됩니까?"라고 말할 수 있을 만큼 솔루션은 명확한가? 아니면 "그게 무슨 뜻입니까?"라고 고객들이 말하는가? 이 질문에 답하려고 20분간 설명한 다음에도 고객들은 여전히 이해하지 못하는가? 방금 설명한 현재의 솔루션과 비교했을 때 고객의 솔루션이 어떤지 물어보라. 한 번 더 말하지만 중요한 것은 판매 권유가 아니라 고객들의 반응을 살피고 유익한 토론을 하는 것이다.

물론 이러한 토론에서 배우는 것은 미팅이 끝난 후의 질문에 따라 다르다. 응답은 대개 모호하기 때문에 방문할 때마다 간략한 가설을 세우는 게 좋다. 전체를 보자. 전화를 걸기 전에 가설 목록을 "이번 통화에서 배워야 하는 3가지 중요한 것은 무엇인가?"로 줄여라. 적어도 이러한 3가지 질문에 대한 답변을 얻어라. 메모를 하고 적극적으로 귀를 기울여라. 시간이 흐르면서 핵심 이슈에 대한 답변이 명확해지면 다른 질문을 시작하라.

"귀하처럼 유명한 분으로 꼭 이야기를 나눠봐야 하는 3명을 추천해주시겠습니까?"라고 질문해서 미팅을 마감하는 것을 고민해본다. 나는 내가 가진 연락처 목록이 항상 늘어나기를 바란다. 또 다른 마무리 멘트로는 "제 질문에서 혹시 놓친 게 있습니까?" 이러한 질문의 답변을 얻으려고 미팅을 30분 정도 연장시킬 수 있다.

새로운 시장에서의 문제 미팅

새로운 시장에서 문제 프레젠테이션을 사용하면 문맥에 대한 이해가 없는 고객들이 자신이 가진 문제를 인식하거나 깨닫지 못하여 의견을 얻기가 매우 어려울 수 있다. 고전적이고 뻔한 예를 들어본다면, 헨리 포드가 고객들에게 원하는 것을 물었다면 그들은 아마도 "더 빠른 말이요."라고 대답했을 것이다. 경쟁력(기능, 가격, 필요성 등)을 설명할 수 있는 고객들이 있는 기존 시장과는 달리 새로운 시장에는 기존 고객이 없기 때문이다. 그렇다고 해서 사무실에 앉아서 비전을 설계하고 있으라는 의미는 아니다.

> ✥ "무엇을 물어봤어야 했는가?" 항상 생각하라.

새로운 시장에서의 문제 미팅은 구체적인 기능을 설명하는 것이 아니라 기업가의 비전을 설명하는 문제와 솔루션 프레젠테이션을 사용한다. 새로운 시장에서 고객의 응답은 숫자에 근거한 데이터가 아니라 추가적인 통찰력을 제공해야 한다. 새로운 시장에서 비전을 갖는 대신 환각에 빠질 수 있는 경고 신호 중 하나는 비전을 공유할 회사의 최초의 얼리반젤리스트를 찾을 수 없는 경우다(그들은 격려의 말 대신 실제로 주문해서 비전을 공유한다).

모든 부분에 대한 정보를 수집하라

방문을 마무리하기 전에 스스로에게 질문하라. "더 배울 것이 있는가?" 3가지를 배우기 전까지는 설사 미팅이 안 좋았더라도 결코 미팅을 끝내지 마라. 악의 없는 일련의 질문들을 한다. 그들이 참석하는 회의나 무역 박람회는 무엇인가? 그들이 구독하는 블로그, 저널, 잡지는 무엇인가? 그들이 생각하는 최고의 영업 사원은 누구인가? 새로운 아이디어에 대한 생각은 어떠한가? 100명 이상의 사람들에게 3가지 질문을 하는 것을 상상해보라. 그러면 '고객 주문 승부 customer order of battle(고객들이 어떤 사람인지, 접근할 수 있는 방법이 무엇인지)'를 구축하는 자신의 모습을 보게 될 것이다. 모든 응답에 대해 세부적으로 기록하라. 248페이지에서 설명된 대로 고객 발굴 스코어 카드를 개발하라.

대기업 미팅의 함정을 피하라

대기업을 방문할 때 주의해야 하는 특수한 함정이 있다. 대기업에서는 직원들이 미팅에 집단으로 참석하는데, 자유분방하고 솔직한 대화와 다양한 의견을 줄 수 있는 잠재적인 얼리반젤리스트를 포함한다. 대기업에서 최대한 의견을 보장하려면 다음과 같이 한다.

- 그룹 미팅 전이나 후에 핵심 대상(의사 결정자, 영향력 행사자, 헤비 유저)과 일대일 미팅을 잡아서 개별적인 피드백을 받는다.
- 조직의 장이 회의에 있으면 다른 참석자들이 말하는 것을 불편해하는 경우가 종종 있으므로 조직의 장 big boss을 격리시킨다. 참석자들은 중요한 외부의 의견을 최소화하면서 조직의 장에게 의사 표현을 미루는 경향을 가진다.
- 대기업에서 피드백을 얻기 위한 가능한 접근 방법은 전체 스타트업의 '고문단 brain trust'이 기업의 대표와 일대일로 미팅하도록 해서 2개의 간부 팀이 기회를 논의하기 위한 포럼을 여는 것이다.
- 항상 목표를 솔직히 말하라. 유행 선도자나 업계 선두 주자는 새로운 제품이 해결해줄 수 있는 문제나 도전에 어떻게 직면하고 있는지 더 잘 이해하고 싶어 한다(아첨은 도움이 되지 않는다).

고객 데이터를 합치고 점수를 매겨라

첫 번째 '현장으로 나아가'의 문제 단계를 마치면, 고객 발굴 스코어 카드(그림 5.5)에 데이터를 요약한다. 스코어 카드를 통해서 제품에 대한 고객의 흥미가 충분한지를 알아보면서 향후 모션에 확신을 가질 수 있다. 분석은 연락한 사람들이 올바른 대상이었고, 최초의 잠재 고객 후보가 충분히 식별되었는지를 판단하는 데 도움이 되어야 한다. 데이터에 '가중치'를 매겨서 발견한 것들의 중요성을 회사의 목표에 맞게 조정한다. 고객의 데이터를 수집하는 과정에서 몇 고객은 과감히 추구하고, 몇 고객은 제품이 주류가 될 때까지 결정을 보류할 것이며, 결정을 포기하는 사람들도 있다.

기타 의견을 놓치거나 무시하지 말아야 한다. 이러한 의견을 통해 새로운 기능이나 판매의 여러 가지 방법을 고려할 수 있으며, 이러한 의견은 비즈니스 모델에 대한 반복된 제안이 될 수도 있다. 잠재 고객에 대한 요약 데이터와 특정 의견, 흔치 않은 의견 모두 자세히 살펴봐야 한다.

고객	관심 있음	제품의 시급성	비즈니스 효과	해결 방법	120일	핵심 의사 결정자	120×2	합계
A	3	3	3	2	2	3	2	18
B	2	2	2	1	2	2	2	13
C	2	2	1	1	1	2	1	10
D	3	2	1	1	3	2	3	15
E	1	3	1	1	1	1	1	9
F	1	1	1	1	1	1	1	7
평균	2	2.16	1.5	1.16	1.6	1.8	1.6	

그림 5.5 고객 발굴 스코어 카드 예제

새로운 산업용 배터리에 대한 6명의 고객 의견 점수로, 스코어 카드는 1점부터 3점까지의 점수를 사용하고, 3점이 가장 높은 점수다. 예제의 평가 요소에는 다음이 포함된다.

관심 있음과 **제품의 시급성**은 응답자 스스로 매긴 점수다.

비즈니스 효과는 고객에게 미치는 기술을 채택했을 경우 중요성이나 변화의 정도 반영은 어떠한가? 효과가 있다면 좋은가? 한 부서에만 영향을 미치는가? 고객의 전체 비즈니스 모델을 변화시키는가?

해결 방법은 고객이 문제를 해결하기 위해 자체적으로 만든 솔루션을 사용했는지를 나타낸다.

120일은 고객이 120일 안에 구매 주문서에 서명할 가능성을 나타낸다. 회사의 가설은 6개월 내로 더 많은 투자가 필요하기 때문에 120일 구매에는 2배의 가중치가 부여된다. 120×2열이다.

핵심 의사 결정자는 권한 있는 구매자와 대화했음을 나타낸다.

실제 스코어 카드는 수십, 수백, 수천 줄이 되겠지만, 스코어 카드 예제에서는 소수의 고객만 대상으로 한다. 6명이 표본인 스코어 카드 예제는 추가적인 고객 데이터가 필요하다는 것을 보여준다. 고객 A와 B만이 제품에 대한 관심과 제품의 시급성 둘 다에 높은 점수를 주었기 때문이다. 이중 고객 A만이 해결책을 찾기 위해 충분한 노력을 했음을 보여주는 얼리반젤리스트 후보다. 그렇더라도 고객 A의 점수는 21점 중 18점에 그쳤으며, 120일 내로 구매할 의사에 대해 불확실한 답변을 주었고, 제품에 광적인 호기심을 보이지 않았다.

기타 관찰된 결과로는 다음과 같은 것이 있다.

- 고객 A는 목표 기간인 120일 내로 제품을 구매할 가능성이 있다.
- 현재로서는 고객 E는 무시한다. 제품의 시급성에도 불구하고 관심도가 너무 낮으며, 의사 결정자와의 대화가 너무 동떨어져 있으므로 구매 결정 역시 마찬가지로 어려워 보인다.
- 고객 C에게는 의사 결정자와의 미팅을 기대하며 접근하고, 고객 B에게는 의사 결정자와의 또 다른 미팅을 요청한다.

- 각 고객은 제품의 필요성에 대해 상당 부분 인식하고 있으므로 어느 고객이라도 포기하지 마라. 선택되지 않은 고객은 잘 간직하고 있다가 추가적인 발견을 위해 나중에 파이프라인의 일부로 만들어라. 고객 F에게 다시 연락을 하기 전에 충분한 시간을 가져라.

> ❖ 핵심 이슈에 가중치를 적절히 매겨서 실행 가능한 매커니즘을 개발하라.

평균 점수가 주는 정보 역시 유용하다. '제품의 시급성' 평균 점수가 높다는 것은 제품 외적인 문제가 있을 수 있다는 것을 보여준다. 이는 고객을 발굴할 때 문제 프레젠테이션이 충분하지 않았거나 ROI 타당화에 실패했거나 더 높은 의사 결정자와 대화해야 할 필요성과 같이, 모든 사람이 제품의 필요성을 인식하고 있지만 사고 싶어하는 사람은 거의 없다는 것이다. 120일 점수가 낮은 것은 제품의 혜택이 제대로 설명되지 않았고, 가격/가치 메시지가 명확하지 않거나 가격/가치에 중점을 두거나 반복해서 설명할 필요성이 있다.

모든 제품에는 고객 발굴 결과를 집계하고 측정할 때 고려해야 할 다양한 변수의 집합과 점수가 있다. 핵심 이슈에 가중치를 적절히 매겨서 실행 가능한 매커니즘을 개발하는 것이 가장 중요하다. 점수가 동일하게 적용된다면 시스템의 정확성에 대해 토의한다. 점수가 정확하다면 전체 고객 집합에 대해 점수를 매긴다. 기타 의견을 고려하는 것도 잊지 말아야 한다.

[웹/모바일] 완성도 낮은 MVP로 문제 테스트

→ 이제 해결하려는 문제나 수행하려고 하는 것의 필요성에 사람들이 관심을 가지고 있는지 알아볼 차례다. 이전 단계에서 구축한 완성도 낮은 MVP에 사람을 점차적으로 초대해서 반응을 확인하고 행동을 측정할 단계다.

> **신중히 진행하라:** 새로운 제품이 대중과 처음으로 만나는 단계이기 때문에 이 단계는 점진적으로 진행되어야 한다. 다음의 몇 페이지를 읽기 전까지는 '서비스 실행'의 유혹을 이겨야 한다.

MVP가 실행됐다고 해서 모든 사람이 해당 사이트를 찾을 수 있는 것은 아니다(웹은 무수한 사이트가 있는 거대한 공간이다). MVP를 경험하도록 사람들을 초대하기 시작한다(한 번에 최대한 수백 명). 고객을 확보하는 속도를 천천히 가속화하고, 모든 활동과 비활동을 자세히 관찰하면서 '고객 모집' 가설의 개요에서 세운 계획을 따른다.

어쨌든 이번 기회가 제품 가설이 실제 고객을 만나는 첫 번째 단계이며, 배울 점은 매우 강렬할 수 있다.

일부 가설은 처음 한 시간이나 두 시간 내로 버려질 수 있다. 예를 들어 MVP '문제' 페이지에 50명의 친구를 초대했는데 단 한 번의 클릭이나 가입도 없는 경우 대부분의 기업가는 가설의 일부를 수정하게 된다. 아이 엄마 1,000명의 목록을 구입해서 toddlermom.com에 참여하도록 초대장을 보냈는데 단 3명만이 승인했다면 얼마나 당황할지 상상해보라.

1단계에서 개발된 고객 관계 가설은 MVP, 앱, 사이트에 대한 잠재 고객을 어떻게 '모집'할 수 있을지에 대한 자세한 방법을 보여준다. 이 방법을 검토하고 많은 고객을 가져다 줄 것이라고 생각되는 여러 가지 고객 모집과 활성화 전략을 일부 시도한다(계획하고 있는 각 전략을 연료통이라고 생각해라. 점안기를 가득 채우고 결과를 확인한다.

가설에서 예상한대로 결과가 좋아 보인다면 큰 스푼, 맥주잔, 1리터짜리 통에 부어본다). 기억해야 할 것은 이 테스트는 스타트업이 문제를 해결하는지, 고객들이 필요성에 대해 큰 관심이 있는지를 알아보기 위한 작은 규모의 테스트라는 점이다.

사이트에 사람을 초대해서 관심을 끄는 방법에는 기본적으로 밀어넣기(push), 끌어오기(pull), 지불하기(pay) 3가지가 있으며, 3가지 모두 사용하고 싶어할 것이다. 밀어넣기는 이메일, 친구, 소셜 미디어를 사용해서 사이트나 앱에 사람을 모집하는 것이다. 끌어오기는 검색 엔진 최적화와 클릭당 광고료 지불이나 기타 도구를 사용하는 것이다. 지불하기는 말 그대로 돈을 주는 것이다. 고객 목록이나 사용자 클릭, 관심을 끌 수 있는 도구를 사는 것이다.

밀어넣기는 소개하는 사람이 필요하다. 트위터, 페이스북, 링크인과 같은 소셜 메시징 도구나 이메일, 문자를 사용하여 친구나 연락 가능한 사람에게 접촉한다. 이들에게 부탁하여 친구와 동료에게 이메일을 보내고, 트위터, 페이스북, 구글 플러스, 링크인 계정을 사용하여 가능한 한 많은 다른 사람에게 연락하게 한다. 이메일 주소 목록을 얻을 수 있는 한 최대로 얻는다.

이러한 세부적인 노력은 크게 걱정하지 말고, 가능한 한 많은 연락처를 얻는 것에 집중하라. 초대장은 수신자가 아는 누군가로부터 왔을 때 항상 효과가 더 좋다. 회사를 대신해서 친구가 사용할 수 있는 기본적인 메시지를 제공하라. 이 메시지에는 아이디어를 뒷받침하는 내용과 문제 탐색의 가치가 포함되어야 한다. 이메일은 간략해야 하며, 최대한 친근해야 하고, 회사 설립자와 보낸 사람의 관계가 매우 끈끈하다는 것을 보여주어야 한다.

끌어오기 전략이 필요하다. MVP, 앱 또는 사이트로 끌어오는 광고, 텍스트 링크, 애드워즈와 자연 검색으로 끌어오기가 가능하다. 끌어오기는 세 가지 문제를 해결한다.

- 사람들의 이메일 주소를 알아낼 필요가 없다.
- 해당 이슈, 문제, 필요성에 관심이 있는 사람들만 응답한다.
- 끌어당겨진 사람들은 응답할 확률이 높으며, 반복 응답도 가능할 것이다.

사람들을 논의에 끌어당기는 몇 가지 방법이 있다.

- 구글 애드워즈
- 소셜네트워크(페이스북 등)나 관련 웹 사이트에 광고하거나 텍스트 링크를 표시한다.

- 문제에 대한 설문 조사나 사이트 링크를 언론에 낸다.
- 블로거들이 문제에 대해 포스팅을 하고 의견을 모을 수 있도록 한다.
- 기타 사용 가능한 여러 온라인 피드백 도구를 찾아본다.

지불하기는 연락처에 대한 대가다. 대상 기업이나 잠재 고객의 목록을 구입한다. 일반적으로 이 스타트업 옵션은 명확한 이유(비용) 때문에 가장 덜 매력적인 옵션이지만 이 옵션이 일반적으로 가장 빠르다. 고려해야 할 몇 가지 사항은 다음과 같다.

이메일 목록: 승인받은 이메일 목록을 구입한다. 대상이 좁혀졌거나 초점이 명확한 경우 비용은 더 많이 든다. 이러한 접근 방법에서도 응답률은 여전히 예측할 수 없다.

온라인 설문 조사 도구: Markettools(온라인 마케팅&설문조사)와 같은 여러 공급업체 중 한 곳으로부터 설문 참여자, 설문 조사 설계, 실행과 목표 응답률을 보장하는 패키지를 구매한다.

인정받는 모바일 데이터 공급업체: 이 경로에서는 자격 인증, 고급 클라이언트, 높은 윤리 규범을 갖춘 공급업체가 필수적이다. 연방법을 위반하기 쉬우므로 증빙 서류를 꼼꼼히 확인한다.

출판업체 고용: 일부 무역과 온라인 미디어는 업체로부터 일정한 비용을 받고 독자들에게 설문 조사를 실시한다. 비싸긴 하지만 매체의 신뢰성 덕분에 대상 선정과 응답에 도움이 된다.

완성도 낮은 MVP를 테스트할 때 피해야 할 실수

- 고객 발굴이 창업가의 손을 떠나 전문가(컨설턴트, 직원 등)의 일이 된다.
- 의견이 요약되며 평균이 매겨지고 통합되는데, 이로 인해 종종 반복이나 전환으로 이끄는 가장 두드러지는 '기타' 의견이 흐려지거나 없어지는 경향이 생긴다.
- 모바일 메시징과 개인정보 보호에 대한 법률을 이해하고 따라야 한다. 처벌을 받을 수 있다.
- 온라인 도구는 핵심 발견 영역으로 '파고 들어가는' 맥락이나 대화의 기회가 거의 없다.
- 대체로 사람들은 얼굴을 마주보고 대화할 때보다 온라인 설문 조사를 기입할 때 관심이 적다.

- 온라인 피드백은 현장으로 나가서 고객과 직접 대화하는 것을 대체하지 않는다. 이때 일부 고객은 초기에 온라인에서 확보될 수 있다. 온라인에서의 상호 작용만으로 끝나지 말아야 한다.

고객의 눈이 커지기 전까지는 실제 데이터를 얻은 것이 아니다

사람들은 웹에서 거짓말을 한다. 그리고 이는 웹 데이터에만 의존한다면 결코 알 수 없을 것이다. 온라인에서 얻은 응답과 '현장 자료'의 연관성을 찾아야 한다. 이를 위한 가장 좋은 방법은 웹 데이터 출처의 일부 사람들과 직접 인터뷰하는 것이다. 고객의 눈이 커지기 전까지는 실제 데이터를 얻은 것이 아니다.

또한 직접 인터뷰를 통해 MVP가 필요성이나 문제를 얼마나 잘 설명하고 있는지를 테스트할 수 있으며, 이는 고객이 여러 개의 MVP를 보았고, 가장 좋아하는 것과 이유를 알아볼 수 있을 때 더 유용하다. 간단히 설명한 후에 고객이 가치 제안이나 문제 설명을 '다시 말할 수 있도록' 할 수 있는가? 고객이 확실한 관심을 보였는가? 아니면 토론 중에 예의를 차리며 두서 없는가? 이 문제가 친구나 동료에게 얼마나 큰 영향을 미칠 수 있는지, 문제를 해결할 수 있는 제품을 구매할 의향이 있는지를 얘기하라. "이렇게 하면 훨씬 더 중요할 것 같다"나 "제대로 작동하지 않는 제품 X와 똑같은 제품은 아닌가?"와 같은 의견과 아웃사이더에 관심을 기울여야 한다. 이러한 일회성 의견은 비즈니스 모델의 전환과 반복에서 매우 자주 발견된다.

트래픽을 유도하고 집계 시작

가능한 한 빨리 알고 있는 모든 사람들에게 이메일을 전송하고, 트위터를 하여 전화하고, 방문해서 MVP의 반응을 보아야 한다. 웹 또는 모바일 앱 전략의 한 가지는 제품을 도구화해서 모든 것을 측정하고 분석하는 것이다.

웹 분석을 사용해서 조회수, 사이트에서 머문 시간과 출처를 추적한다. 초기 사이트의 경우 구글 분석기는 가장 빠른 설정으로 적당한 정보를 제공한다. 초기 MVP 다음 단계로 이동했다면 좀 더 고급 분석 플랫폼(Kissmetrics, Mixpanel, Kontagent 등)을 고려하고 싶어질 것이다. 계정을 만들어서(GetSatisfaction, UserVoice 등) 제품에 대한 사용자 만족도를 측정하고, 새로운 기능에 대한 의견과 제안 사항을 수집한다. 얼마나 많은 사람이 문제나 필요성에 대해 관심이 있고 관심도가 얼마나 깊은지를 측정하라. 가장 명확한 지표는 초대받은 사람 중 더 자세한 정보를 알기 위해 등록한 사람의 퍼센트다. 다음으로 방문객이 친구들에게도 동일한 필요성이나 문제가 있다고 생각하는지 알아봐야 한다. 그러므로 MVP를 전달, 공유, 트위터할 수 있는 위젯도 포함한다.

전환율에 초점을 집중한다. MVP의 페이지 뷰가 5,000이고 등록한 사람이 50~60명이라면, 이 시점에서 멈추고 이유를 분석해야 한다. 애드워즈나 텍스트 링크를 본 사람들 중 44퍼센트가 MVP에 등록했다면 엄청난 결과라고 볼 수 있다. 테스트에 초대된 사람들의 몇 퍼센트가 실제로 어디에서 유입되었는가? 각 테스트를 수행한 사람들 중 몇 퍼센트가 (a) 이메일 주소를 제공하고, (b) MVP를 친구에게 언급하거나 전달하였는가? 또는 (c) 설문 조사, 블로그 또는 기타 피드백 활동에 추가로 참여하였는가? 설문 조사에 응답한 사람 중 얼마나 많은 사람이 문제에 대해 '다소 중요함'이 아닌 '매우 중요함'을 선택하였는가?

특정 질문, 예를 들면 "등록하지 않은 이유가 있는가?"나 "이 솔루션에 대해 더 알고 싶은 것이 있는가?"와 같은 질문은 일반적인 의견을 요청하는 것보다 더 구체적인 고객 의견을 나눌 수 있다. 가능하다면 더욱 깊이 있는 대화를 나누려고 사람들에게 연락할 수 있도록 이메일 주소를 수집한다.

문제를 테스트하는 강력한 한 가지 방법은 문제나 필요성에 대한 고객의 관심도를 측정하기 위한 도구로 Satmetrix에서 개발한 온라인 프로모션 점수(Net Promoter Score)를 사용하는 것이다. 온라인 프로모션 점수는 고객에게 한 가지 질문에 대해 0점부터 10점까지의 척도로 대답하게 하며, 이때 10점은 '매우 그렇다'이고, 0점은 '전혀 그렇지 않다'이다.

"친구나 동료에게 자사를 얼마나 추천하고 싶으십니까?" 질문에 대한 답변을 기준으로, 고객들을 옹호자 그룹(9-10점), 소극적인 그룹(7-8점), 부정적인 그룹(0-6점)의 세 그룹 중 하나로 분류할 수 있다. 옹호자 그룹의 비율에서 부정적인 그룹의 비율을 뺀 숫자가 온라인 프로모션 점수다. 50점 이상의 NPS 점수는 매우 훌륭하다고 여겨진다.

결과를 주의 깊게 분석한다. 일부 고객 집단이나 매체가 특별히 열광적인 고객들이 MVP에 참여하게 했는지를 알아보기 위해서 숫자를 잘게 쪼개라. 예를 들어 다른 사람 중 누구도 진지한 관심을 보이지 않은 반면 십대 소녀들 중 92%가 해당 정보를 자신이 아는 친구 모두에게 전달했다면 비즈니스는 아직 성공 가능성이 있다는 것이다.

확장성을 고려한다: 어려운 도전을 걱정하는 고객들을 찾을 뿐만 아니라 성공을 위해 그들 모두가 필요하다. 예를 들어 활성화된 사용자가 100만 명이 되어야 스타트업이 손익 분기점에 도달한다면 어떻게 해야 하는가? (대다수의 벤처 웹 비즈니스의 경우 이

정도 숫자가 정상적인 목표다.) 고객 창출 단계에서 5억 명의 사람들을 초대해야 할 수 있으며, 100만 명의 사용자를 활성화하고 싶다면 이는 잠재적으로 매우 큰 비용이다.

다음은 계산 방법이다.

사이트 또는 제품에 노출된 사람 수:	500,000,000(5억 명)
노출된 사람 중 2%만을 실제로 확보함(50명 중 1명):	10,000,000(1천만 명)
확보한 사람 중 10%만이 활성화된 고객이 됨(10명 중 1명):	1,000,000명의 고객 (1백만 명)

회사의 가설에서 고객 모집이 바이러스처럼 기하급수적으로 퍼지지 않는다면, 5억 명에 도달하기 위한 비용으로 회사는 부도가 날 것이다. 이를 피하려면 중요하고 힘든 문제나 진지한 고객의 필요성을 발견해야 한다(그런 다음 문제나 필요성을 해결한다). 수많은 고객의 관심을 얻을 수 있는 능력은 비즈니스를 성공이나 실패하게 만든다. 고객 관계 가설에서 설정해 놓은 응답률에 도달하지 못한다면 비즈니스 모델을 다시 고려해 볼 시점이다.

'일단 시작해라'의 유혹

점입가경인 것은 고객 발굴의 초기 단계에서조차 일부 투자자는 스타트업 기업에게 모든 규칙을 무시하고 '일단 시작해라'라고 권유한다. 제품이 존재하지 않는데도 제품을 출시하라고 한다(기업가들은 규칙을 어기는 것으로 전설적이다).

이는 항상 선택 사항이지만 투자자는 당신과 같은 스타트업 포트폴리오를 10개, 20개 이상 가지고 있다. 그들의 투자는 전체 포트폴리오에 대한 것이다. 이와는 다르게 여러 포트폴리오 중 적어도 하나는 투자를 유치해야 한다. 이 책을 던져버리고 "마음대로 하겠다"라고 외치고 싶을 때가 있을 것이다(시장의 거품, 제품 개념에 대한 고객들의 굉장한 반응 등). 하지만 그 이유는 이해해야 한다.

고객의 이해를 얻는다

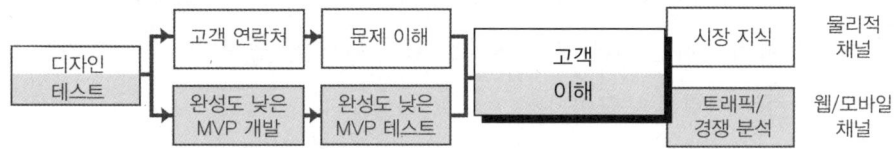

고객 문제에 대한 가정을 확인하는 것 외에 추가적으로, 고객들이 실제로 하루를 어떻게 보내는지, 어디에 돈을 쓰는지, 업무를 어떻게 하는지에 대한 가설을 검증할 필요가 있다. 제품이 기업 고객용인지, 소셜네트워크용인지, 새로운 고객을 위한 전자 장치인지에 관계없이 고객의 생활 또는 일이 어떤지, 일이나 설계의 흐름이 어떻게 흘러가는지, 현재 문제나 필요성을 해결하려고 어떻게 하고 있는지를 자세히 이해하고 싶을 것이다.

고객이 기업에서 일한다면 그들의 업무는 독립적인가? 그렇지 않다면 다른 부서와 어떻게 상호작용하는가? 그들이 사용하는 다른 제품은 무엇인가? 일에 방해가 된다고 여기는 문제가 있는가? 회사의 다른 사람이 이를 공유하는가? 전체 조직에 대한 효과를 수량화하는 것이 가능한가(돈, 시간, 비용 등)? 고객들에게도 동일한 질문이 적용된다. 제품을 직접 사용할 것인가? 다른 사람들이나 친구, 가족이 제품을 사용하는지 여부에 따라 다른가?

솔루션에 대해 사람들이 비용을 지불할지, 지불한다면 얼마를 지불할지에 대한 가정을 확인하고 싶을 것이다. 고객들이 이전까지 해오던 방식을 바꾸려면 무엇이 필요할 것인가? 가격? 기능? 새로운 표준? 고객들이 아직 관심을 가지고 있다면 제품 사양의 가설에 대해 아주 조심스럽게 시작해야 한다.

이와 같은 제품을 가지고 있다면(개념적 용어로 제품을 설명한다), 제품을 사용하는 데 얼마나 많은 시간을 쓸 수 있는가? 문제 해결이 얼마나 시급하고 필수적인가? 이전에 언급된 문제들을 해결하는가? 이와 같은 제품을 채택하는 데 장애가 되는 것은 무엇인가? (입문하려는 업계에서 이미 일을 해 본 창업가라면 해당 영역의 전문가일 것이며, 고객을 깊이 이해하고 있을 것이다.)

언젠가는 스타트업이 이러한 고객에게 도달하기 위해 수요를 창출해야 하므로, 이 기회를 이용하여 고객들이 새로운 제품을 이해할 수 있는 방법을 알아내야 한다. 고객들이 구독하는 언론/분석가/블로그 커뮤니티의 공상가는 누구인가? 고객들이 존경하는 사람은 누구인가?

마지막으로 도움이 될 사람들을 찾을 수 있는 기회를 놓치지 말아야 한다. 고객들이 나중에 도움이 될 수 있는가? 다음 번 대화에서 도움이 될 것인가? 자문위원이 될 수 있는가? 유료 고객이 될 것인가? 다른 고객에게 당신을 소개시켜줄 것인가?

이러한 고객들과 충분한 대화 후 직원들 앞에 서서 "고객과 고객의 문제점, 고객이 일하는 방식에 대한 가설이 있었다. 그리고 지금 여기에 고객들이 자신의 진짜 문제가 무엇인지에 대해 얘기한 것이 있고, 이것이야말로 고객들이 하루를 보내는 방식이다."라고 목표를 말할 수 있을 것이다.

목표는 고객을 더 깊이 있게 이해하는 것이다. '깊이 있게'라는 말의 의미는 무엇인가? 고객 이상으로 그들의 직업을 이해하는 것은 불가능하다. 하지만 고객에게 진짜로 문제가 되는 것에 제법 정통해 보여야 해당 문제를 설득력 있게 논의할 수 있을 것이다.

B2B 기업의 경우는 고객과 같은 직장 경험을 가지거나 적어도 이들을 유심히 관찰해야 한다. 금전 출납기 뒤에서 무역 박람회나 회의실에서 하루를 보내면 대상 고객은 회의에 참석하고 싶어진다. 여러 잔의 커피를 사고 일상적인 대화를 많이 해라. 목표는 대상 고객과 고객 업무의 모든 면을 알아내는 것이다. 고객을 깊고 친숙하게 이해하면 고객이 여러분을 '동료들 중의 한 명'인 것처럼 여기고 대화를 시작할 것이다.

> 고객을 깊고 친숙하게 이해하면 '동료들 중의 한 명'인 것처럼 여기고 대화를 시작할 것이다.

→ 전략적인 관점으로 웹/모바일 애플리케이션에 대한 고객의 이해를 시작한다.

소비자 애플리케이션의 경우 웹은 사람들이 이전에 했던 면대면 사회 상호작용을 대체한다. 우정의 의미는 새로워지고 있으며, 소셜네트워크를 향해서 필수적으로 온라인으로 이동하고 있다. 문자 메시지가 대화를 대체하고 있으며, 사진 공유는 스냅샷 공유를 밀어냈고, 온라인 게임은 보드 게임을 대체했다.

"판매사원의 이동 경로는 길 위보다 스카이프나 WebEx에서 시간을 더 많이 사용하고, 링크인, 직쇼, 페이스북을 통해 네트워크를 형성한다. 조부모님조차 실제로 만나 뵙는 것보다 자주 화상 채팅을 한다. 비즈니스 애플리케이션도 동일한 방식으로 변했다. 따라서 고객 데이터를 수집할 때 스스로에게 질문하라. "우리가 대체하는 것은 무엇인가? 이유는 무엇인가? 사람들이 현재 실제로 하는 행동을 어떻게 변화시킬 것인가?"

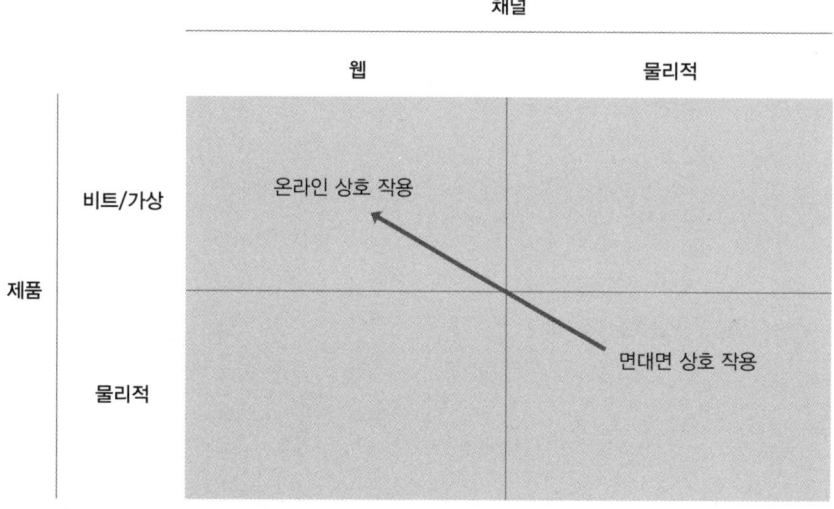

그림 5.6 고객의 상호 작용 이해

전략적으로 현재 고객이 업무를 수행하는 방식이나 문제를 해결하는 방식을 이해하려면 기존 웹/모바일 제품의 '고객이 되는 것'은 똑같이 중요하다. 이를 위해 고객처럼 움직여야 한다.

- 고객의 문화에 참여해라. 고객의 웹 사이트와 간행물을 읽고, 고객이 가장 좋아하는 비디오, 영화, TV 프로그램을 보고, 고객의 경험을 가능한 한 많이 공유해라.
- 포커스 그룹이 아닌 실제로 고객이 시간을 보내는 장소에서 고객의 진짜 삶에 대해 알아보라. 고객이 온라인에 있을 때와 오프라인일 때를 관찰하고 스마트폰을

들고 매번 무엇을 하는지를 살펴보아라. 그들이 사용하는 앱은 무엇이고, 통화를 하거나 문자를 주고받는 사람은 누구이고, 왜 이 시간에 B 게임이 아니라 A 게임을 하는지, 고객이 A와 B게임을 처음에 어떻게 알게 됐는지를 관찰하라.

- 고객이 즐기는 게임을 하고, 그들이 사용하는 앱을 사용하고, 고객의 소셜네트워크에 참여하고 고객이 정기적으로 방문하는 사이트를 정기적으로 방문하라. 고객의 경험을 깊이 있게 관찰하고 고객의 행동과 동기를 이해함으로서 고객의 경험을 내면화할 수 있다.
- 질적으로나 양적으로나 고객이 시간을 보내는 새로운 방법을 어디서 어떻게 배우는지를 이해하려고 노력하라. 친구들로부터인가? 앱 스토어의 '인기 앱' 목록으로부터인가? 비행기나 학교 버스에서인가?

목표는 '고객이 되는 것'이다.

[물리적] 시장 지식 수집

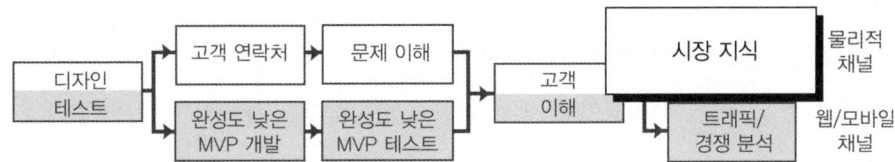

지금까지의 과정을 통해 고객을 더 잘 이해하게 되었다면 이해한 내용을 전체 시장에 적용할 시점이다. 인접한 시장에서 관련 회사를 만나고, 업계 분석가, 언론계 종사자, 기타 중요한 영향력 행사자를 만난다. 관련 업계 무역 박람회와 회의에 참석하고 창출하려고 하는 시장의 그림과 방향을 이해해야 한다.

회사를 시작할 때 인접한 시장에 있는 회사나 비즈니스의 인프라나 회사가 속한 생태계에 대해 막연하겠지만 개념이라도 가지고 있어야 한다. 인맥을 통하거나, 일반적으로 소개로 동료를 점심 식사에 데리고 나가라. 바꿔 말하면 정보를 수집하라. 경쟁력 있는 정보가 아니라 다음과 같은 질문에 대한 답변을 듣는 것이다. 업계 트렌드는 어떤가? 해결되지 않은 고객의 핵심 문제는 무엇인가? 이 시장의 핵심 주자는 누구인가? 무엇을 읽어야 하는가? 알아두어야 할 사람은 누구인가? 무엇을 물어보아야 하는가? 연락해야 할 고객은 누구인가?

이러한 사람을 미팅에 나오게 하려면 어떻게 해야 하는가? 대부분은 양심껏 하고 싶어하지 않을 것이다. 오히려 '거래'를 하기 위해 만나려 할 것이다. 고객들은 핵심 문제와 솔루션에 대해 이해하게 되고, 이에 반대로 업계 지식과 통찰력을 제공받게 된다.

잠재 고객에게 문제 프레젠테이션을 했을 때처럼 무언가를 설명하거나 팔려고 하지 말아라. 단지 듣고 배워라. 가장 친한 고객 몇 명을 점심 식사에 초대해서 내부적으로나 외부적으로 잠재적인 경쟁자로 생각하는 사람이 누구인지 물어보는 데 시간을 사용해라. 그들이 유사한 제품을 가지고 있다고 생각하는 사람은 누구인가? 이 영역에서 또 다른 혁신가는 누구인가? 고객의 회사 외에 다른 곳에서 이 솔루션을 사용해 보았는가?

회사 내부에서 이 제품을 구축하려고 시도한 사람이 있는가? 결국에는 제품을 구매할 사람들로부터 얼마나 많은 것을 배울 수 있는지를 알면 분명 놀랄 것이다. 동일한 질문을 인접한 업계의 동료에게 해보고, 그들에게 실행해 본 뒤 1단계에서 정리해 둔 업계의 핵심 영향력 행사자와 주선인을 만나서 동일한 일련의 질문을 해라.

웹 사이트가 없는 회사는 거의 없다. 웹 사이트는 경쟁자, 시장, 회사가 경쟁하려고 하는 업계에 대한 정보의 보고이며, 문자 그대로 즉시 이용할 수 있다. 문제를 구글에서 검색하고 처음 몇 백 개의 링크를 읽어보라. 가능한 한 구체적으로 검색어를 선택하고, 여러 가지 검색 방법을 사용해서 최대한의 정보를 얻는다. 이러한 노력을 통해 카테고리에 대한 뉴스, 솔루션을 제공하는 회사, 업계를 설명하는 유명 블로그와 웹 사이트, 업계 전문가, 컨설턴트를 포함한 풍부한 시장 정보를 얻을 수 있다.

❖ 경쟁자를 점심 식사에 초대하라.

그런 다음 초기 검색에서 발견한 모든 경쟁자를 깊게 알아본다. 그들이 자신에 대해 말하는 것뿐만 아니라 그들에 대한 다른 사람의 평가(긍정적인 면과 부정적인 면)를 알아봐야 한다. 핵심 제품 기능과 판매 포인트를 파악하려고 노력하면 경쟁자와 차별화된 새로운 제시를 하는 데 도움이 된다. 업계 보도 자료와 경쟁력 있는 언론 기사, 연구, 보고서를 수집하고, 컨설턴트, 연구자, 전문가의 기사를 따라 알아보고 이외의 새로운 것을 찾아본다.

다음으로는 정량적인 시장 데이터를 수집하기 시작해야 한다. 십중팔구 월 스트리트 분석가들은 업계나 관련 업계에 대한 보고서를 발행한다. 이러한 모든 리포트의 복사본을 구해라. 중요한 것은 복사본을 실제로 읽어 보는 것이다. 분석가들이 트렌드라고 믿는 것, 경쟁업체, 비즈니스 모델, 핵심 지표를 이해해야 한다.

마지막으로 업계 회의와 무역 박람회는 매우 유용하며 필수적인 일이다. "너무 바빠서 참석할 시간이 없습니다."라고 결코 말하지 말아라. 적어도 2개의 핵심 회의나 무역 박람회에 참석해라(가장 중요한 것은 1단계에서 골라 놓았다). 이러한 행사는 훌륭한 선물을 제공할 뿐만 아니라 재능과 트렌드를 발견하는 데 중요한 장소다. 트렌드와 경쟁업체에 대해 일반적인 질문을 한다. 그러나 이번에는 다른 어떤 곳에서도 할 수 없는 몇 가지 것들을 시도해본다. 경쟁력 있는 제품과 인접 시장의 제품에 대한 데모를 관찰한다. 해당 제품 자체를 만져보고, 경쟁사의 인쇄물을 얻고, 경쟁사 영업 사원들과 대화하고, 새로운 업계에 관하여 몰두해 알아본다. 가능한 한 많은 회의 세션에 참석하고, 타사의 제품 설명을 들어야 한다. 이들의 향후 비전은 무엇이며, 여러분이 새롭게 개발한 가치 제안과 이들의 제안은 어떻게 다른가?

고객 문제나 필요성을 테스트한 후 고객에 대해 완전히 이해했다면 이제는 잠재 고객들에게 제품을 처음으로 직접 노출시킬 때다. 고객들에게 판매하지 말고 의견을 얻어라. 이렇게 하기 전에 변화가 필요하다고 느낄 때마다 가설과 비즈니스 모델을 업데이트해라.

[웹/모바일] 트래픽과 경쟁력 분석

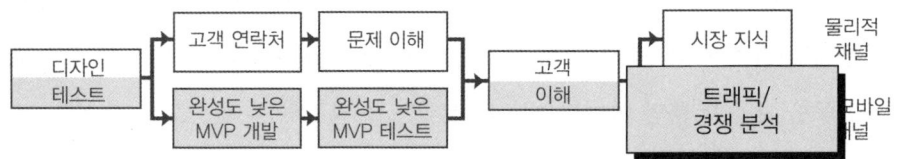

→ 물리적인 채널에서 시장 지식을 개발하기 위한 도구와 전략은 웹/모바일 채널에서도 동일하게 잘 적용된다. 웹 검색을 하고 회의와 무역 박람회와 기타 행사에 참석해서 시장에 대한 훌륭한 통찰력을 발견하기 시작한다. 또한 특정 업계, 특히 기술 업계에 초점을 둔 지역 그룹을 만나면 경쟁자들이 수행하는 온라인 회의(Webinars)와 마찬가지로 시장 지식을 얻을 수 있는 훌륭한 출처가 될 것이다.

웹 시장 지식은 경쟁사에 대한 완벽한 이해를 제공하며, 잠재 고객들이 문제를 해결하고 필요성을 설명하는 방법에 대해 알려준다.

> ❖ 무료 트래픽 측정 도구를 사용해서 각 경쟁 제품에서 생성되는 트래픽을 비교하고 이해하라.

Alexa, Compete와 같은 무료 트래픽 측정 도구를 사용해서 각 경쟁 제품이나 웹 사이트에서 생성되는 트래픽을 비교하고 이해한다. 이때 가능하다면 트래픽 출처, 성장 추이, 인구학적 정보도 함께 비교하고 이해한다. 이러한 정보의 대부분은 사이트의 트래픽을 높여주는 키워드, 연결된 특정 사이트 목록, 일부 경우에는 사이트 방문자의 인구학적 데이터와 소득 데이터까지 포함해서 무료로 이용할 수 있다.

예를 들어 Compete.com은 여러 URL을 나란히 비교해준다. Quora.com과 같은 '응답' 사이트를 방문해서 질문을 시작한다. 이렇게 하면 더 많은 시장 정보를 얻을 수 있으며, 제품, 카테고리 또는 시장에 대한 전문 지식의 새로운 출처를 얻게 될 수도 있다.

모바일 스타트업은 적절한 각 플랫폼에 대해 모든 앱 스토어를 방문해서 경쟁자와 카테고리를 식별해야 한다. 경쟁자들이 순위권 안에 드는 카테고리는 무엇이며, 해당 순위는 오름차순인가, 내림차순인가? 가능한 모든 곳에서 최소한 판매량의 근사치를 결정한다. 그리고 앱 스토어와 카테고리별 리뷰 사이트 둘 다에서 제품 리뷰를 읽어본다. 애플 앱 스토어에서 야기되는 특별한 어려움도 있다. 애플의 리뷰 프로세스와 유통 투명성의 부재(앱을 본 사람 수, 클릭한 사람 수, 다운로드 횟수)는 고객 모집/개입에 대한 정확한 측정을 어렵게 만든다.

결과를 요약하고 이를 관리 팀과 검토하는 것은 도움이 되며, 모든 사람들이 제품이 진입하려고 하는 경쟁 무대를 잘 알도록 할 수 있다. 경쟁력 있는 결과를 경쟁력 있는 그리드 표와 시장 지도에 정리하는 것(164페이지 참고)은 새로운 제품을 포지셔닝하고 시장에 내놓는 데 도움이 된다.

6장

고객 발굴 3단계:
현장으로 나가 제품 솔루션을 테스트해라

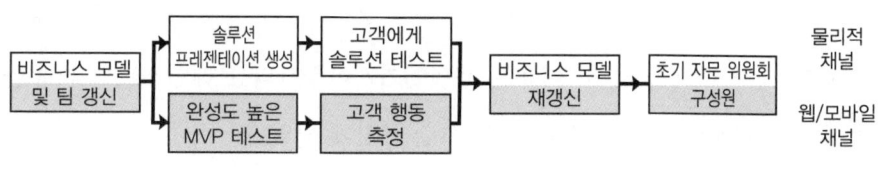

스티브의 전화가 울리자 수화기 너머로 목소리가 들렸다. "저를 잘 모르시겠지만, 당신의 책을 읽고 도움을 요청해야겠다고 생각해서 전화드렸습니다." 그 날 포춘지 500대 회사 중 가장 혁신적인 스타트업으로 알려진 제너럴 일렉트릭General Electric 사의 에너지 저장 부서를 알게 되었다.

이 부서의 새로운 매니저인 프레스콧 레건은 자신의 부서가 담당하고 있는 새로운 공업용 나트륨 배터리 사업이 혁신에 걸림돌이 되고 있다는 사실을 깨달았다. 이 사업은 과거 GE의 주력 분야였으나 최종 사용자가 불확실한 시장에 초점을 맞추고 있었다. 레건은 이 부서가 다른 보통의 스타트업들처럼 몇 백만 달러 규모의 스타트업처럼 보일 수도 있지만, 달리 보면 거대한 이사진을 중심으로 한 하나의 회사에 속해 있다고 이해하고 있었다. 이 팀은 '틈새 시장'을 공략할 수 있도록 체계적인 프레임워크와 아키텍처의 도움이 필요했고, 스타트업 탐색과 고객 발굴 원칙에 '식스 시그마Six Sigma' 기법을 적용했다.

에너지 저장 부서는 자본설비 구매, 거대 공장을 착공, 판매 전화를 담당하고 있다. 이들은 다른 거대 기업과 마찬가지로 끊임없는 성실함과 3만명의 외부 컨설턴트를 통해 기회를 창출하려고 노력하고 있지만, 최종 고객을 직접 대면하는 충분한 기회를 만들지 못하고 있었다.

통화 이후 고객 대면 부서는 고객 발굴 계획도를 완성하려고 방문했다. '고객 문제'(라이프 사이클, 다양한 작동 온도 등)에 대해 명확한 수정과 실험실에서 제조 단계까지 잘 조사된 계획도 구상해왔다. 그러나 한 가지 중요한 질문의 답을 구하지 못했다.

누가 대량 구매를 하며, 이유는 무엇인가? 이틀간의 브레인스토밍을 통한 고객 개발 단계에서 GE는 다음과 같은 사실을 알게 되었다.

- 새로운 GE 배터리는 휴대폰 기지국과 데이터 센터의 백업 시스템, 이 두 분야 외에 많은 시장 세그먼트를 대상으로 해야 한다.
- 시장 선택을 검증하려면 더 많은 고객을 만나야 한다.
- 제품 매니저가 고객이 없는 스키넥터디(미국 뉴욕주 동부, 모호크Mohawk 강에 임한 도시)에 있는 본사에서 너무 많은 시간을 보내고 있다. 고객은 현장에 있다.
- GE는 전 세계에 고객층이 형성되어 있기 때문에 잠재 고객에게 다양한 방법으로 접근할 수 있다.
- GE처럼 새로운 기술을 출시할 때 필요한 얼리반젤리스트를 찾아야 한다. 얼리반젤리스트의 성향과 이들을 찾는 방법을 결정해야 한다.
- 고객 세그먼트별로 가치 제안은 어떻게 차별화가 되는지, 납 축전 공업용 배터리를 대체할 고성능 값비싼 제품에 대한 기회가 가장 높은 부분은 어디일지 이해하고자 현재까지의 발굴 데이터를 살펴보는 정식 프로세스가 필요하다.
- 고객이 제품을 구매하게 하려면 다른 비즈니스 모델에서 어떤 부분을 변경해야 하는가? GE 팀은 제품 기능, 제품의 요소 변경, 임대와 대안 금융 모델 제안과 같은 몇 가지를 생각해냈다.

프레스콧(GE 에너지 저장 부서 책임자)은 누구보다도 고객 개발을 빠르게 잘 이해했다. 에너지 저장 부서는 스타트업과 같았다. 사업계획과 수익 모델을 포함한 제품 라인의 확장 관리와 출시와 관련한 모든 규칙이 작동하지 않았다. 우선 비즈니스 모델에 대한 기본 가설부터 테스트해야 할 필요성이 있었다.

프레스콧과 팀은 미국, 아시아, 아프리카, 중동을 돌며 여러 잠재 고객과 영향력 있는 사람들을 만나며, 여러 새로운 시장과 애플리케이션을 알아보기 시작했다. 그들은 직접 프레젠테이션을 발표하기보다는 현재 배터리 상황에 대한 고객의 문제, 요구, 불만을 들으려고 노력했다. 전 세계의 다양한 잠재 고객들 사이에서 배터리 구매 방법, 사용 빈도, 작동 조건에 대한 자유로운 토론이 오갔다. 프레스콧은 고객 개발팀과 자신의 가족을 인도로 이주하면서 "제품을 판매를 하기 전까지 돌아오지 않겠다"고 했다. 실제로 그렇게 했으며, 자신의 목표 시장의 배터리 사용 방법, 제품 구매 시 고려할 요건에 대해 많은 정보를 얻을 수 있었다.

다양한 잠재 고객과의 대화를 통해 더 많은 시장의 세그먼트를 찾을 수 있었고, 아직 큰 비즈니스는 아니지만 제품의 고유한 기능 덕분에 특정 세그먼트의 사용자에게 더 많은 가치를 제공할 수 있는 약속을 할 수 있었다. 예를 들어 배터리가 차지하는 공간이 적고 친환경적이기 때문에 건물세가 비싸고, 커다란 납 축전 배터리들의 무게를 견디기 힘든 고층 건물의 오피스 빌딩에서 컴퓨터 시스템 백업 옵션으로 사용하기에 적합했다. 한 가지 예로, "가격은 중요하지 않으니 해당 제품을 주시오."라고 말하는 건축가를 만났다. 진정한 얼리반젤리스트였다!

절벽 계곡 앞에 서 있는 스타트업 리더들에 대항하는 제프 이멜트[Jeff Immelt]의 타이틀 '불굴의 기업가 CEO'처럼 매우 빠른 고객 발굴과 초기 검증을 이끌었다. 프레스콧의 상사인 GE 부사장 티나 도니코스키[Tina Donikowski]는 GE의 유명한 식스 시그마[Six Sigma]를 실행하기보다는 모든 스타트업이 해야 할 꼼꼼하고 객관적인 분석 프로세스를 진행하는 지표를 제공했다. 프레스콧은 일반적인 큰 기업의 틀에 잘 맞지 않는 사람들을 선택했다. 미지의 분야를 개척하려는 사람들을 선택했다.

아직 모든 것이 정해지지 않은 상황에서 회사는 높은 수익 목표에 도달하기까지 긴 여정이 남아 있다. '포춘 6'에 속한 열정적인 사업가들은 운영 6개월 만에 공장에 '판매 완료' 팻말을 내걸었다. 이러한 조짐은 한동안 꽤 좋은 찬스로 이어질 것이라 생각된다.

솔루션 테스트의 개요

전 단계에서는 고객의 문제나 요구를 테스트하고 문제나 요구에 대한 고객의 열정을 알아보았다. 이번 단계는 문제에 대한 솔루션(가치 제안)이 제품을 구매하거나 사용할 만큼의 고객 반응을 이끌어내는지를 테스트한다. 이 단계는 5단계로 구성되어 있다.

- 비즈니스 모델 및 팀 갱신: 전환이나 진행 시점
- 제품 솔루션 프레젠테이션 생성(물리적 채널)이나 완성도 높은 MVP 테스트(웹/모바일 채널)
- 고객에게 제품 솔루션 테스트(물리적 채널)나 고객 행동 측정(웹/모바일 채널)
- 비즈니스 모델과 팀 재갱신
- 초기 자문 위원회 구성원

→ 웹/모바일 스타트업의 경우, MVP 없이는 고객이 제안된 솔루션을 이해하기 어렵다(지금쯤 대부분의 스타트업의 경우 완성도 낮은 MVP가 준비되어 있어야 한다). 고객은 MVP를 통해 제품이 문제를 해결하는지 판단할 수 있다. 고객 의견은 온라인이나 실제 토론을 통해 받을 수 있다(이제 스크린샷이나 모형이 대신할 수 없다).

비즈니스 모델 및 팀 갱신: 전환이나 진행 시점

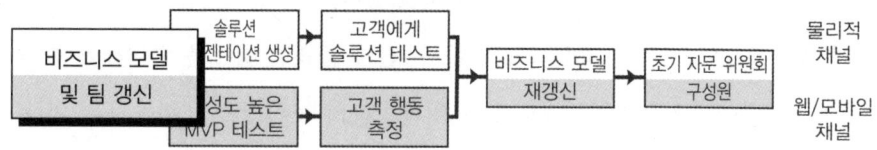

고객과 문제를 더 자세히 알게 되었다면 고객 개발 단계의 중요한 전환이나 진행을 고려해야 할 시점이다. 일부 스타트업은 이미 전환을 했지만, 모든 사업가는 이 단계에서 잠시 멈추고 모아둔 문제와 중요도에 대한 고객 의견을 검토해야 한다. 이러한 자료와 광범위한 고객 자료, 업계, 경쟁업체 보고서 등을 통해 고객, 고객의 생활 패턴, 시장, 회사가 해결하고자 하는 문제의 정보를 많이 얻을 수 있다. 이러한 분석을 통해 일부 비즈니스 모델 가설을 수정해야 할지 결론을 내릴 수 있다(하나 이상의 비즈니스 모델 가설에 중요한 변화가 있다면 이것을 전환이라 한다).

전환이나 진행의 의사 결정을 위해 주요 투자자와 회사 경영진(설립자, 부사장뿐만 아니라 임원과 매니저 포함)을 최대한 많이 모아두고 이 단계를 시작하도록 한다. 문제나 요구의 중요도와 심각성에 대한 고객 의견에 초점을 맞춰 모든 자료를 공유하도록 한다. 이것으로 제품과 시장 일치를 확인할 수 있다. 1단계에서 세웠던 가설이나 가정에 영향을 미칠 수도 있는 새로운 자료가 있을 수도 있다. 필요한 경우 가설이나 가정을 수정한다. 가치 제안, 제품 사양, 고객 분류, 가격, 수익 모델 가정이 변경될 수도 있다.

데이터 수집 시작

미팅 전에 고객 개발팀은 모든 고객 데이터를 모으고, 고객 프로토타입의 워크플로 맵을 만들어야 한다. 실제 미팅은 고객이 어떻게 일을 수행하고 누구와 소통해야 하는지를 설명해야 한다. 이를 통해 고객 가설을 실제로 확인할 수 있어야 한다. 시간과 돈을 쓰는 것을 포함한 고객의 비즈니스와 일상을 쉽게 설명할 수 있을 때까지 계속 다이어그램을 그리도록 한다. 초기 가설과 비교해서 설명한다. 기업 고객은 다이어그램으로 나타낼 수 있는 형식화된 조직을 가지고 있으며, 개인 고객은 외부의 영향력 있는 사람들을 참고하고 있다.

고객 워크플로와 반응을 자세히 설명한 후 진짜 중요한 정보를 수집해야 한다. 고객이 어떤 문제가 있는가? 문제로 인해 얼마만큼의 불편함을 느끼는가? 인터뷰한 고객이 '문제 척도'의 어디쯤에 위치해 있는가?

현재 고객은 어떻게 문제를 해결하고 있는가? 제품이 있을 때와 없을 때의 고객 워크플로를 그려본다. 차이가 크게 나타나는가? 고객이 제품을 사용할 때의 장점을 보고 제품을 구매하려고 하는가? 고객의 문제에 대해 알게 된 점은 무엇인가? 가장 놀라운 점은 무엇인가? 가장 실망스러운 점은 무엇인가?

모든 것을 질문하라

고객 개발팀이 고객의 문제를 발견하여 모든 자료를 제공하면 이제 재미있는 일을 진행하게 된다. 바로 가장 어려운 질문을 해보는 것이다. 고객과의 대화에서 얻은 모든 정보를 바탕으로 예비 제품 사양이 고객의 문제를 얼마나 해결할 수 있는가? 아주 정확한가? 다소 정확한가? 정확하지 못한가? 답변이 '다소 정확'이나 '정확하지 못하다'라면 다시 한 번 회사의 문제점을 짚어봐야 한다. 적합한 사람을 인터뷰하지 못했기 때문인가? 충분한 수의 인터뷰를 하지 못했기 때문인가? 중요한 질문을 하지 못했기 때문인가? 이러한 질문은 고객 개발 모델의 근간이 되는 가정으로 매우 중요하다. 제품을 변경하기 전에 고객의 관심도를 관찰한다. 제품을 구매할 고객이 없다면 기능 목록을 변경하는 것을 고려해야 한다.

고객과 대화하는 사람들은 해당 기능이 추가될 경우 제품을 구매할 고객을 늘릴 수 있는 기능 목록을 수집하려는 경향이 있다. 그렇게 하다 보면 10명의 고객에게 팔기 위해 필요한 10장짜리 기능 목록이 만들어진다. 반대로 고객 개발 단계에서의 목표는 수천 명의 고객에게 판매할 수 있는 한 문단의 기능 목록을 만드는 것이다.

적합한 목표 고객을 찾았으나 제품이 잘못되었다는 의견을 받는다면 어떻게 해야 하는가? 이런 경우 종종 변화가 필요하다. 제품에 변화를 주지 않고 기적이 일어나기를 바라지 말아라. 현장으로 나가서 제품을 구매할 다른 고객을 찾거나 제품의 기능을 바꾸는 것을 고려해야 한다.

고객의 문제 해결에 어느 정도 도움이 된다고 가정하면 제품의 가정과 사양을 확인한다. 고객 의견을 바탕으로, 1단계 기능 목록을 검토한다. 고객에게 각 기능의 중요도를 기준으로 우선 순위를 작성한다. 고객 개발팀은 기능들을 고객의 문제에 대응시킬 수 있는가? 대응시킬 수 없다면 이유는 무엇인가? 어떤 기능이 중요한지를 파악하는 것만큼, 어떤 기능이 중요하지 않은지를 파악하는 것도 중요하다. 고객이 어떤 기능에 별로 관심을 보이지 않는가? 제품 사양에서 빼도 좋을 기능이 무엇인가? 스타트업에서 고객 개발팀이 해야 할 일은 기능을 추가하는 것이 아니라 잠재 고객의 의견을 바탕으로 최소 기능 집합을 찾는 것이다.

다음으로, 제품 공급 일정에 대해 검토하고 동의를 얻도록 한다. 필요한 경우 1단계에서의 가정을 수정한다. 앞에서도 언급했듯이 비전 고객, 특히 기업 내 잠재 고객은 MVP가 아니라 전체 비전을 믿고 구매하는 것이다. 그들은 제품 공급에 대한 향후 18개월의 회사 계획을 알고자 한다.

> ❖ 얼리반젤리스트는 향후 18개월의 제품 로드맵을 알고자 한다.

마지막으로 다 함께 1단계 가설을 검토해본다(여기에는 모든 가설을 다 적어보는 것이 중요하다). 고객에게서 받은 모든 의견을 바탕으로 검토한다. 회사가 4가지 시장 유형 중 어디에 속하는가? 다른 점은 무엇인가? 경쟁 우위 요소는 무엇인가? 초기 가격과 공급 채널 가정이 아직도 유효한가? 영향력을 행사하는 사람에 대해 무엇을 알게 되었는가?

→ 이 단계는 웹/모바일 스타트업의 경우에도 동일하다. 이 경우 분석할 수 있는 행동 데이터가 더 많이 있다. 웹/모바일 스타트업은 문제 해결과 요구 충족에 대한 고객의 관심을 수치화할 수 있다. 이러한 분석에서는 2.5%나 3.2%의 고객이 관심을 보였는지에 대한 수치보다는 많은 고객이 해결하고자 하는 중요하고 심각한 문제인지를 판단하는 것이 중요하다. 온라인 문제 발굴이 작은 규모에서 이루어지기 때문에 고객 발굴 데이터는 제한적이다. 현재 데이터는 방향을 잡는 데만 도움을 줄 수 있다.

다음과 같은 현상은 문제나 요구가 크고 심각하다는 증거가 된다.

- 해당 문제를 겪고 있는 고객의 최소 10%가 문제 해결에 관심을 표현한다. 25%나 50%라면 더욱 좋다.
- 문제를 겪고 있는 대다수의 사람들이 친구나 동료에게 정보를 전달한다.
- 온라인 프로모션 점수가 적어도 50 이상이다. 더 높을수록 좋다(자세한 내용은 255페이지 참조).
- 전체 시장의 일부 세그먼트가 해당 문제나 요구에 대해 뚜렷한 관심을 보인다.

전환 또는 진행

채널에 관계없이 이 단계는 많은 전환이나 진행에 대해 첫 번째 결론을 내린다. 경영진과 투자자는 고객의 크기가 충분히 큰 규모의 해결하고자 하는 문제를 발견했다고 확신해야 한다. 그렇지 않다면 가치 제안을 다시 고려해보고 더 많은 고객이 관심을 보이거나 시급하게 생각하는 문제나 요구를 찾도록 한다. 많은 고객이 문제 해결을 원한다면 예상 제품 솔루션을 고객에게 발표하는 단계로 진행해도 좋다.

> ✥ 고객 데이터를 정리하는 것은 단순한 계산 문제가 아니다.

마지막으로 고객 데이터를 수집하고 정리하는 것은 단순한 계산 문제가 아니다. 단순히 질문에 대한 대답의 수를 더하는 것이 아니라, 데이터를 통해 배우고 통찰력을 가져야 한다. 무엇보다도 자신의 친구나 경쟁자보다 더 빨리 귀사의 제품을 가지려고 하는 많은 고객을 찾아야 한다.

[물리적] 제품 솔루션 프레젠테이션 생성

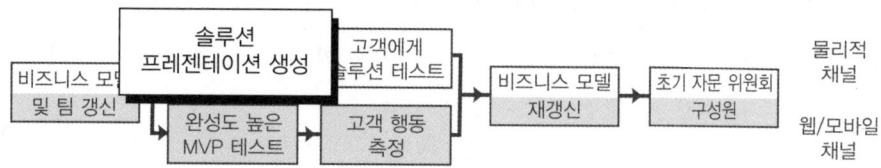

제품 개발과 고객 개발팀이 수정한 가설에 동의한 경우 다음으로 해야 할 일은 제품 '솔루션' 프레젠테이션을 준비하는 것이다. 프레젠테이션은 모금이나 채용을 위한 프레젠테이션이 아니며 2단계에서 고객에게 사용했던 문제 프레젠테이션과도 다르다. 이러한 슬라이드를 빼고 다시 시작한다. 프레젠테이션 제품에 대한 수정된 가설을 테스트하기 위한 것이다. 솔루션 프레젠테이션을 통해서 제품이 고객의 주요 문제나 요구에 적합한지 판단할 수 있다. 고객은 제품을 구매하거나 사용하면서 제품에 대한 관심을 나타낸다.

프레젠테이션 5개의 주요 제품 기능으로 해결할 수 있는 문제를 다뤄야 한다 (더 이상은 안 됨). 적절한 시기에 '제품 사용 전의 생활'과 '제품 사용 후의 생활'에 대한 이야기를 포함한다. 고객의 워크플로나 제품 사용 '전'과 '후'의 일상을 그려본다. 마케팅이나 포지셔닝적인 요소는 제외한다. 최소 향후 18개월간의 제품 비전(가치 제안 '비전' 가설)으로 프레젠테이션을 마무리한다.

프레젠테이션에서 즉각적으로 고객 의견을 받을 수 있는 시간을 남겨두도록 한다. 리허설을 한다. 프레젠테이션의 목적은 '판매'가 아니라 제품 판매가 가능한지를 알아보는 것이다. 많은 정보를 수집해서 제품을 실제로 판매할 때 고객들이 제품을 사고 싶어할 것이라는 확신을 갖도록 해야 한다.

제품과 솔루션 프레젠테이션의 개요

문제를 검토한다. 제품이 해결할 수 있는 문제와 솔루션이 중요한 이유를 청중에게 다시 한 번 설명한다. 문제 해결의 중요성을 다시 한 번 검증한다. 예상치 못한 결과가 나온다면 2단계로 돌아간다.

솔루션을 설명한다. 가능하다면 제품을 시연한다. 주요 컨셉이나 기능에 대한 스케치나 원형이 고객이 제품을 이해하는 데 많은 도움을 줄 수 있다. 잠시 멈추고 고객의 반응을 살펴본다. 제품이 문제를 해결할 수 있다는 것에 고객이 동의하는가?

새 제품 사용 전과 후의 고객 워크플로를 묘사한다. '제품 사용 전과 후' 워크플로를 검증한다. 고객사 내에서 솔루션의 영향을 받게 될 사람이 누구인지 묘사한다.

가치 방정식을 이해한다. 일부 고객은 주요 비즈니스 문제를 해결할 수 있는 제품이라면 기꺼이 지불하려고 한다. 가끔은 타사의 기능을 추가하여 가치를 높일 수도 있다. 가격 책정은 계속 유동적으로 진행하고 잠재 고객이 고려하는 주요 가치를 파악한다. 괜찮은 가격 기회가 있는지 살펴본다.

제품과 '솔루션' 프레젠테이션은 20분 이하로 진행한다. 다음 단계에서 프레젠테이션을 고객에게 설명하고 고객의 의견을 들어야 한다.

MVP가 아직 없다면 데모 또는 프로토타입을 사용하여 좀 더 효율적으로 토론한다. 패션 디자이너가 바이어에게 보여줄 실제 드레스 한 벌을 만드는 것, 자동차 회사가 디스플레이용 '컨셉 자동차'를 만드는 것, 장난감 회사가 바이어에게 보여주기 위한 최신 장난감과 게임의 스티로폼 원형을 만드는 것과 같은 이유다. 실제 제품과 유사할수록 더 정확한 고객의 반응을 얻을 수 있다. 이 과정은 특정 제품의 경우 다른 제품에 비해 훨씬 쉽다(예를 들어 보잉 787 제트 여객기를 프로토타입한다고 생각해보면 된다). 또한 MVP가 만질 수 있거나 사용할 수 있는 원형에 가까울수록 솔루션 프레젠테이션에 필요한 슬라이드 수가 줄어들 것이다.

[웹/모바일] 완성도 높은 MVP 테스트

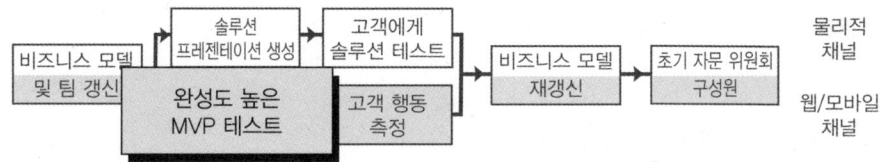

➜ '완성도 낮은 MVP 테스트(251페이지)'를 통해 문제나 요구에 대한 고객의 관심도를 파악했다. 이제 제품 구매나 제품 참여, 사이트나 앱을 사용할 것인지를 판단할 때다.

'솔루션 테스트'는 라이브 런치가 아니며 소프트 런치도 아니다.[1] 오히려 현재 개발 중인 MVP를 일부 고객만 초청해서 사용하게 해보는 것이다. 여기서 일부란 몇 천 명이 될 수 있으며, 이보다 많은 수의 고객이 참여한다면 좋은 신호다. 이들은 솔루션에 대해 좋게 평가하는 친구의 추천으로 온 고객들일 가능성이 높다.

> ✥ '솔루션 테스트'는 라이브 런치가 아니며 소프트 런치도 아니다.

큰 규모의 테스트가 목표는 아니다. 이 단계에서는 고객에게 문을 열고, 적당한 수의 고객을 모으는 것이 중요하다. 그리고 제품이 고객의 문제를 해결해줄 수 있을 것이라고 생각하는 열정적인 얼리반젤리스트를 많이 찾는 것이다(홈과 랜딩 페이지 MVP 개발에 대한 페이지는 363~364페이지 참조).

무엇보다도 고객 활성화의 '속도'를 주의 깊게 살펴봐야 한다. 속도란 무엇인가? 자동차를 예로 들면 "차가 얼마나 빠르게 움직이는가?"이다. 그러나 웹/모바일 비즈니스에서 '속도'란 다양한 의미가 있다.

- 고객이 활성화 전에 얼마나 많이 방문하는가?
- 얼마나 많은 친구에게 추천하는가?
- 추천을 받은 친구가 활성화하는 데 얼마나 시간이 걸리는가?
- 고객이 재방문하는 데 얼마나 시간이 소요되며, 빈도는 얼마나 되는가?

---

1 소프트 런치: 제한된 청중을 대상으로 하여 웹 사이트 한정된 공간에서 제품을 출시하는 방법 – 옮긴이

lefthandedprobowlers.com과 같은 틈새를 가진 버티컬 사이트나 일부 고객만을 대상으로 하는 고가의 엔터프라이즈 소프트웨어나 비싼 보석을 판매하는 경우에는 속도와 무관하다.

비공개나 공개로 진행 여부

고객의 반응을 테스트하고자 제품과 웹 사이트를 고객과 잠재 고객에게 공개하기 때문에 완성도 높은 MVP 테스트를 비공개로 진행할 수는 없다. 고객 개발과 비공개 진행은 서로 상반되는 부분이다. 비즈니스 아이디어가 직원 외의 사람들에게 비밀 유지 계약을 받지 않고는 공개할 수 없을 정도라면 이 책을 읽는 것이 많은 도움이 되지 않을 것이다.

공개 사이트나 앱은 경쟁사가 방문할 수 있으므로 솔루션을 테스트하는 동안에는 '초대한 사람만 방문' 가능한 사이트를 개설하여 접근을 통제하는 것도 좋다.

대부분 시장이나 업계는 탐사 저널리즘(Investigative Journalism)이 아니다. 지금은 언론 발표, 인터뷰, 블로그, 대중 시연 단계가 아님을 명심한다(잠재적 투자자에게 공개하는 것을 제외한다). 아직은 어떤 비즈니스를 하는지 스스로도 정확히 알지 못한다. 언론에서 먼저 연락한다면 간단한 이메일이나 전화로 회신하지 않도록 주의한다.

[물리적] 고객에게 제품 솔루션 테스트

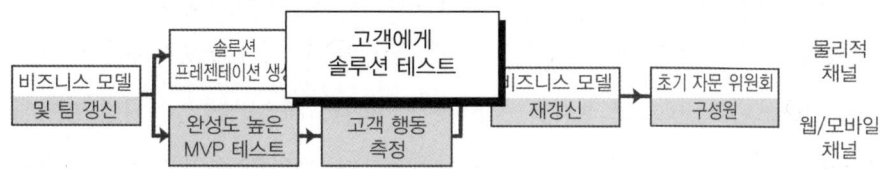

솔루션 프레젠테이션이 완성되면 어떤 고객을 초대할지 결정한다. '문제 발굴'을 할 때 이미 최소 50명의 잠재 고객을 만났을 것이다. 문제 프레젠테이션을 들었던 모든 잠재 고객에게 솔루션 프레젠테이션을 전달한다. 기존의 고객 범주를 넓혀 엔터프라이즈 소프트웨어 같은 복잡한 제품의 경우 적어도 10명의 잠재 고객을 포함하고, 소비자 제품의 경우는 더 많은 고객을 확보하도록 한다. 새로운 고객은 이러한 현상을 계속 지속될 수 있도록 해줄 뿐만 아니라 고객 검증 기간 동안 판매할 수 있는 기반이 된다.

이번에는 구매 결정을 내리는 사람들의 직책에 대한 기존 가정을 테스트한다. 이전에 정의한 고객 유형으로 돌아가서(105페이지), 각 유형에 해당하는 몇 명을 인터뷰하여 다양한 의견을 수집한다. 가능하다면 잠재 고객을 찾고 직책이 무엇인지 주의 깊게 살펴본다. 통화할 사람의 목록을 만들고, 소개용 이메일, 참조 사례, 세일즈 스크립트를 준비하고 현장으로 나간다.

솔루션 프레젠테이션

제품을 통해 해결할 수 있는 문제와 이 문제를 해결하는 것이 중요한 이유를 다시 한 번 대중에게 상기시킨다. 문제와 중요도에 대해 대중이 충분히 수긍했다면 준비한 솔루션 프레젠테이션을 발표할 시간이다. 프레젠테이션은 대부분의 창업가가 초반부터 기다려왔던 시간이므로 이미 준비되어 있을 것이다. 가장 큰 효과를 끌어낼 수 있는 방법으로 제품, 제품의 프로토타입이나 MVP를 보여주도록 한다.

이제 고객의 반응을 살펴본다. 솔루션에 대한 설명을 듣고 난 뒤, 고객이 솔루션을 통해 문제를 해결할 수 있다고 생각하는지 살펴본다. 다른 제품과 다르다고 생각하는가? 고객이 해당 제품이 새로운 시장을 만들 수 있다고 생각하는가, 아니면 기존 제품보다 더 낫다고 생각하는가(그렇다면 어떠한 이유에서인가)? 아니면 지루해하거나 미심쩍어 하는가? 다른 가설들도 확인해본다. 제안한 수익 모델과 가격에 대해 고객이 어떻게 생각하는가? 이러한 유형의 다른 제품의 가격대는 어떠한가?

방문 후 "보고서"(다음 페이지 '고객 발굴 리포트 카드 샘플' 참조)를 사용해 지속적으로 의견을 수집한다. 명심해야 할 것은 판매가 목적이 아니라, 고객이 제품을 문제 해결에 적합한 강력한 솔루션이라고 판단하는지, 다시 말하면 제품이 판매용으로 나왔을 때 고객이 구매할 만큼 경쟁력이 있는지를 판단하기 위한 것이다.

제품 구매 비용이 있는지 질문

비싼 B2B 제품에 대해 잠재 고객과 대화할 때 제품 구매 의사가 있는지 몇 가지 질문을 한다. "무료라면 이 소프트웨어를 회사 전체에 배포하시겠습니까?"라고 질문하고, 잠재 고객이 얼마나 문제에 대해 중요하게 생각하는지 판단해본다. 고객이 무료라고 해도 소프트웨어를 배포할 준비가 되어 있지 않다면 제품에 크게 흥미가 없는 사람이다. 제품 배포를 생각해보는 고객의 경우, 제품 배포 방법, 제품 사용자 수, 우선적으로 사용하게 될 그룹, 제품에 대한 평가 기준 등을 물어본다. 잠재 고객은 가끔 상상 속에서 구매할 소프트웨어를 설치하고 배포하는 생각을 할 것이다.

"예산은 확보되어 있는가?"에 대한 질문을 반드시 한다. 몇 달에 걸친 여러 번의 고객 미팅 후 세일즈 사이클에 예산을 확보한 부서가 없거나 연간 사이클의 새로운 자산 구매가 이미 종료되었다는 것을 알게 되는 것만큼 허탈한 경우도 없을 것이다. 제품 구매에 필요한 예산이 있는지, 어느 부서나 담당자가 예산을 담당하고 있는지 를 질문한다. 이 질문은 세일즈 로드맵을 구성할 때 매우 중요하다.

가격 질문

가격의 적정선을 알아본다. "100만 달러에 소프트웨어를 구매하시겠습니까?"라고 질문한다. 질문을 통해 대단히 유익한 정보를 얻을 수 있다.

AJAX 고객 발굴 리포트 카드

회사 이름_____ 날짜_____
담당자 이름_____ 직책_____ 인터뷰 진행자_____
업계 경력____ 회사명____ 상위 매니저 _ (해당란에 동그라미 표시) 승인/구매/판매에 영향
업계의 주요 문제: (우선 순위 순서대로)
1._____
2._____
회사 제품으로 해결할 수 있는 문제/해결할 수 없는 문제:
_____
주요 솔루션 요소: 가격-기능-구매의 용이성-사용의 편리함-교육-지원
주요 문제/필요성에 대해 느끼는 고객의 불편함(5 = 매우 불편): 1 2 3 4 5
고객의 현재 문제 해결 방법:_____
현재 솔루션에 대한 고객 만족도(5 = 매우 만족): 1 2 3 4 5
(해당란에 동그라미 표시) 임시방편 보유/문제 해결에 필요한 예산 확보/시도했으나 실패함/위에서 수정하라는 압박 있음/해결하고자 하는 새로운 문제나 다른 문제가 있음:
_____
새로운 제품이나 솔루션에 원하는 주요 기능이나 원하지 않는 주요 기능:
_____
"가장 이상적인 제품의 형태를 말해보세요."

회사의 새 제품 테스트/구매 프로세스
(담당자/승인/타이밍/입찰/기타):

제품 구매 방법과 장소:_____
새로운 제품에 대한 정보 수집 경로:_____
핵심 의사 결정자/시작 지점/다른 주요 인물:_____
예상 가격대: 범위/고객 추정치/경쟁사 제품:_____
_____
예상 추정치 개수(초반 범위):_____ - _____ 년 두 번째 범위:_____ - _____
예상 추정치 가격_____ % 확률_____ 판매 달_____ 직접/채널_____
인터뷰 대상(해당란에 동그라미 표시)
초기 잠재 고객/자문 위원회/업계의 영향력 행사자/제품에 부정적인 사람/C 레벨
다른 추천 인물: (이름)_____ (회사)_____
                        (이름)_____ (회사)_____
이 회사에서 알아봐야 할 다른 인물: (이름)_____ (회사)_____
                        (이름)_____ (회사)_____
후속 조치 기회:

(해당란에 동그라미 표시)
제품을 가지고 재방문/다른 사람을 만나러 재방문/데이터, 제품 사양 제공/샘플/주문 작성
마지막에 기억해 둘 조치:
다른 회사에 추천해주시겠습니까?, 다시 연락드려도 되겠습니까? 감사의 메시지 보내기

그림 6.1 고객 발굴 리포트 카드 샘플

고객 발굴 3단계: 현장으로 나가 제품 솔루션을 테스트해라

"애플리케이션을 구매하는 데 25만 달러 이상을 쓸 수 없을 것 같습니다."라고 말한다면 고객은 마음 속으로 제품을 구매한 것이다. 고객이 말하는 첫 번째 금액이 일반적으로 고객의 현재 예산이나 초기 구매 가격이 된다.

고객의 초기 구매 예산을 알게 되었다면 "(맞춤화나 설비 등) 전문적인 서비스에는 얼마 정도의 예산을 생각하십니까?"라고 질문한다. 대부분의 고객은 이 비용은 이미 예산에 포함되었다고 말한다. 그러나 일부는 원래 예산에 추가로 비용을 더해서 말할 것이다. 그렇다면 매년 추가로 더 비용을 낼 의향이 있는지 묻거나 "어떤 점이 개선된다면 비용이 2~3배 높아져도 괜찮습니까?"라고 질문한다.

고객들과 이러한 대화를 몇 번 거치다 보면, 평균 판매 가격과 고객 생애 가치를 이해하게 된다.

채널 질문

배포란 무엇인가? 고객들에게 가장 구매하고 싶은 방법에 대해 질문하여 채널 가정을 테스트한다. 소매점? 온라인? 직판? 판매업자? 이러한 질문에서부터 시작해서 시간이 허락한다면 마케팅을 통해 고객에게 접근할 수 있는 방법에 대해 찾아본다. 다음 질문을 통해 연구한다.

- 이와 같은 제품에 관심이 있다면 해당 정보를 어떻게 얻습니까?
- 유사한 새 제품에 대한 정보를 어디서 찾으십니까?
- 구매 전에 다른 사람들의 의견을 물어봅니까? 그렇다면 누구에게 물어봅니까?
- 귀하나 귀사 직원은 무역 박람회에 참석하십니까?
- 구독하고 있는 업계 잡지나 저널은 무엇입니까? 비즈니스 간행물은 어떤 것을 보고 계십니까?
- 소비자 제품의 경우, 종합 간행물, 신문, 블로거, 웹 사이트 중 고객들의 반응이 좋은 것이 무엇인지 질문한다.

획득, 유지, 성장 질문

다음으로 고객의 제품 구입 프로세스를 검증한다. 기업 제품의 경우 다음과 같은 질문을 한다. "귀사의 제품 구매 방법은 무엇입니까? 승인 절차는 어떻게 됩니까? 담당자는 누구입니까?" 소프트웨어 창업가는 포춘지 선정 500대 기업이 5년미만 스타트업 기업의 소프트웨어 구매를 자동적으로 거절하고, 이들이 매우 빨리 사라지고 말 것이라고 믿음을 알아야 한다. 소비자 제품의 경우 구매 프로세스를 이해해야 한다. 충동 구매인가? 유명한 브랜드만 구입하는가? TV에서 광고하는 제품인가?

프레젠테이션 조언

자연스럽게 프레젠테이션하는 몇 가지 조언을 살펴본다.

- 각 솔루션 인터뷰에서 준비한 질문을 모두 하지 않는다. 일부 고객들은 제품의 여러 면 중 한 가지 면에 대해 더 자세히 알고 싶어한다.
- 전체 그룹 미팅보다는 일대일 토론을 선택한다. 훨씬 자세하고 진지한 의견을 듣게 될 것이다.
- 구매 관심도에 따라서 토론을 개괄적인 세일즈 파이프라인으로 전환한다.
- 새로운 기능을 추가하는 것보다는 불필요한 기능을 찾아서 작동을 멈추거나 삭제하는 것이 낫다. 현재 목표는 MVP다!

첫 번째 프레젠테이션에서 고객들이 이러한 모든 정보를 공유할 것이라고 기대하거나, 고객들이 모든 질문에 대해 답변할 만큼 충분한 지식이 있다고 기대하는 것은 너무 낙관적이다. 모든 고객 방문에서 했던 질문에 대한 답변을 축적하려고 노력한다. 이 단계를 완료하면 고객의 문제와 제품에 대한 고객의 관심 수준을 매우 잘 이해할 수 있다.

채널을 만나보라

간접 판매 채널의 형태가 포함될 경우, 하나 이상의 그룹은 잠재적인 채널 파트너가 알아야 하는 솔루션 프레젠테이션을 이해할 필요가 있다. 채널 파트너와 공식적인 형태로 계약을 하기에는 너무 이른 단계라면 파트너를 만나서 그들이 판매하려는 제품을 이해하도록 한다.

- 채널 파트너들이 초기 고객으로부터 듣거나 보아야 하는 것은 무엇인가?
- 고객들이 채널에 접근하는 방법은 무엇인가?
- 우선적으로 판매하고 싶은 제품 유형에 속하는가?
- 비즈니스 출판물의 기사, 제품 리뷰와 전화해서 제품을 주문할 고객을 원하는가?
- 재고 관리 비용, 환불 보장, 더 나아가 팔리지 않은 제품을 반납할 수 있는 '판매 보장' 정책과 같은 재정적 장려책을 원하는가?

채널 파트너는 새로운 제품의 시장 위치나 가격을 결정하는 방법을 마술처럼 알지 못한다. 기존 시장이 있는 제품의 경우 "이전에 판매하던 다른 제품과 동일하지만 더 빨리 판매될 것입니다."라고 말하면 충분하다. 재분류된 시장이나 새로운 시장의 경우 간접 채널은 제품을 포지셔닝하는 방법을 잘 이해하지 못한다. 채널 파트너의 동기와 인센티브를 이해하고, 기능, 가격 결정, 판매 기회와 기타 사항에 대한 의견을 받는 데 시간을 할애해야 한다.

채널 파트너의 비즈니스 모델을 이해할 필요가 있다. 채널 파트너의 비즈니스 모델이 명확하지 않으면 파트너가 주문할 수량이나 고객에게 부과하는 가격을 알 수 있는 방법이 전혀 없기 때문이다. 다른 회사들의 사례를 참고한다. 여러 경영자를 점심 식사에 초대하고 이윤과 할인을 질문한다. 일어날 수 있는 가장 안 좋은 일은 이들이 정보를 공개하고 싶어하지 않는 경우다. 이러한 모든 사항을 염두에 두고, 채널/서비스 파트너 프레젠테이션을 기획하고 파트너의 이익을 강조한다. 파트너들은 대개 이윤 이상을 창출할 수 있는 것들, 예를 들면 설치해야 하는 제품, 서비스나 종이, 복사기 토너 등의 소모품을 지속적으로 공급해주는 것을 가장 좋아한다. 마지막으로 상품을 시중에 대대적으로 깔아서 대화를 시작하고, 그들의 비즈니스를 배운다.

- 기업들이 파트너들과 관계를 확립한 방법은 무엇인가?
- 유사한 제품에 대한 고객들의 의견을 듣고 있는가?
- 잠재적인 파트너가 돈을 버는 방법은 무엇인가? (프로젝트별? 시간당? 소프트웨어 재판매?)
- 비즈니스의 다른 모델들과 비교했을 때 이번 비즈니스 모델은 어떠한가?
- 이들이 관심을 가질만한 최소한의 거래 금액은 얼마인가?
- 화이트 보드에 그림을 그릴 수 있을 만큼 각 채널 파트너의 비즈니스 모델을 잘 이해한다.

[웹/모바일] 고객 행동 측정

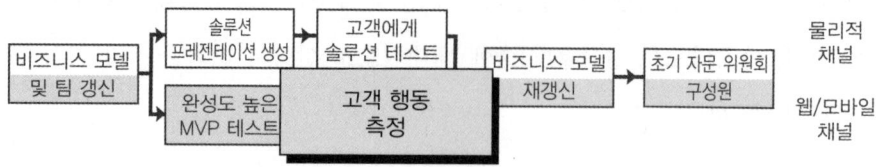

→ 이전 단계에서 완성도가 높은 MVP 테스트를 통해 출시된 제품이나 웹 사이트, 앱에 참여시키려고 고객 초대를 시작한다. 목표는 고객에게 판매하는 것이 아니라(실제로 두 번 이상 판매되었다 하더라도) 제품에 대한 고객의 열정 수준을 측정하는 것이다. 고객이 도착하면 고객의 행동을 모두 측정한다. 예를 들면 고객의 유입 경로는 무엇인지, 어떤 것을 클릭하는지, 무엇을 하고 얼마나 오랫동안 머무르는지 등을 측정해서 이러한 행동을 몇 가지로 분류한다. 이러한 작업은 결코 통계 작업이 아니며, 올바른 측정 지표를 이해하기 위한 프로세스다.

 신중히 진행하라: 이것은 개요와 지침서일 뿐이다. 모든 것을 실행할 수 있다거나 앉은 자리에서 이를 진행할 수 있는 방법은 없다.

열정을 측정하라

대부분 제품이나 앱, 사이트에 대한 '열정 지표(enthusiasm indicators)'가 핵심이다.

구매: 전자상거래와 구독 사이트 사이에서 명백하게 관심을 증명하는 행동이다. 초기 단계에서 판매 가능한 제품이나 서비스인 경우(MVP도 포함)에 구매 행동은 측정하기가 가장 쉽다. 판매할 수 없는 경우라면 제품을 사용할 수 있는 시기나 제품에 대한 자세한 정보를 알기 위해 등록하려는 고객의 의지를 측정할 수 있다.

참여: 사용자가 첫 방문 후에 얼마나 자주 다시 방문하는가? 다면 시장과 기타 광고가 지원되는 사이트는 사용자가 자주 방문하는지를 알아야 하며, 수익을 이끌어내는 페이지 뷰를 생성해야 한다. 사용자가 하루나 일주일에 5번씩 방문한다면 조짐이 좋다. 한 달에 5번 방문한다면 확장 가능한 비즈니스는 되지 못한다. 한 번에 1,000명의 고객이 방문한다면 얼마나 많은 사람들이 자주 방문할 것인가? 예를 들어 극히 드물게 방문

하거나 방문하지 않는 사람들과 서로 다른 사람들을 비교해야 한다. 사용자 참여 수준을 결정하고자 자세히 살펴본다.

- 사용자들은 얼마나 자주 방문하는가?
- 얼마나 오랜 시간 머무르는가?
- 사이트나 앱을 이용할 때 얼마나 적극적인가?
- 자주 방문하는 사람들의 특징은 무엇인가?(프로그래머, 십대, 은퇴자, 주부인가?)
- 비용 효율적인 더 많은 사람들을 찾을 수 있는가?

낮은 참여 사이트(Weather.com, bing.com)나 앱(팁 계산기 또는 포스퀘어)의 경우, 고객들은 앱이나 사이트를 방문해서 원하는 것을 검색하고 수분 이내로 떠난다. 이러한 사이트와 앱의 경우에 열정을 알아보려면 사용 빈도를 측정해야 한다. 사용자가 한 달에 한 번 방문한다면 거의 가치가 없다는 것이다. 앱을 하루에 수십 번 사용한다면 다면화된 강력한 시장일 것이다. 참여가 낮은 사이트는 우선 빈도를 측정해야 한다.

> ❖ 유의미한 방문 빈도나 사이트 이용 시간을 조사한다.

참여가 높은 사이트(예: 멀티 플레이어 게임, 소셜네트워크, 컨텐츠가 풍부한 사이트)의 경우에는 유의미한 사이트 이용 시간인 고정 방문객의 비율을 조사한다.

- 등록
- 프로필 작성, 글 작성
- 덧글 달기
- 사진 업로드
- 친구 초대

유지: 대부분의 앱이나 사이트의 경우, 유지는 고객 열정의 중요한 측정 요소다. 고객 발굴 단계에서 기간이 상대적으로 짧은 경우에는 유지를 측정하기가 어렵다. 그럼에도 불구하고 고객 발굴 기간이 2달 동안 진행된다면 유지는 일정한 짧은 기간에 대해서만 측정될 수 있다. 행동 패턴에 주목한다. 감소(유지의 반대 의미)의 명확한 두 가지 형태인 구독 취소와 종료를 측정한다. 활동 정지, 특히 모바일 앱에서의 활동 정지는 감소를 서서히 보여주는 형태다. 앱을 지우지는 않지만 결코 사용하지도 않는다.

추천: 사이트 방문자나 MVP 사용자가 친구를 추천하는가?

- 다른 사람들에게 추천하는 비율이 어떻게 되는가?
- 한 명, 두 명, 여섯 명, 열 명에게 추천하는가?
- 누구의 추천을 통하면 사용자의 참여가 높은가?
- 헤비 유저나 추천인으로 나타나는 추천은 무엇인가?

freecash.com의 운영자는 웹 사이트가 이 이름으로 운영된다면 거의 무한대에 가까운 추천을 얻을 수 있다고 생각했을 것이다. 높은 추천 수는 제품에 대한 열정을 나타내며, 다수의 고객이 다른 고객들의 추천으로 방문하기 때문에 낮은 고객 획득 비용으로 나타난다. 둘 다 잠재적인 성공의 좋은 지표다.

통과/실패 테스트 수행

모든 테스트에서 이전에 개발한 통과/실패 지표가 있어야 한다. 하지만 단순히 점수를 얻는 데 그치지 말고 위대하거나 엄청난 반응과 활동을 살펴본다.

통과/실패 테스트에 대한 답변은 이진법으로 다음과 같은 정의를 따른다. (50% 이상의) 고객들이 좋아하는가? 스타트업의 제품은 고객 검증 단계로 이동할 만큼 고객들에게 충분히 흥미로운가? (수치 기입)

얼마나 많은 고객들이 충분한 숫자인지, 회계사가 아닌 경우와 창업가인 경우에 대한 복수 질문을 살펴본다.

몇 천 몇 만 방문객의 행동을 힘들여 측정할 때, 상세한 스프레드 시트와 분석은 고객 검증 과정에서 굉장히 유용하다.

현재 Job No.1은 확립된 선행 투자와 비즈니스 모델을 고려한 성공적인 기준을 갖춘 테스트가 유효하다고 확신한다. 예를 들어 주문을 받기 위해 페이스북에서 50달러의 광고료를 지불해야 할 경우, 제품의 가격이 200달러라면 괜찮다. 하지만 제품의 가격이 49.95달러라면 그다지 좋지 않은 투자다. 따라서 테스트를 '통과'할 때 성공적인 비즈니스 모델에 대한 각 통과 등급에 점점 가까워진다.

> ❖ 얼마나 많은 고객들이 충분한 숫자인지, 회계사가 아닌 경우와 창업가인 경우에 대한 복수 질문을 살펴본다.

얼리반젤리스트 수에 대한 질문에는 확실한 대답이 필요하다. "그렇다, 제품을 구매하기에 충분히 관심이 있고 열정적인 얼리반젤리스트를 찾을 수 있다."(이들은 고객 개발의 다음 단계를 통해서 제품 개발과 마케팅으로 안내된다.)

사람들을 제품으로 몰고 가는 것을 다음과 같은 사항에 대해 확신을 가질 때까지 멈추지 않는다.

- 필요성이나 문제에 대한 진지한 관심을 표명한 사람들 중 실제로 제품 탐색의 초대장을 승낙한 사람은 몇 명이며, 실제로 행동에 참여한 사람은 몇 명인가?
- 별로 관심이 없거나 전혀 관심이 없는 사람들 중 제품을 탐색하거나 참여하려고 한 사람들은 몇 명인가?
- 이러한 각 그룹들 중 다른 사람들에게 이야기할 사람들은 몇 명이며, 몇 번이나 이야기할 것인가?
- 각 질문에 대해 절대적인 수와 상대적인 수 둘 다를 기준으로 대답한다.

예를 들어 초대장을 2천명이나 2십만명에게 보냈는데, 단지 1,000명의 사람들만 나타났는가? 이러한 사실이 함축하는 의미는 분명하다.

이메일이나 애드워즈, 트위터, 전령 비둘기와 상관없이 초대장 세트는 최대한의 효과를 위해서 여러 번 전송되어야 한다(369페이지의 이메일 폭포 참조). 트래픽 또는 참여도가 적절치 않으면 메시지 전달 방법의 변경을 고려한다. 그렇지 않으면 메시지 전달 방법이 안 좋은 건지, 제품이 흥미롭지 않은 건지 아무도 알 수 없다.

테스트 결과를 신중하게 측정한다

MVP 자체로 고객의 행동을 측정하는 것은 매우 중요하다. 사용자 수가 적다면 트래픽과 사용자 활동만으로 측정하지 말고 트래픽 출처와 획득, 활성화 비율도 측정한다. 제품이나 사이트에서 사용자는 얼마나 많은 시간을 보내는가? 방문객들은 첫 번째로 방문했을 때 등록하는가? 아니면 두 번째나 세 번째로 방문했을 때 등록하는가? 추천율(아마도 열정의 가장 중요한 측정 수단)도 마찬가지로 자세하게 측정되어야 한다. (가이드라인은 4장, 204페이지 시작 부분에서 찾을 수 있다.)

> ❖ 통과 점수를 얻는 데 그치지 말고 열정적인 반응과 행동에 주목한다.

데이터를 수집하고 주의 깊게 분석한다. 트래픽 출처, 가장 많거나 가장 적게 참여한 고객 유형, 가장 많은 고객을 추천한 사람 및 기타 단서들에 대한 통찰력을 얻는다. 데이터는 다음 단계에서 자세하게 검토될 것이지만 한 가지 중요한 것에 주목한다. 고객 검증 단계로 이동할 수 있을 만큼 제품에 관심이 있는 충분한 사람들을 찾았는가?

채널 데이터를 조사한다: 웹/모바일 제품 영역에서 채널은 아마존닷컴과 같은 리셀러이거나 앱 스토어나 아이튠즈, 게임스톱(GameStop), CDW, 어그스터(yugster)와 같은 통합 리셀러 웹 사이트다. 이러한 채널과 상호 작용하여 해당 사이트의 초기 접촉에서 실제 판매가 시작될 때까지 걸리는 기간, 지불 약관 등의 새 제품을 다루는 규정을 이해한다. 엄청난 규모의 앱과 소프트웨어 판매를 다루기 때문에 가격 결정 및 포지셔닝과 같은 핵심 이슈에서 이러한 리셀러들의 실행 방법은 엄청나게 유용할 수 있다.

고객 발굴 단계에서 숫자 자체는 종종 전혀 강력하거나 흥미롭지 않을 수 있다. 출시를 포기하기 전에 앱이나 사이트가 특정 지지 집단이나 고객 세그먼트(십대 소녀, 사이트 첫 방문객, 나이 든 골퍼) 중 일부의 관심을 끌었는지를 결정하기 위해 더 깊게 살펴본다. 가장 자주 방문하는 사용자들이 공통적으로 공유하고 있는 특징은 없는지 알아보기 위해 이들로부터 데이터를 발굴한다(가장 자주 방문하는 사용자들이 많지 않다면 더 쉽다). 민주당이거나 미식 요리사이거나 전문 직종에 종사하는 젊은 도시인인가? 그렇다면 총 인구의 작은 하위 집단으로부터 훨씬 더 많은 관심과 개입을 얻을 수 있을 것이라는 희망을 가지고 마케팅 메시지와 청중 타깃팅을 반복하는 것을 고려한다.

또한 다면화 시장은 시장의 다른 '측면'인 사이트나 애플리케이션에서 집계된 청중과 접촉하기 위해 돈을 지불할 사람들과 초기 대화를 수행해야 한다. '돈을 지불하는 사람들'은 광고를 어떻게 사는가? 그들이 지불하고 싶어하는 것은 무엇인가? 프로세스는 얼마나 걸리며, 대화가 시작되는 시점은 언제인가? (다면화 시장의 '다른 측면'에 대한 자세한 논의는 155페이지 참조)

비즈니스 모델 재갱신: 그밖에 전환이나 진행 시점

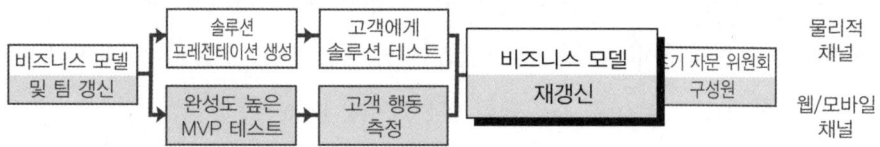

이제 고객 발굴 '솔루션' 결과의 마지막 단계를 반영하고, 이러한 결과가 비즈니스 모델에 어떠한 영향을 주는지 알아보고자 비즈니스 모델을 갱신할 시기다. 다음 단계에서 비즈니스 모델을 아주 자세히 살펴볼 것이므로 지금 단계는 '조율tune up'이라고 생각한다.

여기서 제품에 대한 고객의 열정에 초점을 맞추고, 고객의 의견이 아니라 통과/실패 결과에 대해서만 대화가 이루어져야 한다.

➡ 웹/모바일 스타트업의 경우, 아래의 논의와 같이 대화에서 데이터는 매우 중요한 역할을 한다.

❖ 비즈니스 모델은 정기적인 갱신을 거쳐야 한다.

고객의 엄청난 열정을 조사한다

제품이나 제품이 해결해주는 문제에 대한 반응이 미지근하다면 자동적으로 고객 검증으로 진행하면 안 되고 반복이나 전환이 필요하다는 심각한 빨간색 위험 경고라는 점을 기억할 시기다. 제품에 대해 광적이거나 상당히 열정적인 반응을 보이고, 제품이 중요한 비즈니스 문제를 해결해줄 것이라고 굳게 믿거나 고객의 우선 순위가 매우 높다고 답변한 방문자의 숫자뿐만 아니라 비율에 대해서도 논의한다.

당장 달려와서 제품을 구매할 것이라고 예상되는 고객의 수에 대한 팀의 정직한 평가는 무엇인가? 친구나 직장 동료에게 제품에 대해 말할 사람들은 몇 명인가? "완전하거나 완벽하지 않아도 상관없습니다. 지금 사고 싶습니다."라며 투표에서 가장 높은 확신을 보여준 사람들이 있는가? (숫자가 많은가?)

고객 반응을 다음과 같은 주요 카테고리로 분류하여 대화를 시작한다.

- 카테고리 1: 고객들이 제품을 명백히 사랑하며, 제품 변경이 필요하지 않다.
- 카테고리 2: 고객들이 제품을 좋아하긴 하지만 시작 단계에서 추가 기능을 원한다는 것을 일관되게 들었다.
- 카테고리 3: 오랜 설명 끝에 고객들이 제품을 이해할 수 있지만, 구매하려는 사람은 아무도 없었다.
- 카테고리 4: 고객들이 제품을 별로 필요로 하지 않는다.

대부분의 고객이 카테고리 2에 속한다면 축하한다! 비즈니스 모델 구성 요소를 '추가'한다면 (다음 단계에서 검토될 예정), 고객 검증 단계로 이동할 때가 된 것이다.

채널에 관계없이 고객 발굴은 초기에 정의한 대로 제품의 시장을 찾는다. 카테고리 2에 가장 위험한 고객 반응이 포함된다. "우리는 추가 기능이 필요합니다." 이전에 강조한 대로, 중요하지 않은 기능을 아는 것은 어떤 기능을 우선적으로 장착할 것인지를 아는 것보다 더 중요하다. 카테고리 1의 확신에 찬 답변을 얻으려면 제품 개발에 훨씬 많은 노력이 필요하므로 고객 반응과 개발 시간의 균형을 가져야 한다. 왜 그런 것인가? 다음과 같은 농담은 사실이기 때문이다. "보통 사람들은 제품에 문제가 생기면 원래 그렇다고 생각하고 고치지 않는데, 엔지니어는 고장나지 않으면 아직 기능이 갖춰지지 않아서 그런 거라고 생각한다."

엔지니어의 본능은 기능을 계속 추가하는 것이다. 하지만 고객 발굴은 MVP를 유료 고객들의 손에 가능한 빨리 전달하기 위한 경주이다. 따라서 기능이 적거나 '그 정도로 충분한' MVP는 한 달을 허비하는 것보다 훨씬 나으며, 일주일간의 고객 의견의 가치가 있다. 어떠한 기능이 연기 가능한지 물어본다. 어떤 기능이나 특징을 어떤 순서대로 추가하는 것이 좋은지 결정할 때는 초기 고객들의 도움을 받는다. 적합한 고객의 말을 귀담아 듣는 것은 어떤 채널에서도 성공할 수 있는 높은 가능성을 가지고 제품 전략을 기획할 수 있게 한다.

→ 웹/모바일 채널에서 팀은 초기 고객이라는 거대한 우주에서 아주 작은 행동 데이터를 검토해야 한다. 기능에 대한 질적인 논의도 이루어져야 하지만 모든 논의는 대개 고객 행동에 대한 확실하고 객관적인 사실을 기반으로 이루어지며, 데이터는 모든 논의의 핵심 요소다.

논의해야 할 몇 가지 요소는 항상 절대적인 숫자와 비율이어야 한다.

- 일일이나 주간 페이지 뷰, 시간에 따른 이러한 페이지 뷰의 성장률
- 사이트나 제품에 대한 평균 소비 시간이나 페이지 뷰
- '증체율'이나 다음 방문에서 방문자가 사용하는 시간/페이지 뷰가 늘어나는 데 걸리는 시간
- 열렬한 사용자와 평균 사용자의 반복 방문 횟수: 반복 방문 횟수 사이의 시간 간격과 '증체율'이나 방문 간격의 측정 가능한 감소
- 초대되거나 해당 사이트를 알고 있는 고객 수 및 비율
- 방문자 – 등록 사용자, 등록 사용자 – 활성화된 사용자, 활성화된 사용자 – 적극적인 사용자 사이의 전환율
- 추천율과 전염성: 친구를 추천한 초기 사용자의 숫자와 비율, 추천한 사람 수, 등록하거나 활성화하거나 적극적으로 개입한 친구의 수

✧ 미지근한 고객 반응은 심오한 문제를 나타낼 수 있다.

위의 여러 가지 범주에 해당하는 숫자가 다소 적을 수 있지만 고객 발굴 프로세스는 유한한 수라기보다는 방향성에 가깝다. 솔직히 말해 초특급 비즈니스 성공을 가져오는 요소인 널리 퍼진 고객 열정을 찾는 것이다. 충분한 고객 열정이 있는지, 고객 검증의 더욱 엄격한 테스팅을 수행하기에 충분할 만큼 긍정적인 의견이 있는지 확인한다.

이것은 창업가의 경험과 '직감'이 진행과 중지를 결정할 때 필요한 안내서다. '진행'에 대한 가장 확신이 서는 논의에는 많은 활성화와 방문자 수, 반복 방문 수, 친구, 동료

에게 추천하는 더 많은 사람들을 보여주는 통계가 포함된다. 따라서 통계가 대화를 이끌어간다면 리더의 본능은 의사 결정을 한다. 이것이야말로 노련한 기업가, 조언자, 투자자가 중요한 공헌을 할 수 있는 잠재력을 가진 영역이다.

카테고리 3, 4의 답변은 제품을 사려고 하지 않거나 필요성을 알지 못하는 경우는 고객 발굴의 첫 번째 단계에서 전형적으로 나타난다. 적어도 심각한 고려가 필요하며, 실패로 가는 죽음의 행진곡을 계속 이어가기보다는 처음부터 1단계를 다시 시작해야 하는 전환도 필요할 것이다. 이는 상당히 어려운 이사회 소집을 하게 할 수 있지만, 투자자와 회사 둘 다에게 종종 중요한 전환점이다. 기술 제품의 경우, 미지근한 고객 반응은 심오한 문제를 나타낼 수 있으며, 대개는 제품의 시장 적합성이 부족하다는 특징을 보인다. 제품이 진출할 시장이 충분하지 않거나 시장은 거대하지만 제품에 대한 확실한 수요가 없을 수 있다.

제품 재포장: 전환 전략

다른 이슈로는 종종 포지셔닝이 언급되지만 좀 더 정확히 설명하자면 '제품 재포장'이라 할 수 있다. 제품 재포장은 대부분의 기술 스타트업이 일정 시점에서 다루어야 하는 문제다. 기술 지향적인 스타트업의 첫 번째 제품은 대개 초기 제품 개발팀에서 결정된다. 제품 개발팀은 종종 고객이 원하는 것이 무엇인지, 고객들이 제품을 사고 싶어하는 경로는 무엇인지에 대해 완벽한 느낌을 가지지만 대개의 경우는 느낌에 그친다. 제품 개발팀이 고객에게 친밀하게 연결되지 않았다면 초기 제품 구성은 고객 개발팀에 의해 개선될 필요가 있다. 핵심 기술은 정확히 맞을 수 있지만 고객의 요구나 구매 선호도와는 일치하지 않을 수 있다. 모놀리식 단일 소프트웨어 패키지는 판매하기에는 너무 비싸거나 너무 복잡하다. 제품 기능을 재구성하는 기술 재포장을 통해 문제를 해결할 수 있다.

제품 개발팀이 제품을 다시 엔지니어링할 필요없이 모듈이나 구독 서비스로 판매하거나 더욱 세분화된 버전으로 판매될 수 있다. 이 문제는 고객 발굴 단계에서 찾아서 해결해야 하며, 그렇지 않을 경우 기업의 생존 능력에 영향을 미칠 수 있다.

비즈니스 모델 캔버스 재갱신

채널과 상관없이 이러한 일련의 분석과 논의는 거의 확실하게 비즈니스 모델의 일부 가설에 영향을 미친다. 가장 영향을 받기 쉬운 것은 가치 제안이다. 첫 번째 '솔루션 발굴' 노력은 사람들이 제품이 문제를 해결하며 구매하기에 매력적이라고 생각하는지 여부를 알아보는 데 도움을 주기 때문이다. 그렇지 않을 경우, 가치 제안은 조정해야 할 가능성이 가장 높은 대상이며, 이에 따라 일부 기능을 더하거나 뺀다.

일부 세그먼트에서는 제품이 널리 퍼지지만 일부 세그먼트에서는 그렇지 않을 수 있기 때문에 고객 세그먼트를 검토해야 한다. 예를 들어 의도한 시장의 일부 하위 집합(남자는 해당하지만 여자는 해당되지 않음, 관리자는 해당하지만 직원들은 해당되지 않음)에서만 제품이 관심을 유발한다면 고객 발굴은 수익 흐름 가설에도 영향을 미친다. 다음 단계에서 비즈니스 모델을 신중히 검토할 것이며, 이는 고객 발굴 '솔루션'의 최신 결과를 반영하기 위해 모델을 갱신하여 조율하는 것으로 생각하면 좋다.

초기 자문 위원회 구성원

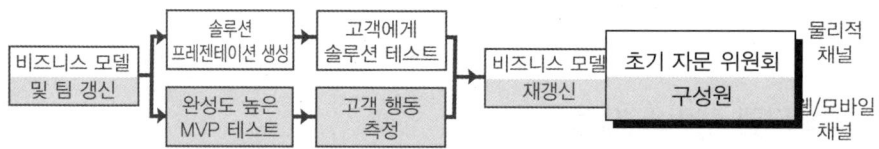

창업팀과 다름없이 중요한 역할을 할 수 있지만 상근직으로 고용할 수 없는 회사 밖의 귀중한 사람들이 종종 조언자를 자청한다. 이러한 조언자들은 기술적인 문제를 해결하고, 핵심 고객을 소개하고, 해당 분야의 지식을 제공하며, 비즈니스 전문 지식과 지혜를 공유하는 데 도움을 줄 수 있다. 고객 발굴 과정에서 고객과 분석가들을 만날 때, 모든 이들은 자문 위원회의 구성원이 될 수 있다고 생각한다.

제품 개발은 제품을 디자인하고 구축할 때 특정 도움을 줄 수 있는 일부 조언자를 모셔야 하며, 이전에 스타트업을 경험했던 비즈니스 멘토도 도움이 될 수 있을 것이다.

일반적으로 군중들 속에서도 한 두 명의 고객 의견이 두드러진다. 이들을 점심이나 저녁 식사에 초대하고 도움을 주는 데 관심이 있는지 알아본 후 조언을 구하면서 개입시킨다. 자문 위원회 프로세스는 이후의 고객 검증 과정에서 형식화한다. 자문 위원회 구조와 조직 관련 자세한 정보는 394페이지를 참조한다.

7장

고객 발굴 4단계:
비즈니스 모델 검증과 전환, 진행

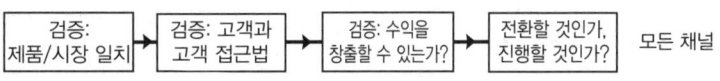

고객 발굴 과정을 통해 가설(또는 추측)을 정량적 데이터에 기반한 사실로 바꾸었는가? 고객 검증을 진행해도 좋은 시점이라고 믿고 있는가? 즉, 비즈니스 모델을 확장할 수 있을지 여부를 테스트할 시점이라고 생각하는가?

다음의 세 가지 중요한 질문에 대해 고려해야 한다.

1. 제품/시장 일치Product/Market Fit를 발견했는가? 해당 문제 해결에 대한 충분한 수요가 있는가? 고객 입장에서 생각해볼 때 제품이 고객의 요구를 충족시킬 수 있는가?

2. 대상 고객은 누구이며 접근 방법은 무엇인가? 주요 대상 고객의 특성과 모형을 알고 있으며, 비용 효율적으로 고객 발굴 방법을 알고 고객 행동을 잘 이해하고 있는가?

3. 수익 창출과 회사 성장이 가능한가? 성장이 예측 가능하며, 큰 회사가 될 수 있기에 충분한가?

이 질문에 대한 답이 '그렇다'일지라도 아직 대중에게 보여질 단계가 아님을 명심해야 한다. 앞으로 진행할지는 한 가지 질문에 의해 결정된다. 고객 검증 단계를 진행해도 될 만큼의 고객 반응을 이끌어내고 있는지, 시장에 맞는 제품인지, 이 비즈니스 모델을 5-10배 이상 확장시킬 수 있는가? 위 질문에 긍정적인 답을 얻은 창업가는 빨리 일을 진행하고 판매를 하고 싶기 때문에 답답할 수도 있지만 이는 매우 위험한 덫일 수도 있다. 고객을 검증할 때 비용이 발생하고, 불행하게도 실패할 경우 일, 투자금, 모두를 잃을 수 있기 때문이다. 이것을 결코 쉬운 과정이라고 말할 수 없다.

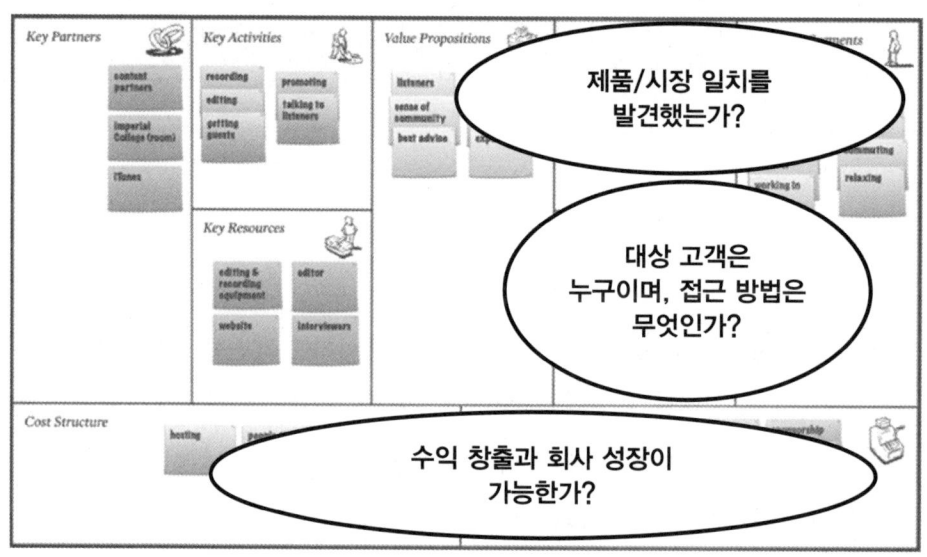

그림 7.1 진행할 만한 가치가 있는 비즈니스인가?

팀과 투자자가 함께 위의 질문에 대한 마침표를 찍어야 한다. 아주 기본적으로, 전환이나 진행에 관한 이슈가 전체 이사회의 회의 주제가 되어야 한다. 일반적으로 이러한 논의를 하면 적어도 한 번은 고객 발굴 단계로 돌아가게 된다. 지극히 일반적인 일이다. 아주 많은 시간을 허비한 다음에 깨닫게 되는 것보다 지금 알게 되는 것이 훨씬 좋다.

➜ 제품과 채널이 물리적 채널이나 웹/모바일이든지 상관없이 이 세 가지 질문은 동일하다. 그러나 웹/모바일 스타트업의 경우에는 실제 물리적 회사들보다 훨씬 많은 고객 피드백을 받아야 하며 더 많은 제품 반복을 거쳐야 한다. 웹/모바일 스타트업은 고객 활성 속도에 있어 이미 몇몇은 눈에 띄게 활성화되는 것을 경험한다(물리적 채널 스타트업에 비해 뚜렷하지 않을 수 있다). 웹/모바일 스타트업에서 고객 활성화(계약, 추천, 재방문, 상향 판매)의 뚜렷한 반응이 보이지 않는다면, 여기서 진행을 멈추고 비즈니스 모델에서 변경해야 할 부분을 고려해야 할 시점이다.

제품/시장 일치 발견

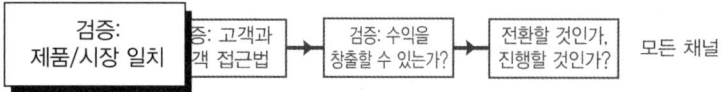

제품/시장 일치는 다음과 같은 세 가지 요소를 갖추어야 한다.

- 많은 고객이 중요하게 여기거나 긴급하게 해결하고자 하는 문제나 요구사항인가? 여기에 시장이 형성되어 있는가? '많은'을 실질적인 '통과/실패' 수치로 바꾸어야 한다.
- 소비자가 기꺼이 지불할 만한 가격으로 문제를 해결하거나 요구사항을 충족할 수 있는 제품인가? 비즈니스 모델의 실제 액수를 대입한다.
- 상당한 규모(실제 액수 대입)의 비즈니스 기회를 이끌어낼 만한 충분한 고객(실제 액수 대입)이 있는가?

이 확인 사항은 매우 중요하므로 한 번에 하나씩 신중하게 생각해본다(확실치 않거나 더 많은 데이터가 필요한 경우 12장 후반에서 이 질문들에 대한 더 자세한 분석을 참고하기 바란다).

심각한 문제를 해결하거나 중요한 요구사항이 충족 가능한지 확인한다

이 질문은 온라인을 통하거나 중요하다면 고객을 직접 만나서 진지하게 물어봐야 한다. "이것은 우선 순위가 높은 문제나 요구사항입니다."라는 적극적인 답변을 들었는가? "이 문제를 해결하기 위해서라면 얼마든지 지불하겠습니다."나 "지금의 임시방편은 해결책으로 충분하지 않습니다."라는 말을 덧붙인다면 더 좋을 것이다. 지속적으로 높은 관심을 받는 문제를 증명해야 한다. 이러한 관심이 시장의 기회를 나타내기 때문이다.

검토하고 논의해야 할 중요한 질문은 다음과 같다.

- 고객 주변에 비슷한 문제나 요구사항을 가진 친구나 동료가 있는가? 친구나 동료와 논의하거나 언급할 정도의 중요한 문제라고 생각하는가?
- 많은 고객들이 제품의 문제 해결을 자기만의 방식이나 대안 솔루션으로 생각하고 만나려 하는가?
- 대부분의 고객이 10점 기준으로 8, 9, 10점을 줄 만큼 중요한 문제나 요구사항인가?
- 대부분의 고객이 5점 기준으로 5점 정도의 불편함을 느끼는 문제인가?
- 제품 사용 전/후 고객 워크플로 다이어그램을 검토한다.
- 제품을 사용하면 눈에 띄는 효과를 볼 수 있는가?
- 고객이 확실한 관심을 보이는가?
- 고객이 제품의 차이점에 대해 구매 의향을 언급하는가?

→ 웹/모바일 스타트업의 경우는 문제의 규모나 중요도를 판단할 때 고객이나 사용자의 추천을 살펴봐야 한다. 단지 몇 십 명이나 수백 명의 사람들에게만 한정된 문제이거나 아무도 주변 사람들과 논의할 만한 중요한 문제라고 여기지 않는다면, 이는 문제의 중요도에 대한 척도(acid test)다. 잠재 고객과의 대화에서 고객 활성화를 이끌어내지 못한다면 이 역시 심각한 문제. 진행을 멈추고 최대한 많은 수의 사용자(실질적인 비사용자)와 통화를 해서 관심 부족의 원인을 파악한다. 메시지의 문제라고 한다면 쉽게 해결할 수 있다. 통화를 하며 물건을 팔려고 하지 말고 고객의 진짜 관심사가 무엇인지 파악하려고 노력하고 메시지, 제품, 활성화 인센티브를 변경할 기회를 포착하도록 한다.

제품이 고객의 문제를 해결하거나 요구사항을 충족하는지 확인한다

모든 고객 의견 보고서, 요약본, 분석서를 검토한다. 양이 꽤 많을 것이다. 문제 질문을 검증할 때처럼 MVP 제품에 대한 분명한 관심도를 보이는지 확인해야 한다.

"지금 당장 구매하고 싶습니다."나 "내가 아는 모든 사람들은 이 제품을 필요로 합니다.", "어디서 구매할 수 있습니까?" 같은 반응이 있는지 살펴본다. 중간 정도의 미지근한 반응을 받았다면 커다란 규모의 스타트업이 될 수 없다. 직접 현장에서 사업가적인 관심을 자제하고 객관적으로 판단해야 한다.

논의해야 할 중요한 질문은 다음과 같다.

- MVP가 의미 있는 구매나 참여 의사를 이끌어낼 수 있는가?
- 의미 있는 고객 추천이 나타나는 흥미로운 제품인가? 추천받은 고객의 활성화 비율이 구매나 참여로 나타나는가?
- 제품의 장기 비전이 긍정적인 고객 의견을 이끌어낼 수 있는가?
- 최신 제품 기능과 혜택에 대한 가설이 유효하며 수익성이 있는가?
- 장기적인 제품 공급 일정이 구매 의욕을 이끌어낼 수 있는가?

공급 일정을 검토해보고, 필요하다면 처음의 계획을 수정한다. 고객은 MVP를 구매하는 것이 아니라 전체적인 비전을 구매하는 것이고, 제품이 언제 어떻게 완성될지 알아야 한다.

→ 웹/모바일 스타트업에 대한 '솔루션'이 잘못됐다는 명백한 증거는 찾기 쉽다. 고객은 많지만 활성화는 거의 이루어지지 않았다는 것이다. 잠재 고객이 관심이 있는 문제나 요구사항을 제대로 파악한 것은 맞지만, 실제로 고객이 자세한 정보를 알아보았을 때 제안한 솔루션이 마음에 들지 않은 경우다.

여기서 고객 의견은 매우 중요하다. 첫 번째로 제품, 사이트, 앱, 고객이 좋아하는 것과 싫어하는 것에 대해 고객이 느끼는 것을 파악해야 한다. 그 다음 메시지를 살펴봐야 한다. 고객이 사이트에 방문하도록 유도한 메시지(예: 하루만에 20파운드 감량)가 제품을 제대로 전달하지 못했는가? 제품에 대한 확신이나 증거(증명 자료, 도표, 데모)가 불충분했거나 메시지 전달 방법이 올바르지 못했는가? 진행하기 전에 이러한 질문들에 대해 신중히 고려해보고, 활성화 고객과 비활성화 고객으로부터 1:1 의견을 수집하도록 한다. 활성화된 고객이 구매한 사유는 무엇인가? 비활성화 고객의 마음을 돌릴 수 있는 홍보(제품, 구입 권유, 회사)에서 부족한 점은 무엇인가?

비즈니스 기회를 이끌어낼 수 있을 만한 충분한 고객이 있는지 확인한다

예측한 수준의 고객 구매를 검증은 이루어졌는가? 크거나 작은 시장 점유율을 노리는 경쟁자나 데이터는 있는가? 초기 TAM 규모와 제공하는 SAM 규모 가설을 검토해보고, 실제 고객의 답변과 분석 자료를 비교해본다. 고객이 얼마만큼, 얼마나 자주 구매할 것으로 보는가? 고객의 친구나 동료도 비슷한 의향이 있는가? 2단계에서 수집한 시장 지식 및 경쟁 분석 데이터와 비교해 확인해보도록 한다.

다음 주요 질문들을 검토하고 논의해야 한다.

- 시장의 TAM과 SAM을 검증했는가?
- 예상했던 시장 규모인가? 고객 의견과 업계 데이터를 통해 검증된 시장 규모인가?
- 크게 성장하고 있는 시장인가? 앞으로도 성장할 것으로 보이는가?
- 고객과의 대화를 통해 고객이 제품을 지속적으로 구매할 것이며 다른 사람들에게도 추천할 것인지 파악했는가?
- 예상하지 못했던 경쟁적인 위협이 있는가?

이 중 가장 어려운 질문은 얼마만큼의 고객이 '충분한' 수의 고객인지 여부다. 이 질문은 반드시 창업가와 투자자가 함께 답해야 한다. 그리고 회사의 장기적인 목표와 이러한 결과를 달성하기 위한 목표 날짜에 대해 이해하고 있는 내용이 같은지를 반드시 확인해야 한다. 이 결과는 채널과 제품 유형에 따라 매우 다르다. 몇 가지 일반적인 예는 다음과 같다.

- **기업용 소프트웨어** 3명이나 4명의 얼리벤젤리스트로 매우 강한 흥미를 가지고 있으면 충분하며, 이들을 통해 팀은 파이프라인에서 매우 열광적인 지지를 제공받을 수 있다. 가능하다면 고객은 다양한 영역에서 확보하는 것이 좋으며, 제품 관심의 측면에서 영역간의 격차가 크지 않은 것이 좋다.

- **자본 설비** '3명이나 4명'의 엔터프라이즈 소프트웨어 규칙이 여기에도 적용된다. 단지 규칙으로서다. 그러나 더 넓은 범위의 고객을 대상으로 고객 발굴 결과를 살펴보는 것이 도움이 된다. 제품에 관심이 있는 잠재 고객이 제품 그대로 구매하기를 원하는가, 아니면 어느 정도의 커스터마이징을 원하는가? 발굴 결과가 견고한 파이프라인이라면 자본재에 대한 판매 회전이 꽤나 길어질 수 있다.

- **소비자 제품** 제품이 스케이트보드인지 평면 TV인지에 상관없이, 20~30명 이상의 얼리벤젤리스트 고객이 필요하다. 제품을 판매하고자 하는 유통 경로에 관심을 형성해놓는 것도 매우 중요하다. 예를 들어 15명이 스케이트 보드를 구매하고자 한다면 월마트 바이어를 설득시키기에는 충분하지 않다.

- **웹/모바일 애플리케이션** 고객 발굴 과정에서 최소한 수천 명의 잠재 사용자에 접근하는 노력을 해야 한다. 웹/모바일 앱의 경우에는 최소한 100개의 앱이 활성화되거나 다운로드해야 '충분한' 고객 반응을 이끌어냈다고 말할 수 있다. 전환율이 충분한지 비율을 지켜봐야 한다.

- **소셜네트워크와 '네트워크 효과' 스타트업** 적어도 500~1,000명의 활성 사용자를 모집해야 충분한 고객을 확보했다고 할 수 있다. 사이트나 앱이 무료나 프리미엄free-to-paid으로 제공된다면, 고객 수는 적어도 3배에서 많게는 5배까지 늘어야 한다. 무료인 경우에는 사용자가 더 늘어나기 때문이다. 활성화 비율을 모니터링하고, 사이트에 정기적으로 방문(예: 일주일에 3회)하는 사용자의 비율도 확인하도록 한다. 이를 통해 고객의 규모, 질, 참여도도 알 수 있다.

충분한 고객이 있다고 이야기하더라도 제품에 대한 의견이 부정적이라면 무언가 변화가 필요하다. 고객 세그먼트를 다시 분석해보고, 외부의 다른 고객 세그먼트를 찾아보아야 한다. 제품의 기능, 구성, 가격, 비즈니스 모델 요소를 변경할 수도 있다.

대상 고객과 접근 방법을 알고 있는지 확인한다

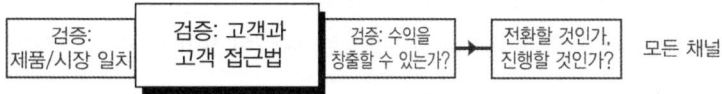

이전 단계에서 제품을 구매할 의사가 있는 고객이 있다는 것을 파악했다. 그러나 해당 고객을 어디서 발견할 수 있는지, 적절한 예산 내에서 제품을 팔 수 있는 방법을 알고 있는가? 이 검증 단계는 고객을 파악하는 것부터 시작한다.

- 주요 고객 세그먼트마다 고객 모형을 그릴 수 있는가? 이러한 고객들을 발견할 수 있는 장소를 정확하게 알고 있는가?
- 고객의 일상 중 하루를 그려볼 수 있는가? 그래서 제품을 고객에게 잘 설명할 수 있는 방법을 아는가?
- 일부 고객 세그먼트가 다른 고객 세그먼트에 비해 더 빠르거나 좋은 반응을 보이며 더 많은 주문이 있는가?
- 새로운 고객 세그먼트가 나타나는가? 없애야 할 고객 세그먼트가 있는가?
- 사용자의 일상 생활에서 고객이 큰 향상점을 인식하는가?
- 고객이 읽는 자료, 참석하는 무역 박람회, 추종하는 권위자, 새로운 제품 정보를 얻는 장소에 대해 알고 있는가?
- 세일즈 채널의 단계별 가격과 마케팅/세일즈 역할을 포함하여 제품이 최종 사용자까지 전달되는 채널 지도를 그릴 수 있는가?

'고객 모집' 비용과 응답 비율의 객관적인 측정을 시도한다. 50명의 고객을 기준으로 활성화하거나 판매하는 데 드는 실제 총 비용(예: 인건비, 간접비 등)을 검토한다. 광고나 애드워즈 비용을 포함한 모든 비용을 더했을 때 고객당 소요되는 비용에 비해 훨씬 많은 고객을 유치할 수 있다고 생각하는가?

총 고객 모집 비용을 따져보고 어떤 프로그램이 가장 비용 효율적이었는지 파악한다. 예를 들어 이메일 마케팅 예산을 5배 늘린다면, 결과 역시 5배인지 확인한다. 한 명(또는 50명)의 고객을 확보하기 위해 필요한 예산이 얼마인지 계산해봐야 할 시점이다. 다음 단계인 고객 검증 단계에서는 비용이 10배나 증가하기 때문이다.

많은 양의 고객 의견을 검토해 본 결과 이러한 질문에 자신 있게 답할 수 있다면, 고객 모집 가설의 비용으로 지속적으로 고객 모집이 가능한지 확인해야 한다.

고객 모집 프로그램에 대한 초기 실험을 통해 이미 어느 정도 알고 있을 것이므로 수집한 데이터를 검토한다. 비용이 조금 많이 들더라도 괜찮다. 검증하는 과정에서 이러한 프로그램을 최적화시킬 것이기 때문이다.

→ 웹/모바일 스타트업의 경우, 중요한 고객 모집 질문에 대해 좀 더 현명하게 답할 수 있어야 한다. 페이스북, 트위터, 포스퀘어에서 가장 반응이 좋은가? 실제로 활성화된 고객의 경우 사이트나 앱을 찾게 된 가장 많은 경로가 텍스트 링크, 자연 검색, 블로그, 친구 추천 중 어느 경로인가? 초기 고객 발굴 실험을 통해서라도 이에 대해 잘 알고 있어야 한다.

단순한 고객 획득 통계를 넘어서 획득의 원천별로 활성화된 사용자 또는 구매자를 파악하여 더 많은 고객을 찾을 수 있도록 한다. 직접 추천이 가장 효과가 좋다. 그러므로 이 접근 방법을 면밀히 따져보도록 한다. 일부 고객은 다른 고객에 비해 훨씬 확보하기 쉽기 때문에 고객 영역별로 데이터를 따로 살펴봐야 한다.

이 검토 과정에서 고객 획득 비용의 변동 사항에 따라 비즈니스 모델을 반드시 갱신해야 한다. 스타트업에서 가장 큰 비중을 차지하는 비용이기 때문이다.

수익을 창출하고 회사를 성장시킬 수 있는지 확인한다

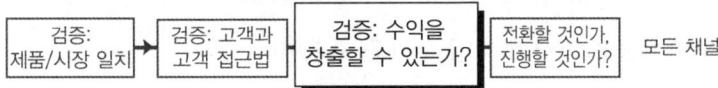

수익 모델 데이터 수집

이쯤 되면 가격, 수익, 비용, 고객 모집, 마케팅 비용에 대한 상당한 양의 데이터를 확보하고 있을 것이다. 이러한 데이터를 검증하고, 과정 속에서 불충분한 부분을 채워야 한다. 이를 위해 추가적인 고객, 채널, 제품 개발에 대한 논의가 필요할 수 있다.

다음과 같은 주요 데이터를 검토해야 한다.

- 시간에 따른 잠재적인 판매 수익과 기대 사항이 표시된 고객 리포트 카드 요약본
- 시장 규모 추정
- 채널 비용과 수익 잠재력 요약
- 가격 정책
- 고객 모집 비용
- 산업, 고객, 고객 행동에 대한 자세한 정보
- 경쟁 제품과 가격 정보

이 데이터를 취합해 적어도 회사 존속(고객 검증 단계)에 대한 향후 4분기, 가능하다면 다음 해까지의 정확한 순이익을 예상한다. 이것은 동전 하나까지 계산하는 매우 정확한 수치일 필요는 없다. 대신 고객 검증 단계에서 회사가 성장하고 수익을 낼 수 있는 비즈니스로 발전할 수 있는지에 대한 전체적인 확인이 이루어진다. 그림 7.2(웹 사이트와 물리적 채널을 통한 판매량에 대한 가상 분석표)를 보자. 이 예에서 고객 획득의 평균 비용은 수익의 40%다. 이 데이터 분석은 4가지 프로세스 부분으로 구성된다.

1. 분기별로 회사가 고객에게 직접적으로 얻을 수 있는 총 수입의 최고 추정치를 계산한다. '고객 모집' 프로그램 테스트와 고객 발굴 리포트 카드의 결과, 시장 규모를 계산하여 분기별로 회사의 직접 수익을 추정한다.
2. 그 다음, 채널 수익을 합산한다(회사가 최종 사용자에게 직접 판매로 받는 100%의 수익은 제외한다). 채널 비용(이윤, 직원 급여, 프로모션 비용 등)을 검토하고 채널 수익에서 채널 비용을 뺀다.
3. 채널 순이익을 분기의 총 직접 수익에 더해 총 회사 수익을 파악한다. 수익에서 분기별 운영 비용을 뺀다.
4. 모든 고객 획득 비용을 계산한다. 이 비용은 분기별로 달라질 수 있음을 감안한다. 회사가 '고객 모집'을 하는 데 더 많은 비용을 소비할 수도 있고, 고객 모집을 비용 효율적으로 할 수도 있다.

분류	1분기	2분기	3분기	4분기	합계
직접 수익	500,000	750,000	1,000,000	1,200,000	3,450,000
채널 순이익	200,000	300,000	400,000	500,000	1,400,000
총 수익	**700,000**	**1,050,000**	**1,400,000**	**1,700,000**	**4,850,000**
절감된 고객 모집 비용	−280,000	−420,000	−560,000	−680,000	−940,000
절감된 기본 운영 비용	−800,000	−800,000	−800,000	−800,000	−3,200,000
현금 소모	**−380,000**	**−170,000**	**40,000**	**220,000**	**−290,000**
분기 말 현금	20,000	−150,000	−110,000	100,000	

그림 7.2 재정 분석 예제

향후 4분기(가능하다면 8분기 정도)의 회사 수익 기대치의 대략적인 예상치를 계산할 수 있어야 한다. 높음, 근사치, 최악의 경우 등 3가지의 다른 예상치와 비즈니스 케이스가 나올 수 있도록 '좋음/매우 좋음/최고' 접근 방법을 사용하여 3가지의 서로 다른 계산을 고려해야 한다.

회사가 1년 내에 현금이 모두 소진될 것이라는 계산 결과가 나오면, 분석만으로 전환이나 진행 프로세스를 중지할 수 있다. 이 스프레드 시트는 설립자가 다시 탐색 및 검증 단계로 돌아가야 할 근거가 되는 '현금 소모' 계산의 간단한 예제다. 왜냐하면 향후 90일 내에 회사의 현금이 소진될 것이기 때문이다.

이러한 분석 결과를 볼 때 창업가와 투자자는 고객 창출 비용에 200만 달러를 지출하는 것에 대해 매우 조심해야 한다. 이 예에서 볼 때 스타트업은 몇 가지 옵션을 가진다.

- 향후 1년을 살아남기 위해 즉시 십만 달러를 모은다.
- 운영이나 고객 모집에 투자하는 비용을 줄인다.
- 손익분기점에 도달할 수 있을 때까지 직원 수를 줄이거나 창업가의 월급을 삭감한다.

이러한 조치를 취하지 않으면 회사는 계속 살아남을 수 없으며, 비즈니스 모델을 개선하려면 반드시 돌아가 검토해야 한다.

다음 주요 질문을 논의해야 한다.

- 시장과 시장 점유율을 잠재적인 판매 수량과 수익으로 환산했는가?
- 고객에게 가격 모델을 검증했는가?
- 양, 수요, 구매 빈도 가설을 검증했는가?
- 영업 사원 급여, 프로모션 비용 등 예상하지 못했던 채널 비용이 있는가?
- 다면화된 시장이라면 '판매' 측의 수입을 발생시키는 모든 비용이 계산되었는가?
- 예상치로 미루어 보아 상당히 큰 규모의 수익성 있는 비즈니스가 될 수 있겠는가?

전환 또는 진행

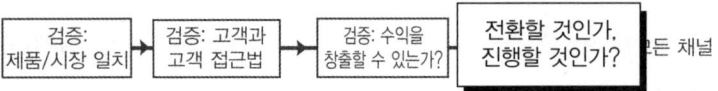

이것은 종착점의 시작이거나 시작점의 끝일 수 있다. 무수히 많은 생각 중에서 예상했던 단 하나의 아이디어가 과연 100만 달러 이상의 판매가액을 낼 수 있는 확장 가능하고 수익성 있는 대기업으로 탄생할 수 있을지를 파악해야 할 단계다. 회사는 몇 가지 가설로 시작하고 가정한 내용을 테스트한다. 잠재 고객이 제품을 검증하고, 다시 잠재 고객의 저변이 확대된다. 배운 모든 내용은 비즈니스 모델 캔버스와 이를 뒷받침하는 가설 문서를 작성하면서 정리한다. 이제는 수정된 가설이 큰 규모의 고객 검증 테스트를 시작하는 것을 넘어서 진행할 수 있는 명확한 기초가 되는지를 정직하게 평가할 때다.

다음 주요 질문을 검토하고 논의해야 한다.

- 많은 고객이 문제를 해결하는 데 돈을 지불하기에 충분한가?
- 제품이 이러한 요구사항을 뛰어나게 비용 효율적으로, 이익이 되도록 해결하는가?
- 그렇다면 충분한 규모의 시장이 형성되어 있고 실행 가능하며, 큰 규모의 수익성 있는 비즈니스 모델이 있는가?
- 제품 구매 전후의 고객의 일상 생활 패턴을 파악하고 있는가?
- 사용자, 구매자, 채널의 조직도를 만들 수 있는가?

가장 어려운 질문에는 간단하고 솔직한 답변이 필요하다. "해당 제품을 필요로 하는 충분한 시장이 확보되어 있는지 고객 발굴 결과가 말해주는가?" 이는 매우 어려운 질문이며 고객 발굴의 시작 단계로 돌아가야 할 수도 있다. 좌절감을 느낄 수도 있지만, 이 문제에는 솔직하게 답하는 것이 좋다. 비즈니스 모델이 제대로 실행될 경우 반복 가능하고, 큰 규모의 수익성 있는 비즈니스 기회로 이어질 수 있는지 확인해야 한다. 그렇지 않으면 회사는 성공할 수 없다.

고객 발굴이 힘든 과정이기는 하지만, 시장을 충분히 이해하고 제품을 구매하는 고객을 발견하려면 여러 차례의 반복이 필요하다. 그러한 완벽한 시장과 고객을 발견하는 것은 결코 쉬운 일이 아니다. 그때까지 1~3단계를 마음에 새기고, 프레젠테이션을 수정하고, 1단계로 돌아가서 다시 반복해본다. 여러 시장과 고객을 대상으로 시도해보는 것이 좋다. 제품을 재구성하고 재포장해야 하는가? 그렇다면 제품 프레젠테이션을 수정하고 3단계(솔루션 프레젠테이션)로 돌아가서 다시 해야 한다.

팀이 모든 것이 좋은 상황이라고 판단하면 고객 검증 단계로 넘어가기 전에 확인해야 할 2가지 단계가 더 있다.

검증 확인 사항 결정

많은 지표를 가지고 있는 것은 좋지만 이를 통해 스타트업이 성공할 수 있는 것은 아니다. 모든 가설은 분명하고 측정 가능한 '검증 확인 사항'을 가지고 있는 것이 좋으며, 확인 사항은 비즈니스 모델과 연관되어 있는 것이 좋다. 다음은 고객 검증 과정에서 테스트해봐야 할 확인 사항 예다.

다음은 물리적 채널/B2B 확인 사항의 예다.

- 미팅 횟수가 3번을 넘지 않고 판매할 수 있다.
- 재정담당 임원과 회의를 한다면 잠재 고객 6명 중 1명이 구매할 것이다.
- 6개월 후에 고객이 서비스 사용자 수를 25%로 확장한다.
- 고객은 한 달 평균 2개의 주문을 한다.

➜ 웹/모바일 확인 사항 예제

- 모든 신규 고객이 10명의 친구를 소개하고 이 중 절반이 구매한다.
- 방문객 중 1/3이 1주일 내 사이트를 재방문한다.
- 방문객 중 1/4이 1주일 내 1.5명의 친구를 소개한다.
- 고객이 세션에 머무는 평균 시간이 방문당 10페이지이거나 10분이다.
- 고객의 가입 첫 달 평균 주문량이 50달러 정도다.
- 100개의 웹 사이트에서 X 달러 이하의 CPM 비용으로 회사의 사이트로 트래픽을 유도한다.
- 100개의 웹 사이트에서 CPA 기반으로 회사 배너를 운영한다.

고객 검증 단계로 이동하는가? 축하한다!

여기까지 진행했다면 아마 가설을 여러 차례 변경해왔을 것이다. 몇 번은 반복되는 것이고, 몇 번은 전환이었을 것이다. 얼마나 진전이 있었는지 확인할 수 있는 가장 좋은 방법은 시간의 흐름에 따른 아이디어의 변경 사항을 캔버스에 나열해보는 것이다. 벽면을 이용해도 좋고, 파워포인트를 이용해도 좋다. 둘 중 어떤 방법이 되었든 간에 생각을 명백한 사실로 볼 수 있게 해주는 시각화가 4번째 단계인 고객 검증으로 이동할 때인지를 점검할 수 있는 마지막 단계다.

다음 단계로 넘어갈 때라고 판단된다면 큰 성과를 이룬 것이다. 축하한다. 고객 개발 과정에서 고객이 사고 싶은 제품, 주문, 채널, 가격 등을 설정하는 고객 발굴 단계는 가장 어렵고 중요한 단계다. 고객 검증 과정 동안 고객 인터뷰에서 수집한 모든 정보를 잘 보관해야 한다. 실제 판매가 회사의 세일즈 로드맵을 만들어줄 것이다.

고객 발굴은 매우 힘들며, 가끔은 매우 당황스러운 과정이다. 그러나 고객 개발의 중요한 기본 과정이며, 큰 규모의 성공적인 비즈니스 운영에도 밑거름이 되는 과정이다. 부록 A의 확인 사항에서 고객 발굴 단계의 과정, 각 단계의 목표, 각 목표가 달성되었는지 확인할 수 있는 요약본을 확인할 수 있다. 확인 사항 점검을 마치고 나면 스스로에 대한 보상으로 휴가를 가거나 긴 주말을 보내면서 자축하길 바란다. 고객 검증 과정으로 넘어가기 전에 휴식이 필요하다.

3부

2단계: 고객 검증

8장 * **고객 검증 소개**
9장 * **고객 검증 1단계:** 판매 준비
10장 * **고객 검증 2단계:** 현장으로 나가 팔아라!
11장 * **고객 검증 3단계:** 제품 개발과 회사 포지셔닝
12장 * **고객 검증 4단계:** 어려운 질문, 전환 또는 진행

고객 검증 프로세스의 개요

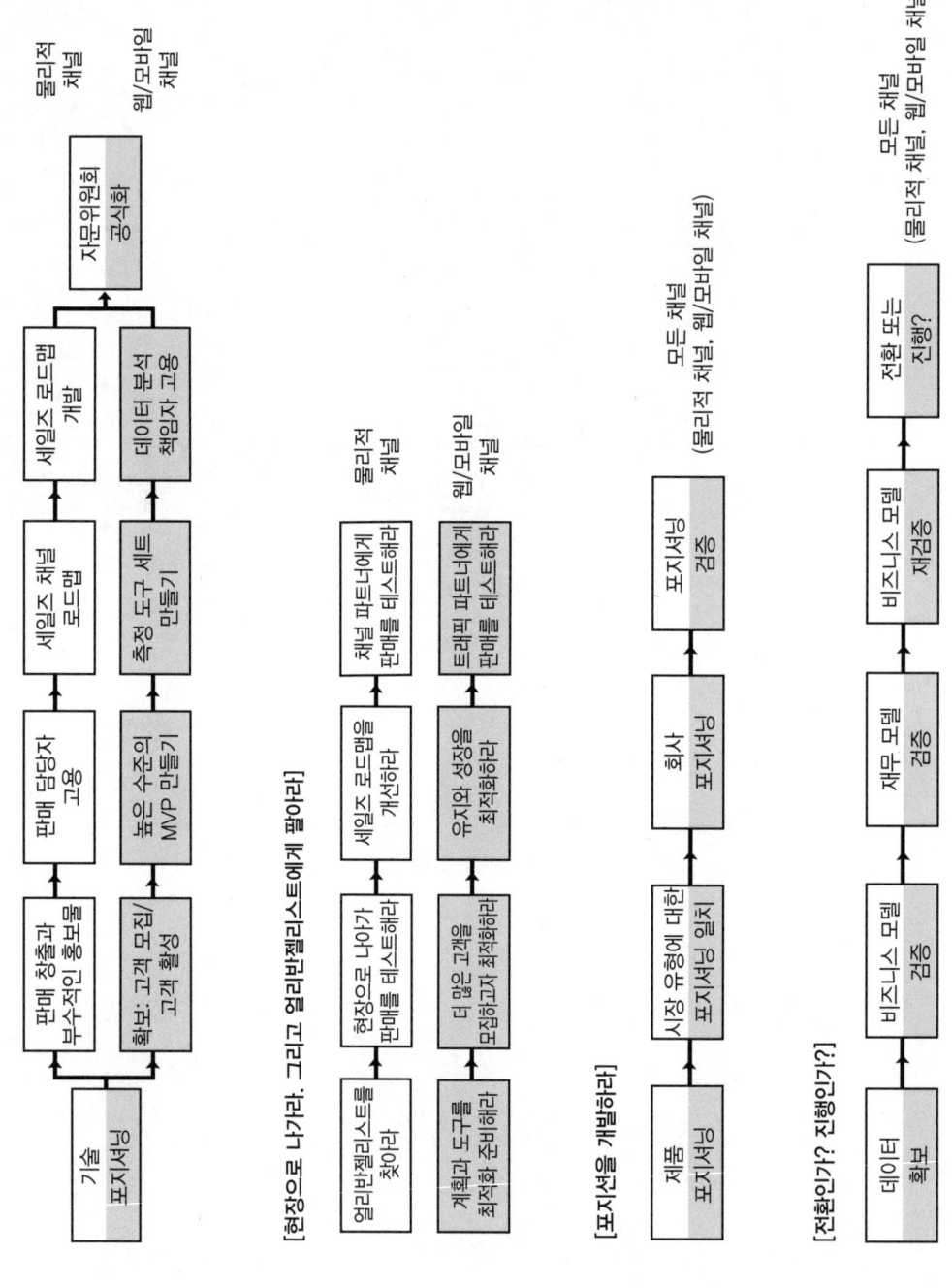

8장

고객 검증 소개

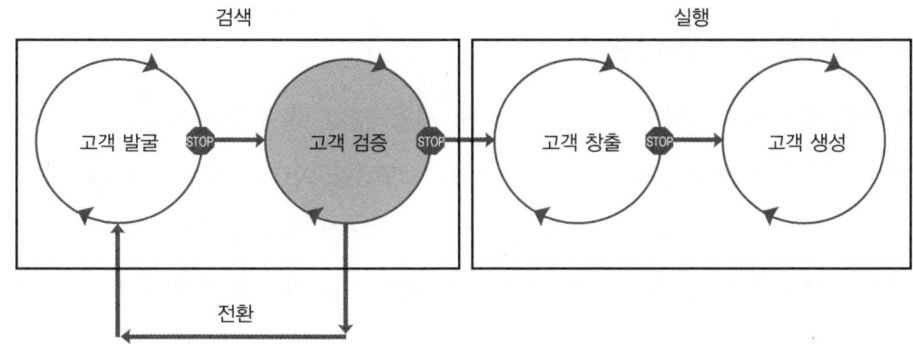

> 여행하다 보면 우리는 일반적으로 여행의 목표를 잊어 버린다.
> — 프레드릭 니체

에피퍼니^{E.piphany} 사의 초기 가설은 매우 단순하고, 1990년 중반부터 '투자가치'가 있는 회사로 알려졌다.[1] 그당시 소프트웨어 기업들은 급여 지급에서부터 네트워크 보안, 영업관리 프로세스, 와인 재고까지 모든 것을 자동화하고 있었다.

거실에서 회의 중이던 창업가가 "마케팅 부서까지 자동화하는 것은 안 될까?"라고 물었고, "어쨌든 보도 자료에서 데이터 시트와 고객 대응 편지 같은 대부분의 작업은 반복적인 프로세스입니다"라고 대답했다. 이후 벤처 캐피탈의 투자가

---

1 에피퍼니 사는 고객 관리 소프트웨어 회사다. 2005년 9월 29일 SSA 글로벌 테크놀러지 사에 인수되었다. 주목할 만한 사람으로는 창업가 스티브 블랭크, 회장 로저 시보니, 대표 카렌 리차드슨이 있다.(출처: 위키디피아) – 옮긴이

성사되었고 회사는 창업가의 비전에 따라 제품을 만들기 시작했다.

그러나 대상 고객 선정과 고객이 해결하기를 원하는 문제가 무엇인지에 대한 회사의 초기 아이디어는 분명하게 잘못되었다. 에피퍼니 사의 성공은 고객의 제안에 적극적이었던 4명의 열정적인 창업가의 의지와 고객의 피드백에 의한 3번의 고통스러운 사업 모델의 변경 덕분이었다.

브라우저로 돌파구 마련

90년대 대기업은 기업의 재무, 고객지원, 제조, 영업 각 부분을 자동화하는 다양한 소프트웨어 애플리케이션을 도입하였다. 그러나 이러한 애플리케이션으로부터 기업의 각 부분에서 수집된 데이터는 IT 조직에서 사용하는 리포트 도구를 통해서만 접근할 수 있었다. 더 심각한 것은, 데이터는 '가상의 저장소'에 저장되어 있으며 각 기능은 다른 시스템으로부터 차단되어 있었다. 재무 시스템은 영업 시스템과 연동되지 않았고, 제조 시스템의 존재 여부도 몰랐다. "녹색 드레스 판매가와 파란 드레스의 판매가 비교 데이터를 각 지점별 재고와 비교한 값을 구하고 지역별 총마진과 비교하여 할인가를 계산하시오" 질의에 대해 3개의 호환되지 않는 시스템으로부터 결합된 데이터를 추출하는 것은 사실상 불가능하였다. 이러한 이유로 단순한 물품 목록 보고서를 얻으려고 며칠이나 몇 주 동안 기다리는 일이 잦았다.

에피퍼니 사의 획기적인 개념^{notion}은 IT 부서의 도움 없이 언제 어디서나 실시간으로 원하는 정보와 분석자료를 웹 브라우저라는 혁신적인 기술을 통해 관리자에게 제공하는 것이었다. 회사의 중요한 가설 중 하나는 '제품이 많은 고객과 엄청난 양의 데이터를 각각 보유하고 있으며, 데이터 중심적이고 작게 세분화된^{microsegement} 새로운 마케팅 캠페인을 빠르게 진행하는 기업에 적합하다'고 생각했다.

에피퍼니 사의 깨달음

에피퍼니 사는 일찍부터 자문위원회를 구성했다. 핵심 고문은 온라인 투자 자문 회사인 슈와브 사의 데이터베이스 마케팅 부사장이었다. 그녀는 많은 시간을 할애해줬고, 이 시스템을 슈와브 애플리케이션에 적용할 수 있을 것 같다고 말했다. 또한 5명의 데이터베이스 마케팅 임원에게 우리를 소개시키고, "제품이 슈와브Schwab에서 작동할 수 있다면 기꺼이 구매할 것입니다."라고 말했다. 에피퍼니 사는 첫 신제품 고객이자 첫 시장을 발견한 최고의 날이었다.

그러나 슈와브 관계자가 시스템의 기술적인 세부 사항을 검토할 때마다, 정중하게 우리 제품에서 데이터베이스 마케팅에 대한 핵심적인 기능이 빠져 있다고 말했다. 창업가들은 그녀가 말하고자 한 핵심 문제를 이해하는 데 2번의 회의가 필요했다. 제품은 괜찮았지만, 소프트웨어의 데이터베이스 스키마에 문제를 해결할 중요한 기능이 빠져 있었다. 제품에는 '하우스홀딩Householding'이 포함되지 않았고, 이 기능이 없으면 에피퍼니 시스템을 구입할 수 없다고 이야기했다(하우스홀딩은 데이터베이스 마케터 사이에서 널리 알려졌으며, 같은 주소에 거주하는 두 명 이상의 사람들을 인식하는 방법이다. 슈와브에서는 종종 이들이 함께 투자하는 경우가 있었는데, 같은 주소로 중복되거나 별도의 홍보물을 보내지 않으려면 마케터에게 이 기능은 아주 중요했다). 이 부분에 대해 영업과 마케터를 설득해보려고 했지만 해결될 수 있는 문제가 아니었다.

이것은 중대한 실수였다. 이 회의 전까지 창업가는 올바른 솔루션을 제공할 수 있을 만큼 고객의 문제를 이해하지 못하고 있었다.

에피퍼니의 공동 창업가 벤 웨그브라잇Ben Wegbreit과 스티브 블랭크는 슈와브 부사장과 기술팀이 참여한 가운데 슈와브의 사업에 무엇을 해줄 수 있는지와 무엇이 필요한지에 대해 심도 있게 기술적인 내용을 토론했다. 벤은 5개나 10개의 질문을 했고 회의에 참석한 모두가 이해하자 회의는 끝났다. 힘겹게 돌아오는 길에 스티브는 벤에게 물었다. "벤, 우리가 어떻게 슈와브의 문제를 해결할 수 있을까?"

침묵이 흐른 후 벤은 "우리 제품 사양의 여섯 번째 장을 그들에게 보여줘야 합니다."라고 이야기했다.

"여섯 번째 페이지라니 무슨 소리입니까? 제품 사양은 다섯 장짜리인데."

벤은 스티브를 쳐다보고 미소를 지으며 말했다. "이젠 아닙니다."

창업가들은 제품을 전환^{pivot}하기로 결정하고 최소 기능 세트를 개선했다. 에피퍼니의 첫 번째 주문은 슈와브로부터 하우스홀딩 기능을 시연한 몇 주 후에 들어왔다. 이후 주문이 쇄도하였다. 일주일 후, 창업가들은 이 기능을 넣기 위해 어떤 기능을 버려야 할지 고민했다.

에피퍼니 사는 초기 주식 공모전에 동일한 두 번의 고통스러운 전환을 겪어야 했으나, 창업가들은 '전환의 힘$^{power\ of\ the\ pivot}$'이라는 가치를 '하우스홀딩'을 통해 배우게 되었다.

슈와브에서 미팅 후 차를 타고 회사로 돌아오는 동안 모든 스타트업이 필요로 하는 고객 검증 프로세스, 즉 실제 고객과 주문에 대한 비즈니스 모델을 검증하는 방법을 그려봤다.

고객 검증은 다음과 같은 기본적인 질문을 바탕으로 가설을 사실로 바꾸어 놓는다.

- 판매와 사용자 유입 과정을 이해하고 있는가?
  - 이 방법이 반복적인 것인가?
  - 반복이 가능하다는 것을 증명할 수 있는가?(사업 모델이 단일 시장이라면 정가판매 주문으로 충분히 증명된다.)
  - 현재 제품으로 주문자와 사용자가 확보 가능한가?
- 판매와 유통 채널은 검증했는가?
- 더 많은 주문과 사용자의 확보가 수익사업으로 연결되는지 확신하는가?
- 제품과 회사의 포지셔닝은 정확히 수립하였는가?

고객 검증 철학

고객 검증은 모든 단계마다 '시험 판매 test sell'를 시도해야 한다. 수십 번의 '통과/실패 테스트'를 통해 정량적인 데이터를 확보하여, 시장 확장과 마케팅 비용을 지불할 만큼 강력한 제품-시장 일치가 될 수 있는지 확인한다. 이 과정에서 사람들이 주문하거나, 앱이나 웹 사이트에 참여하도록 유도한다. 이 시점에서 가격이나 채널에 대해 자세히 알 수 있지만, 개별 구성 요소들이 아닌 전체 비즈니스 모델을 테스팅하게 된다.

고객 발굴은 경험이 있는 마케터에게도 어려운 일로, 고객 검증 프로세스는 경험 있는 영업 담당자나 영업 책임자에게도 힘겨운 일이다. 영업 담당 임원으로 대기업의 물리적 채널로 이루어지는 영업 방법을 통해 배운 모든 규칙들은 스타트업에 적용되지 않는다. 사실 대기업에서 배운 방법들은 스타트업에서 명백하게 손해를 입는다. 사업 런칭 파티가 중요한 것은 아니다.

고객 검증 단계에서는 영업팀 관리자와 직원을 고용하면 안 된다. 영업 계획이나 판매 전략 the sales strategy을 실행해서도 안 된다. 실제로 고객 검증 단계에서 필요한 것 중 하나도 충분히 알고 있는 것이 없기 때문이다. 고객 발굴의 마지막 부분에서 '누가 구매할 것인지, 왜 구매하는지, 어떤 가격에 살 것인지'에 대해 확실한 가설만 가지고 있을 뿐이다. 그러나 고객의 주문으로부터 가설들이 검증되기 전까지는 아무리 열심히 노력을 했다고 하더라도 이 가설은 조금 더 나은 추측일 뿐이다.

비즈니스 모델 캔버스에서 세일즈 로드맵 구상까지

고객 발굴은 비즈니스 모델의 몇 가지 가설을 테스트했다.

- **가치 제안** Value proposition 수십 명에서 수백 명에게 가치 제안을 확인했다.
- **고객 분류** Customer segments 고객 모형에 대한 가설을 가지고 있다.

- **고객 관계**Customer relationship 여러 가지 '모집, 유지, 성장' 활동에 대한 테스트를 했다.
- **채널**Channel 주요 채널 파트너를 이해하고, 이 중 일부는 관심을 표명했다.
- **수익 모델**Revenue model 가격을 책정하는 방법에 대한 아이디어가 있다.

세일즈 로드맵은 고객 발굴에서 배운 모든 것을 회사에 맞는 세일즈 퍼널을 만들 수 있도록 가이드로 활용한다. 세일즈 로드맵은 다음과 같은 질문의 답이 된다.

- 누가 판매에 영향력을 주는가? 누가 판매를 권장하는가?
- 누가 구매 결정권자인가? 누가 합리적인 구매자인가? 누가 방해자인가?
- 제품별 구매에 쓸 예산은 어디서 오는가?
- 주문 하나를 위해 얼마나 많은 주문 전화가 필요한가?
- 시작부터 끝까지 평균적으로 영업에 소요되는 기간은 얼마인가?
- 영업 전략은 무엇인가? 혹시 솔루션 판매인가?
- '주요 고객 문제들key customer problems'은 무엇인가?
- 모든 스타트업에게 비전을 보고 구매하는 고객이나 얼리반젤리스트의 성향은 무엇인가?

➡
- 트래픽 유입은 어디서 오는가? 지속적으로 유지될 것인가?
- 제품이 급성장할 수 있을 만큼 충분한 힘을 가지고 있는가?

회사가 이러한 질문들에 대한 해결책을 증명하지 않는다면 판매가 적을 것이고, 그것은 투자에 불타는 단발성 노력의 결과일 것이다. 물론 몇몇 영업 임원들은 세부적인 세일즈 로드맵을 그리기에는 지식이 부족하다는 것을 알게 된다. 그러나 새로 고용된 세일즈팀이 판매와 주문을 동시에 수행하면서 세일즈 로드맵

정보를 얻을 수 있다고 대부분 자만한다. 왜냐하면 대부분의 임원들은 스타트업들에 대해 알고 있는 비즈니스 모델을 실행하는 것과 비즈니스 모델을 찾는 것을 혼동한다. 세일즈 로드맵은 비즈니스 모델을 찾는 과정의 일부다.

세일즈 로드맵을 완성한 후에야 실행해야 한다. 스타트업은 매우 바쁜 실행 단계에서 세일즈 로드맵을 배우고 또 발굴할 수 없다. 수없이 실패한 스타트업 잔해에서도 볼 수 있듯이, 세일즈 로드맵을 확실히 갖추지 않고 사업을 실행하는 것은 바보 같은 짓이다.

세일즈 로드맵 구축 vs. 영업팀 구축

검증 단계가 얼마나 중요한지를 알고 있다면, CEO는 본능적으로 속도를 빠르게 하려고 고객을 확보하거나 영업사원을 고용하는 데 돈을 쓴다. 하지만 이렇게 해도 현실적으로 검증 단계의 속도가 빨라지지는 않고, 오히려 더 느려진다. 세일즈 로드맵을 구축해 어떻게 하면 재구매를 만들어 낼 수 있을 것인지 알아야 한다(반드시 제품-시장 일치 테스트를 해야 한다). 이후에야 영업 조직을 구축할 수 있다.

> ❖ 세일즈 로드맵을 개발하는 것은 비즈니스 모델을 찾아가는 과정의 일부분이다.

기존 시장에서 고객 검증은 단순히 영업 부사장이 얼마나 많은 명함^{rolodex}과 고객 목록을 갖고 있는 것인지로 간단하게 검증할 수 있었다. 그리고 고객 발굴 과정에서 제품 성과 지표$^{product\ performance\ metrics}$가 맞는지 찾아낼 수도 있다. 재분류된 시장이나 복제 시장, 수많은 명함(아니면 구글 애드워즈 예산을 세 배로 편성해도)이 증명된 비즈니스 모델과 검증된 세일즈 로드맵을 대신할 수는 없다.

경험 있는 영업 사원이나 비즈니스 담당 임원은 고객 검증에 대한 이러한 내용을 얼토당토 않게 말도 안 되는 것으로 여긴다. 우리가 실수로 간주한 고객 개발의 모든 작업은 일반적으로 영업 전문가로서 훈련받은 것들이다. 이런 작업들은 직관적이지 않고 혼란스러운 것처럼 보인다. 스타트업에서 시도하는 첫 영업이 회사가 성장한 후의 영업이나 대기업에서의 영업과 서로 다른 이유를 좀 더 자세히 살펴보자.

창업가는 반드시 고객 검증팀을 이끌어라

고객 발굴이 끝난 후 창업가들은 고객 검증 활동을 판매, 사업 개발, 마케팅, 제품 관리팀에게 맡기는 실수를 종종 범하는데, 옳지 않은 판단이다. 중간이나 하급 관리자들은 고객 검증 과정에 포함된 창의적인 발굴, 집요함, 급격한 변화에 대해 (반복 가능한 프로세스를 실행하지 않고) 적응력이 부족하다.

왜 반드시 창업가가 이끌어야 하는가? 첫째로, 창업가만이 전환을 결정할 수 있기 때문이다. 전환을 결정하려면 반드시 고객으로부터 직접 제품이나 비즈니스 모델의 결함에 대해 들어야 한다. 어느 누구도 창업가를 대신할 수 없다. 창업가 이외의 직원들은 제품과 사업 계획의 결함을 통해 두 개의 도전 과제에 직면하게 되는데, 직원들은 사업을 전환할 수 있는 권한이 없으며, 고객의 불만을 창업가에게 정리해서 보고할 용기가 없다.

→ 웹/모바일 채널에서 더 많은 고객 의견은 여전히 창업가에게 전환을 결정하는 데 사용된다. 그러나 회사는 데이터 전문가, A/B 실험가, 통계학자, SEO/PPC 전문가 외에도 적어도 한 명 이상의 매우 창조적인 온라인 마케터가 필요하다(이러한 능력은 창업가나 한 두 명의 뛰어난 사람들이 가지고 있다). 이 팀은 고객 유치에 대한 측정, 평가, 관리, 개선을 하거나 3장에 설명한 고객 모집을 담당한다. 그들이 온라인상에서 '현장으로 나가라'를 실천하면 고객 개발팀 역시 실제로 밖으로 나가서 직접 고객 검증을 진행하면서 트래픽이나 추천을 통한 사이트 유입을 활성화(deal-making)시킨다.

다양한 채널에서는 다양한 속도로 검증이 진행된다

웹 사이트에서 고객의 의견을 받는 것보다 아시아와 아프리카의 텔레콤 회사에서 잠재적 고객들prospects을 만나기 위해 준비하는 시간이 더 많이 소요된다. 그리고 직접 만나는 것보다 웹/ 모바일 채널을 통해 더 많은 고객을 만날 수 있다.

→ 웹/모바일 스타트업에 대한 고객 검증은 언제나 물리적 채널과 제품들을 가지고 있는 회사들보다 더 많은 반복들을 빠르게 진행할 수 있다. 왜 그럴까? (물리적 채널과 달리) 온라인은 비트로 되어 변경이 용이하다. 온/오프라인에 상관없이 고객 검증 원칙은 모든 채널(웹/모바일과 물리적)에서 동일하다.

얼리반젤리스트에게 초기 판매를 시도한다

고객 검증에서는 처음 유료 고객으로 얼리반젤리스트를 목표로 잡아야 한다(얼리반젤리스트에게 판매하지 못한다면, 시간이 지나도 상황은 나아지지 않을 것이다). 얼리반젤리스트의 프로필은 105페이지에 자세히 설명되어 있다. 앞으로 진행하기 전에 충분히 이해하기 바란다.

고객 검증 단계에서 지출 제약 조건

스타트업의 일반적인 실패 시나리오는 너무 이른 확장premature scaling에 있다. 이것은 비즈니스 모델이 아직 검증이 완료되지 않았을 때, 많은 영업 사원들이 필요 이상으로 자금을 소진하는 경우이다. 혹은 누가 고객인지 확신하기 전에 고가의 수요창출 활동을 하는 경우다. 너무나 일찍 사업을 확장한 후, 스타트업이 심각한 사업 전환에 직면하면 대부분 영업사원을 해고하고 마케팅 프로그램을 중단한다.

고객 검증 단계에서는 검증이 거의 끝날 때까지 영업과 마케팅 사원들의 고용과 비용 지출을 미뤄야 한다. 이 제약 조건에 대해 스타트업이 실패하며 반복할 것으로 가정한다면, 이 제약은 고객 검증 단계의 핵심이다. 내부 영업팀을 꾸리는 비용을 절감하면 사업 전환을 통한 성공에 활용될 수 있도록 충분한 현금을 보유할 수 있다.

검증 항목의 우선순위 결정

고객 검증을 시작할 때 비즈니스 모델 요소들의 우선순위를 고려하는 것은 고객 검증에 꼭 필요하다. 모든 스타트업 비즈니스 모델은 셀 수 없을 정도로 많은 요소로 구성되어 있다. 모든 요소의 변수에 대해 고객 검증 과정에서 전부 다 확인할 수 없을 뿐만 아니라, 사업이 확장되거나 상장될 시점에는 창업가들이 100세가 될 것이다.

비즈니스 모델 캔버스는 아주 훌륭한 안내서다. 대부분의 스타트업은 가치 제안, 고객 관계, 채널, 수익 모델 4가지 핵심 요소에 초점을 맞춰야 한다. 핵심 요소는 많은 비즈니스에 적용할 수 있지만 전부는 아니다. 다면 시장을 목표로 하는 스타트업은 시장의 모든 측면에서 우선순위를 결정해야 한다. 5개 미만으로 사업이 커질 수 있는 요소나 실패 요소를 생각해보라.

회계사가 스타트업을 하지 않는 이유

전 과정에 걸쳐서 고객 개발 방법이 거대한 포커스 그룹에 대항하여 설문조사를 하는 것이 아니라는 것을 종종 잊는다.[2] 고객 개발의 목표는 모든 고객의 의견을 취합하고 어떤 기능을 구현할지를 투표하는 것이 아니다. 창업가는 스타트업의 심장을 뛰게 하는 예술가다. 고객 개발의 진정한 목적은 창업가의 비전을 널리 알리는 것이다(신규 시장에는 어떤 데이터도 존재하지 않는다). 훌륭한 창업가는 모든 고객 데이터를 고려한 후 자신의 직감을 믿고 다음과 같이 말할 수 있어야 한다. "우리가 방금 들은 고객 데이터를 왜 무시해야 하는지 지금 말해주겠다."

---

2 포커스 그룹: 시장 조사나 여론 조사를 위해 각 계층을 대표하도록 뽑은 소수의 사람들로 이뤄진 그룹 – 옮긴이

→ **갑자기 아이디어가 번뜩인다면 무서워 말고 앞으로 나가라**

이 책에서는 아직 그 단계가 아니라고 해도, 바이럴이나 네트워크 효과를 사용하여 빠르게 확장하는 웹/모바일 스타트업이 간혹 급격히 인기를 얻기도 한다. 구글, 유투브, 페이스북, 트위터와 같이 몇몇 알려진 엘리트 기업들에게 일어났던 일이다. 여러분이 소비자에게 강력하고 짜릿할 정도로 매력적인 아이템을 제공할 정도로 운이 좋다면, 이 책을 내려 놓고, 하고 싶은 대로 하면 된다. 이게 바로 창업가가 되어야 하는 이유다(나중에 개인 비행기나 요트, 세일보트를 타고 있을 때 이 책을 여유롭게 읽어봐도 된다).

고객 검증 철학의 요약

고객 발굴 단계에서 비즈니스 모델 가설은 비교적 작은 그룹의 고객들에게 제품 주문이 아닌 고객 의견을 받아 가설을 테스트했다. 고객 발굴 자체에서는 고객이 누구인지, 사업이 확장 가능한지에 대한 검증된 증거를 찾을 수 없었다.

고객 검증 단계에 돌입했을 때, 비로소 제품 주문이나 사용자 수를 통해 제품-시장 일치를 결정할 수 있었다. 이러한 검증은 MVP를 개발하는 동안에도 지속될 뿐만 아니라, 기업의 영업과 마케팅 계획, 자료 준비 단계에서도 계속된다. 창업가들은 현장으로 나가서 MVP를 테스트한다. 제품 사양, 가격, 채널, 포지션 등 사업 모델의 모든 가설을 포함하여 테스트해야 한다. 어떻게 테스트해야 할까? 고객들에게 구매 (다운로드, 계정 생성, 상품 클릭) 요청을 하는 것에서 시작된다.

> ✥ MVP를 테스트한다. 어떻게 테스트해야 할까? 고객에게 주문을 요청을 하는 것에서 시작된다.

고객 검증은 회사에서 다음 세 가지 질문에 대해 답변할 수 있을 때 완료된다.

1. 사업은 확장 가능한가? 고객 모집을 위해 지출된 비용 효율이 일일 매출, 페이지 뷰, 다운로드, 클릭에 지출된 비용 효율보다 높은가?

2. 반복 가능하고 확장 가능한 세일즈 로드맵이 있는가? 회사는 전화로 연결될 만한 예상 고객이나 고객 모집에 대한 올바른 예상치가 있는가? 그리고 지속적으로 판매하기 위한 영업 멘트가 있는가?

3. 세일즈 퍼널의 고객 유입이 예측 가능한가? 동일한 판매 프로그램과 전략이 세일즈 퍼널을 통해 지속적으로 충분한 유료 고객을 확보하는가?

지금 당장 시작하자.

고객 검증 프로세스의 개요

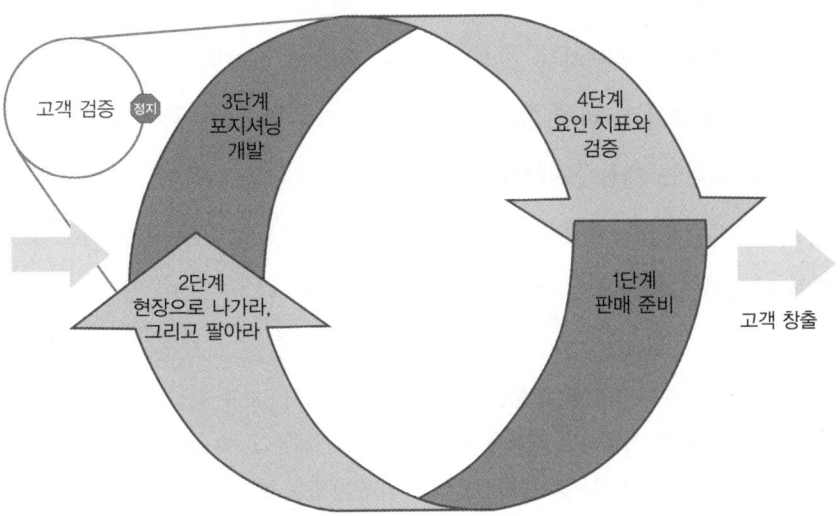

그림 8.1 고객 검증: 프로세스의 개요

고객 검증에는 4단계가 있다.

1단계: '판매 준비'는 제품 포지셔닝, '테스트 판매'를 위한 세일즈나 마케팅 자료 준비, 판매 담당자 고용, 유통채널 확보 기획, 세일즈 로드맵 수정, 자문위원회 6개의 활동으로 구성된다. 이러한 활동은 초기 창업팀early stage venture이 현장으로 갈 만반의 준비가 된다.

→ 웹/모바일 채널을 사용하는 회사들 역시 제품 포지셔닝, 고객 유치와 활동 계획서 준비, 완성도 높은(high-fidelity) MVP 구축, 데이터 측정 가능한 툴 구축, 데이터 경영자 채용, 자문위원회 구성 6개의 '판매 준비' 활동으로 구성된다. 이런 활동들이 린(lean)하며 효과적인 고객 모집 프로그램을 개발하는 데 도움을 준다.

2단계: 창업가들은 현장으로 나가서 마지막 테스트 관문을 통과해야 한다. '고객이 제품을 구매해서 비즈니스 모델 검증이 될 것인가?' 전문적인 영업 조직 없이 고객에게 미검증되고 미완성 제품의 판매를 시도해야 한다. 고객 의견을 받는 것도 주문만큼이나 중요하다.

오프라인에서 사업을 진행하는 스타트업들도 온라인 스타트업과 유사하게 브로셔, 파워포인트 발표자료, 판매 자료, 가능하다면 제품 데모나 실물 모형을 준비한다. 수백 번의 회의는 제품 프레젠테이션이나 채널 계획을 다듬어 주고, 세일즈 로드맵을 검증하며, 세일즈 퍼널로 유입되는 고객 예측을 증명한다. 또한 비즈니스 모델이 반복 가능하며 확장 가능하고, 수익성을 현실에서 테스트하여 검증해준다.

➜ 웹/모바일 스타트업은 '사이트 오픈'을 통해 '현장으로 나가서', 고객 모집 도구와 계획에 맞게 실제로 고객이 가입하고 제품을 구매하는지 확인해본다. 가설에서 제시한 것처럼 일부 고객들이 똑같이 행동하는가? 고객 모집과 행동은 반드시 측정되어야 하며 최적화되어야 한다.

다면 시장(물리적이나 웹/모바일)의 스타트업은 시장의 각 측면을 테스트하기 위해 현장으로 나가야 한다. 웹/모바일 마케팅 담당자는 첫 번째로 사용자를 테스트하고, 이후에 마케터나 사이트를 무료로 사용하는 사용자에게 기꺼이 홍보를 위해 지불 능력이 있는 광고주를 대상으로 비즈니스 모델 캔버스의 요소(가치 제안, 세그먼트, 수익 모델 등)의 가설을 확인한다.

3단계: 몇 건의 주문이 접수되고 충분한 고객 정보를 갖추면 제품을 개선하고 회사 포지션을 재정립한다. 회사 포지션은 업계 전문가, 애널리스트, 다양한 고객군과의 면담을 통해 테스트된다.

➜ 웹/모바일 스타트업은 '모집' 프로그램 전략을 개선한다 그 다음 초기 제품 포지셔닝 테스트를 실시하고, 그들은 2단계에서 수집된 고객 행동 데이터를 정리한다. 수집된 고객 데이터는 '모집' 활동과 초기 웹 사이트 방문 행동을 요약한 지표를 말한다. MVP와 고객 모집 도구의 효과에 관한 의견을 수집해야 한다.

4단계: 전환이나 진행pivot-or-proceed에 대한 분석이 자세하고 충분히 설명될 때까지 모든 활동을 정지한다. 그리고 웹/모바일이나 물리적 채널에 상관없이 고객 검증 과정을 마무리하고 사업 확장 방법을 확실히 검증한다.

그렇다면 창업가와 투자자 둘 다 똑같이 보답받을 준비가 되어 있는 것이다. 그전에 수많은 어려운 질문들과 힘든 작업들을 검증해야 한다.

결론적으로 질문은 매우 간단하다. '이 사업이 할 가치가 있는가?' 허리가 휘어질 정도로 강도 높은 일들을 몇 년 동안 할 각오가 되어 있는가? 창업가와 투자자들의 목표 달성에 충분한 수익, 성장과 이윤을 가져다 주는가? 그리고 팀은 이 일을 하기에 충분한 경험을 쌓았는가?

최적의 비즈니스 모델을 고객 검증 중 첫 번째나 두 번째 시도에서 못 찾을 확률이 매우 높다.

설문 조사나 채팅을 통한 것이 아닌 실제 주문, 사용자 유입, 고객 활동이 있어야 비로소 고객 검증이 끝났다고 볼 수 있다.

고객이 MVP를 구매하고, 고객의 존재를 확인하며, 예측 가능한 방법으로 고객에게 접근하는 것을 입증하고, 고객을 사로잡아 판매를 늘릴 수 있는 확장 방안이 마련되는 것을 고객 검증을 통해 입증해야 한다. 이 순간을 종종 '깨달음의 순간'이라고 말한다. '깨달음의 순간'으로 가는 로드맵은 9장(333페이지)에서 시작된다.

9장

고객 검증 1단계: 판매 준비

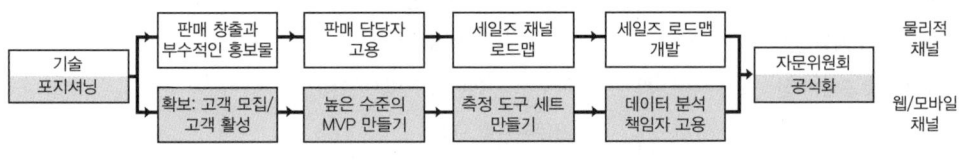

고객 검증의 첫 단계는 고객을 확보하는 회사의 능력을 테스트하기 위한 도구를 준비한다. 이 단계에서는 제품 포지셔닝을 기획하고 영업 활동을 위한 온라인 자료와 마케팅 자료를 작성하는 방법을 살펴본다. 물리적 채널 스타트업은 추가로 보조 홍보 자료, 채널 영업 계획, 영업 로드맵 개발이 포함된다. 이때 판매 담당자 Sales Closer를 고용하고 자문위원회를 구성한다.[1]

→ 웹/모바일 채널 스타트업은 고객 유치와 활성화를 위한 계획과 도구를 개발할 뿐만 아니라, 결과를 모니터링하기 위한 대시보드나 도구들을 개발한다. 창업팀은 고객 모집 노력이 헛되지 않도록 완성도 높은 MVP를 개발한다.

---

1 판매 담당자는 판매뿐만 아니라 고객 모집, 활성화를 담당하고, 이를 책임지는 '세일즈의 구원투수' 역할을 하는 사람을 말한다. - 옮긴이

이 첫 번째 단계에서 각 채널에 대한 프로세스가 완전히 다르기 때문에 물리적 채널과 웹/모바일 채널은 그림 9.1에 표현된 것처럼 별도의 방법으로 진행한다.

이러한 모든 단계가 준비되면 두 번째 단계는 현장으로 나가 판매한다. 다음은 판매 전 각 채널이 필요한 단계를 서술한 것이다.

물리적 채널	웹/모바일 채널
제품 포지셔닝	
판매 자료와 보조 홍보물 준비	'모집': 고객 모집과 활성화에 대한 계획과 도구
판매 담당자 고용	완성도 높은 MVP 개발
채널 실행 계획 준비	측정 도구 개발
세일즈 로드맵 수정	데이터 책임자 고용
자문위원회 구성	

그림 9.1 1단계: 판매 준비

판매 준비: 포지션 선언문 기술

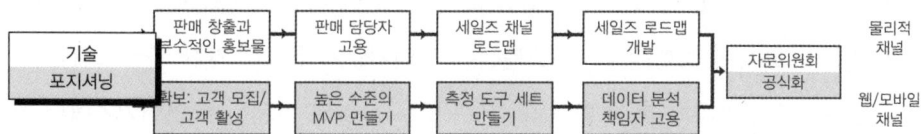

고객의 관점에서 "회사는 무엇을 위해 존재하는가? 무엇을 하는 제품인가? 왜 고객이 관심을 가져야 하는가?"를 질문할 것이다. 창업을 시작할 때 이 질문에 대한 생각이 있었겠지만, 지금은 고객과 소통 경험이 필요한 시점이다. 고객 발굴 단계에서의 경험을 토대로 제품 비전, 제품 기능, 제품 경쟁력에 대한 정보를 재확인할 필요가 있다.

회사가 어떤 점에서 다른지, 제품이 구매 가치(또는 사용할 가치)가 있는지에 대한 이유를 지금까지 배운 모든 것을 함축하여 명확하고 설득력 있는 한 줄의 메시지로 담을 수 있는가? 이 메시지는 고유의 판매 제안을 목표로 한다. 이 독특한 판매 제안은 고객과 유대 관계를 만들고, 마케팅 프로그램에 초점을 맞추며, 회사를 키우는 데 중요한 역할을 한다. 이 단계가 중요한 이유는 메시지로 고객의 가슴을 뛰게 할 짧고 강력한 '엘리베이터 피치'를 해야 하기 때문이다.[2] 이 메시지는 옥외 간판에서 배너와 명함까지 다양한 용도로 활용될 수 있으며, 영업과 마케팅 활동을 하는 데 도움이 된다. 처음부터 완벽하게 만들려고 노력하지 말라. 고객, 전문가, 투자자의 의견과 함께 내용도 바뀔 수 있기 때문에 과감하게 시도해보라.

포지셔닝 메시지를 만드는 것은 언뜻 보기에는 쉽게 보일 수 있지만, 실행을 하기엔 어려운 도전이 될 수 있다. 이해 가능하며 매력적인 간결한 문장으로 만드는 작업은 엄청난 노력이 필요하다. 긴 문장을 작성(또는 생각)하는 것이 짧고 간결한 문장(또는 생각)을 작성하는 것보다 쉽다. 고객 발굴 시점에서 찾아낸 고객 가

---

2 엘리베이터 피치(elevator pitch): 상품, 서비스, 기업의 가치에 대한 빠르고 간단한 요약 설명으로, 로켓 피치라고도 한다. 엘리베이터 피치라는 이름은 엘리베이터에서 중요한 사람을 만났을 때 자신의 생각을 요약하여 20초에서 3분이라는 짧은 시간에 전달할 수 있어야 한다는 의미로 지어졌으며, 주로 말, 글, 비디오의 형태로 전달된다. – 옮긴이

치가 무엇이었는지 의견을 재검토하는 것을 시작점으로 삼는다. 제일 심각한 문제가 무엇인가? 어떤 문제나 솔루션을 설명할 때 반복하여 떠오르는 용어가 있는가? 제품이 고객에 영향을 주는 부분은 무엇인가? 제품으로 인한 파급효과는 어느 정도인가? 경쟁사가 하지 않거나 할 수 없는 차별된 가치는 무엇인가? 어떤 가치가 더 나은가? 언제나 쉽고 간결하게 만들도록 생각하라. 내부에서 모든 것을 정리하는 것보다, 외부에서 필요한 도움을 받아 이 상황을 돌파하는 것도 현명한 방법 중 하나다.

기술 기반 스타트업에서 엔지니어에게 가장 큰 도전 중 하나는 고객의 머리와 계산기가 아닌 마음과 지갑을 열게 하는 간단한 메시지를 만드는 것이다. 이는 제품 기능에 대한 문제가 아니다. 사업의 모든 가치 제안을 간결하고, 쉽고, 기억하기 쉬운 단어를 사용해서 간단한 문장을 만드는 것이다. 예를 들면 애플의 "생각을 다르게 하라 Think Different", 아메리칸 익스프레스의 "이것 없이는 집을 떠날 수 없어요 Don't Leave Home Without It", 나이키의 "그냥 시작해 Just Do It", 아비스 Avis의 "우리는 열심히 한다 We Try Harder", 페리에 Perrier의 "지구의 첫 번째 소프트 드링크 Earth's First Soft Drink", BMW의 "최고의 드라이빙 머신 The Ultimate Driving Machine" 등이다.

마케팅 컨설턴트 제프리 무어 Geoffrey Moore('캐즘을 건너서'의 저자)가 개발한 예제 9.2과 9.3은 필요한 요소를 찾아낼 수 있도록 도와준다.

제품 포지셔닝 선언문의 견본
[대상 고객]을 위한
원하는 것/필요로 하는 것을 [사야만 하는 이유]
[제품명]은 [제품 카테고리]다.
[주요 혜택]을 제공한다.
[제품명]은 [주요 차별점]

그림 9.2 제품 포지셔닝 정책

모바일 애플리케이션인 모바일도우Mobiledough가 유사 방법으로 작성한 제품 포지션은 다음과 같다

제품 포지셔닝 문서의 예
모바일도우는 잦은 출장으로 바쁜 임원들을 위한 제품이다.
그들이 원하는 것은 최소한의 시간에 정확한 지출내역서를 작성하는 것이다.
모바일도우는 영수증 관리와 비용 집계를 쉽게 도와주는 도구다.
주 단위로 상세한 지출내역서를 10분 미만에 제공한다.
지출내역서 묶음들과는 다르게, 모바일도우는 영수증을 스캔하여 정리하고, 합산해서, 거의 최종 보고용 문서로 작성하여 11개의 대중화된 경비 지출내역서 포맷으로 만든다.

그림 9.3 제품 포지셔닝 정책의 예

모바일도우의 슬로건은 무엇이 적합할까? 몇 개의 후보군을 살펴본다.

- "당신이 가는 동안에 온라인으로 빠르고, 정확하게, 모바일도우"
- "당신의 사용 흔적은 지출로 바로 확인된다"
- "온라인으로 바로 합산된다. 모바일도우"

제프리 무어가 제시한 템플릿이나 유사한 것을 고객 개발팀과 제품 포지션 브레인스토밍할 때 사용해본다. 사내 콘테스트나 창의성 세션을 통해 공모하는 것도 고려해본다. 제품 포지션 문장이 감정적으로 매력적으로 느껴지게 하려면 다음을 참고한다.

- 내용을 듣고 고객의 가슴이 뛰는가?
- 고객이 더 듣고 싶어서 앞으로 다가오는가? 또는 무관심한 눈빛을 보이는가?
- 고객이 이해할 수 있는 설명으로 되어 있거나 그들에게 유일한 제품으로 인식되는가?
- B2B 제품의 경우 내용이 제품에 대한 가격이나 경쟁우위를 의미하는가?
- B2C 제품의 경우 시간이나 비용을 줄여주거나, 재미나 사랑, 매력, 사회적 지위를 제공하는가?

마지막으로 제안이 현실성 테스트를 통과하는가? '일주일에 30파운드 빼기'나 '판매율 200% 상승', '오늘 밤에 사랑에 빠진다'는 신뢰성을 주기 어렵고 법적으로도 통과하기 어렵다. 이러한 주장만 현실성 테스트를 통과해야 하는 것은 아니다. 기업 고객에게 판매하는 경우 회사가 신뢰할 수 있는 제품 공급처인지를 추가로 고려해야 한다. 이처럼 주장하는 내용을 충분히 제공할 능력이 있는가?

어떤 시장 유형에 제품이 속해 있는지에 대한 질문을 항상 염두해둬야 한다(자세한 내용은 85페이지 참조). 기존 시장에 제품을 판매하는 경우에는 차별화된 판매 제안을 한다. 더 좋고 빠른 것과 같은 판매 제안이 필요하다. 이러한 경쟁과 많은 고객 인터뷰를 통해 배운 경험을 뼈대로 제품을 완성하게 될 것이다.

새로운 시장을 창출하거나 기존 시장의 틀을 새롭게 구상할 경우, 새로운 시각으로 접근 가능한 유일한 판매 제안을 준비해야 한다. 제품이 기존과 다른 레벨이거나 사람들이 한 번도 해보지 못한 일들을 할 수 있도록 새로운 시각으로 판매 제안을 한다.

[물리적] 판매 준비: 영업과 마케팅 자료

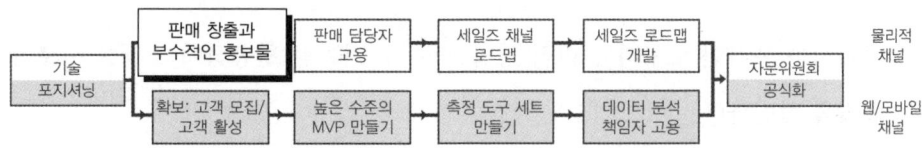

물리적 채널에서 고객을 확보하는 것은 인식, 관심, 고려, 구매 4단계 과정으로 전개된다. 이 판매 과정을 촉진하고자 이전 단계에서 만들었던 영업과 마케팅 자료를 세일즈 제안에 사용한다. '마케팅 자료'란 제품 데이터시트, 발표자료, 웹 사이트 등을 말한다. 영업팀은 예상 고객이나 웹 사이트를 통한 제품 구매 이유를 설득할 자료 소개나 전달에 사용한다.

그림 9.4 물리적 채널의 고객 유입 경로

  물리적 채널의 경우에는 마케팅 자료의 역할은 판매를 책임지는 것이 아니라 세일즈 퍼널로 잠재 고객을 유도하는 것이며, 실제 장소에서 판매 담당자와 판매 보조 자료가 실제 세일즈 역할을 하며 매출에 영향을 미친다.

  마케팅 자료는 사람들의 호기심을 유발하고, 판매로 이어질 수 있는 반응을 일으키기에 충분해야 한다. 하지만 소비자들이 채널과 소통 없이 바로 구매할 정도의 정보를 전달하지 않는다. 실제 담당자들은 판매를 이루기 위해 필요한 도구들이 필요하며, 판매할 수 있도록 돕는 도구 세트의 첫 버전을 이 단계에서 기획하고 개발한다.

여기서는 온라인 도구와 물리적 영업 도구 두 가지를 활용하여 고객을 사로잡는 방법을 설명한다.

제품 기능, 혜택, 사양 등 영업자료에 대한 대부분의 정보를 가설을 통해 입증하고 고객 발굴 시점에서 개선한다. 화려한 디자인이나 대량의 인쇄물에 자금을 낭비하지 말고, 고객 의견에 따라 변경될 수 있는 것을 인지하여 예리하고 전문성을 가진 자료로 만든다.

	물리적 채널	웹/모바일 채널
고객 모집(수요 창출)	전략: 인식, 관심, 고려, 구매 방법: 무료 매체(PR, 블로그, 브로셔, 리뷰), 홍보 매체(전단지, 홍보물), 온라인 도구	전략: 모집과 활성화 방법: 웹 사이트, 앱 스토어, 검색 (SEM/SEO), 이메일, 블로그, 바이럴, SNS, 리뷰, 홍보, 무료 사용권, 홈/랜딩 페이지
고객 유지	전략: 활동과 유지 방법: 로열티 프로그램, 제품 업데이트, 고객 설문, 고객 확인 메일	전략: 활동과 유지 방법: 고객 맞춤형 주문, 사용자 그룹, 블로그, 온라인 상담, 제품 사용 팁이나 소식지, 원조, 제휴
고객 성장	전략: 신규 매출, 소개 방법: 상위판매, 교차판매, 후속판매, 지인추천, 낱개 판매	전략: 신규 매출, 소개 방법: 업그레이드, 대회, 상품 재구성, 지인 추천, 상위판매, 교차판매, 바이럴

표 9.1 '고객 모집' 부분에서 물리적 채널용 도구

물리적 영업의 보조자료

예상 고객이 웹 사이트, 트위터, 신문광고를 보고 물리적 채널로 들어오면, 이들은 최종적으로 판매 담당자를 상대해야 한다. 판매 담당자는 종종 고객에게 보여줄 판매 홍보물과 도구가 필요하다. 판매 담당자는 생각없이 바로 제품 사양서나 발표자료를 준비하는 것이 아니라, 세일즈 단계마다 필요한 모든 항목을 나열하는 영업 보조자료를 개발해야 한다(표 9.2 참조). 거의 모든 회사가 활용하는 기본 체크리스트는 다음과 같다.

- 웹 사이트(347페이지 참조)
- 파워포인트로 작성된 세일즈 발표자료
- 제품 데모, 프로토타입 및 비디오
- 데이터시트
- 가격 목록, 계약서, 결제 시스템

이외에 회사 백서, 신문에 난 회사 내용, 고객 사용 후기, 편지 머리말(회사명과 주소가 적힌 용구), 프레젠테이션 폴더, 명함 등은 기본적으로 챙겨야 할 항목이다.

세일즈 발표 준비

세일즈 발표 내용은 고객 발굴 시점에서 갱신된 문제와 해답, 새롭게 정의된 제품 포지션에 의한 제품 내용이 전부 담겨 있어야 한다. 발표의 핵심 고객은 대중이 아니라 얼리반젤리스트를 위한 것이다. 발표는 문제의 간략한 개요, 기존의 해결 방법, 새로운 솔루션 제안 순으로 진행하고, 마지막으로 제품 세부 내용을 다룬다. 발표는 30분 미만으로 잡는다. 고객 발굴 시점에서는 구매 결정 과정에서 역할을 하는 회사 내부 사람들의 유형이나 고객 유형에 따라 별도의 발표 자료가 필요하다. 상위 관리자나 실무 담당자용으로 발표를 따로 준비했는가? 개발자 같은 기술 기반 고객을 대상으로 하는가? 다른 산업이나 다른 회사에 대해 준비했는가? 소비재인 경우, 만나는 고객의 인구 유형, 소득, 지리적 요건에 따라 별도로 준비했는가?

이번 고객 개발 단계에서 파워포인트 템플릿 개발은 전문가의 도움을 받을 만한 충분한 가치가 있다. 사무실이 창고나 지하에 있을지라도 발표 문서를 통해 회사가 전문적이며 잘 갖춰진 것처럼 보일 수 있다.

데모, 모형, 비디오

대부분의 예상 고객들은 현존하지 않는 제품에 대해 여러분만큼 시각적으로 상상할 수 없다. 그래서 여러분이 창업가이고 그들은 아닌 것이다. 대중들은 데모나 제품 모형 없이 제품 컨셉을 상상으로만 이해하기는 정말 어렵다. 어떤 상황에서든지, 제품 구동을 어떻게 하는지와 제품이 가진 핵심 기능을 보여줄 수 있는 모형을 준비해야 한다. 최소한으로 파워포인트로 그린 그림이나 짧은 동영상을 준비한다. 기존 방식과 새로운 방식의 차이를 보여줄 수 있는 것이 이상적이다. 제품 모형은 골판지나 스티로폼으로 만들 수도 있다. 아니면 여러 장으로 만든 간단한 스케치도 괜찮지만, 가능하면 제품이 실제 작동하는 것을 보여주는 것이 제일 좋다.

물리적 제품을 만드는 스타트업의 제품 개발팀은 가끔 데모와 실물을 혼동하는 경우가 있다. 데모용 제품은 실물과 똑같은 것이 아니다.

준비된 데모들은 얼리반젤리스트들을 "아하!"하게 만들 수 있도록 할 뿐만 아니라, 이들이 신제품에 빠져 열광하게 만드는 것이다.

데이터시트

상세 제품 사양이나 혜택으로 작성된 제품 데이터시트와 고객 문제, 개념상의 솔루션을 제시하는 솔루션 데이터시트를 혼동하기 쉽다. 어떤 것이 필요한지는 시장 유형에 따라 다르다. 기존 시장에 진입할 때 제품에 집중하여 기존 제품보다 더 좋아야 한다. 제품 데이터시트로 설명하는 것이 가장 좋은 방법이다. 새로운 시장이나 복제 시장에 뛰어든다면, 솔루션 데이터시트가 더 적합하다. 재분류된 시장으로 진입한다면 제품과 솔루션 데이터시트가 모두 필요하다.

가격 목록, 계약서, 과금 방식

지금쯤 운이 좋다면 누군가가 "비용은 얼마입니까?"라고 물었을 것이다. 이때를 대비해 가격 목록, 견적 양식, 계약서를 준비한다. 이런 준비는 스타트업을 진짜 회사처럼 느껴지게 할 수 있다.

이런 문서들은 초반에 임의로 정했던 제품가격, 구성, 전달, 할인 및 약관 등을 체계화 한다. 소비자 제품인 경우는 선구매를 할 수 있는 신용카드 결제 시스템, 전자 상거래 도구 등을 준비하는 방법이 필요하다.

보충자료는 고객의 눈 높이에 맞춰라

고객 검증 단계에서 B2B 사업을 하는 스타트업 경우에는 두 종류의 서로 다른 고객인 얼리반젤리스트와 기술적 검증자에게 필요한 메시지와 자료를 별도로 준비해야 한다(표 9.2 참조). 얼리반젤리스트는 비전을 먼저 사고 제품을 구매한다. 그렇기 때문에 자료는 명확하고 그들이 이해할 만큼 자세한 비전과 혜택이 있어야 한다. 그러면 얼리반젤리스트들이 사업 설명회가 끝난 후 스스로 아이템에 매료되어 자신들의 직장에 돌아가서나 주변 지인, 가족에게 이 제품을 홍보할 것이고, 이는 판매로 이어질 것이다.

대부분의 B2B 판매는 판매주기에 포진된 플레이어들에게 필요한 깊이 있는 기술 정보를 제공해야 하기에 정보 자료의 기술적인 검토가 필요하다. 특정 이슈에 대한 백서는 특정 산업의 관심이나 문제를 다룰 수 있다. 백서는 미리 만들어 놓지 말고 필요할 때 만들면 된다. 고객들이 필요한 것을 요청할 것이다. 경제적으로 힘든 시기일수록, 고객은 투자 수익률에 관한 내용을 요구할지도 모른다. 투자 수익률을 보여 달라는 말은 다른 말로 '구매 비용에 대한 정당성을 보여주시오. 장기적으로 사용 시 비용 절감이 가능한가?'라는 뜻이다. 고객 발굴을 진행하는 동안 이 작업 대부분이 정리되었을 것이다. 얼리반젤리스트 챔피언들은 일반적으로 누군가가 수표에 서명하기로 합의하기 전에 스타트업 홍보 담당자 없이 제품을 회사 사람에게 소개할 것이다.[3] 소비자에 대한 문제도 동일하다. 한 아이가 아이패드를 위해 투자 수익률 문제를 만들려고 노력하는 모습을 상상해보자. 아이패드가 있으면 차에 DVD를 넣고 다닐 필요가 없고, 책을 많이 사주면 책도 많이 읽겠다고 약속할 것이다.

---

3 얼리반젤리스트 챔피언: 얼리반젤리스트 중에 회사의 홍보 담당자가 아니지만 나서서 회사를 알리고, 고객 발굴을 이끌어주는 사람을 회사가 중요한 인물로 정의한다. – 옮긴이
얼리반젤리스트 + 홍보대사 = 얼리반젤리스트 챔피언

한편으로는 B2C 시장의 스타트업 마케팅 담당자는 세일즈 채널의 보조 자료에 초점을 맞춘다(매대 광고지, 상품 포장, 쿠폰, 애드슬릭).[4,5] 대처 방안은 목적과 어떤 고객용인지 각각의 적절한 시기를 구별한다.

모든 보충자료는 실전 테스트를 해봐야 한다. 사무실 안에서 작성된 자료는 종종 현장에서 쓸모가 없을 때가 많다. 랜딩 페이지, 상품 주문 페이지, 애매모호하게 작성된 제품 기능/혜택 문장(다음 부분에서 자세히 다룸) 등 여러 온라인 '자료'는 A/B 테스트를 진행한다. 일반 고객과 비즈니스 고객은 회사의 전문 용어를 암기해야 하거나 '사내 유머'를 이해할 필요가 없다. 항상 보충자료 계획서를 준비해두고, 필요할 때마다 지속적으로 갱신하고 추가해야 한다.

	인지	관심	고려	판매
얼리반젤리스트 구매	회사 웹 사이트 브로셔	세일즈 발표자료 작성	각 고객에 맞춰진 발표자료	연락처
	제품 솔루션 데이터시트	사업 문제를 다룬 백서	사업 문제를 다룬 업계 분석 리포트	가격 목록표
	파워 블로거들	제품 언론물		
	기술 웹 사이트	제품 브로셔	수익율 입증	
	편지 종이	바이럴 마케팅 / 이메일 도구	후속 이메일	
		제품 데이터시트	견적서 서식	감사 쪽지 / 이메일
기술 전문가	파워 블로거들	기술 발표자료	구체적인 고객 문제를 다룬 기술 발표 자료	감사 쪽지
	기술 웹 사이트	기술 백서	기술 백서	
		기술적 문제를 다룬 분석 리포트	설계도 첨부된 기술 개요 데이터시트	

표 9.2 B2B와 직접 판매의 예

---

4 매대 광고지: 셀프토커, 소매점 내에 전시되는 POP 광고 중 상품 진열대의 전면에 늘어뜨린 광고인쇄물 – 옮긴이

5 애드슬릭: 광택이 나는 인쇄광고물 – 옮긴이

물리적 채널 마케터를 위한 온라인 도구

회사의 주요 채널 전략은 물류 유통일지라도, 고객이 아직 온라인으로 제품 검색을 하기 때문에 고객들에게 제품 인식을 심어주고 시험판과 웹에서 제품 정보를 제공하는 여러 종류의 온라인 도구가 필요하다.

이런 도구 종류로는 웹 사이트, 고객 발굴형 바이럴 마케팅 프로그램, 디지털 브로셔, 기타 판매자료 등이 있다. 또한 소셜네트워크는 엄청난 고객 수를 확보하며 성장했으며, 일반 오프라인 제품인 경우에도 트위터를 통해 새로운 아이디어가 매일 나타나고 있다.

> ❖ 가장 복잡한 '구시대' 상품조차도 웹 사이트나 온라인 마케팅으로 홍보하고 있다.

건설 장비나 재료들처럼 가장 복잡한 '구시대' 제품들도 웹 사이트와 거대한 온라인 마케팅 프로그램을 통해 홍보하고 있다. 결론으로 물리적 채널의 마케팅 담당자는 자사 제품(펌프, 부싱, 자갈 등)이 시골의 한 창고에서 판매되더라도, 담당자는 온라인 고객 모집과 온라인 마케팅 기획을 탐구 개발해야 한다.[6] 요즘 고객은 판매 장소에 상관없이 자주 온라인으로 제품을 검색한다.

현대 마케팅은 고객을 제품 쪽으로 '끌어 당기는' 것과 함께 고객에게 서비스를 '밀어주는' 것이 된다. 예를 들어 메일함에 있는 이메일이나 영업 담당자들은 제품을 여러분에게 '밀어주는' 역할을 한다. 코스트코 매장에 있는 샘플이나 검색 엔진, 안내 메일은 '끌어 당기며' 흥미를 유발하려고 서비스와 제품을 둘러보도록 권장한다. 강력한 마케팅 캠페인과 도구를 서로 잘 섞어 '밀고 당기기' 마케팅을 잘 추진해야 한다.

다음은 자료를 준비하는 데 고려해야 할 몇 가지 지침을 살펴본다.

---

6 부싱: 벽을 뚫어서 구멍 사이로 전선이 지나가게 할 때 쓰는 관 – 옮긴이

웹 사이트

이 단계에서 물리적 채널을 활용하는 회사들의 웹 사이트는 회사의 비전과 회사가 해결하고자 하는 문제에 대한 명확한 정보가 필요하다. 이 단계에서는 제품의 자세한 정보를 정리해 고객을 끌어 들여 판매를 촉진할 수 있는 방법을 배운다. 최소한 웹 사이트는 제품이나 회사에 대한 흥미를 유발하고 구매를 고려할 만큼 매력적으로 만들어야 하며, 실제 물리적 채널로 예상 고객을 유도해야 한다. 저가 항목 제품의 경우에도 웹 사이트를 통해서 판매할 수 있다. 그러나 웹 사이트에서 제품 구매를 망설이게 만드는 이유를 제공해서는 안 된다. 가격에 대한 상세 내역이나 설치 사양에 대한 부분을 상세히 적을 필요는 없다. 웹 사이트에서 예상 고객과 회사간의 소통을 할 수 있게 유도하기만 하면 된다. 예상 고객이 제공하는 가능한 많은 정보를 수집할 수 있도록 사이트를 활용해야 한다. 이때 가입 양식에 '필수 항목'이 많을수록 신규 등록율은 떨어진다는 점을 유의해라.

소셜 마케팅 도구

물리적 채널에서만 제품을 판매하는 많은 회사들 역시 페이스북 페이지, 트위터, 기타 소셜 마케팅 도구를 사용해 홍보하고 고객을 유치한다. 온라인 도구를 통해 고객과 잠재 고객들에게 제품을 소개하여 친구나 지인에게 홍보할 수 있다. 이런 모든 것을 쉽게 활용할 수 있게 하고 야심차게 홍보를 추진하는 방법은 '모집' 프로세스를 비교적 저렴하게 가속화시킬 수 있다(3장, 175페이지와 363페이지에 도구 관련 내용이 있다).

이메일과 이메일로 사용할 만한 마케팅 도구

이메일은 고객을 선별하여 고객 정보를 통한 개별적인 마케팅을 할 수 있기 때문에 예상 고객이나 고객과 온라인으로 의사소통을 할 수 있는 중요한 도구다. 평범한 세일즈 내용이 아닌 조심스럽게 정제된 정보를 전달할 때 아주 까다로운 고객의 메일함에 있는 수많은 메일들 사이에서 돋보일 수 있다. 대상 고객의 성향을 반영한 이메일과 이메일용 캠페인을 만들고 최적의 효과를 볼 수 있도록 다수의 메일 캠페인을 계획한다. 디지털 버전의 브로셔, 백서, 다른 홍보물을 만들어 이메일과 함께 첨부해서 보내라(4장의 고객 관계 부분에서 이메일 캠페인 관련 내용을 참조하라).

[웹/모바일] 판매 준비: 고객 모집과 활성화 계획

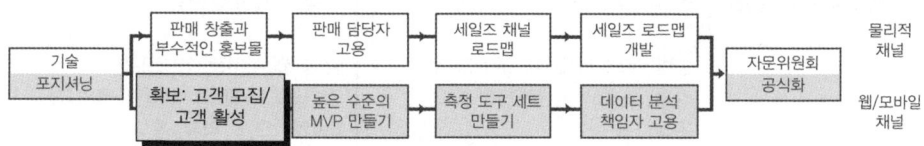

→ 고객 발굴 단계에서 고객을 확보하고 활성화할 수 있는 대략적인 계획을 개발했다(3장, 186페이지 참조). 이제 이 계획을 수정 보완해서 고객 모집과 활성화 프로그램과 도구를 만들 시기다. 내용을 잠시 정리해보자.

- 고객 모집은 잠재 고객이 처음으로 제품에 대해 알게 돼 경험하고 사이트를 방문해 어플을 사용하는 것이다. 이 부분이 회사의 세일즈 퍼널상의 가장 넓은 부분이며 고객과 회사가 첨으로 만나게 되는 접점이다.
- 고객 활성화는 잠재 고객이 회원 가입을 하고, 모임에 참가하거나 제품을 구매하고, 최소한 그들이 누군지 인지하여 세일즈 퍼널의 '모집' 단계로 유입되는 것이다.

웹/모바일에서 '고객 모집' 활동의 차이점을 살펴보자. 고객이 웹 사이트, 애플리케이션, 제품을 사용하도록 유도해야 한다. 그렇지 않다면 고객은 회사의 존재를 절대로 알지 못할 것이다.

190페이지에서 살펴본 내용을 간단히 살펴보자. 고객들이 솔루션을 검색할 때 어떤 사이트를 자주 사용하는지 확인한다. 가능한 한 많은 고객을 유도할 수 있게 사이트에 노출시킨다. 영업적인 광고 마케팅이 아닌 고객이 찾는 정보를 친절하게 알려주고 제품을 찾아오게끔 노력한다.

> **신중히 진행하라:** 이 부분은 개요라는 것을 명심하라. 지금 당장 이 모든 것을 구현하거나 실행하는 것은 불가능하다. 이것은 계획일 뿐이며 실행은 나중에 할 일이다.

	물리적 채널	웹/모바일 채널
고객 모집(수요 창출)	전략: 인식, 관심, 고려, 구매 방법: 무료 매체(PR, 블로그, 브로셔, 리뷰), 홍보 매체(전단지, 홍보물), 온라인 도구	전략: 모집과 활성화 방법: 웹 사이트, 앱 스토어, 검색 (SEM/SEO), 이메일, 블로그, 바이럴, SNS, 리뷰, 홍보, 무료 사용권, 홈/랜딩 페이지
고객 유지	전략: 활동과 유지 방법: 로열티 프로그램, 제품 업데이트, 고객 설문, 고객 확인 메일	전략: 활동과 유지 방법: 고객 맞춤형 주문, 사용자 그룹, 블로그, 온라인 상담, 제품 사용 팁이나 소식지, 원조, 제휴
고객 성장	전략: 신규 매출, 소개 방법: 상위판매, 교차판매, 후속판매, 지인추천, 낱개 판매	전략: 신규 매출, 소개 방법: 업그레이드, 대회, 상품 재구성, 지인 추천, 상위판매, 교차판매, 바이럴

표 9.3 웹/모바일 채널을 위한 '고객 모집' 도구

모집 계획과 도구

모집 계획은 속전속결과 전략적인 성격이 있다. 이 계획은 가장 저렴한 고객유치비용으로 큰 수의 '좋은' 고객('좋은' 고객은 웹이나 어플을 활발히 사용하거나 수시로 접속하는 사람들)을 세일즈 퍼널 가장자리(왼쪽) 가장 넓은 입구로 유입될 수 있는 도구를 찾도록 도와준다.

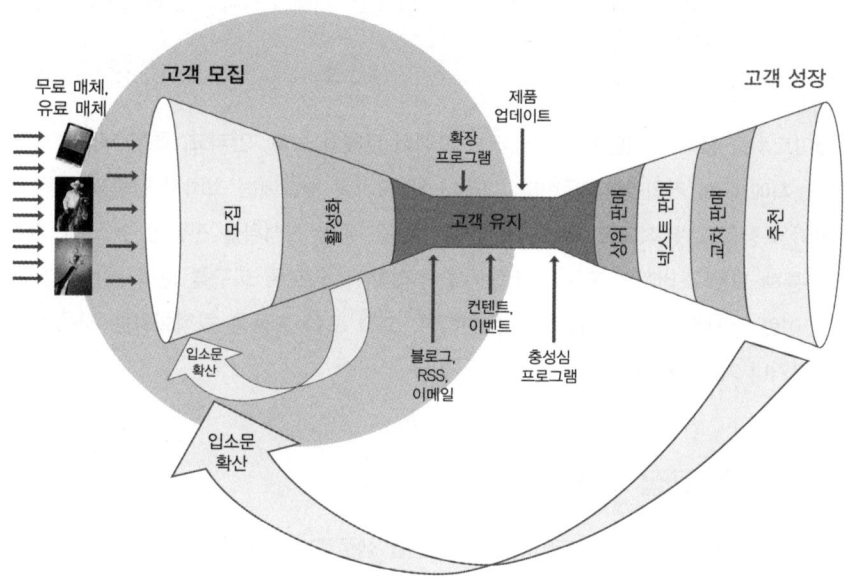

그림 9.5 웹/모바일 채널의 '고객 모집' 유입 경로

 신중히 진행하라: 이 부분을 한 번에 다 읽고 이해하여 진행할 수는 없다. 내용이 많으므로 처음에는 훑어본 뒤 각 파트를 복습하는 것이 좋다. 스타트업에 필요한 행동이 무엇인지 생각해본다.

확보 계획은 한 페이지에 정리한다(353페이지(그림 9.6) 샘플 계획 참조). 한 페이지에 정리할 내용으로는 테스트 가능한 첫 활동 내용과 다음 항목을 포함한다.

- **누가** 프로그램을 운영할 담당자가 누구인가? 누가 전문성과 추가적인 지원을 할 것인가?
- **어떻게** 전략과 세부 임무에 대해 설명(도구 목록은 다음 페이지 참조)
- **예산** 테스트의 첫 번째 라운드에 대한 견적 산출
- **타이밍** 시장 출시까지 필요한 모든 실행 단계를 정리(그림 9.6의 4주 주기 예제를 참조)

- **왜** 계획 요소마다 구체적으로 측정 가능한 '모집' 목표 설정
- **시장의 다면화 여부** 사용자가 있는가? 사용자와 시장 참여자가 존재하는가?

고객 검증은 기본적으로 일련의 실험이기 때문에 '모집' 계획과 방법이 반복적으로 변경될 것이다.

> 기본적으로 일련의 실험이기 때문에 '모집' 계획과 방법이 반복적으로 변경될 것이다.

월마트처럼 물리적 채널에서 마케터는 고객이 무엇을 보고, 만지고, 특정 제품을 구매하는지에 대해 거의 알지 못한다. 그러나 웹/모바일 채널에는 소비자 행동의 모든 측면이 측정되고, 분석되고, 비즈니스 성능 개선을 통한 최적화를 진행할 수 있다. 제품을 통해 모든 소비자의 활동과 비활동을 추적할 수 있도록 도구를 준비해야 한다. 미리 이런 장치를 사전에 마련하지 못한다면, 고객 모집 활동을 최적화하는 것은 아주 어렵거나 거의 불가능하다.

샘플 고객 모집 스프레드시트

그림 9.6의 예제는 웹 스타트업의 작은 예산을 샘플로 제작한 '고객 모집' 계획의 일부분이다. 계획은 몇 가지 주요 가설을 기반으로 제작되었다.

- **누가** 두 명의 직원이 필요하며, 한 명은 풀 타임, 나머지 한 명은 파트 타임
- **어떻게** 팀이 선택한 방법은 신규 발굴과 판매를 최적화하기에 가장 적합하다(도구 목록 다음 섹션 참조).
- **예산** 스타트업은 25,000달러의 예산을 확보했다.
- **타이밍** 팀은 4주의 준비기간을 갖고 검증 시작 전까지 모든 요소를 준비한다.
- **왜** 목표는 시험판으로 30,000~35,000명의 사용자를 모집하고 이 중 15%를 구매 고객으로 확보하는 것이다. 계획에 따른 매출 모델 가설에서 제시한 바와 같이 약 5달러의 고객 모집 비용이 들 것으로 예상된다.
- **시장의 다면화 여부** 제품은 사용자와 구매자 모두 있는가? 존재한다면 다면화 시장의 각 '측면'에 따라 각기 다른 계획이 필요하다. 사용자를 확보하는 하나의 방법으로 광고주 접촉과 영업은 완전히 다른 접근법을 요구한다(샘플은 단일 시장 경우).

도구	누가	무엇을	요소	가격	4주	3주	2주	1주	런칭
이메일 마케팅	조 (joe)	친구들/ 구매 목록	3번의 이메일 발송	2,000	이메일 플랫폼, 3-4 이메일 테스트	메일 내용 및 헤드라인 운락 결정	최종 리스트 확인	확정, 시스템 최종 테스트	런칭
소규모 비즈니스 광고 배너	수 (sue)	무료 사용 제안	CPA, 배너, 이메일	5,000	사이트, 과금, 광고 아이디어 확정	창의적 시작, 과금 협상	최종 광고 결정 및 AB 테스트	AB 테스트 및 PO 컷	런칭
CPA 이메일 캠페인	수	무료 사용 제안	메일당 5달러 지출	5,000	메일러와 협의, 창의적인 시작	2명의 메일러에 첫 번째 테스트 진행	AB 테스트 및 캠페인 대상 선정	최종 PO 컷	3주
홍보 활동	수	새로운 상품 소개	상품 소개, 데모	1,000	미디어 호출, 온라인 데모 제공	더 많은 데모 제공	런치 이벤트 준비, 블로거 대상	인터뷰, 추가 홍보	지속
PPC/ 키워드 광고	조	소규모 비즈니스 세금 절약	2-3 테스트 캠페인	8,000	브레인스토밍, 성점 경쟁	용어 확정 및 테스트	최종 캠페인 테스트	반복	
SEO/ 자연검색	조	웹사이트 최적화		1,000	벤더 선택, 즉시 실행	텍스 변경, 메타태그	링크 조합 및 태그 추가	최적화	최적화
전단지 광고	모두	전단지 제공	주소, 장수	500	빌딩 발견 및 전단지 가격 리스트	전단지 최적점 확정	스탭 선정, 추가 인력 확보	전단지 배포 경로, 전단지 출력	전단지 배포
소규모 비즈니스 컨퍼런스	수	소규모 부스 운영/ 무료 CD	쇼에 데모 CD 제공	2,000	공간 요청, 저렴한 부스 발견	데모 시연, CD 모는 전단지 가격 비교	광고판, 인력 계획	기자들 조정, 컨퍼런스 최종 준비	컨퍼런스 참석

그림 9.6 고객 모집 계획과 타임 테이블 샘플

고객 모집 계획을 개발하기 위한 지침

어떤 고객을 확보해야 하는지, 어떤 판촉 전략을 사용할지, 무슨 말을 하고 어떻게 (내용과 메시지) 전달해야 하는지를 이미 고객 발굴 과정에서 대부분 연구 계획을 끝냈기 때문에 쉽게 결정할 수 있다. 지난번에 첫 비즈니스 모델 캔버스에 가설을 작성하고 테스트를 통해 만든 3개의 가설 캔버스 문서를 기반으로 계획을 실행한다.

- **고객 분류** 찾고자 하는 고객은 누구인가?(이메일, 타깃 마케팅 활동, 광고, PR 홍보의 지침이 될만한 고객)
- **고객 관계** 어떻게 고객을 찾을 것인가?(SEO, PPC, 이메일, PR 홍보, 등)
- **가치 제안** 어떤 점이 고객을 자극하여 사용하게 만들거나 방문이나 구매하게 만드는가?

이러한 계획은 여전히 몇 명의 고객을 통한 '최고의 추측'이기에 최근에 받은 고객 의견이나 본능에 따라 가설을 갱신하거나 변경하는 것을 두려워하지 말아라. 염두에 둬야 할 별도 지침을 살펴보자.

- 현재는 테스트 단계라는 것을 명심한다. 다음 단계인 '고객 창출'에 어떤 도구가 효과적이고 저렴한지를 찾아내는 것이다. 현재는 회사를 키우거나 제품을 출시하는 것이 아니다. 목표는 (사업을 진행하는 동안 배우는) 학습이지 매출이 아니다. 그렇기에 여러 방법을 많이 테스트하는 것을 두려워하지 말라.
- 각 테스트에 통과/실패 항목(예: 5명 중 1명은 클릭한다)을 사용하여 성공 기준을 미리 정의하고 결과를 지속적으로 확인한다.
- 가장 대단하고 친절한 멋진 사람이 되어야 한다. 할 일은 제품, 사이트, 어플로 고객을 끌어들이고 초대하는 것이다. 그러려면 단순히 영업적인 태도로 고객을 대하는 것이 아니라 재미있고 따뜻한 인물이 되어야 한다(적절하다면 즐겁거나 웃길 수도). 고객이 제품을 찾아다닐 만한 곳에서 부각될 수 있도록 고객처럼 생각해야 한다(장소: 포럼이나 온라인 커뮤니티를 생각해보자).

> ❖ 데이터를 수집하지 않고 테스트를 진행하는 것은 용서받지 못할 대죄다.

- **모든 것을 측정하라.** 데이터를 수집하지 않고 테스트를 진행하는 것은 용서받지 못할 대죄다. 팀의 엔지니어는 좀 더 노력을 해서 모든 고객의 행동 데이터를 수집해야 지속적으로 측정하고 최적화해야 한다. 초기에 진행해야 나중에 좀 더 쉽게 할 수 있다.

- **한 번에 모든 것을 시작하지 않는다.** 시장에서나 회사에서 모두 혼란을 빚을 수 있기 때문이다. 예를 들어 SEO와 PPC 테스트를 5일째에 시작하고, 이메일과 제휴 마케팅 프로그램은 2~3주 후에 시작하기로 했다면 각 테스트와 프로그램에 대한 결과를 확인하고 측정하기에 좀 더 수월할 것이다.
- **어느 한 가지를 테스트하고자 2,000달러나 자본이 있다면 10,000달러 이상 소비하지 않아야 한다.** 스타트업은 보통 이 단계에서 큰 지출을 할 수 없으며, 잘못된 추측을 할 위험이 너무 크다.
- **테스트가 순조롭게 진행되고 있다면, 규모를 더 크게 키워서 확장성 테스트를 견딜 수 있는지 봐야 한다.** 2,000달러 이메일 마케팅 캠페인이 성공적으로 진행되고 있다면, 두 배로 규모를 키우고, 결과를 개선하고 다시 테스트한다.
- **에이전시 파트너를 선택한다면 매우 신중해야 한다.** PR 홍보, 광고, 웹 에이전시를 초반부터 고용하게 되는 비용과 제휴사 관리에 대한 시간적인 부분은 스타트업 자체로서 위험한 제안이 될 수 있다. 대부분의 에이전시는 프로그램의 실행에는 강하지만, 전략을 만들고 테스트하는 부분은 적합하지 않다. 이 부분은 가능하면 제품이나 비즈니스 모델을 제일 잘 아는 창업가들과 직원들에게 믿고 맡겨야 한다. 사내에 존재하지 않는다면 테스트와 전략을 개발하거나 전문적인 업무(예를 들어, PPC(클릭당 지불), 데모와 기타 전문 기술)에 능한 프리랜서를 고려해본다.
- **'고객 모집'만을 위한 진행은 하지 말아야 한다.** '고객 활성화' 프로그램으로 이미 확보한 고객을 '소화'해낼 수 있어야 한다. 예를 들어 '오늘 신규 가입자에게 무료 초콜렛 한 박스 증정' 문구를 웹 사이트에 기재했다면 회사 내부에서는 이에 응하는 시스템이 맞춰져 있어야 한다. 초콜렛 박스는 발송 준비가 되어 있어야 하며, '감사' 이메일도 준비해야 한다. 고객의 돈을 받는다면 영수증, 결제 처리, 고객 관리 서비스를 제공할 시스템이 가동될 준비가 되어 있어야 한다. 유사한 방법으로, 웹 사이트와 어플 측정 도구 또한 활성화되어, 데이터는 테스트되고 관리자용 대시보드에 전달되어야 한다. 이렇게 해야만 퍼널을 통과하는 모든 고객의 행동을 측정할 수 있다. '고객 모집'은 '모집' 전략의 통합된 여러 파트의 한 부분이라는 것을 명심하라.

'고객 모집' 계획은 세일즈나 '고객 모집' 퍼널로 유입되는 고객들의 행동을 자세히 모니터링하기 위해 관리해야 한다. 모니터링은 주로 대시보드 형태(384페이지 참조)로 퍼널의 성능이나 처리량(고객이 각 단계에서 다음 단계로의 이동)을 개선하기 위한 지속적인 노력을 가능하게 한다. 모니터링은 퍼널의 단계마다 여러 도구를 사용한다. 관련 도구는 다음 부분인 '고객 모집 계획의 최적화' 부분에서 다뤄질 예정이다.

고객 모집 계획용 도구

고객 모집 도구를 구매할 수 있다.

구매하고 사용할 수 있는 고객 모집용 도구의 목록은 거의 무한하지만, 도구들이 고객에 미치는 영향과 효과는 시간에 따라 다르다. 고객 모집은 효율적으로 얼마나 많은 고객 수를 웹 사이트나 어플로 유입할 수 있는지에 따른 숫자 게임이다. 기본 도구를 살펴보자.

- 검색 엔진 마케팅
- 이메일 마케팅
- 파워 블로거와 접촉
- 제휴 마케팅
- 온라인 잠재 고객 발굴
- 고객 인센티브

웹(www.steveblank.com를 참조)을 통해 최신의 혁신 사례와 벤더를 발굴하는 데 활용한다. 대다수의 도구는 고객 관계 171페이지에서 자세히 설명되어 있다.

 신중히 주의하라: 이 부분을 한 번에 다 읽고 이해하여 진행할 수는 없다. 내용이 많으므로 처음에는 훑어본 뒤 각 파트를 복습하는 것이 좋다. 스타트업에 필요한 행동이 무엇인지 생각해본다.

제품에 고객 모집용 도구 사용

구매하고 설치한 고객 모집용 도구 외에도, 가장 강력한 고객 모집용 도구로 만들려면 제품 자체에 소셜네트워크와 바이럴 요소를 넣어야 한다. 첫째, 무료이기에 가장 효율적이다. 둘째, 여러 소셜 미디어나 사진 공유 웹 사이트가 급성장한 것처럼 빠르게 확산이 가능하다. 신제품에 매력을 느낀 첫 고객은 관심 있을 만한 지인들에게 제품을 입소문을 낼 가능성이 아주 높으며, 개인적으로 제품, 어플, 웹 사이트를 지인들에게 홍보하고 권한다.

고객 모집에 도움이 되는 소셜네트워크와 네트워크 효과 세 가지 유형은 다음과 같다.

1. **입소문을 사용하라.** 가장 널리 사용되는 방법으로 고객의 지인과 직장 동료에게 새로 발견한 제품이나 서비스가 알려지도록 장려한다. 이것을 통해 친구들끼리 지지를 얻을 수 있으며 아주 강력한 방법이다.
2. **공유하라.** 다른 사람들과 기사, 데모, 샘플 코드 등을 서로 공유할 수 있다. 이런 방법은 사람들이 리트윗이나, 소셜미디어나 RSS 피드를 활용하여 공유할 수 있다.
3. **직접 네트워크 효과를 사용하라.** 사용자가 사진을 공유하거나, 무료 전화를 걸거나, 친구들과 무료 영상채팅을 할 때 상대방도 서비스를 사용해야 하므로 상대편에게 서비스 가입을 권유한다.

제품의 적합성 테스트로 활용하기 좋은 방법으로 초기 고객의 지인들에게 '이 제품을 몇 점으로(1~10점, 10점은 최고 점수) 추천하시겠습니까?'라고 문의하는 것이다. 제품 점수가 9~10점이 아닌 경우는 입소문이나 네트워크 효과를 거의 볼 수 없다.

> ❖ 일부 제품은 본질적으로 바이러스처럼 퍼지는 특성이 있다.

일부 제품은 본질적으로 바이러스성이며, 일부는 그렇지 않다. 이렇게 퍼지도록 설계할 수도 있다. 예를 들어, 모든 지메일 메시지 끝에 태그 라인으로 '지메일로 (수취인) 초대'를 추가해서 이메일의 전송 방법을 이용해 사용자 네트워크와 지메일 사용자군을 넓힐 수 있었다.

초반 고객들이나 방문객들에게 기회마다 제품과 회사를 지인과 회사 동료에게 홍보하도록 권장한다. 그들에게 자료(이메일, 메일로 보낼만한 링크나 데모)를 전달해주고, 많은 온라인 마케터가 하듯이 이들에게 보상을 줘야 한다. 이런 방법은 비용 절감에 효과적이고 제대로만 된다면 대부분 믿을 만하다. 지인들에게 보낸 발송자의 암묵적 지지가 담겨 있기 때문이다.

초기 방문자나 고객이 제품이나 회사를 페이스북에서 '좋아요'하거나 트위터에 작성해 퍼트릴 수 있도록 간단한 위젯이나 링크를 개발한다. 유튜브 동영상이나 공유 가능한 콘텐츠를 만들어서 제품을 살펴보도록 권유한다. 사람들은 친구들의 '좋아요'와 '싫어요'에 반응하여, 일반적으로 이메일이나 일반 광고에 나오는 것보다 지인들이 추천해주는 것을 살펴볼 의향이 높다. 가능할 때마다 회사 프로필, 제품, 사용자들을 페이스북이나 다른 소셜 네트워킹 사이트에 상세하게 작성한다. 잠재 고객에게 회사 자랑을 하기보다는 원하는 정보를 제공한다.

제품이나 서비스가 해결하려는 문제점에 맞춰진 별도의 일반적인 경험(웹 사이트, 블로그)을 만드는 것에 대해 고려해볼 수도 있다. 예를 들어 게임 산업에 있는 스타트업 경우는 '치트(Cheat)' 힌트와 팁에 집중된 웹 사이트를 만들 수 있다.[7] 위 밴드(gastric band)를 판매하는 의료기기 스타트업 경우에는 체중감량에 집중된 웹 사이트를 운영할 수 있다.[8]

---

7   치트 힌트: 게임을 좀 더 쉽게 하기 위한 숨겨진 기능을 활성화시키는 방법 – 옮긴이
8   위 밴드: 위를 조여주는 링 모양의 의료기기로 다이어트용으로 활용됨 – 옮긴이

활성화 계획과 도구

이전 단계인 '고객 모집'은 잠재 고객을 문 앞까지(홈/랜딩 페이지) 이끌어내지만, '고객 활성화' 단계에서는 고객을 행위에 참여시킨다. 즉, 회원가입, 다운로드, 클릭, 게임 실행, 글 게시 등 모든 행위를 말한다. 사용자를 참여시키려 해도, 활성화 단계는 고객이 회원, 사용자, 가입자, 플레이어, 구매자로서 제품이나 회사와의 관계를 시작하는 세일즈 퍼널에서 제일 문제 지역이다. (사용자에게) 공유를 요청하거나 게임을 하도록 권하거나, 참여를 독려하거나, 주문을 요청하는지에 상관없이 고객 활성화 단계는 첫 방문객이 사이트나 어플에서 정회원이나 진정한 사용자로서 전환점을 지나는 부분이 된다.

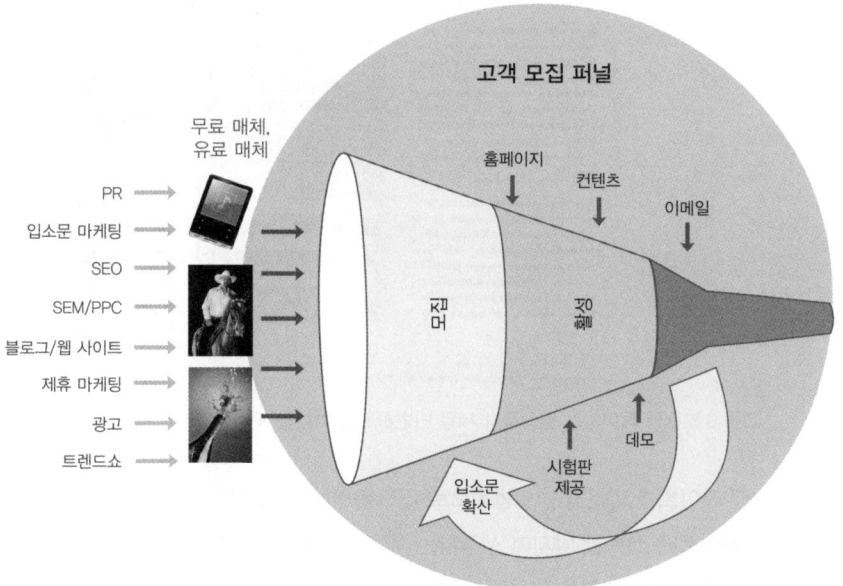

그림 9.7 웹/모바일 채널의 고객 모집 활성화 활동 단계

활성화 단계에서는 사용자 스스로 제품을 사용하거나 구매할지를 고민하고, 보통 결정은 순식간에 이루어진다. 그래서 홈이나 랜딩 페이지는 새로 유입된 '구경꾼'을 고객이나 사용자, 시험 테스터가 되도록 부단히 노력해야 한다(고객 활성화는 앱 스토어, 이메일, 별도의 유입 채널, 전화로도 이루어진다). 사용자를 단번에 활성화시키지 못했다면 적어도 회원가입하도록 해야 시도하거나 참여해보고, 나중에 구매까지 하도록 설득할 수 있다.

그림 9.8 랜딩 페이지는 활성화가 제일 빈번하게 일어나는 곳이다

고객이 웹 사이트를 방문하면 일반적으로 어디를 방문한 것인지 잘 알지 못한다. 방문자가 웹 사이트에 접속한 당시에 생각하는 매우 단순화한 모델을 사용해 방문자를 사로 잡기 위한 해결책 마련은 다음과 같다.

- 내가 왜 여기 있는가? 온라인 멀티플레이어 게임을 구매하기를 원한다.
- 특별한 것이 있는가? 여기에 상세 스펙과 구매 이유가 나타나 있다.
- 정말 좋은지 어떻게 알고 있는가? 동영상 데모, 추천글, 사용자 후기 등 기타 여러 가지에 나타난다.
- 더 자세한 정보는 어디에 있는가? '무료 체험'과 '더 많은 정보' 등에 표시된 버튼을 선택한다.
- 그 다음은 나한테 무엇을 더 원하는 것인가? 시도/구매/가입하려면 여기를 클릭하라고 표시되어 있다.

고객 활성화 계획 개발용 지침

고객 검증 단계에서 '고객 활성화' 계획은 실제로는 테스트 계획이며, A/B 테스트를 통해 웹 사이트 랜딩 페이지에 나오는 색깔과 카피문구부터 고객 제안과 내비게이션까지 모든 중요한 내용을 점검한다. 초반에는 근사치나 추측으로 시작하는 것은 괜찮으나, 측정하고 있는 고객 반응을 통해서 빠르게 반복해 개선해야 한다.

랜딩 페이지는 '공짜' 문구로 도배하거나 신용카드 결제 부분을 살짝 노출시켜야 할까? '즉시 구매' 버튼은 고급스럽게 만들어 상단에 노출시키는 것이 좋을까? 아니면 네온 오렌지색으로 크게 만들어서 우측 하단에 배치해야 할까? 단순한 이미지보다 제품 데모 동영상이 고객 활성화에 도움이 될까? 홈페이지 하나만으로도 수백가지 테스트해야 할 항목이 있으며, 검증된 결과를 얻으려면 한 번 이상 테스트해야 한다. 외부의 정보 전문가(Information Architect)나 디자인 전문가(UX/UI 디자이너)의 도움을 받을 수 있다. 전문가들은 활용 가능한 도구를 다룰 수 있을 뿐만 아니라 창의적인 업무에 필요한 최신 비법도 알고 있다.

시도할 수 있는 도구, 비법, 항목들은 무수히 많으며, 이 중 어떤 것이 성공할 수 있을 지는 아무도 알 수 없다. 저번에 이야기했던 '테스트, 측정, 조정' 방식을 따라 반복적인 테스트와 측정 방식이 정말 중요하다.

고객 활성화 계획이 포함되어야 할 항목은 다음과 같다.

- **실행 단계의 두 가지 유형** 고객 활성화는 홈페이지 안팎으로 진행되기 때문에 가입 시 별도 프리미엄 계획을 제안하는 것처럼, 테스트할 고객 모집 단계의 고객 활동에 대해 두 개의 목록을 작성한다.
- **첫 번째/두 번째 테스트** 이 부분은 고객 발굴 과정에서 여러 활성화 프로그램을 소규모로 테스트해본다. 각 프로그램을 최소한 두 번 이상 테스트하면서 고객을 확보하는 최적의 프로그램을 찾는 것이다. 최소한 첫 번째/두 번째의 테스트를 통해 프로그램을 식별하도록 한다.
- **통과/실패 테스트** 모든 테스트는 통과/실패 결과가 있는 것이 좋다. 아니면 성공을 규정할 수 있는 기대치를 만들어야 한다. 현재까지 진행했던 실험, 시도 과정, 리서치를 기반으로 각 실험이 성공인지를 결정지을 수 있는 측정 기준을 만들어야 한다.

활성화 계획의 예

대부분의 고객 활성화는 확보한 고객(페이지를 방문한)을 클릭 유도, 등록, 코멘트 작성, 제품 시도, 제품 구매와 같은 다음 단계로 움직이도록 할 수 있는 모든 것을 홈페이지나 랜딩 페이지를 통해 진행해야 한다.

> ❖ 홈페이지는 '고객 활성화'의 현장이다.

홈페이지는 고객 활성화의 현장이기도 하지만, 사이트를 방문한 사람에게 추후 메일을 보내 둘러보기만 하려고 온 사용자를 끌어들일 수 있는 방법도 있다. 표 9.4는 신규 골퍼에게 개선 팁을 요청하거나 제공하는 소셜네트워크 사이트의 활성화 계획이 어떻게 보여질 수 있는지를 단순화한 예제다.

이 사이트의 사업 시장은 다면 시장을 대상으로 하기 때문에 활성화 목표는 사용자 등록, 지인초대, 질문, 답변을 하는 등의 비금전적인 행위가 포함되어 있다.

홈페이지 활동	첫 테스트	둘째 테스트	통과/실패 테스트
'지금 신청' 버튼	대량/못생긴 vs 소량	색깔/깜박이 변경	8% 이상 향상됨
지금 댓글 달기	큰 박스/ 버튼 사용하기	팝업처럼 추가	3% 댓글 추가
"더 나은 골프" 데모	페이지의 100%	커다란 녹색 상자	5% 이상
"오늘의 팁"	페이지에 표시	보기 위해 클릭	5% 이상
무료 골프공 신청	공 3개	공 6개	25% 이상
"평생 무료" 제안	가입 유도 반짝이게/ 링크 걸기	연간 29달러 가격 보여주기	10% 정도

홈페이지 번외 활동	첫 테스트	둘째 테스트	통과/실패 테스트
3번의 이메일 홍보	무료 참가 제공	3개의 무료 골프공	8% 향상이나 25% 향상
전화 홍보	감사에 대한 방문	사인된 골프공 제공	20% 전향
웹 사이트 유도	사이트 방문/거절	사이트 가입/ 골프공 제공	8% 향상 또는 25% 향상
골프 라디오 광고	오늘의 팁 발견	오늘의 팁 연기	사용자당 1달러 가치
토너먼트 프로그램 광고	광고 이미지에 팁 제공	상금 5,000달러 가능	사용자당 0.5달러 가치
골프 클럽 여행	우승 상금 연기	우승 상금 지원	사용자당 0.5달러 가치
이메일 리스트에 데모 소개	우승과 팁 연기	단지 우승 지원	사용자당 0.5달러 가치

표 9.4 골퍼들의 소셜네트워크에 대한 샘플 활성화 계획

활성화 계획을 위한 도구

활성화는 홈페이지 안과 밖에서 이뤄진다. 두 가지 활동에서 고려해야 할 주요 도구는 다음과 같다.

홈페이지나 랜딩 페이지

랜딩 페이지는 여러 방법으로 콘텐츠, 페이지 겉모양, 내비게이션을 통해 활성화를 제공할 수 있다. 이 곳에서는 다음과 같은 활성화 도구를 공개할 수 있다.

- 제품 데모(시연)
- 무료 체험
- 고객 접점 도구
- 제품 영상

홈페이지 이외의 고객 모집 도구

홈페이지가 기본 고객 활성화 도구이지만, 다른 도구도 고려해볼 만하다.

- 이메일 폭포(cascade)[9]
- 가격/인센티브
- 전례적으로 활용한 도구

홈페이지나 랜딩 페이지 자체에 적용할 것: 콘텐츠와 모양, 느낌, 기능으로 승부하라

보기 좋은 랜딩 페이지는 온라인 브로셔와 유사하지 않고, 오히려 고객 활성화 및 제품을 사용하게 하거나 구매하도록 노력하고 있는 초청장으로 '지금 가입하세요'와 같다. 이런 노력을 하지 않는다면 고객은 (전 단계에서 고객을 확보하기 위해 쓴 비용은) 마우스 클릭 한 번에 바로 사라진다. 홈/랜딩 페이지는 다음 4가지 축으로 개발한다.

---

[9] 케스케이드: 이메일 쓰레드처럼 활용되는 이메일 유형 - 옮긴이

1. **내용** 사이트 여러 곳에서 '가입' 결정을 쉽게 하도록 웹 사이트에서 고객에게 필요한 모든 정보를 보여주는가(예: 각 페이지에는 '당장 등록'을 표시하고 있는가)? 사이트는 친절하며, 정보가 풍부하고 매력적인가?
2. **모양과 느낌** 웹 사이트 모양새가 사용자 유형에 맞게 되어 있는가? (예: 사업용 어플은 '비즈니스답게' 만들어져 있으며, 금융 사이트는 '진지하게' 만들어져 있고, 10대나 스케이트보드 제품 사이트는 '세련되게' 만들어져 있는가) 또는 웹 사이트가 나라 인구 유형이나 국가의 전형적인 스타일에 일치하는가?
3. **기능** 도구, 위젯, 환경 구성, 데모, 다른 장치들, 제품 테스트와 사용 경험, 가격 확인, 시간 절감, 게임 방법 중 무엇이 고객의 관심을 끄는가?
4. **탐색/구성** 정보가 어떻게 구성되어 있는가? 접근성이 좋은가? 고객이 이용하기 얼마나 쉬운가(예: 주문하기, 검색하기 등)?

각 영역에 접근하는 방법은 다음과 같다.

다음은 홈/랜딩 페이지의 내용이다.

- **사이트에 오게 된 경로를 말하라.** 사용자는 다양한 방법(클릭, 이메일, 추천)을 통해 홈/랜딩 페이지에 도달하지만, 그들이 들어온 곳을 정확히 알고 왔다고 가정하지 말자. 그냥 그들을 반겨줘야 한다. 사용자들이 곧바로 떠나지 않게 하려면 사이트를 간단히 설명한다('1위 온라인 게임 포털로 오신 것을 환영합니다').
- **고객이 들어오게 된 경로인 이메일, 광고, 마케팅 도구의 '자취'를 더 강화시킨다.** 웹 사이트와 통일성 있는 언어, 예를 들면 모양과 느낌을 사용하여 유입된 고객들이 제대로 찾아왔음을 확인시켜줄 수 있다.
- **행동을 유도하는 명확한 메시지가 필요하다.** '피치'나 행동 유발에 필요한 메시지를 통해 원하는 것을 하도록 고객을 유도한다. '바로 구매', '회원 가입', '세미나 참석' 같은 행동을 유발하는 내용은 고객 검증 첫 단계에서 개발한 포지셔닝에 반영한다. 메시지를 가능한 사이트 내에 여러 곳에 배치하도록 하지만, 고객이 혼란에 빠지지 않도록 유의해야 한다. 방문자에게 전달하는 가치가 어떤 것인지 왜 그런 것인지를 명확히 전달해야 한다. 랜딩 페이지는 다음을 완료해야 한다.
  - 지난 제품이 해결하는 문제점을 설명하며 왜 이것이 사용자들에게 중요한지와 그들의 관심의 대상이 되어야 하는지를 설명한다.
  - 제품 설치와 사용의 용이성을 전달한다.
  - 제품 작동법을 설명한다.
  - 제품이 유용한 증거를 빠르게 제공한다(비용, 경쟁자 분석, 데모 등).

행동 유발 메시지는 3가지 방식으로 홈/랜딩 페이지에 보여지며 하이퍼링크, 버튼, 양식으로 구성된다.

모든 방문객에게 확실히 눈에 띄게 만들어야 한다. 고객 활성화나 구매를 위한 가장 강력한 메시지가 되는 제품의 기능을 강조하며, 자세한 정보를 제공해주는 페이지를 구성하여 고객들이 쉽게 접근할 수 있도록 한다.

홈/랜딩 페이지의 콘텐츠 개발을 위한 지침은 다음과 같다.

- **제공하는 제품/서비스를 '경험'할 수 있게 권장하라.** 랜딩 페이지는 브로셔가 아니다. 고객의 참여, 평가, 구매를 권장하는 경우에만 효과가 있다. 모든 콘텐츠는 사용자를 개입시키도록 권유하고 적절히 헤드라인, 그래픽 이미지, 텍스트 등을 통해 경험 권장을 제공한다. 또한 본문 내에 간간이 '즉시 체험' 링크를 내포시킨다.

- **'즉시 구매', '세부 내용 알아보기', '백서 다운로드하기', '누군가와 대화하기' 같은 여러 개의 방법으로 행동 유발 메시지를 제공해야 한다.** 회사가 가장 원하는 행동이 다른 메시지보다 눈에 제일 잘 띄게 만들어야 한다.

- **간결하게 써라.** 웹 방문객은 바람과 같은 고객이다. 그들이 관심을 갖는 시간은 아주 짧은 점을 인정하고, 그들이 떠나기 전에 요점만 인지시켜야 한다. 최적의 행위 유도 메시지는 10자 내외로 쓰며 읽기 쉬운 글꼴로 작성한다.

- **구체적으로 명시하라.** 가장 강력한 페이지 요소 중 하나는 고객 검증 1단계에서 개발된 핵심 제품 포지셔닝 선언문이어야 한다. 회사가 판매하는 제품을 구매하거나 사용해야 하는 이유를 간결하게 전달한다.

- 모바일 사이트를 홍보하기 위해 랜딩 페이지는 스나이프나 버스트 같은 굵은 그래픽을 사용한다.

- **모바일 다운로드를 장려하기 위해 콘테스트, 프로모션, 경품 행사를 진행하라.** 행사는 온라인에서는 사용자와 스타트업 모두에게 가치가 있다. 사용자는 바로 오퍼를 사용할 수 있어서 좋으며, 스타트업은 실시간으로 테스트하여 오퍼를 조정할 수 있다.

콘텐츠 내용물을 관리한다. 콘텐츠는 회사에 대한 신뢰를 구축할 수 있도록 완결성 있게 보여져야 하며, 확실히 사업할 준비가 되어 있음을 제시한다. 랜딩 페이지는 다음과 같은 정보를 제공해야 한다.

- 제품 세부 사항과 솔루션에 대한 정보
- 고객 목록과 성공 사례

- 고객 자원과 지원
- 공급 업체 파트너
- 회사 배경
- 현재 뉴스와 이벤트
- 회사 연락처 정보(우편, 전화, 이메일)
- 회사의 개인 정보 보호 정책

모양과 느낌

최대의 영향과 최소한의 혼란을 줄일 수 있는 홈이나 랜딩 페이지를 디자인한다. 가입하거나, 글을 쓰고, 게임을 하거나, 구매를 하는 '활성화' 행위가 이뤄지도록 항상 여러 경로를 고객에게 제공한다. 선명한 디자인 요소들을 최소화하고 문화적 차이를 염두하여 디자인해야 한다. 깔끔하고 간결한 웹 사이트를 원하는 사용자는 미국에 국한된 조언이 될 수 있다. 서양인의 눈에는 답답할지라도, 중국을 포함한 다른 국가의 경우에는 웹 사이트에 더 많은 디자인 요소를 기대한다.

- 사용자 행동을 유도하는 메시지에 집중할 수 있도록 웹 페이지는 깔끔하고 간략하게 디자인한다.
- **하나의 프로모션 메시지를 선택해서 집중적으로 공략한다.** 웹 페이지의 부가 내용들과 함께 '무료 체험 다운로드'나 '이번 달 특별 소매 가격으로 모십니다'와 유사한 강력한 메시지로 눈의 띄게 만들어야 한다.
- **공백을 충분하게 남겨라.** 혼잡한 페이지는 바로 흥미를 잃게 만든다. 한 페이지에 그림, 글꼴, 버튼 등의 많은 디자인 요소는 사용자를 압도하여 주위를 산만하게 하고 짜증나게 만든다.
- **시각 디자인을 활용한다.** 그림, 비디오, 데모, 다이어그램 등 여러 시각물을 사용할 때는 사용자의 관심을 유지하기 위해 복제품에 의존하지 말아야 한다. 웹 방문자는 매우 짧은 관심도를 가지고 있다. 다이어그램, 차트, 그래픽 요소를 단순하게 만든다. 관심을 유발시키도록 동영상은 주의하여 사용한다.
- **상호작용을 사용한다.** 웹은 브랜드로 다른 매체가 할 수 없는 고객 상호작용을 이끌어 낼 수 있다(이런 종류의 도구를 웹 사이트에서 찾을 수 없다면 웹을 사용하지 않고 최대의 잠재력을 이끌어 내야만 한다).

- **큰 버튼을 사용한다.** '다운로드', '지금 구매', '가입'은 시각적으로 흥미로울 뿐만 아니라 크기도 적당하며 눈에도 잘 띄어야 한다.

내비게이션 고려사항

내비게이션은 '정보의 논리적 조직'과 '작업을 완료하기 위한 가장 빠른 길'을 찾는 두 가지로 이루어진다.

'친숙한' 내비게이션은 사용자 행동 유발을 하게끔 여러 경로를 제공한다. 이러한 경로들은 사용자를 데모 페이지로 이동시키며, 고객 후기 페이지로도 이동시키고, 백서나 제품 세부 사항 페이지로도 이동시킨다. 고객의 다음 행동을 아무도 예측할 수 없기 때문에 각 경로는 '구매'나 다른 행동을 쉽게 하도록 유도해야 한다.

고객에 너무 많은 선택권의 제공, 애매한 버튼, 텍스트 링크와 뒤죽박죽된 옵션은 사용자에게 다가가는 혼란스러운 내비게이션이다. 이것은 종종 높은 포기율을 보인다.

전체 웹 사이트의 기능은 다음과 같다.

- **고객 참여를 유도하는 도구를 사용한다.** 비디오, 애니메이션, 데모, 환경설정, 기타 도구로 고객에게 제품을 활용할 수 있도록 여러 방법을 제공해야 한다. '(제품) 둘러보기', '지금 놀아보세요', '은퇴 자금을 예측해보세요' 같은 내용으로 고객 사용을 권장할 수 있으며, 각 메시지는 일반적인 '더 보기'나 '더 알아보기'보다 훨씬 더 강력할 수 있다. 예를 들면 다음과 같다.
  1. "저렴한 보험료를 알아보려면 나이 또는 세 가지 질문에 대해 답변하세요"
  2. "우리 사이트에 페이스북 친구의 사진을 보려면 여기를 클릭하세요"
  3. "지금 당신의 성격을 선택하고 말을 걸어보세요."
  4. "지금 동네 주변에 거주하는 젊은 싱글 여성을 찾아보세요."
  5. "가장 좋아하는 골프 공은 어떤 것인가요? 파격적인 할인을 받으려면 여기를 클릭하세요. 무료 배송!"
- **고객이 제품을 사용하도록 끌어들여 제품 사양과 사용 편의성을 어필하기 위해 데모를 활용한다.** 파워포인트 문서보다 더욱 파워풀하게 (일 분 미만으로) 광고를 만들어야 한다. 또한 가능한 시점에 사용자가 실제 제품의 일부 기능을 시험해볼 수 있도록 끌어들인다('데이터를 여기에 입력하세요' 또는 '이번 초기 버전을 시작하세요.'). 데모는 행동유도 메시지로 마무리짓는다.

❖ 고객이 제품을 사용하도록 끌어들여 제품 사양을 어필해야 한다.

- **무료 체험판을 제공한다.** 프리미엄(freemium) 가격 정책과 혼돈하지 마라. 무료 체험판('2주 동안 무료로 사용해보세요'처럼) 무료 버전의 기능이나 기간을 제한한다. 제품 기능, 유용한 팁, 구매해야 하는 이유를 담은 이메일을 체험 사용자에게 보낸다. 금전적인 여유가 있다면 텔레마케팅으로 고객에게 접근할 수 있다.

- **클릭 한 번으로 연락하기를 제공한다.** 특히 상거래 사이트나 유료 정보 사이트 경우는 잠재 고객들이 회사와 연락하는 여러 방법을 열어 둔다(프리미엄이나 다면화 시장용 스타트업에게는 고비용 방법이 될 수 있다). 링크 클릭 한 번으로 이메일을 생성시켜 영업부서로 보내는 방법이나 추가 정보를 요청하게끔 온라인 폼을 작성하게 하는 방법이 있으며, 판매 담당자로부터 연락을 받도록 정보를 남기는 방법이 있다. 많은 상거래 사이트는 실시간 음성 채팅 기술을 기반으로 사이트에 유입된 잠재 고객과 빠르게 연결하여 '활성화' 단계를 진행시킬 기회를 높인다.

- **애니메이션을 활용한다.** 상호작용이 가능한 환경설정, 계산기, 애니메이션 데모, 마이크로사이트, 여러 유틸리티들을 활용하면 제품을 생동감 넘치게 만들고 고객을 유치할 수 있다. 이런 것들은 온라인에서 외주업체를 통해 저렴하게 개발할 수 있다. 일부 웹 사이트는 랜딩 페이지를 통해 웰컴 비디오나 데모 동영상을 자동 재생하도록 만들어져 있으나, 사용자가 원할 때 재생시켜야 이로 인해 사용자들이 짜증나서 떠나지 않을 것이다. 애니메이션은 되도록 사용자에게 과하지 않게 사용되어야 한다.

- **채널 기반 페이지를 구축한다.** 채널별 랜딩 페이지를 만들어서 사용자가 클릭하게 만든 곳과 일치하게 만들어야 한다. '야후 친구들 환영합니다'는 야후를 통한 랜딩 페이지는 사용자의 안도감 및 웹 사이트 둘러보는 찬스를 높일 수 있다. 지메일(Gmail)을 통해 들어온 고객에게는 '야후 이메일 고객에 특별 제안'이라는 같은 내용이지만 조금 다른 랜딩 페이지로 연동시켜야 한다.

❖ 고객 행동을 끌어내는 도구들을 기반으로 한 산업이 탄생되었다.

회사 웹 사이트 내에서 고객 행동을 끌어내는 도구들을 기반으로 한 산업이 탄생되었다. 새로운 홈페이지 도구들은 새롭게 계속 탄생했고 일부는 유명해졌지만 나머지는 사라졌다. 이 부분에서 새로운 도구를 검색하는 시간을 갖는 것이 나중에 도움이 될 것이다. 프리랜서나 에이전시를 통해 웹 사이트 '활성화' 테스트를 맡기는 것도 도움이 될 것이다(지금 상태는 실험을 하는 단계로 주요 프로그램을 실행하는 단계는 아님을 명심하라). 최신 도구에 대한 내용은 www.steveblank.com을 참조한다.

홈페이지 자체를 넘어서 추가로 고려해야 할 활성화 도구들

이메일 폭포: 고객은 이미 세일즈 메일이 올 것이라고 인지하고 있기 때문에 메일 등록을 하지 않으려 하고, 이 때문에 고객 이메일 주소를 수집하는 것은 어려운 일이다. 판매 대상으로 잠재 고객의 이메일 주소를 자산으로 생각해야 한다. 제품과 제품 상세 내용에 대한 간결한 정보와 열정을 잘 조화시킨 내용과 가치 제안을 강조한 이메일 3개를 준비한다. 각 이메일은 제품의 각기 다른 기능과 구매 이유를 확실히 인지시킬 수 있는 내용으로 구성하며, 가능하면 여러 유입 채널(추천 사이트, 웹 사이트 장소 등)을 고려한 메시지로 정교하게 다듬어야 한다.

모든 이메일은 다음과 같은 요소를 담고 있어야 한다: 텍스트 링크나 상세 내용을 볼 수 있는 '더 보기' 버튼 등 여러 개의 고객 행동 유발 메시지를 추가하며, 메일 구독을 쉽게 취소할 수 있도록 링크를 제공한다. 다수의 메일 서버가 HTML로 구성된 이메일을 차단하기 때문에 HTML과 텍스트 이메일의 장단점을 파악해야 한다.

가격/인센티브: 3장에서 수익 모델 가설을 다룬 것처럼 가격은 또 다른 활성화 도구가 될 수 있다. 무료, 프리미엄, 특별 제안, 대량 할인 같은 방법을 사용할 수 있다. 회사 수익을 갉아먹는 것을 피하려고 고객이 한 번 정도 정가 제안을 거절하였다면, 다음에는 특별 할인을 제공하는 것을 고려해야 한다.

일반 도구: 고객 활성화에서 기존의 다양한 일반적인 아날로그 마케팅 도구를 가볍게 여기지 않아야 한다. 일반 콘테스트(예: '500 항공 마일리지에 당첨되세요'나 '도트백 경품에 당첨되세요')나 경품 대회('공짜 여행에 당첨될 수 있습니다.')를 활용한다. 아웃바운드 텔레마케팅 방법도 사용자 가입을 유도하는 우수한 도구다. 광고용 우편물(DM)도 저렴한 방법으로 활용되며 QR 코드를 활용하는 일반적인 미디어 광고도 용이하게 활용할 수 있다.

어떤 도구든지, 고객 검증 단계에서 테스트를 진행하고 결과를 측정해야 한다. 또한 고객활성화 비용 결과도 측정해야 한다. 온라인 도구와 오프라인 도구들을 항상 비교해서 가장 낮은 고객활성화 비용을 최적화하도록 해야 한다. 한정된 테스트 결과가 검증이 되었다면, 테스트 범위를 넓혀서 프로그램이 확장 가능한지 테스트해야 한다. 이 방법은 408페이지에 자세히 다룰 예정이다.

활성화 계획 관리

활성화 테스트 단계를 관리하는 것은 필수 요소다. 각 활성화 프로그램의 성능과 효율성을 측정하는 대시보드 사용법에 대해 다음 단계인 최적화 단계에서 알아보기로 한다. 그러나 첫 번째 단계로 간단한 '퍼널'을 통해 고객 활성화를 모니터링할 수 있다. 예를 들면 다음과 같다.

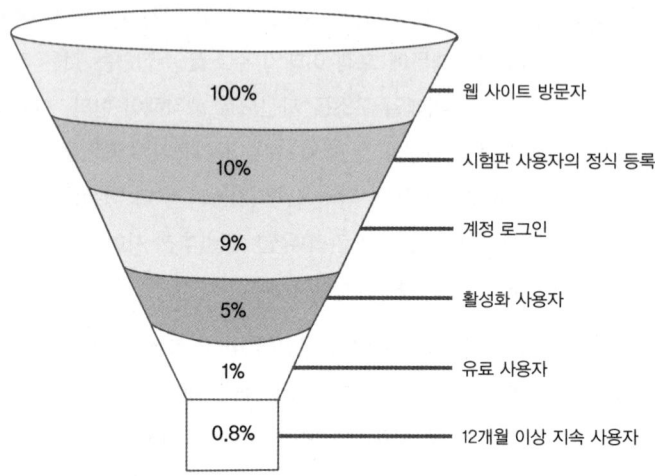

그림 9.9 단순한 고객 활성화 퍼널의 예

퍼널은 고객 활성화 과정의 각 단계를 통해 유입된 예측을 모니터링한다. 이번 예제에는 10%의 웹 사이트 방문객만 무료 체험을 하려고 가입하였다. 해당 그룹의 9%만이 제품을 실제로 사용하는 사용자가 되었다. 그리고 이 중 소수만이 제품이나 서비스를 적극 활용하는 고객이 되었다. 이 회사는 수백만의 '무료 체험판' 사용자들이 등록해야 실 사용자 수를 늘릴 수 있다. 정말 힘든 일이다.

[물리적] 판매 준비: 판매 담당자 고용

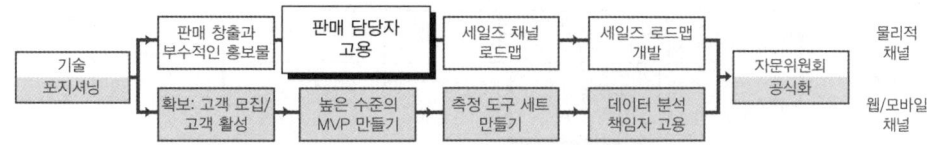

대부분의 창업팀은 일반적으로 제품 중심이며, 전문적인 판매 담당자는 초기팀에 거의 포함되지 않는다. 창업가가 얼리반젤리스트 고객을 스스로 발굴하는 동안, 그들은 이 관계에서 구매로 이어지게 하는 노하우나 경험이 부족하다. 영업에 박차를 가하고 있을 때 계약 성사 능력을 창업팀이 갖추었는지에 대해 결정할 시기다. 창업팀은 고객이나 구매부서 매니저와 어떻게 협상해야 하는지 알고 있는가? CFO와 계약 조건에 대해서 협상할 능력이 있는가? 창립자들은 회사가 첫 영업을 따올 수 있는 능력이 있다고 믿는가? 그렇지 않다면, 지금은 판매 담당자를 고용할 때다.

판매 담당자는 큰 영업 조직을 구축하고 관리할 영업 부사장이 아니다. 좋은 판매 담당자는 적극적인 성격의 소유자로 초기 시장에서 일하는 것을 좋아하며, 성공에 따른 큰 보상을 바라지만, 영업 조직 구축에 관심이 없다. 일반적으로 담당자들은 스타트업 경험이 있는 영업 사원들이고 타깃 시장에 맞는 명함 박스로 알려져 있는 것이 아닌 뛰어난 경청, 시장의 패턴 인식, 협업 능력이 있다. 그들은 신규 시장 개척, 계약 종결, 현장 실무에서 뛰는 것을 좋아한다.

판매 담당자는 고객 검증의 중요한 부분이 될 것이지만, 여전히 창업가와 CEO는 적극적으로 검증 과정을 이끌어야 한다. 공동 설립자들은 판매 담당자와 함께 고객 개발팀의 핵심이어야 한다. 그들의 업무는 세일즈와 채널 로드맵을 개발하는 데 필요한 정보를 직접 발로 뛰어 찾아내고 배워야 한다. 진행이 더뎌지지 않는 한, 판매 담당자 없이 팀이 직접 고객 검증을 한 바퀴 도는 것은 의미가 있다. 진행이 잘 되지 않는 시점에서는 판매 담당자를 뽑아야 한다. 해당 담당자는 고객과 미팅을 주선하고, 후속 회의를 만들어 내며, 계약을 마무리 짓는 등 회사에는 매우 중요한 자산이다. 하지만 영업 담당자가 있다고 해서 창업가와 직접 고객과의 만남을 판매 담당자가 대신해주는 것은 절대 아니다.

[웹/모바일] 판매 준비: 완성도 높은 MVP 구현

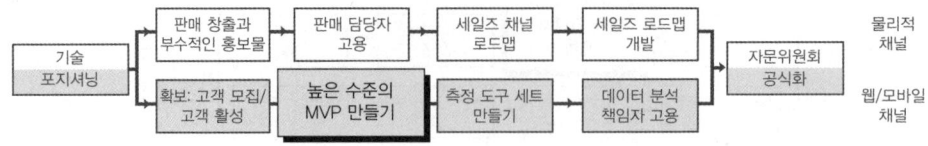

➜ 고객 발굴 단계에서 문제, 필요성, 솔루션을 배우려면 빠른 테스트와 프로토타입을 반복하는 두 개의 MVP를 사용했다. 고객 발굴 단계에 MVP의 목적은 판매가 아니라 고객의 의견을 받기 위해서다.

이 장에서는 완성도 높은 MVP를 테스트한다. 완성도 높은 MVP는 좀 더 완성된 기능과 세련된 기능 버전으로 고객 발굴의 3번째 단계에서 사용했었다. 아직은 모든 기능과 특징을 완벽하게 구현하는 것을 목표로 하는 제품을 제공하는 것은 아니다. 그렇다면 왜 완성도 높은 버전을 사용해야 하는가? 완성도 높은 버전의 제품을 사용하면 고객 검증에서 더 많은 사용자들에게 제품을 사용하게 하고, 고객 모집과 고객 활성화 전략을 통해 테스트 결과를 향상시킬 수 있기 때문이다. 완성도 높은 MVP가 미완성 제품일지라도 고객은 질 낮은 제품을 보고 있다고 느끼지 않기 때문이다.

제품의 '부분'이란 어떤 모습인가? 이것은 20개, 50개 레벨이 아닌 5개의 레벨로 이루어진 멀티플레이어 게임일 수 있다. 나머지 레벨들은 나중에 구현될 수도 있다. 소셜네트워크는 사진을 공유하거나 사용자의 위치를 공유하는 기능이 제한되어 있지만, 사용자끼리 쉽게 상호작용하는 방법과 내비게이션 기능을 제공할 수도 있다. 온라인 신발 업체는 처음에는 오로지 여성용 캐주얼 신발만 보여줄 수 있다. 아니면 최고의 전자상거래(e-commerce)를 할 수 있게 하는 대신 수요가 많지 않은 치수는 제공하지 않을 수도 있다. 고객 검증 과정에서 기능이 완전히 준비되어 있지 않다면, 한 페이지나 여러 주요 기능을 '개봉 박두(coming soon)'로 표시해두는 것을 고려해야 한다. 그러나 너무 노골적으로 만들지 말라. 현재 목적은 지금 MVP를 시험판매해보는 것이고, 고객들에게 해당 기능들이 구현될 때까지 기다려야 할 이유를 제공하는 것이 아니다.

완성도 높은 MVP는 단지 마법처럼 번쩍하고 나타나는 것이 아님을 명심하라. 이번 단계에서 한 번 만들고 끝나는 것이 아니다. 완성도 높은 MVP는 회사가 사업을 시작한 날부터 지속적인 개발과 제품 향상, 기능 개선의 애자일 개발 결과물이다(지속적인 향상은 고객 개발 단계에서 폭포수 개발 방법론을 사용하지 않는 여러 이유 중에 하나다). 고객 발굴의 3단계를 넘어갈 때까지 제품 개발팀에서 지속적인 반복, 배포, 테스트를 통해 완성도 높은 MVP로 개선하지 않았다면 제품은 발전하지 못할 것이다.

완성도 높은 MVP는 비즈니스 모델과 제품을 매일 지속적으로 개발하는 데 사용하도록 고객과 제품의 행동 데이터를 전달할 수 있게 내부 설계가 되어야 한다. 이것은 쉬운 일이 아니다. 측정기의 다이얼, 미터기, 게이지가 제대로 잘 작동하는지 확인하고, 바늘이 움직일 때를 대비해 마음의 준비를 단단히 하자. 이러한 측정 도구는 소프트웨어 현황 정보를 전달해주는 소프트웨어 프로그램 게이지와 비즈니스 모델 캔버스의 도구다.

[물리적] 판매 준비: 세일즈 채널 로드맵

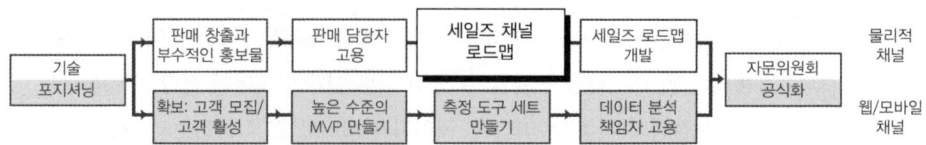

이번 세일즈 채널 로드맵에서는 창업팀이 고객 발굴 과정에서 유통 채널 대안을 평가하고, 구체적인 하나의 채널에 초점이 맞추어져 있다고 가정한다. 먼저 하나의 채널을 정복한 후 확장한다.

> 한꺼번에 너무 많은 것을 하려고 하지 말고 하나의 채널에 먼저 집중해라.

이 채널이 맞는지 확실하지 않는다면 어떻게 할 것인가? 고민하지 마라. 단지 테스트일 뿐이다. 여러 유통 채널을 모두 테스트하면서 일을 벌리는 것보다, 방문 판매, 체인점, 메일 주문과 같은 한 가지의 채널을 선택해서 집중해야 한다. 테스트 결과를 바탕으로, 다른 채널은 차후 추가하는 것이 비교적 수월하다. 한 가지 예외 사항이 있다. 웹 사이트를 통해 직접 사용자에게 판매하려는 회사는 웹 사이트 채널을 포함한 병행 채널 테스트를 진행한다.

세일즈 채널 로드맵 요소는 다음과 같다.

- 채널 '먹이 사슬'
- 채널 책임
- 채널 할인과 재무정보
- 채널 관리

세일즈 채널 '먹이 사슬'

유통 채널에서 먹이 사슬은 회사와 고객들 사이에 구성된 링크를 말한다. 예를 들면 세일즈 책임자로부터 판매 담당자로, 다시 유통업체에서 소매업체로 나타난다. 먹이 사슬은 체인 내에서 구성된 각각의 요소로 표현되며 회사와 서로 다른 관계를 설명한다.

예를 들면, 전자 출판 회사에서 출판사로부터 책을 구입하는 고객에게 어떻게 전달되는지를 보여주는 먹이 사슬로 표현할 수 있다. 그림 9.10은 먹이 사슬 다이어그램이다.

그림 9.10 전자책 출판 먹이 사슬

그러나 앞에서 예로 들었던 전자책 출판은 전통적인 물리적 유통 채널에서 좀 더 복잡한 먹이 사슬로 판매가 이루어진다. 그림 9.11을 참고한다.

그림 9.11 도서 출판 물리적 채널 먹이 사슬

판매 준비를 하려면, 먹이 사슬에 대한 채널을 시각적으로 표현해야 한다. 사슬은 이러한 구조로 링크가 구성되어 있거나 다른 링크들을 포함할 수 있다.

- **국내 도매업자** 입고, 집하, 포장, 출하, 수집 후, 접수된 주문에 대해 출고하고 대금을 지급받는다. 주문된 물량만 진행하며, 수요를 창출하지는 않는다.
- **유통업자** 서점 체인과 독립 서점에게 판매하기 위해 세일즈 영업을 활용한다. 유통업자는 판매를 하는 것이며, 서점들은 도매업자로부터 실제 주문을 한다.
- **소매 판매자(서점)** 고객이 책을 보거나 구입할 수 있는 곳이다.

어떤 내용이 다이어그램에 포함되어야 하는지 잘 모르겠다면 150페이지에 채널 가설 내용을 복습하라.

채널 책임

채널 책임 지도는 복잡한 유통 채널에서 관계를 다이어그램으로 설명한다. '먹이 사슬' 파트에서 설명된 구조를 다이어그램으로 이들의 책임에 대해 표현해야 한다. 지도는 팀 내의 모든 사람에게 채널 선택 이유와 채널로부터 무엇을 기대할 수 있는지를 인식시켜줘야 한다.

스타트업의 실수 중 하나는 고객 수요 창출 부분을 채널 파트너가 알아서 해줄 것이라고 가정하는데, 대부분 그렇지 않다. 예를 들면, 그림 9.12에서 책 도매업자는 입고와 책의 출하 외에 다른 일은 하지 않는다고 가정한다. 이것은 유통업자에 대해서도 똑같이 적용된다. 서점으로부터 주문을 받는다. 가끔씩 경우에 따라 서점에 책을 판매하기 위한 프로모션을 진행할 수 있다. 그러나 책을 구매하도록 고객을 해당 서점에 보내줄 수는 없다(불행하게도 오늘날 대부분의 출판사들은 수요 창출에 투자하지 않는다).

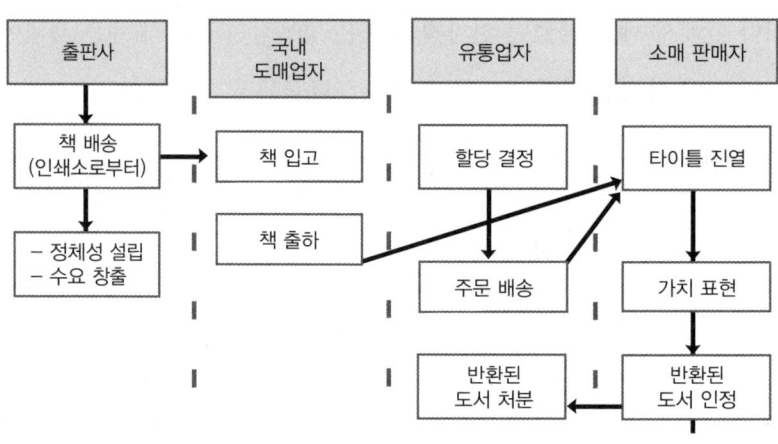

그림 9.12 채널 책임 지도

채널 할인과 재무정보

먹이 사슬의 각 계층은 자신들이 제공하는 서비스에 대한 비용을 청구하고, 회사 입장에서는 지출 비용으로 잡힌다. 대부분의 채널 비용은 정가나 소비자가 지불하는 소매 가격에서 일정의 비율로 계산된다. 고객에서 회사로 어떻게 돈이 흘러가는지를 이해하려면, 먼저 각 채널 계층에서 필요한 할인율을 계산한다.

도서 출판의 예를 계속 살펴보면, 다음과 같은 그림 9.13 다이어그램을 만들 수 있다. 각 계층에서 필요한 할인율이 자세히 나와 있다.

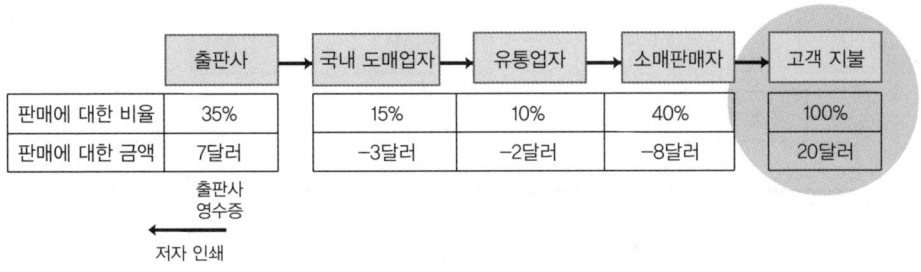

그림 9.13 채널 할인

예를 살펴보면 도서 소매 20달러에 대해 출판사는 채널에 있는 모든 국내 도매업자로부터 7달러의 몫을 받는다. 이 7달러에는 출판사가 저자에게 인쇄를 지급하고, 책을 시장에 내놓고, 출력과 바인딩 비용을 지급하고, 간접비를 제외하고, 이익을 실현해야 한다. 고객이 지불하는 20달러 중 저자에게는 겨우 1달러나 2달러가 지급된다. 저자가 출판을 생략하고 전자책으로 바로 가는 것은 놀랄 일이 아니다.

채널 할인율은 단지 복잡한 유통 채널에서 돈이 어떻게 흐르는지에 대한 첫 번째 검토 단계다. 예를 들면, 도서 채널, 더 많은 다른 소프트웨어, 미디어, 기타 등과 같은 세일즈는 100% 반환에 대한 권리를 기반으로 판매consignment가 이루어진다. 즉, 미판매 도서인 경우는 재고를 회사가 책임을 지고 전부 환불해야 한다(반품된 도서에 대한 택배 비용 지불은 회사를 두 번 죽이는 일이다). 왜 이것이 문제인가? 스타트업들이 일반적으로 저지르는 실수는 판매를 기록할 때 유통 채널에서 (이번 경우는 국내 도매업자) 판매한 수량을 매출로 잡는 것이다. 참으로 안타까운 현실이지만 채널 파트너의 주문은 최종 고객의 제품 구매를 의미하지 않는다. 단지 창업가의 희망이며 그렇게 되었으면 하는 믿음일 뿐이다.

추가로 몇 채널은 '재고 회전 반품 정책'에 대해 반품된 제품(유통기한이 지난 음식, 구 버전의 소프트웨어나 하드웨어)에 대한 일정 부분 (또는 전체) 반환 수당을 요구하기도 한다.

채널 금융 계획은 채널 계층 사이에 모든 금융 관계를 설명해야 한다. 그림 9.14를 참조한다.

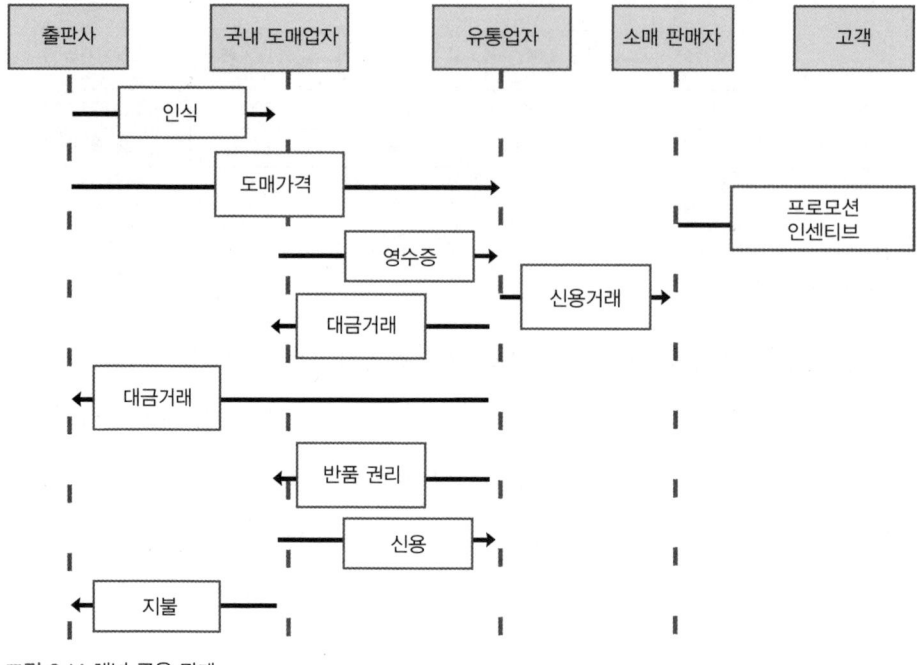

그림 9.14 채널 금융 관계

채널 관리

모든 회사의 목표는 잘 관리되고 엄선된 세일즈 채널이 잘 운용되는 것이다. 올바른 채널 선택이나 채널 통제 실패의 결과는 종종 처참한 판매 이익과 예상치 못한 채널 비용으로 이어진다. 웹 사이트에서 데이터를 측정하는 것과 유사하게 채널도 채널 재고 수준에 대한 출하sell in와 판매량sell through을 모니터링해야 한다.

직판 채널은 단순하다. 고객의 주문이 있기 전까지는 상품이 배송되지 않는다. 간접 판매 채널의 경우에 가장 큰 위험은 회사가 근접한 유통 채널 계층들과 파트너십 관계를 가지고 있기 때문에 최종 사용자의 수요가 실제 얼마나 되는지를 알아야 하는 것이다. 이때 채널 파트너 보고서에 의존하는데, 종종 몇 달 지난 보고서의 데이터를 보고 고객에게 '판매'된 채널 매출액과 실제 매출액을 최신의 것으로 인식하고 확인할 수도 있다.

또 다른 위험은 간접 채널을 통한 스터핑 유혹이다. 스터핑은 합리적인 판매 예측 이상으로 채널에 더 많은 제품을 채널 계층에 위탁 판매하도록 한다. 이러한 전략은 임시적인 방편이며 매출에 가상된 인플레이션을 일으켜 큰 낭패를 초래하거나 때에 따라서는 소송에 휩싸이기도 한다. 이러한 중요한 문제에서 나타날 수 있는 어려움을 회피하려면 반드시 문서화, 채널 관리 계획에 대한 논의가 있어야 한다.

다면 시장

다면 시장은 웹/모바일 채널에 많이 있지만 물리적 채널에서도 존재한다. 의료 기기 시장은 복잡한 다면 시장의 물리적 채널의 좋은 예다. 인공 고관절은 FDA 승인을 받아야 하며, 의사의 승인과 부모의 동의, 병원의 구매, 외과 의사의 수술, 보험회사의 보험 지급을 필요로 한다. 관련 내용은 그림 9.15를 참조한다. 누가 비용을 지불하는지와 인공 고관절을 인플런트 배상에 대한 이해 없이, 단순히 환자, 의사, 병원에만 집중했다면 사업상 치명적인 오류를 범하게 된다. 다면 시장에 뛰어든 스타트업은 모든 경로에 대한 채널 가설을 입증할 필요가 있다.

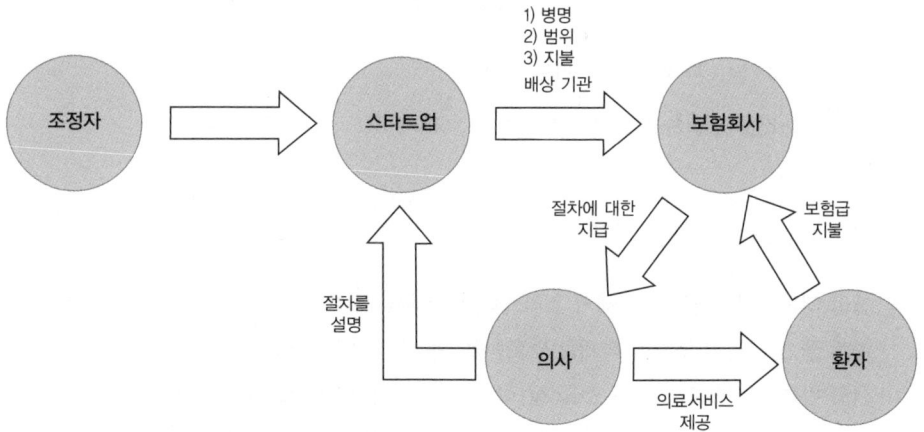

그림 9.15 복잡한 다면 시장에 대한 채널 다이어그램

[웹/모바일] 판매 준비: 측정 도구 세트

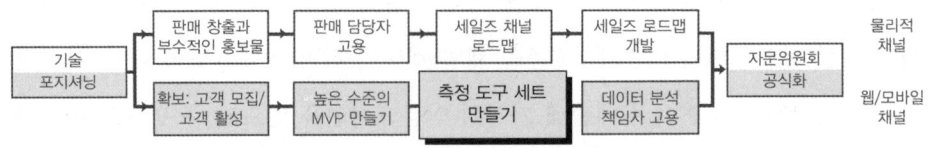

→ 웹/모바일 기업은 회사 문을 닫기 전까지 지속적으로 데이터 수집, 분석, 최적화에 초점을 둬야 한다. 웹/모바일 스타트업은 전체 라이프 사이클 동안 퍼널로 유입되는 고객 전환을 모니터링해야 한다. 전체 과정은 인식부터 구매까지 이르는 단계마다 테스트, 측정, 최적화로 결코 끝나지 않는 캠페인이다. 이것은 365일 하루도 빠짐 없이 진행되는 '시도(Try it), 측정(measure it), 조정(tweak it)' 과정이다.

> ❖ 웹/모바일 기업은 회사 문을 닫기 전까지 지속적으로 데이터 수집, 분석, 최적화에 초점을 둬야 한다.

제품을 개발할 때 모든 것이 측정 가능하게 설계되어야 한다. 웹이나 어플의 모든 클릭, 어디서 왔는지, 어떤 행동이 있었는지 여부다. 그 결과 관리팀은 모든 주요 지표와 사용자 행위에 대한 요약 내용, 통찰력과 지속적인 사업 개선을 위한 트렌드 정보가 대시보드에서 손가락 하나로 다 확인할 수 있어야 한다.

측정 도구 개발에서 두 가지 파트가 나눠져 있다.

- 측정에 필요한 주요 사업 지표 결정
- 데이터를 수집하고 모니터링할 수 있는 대시보드나 시스템 개발

측정에 대한 주요 지표

웹이 태어나기 훨씬 전, 19세기 필라델피아 소매상 존 워너메이커는 2세기 후에 직면하게 될 온라인과 모바일 마케팅의 도전을 예감하고 이를 정리했다.[10] "나는 광고 예산의 반이 낭비되고 있다는 것을 잘 알고 있다. 예산에서 어느 부분의 반쪽을 낭비하는지 알면 좋을 것이다." 웹/모바일 채널에서 이 과정은 워너메이커의 신문, 라디오 광

---

[10] 존 워너메이커: 미국의 백화점 왕, YMCA 창설 – 옮긴이

고를 하는 것보다 더 쉽다. 모든 클릭과 고객 액션은 저장될 수 있기 때문이다. 프로세스의 시작은 무엇을 측정할 것인지를 결정하면서 시작된다.[11]

고객 관계 가설을 사용하여 비즈니스 모델의 성공 지표를 찾아 확인한다. 지표의 우선 순위를 결정하고 12개 미만으로 측정 가능하도록 항목 수를 제한한다. 그리고 지표는 실제 활성화되거나 향상될 수 있는 것으로만 측정한다. 활성화할 지표에 대한 질문을 생각해보자. "얼마나 많이, 얼마나 빠르게, 얼마나 좋게 할 수 있을까?"

- 얼마나 많은 고객을 획득하고 있으며 많은 고객들이 활성화되었는가?(그리고 얼마나 많은 고객을 잃었는가? 구매 과정 중 어디에서 고객을 놓쳐 버렸는가?)
- 고객 모집과 고객 활성화 과정이 얼마나 빠른가? 웹 페이지 뷰이나 방문을 한 번만에 했는가? 아니면 20번만에 했는가?
- 고객 모집과 고객 활성에 각각 얼마의 비용이 드는가?
- 획득된 고객은 어떻게 우량 고객이 되는가? 활성화된 사용자/소비자들이 지속해서 재방문하는가 아니면 단순히 한 번쯤 오는 방문객인가?

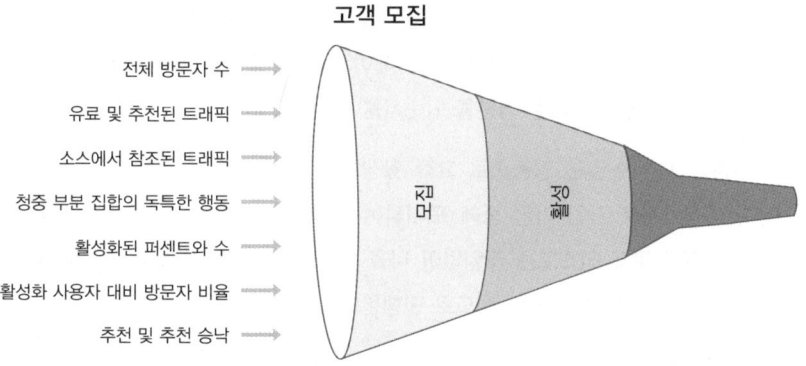

그림 9.16 웹/모바일 채널에서 '고객 모집' 퍼널의 측정 지표

일관성을 위해 지표 구성은 세일즈 퍼널의 구조처럼 고객 모집과 고객 활성화 지표로 정의한다. 예를 들어 고객 모집 지표는 다음과 같다.

- **총 방문 수** 방문자 유형별, 시간별, 방문 시발점별, 페이지 뷰별
- 방문 시발점별 유료 또는 추천 트래픽의 전환 비율(사용자나 방문자 한 명을 확보하는 데 필요한 링크나 배너, 비용) 및 고객 모집/고객 활성화 비용

---

[11] 고객 관계 측정 지표의 추가 설명은 http://kellblog.com/2006/04/17/half-your-advertising-budget-is-wasted/ 를 참고하기 바란다. – 옮긴이

- 방문 시발점별 추천 트래픽의 수량과 백분율
- 전체 고객에 대한 부분이나 하위 집합에서 나타난 고유한 행위와 행동

> 광고 예산의 반이 낭비되고 있는 것을 잘 알고 있다. 예산에서 어느 부분의 반쪽을 낭비하는지 알면 좋을 것이다.

활성화 지표는 다음과 같다.

- **활성화의 총 수** 시간별/일별/주간별 고객 모집에 대한 백분율
- 활성화 백분율/숫자, 방문 시발점으로 추적이 됨
- **정성적 데이터에 기반한 활성화 수/백분율/비용** 방문 시발점에서부터 확인 가능하다면 주로 많이 사용하는 사용자, 비용을 많이 내는 사용자, 저렴한 비용을 지불하는 사용자, 휴면 사용자 등
- 방문 시발점과 비용 대비 방문자수, 페이지 뷰, 활성화된 사용자 대비 추천 수

활성화 지표는 평가와 개선을 위한 사용자 행동을 수집해야 한다. 일반적으로 행동 지표는 사용자 다운로드 수나 방문자 수, 페이지 뷰를 포함한 사용자 등록이나 참여에 대한 사용자의 행동에 대한 백분율과 숫자를 포함한다.

데모 영상 시청과 같은 행동으로 고객 활성화 단계에서 고객 활성화를 모니터링해야 한다. 마찬가지로 가입 과정 중에 포기하여 활성화되지 않는 사용자도 모니터링해야 한다. 이러한 문제 리스트는 끊임없이 나올 수 있기 때문에 팀에서 관리할 수 있거나 효과적으로 발전시킬 수 있는 정도로 진행한다.

이런 문제점 리스트는 마치 거대한 빙산의 일각과 같다. 효과적으로 고객 모집과 활성화, 궁극적으로 수익을 창출하고자 고객의 행동을 이해할 수 있도록 도움을 주는 문제들로 집중한다.

추천 지표는 다음과 같다.

기존 고객의 추천은 새로운 고객의 가장 비용 효율적인 자원이기 때문에 추천 통계는 중요하다. 주요 추천 통계는 다음과 같다.

- 추천된 사용자의 수와 백분율
- 잠재 기존 고객의 평균 수
- 추천을 승낙한 비율

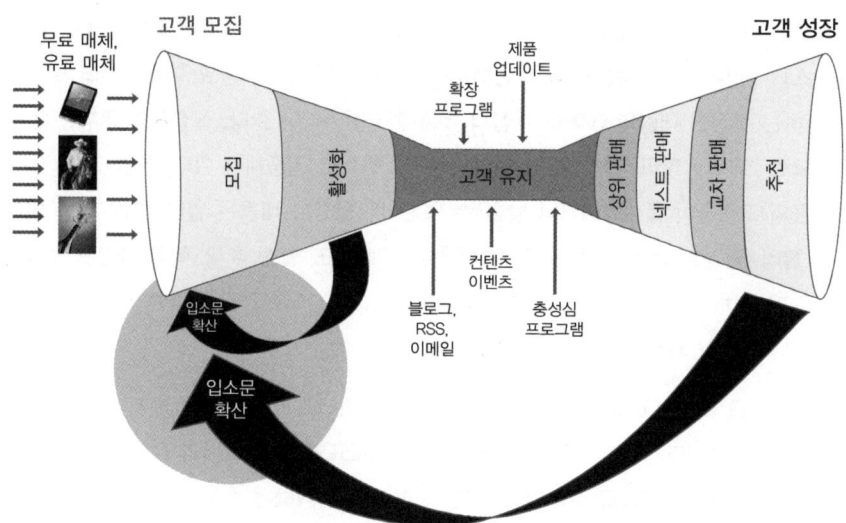

그림 9.16b '고객 수 성장'은 반복된 입소문(바이럴 루프)을 통해 고객 추천이 이루어진다

어떤 추천 방식이 가장 많은 신규 사용자가 추천을 하는지를 파악하고 이에 따른 추천 비용을 타진하여 추천을 통한 인센티브 프로그램을 평가해보고 결정한다. 이번 고객 검증 단계에서 고객 유지에 대한 걱정을 미리 할 필요는 없다(고객 검증의 2단계에서 자세히 설명했었다). 이번 단계에서 회사의 첫 고객들을 유치하는 데 최선을 다해야 하기 때문이다. 추천 지표 설계 시, 2단계에서 설명된 사용자 코호트를 계산한 후 고객 유지 및 추천 모니터링을 고려하여 지표를 만든다.

지표를 모니터하고 수집하는 시스템이나 대시보드 사용

스타트업 회사의 미래는 고객확보, 고객 활성화, 고객 유지 데이터에 달려 있기 때문에 대시보드나 시스템을 활용하여 위와 같은 데이터를 확보하고 모니터링해야 한다. 이것은 매우 중요한 것으로 많은 웹 비즈니스는 실제로 그들의 사이트 평가 데이터를 실시간으로 사내의 모두가 주목할 수 있도록 대형 평면 모니터에 표시해야 한다. 대시보드는 기존 솔루션도 있고, 손쉽게 엑셀 같은 도구로 만들거나 개인이 직접 만든 솔루션도 쉽게 찾을 수 있다.

> ❖ 지표에 너무 과한 투자를 하지 하도록 주의하자. 지표의 작은 숫자들이 비즈니스의 전반적인 '건강상태'를 대변해준다.

지표에 너무 과한 투자를 하지 하도록 주의하자. 일반적으로, 지표의 작은 숫자는 비즈니스의 전반적인 '건강상태'를 대변해준다. 그래서 관리자는 중요 이슈로부터 멀어지게 하는 복잡한 대량의 데이터 수집의 유혹에서 벗어나야 한다. 실질적인 문제는 일반적으로 '얼마나 많이, 얼마 만큼, 얼마나 빨리' 위주로 집중해야 한다. 예를 들어, 얼마 만큼의 고객들이 활성화되거나 놓칠 수 있는가? 활성화 비용은 얼마인가? 또는 얼마나 빨리 (활성화)되는가? 좋은 CEO는 핵심 통계 지표, 발전 추세, 핵심 사안을 눈앞에 보고 있으며, 언제든지 말할 수 있도록 준비되어 있다. 마찬가지로 이런 지표는 화이트보드나 간단한 스프레드시트에서 측정 가능하다.

비즈니스를 측정하고 모니터링에 사용할 지표는 회사와 이사회 회의에서 보는 대시보드와 같은 것이다. 그들이 손익 계산서, 대차 대조표와 현금 흐름과 같은 숫자를 물어본다면 여러분은 CEO로 실패한 것이다. 여러분이 걱정하는 숫자는 그들 역시도 고민해야 한다고 동의하게 만드는 것이 여러분이 할 일이다.

그림 9.17로 표현한 내용은 비즈니스 목표로 페이지 뷰, 고객 추천, 이메일 전송 수가 증가되는 간단한 내용의 사이트에 대한 대시보드를 보여준다.

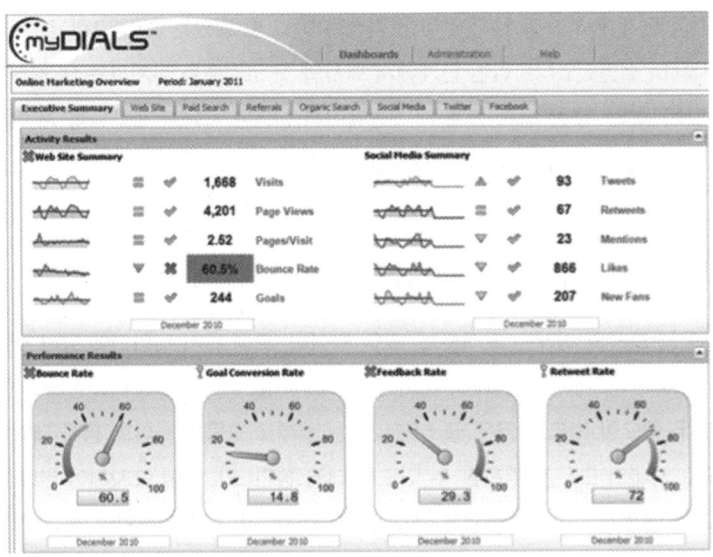

그림 9.17 간단한 대시 보드의 예

10장에서 데이터와 해석을 관리할 '데이터 최고 책임자'를 고용해 회사에 자리를 두어야 한다. 데이터 최고 책임자는 고객 발굴에 관심을 갖도록 하고, 제품을 사용하는 방법과 그들의 친구와 동료에게 판매할 수 있도록 지속적인 개선을 유도할 데이터를 사용하는 회사의 계획을 지휘한다.

[물리적] 판매 준비: 세일즈 로드맵 개발

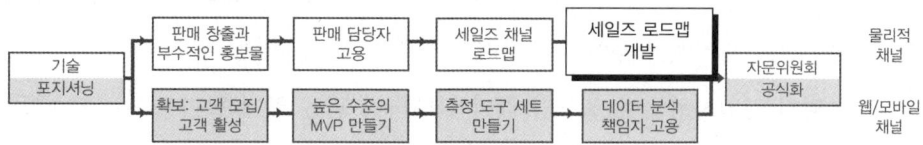

일반적으로 스타트업 실수는 어떻게 판매할 것인지를 알아내기 전에 영업 조직을 만드는 것이다. 시작할 때는 안개 속처럼 불확실한 상태다. 여기서 창업가가 할 일은 매번 한 단계씩 어떻게 진행시킬 것인가를 밝히 비춰줄 충분한 정보를 수집하고, 가져온 정보들을 취합하여 올바른 길로 인도할 수 있는 총체적인 그림을 만드는 것이다. 이것을 세일즈 로드맵이라고 부른다.

목표는 누가 진정한 고객이며 제품을 어떻게 구입할 것인지에 대해 알아내는 것이다. 잠재 고객이 구매자로 바뀌는 프로세스를 제대로 이해하고 비즈니스 모델을 뒷받침해주는 제품 가격을 정확히 알고 있을 때 비로소 영업팀을 만들어야 한다. 세일즈 로드맵을 손에 들고 세일즈 팀원은 고객 검증 과정 동안에 겪게 될 성공과 실패 실험 대신 실제 판매에 집중할 수 있을 것이다.

> ✥ 세일즈 팀원들은 세일즈 로드맵을 손에 들고 판매에 집중할 수 있을 것이다.

세일즈 로드맵은 잠재 고객에게 전화로 시작해서 계약 서명까지의 전 과정을 세부적으로 정리한다. 로드맵이 어떻게 회사나 고객, 직함마다 다른 과정을 거치게 되는지를 보여줘야 한다. 고객 발견 단계에서 초기 세일즈 로드맵의 가설 수립은 고객 의견을 받은 내용에 기반하여 업데이트하며 영업 개시 전에 다시 복습한다. 지금 걱정할 필요는 없다. 고객에 대한 현장 경험에 기반해서 세일즈 로드맵은 한 층 업그레이드될 것이다.

로드맵의 복잡성은 고객의 크기, 구매주기와 제품 가격, 산업, 선택된 유통 채널과 같은 예산에 의존된다. 중견 기업의 CEO의 판매 로드맵은 포춘지 500대 VP

에 대한 판매 루트보다 명확하다. 세이프웨이, 인텔, 토이저러스의 로드맵은 지역 꽃집이나 애완 동물 상점보다 더욱 힘들고 어렵다.[12] 좋은 로드맵은 고된 일이지만 성공과 실패 사이에서 차이점을 가져다 준다.

수십 명의 영업사원들이 로드맵 없이 판매하다 길을 잃게 될지도 모르기 때문에, 현재 회사 규모가 '린'하며 작을 때 로드맵을 개선해야 한다.

회사 조직 구성, 영향 지도, 고객 접근 지도 세 가지 주요 세일즈 기획 도구들이 세일즈 로드맵을 지원한다.

조직 구성과 영향지도

고객 발굴 단계에서 조직 구성과 영향지도 보고서를 만든 것을 기억하는가? 지금까지 미뤄둔 것을 다시 보면서 찾은 내용을 연구한다. 현재까지 초기 가설은 잠재 고객들을 만나면서 배운 현실을 반영하여 수정했다. 이러한 정보를 사용해서 목표 고객에 대한 현실 가능한 구매 과정 모델을 개발해야 한다. 얼리반젤리스트들과 만났던 내용들을 기록한 노트를 좀 더 면밀히 보자. 추가로 회사의 연례 보고서, 후버Hoovers, 던앤브래드스트리트Dun & Bradstreet 보도 자료에서 찾을 수 있는 고객 정보들도 자료로 활용해야 한다.

에피퍼니 사의 세일즈 사이클은 복잡한 세일즈에 대한 영향지도를 어떻게 개발할 수 있는지에 대한 좋은 예다.

에피퍼니 사의 십만에서 백만달러에 달하는 소프트웨어 가격은 구매자에게 상당히 비싸게 인식되었다. 에피퍼니 사는 판매를 위해 반드시 이 문제를 해결해야겠다는 굳은 신념이 있었다. 제품이 판매되려면 하향식top-down 세일즈 방식이 필요했다. 우선적으로 임원들을 설득하여 직원들에게 암묵적 동의를 요구하도록 하였다. 대기업 기업인 경우에는 상향식bottom-up 방식으로 일하고 있으므로, 실무자들이 상사를 설득하는 것은 비싼 시스템일수록 더욱 어려운 작업이었다. 에

---

12 세이프웨이: 미국 최대 슈퍼마켓 체인점, 토이즈 R 어스: 글로벌 장난감 체인점 – 옮긴이

피퍼니 사는 더나아가 이러한 고객 사의 내부 상황을 변화시켰다. 여러 조직들을 자신들의 사업 방식과 업무 요건에 맞게 새롭게 변경하는 것이 필요했다. 회사의 발전에 필요한 과정 속에서 이러한 변화는 저항을 만들어 내기 마련이고, 이런 저항은 전체를 망가뜨리려는 사람들이 생기게 되면서 반갑지 않은 현상들이 만들어진다.

에피퍼니 사의 제품을 주문하게 승인하려면 다수의 '찬성' 투표 결과가 필요했다. 다른 기업 세일즈 경우, 예를 들면 제조 공정 관리, 고객 지원업무 소프트웨어 프로그램 등은 한 명의 주요 의사결정권자나 사용자 커뮤니티의 보증만으로도 계약을 성사시킬 수 있었다. 이런 기업용 패키지에서 정보기술 책임자는 어떤 패키지 구성을 할지에 대한 의견을 제시한다. 하지만 실제 사용자는 이러한 결정사항에 대한 권한을 매우 즐기곤 한다. 에피퍼니 사의 주요 드라이버는 IT가 아닌 실제 사용자들의 거부권 행사였기에 세일즈 방식이 달랐다. 마찬가지로, 세일즈 경험은 계정의 사용자와 기술적 측면에서 '높이'와 '넓이'를 아우르는 판매가 필요있다고 보여주었다. 이런 과정에서 우리는 여러 번 거절을 맛봤고, 결국 지원과 승인이 필요하다는 것을 표시하는 간단한 2×2 매트릭스를 구성하여 보여주었다.

	실행	기술
(높음)	임원	CIO 또는 IT 부분 책임자
(낮음)	최종 사용자	IT 직원 또는 IT 부분 직원

그림 9.18 지원/승인 표

이 표에서는 운영 부서의 비전을 가진 임원이 에피퍼니 사의 제품 구매를 지지함에도, 계약을 체결하려면 4명의 다른 결정권자들에게도 세일즈를 해야 했다. 운영부서 지원과 IT 기술 담당의 '승낙'이 없다면, 계약은 불가능했을 것이다. IT 부서에서 에피퍼니 사의 제품을 빼기로 결정했다면 IT 부서에서 의도하는대로 될 것이라는 사실이 초반부터 눈에 보였다. 이러한 통찰력은 매우 중요했다. '아하!' 하는 여러 통찰의 순간들이 에피퍼니 사에게 성공을 가져다 주었다. 이러한 문제를 어떻게 해결해야 할지 알아냈고, 영업담당자가 당시에 초기 영업 전략의 실패를 목격하면서, 영업 전략을 어떻게 전환할 것인가에 대한 전략을 짜는 데 시간을 보냈다.

영업에서 다른 기업용 제품을 판매하는 것과 에피퍼니 사의 제품을 기업에 판매하는 것이 다르다는 사실을 간과했기 때문에 초기 세일즈는 금방 실패로 끝났다. IT 조직의 지지를 받지 않고 넘어간 점을 간과한 점이 매우 큰 실수였다. 세일즈 통화를 하게 되면, IT 부서에게 영업, 서비스, 마케팅 지원 프로그램 패키지들에 대해 관심을 갖게 하는 것보다 운영 부서 실무자들에게 관심을 갖게 하는 것이 훨씬 쉬웠다. 때론 에피퍼니 사는 CIO와 IT 부서가 제품 구매에 동의를 구할 수 있다고 운영 부서의 들뜬 담당자의 말을 그대로 믿었다. 어떤 경우는 필수 단계는 생략되었고 몇몇의 열정적인 사용자들이 우리의 거래를 대신해줄 수 있을 것이라고 예상했다. 그러나 이러한 예상은 거의 현실이 되지 못했다.

	실행		기술
(높음)	임원	1 → 2	CIO 또는 IT 부분 책임자
(낮음)	최종 사용자	3 → 4	IT 직원 또는 IT 부분 직원

그림 9.19 영향 지도의 예

성공적인 데이터와 세일즈 실패를 영향지도에 반영하였다. 우리는 이미 결정된 사항들이 있었다. a) 거래를 완료하려면 4개의 그룹의 지지가 필요하다. b) IT 부서가 다른 사용자보다 설득하기가 어렵다 c) 말단 IT 사원은 변화에 반대했다. 중요한 질문은 "어떻게 진행해야 할까?"다. 그림 9.19의 영향지도는 각 담당자들과 어떤 순서로 설득 작업을 진행해야 할지를 표시하였다. 각 단계는 전 단계의 강점을 레버리지leverage했다. 즉, 회사와 제품을 좋아한 그룹의 추진력을 사용하여 반감을 가진 그룹의 반대를 극복해나갔다. 대부분 이러한 절차를 밟지 않고 빠른 길로 가려거나 세일즈 단계를 건너 뛰는 상황의 경우는 판매가 실패했다.

이런 상황을 이해했다면, 영향지도는 영업 실행 전략을 설정할 수 있다. 진행 순서는 다음과 같다. (1) 윗 임원 라인에게(VP, 부서 실장, 등) 먼저 연락한다. 이후, 그들과의 관계를 활용하여 (2) 기술 임원(CIO, IT 부서 임원)을 만나도록 한다. 그 후 (3) 운영 조직의 실무자들(실제 제품의 사용자들)을 만난다. 마지막으로 (4) 이러한 지지의 여파를 몰아가서 사내나 부서의 IT 담당자들에게 제시, 교육을 통해 그들의 반대를 떨쳐나간다.

고객 접근 지도

영향에 대해 이해하고 지도를 작성했다면 어떻게 문에 발을 넣을 수 있는지에 관한 중요한 영업 질문의 답변을 주목해야 한다. 기업 세일즈를 위해 구매나 조달 부서는 파괴적인 혁신을 하고자 한다면 시작할 때 최악의 장소가 될 가능성이 있다. 잠재 고객의 회사 크기에 따라서 기업 세일즈 방법으로는 여러 단계나 부서 사이를 유연하게 오가며 사내 조직과 영향 지도에서 파악된 중요 고객과 미팅을 잡을 필요가 있다. 실제 고객과 세일즈 전화는 접근 지도 내의 빈칸을 채워 정보와 행동 패턴의 제안을 추가할 수 있도록 도움이 된다. 그림 9.20은 기업의 접근 지도를 보여준다.

소비자들에 대해 올바른 항목을 찾는 것은 초기 고객들에게도 똑같이 어려운 일이 될 수 있다. 아무에게나 전화를 하는 것보다는, 저렴한 비용으로 연락이 가능한 조직과 특별히 흥미가 있는 그룹에 대해 생각해본다. 고객의 PTA, 독서클럽, 골동품 자동차 동호회처럼 그들이 다니는 조직을 통해 원하는 고객을 만날 수 있는가?[13] 우리에게 흥미가 생길 수 있을 만한 웹 사이트 커뮤니티나 모임들이 있는가?

---

[13] PTA: 미국 학부모 조직 – 옮긴이

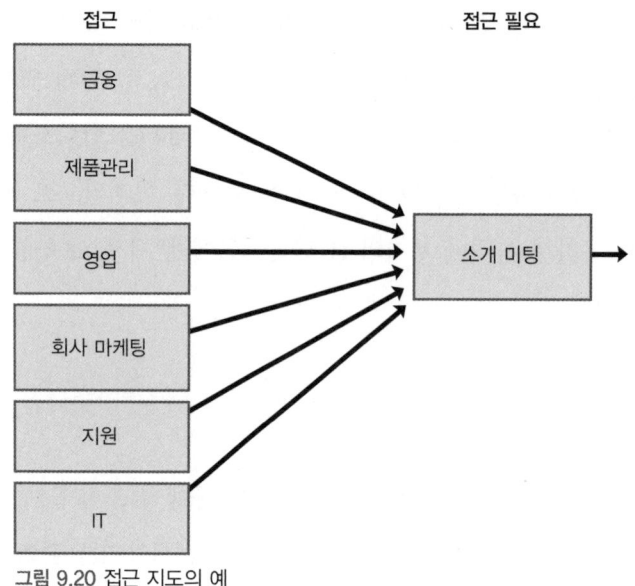

그림 9.20 접근 지도의 예

판매 전략

영향지도를 이해하는 것은 반복적인 판매 프로세스를 찾는 첫 번째 단계다. 소비자/기업 조직지도, 영향지도와 접근 지도를 나열한다. 기업 세일즈인 경우의 해결 과제는 연락할 사람들 위치나 명성을 뛰어넘어 그들에게 접근할 수 있는 전략을 세우도록 하는 것이다. 세일즈 전략을 수립하는 과정에서 고려해야 할 몇 가지 질문은 '어떤 레벨에서 접근해야 하는가? 예를 들어, 높은 임원들에게 판매하는가? 실무 담당자에게 판매하는가? 얼마나 많은 내부 조직의 사람들이 판매 승인이 필요한가? 어떤 순서로 사람들에게 연락해야 하는가? 한 사람당 필요한 대화 스크립트는 무엇인가? 전체 세일즈를 망치는 과정은 어떤 것 있는가? 훼방꾼이 될 수도 있는 사람들은 누구인가?' 등이다.

새로운 소비자 제품으로 20대들에게 접근을 하는 경우, 다음과 같은 질문을 생각해볼 수 있다.

- 특정 인구 세그먼트에 접근해야 할 이유가 있는가? 예를 들어, 대학생들에게 판매하는가? 부모나 가족들에게 판매하는가?
- 얼마나 많은 사람들이 결정에 개입되어 있는가? 개인 결정인가 아니면 가족 그룹 결정인가?
- 이 세일즈가 가족 멤버나 그룹으로 동의가 필요하다면 어떤 순서로 사람들에게 연락해야 하는가? 각 멤버들에 맞는 대화 스크립트는 무엇인가?
- 어떤 과정이 전체 세일즈를 망치게 하는가?

제품을 판매하기 위해 일반 시장으로 진출하면 어떤 방법이 성공과 실패하는지 알 수 있다. 예측 가능한 패턴이 보인다면 전략은 명백해진다.

구현 계획

일반적으로 처음으로 창업하는 창업가의 실수는 얼리반젤리스트의 '찬성' 사인으로만 첫 판매의 성공의 축배를 터뜨리는 것이다. 영업을 해본 사람은 잘 알고 있을 것이다. 아직 축배하기는 이르다. 결정권자가 구매하기로 동의한 시점부터 실제 수표를 받기 전까지 정말 많은 일들이 일어날 수 있다. 실행 계획의 목표는 영업이 끝나기 전에 발생할 수 있는 모든 일과 제품이 전달되고 누가 관리하고 있는지에 대한 내용을 수기로 남기는 것이다.

예를 들면 다음과 같다

- 판매에 대한 승인은 CFO 또는 CEO 아니면 모두 필요한가?
- 위원회는 판매를 승인하는 데 필요한가?
- 엄마나 아빠가 판매를 승인해야 하는가?
- 고객은 판매 자금으로 대출을 받을 필요가 있는가?
- 다른 벤더의 시스템/구성요소를 설치하거나 먼저 작동을 시켜야 하는가?

[웹/모바일] 판매 준비: 데이터 분석 책임자 고용

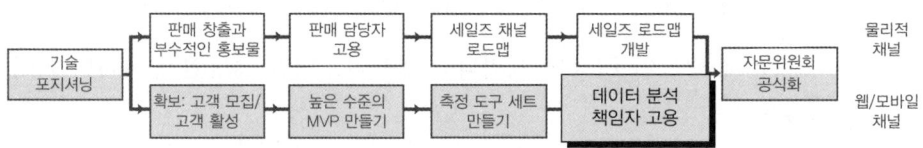

→ 스타트업에서 물리적인 제품을 판매하는 것은 창업가가 먼저 세일즈 로드맵을 발굴한 다음, 창업가를 지원할 수 있는 세일즈 책임자를 고용해야 한다. 비슷하게 웹/모바일 회사도 창업가가 고객 모집과 고객 활성 지표의 핵심을 발견한 후에는 데이터 분석 책임자를 반드시 고용해야 한다. 분석 책임자는 고객 검증 과정뿐만 아니라 영구적으로 지속적인 향상을 이끌어가야 한다.

> ❖ 분석 책임자는 고객 검증 과정뿐만 아니라 영구적으로 지속적인 향상을 이끌어가야 한다.

첫 번째로 창업가 중에 한 명은 이 역할을 수행해야 한다(추가 경력: '데이터 책임자', 통계 분석 전문가, 금융 전문가와 같은 경력이 있다면, 데이터를 수집하고, 깊게 주목하고, 변칙적인 것을 찾아내고, 기회와 트렌드, 약점을 찾아내는 데 도움이 된다). 이러한 일을 수행하는 사람을 수석 마케팅 임원, 데이터 분석 책임자, 데이터베이스나 온라인 마케팅 책임자, 일반적으로 '창업가'로 부르는데, 직함은 별로 의미가 없다. 숫자와 도구에 대한 기민함이 매우 중요한 업무 역량이며, 선천적 호기심도 마찬가지로 중요하다. 추가적으로 필요한 역량으로는, 계획대로 진행되지 않아 전환이 필요한 경우, 데이터를 보여줌으로서 회사에 영향력을 발휘해야 한다.

업무 책임은 다음과 같다.

- 온라인 타깃팅 캠페인의 최적화, 고객 행동에 대한 보고서, 추적, 분석, 최적화에 대한 모든 관리
- 내부 연구, 후원, 유입 활성화, 프로모션 프로그램에 대한 모든 관리
- 마케팅 프로그램의 계획, 예산 비용과 결과의 개발과 관리
- 예산, 예측, 추적, 행정 프로그램 비용과 결과에 대한 관리
- 데이터를 주요 팀 구성원들에게 사용 가능하게 보증

책임자가 창업가가 아니라면, 고위 관리팀의 일원으로서 주기적으로 보고하고 업데이트해야 한다. 담당자를 최대한 빠른 시일 내에 고용하고, 이상적으로는 대시보드 시스템 개발 시점에서 들어와서 개발에 참여하고, 측정 지표 선택에 참여해야 한다. 책임자는 사업 변경과 개량에 주도적으로 일을 할 수 있도록, 비즈니스 모델과 핵심 비즈니스 요소를 완벽히 이해해야 한다. 책임자의 성격은 좋은 협업가로 직원들과 쉽게 어울리며, 매우 창조적이여야 한다(매우 드문 조합이다).

> ❖ 책임자는 고위 관리팀의 일원이어야 한다.

CEO에게 얼마만큼 자주 보고를 할지 합의해야 한다. 이외에 관리할 팀이나 전체 직원에게는 얼마나 자주 알릴 것인가? 책임자는 불필요한 대량의 정보수집이 아닌 중요하고 실행할 수 있는 데이터를 수렴하고 우선 순위를 정리하도록 책임자에 주문하는 것을 잊지 말아야 한다. 회사의 핵심 비즈니스 요소에 대해서 누구보다 잘 알 수 밖에 없기에, 책임자와는 보상과 기밀유지/비경쟁 계약을 체결하도록 한다. 책임자가 회사를 조기 퇴사를 하게 되면 회사로서 큰 차질을 빚게 된다.

[모든 채널] 판매 준비: 자문위원회 공식화

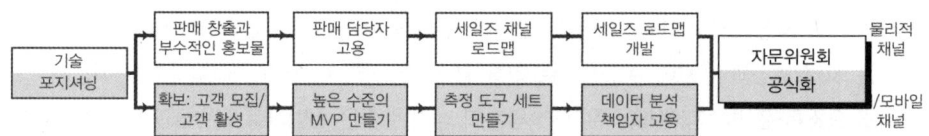

운이 좋다면, 고객 발굴 단계에서 비공식적으로 고문으로부터 도움을 받았을 것이다. 이 단계에서는 고문들이 자문위원으로 공식적으로 참여하는 시간이다. 여기에는 자문위원회에 몇 명을 참여시킬지, '자문위원회' 형태가 돼야 하는지에 대해 정해진 방법은 없다. 기본적으로 자문위원들로부터 2가지 요구사항이 있다. 하나는 다른 방법으로 접근할 수 없는 핵심 고객, 인재, 투자자를 소개시켜주는 것과 다른 하나는 사업 전략에 엄청난 영향을 줄 수 있는 비즈니스 모델 설계에 대한 대범하고 독창적인 생각을 주는 것이다. 이외에는 부수적인 사항이다.

자문위원의 범위와 영향력에 대해 전술적이 아닌 전략적으로 생각해야 한다. 어떤 방면이든 회사의 사고 방식에 지대한 영향을 줄 수 있는 자문위원만 충원한다(투자 유치를 진행 중이라면 '저명한 명함'이 도움이 될 수는 있겠지만, 자문위원들과 혼돈하면 절대 안 된다). 공식적인 자문위원회는 현재 당장 할 필요는 없지만, 이런 과정은 도움을 줄 수 있는 전문가와 반드시 연결되어야 한다.

자문위원회 로드맵을 이전에 만들어 놓았던 로드맵처럼 구성한다. 표 9.5에서 알 수 있듯이, 로드맵은 필수 자문위원의 핵심 역량을 구성해놨다(차트의 모든 상자에 자문위원을 필수로 넣어야 한다고 생각하지 마라).

이 예제에서 로드맵은 각 자문위원이 어떻게 기술, 비즈니스, 고객, 산업, 마케팅적으로 활용할 것인지를 보여준다. 일반적으로 스타트업에서 매우 중요한 자문위원은 '금색 롤렉스 시계'를 찬 사람으로, 높은 자리에 있는 초기 고객, 채널 파트너, 대량의 온라인 트래픽을 유입시켜 줄만한 파트너를 소개시켜줄 수 있는 능력을 말한다. 제품 개발은 고객 발굴 1단계 과정에서부터 최대한 빨리 기술 자문위원이 필요로 한다. 기술 자문위원회는 학계나 업계의 고문들로서 기술적 조언과 핵심 기술 인재를 연결시켜준다. 제품이 판매가 시작되는 시점에서 전문위원들은 고객들에게는 기술적 레퍼런스로 활용된다.

    기업 영업을 할 경우 가능하면 자문위원회에 주요 잠재 고객을 참여시킨다. 이들은 고객 발굴 시점에서 만나게 되어 고객 관점에서 제품에 대해 조언해줄 수 있다. 난 항상 자문위원들에게 "사줄 수 있는 제품을 만드는 방법을 배울 수 있도록 자문위원회에는 여러분이 필요하다. 제가 (배우지) 못한다면 우리 둘 다 실패할 것이다."고 말한다. 이들은 제품의 고객 역할을 할 것이고 나중에 일부는 다른 고객에게 좋은 추천인이나 소개인이 되어줄 것이다. 그들에게서 통찰력을 얻고 회사 직원이나 고객 개발팀 멤버들과 일대일 미팅을 가진다. 그리고 특정 인맥을 소개시켜 달라고 물어보는 것을 주저하지 마라.

	기술	비즈니스	고객	산업	세일즈/마케팅
왜	제품 개발 조언, 검증, 구인 도움	비즈니스 전략과 회사 설립 조언	제품 조언과 잠재 고객으로서, 나중에는 실제 고객 및 추천인이 되어줌	특정 시장의 신뢰성 확보 및 도메인 전문가의 기술 고문	세일즈 교통정리, 홍보, 언론 및 수요 창출 문제 해결
누가	브랜드 인지도가 높은 기술진, 해결하고자 하는 문제에 대한 통찰력을 가진 자, 직접 나서서 도움을 줄 수 있는 자	스타트업을 해본 산전수전 다 겪은 베테랑 중요 기준: 그들의 판단을 믿고 그들의 조언을 들을 수 있는 자	좋은 고객이 될 만한 사람, 좋은 제품에 대한 감각이 있는 사람, 고객군 네트워크 안에 있는 사람	고객을 보유하고 있는 인지도 있는 브랜드와 언론의 신뢰성을 가진 자. 고객이 될 수도 있음.	브랜드만이 아니라 시장을 창출하는 방법을 알고 있는 풍부한 경험의 마케터
언제	회사 설립 시작일로부터, 첫 납품일까지 필요함	회사 설립 시작일로부터 지속적으로 필요함	고객 발굴의 1단계에서 식별 후 2, 3단계에 이들을 초대함	고객 검증의 1단계에서 식별 후 3단계에 초대함	고객 창출 단계에서 필요. 회사 설립 후 니즈 약화.
어디서	회사에서 제품 개발팀과 1:1 미팅	늦은 밤에 전화 걸어, 혼란스러운 상태로 집이나 사무실에서 미팅	전화로 조언 필요, 후에 회사에서 비즈니스와 고객 개발팀과 1:1 미팅	전화로 조언 필요, 후에 회사에서 비즈니스와 고객 개발팀과 1:1 미팅	마케팅 및 영업 직원과 1:1 미팅과 전화 통화
인원 수	가능한 많이 필요	2~3명 정도 적당	가능한 많이 필요	산업별 2명 적당	세일즈 1명, 마케팅 1명

표 9.5 자문위원회 역할

고려해야 할 두 종류의 자문단이 있는데, 회사의 특정 시장이나 기술에 신뢰를 가져 도메인 전문가의 산업 자문 위원회와 실제 경험과 노하우가 있는 고문으로 회사 대표에게 필요한 자문이다.

> ✦ 여러분에게 그들이 필요하다면 여러분도 그들에게 확실히 도움이 되어야 한다.

각 도메인에 대한 자문의 수는 상황에 따라 달라질 수 있지만 몇 가지 규칙이 있다. 영업과 마케팅 자문위원들 모두 큰 자부심을 갖고 있다. 여러분은 한 번에 한 명씩만 다룰 수 있다. 자문위원들은 자신들을 특정 산업에 대한 권위자로 생각하고 있다. 그들을 같은 방에서 동일한 시간에 만나지 않고, 그들의 견해를 들을 수 있어야 어떤 조언을 따를 것인지를 정리할 수 있다. 비즈니스 자문위원은 마케팅 자문위원과 유사하지만 회사 성장에 따라 다른 전문성이 있다. 사업을 더 똑똑하게 만들려면 이들 중 몇 명은 곁에 두는 것을 고려해라. 마지막으로 제품 개발 팀에게는 기술 자문위원들이 많으면 많을수록 좋다. 그들은 특정 기술적인 문제를 다룰 수 있는 능력을 개발팀도 배울 수 있다. 고객 자문위원도 마찬가지다. 그들이 올 때마다 항상 새로운 것을 배우도록 노력하라.

자문단에게 보상

오마하의 현인인 워런 버펫Warren Buffet은 "여러분에게 그들이 필요하다면 여러분도 그들에게 확실히 도움이 되어야 한다."고 이야기했다. 자문단은 주로 회사에 할애하는 시간이나 정확히 그들이 해줄 수 있는 일에 대한 주식 비율 정의 없이 그냥 일반 주식을 받는 것으로 끝난다. 주로 시간 단위에 따라 주식을 배분하며, 한달 단위로 측정한다. 그래야만 회사가 자문위원의 가치를 조정할 수 있기 때문이다. 제일 좋은 자문위원은 회사에 투자하는 위원이다. 그들은 이만이나 십만 달러 정도의 종자돈을 투자하여 우선주를 구매한다. 그리고 주식은 일반주의 후한 할당으로 자문 서비스에 대한 대가로 채워져 증가한다. 똑똑한 투자자는 자문위원들의 이름을 빌려줄 뿐만 아니라 자문위원이 본 사업이 큰 기회 요소임을 몸소 투자하면서 의지의 중요성을 인식한다.

10장

고객 검증 2단계: 현장으로 나가 팔아라!

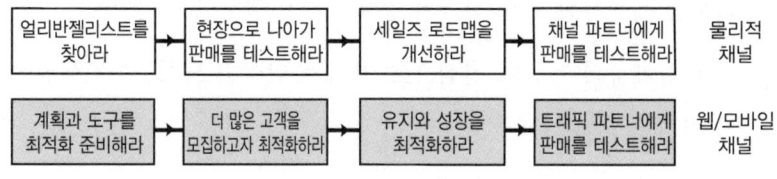

고객 검증 단계는 고객에게 상품을 판매해야 할 때다. 고객을 발견하려면 현장에 두 번 나가봐야 한다. 첫 번째는 고객의 문제가 무엇이고 이 문제가 어떻게 일어나고 있는지 이해하기 위해서, 두 번째는 새로운 상품이 이 문제를 잘 해결하고 있는지 알아보기 위해서다. 그리고 아무 의심 없이 비즈니스 모델을 수만 번씩 반복하여 테스트하는 것보다, 고객에게 직접 애플리케이션이나 웹 사이트에 대해 물어볼 수 있는 시간을 달라고 하는 것이 테스트의 통과/실패 여부를 알 수 있는 가장 좋은 방법이다.

물리적인 채널에서 특히 제품이 완성되거나 실제로 출하하기 전에 선주문을 받게 되는 것만큼 가설 검증에 좋은 방법이 없다. 웹/모바일 채널에서도 같은 가설에서 예측한 사용자와 고객의 유도율을 동일한 방법으로 검증한다(다면 시장에서는 훌륭한 트래픽과 성장이 있더라도, 보통 광고주나 고객이 시장의 다른 쪽에 있는 고객에 도달하기 위한 비용 지출의 열정을 확인해야 한다).

이 장에서는 수익 계획을 확장하는 것이 아니라, 웹 트래픽 생성 및 제품 판매와 유사하게 통과/실패 테스트로 비즈니스 모델에 대한 가설을 검증하는 것이다. 그러나 다음 단계인 고객 창출로 넘어가기 전까지는 수익이나 트래픽의 거대한 확장은 일어나지 않는다. 고객 검증은 세일즈 프로세스의 테스트 과정이며, 실제로 수익을 발생시킨다고 해도 다음 질문에 대한 답변을 받는 것이 중요 목적이다.

- 제품이 제공하는 가치에 대해 고객이 열광하는가?
- 회사는 세분화된 고객 집단과 필요성을 이해하고 있는가?
- 고객은 제품의 기능이 진심으로 가치가 있다고 느끼는가? 핵심적인 기능은 빠져 있지 않은가?
- 상품 가격은 적정 수준인가? 상품은 합리적인 비용 수준에서 판매 가능한가?
- 고객 사 내부의 구매 결정 프로세스가 어떻게 이루어지는가?
- 세일즈 로드맵과 채널 전략은 영업팀을 확장하는 데 적합한가?
- 실제로 비즈니스하기 위한 충분한 고객이 있는가?

'현장으로 나가라'는 의미는 물리적인 상품이 있거나 물리적 채널을 우선적으로 사용하는 회사에게 의미가 있는 것이고, 웹/모바일 채널을 활용하는 회사에게는 완전히 다른 의미가 된다. 그들의 활동이나 상품을 테스트하는 속도는 너무 다양하기 때문에 이 장에서는 각 채널에 대해 나누어서 설명한다(그림 10.1 참고).

고객 검증에서 테스팅 절차는 '기분이 좋다' 또는 '그들이 좋아한다' 형태의 답이 아니라 '맞다' 또는 '틀리다'와 같은 단답형으로, 아주 쉬운 통과/실패 답을 요하는 테스트 질문 목록들로 이루어진다.

물리적 채널 비즈니스 모델의 경우라면 다음과 같다.

- 10번의 판매 전화를 돌리면 항상 이 중 2개를 판매할 수 있는가?
- 고객이 평균적으로 3달 내에 6개의 위젯을 구매하는가?

- 박람회(또는 DM)에서 5,000달러를 투자하면 25개의 구매 요구를 만들어 내는가?
- 당신이 세일즈 피치를 한 대상 중 2/3는 3명의 지인들(친구들)에게 당신을 소개시켜 주는가?

→ 웹/모바일 채널 비즈니스 모델의 경우라면 다음과 같다.

- 확보된 사용자 5명 중 2명은 활성화 단계로 넘어 오는가?
- 활성화된 사용자 10명 중 4명은 지인 5명에게 무료 체험판을 권장하는가?
- 100달러를 애드워즈로 지불했을 때 자사 사이트에 50번의 클릭 수가 생성되는가?
- 다면 시장에서 광고주 중 1/4은 당신의 홍보 세일즈 피치를 끝까지 들어주는가?(사이트 트래픽이 많아질 때까지 광고를 하지는 않겠지만)

비즈니스 채널 유형에서 다음 단계들을 착수해야 한다.

물리적 채널 스타트업	웹 모바일 채널 스타트업
얼리반젤리스트를 찾아라. 만남을 약속한다.	최적화된 계획과 도구를 준비한다.
시험 판매를 위해 현장으로 나가라.	고객활성화를 테스트하기 위해 현장으로 나가라.
세일즈 로드맵을 개선한다.	결과를 측정하고 최적화한다.
채널 파트너에게 시험 판매를 한다.	트래픽 파트너에게 시험 판매를 한다.

그림 10.1 '현장으로 나가서 판매하라'의 채널 유형별 단계

[물리적] 현장으로 나가라: 얼리반젤리스트를 찾아라

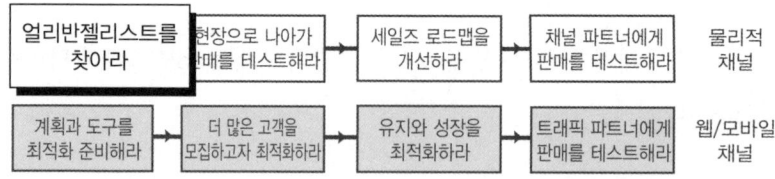

고객 검증에서 가장 큰 도전은 상품을 판매할 수 있는 가장 적합한 사람을 찾는 것이다. 처음에는 어떤 사람인지 정의하고, 일반적인 고객이 아닌 새로운 상품에 대해 진정한 비전이 있는 고객을 찾아야 한다. 가장 큰 함정은 이러한 비전을 가진 고객이 모두 다 같은 것은 아니라는 것이다. 일반적으로 예산(지불할 수 있는 돈)과 비전이 있는 사람, '전략/장기적인 계획/기술적인 비전'과 자금력이 없는 사람이 있다. 표 10.1은 이러한 차이점을 설명한다. 우리가 이것을 모든 창업가에게 반드시 말할 필요는 없지만, 수표를 사용하는 큰 자금 운용이 가능한 사람에게 집중해야 한다. 이제 알겠지만 그들은 얼리반젤리스트라고 불린다.

얼리반젤리스트는 지불할 수 있는 충분한 자금만 갖고 있으면 된다! 그리고 모든 비전을 갖고 있는 고객들이 그들이 가진 문제를 인지할 수도 있지만, 오직 얼리반젤리스트들만 (a) 문제에 대해 무언가를 충분히 할 만큼 동기를 부여할 수 있고, (b) 벌써 집에서 할 수 있는 해결책을 시도 중일지도 모르며, 가장 중요하게는 (c) 문제를 해결할 수 있는 영향력과 지불할 수 있는 돈을 가지고 있다는 것이다. 종종 얼리반젤리스트는 발견된 문제에 대해 솔루션을 지금과 같이 가시화하고 있기도 한다. 얼리반젤리스트는 이러한 영업 프로세스에서 파트너 역할이 되어주고, 그들이 직접 누락된 기능들에 대해 합리적으로 설명할 수도 있다. 얼리반젤리스트들을 난처하게 하거나 버리면 안 된다.

고객을 찾는 단계에서 핵심적인 얼리반젤리스트들의 특성을 분석해야 한다. 얼리반젤리스트들이 다른 고객을 찾을 수 있고, 추가적인 잠재 고객을 떠올릴 수 있지 않을까? 목표가 되는 얼리반젤리스트들의 목록을 작성하고, 고객 발굴에서 활용되었던 '미팅 약속하기' 방법을 반복한다. 고객 목록 작성, 상품 소개 이메일 작성, 고객에게 상품을 추천하는 스토리를 작성한다(이 단계가 생각나지 않는다면, 고객 발굴 두 번째 단계를 다시 참고한다). 철저하게 준비했음에도, 영업 진행 과정에서 20명 중 1명만 응답하는 것으로 가정하자. 즉, 95%의 거절을 준비하는 것이다. 하지만 초기 단계이기 때문에 5%의 성공 확률이 있다면 괜찮다. 경제적인 환경에 맞게 1/3이나 더 낮은 확률로 실제로 주문한다고 봐야 할 것이다. 더 많은 구매 요청을 받도록 한다(이것이 스타트업이다). 좋은 뉴스가 있다. 판매 담당자는 계약하고 미팅하는 지루한 과정에서 창업가들이 항상 모든 과정에 고군분투할 수 있도록 함께 참여해준다.

주요 고객 분류로서 초기 평가자, 성장 가능성 있는 고객, 일반 고객 유형과 얼리반젤리스트들을 구별해야 한다. 성장 가능성이 있는 고객은 얼리반젤리스트일 수도 있으나, 이들은 더 늦게 구매하는 경향이 있다. 성장 가능성이 있는 고객은 비전만을 보고 구매하기보다는, 실제적인/실용적인 이유가 있을 때 구매한다. 이들은 일반적인 고객보다는 새로운 상품에 대해 적극적으로 반응하는 구매자들이고, 6개월 이내에 목표 고객이 될 가능성이 높다.

마지막으로 주류 고객들은 완성된 상품을 기다리고, 리스크 없는 기성품을 원한다. 주류 고객은 "우리는 생산 라인이 만들어졌을 때, 상품을 테스트해볼 것이다. 프로토타입을 테스트하고 싶지 않다"고 말할 수 있다. 하지만 1~2년 내에 고객이 될 수 있으므로 이름을 반드시 기억한다.

	초기 평가자의 경우	얼리반젤리스트	성장 가능성이 있는 고객	일반 고객
동기	기술력 평가	비전에 대한 일치성, 문제에 대해 파악하고, 이에 대한 해결책을 시각적으로 제시한 것이 맞는지 확인한다.	현실성, 현재 이해 가능한 문제를 해결해주는 제품에 관심이 있다.	표준화된 완전한 제품을 원한다.
가격 정책	무료	불편감수 역치를 활용하여 가격 리스트에 활용 가능하다. 그리고 이들에게는 대폭 할인을 적용한다.	공표된 가격 목록 필요 및 협상이 매우 어렵다.	공표된 가격 목록 필요 및 협상이 어렵다.
결정력	공짜로 구매할 수 있는 건 좋다.	독립적인 결정을 내리는 데 문제가 없다. 구매 결정이 빠르다. 영업에게는 내부적 치어리더 역할을 한다.	모든 레벨로부터 구매의사 결정이 필요하다. 일반적인 영업 프로세스를 따른다. 경쟁사 비교 테스트를 피할 수 있다.	모든 레벨로부터 구매의사 결정이 필요하다. 일반적인 영업 프로세스를 따른다. 경쟁사 비교 테스트 및 RFP를 꼭 진행한다.

표 10.1 고객의 4가지 유형

[웹/모바일] 현장으로 나가라: 계획/도구의 최적화 준비

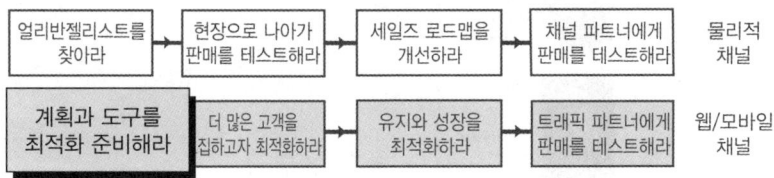

→ 최적화 작업은 각각 '모집, 유지, 성장' 과정의 결과를 더 많이 얻어내기 위한 것이다.

"어떤 질문을 더 많이 해야 하는가?"라고 물어볼 수 있다. 결론은 "모두 다"이다. 예를 들면 다음과 같다.

- 방문자 중에서 6%가 웹/모바일 사이트 런치에 가입했다면, 10% 이상으로 노력한다.
- 방문자가 2페이지에서 포기하려고 한다면, 3페이지까지 볼 수 있도록 메뉴 구조를 바꿔본다.
- 5%의 방문자가 사용자 의견을 남겼다면, 비율을 늘릴 수 있는가?
- 평균 1명의 방문자가 웹/모바일 사이트에 가입하는데 1달러의 비용이 소요된다면 해당 비용을 0.78달러~0.80달러까지 줄일 수 있는가?
- 이메일 확인율을 22%에서 30%로 올릴 수 있는가?

더 많은 것을 얻을 수 있다는 것이 최적화의 전부다. 그리고 지금부터 세간살이를 다 팔아야 하거나 나스닥(NASDAQ)에 회사를 상장시키기 전까지 최적화하는 작업을 계속해야 한다. 10장~12장에 걸쳐 최적화하는 방법에 대한 기본적인 방법들을 알아볼 것이다. 이 장에서 다음을 학습한다.

- 최적화 전략에 대한 기본적인 방법을 습득한다.
- 가상의 웹/모바일 스타트업을 준비할 때 최적화 작업이 어떻게 이루어질 수 있는지 확인한다.
- 최적화를 위한 핵심적인 도구들과 이들이 어떻게 작동하는지 학습한다.

웹/모바일 '확보'의 다음 최적화 단계는 이 부분에서 배운 방법으로 '새로운' 도구와 접목시키는 것을 보여준다. 그리고 세 번째 단계에서는 똑같은 방법을 고객 활동의 '유지'와 '활성화' 단계에 적용한다.

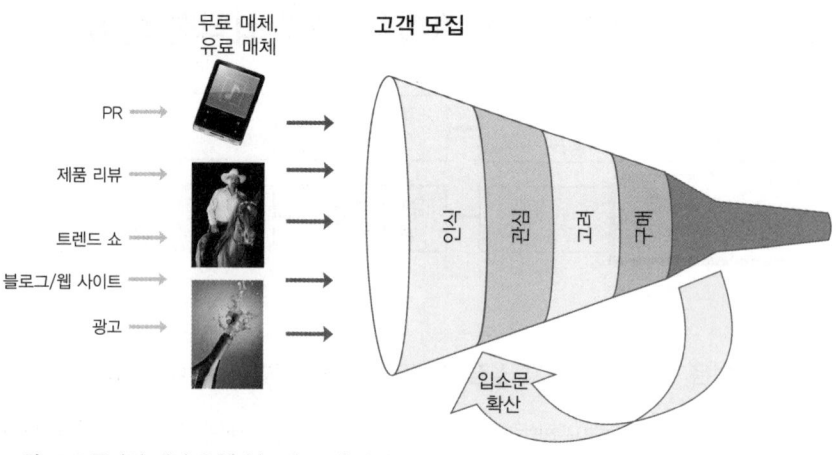

그림 10.2 물리적 채널 유형의 '고객 모집' 퍼널

시작하기 전 확인사항

사이트/앱 최적화 작업을 시작하기 전에 다음과 같은 빌딩 블록 내용을 미리 작업해야 한다.

1. **완성도 높은 MVP 사이트/어플은 오픈되어 있고 제품은 완성되어 있어야 한다**(MVP가 모든 기능을 탑재하지 않더라도). 이래야만 상품에 대한 명료한 고객 의견을 얻을 수 있고, 고객을 획득하는 프로그램의 결과를 좀 더 정확하게 평가할 수 있다.
2. **획득 계획과 도구들** 이메일, 검색광고, 배너광고, 홍보, 바이럴 마케팅, 이외의 도구들은 고객들의 상품에 대한 관심을 높일 수 있다.
3. **활성화 계획과 도구들** 구매를 안 하거나 곧바로 실행하지 않는 사용자들을 위한 이메일, 전화, 바이럴 마케팅, 프로모션 프로그램의 활성화 도구의 지원을 통해 홈이나 랜딩 페이지는 고객에게 구매를 권하거나 사용할 수 있게 한다.
4. **고객의 행동을 모니터할 수 있는 대시보드** 프로그램은 당연히 동작해야 하며 이 제품은 고객 모집과 활성화 프로그램의 결과를 실시간 데이터로 보여줄 수 있어야 한다.

고객 최적화 전략

고객을 최적화하는 전략에서는 다음에 집중해야 한다.

- **규모(Volume)** 최대한 많은 방문자를 확보하고 제품에 대해 관심을 갖게 하라.
- **비용(Cost)** 1명의 고객 활성화 비용을 지속적으로 감소시켜라.
- **구매 전환(Conversion)** 방문 대비 구매 비율을 증가시켜라.

전략을 세우기 위한 첫 번째 질문은 "무엇을 최적화해야 하는가?"다. 다양한 웹 비즈니스 유형에 맞는 최적화 전략을 세워야 한다.

> ❖ 전략을 세우기 위한 첫 번째 질문은 "무엇을 최적화해야 하는가?"다.

여기 세 개의 서로 다른 유형의 웹/모바일 비즈니스가 고객 최적화에 대해 고려해야 할 사항들이다

- 전자상거래 사이트는 사이트 트래픽, 첫 주문 유도를 최적화하는 것부터 시작한다. 다음으로 평균적인 주문량, 반복 구매, 고객의 추천 구매에 집중한다.
- 다면 시장에서는 (일반적으로는 광고 기반으로) 우선적으로 전체 사이트 트래픽이 커야 하고, 가입 고객, 정기 구매 고객, 일별 방문자, 방문 체류 시간, 재방문, 고객 추천이다. 이러한 것을 확인한 후 광고수입, 광고노출 비용(CPM, Cost Per Mile), 판매 프로세스(Sales pipeline)를 최적화하는 방향으로 옮겨간다.
- 시장에서는 전자상거래 사이트를 최적화할 뿐만 아니라, 판매자 숫자, 판매자 확보와 유지, 재고관리(실제로 판매된 아이템 개수 관리 등)에 대한 최적화도 고려한다. 그리고 일별 거래량과 평균 거래 규모도 최적화하려는 시도를 계속한다.

성공적인 최적화 전략을 위한 핵심 요소

- 왜 최적화 테스트를 하고 있는지 정확히 알아야 한다. "더 많은 계약을 할 수 있다" 또는 "실질적으로 무료배송이 주문을 증가시킬 수 있다" 등 구체적인 목적이 있어야 한다

> ❖ 모든 것을 테스트할 수는 없다. 중요한 것에 집중하라.

- **테스트를 남발하지 말아라.** 온라인에서는 테스트가 상대적으로 쉽기 때문에 많은 웹 스타트업 회사들이 저지르는 실수다. 모든 것을 테스트하는 것이 아닌 중요한 것을 테스트해야 한다. 한 번에 하나의 페이지에서 두 개 이상의 변화를 테스트하지 않아야 한다. 방문자가 헷갈리지 않도록 각각의 변화가 어떠한 결과/개선점을 도출하는지 파악한다. 테스트가 성공하려면 이것이 가져오는 차이점을 명확히 알고 있어야 한다.

- **불규칙성과 유효성을 보장할 수 있도록 통제 가능한 테스트가 되어야 한다.** 정밀한 A/B 테스트, 대부분의 통제된 환경에서 실행하는 테스트에서는 하나의 페이지에 대해 버전 A와 버전 B가 각기 다른 방문자에게 보여져야 한다. 변수들을 엄격하게 통제해야 한다. 테스트 중 고객 행동에 어떠한 요소가 영향을 미칠지 모르기 때문에 월요일에는 A가 보이고, 화요일에는 B가 보이거나 하면 안 된다. 경쟁사 사이트의 세일, 날씨 변화, 하루 중 특정 시간대가 영향을 미칠 수도 있다 (사람들은 일과 중, 점심시간에 주로 웹서핑을 많이 사용한다).
- **항상 고객평생가치를 고려한다.** 고객을 획득하는 비용만큼 고객을 계속 유지하는 것이 중요하며, 이것은 간단명료하게 공식으로 표현할 수 있다.

$$\text{고객평생가치} => \text{고객획득비용}$$
$$\text{LTV} => \text{CAQ}$$

고객평생가치(고객에게서 얻을 수 있는 수익의 총합)은 고객획득비용(CAQ, Customer AcQuisition cost, 고객을 확보하고 활성화시키는 비용)보다 크거나 같다.

많은 회사들이 "이 고객은 향후 5년 동안 'X'만큼의 가치를 가져다 줄 것이다"라고 말하곤 한다. 하지만 "고객에게 향후 5년간 서비스를 제공하고, 고객이 서비스를 지속적으로 이용한다면……"과 같은 전제 조건을 잊고 있다. 반드시 합리적인 고객평생가치를 고려한다. 예를 들면, 몇 달간의 구독료 매출이 '고객 모집 비용'을 충당할 수 있는가?

요약하자면 최적화 전략을 위한 계획 수립은 수많은 변화를 겪을 것이다. 아마도 매일 변경될 수도 있다. 최적화 전략을 위해서는 구체적인 고객 획득 매트릭스(전체적인 지표)를 우선 명확하게 하는 것으로 시작된다. 한 번에 너무 많은 문제와 씨름하지 말아라. 테스트를 시작할 때는 목적이 항상 무엇인지 정확히 알고 있어야 한다. 그리고 테스트 결과가 부정적일 것에 대한 대비책을 미리 세워놓아야 한다

> ❖ 최적화는 끝나지 않는 '테스트, 결과 측정, 수정'의 연속이다.

최적화는 회사가 문을 닫는 날까지 '테스트, 결과 측정, 수정' 과정을 반복하는 과정이다. 최적화는 회사의 효율, 규모, 미래를 결정하기 때문에 창업가 과정에 깊게 참여하고 리드해야 한다.

최적화 전략 수립을 위한 학습

재택사업을 하는 사람들을 위해서 다운로드할 수 있는 39.95달러의 소프트웨어 시리즈를 판매하는 가상의 회사를 상상해보자. 이제, 이 가상의 회사를 통해서 실제로 어떻게 최적화 전략을 수립해야 하는지 알아볼 것이다. 이 회사의 CEO는 그녀의 팀이 2가지의 가장 기본적인 부분(퍼널의 유입구)에 집중하도록 할 것이다. 하나는 고객을 활성화하는 데 소요되는 비용(고객 획득 비용을 포함함), 두 번째는 고객 개개인을 활성화하는 데 소요된 최종 비용 단위다. 이제 고객 획득/활성화 프로그램을 처음으로 분석하는 데이터 분석가의 관점을 따라가보자. 다음은 관련 차트다.

퍼널 단계	클릭 수	단위 가격	총 지출금액	수익
확보	200	5달러	1,000달러	
활성화	40	25달러		(아직 없음)
구매	20	25달러		800달러
고객 가치	10	50달러		1,000달러
총합			1,000달러	1,800달러

표 10.2 최적화 전략 예제 차트

한 번에 한 줄씩 확인하면서 최적화 전략 과정에 대해 전반적으로 이해해보자.

- 고객 모집 단계에서 고객의 1클릭당 평균 5달러의 비용이 발생하고, 200명의 방문자가 발생하여 총 1,000달러의 비용이 발생했다(검색 광고 비용을 어떻게 책정하느냐에 따라서 고객의 1클릭은 적게는 10달러, 많게는 50달러까지도 나올 수 있다). 1클릭당 비용을 20% 줄일 수 있다면 추가적인 비용을 들이지 않고도 25% 더 많은 방문자를 모을 수 있다(4달러 × 250명 = 1,000달러).
    - **고객 모집 단계를 개선하기 위한 테스트 방법** 비용이 높게 들어가는 검색광고 사용(네이버, 다음, 구글 등 포탈사이트 검색 광고)을 중단하고, 트래픽을 높일 수 있는 대체 광고 매체를 찾아본다. 배너광고나 키워드광고(뉴스사이트, 블로그 등 다양한 사이트에 노출하는 연관 키워드 광고)를 찾아볼 수도 있다. 일별, 시간별, 지역별 검색광고 비용을 줄여보자(밤에 노출되는 광고 제외, 유럽 광고 제외, 주말 제외 등) 비용 대비 효율이 높은 바이럴 마케팅 방법을 찾아야 한다.
- 고객 활성화(Activation) 단계에서는 사이트를 클릭해서 방문한 200명 중 20%인 40명의 고객이 활성화(회원가입)되었다. 이는 40명의 고객이 회원가입하면서 그들의 인구통계정보와 고객의 연락처 정보를 제공하였다는 뜻이다. 그러므로 고

객단위당 활성화 비용은 25달러다(25달러 × 40명 = 1,000달러). 그러나 아직 이 단계에서는 구매가 발생하지 않았다.
  - **고객 활성화 단계를 개선하기 위한 테스트 방법** 고객을 활성화(회원가입)하기 위한 더 강력한 유인책을 제시해보자. 가격을 변경하거나 가입 시 혜택을 높여 볼 수 있다. 사이트에서 상품을 노출하거나 혜택을 노출하는 단계의 우선순위를 바꾸어보고 순서를 바꿔서 재구성한다. 무료 체험과 같은 방법도 고려해볼 수 있다.
- 구매(Purchase) 단계에서 가입 고객 중 절반이 39.95달러의 비용을 지불하고 상품을 구매했다. 20명의 고객이 구매했으므로 20명 × 40달러 = 800달러가 판매됐다. 이 고객들은 총 수익 관점에서 보자면 많은 수익이 발생한 것처럼 보이지만 고객 1명을 활성화시키는 데 25달러의 비용을 소요했으므로, 40달러의 63%를 제외한 금액만을 실제 수익으로 봐야 한다. 이러한 비용 구조는 상품개발비, 인건비, 간접비 등을 모두 부담하고 수익까지 내기가 힘들 가능성이 높다. 그러나 구매 고객이 5명 더 늘어난다면 1,000달러의 투자는 200달러의 추가 판매 수익을 낸다.
- 구매단계를 개선하기 위한 테스트 방법은 다음과 같다.
  - 고객 활성화 단계를 개선(더 강력한 유인책)해 재배치한다. 비구매 고객들의 비구매 사유를 찾아낸다.
  - 데모를 추가하라.[1]
  - 통화 기능 연동(Click to call)을 추가하여 고객 접점 포인트를 추가한다.
  - 상품 가격과 혜택 제공에 대한 A/B 테스트를 한다.
  - 구매 후 이메일이나 전화하는 것을 고려한다.

이제 표 10.2를 마지막으로 보자. 회사가 39.95달러 소프트웨어 패키지를 20명의 추가 고객을 확보하면서, 10명의 충성고객(Valued Customer)을 또 얻게 되었다고 가정해보자. 하나의 소프트웨어만 구매한 것이 아니라, 이들은 평균 2.5개의 소프트웨어를 구매하여 평균 100달러를 지불한다고 가정하면, 충성 고객으로부터 1,000달러의 매출이 발생한다. 충성고객은 다른 사람에게 상품을 추천 홍보해주고, 그들 스스로도 재구매할 가능성이 높기 때문에 시간이 지날수록 충성고객의 가치는 더 높아질 것이다.

이런 테스트 결과는 어떤 이들에게 작은 성공 사례로 남게 되는 것이다(상품이 소프트웨어로, 상품의 비용 자체가 높지 않았기 때문이기도 하다). 하지만 1,000달러의 마케

---

[1] 구매 활성화를 위해 사용 방법에 대한 동영상을 제공한다. – 옮긴이

팅 비용으로 1,800달러의 매출을 냈으며, 가입 고객 중 아직 구매하지 않은 고객이 있다는 것을 고려할 때 장기적으로 최적화 전략 단계를 개선시켜 나간다면 앞으로 더 많은 수익을 창출할 가능성이 있다. 차근차근 최적화 전략의 모든 단계를 개선하는 것은 점진적으로 높은 매출과 수익 개선이라는 결과를 가져다 줄 것이다.

최적화 전략 수립 시, 이러한 생각의 단계를 거치고 구체적인 분석을 통해 사업에서 고객을 획득할 수 있는 계획수립을 해야 한다. 최적화 프로그램을 테스트하고, 결과를 측정하고, 결과를 개선하기 위한 아이디어(브레인스토밍 등)를 지속적으로 발굴해야 한다.

전체적인 최적화 테스트 프로그램 구조 안에서 고객에게 제공하는 혜택, 사이트, 메시지 등을 계속 바꿔가면서 테스트하고 결과를 측정한다. 결과 측정, 신규 개선점을 도출, 다시 테스트 및 측정하는 단계를 반복해야 한다. 처음에 언급했듯이, 이 과정은 웹/모바일 스타트업을 위한 생명줄이나 마찬가지로서 끊임없이 지속돼야 한다.

최적화 도구들

좋은 도구는 좋은 결과를 내기 위해 필수적이다. 웹/모바일 마케터를 위해 가장 자주 사용되는 핵심 도구들이 있다. 다음 두 가지의 웹/모바일 부분에는 각 도구가 어떤 것들이고, 사용법을 설명할 것이다. 거의 모든 고객들의 상호작용은 온라인에서 이루어짐으로, 대부분의 케이스에서 도구들이 온라인에서 어떻게 고객들을 '모집, 유지, 성장'시키는 최적화 방법으로 사용되는지 보여줄 것이다.

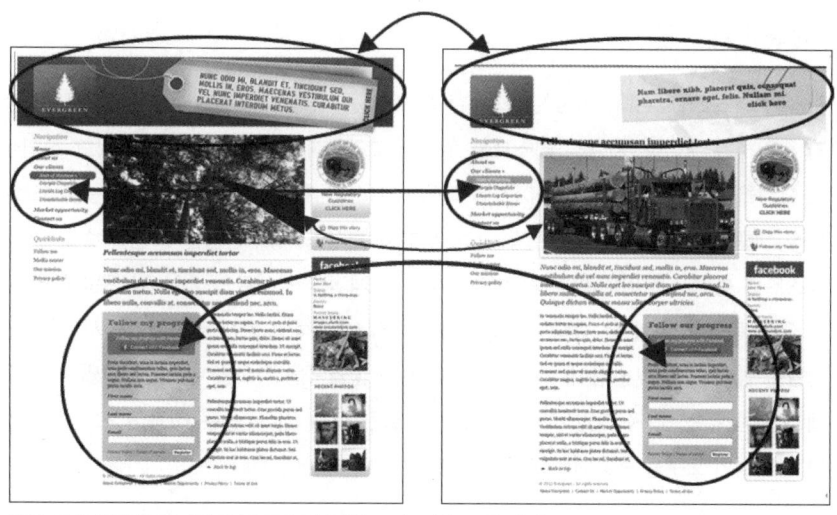

그림 10.3 변경된 홈페이지 결과를 비교하는 A/B 테스트의 예제

A/B 테스트

A/B 테스트는 웹/모바일 채널에서 '확보, 유지, 성장' 활동을 최적화하기 위해 가장 많이 사용되는 방법이다. 또한 웹/모바일 채널에서 상품의 성능을 높이기 위해서 사용되기도 한다(이 내용만으로도 책 한 권을 쓸 수 있다). A/B 테스트는 하나의 웹 페이지를 두 가지의 버전으로 만들어서 최적의 결과가 무엇인지 판단하는 테스트다. 랜딩 페이지 구성을 테스트하기 위해서 사용되기도 한다. 예를 들면 큰 파란색 버튼이 작은 글자보다 더 눈에 띄는지? 페이지에서 어떤 타이틀, 그림, 제품 혜택이 더 많은 신규가입, 판매, 또는 탈퇴를 유도하였는지? 등을 테스트할 수 있다.

> 고객 활성화 진언: 더 많이 테스트할수록 결과는 더 좋아진다.

랜딩 페이지에서 고객을 활성화할 수 있는 핵심 요소를 찾아내고, 신중하게 객관적으로 연속하여 테스트를 진행해야 한다. 앞에서 언급한 '테스트, 결과 측정, 수정' 단계를 다시 떠올려보자. 고객 활성화 진언인 "더 많이 테스트할수록, 결과는 더 좋아진다"를 기억하라. 테스트할 때는 통제 그룹을 분명하게 관리해야 하며, 이상적으로는 (페이지를) 서로 교차하여 보여주는 것이다. 방문자 중에서 2명 중 2번째 방문자는 A가 아닌 B 페이지를 볼 수 있도록 하여, 방문자 중 절반은 다른 페이지를 보게 한다. 사이트 트래픽이 80:20으로 몰린다면 트래픽이 높은 페이지들을 테스트할 수도 있다.

사용성 테스트

사용성 테스트(Usability Test)는 의도한 대로 사용자들이 사이트/앱/상품을 사용하는지 확인하는 것이다. 사용성 테스트를 위해서 고객에게 미리 정보를 주지 않고 회의실로 고객을 초대하여, 그들이 사이트를 이용하도록 한 후 관찰할 수도 있고, 총괄적으로 특정 그룹 인터뷰(Focus group interview)를 통해서 고객의 반응을 확인할 수도 있다. 테스트를 통해서 사이트의 상품 설명이 부족한 점이나 사이트의 좋은 점, 구매하게 하는 유인 등을 파악할 수 있다. 또한 사이트 내에서 고객의 동선을 따라가면서 구매 전환율을 높이기 위한 방법이나 온라인에서 상품 설명력을 강화할 수 있는 방법, 고객에게 혼란을 주는 문구, 그림, 메뉴 구조 등을 발견할 수 있다. 높은 비용이 드는 서비스나 경제적인 도구를 활용하든 모두 테스트하는 데 도움이 된다.

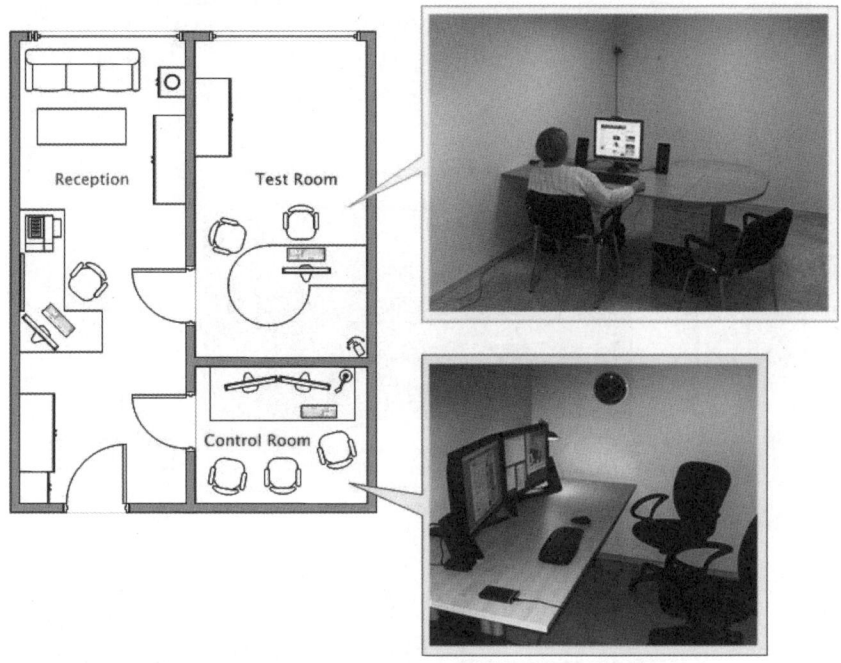

그림 10.4 사용성 테스트는 스타벅스나 별도의 테스트 룸에서 진행될 수 있다

핵심 고객들을 사무실로 초대해서 고객들의 사이트나 앱을 이용하는 방식을 관찰해보자(적은 비용으로 테스트할 수 있게 도움을 주는 Userfy/Usertesting 같은 온라인 서비스를 찾아서 활용할 수도 있다). 핵심 고객들이 사이트나 앱을 이용할 때 방해하지 않도록 뒤 편에서 관찰한다. 그리고 고객들이 어느 부분으로 움직이고, 어느 부분으로는 움직이지 않는지 메모하고 추후에 고객들이 왜 그렇게 행동했는지 질문한다. 이 과정에서 고객들이 불편을 느끼는 부분, 의도하지 않은 방향으로 움직이는 영역이나 사이트 메뉴 구조에 대해 알게 될 것이다. 관찰한 문제들을 모두 파악할 수 있을 때까지 테스트하고 이유를 파악한다. 이러한 테스트를 스타벅스에서 진행할 수도 있다. 스타벅스에 방문한 사람들을 대상으로 무료 커피 시음권을 증정하고 10분 정도 시간을 내달라고 한 후, 새로운 제품, 어플, 사이트 테스트를 노트북으로 진행하면서 관찰하고 질문을 하는 것이다.

열 지도

열 지도(heat map)는 아이트래킹(eye-tracking) 도구를 사용하여 대부분의 사람들이 웹 사이트나 페이지 어디를 클릭하는지 보여준다. 소프트웨어는 사용자의 시선을 추적하고, 그들이 많이 본 지역을 노란색, 오렌지와 빨간색으로 표시한다. 색상이 풍부할수록 더 많은 시선은 단추, 제목, 그래픽에 집중되어 나타난다.

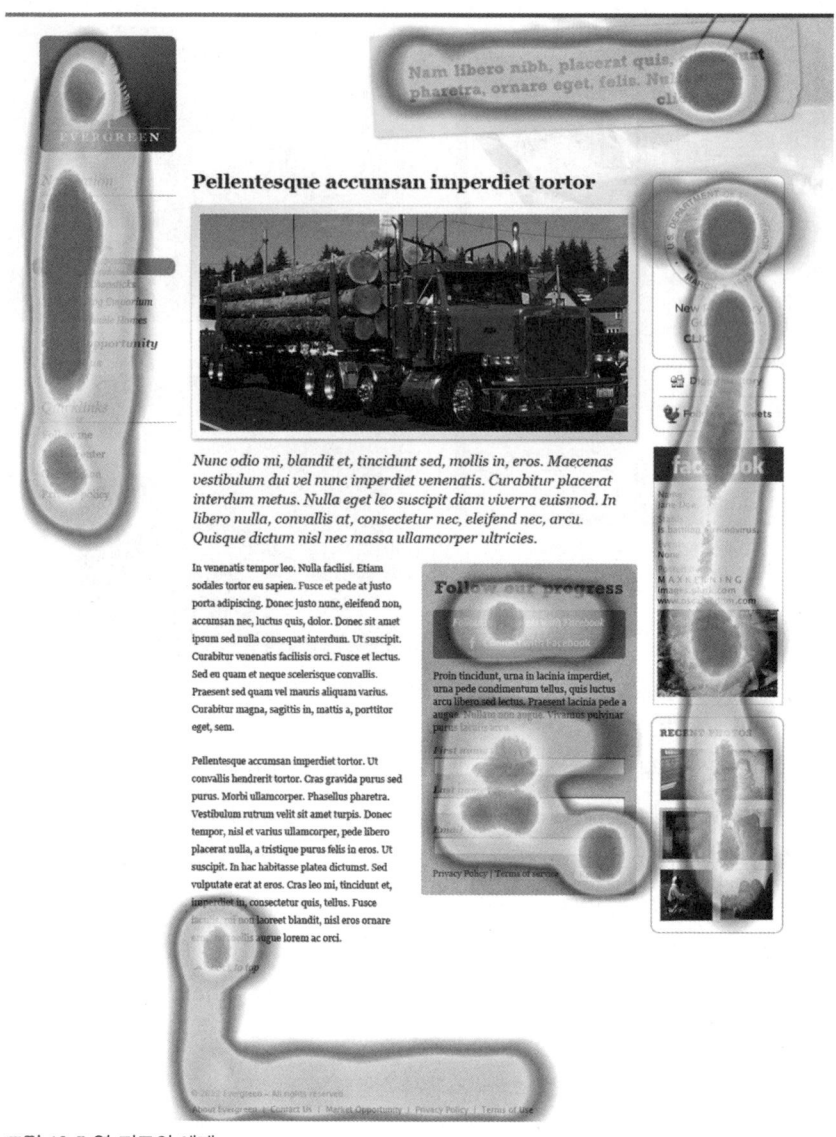

그림 10.5 열 지도의 예제

너무 많은 고객들이 '체험하기' 버튼보다 '데모' 버튼에 집중되어 있다면 아마도 크기나 위치를 변경해야 할 것이다. 열 지도는 페이지에 가장 높은 트래픽 위치를 나타낸다. 그 곳에 가장 중요한 제품 기능이나 제공이 위치할 수 있어야 한다. 열 지도에서는 아무것도 연결 되지 않은 문구나 그래픽을 방문자가 클릭하는 것 또한 표시될 수 있다.

아이 트래킹

아이 트래킹은 열 지도 기술을 다른 방식으로 사용한다. 사람들이 한 웹 사이트를 방문할 때 그들이 첫 번째, 두 번째, 세 번째로 보는 곳이 어디인가를 추적한다.

그림 10.6 아이 트래킹 예제

Z 패턴은 미국인들이 가장 일반적인 방법으로, 웹 페이지를 왼쪽에서 오른쪽, 위쪽에 시작하여, 대각선 아래쪽으로 페이지를 살펴본다. 눈은 놀라운 속도로 왼쪽에서 오른쪽으로 훑어보며, 사용자가 관심사를 찾는 데 불과 몇 초 안에 한 페이지를 살펴보는 것으로 알려져 있다. 중요한 내용과 권유하는 정보를 사용자를 끌어들이도록 자주 방문하는 사이트에 올려두는 것이 후에 좋은 결과로 돌아온다(다른 언어로 되어 있는 웹 페이지는 살펴보는 방법이 다를 수 있다는 점을 명심하자).

카피 문구 테스트

카피 문구는 열 지도나 A/B 테스트처럼 사용되는 도구는 아니지만, 이러한 도구와 다른 도구를 이용해서 카피 문구를 테스트하는 것은 '카피 문구 버퍼'라는 아주 중요한 도구로 활용된다. "헤드라인은 가장 좋은 헤드라인이 아니다"라는 명언처럼, 항상 더 좋은 카피 문구를 판매하거나, 카피 문구를 제안할 수도 있으며, 상품이나 특정 기능에 대해 고객들을 흥분시키거나 구매 사유를 향상시킬 수 있다. 카피 문구 테스트는 웹 사이트, 특정 그룹, 웹 설문을 통해서 실행될 수 있다. 큰 사이트의 경우는 대체 가능한 여러 사이트를 만들어서 여러 카피 문구 버전에 대해 A/B 테스트를 실행하기도 한다. 이러한 방법은 아주 강력한 최적화 도구가 된다.

> 방문객은 제목과 강조된 단어나 요점 정리된 목록에 집중하지만 글로 쓴 내용은 대충 살펴본다.

문장을 세련되게 다듬고 수많은 사람들이 카피 문구를 편집하였더라도, 소수의 방문객들만 읽어보거나 단어 몇 개 조차도 읽어보지 않는다. 웹 사이트 사용성 전문가인 제이콥 닐슨은 "대부분의 방문객은 제목과 강조된 단어나 요점 정리된 목록에 집중하지만 글로 쓴 내용은 대충 살펴본다고 말한다"라고 알려져 있다.[2]

닐슨은 가장 효율적인 디자인 요소는 단순한 텍스트, 얼굴, 가슴골과 다른 몸 부위라고 정리하였다. 다음 웹/모바일 채널 부분에서는 온라인 도구벨트를 매고 '고객 모집' 활동을 최적화하고자 '일터'로 나가야 할 것이다.

---

[2] 제이콥 닐슨: 소프트웨어와 웹 사이트 디자인 사용성에 대한 전문가로, 저서로 『제이콥 닐슨이 공개하는 웹 사용성 중심의 웹 사이트 제작론』(아이티 씨, 2007)과 『성공적인 홈페이지 유저빌러티 가이드』(안그라픽스, 2002)가 있다. – 옮긴이

[물리적] 현장으로 나가라, 판매를 테스트하라

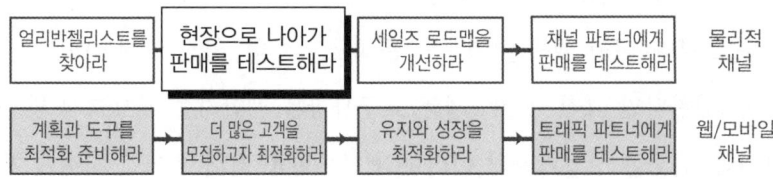

현장에서 시험 판매를 통해 실제 주문과 총 매매가에 대한 가설을 증명할 때까지 창업가는 가족에게 이별인사를 하고, 큰 서류 가방과 비행기 티켓 한 다발을 구매하도록 하자. 이제는 더 많은 얼리반젤리스트들과 직접 얼굴을 맞대고 선주문을 시도해야 하는 시간이다.

시험 판매

누구나 주문을 받기 위해 큰 할인 혜택을 주거나 공짜로 제품을 제공할 수 있다. 그러나 진정한 구매 의도는 테스트되지 않는다. 얼리반젤리스트는 경쟁자나 부러워하는 이웃이든, 누구보다 신규 제품을 먼저 가질 수 있는 장점을 알고 있다. 얼리반젤리스트는 말 그대로 남보다 먼저 제품을 가지려고 모든 수단을 동원하려 한다. 그들은 자신들이 갖고 있는 '심각한 고통'을 고치거나 경쟁우위를 확보하기 위해서 이 제품이 필요한 것이다. 그들은 시간이 지날수록 제품을 발전시키는 데 도움을 줄 것이다. 고객의 열정은 판매가에 흡사한 가격으로 제품을 구매하였을 때 명확히 테스트된다. 이러한 제품 판매를 '초기 구매 프로그램'이라고 이름을 붙이고, 고객들이 서로 들어오기 위해 싸우게 만들어야 한다. 별로 반응이 없는가? 그렇다면 이 제품이 고객들에게 얼마나 중요한지에 대한 값비싼 의견을 받은 것이다.

> ❖ 누구나 주문을 받기 위해 큰 할인 혜택을 주거나 공짜로 제품을 제공할 수 있다.

얼리반젤리스트에게 연락할 때는 두 가지 위험이 존재한다. 하나는 맞춤형 제작에 대한 요청이다. 진보적인 고객들은 표준 제품에 독특한 확대나 변경에 대해 주문할 수도 있다. 어떤 때는 이런 주문은 희소식이다. 일정 고객들이 같은 '맞춤형' 기능을 원한다면 그건 '실제' 제품 요구사항을 제안하는 것으로서 맞춤형 주문이 아니다. 진정한 창업가라면 이러한 제안사항을 정해서 어떤 시점에 제품 기능으로 녹여 넣는가를 판단할 줄 알아야 한다. 이런 맥락에서 위험과 도전은 회사에게 경제적으로 불리한 사업인 맞춤형 제품 사업으로 본의 아니게 빠져 들어가는 것이다.

또 다른 얼리반젤리스트의 위험은 '독점'이나 '가장 선호하는 국가'에 대한 규정을 요구하는 것이다. 고객 관점에서 이것은 합리적이고 이상적인 요청이다. 얼리반젤리스트는 "제품의 리스크를 우리가 지기 때문에 경쟁 우위를 가져가기 위해서 우리만 제품을 팔 수 있는 독점권을 해달라." 또는 첫 고객으로서 "평생 제일 좋은 가격으로 해달라."고 요구하는데, 이 부분을 아주 신중하게 다뤄야 한다. 일반적으로 이런 요구는 스타트업 생태계에 대해 무지한 대기업 임원들에게서 종종 볼 수 있다. 다른 고객들에게 판매할 수 있는 권리를 포기하지 마라. 안 그러면 당신 회사는 독점을 원하는 첫 거래 회사의 팔다리 역할을 하는 개발팀으로 전락하고 말 것이다.

영업 프로세스

창업가는 '프로세스'를 싫어하겠지만 B2B 영업에서는 몇 가지 기본 단계는 매우 중요하다. 기업용 소프트웨어를 예로 살펴보자.

1. **기초 리서치를 시작한다** 연락하려는 대상 회사나 사람에 대해 파악한다. 시장조사 자료나 온라인 리서치 자료를 통해 기초 자료를 수집한다. 최소한으로 회사 조직도를 그릴 줄 알아야 하며, 첫 세일즈 발표를 하기 전에 재정 상황과 최신 정보를 미리 파악해야 한다.

2. **첫 미팅을 한다** 회사의 문제, 요구, 사업 목표, 스타트업 제품과 그들의 문제점의 합이 맞을 수 있는 가능성에 대해 첫 미팅을 통해 알아내야 한다. 고객 사에게 우리 제품이 얼마나 중요할지를 파악해보고 제품을 고객 사에 어떻게 납품할 수 있을지에 대한 방안을 찾아야 한다.

3. **어디로 진입할지 파악한다** 최대한 신속하게 하지만 너무 빠르지 않도록, 최고 경영진과 접촉해야 한다. 1대 1로 중간급 관리자 한 명이나 여러 명과 미팅한 후, 고위급 임원을 만나도록 한다.

4. **전과 후를 상상한다** 현재 고객 사가 문제를 어떻게 해결하고 있는지와 스타트업 제품이 고객 문제에 더 향상된 해결 방법을 제시할 수 있는지를 이해하도록 한다. 스타트업의 수익률, 고객 사의 제품 적응력과 사용성, 고객 사의 시간과 돈이 얼마나 절약되는지에 대해 결정하도록 한다.

5. **발표자료를 교정한다** 위에서 배운 내용을 기반으로 최대한 빨리 자료를 수정한다.

6. **구매 행동 계획을 만든다** 소비자와 순차적인 단계를 논의하여 스텝마다 일정을 정하고, 런칭 일자에 대해 얘기하면서 꼭 사야 되게끔 소비자에게 제품 구매와 사용을 상상하게 한다.

7. **기회마다 고위 관리자들과 친분을 쌓는다** 회사의 수석 팀을 소개해주고, 저녁 식사를 함께 한다. 사업을 승인하거나 취하할 수 있는 고위 임원들과 친분을 쌓도록 한다.

8. **고객에 맞춰진 제안서를 제공하고 서명을 받는다** ('축하' 인사 외에) 더 말할 필요가 있을까? 수표를 정산한 후에도 지속적인 관심과 사후관리를 보여야 한다.

판매 결과를 수집하고 기록하라

현장에서 시험 판매를 진행하면서 판매 전화 담당자가 누구이던, 장소가 스타벅스, 사무실, 컨퍼런스 룸에서 이뤄지든지 아무 관련없이 지속적으로 결과를 수집하고 분석한다. 여러 명이 현장에서 판매를 한다면 전화통화를 할 때마다 고객의

견과 핵심적 사실을 수집하겠다고 사전에 동의를 요청한다. 또한 "얼마나 많이 사용하시겠습니까?", "얼마나 많은 사람들이 사용합니까?" 또는 "이 제품이 잘 작동한다면, 나는 추천해주겠다", "정말로 제품 X보다 이 제품이 더 좋다"같은 객관적인 질문들에 주관적 의견을 포함한다. 고객 발굴에서 작성했던 것과 유사한 지속적인 세일즈-콜 카드$^{Sales-Call\ Card}$를 만들어서 지속적으로 답변을 기록한다. 모든 카드에는 네 개의 동일한 '구매' 질문에 답을 얻는 것으로 마무리되어야 한다.

- 구매 주문이 완료되거나 진행 중인가?
- 고객이 구매할 대당 수량(현금)은 몇 개인가?
- 구매 서명을 받아내는 데 무엇이 필요한가?
- 구매 서명은 언제쯤 이뤄지는가?

제일 좋은 결과를 얻으려면 회의 후에 아직 내용이 생생히 기억날 때, 곧 바로 '주차장'에서 노트에 상세히 기록한다. 후속 기회, 작업 항목, 회사 앞에서 만나야 할 사람들이나 사람들로부터 언급된 예상 고객들을 찾아낸다. 경쟁사 제품이 거론되었다면 정리한다. 그리고 다음 시험 판매 장소로 이동한다. 세부 내용과 다음 단계에 대한 확답으로서 감사 메일을 보내는 것을 명심하라.

주문신청 외의 답변은 거의 구매자를 잡아 놓지 못하지만, 잠재적 제품 판매 가능성 감각을 익히도록 한다. 얼마나 많은 수익이 언제 있을 것인가?에 대한 '현실적 추측'은 '수정된 판매 예측의 확률'로 집계된 숫자로 만들 수 있다. 고객 검증 단계에서는 여러 번의 초기 방문으로는 단타성 주문을 획득하지 못한다. 그렇다고 해서 고객과 미팅이 중요하지 않은 것은 아니다. 최초 목표는 고객의 의견을 받는 것이지 판매가 아님을 명심하라.

의심의 여지도 없이 모든 사람들은 (사내 보드 멤버들조차도) 판매 예측에 집중할 것이다. 가치 제안, 경쟁 분석, 가격 정책에 대해 좀 더 파악하고, 가장 중요한 것은 영업을 누구에게 연락해야 하며, 어떤 순서로 해야 판매할 수 있는지 확실히 파헤쳐야 한다.

> ❖ 고객의 승낙을 이해하는 것보다 거절 사유를 이해하는 것이 더 중요하다. 어느 시점에서 거절하는지 알아야 한다.

가장 가치 있는 고객 의견을 자주 받을 수 있도록 스프레드시트에 공간을 많이 만들어 두고 데이터 요약 자료를 만들어 둔다. 고객 사이즈나 잠재적 사이즈를 기반으로 고객 의견과 우선순위의 무게를 가늠한다. 판매 전화의 성공/실패 통계치를 가장 가까이 주시한다. 이번 단계에서는 고객의 거절 사유를 이해하는 것이 승낙 사유를 이해하는 것보다 중요하다. 어느 시점(소개, 제품 발표, 조직적 문제, 외주 개발 문제, 기술적 문제, 가격)에서 거절되었는지를 알아내야 세일즈 로드맵을 수정하는 데 도움이 된다.

전환

낙관적인 시작이 될 수 있지만, 대부분은 첫 번째 판매를 추진해서 아무런 소득이 없거나 기대보다 적을 것이다. 여기에는 일반적으로 두 가지 근본 원인이 있다.

- 얼리반젤리스트를 발견하지 못하고, 현재 고객층에서 탐색을 지속해야 하거나 포기하고 다른 고객을 탐색하는 경우다.
- 비즈니스 모델의 제품, 특징, 혜택, 가격, 문제, 파트너, 몇 개의 다른 부분이 설득력이 없는 경우다.

어떤 이유에서든, 예상한대로 결과가 나오지 않은 이유에 대해서는 그만 생각한다. 시험 판매 노력은 아직까지 연습과 학습의 과정이다. 이 순간 비즈니스 모델 캔버스로 돌아가 고객 발굴에서 모집된 가설들을 검토해야 한다. 지금 초기 주문을 못했다면 명백히 몇 가지가 잘못되었다. 고객층을 잘못 선택했는가? 선택한 고객층과 가치 제안이 서로 안 맞았는가? 수익 모델은 예산에 맞지 않았는가? 비즈니스 모델 캔버스는 무엇이 잘못됐는지와 무엇을 바꾸고 테스트해야 하는지에 대해 진단하는 방법을 시각적으로 보여준다.

검증에 필요한 주문 수

창업가의 첫 번째 질문 중 하나가 "비즈니스 모델의 검증을 위해 얼마나 많은 주문이 필요한가?"라고 한다면, 답은 일곱이라고 바로 말하고 싶다. 하지만 실제로는 훨씬 더 복잡하고 어려운 일이다.

> ✥ 이사회 위원들과 여러분은 하나의 숫자에 동의해야 한다.

백만 달러짜리 기업용 소프트웨어 패키지를 판매할 때 같은 고객 세그먼트로부터 3회에서 5회의 반복적인 판매가 나왔다면, 전문적인 영업 조직을 갖출 때가 온 것이라고 생각하면 된다. 그러나 소비자 소매 채널을 통해서 부엌 용품이나 가전제품을 판매하려고 한다면, 채널에서 재주문이 발생하기 전까지는 제대로 하고 있는지 알 수 없다. 명확하게 맞는 마법의 숫자가 있는 것은 아니다. 하지만 이사회 고문과 여러분은 하나의 숫자에 동의해야 한다. 확장과 현금 지출 속도의 기준 사항에 대한 결정에 대해 여러분과 투자자들은 항상 같은 선상에 있어야 한다.

[웹/모바일] 현장으로 나가라: 더 많은 고객 모집을 위한 최적화

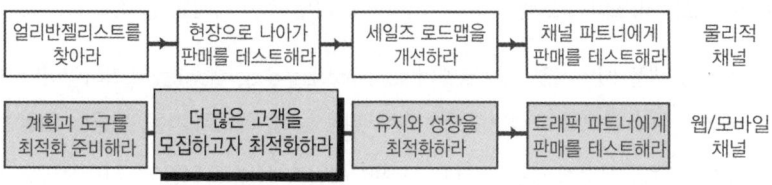

→ 이전 단계에서는 웹/모바일의 성능 최적화의 기본을 익혔다. 그리고 최적화하는 방법과 최적화 전략을 구사하는데 필요한 도구와 기술을 대한 기초 훈련을 받았다. 이 장에서 배울 기술은 고객 모집 퍼널의 내부로 끌어들이는 방법을 배운다. 고객이 유입되는 고객 모집 퍼널은 '모집, 유지, 성장'의 단계인 고객 모집과 활성화 부분에 해당된다.

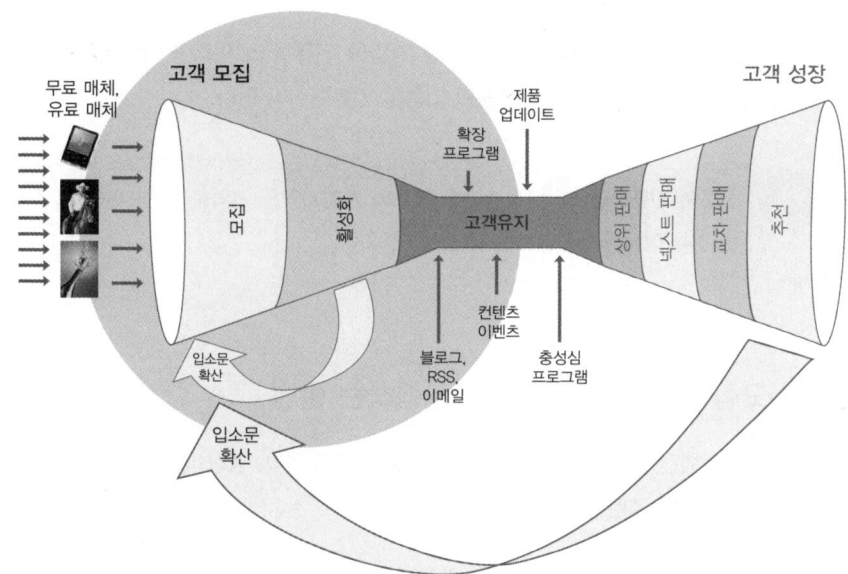

그림 10.7 웹/모바일 채널에서의 고객 모집 퍼널 부분

어떤 웹 사이트는 98%의 '확보된' 방문자들이 절대로 다시 돌아오지 않는다. 이 얘기는 아주 많은 돈을 고객 모집에 투입해도 '확보된' 2%의 잠재 고객만이 진정한 고객이나 사용자가 되는 기회라고 말할 수 있다. 이러한 통계 지표가 활성화 노력의 최적화 필요에 대해 경각심을 심어주지 못한다면, 누구도 도움을 줄 수 없다!

> ❖ 방문자 중 98%는 절대로 다시 돌아오지 않는다.

고객 모집 노력의 최적화 방법

최적화 목표는 비즈니스 모델에 따라 다양하다. 예를 들면 다음과 같다.

- **가입형 제품** 서비스형 소프트웨어(software as a service)는 프리미엄이나 저가 체험판 형태 등으로 고객이 동의하도록 제품 탐색, 일시적 사용, 활용을 권장한다.
- **비싼 제품과 서비스** 모든 고객을 적절한 세일즈 채널로 이끌고, 지속적으로 참여 하도록 확실하게 만들어야 한다.
- **저렴한 어플이나 게임** 최대한 빨리 적절한 고객에게 판매를 시도해야 한다.
- **소셜네트워크** 네트워크와 함께 참여하게끔 첫 방문객들을 잡아야 한다. 고객이 낚이도록 몇 가지 이벤트에 참여하게 해서 다른 친구들을 초대하도록 만든다.
- **다면 시장** 비즈니스는 웹을 자주 방문하고 장시간 활용하여 친구들을 데려올 수 있는 사용자들을 끌어들여야 한다.
- **마켓플레이스(Etsy eBay)** 판매자들의 가입을 권유하고, 여러 판매 물품 목록을 올려서 웹 사이트에서 초기 성공의 기쁨을 만들어줘야 한다.

 신중히 진행하라: 이것은 간단한 개요와 지침서임을 기억하라. 한 번에 모든 것을 이해하고 진행하는 것은 불가능하다.

고객 모집 최적화 프로세스를 실행하는 방법

현재까지 진행했던 '고객 모집' 프로그램의 결과를 검토한다. 항상 데이터를 보면서 프로그램에 대해 다음 질문을 던져라.

1. **무엇이 가장 중요한가?** 확장하기 가장 쉽다고 생각한다면 무료 '고객 모집' 프로그램을 돌려야 한다. 가장 효과적인 프로그램부터 활성화시킨다. SEO나 블로거로 고객들이 모집된다면 해당 부분부터 최적화 노력을 시작한다.
2. **무엇이 가장 실망스러운가?** '고객 모집' 프로그램을 시작할 때 애드워즈 캠페인, 친구 추천, 자연 검색, 도시 상공 비행 소형 비행선이 돌아다니는 것처럼 특정 프로그램을 크게 기대했었다. 통과/실패 테스트는 결과를 개선하기 위해 설계한다.

3. 최고의 고객인가? 예를 들어 이메일 캠페인으로 빠른 구매, 추가적인 판매, 높은 재방문, 장시간 머무르는 고객을 확보한다면 창업가는 당연히 이런 고객들을 더 원한다. 프로그램을 최적화시키기 위한 우선순위로 계획하라.

4. 초기 고객에게 높은 생애주기가치를 제공하는가? 이러한 고객을 확보하고 찾아야 한다. 특정 고객에 대해 높은 생애주기가치 요소들을 식별해야 한다. 예를 들면 방문횟수, 구매횟수, 포스트횟수, 지인 추천수와 같은 것들이 있다. 그러한 요소들의 발생지, 인구통계 자료, 다른 공통분모가 무엇인지 역추적하여 찾아내야 한다. 이후에 유사 고객들을 찾아다니게 한다. 소수의 고객과 그들을 관찰할 시간이 별로 없는 이러한 시기가 초창기 회사에게는 가장 힘들다.

> ❖ 제안, 인센티브, 거래, 할인 등으로 광범위하게 테스트해야 한다.

최종적으로 제안, 인센티브, 거래 및 할인 등으로 광범위하게 테스트해야 한다. 대안책은 많더라도 몇 가지 시도할 것을 소개한다. 구매 시 할인을 제공하기보다 선물을 증정한다. 아니면 '자정까지' 또는 '이 주의 스페셜' 같이 시간 제한을 고려해보자. '등록한 첫 500명에게'로 한정된 인원에게 주는 방법도 만들어보자.

매일 상위 10개나 12개 성능 지표를 항상 검토하고, 초기에 데이터 책임자를 고용하고 이끌도록 해야 한다. 이건 12개의 지표이지, '고객 모집' 프로그램 결과 수십 개가 아니다. 종종 실망할 각오를 해야 한다. 하지만 결과가 좋던 안 좋던, 항상 리뷰를 보면서 '어떻게 발전시키지?'라는 질문으로 마무리해야 한다.

경험이 적은 웹 마케터를 위한 내용

실무 경험이 많은 웹/모바일 마케터가 아니고, 중요한 프로그램과 실망스러운 것이 구분이 안 된다면, 다음과 같은 방법을 한 번 시도해보자. 맨 처음 시도할 것은 활성화 지표가 가장 중요하기에 증가하고 있는 활성화 숫자에 초점을 맞춘다(소수나 십 여명의 방문객만 확보했다면 사업 전환에 대해 얘기해보는 것도 한 가지 방법이다).

하나의 거대한 고객 집단을 발견한 후, 고객을 확보할 수 있는 방법을 구상한다. 더 많은 소비, 향상된 창의적인 다른 제안, 잦은 제안 등이 어떻게 결과를 향상시켜줄 수 있는가? 각 요소들을 테스트해야 하며, 한 번에 한 개씩 테스트를 진행하고 적어도 한 번 이상 테스트를 반복한다.

너무 많은 프로그램을 한꺼번에 최적화하지 않도록 명심한다. 그렇지 않으면 애매한 결과를 만들 것이다. 어떤 부분이 맞았고 어떤 부분이 틀렸는지 알 방법이 없다. '고객 모집'이라는 뜻은 고객 모집과 고객 활성화 프로그램이 같이 작동을 하고 있다는 의미다. 고객을 '확보'하려면 이 두 프로그램이 꼭 필요하다. 단순히 웹 사이트/어플을 와서 보는 사람뿐만 아니라 구매와 활용하는 고객까지 포함하는 것이다.

일반적인 최적화 기회와 문제

이 책에서 고객을 최적화하기 위한 가능한 모든 방법을 열거한다면, 절대 들고 다닐 수 없을 정도로 두꺼워질 것이다. 여기서는 균형과 최적화가 도움이 되는 가장 일반적인 문제점에 대해 언급할 것이다. 웹 사이트 유입하기 위해 클릭 수를 올리는 것과 클릭 수 당 효율성을 높이는 데 최적화가 어떤 도움이 될 수 있을지 알아보자. 많은 창업가들로부터 종종 이러한 질문을 받기 때문에 자주 듣는 질문들을 기반으로 최적화 접근법을 정리하였다.

문제: 웹 사이트에 아무도 오지 않는다

미국 중앙정보국(CIA)가 아닌 이상, 아직까지는 제품이나 서비스를 더 많은 사람에게 알리거나 더 많은 방문자를 유도하기를 꺼리는 웹 비즈니스를 본 적이 없다. 방문자는 모든 웹/모바일 사업의 생명의 피와 같은 존재다.

진단: 망하기 일보직전이다. 온라인에는 수 천만 개의 웹 사이트가 있으며, 하나의 법칙은 사이트가 존재한다고 해서 트래픽이 생성되지 않는다.

> ❖ 망하기 일보직전이다. 424페이지 이전부터 설명된 모든 도구를 사용한다.

해결 방법은 다음과 같다.

1. 웹/모바일 '고객 모집' 처음으로 돌아간다(188페이지). 다시 읽고 시작하라.
2. 더 많은 이메일, 사람들과의 트윗, 지인들을 초대하도록 친구들에게 부탁하고, 재미있는 유투브 동영상을 만들고, 입소문을 전파한다.
3. 사람들이 자연스럽게 찾을 수 있도록 URL 명칭 변경을 고려한다(연애에 대한 사이트라면 socialdatinginc.com보다 instantlove.com이 낫다).

4. 가장 똑똑한 인재를 고용해서 빠르게 시멘틱 검색이 될 수 있도록 사이트를 최적화한다.

5. 매우 황당한 홍보를 한다. 큰 이벤트를 열거나, 프로모션을 열고, 거리에서 전단지를 돌리고 큰 소리로 홍보를 해보든지, 아님 머리에 불을 붙이든지 등 빠르게 뭐든 해야 한다.

사용 도구: 이번부터 설명된 모든 도구를 사용하고, 그 다음에 온라인과 수십 가지의 도구들을 찾아보자. www.steveblank.com에 자세히 정리된 목록을 기반으로 시작하자(424페이지 참고).

문제: 웹 사이트나 앱에 방문은 하지만 계속 남아 있지 않는다

이 같은 일반적인 문제는 최적화할 수 있는 여지가 많이 있다.

진단: 가장 현실적 문제: 가치 제안과 제품 포지션이 서로 잘 맞지 않는다. 그렇다면 다른 포지션 버전들을 테스트해야 한다. 활용하고 있는 고객 모집 전략을 살펴보고 생산성 기반으로 순위를 정해야 한다. 여기서 생산성이란 가장 적은 돈이나 노력으로 가장 많이 모집하는 것을 말한다. 성능이 제일 나쁜 것부터 시작하여 대안을 테스트한다.

해결 방법은 다음과 같다.

1. 이메일, 배너 광고, 2차 세계 대전의 비행기에서 뿌리는 광고 '삐라'라도, 고객에 전달하는 메시지부터 변경하도록 한다.

2. 예를 들어 애드워즈를 사용하고 있다면 모든 프로그램을 중단하고 새로 시작해야 한다. 클릭당 지출을 높이고, 지역이나 키워드 클릭이 활발한 시간을 변경해본다. 또는 다른 애드워즈를 구매해서 대안 광고 문구를 테스트하는 확실한 실험을 해본다.

3. 고객의 행동 결정에 대한 대안을 테스트한다. 사이트 방문을 기념으로 체험판이나 상품을 공짜로 제공해보라. 지속적인 최적화 프로세스를 계속해서 유지한다.

4. 제안을 바꿔본다. 연간 등록 방식을 제공한다면 월별이나 '첫 30일은 무료'로 변경하고 테스트해보자. 사람들이 웹 사이트를 방문해야 할 다양한 근거를 만든다.

5. 많은 고객과 면대면 인터뷰를 진행한다. 고객이 좋아하는 것이 무엇인지를 알아내야 하지만, 더 중요한 것은 그들이 무엇을 싫어하는지 알아내는 것이다.

6. 홈페이지는 여러 개의 행동 결정 요소들을 배치해둬야 한다('둘러보기', '지금 사용하시면 무료', '더 알아보기', '더 많은 정보 알아보기' 같은 것이다).

사용 도구: 카피 문구 테스트, A/B 테스트, 독특한 판매 제안, 홍보하는 제품 특징, 초기 제안 등 가치 제안 전달 방법을 다시 한 번 살펴보자.

문제: 사이트에 방문은 하지만 클릭은 하지 않는다, 즉 활성화가 없다

진단: 치명적인 문제는 무의미한 통계 자료로 가려져 있다. 팀은 매일 늘어나는 명 수와 페이지 뷰의 통계치를 보면서 서로 격려하고 축하한다. 이 숫자에 어떤 의미가 있는가? 사람들이 웹 사이트/어플을 방문해서 시험을 하거나 계정을 만들거나 결제를 하지 않고, 아무런 행동도 하지 않는다면 사업은 죽은 것이나 마찬가지다. 끝이다!

이것이 해당 사이트를 묘사한 것이라면 경고 벨을 울리고, 데이터 책임자와 마케팅 책임자가 무엇을 하고 어떻게 테스트할지 모른다면 똑똑한 프리랜서 컨설턴트를 고용할 시점이다. 최적화에 관한 책을 많이 구매하고, 집에 연락해서 당분간 들어가기 어렵다고 얘기해라. 사업은 안에서 곪아 터지게 될 위험이 매우 높다.

해결 방법: 모든 행동을 멈추고, 한 번에 많은 것을 테스트하지 않는다는 것을 명심한다. 활성화하진 않았지만 확보된 고객과 대화를 먼저 시작한다. 이런 고객 일부의 이메일을 가지고 있기를 바라며, 전화해서 시간이 되면 연락을 달라고 한다. 그냥 이메일을 하지 말자. 그런 후 무엇이 흥미가 없었는지와 매력적이지 않았는지를 알아내도록 한다(이렇기 때문에 고객 개발이라고 불리는 것이다).

다음 몇 가지 최적화 전략에 대한 구현을 시작한다.

1. 대부분의 사용자가 탈출한 페이지를 찾아라. 강력한 행동 유도 방법과 향상된 내비게이션을 빨리 테스트하라.
2. '자세한 정보는 여기를 클릭하세요', '가입하기', '공짜(XX)를 받으세요' 등 다양한 행동 결정 요소들을 테스트하라.
3. 열 지도를 연구해서 웹 페이지에서 사용자들이 어떤 것을 보고 있는지를 알아내고, 경로 근처로 행동 결정 요소들을 배치하라. 그런 후 최적화 전략을 적용해보자.
4. 행동 결정 크기를 키우거나 줄여서 여러 다른 유형을 테스트하라. 예를 들어 눈에 확 띄는 카피 문구, 큰 버튼, 깜빡이거나 번쩍이는 색깔로 된 '한 번 써보세요' 등이 있다.
5. 사용자와 소통하는 모든 통로에는 '노 스팸' 보증/약속이 보여야 한다.

6. 사용자들이 웹 사이트를 활용하는 모습을 관찰하는 사용성 테스트를 진행하라. 사용자는 어떤 질문을 하는가? 어떤 것을 클릭하거나 헷갈려 하는가? 나중에 웹 사이트, 제품, 제의사항이 마음에 들었는지 확실하게 물어본다.

7. 버튼 요소: 많은 사람이 크고 못생긴 버튼이나 작고 분홍색인 버튼을 클릭하는가? 버튼 모양이 둥글거나 사각형, 혹은 위치가 페이지 중간에 있거나 하단 좌측에 있는 것을 선호하는가?

8. 광고 카피: 지속적으로 새로운 카피 버전을 만들어서 테스트하라. 어떤 것이 더 호응도가 좋은가?

9. 그래픽: 다양한 제품 사진, 일러스트레이션, 활용 방법 이미지, 다른 여러 요소들을 테스트해서 어떤 것이 '고객 활성화'에 좋은 반응이 오는가?

사용 도구: 도구 상자 안에 든 모든 도구는 위기 상황에서 실력을 발휘한다. 모든 것을 A/B 테스트해라. 사용성 테스트와 면대면 고객 인터뷰에 자금을 활용하라. 사업은 확실히 망하기 일보 직전이기 때문에 히트 맵이던 마술이던, 찾을 수 있는 모든 것을 활용해야 한다.

문제: 일부 고객은 확보되지만 추천이 이뤄지지 않고 있다

진단: 이 부분은 '고객 모집' 문제이지만, '고객 성장" 문제로 생각할 수 있기에 11장에서 이 문제를 다룰 것이다. 그래도 논리적으로 따져보면 최초로 고객을 먼저 확보하고 활성화돼야 이들을 '성장'시킬 수 있다. 고객 성장을 위한 방법은 두 가지다. 먼저 확보된 고객에게 지출을 더 하도록 하거나, 지인들을 추천받는 것이다. 두 가지 방법에 대해서는 11장 웹/모바일에서 살펴보겠다.

문제: 사람들이 사용하고 있지만, 바라는 대로 움직이지 않는다

진단: 사이트로 유입율이 좋고, 방문자들이 클릭하거나 적어도 한 두 페이지를 보고 있다. 그러나 어느 누구도 가입하거나, 의견을 올리고, 게임을 플레이하거나, 사진을 추가해 비용 지출과 같은 행동들이 이루어지지 않는다.

해결 방법: 다시 한 번 거의 모든 작업에 대해 최적화 도구 상자를 사용할 필요가 있다.

1. 열 지도와 아이트래킹으로 실제로 웹 사이트에서 무엇을 하고 있는지를 알아낸다.
2. A/B 테스트로 행동 유도에 대한 테스트를 시작하라. 이미지를 다르게 만들거나 크게 만들어 본다. 데모나 애니메이션으로 고려한다. 명확하게 만들어 전달할 수

있도록 메시지를 단순화해라. A/B 테스트는 현재 웹 사이트 내에서 또는 직접 사람들과 만나 테스트해라.

3. 웹 사이트로 유입될 수 있는 다양한 방법을 개발해야 한다. 내비게이션을 크게 보여주고 적어도 몇 가지 더 많은 옵션을 제공하는 테스트를 해라('세부사항 알아보기', '무료 평가판'과 같은 방법을 제공한다).

4. 사용자가 가입, 의견 게시, 사진을 업로드하거나 사이트에서 구입이 가능하도록 쉽게 구현되어 있는가? 그렇지 않다면 당장 해결해라.

5. 앱, 문서 PDF, 사진을 다운로드할 때 사용자들이 실수를 많이 하는가? 그렇다면 광고 카피를 다시 만들거나 그래픽을 추가해보고, 진행 단계 설명을 단순화하거나 비디오를 활용해보자.

6. 사이트를 방문한지 5분 뒤에도 사용자들이 웹 사이트 제목이나 '강점'을 기억하고 있는가? 그렇지 않다면 대안을 만들고 테스트해라.

7. 사용자에게 안정감을 줄 수 있도록 회사가 지향하는 포지션과 약속, 긍정적인 추천이나 만족한 고객의 의견들이 웹 사이트에서 눈에 띄게 하라.

사용 도구: 전체 도구 상자를 활용한다. 열 지도, 아이트래킹, A/B 테스팅, 고객 인터뷰, 사용성 테스트, 요술 지팡이가 도움이 될 것이다.

[물리적] 현장으로 나가라: 세일즈 로드맵을 개선하라

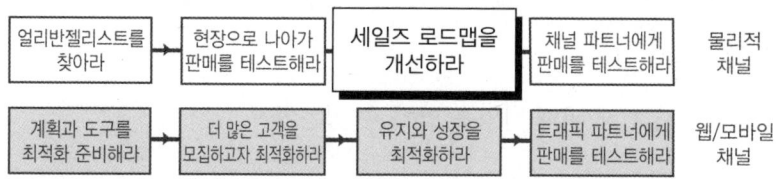

385페이지에서 세일즈 로드맵을 개발했다. 이 절에서는 세일즈 로드맵을 지속적으로 개선할 예정이다. 팀이 회사로부터 같은 길을 따라가기 시작하면서 세일즈 결과가 반복적으로 나타나기 시작할 때 세일즈 로드맵 가설이 현실로 나타난다.

회사와 소비자 조직

기업을 대상으로 영업 연락을 하는 스타트업에게 한 패턴이 나타난다. 회사는 수백개 종류의 조직도로 구성되어 있지 않고, 주로 '1. 제품 위주로 운영하는 부서별로 이뤄진 조직 2. 기능적인 구성(엔지니어링, 마케팅, 세일즈 등)으로 이뤄진 조직 3. 기능과 제품 위주로 매트릭스처럼 이뤄진 조직 4. 프렌차이즈 형태로 분산된 조직'처럼 4가지 유형으로 만들어져 있다. 이런 점을 활용하면 창업가는 반복 가능한 방법을 찾을 수 있고, 기업 대상 세일즈 로드맵을 수월하게 실행할 수 있을 것이다. 전화할 때 우선적으로 상대 기업이 어떤 형태의 조직 구성을 가지고 있는지 파악해라.

고객 대상 제품인 경우는 다른 접근 방법이 필요하다. 소비자는 사용자 모형, 인구통계, 사이코그래픽스, 그들이 '해결해주길 바라는 일'로 구성된다.[3] 신규 제품으로 20대 초반 대상을 공략할 때 다음과 같은 질문을 포함한다.

- 인구 통계에 대한 특정 고객층에 대한 접근이 필요한가? 집중해야 할 대상이 누구인가? 대학생? 부모님? 가족? 운동선수?

---

3 사이코그래픽스: 수요 조사 목적으로 소비자의 행동 양식·가치관 등을 심리학적으로 측정하는 기술 – 옮긴이

- 판매 과정에 여러 가족 구성원들의 합의가 필요하다면 논리적이거나 도움이 되는 순차적 단계가 어떤 것이 있는가? 단계마다 필요한 영업 스크립트는 무엇인가?
- 어떤 단계에서 전체 판매 과정을 망칠 수 있는가?

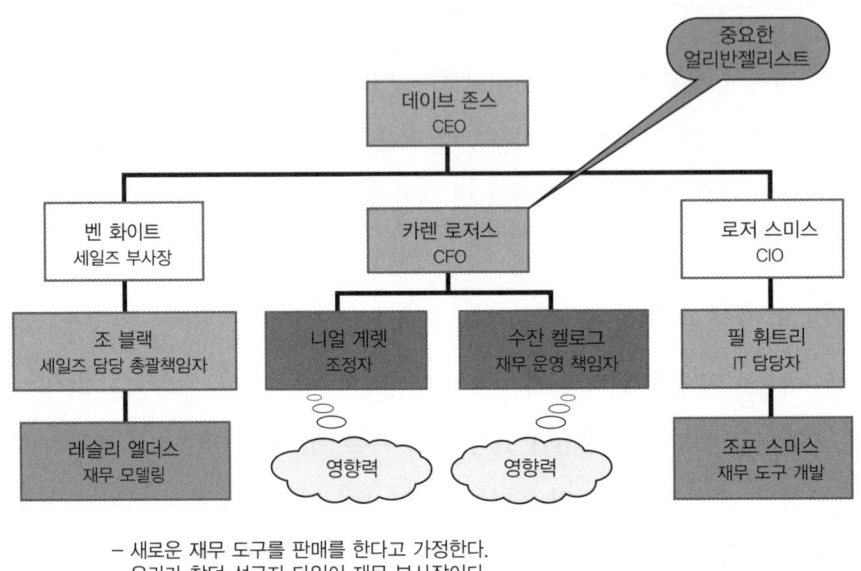

그림 10.8 기능적인 회사 구조에 대한 일반적인 영향 지도

조직도를 사용하여 영향지도를 만들어라

첫째, 회사 조직도의 사본을 얻는다. 회사 조직도를 얻을 수 없다면 다수의 말단 직원들과 대화를 통해 알아낸다. 그 다음 조직도에 회사 내에서 아군과 적군을 표시하고 찾을 수 있는 '영향지도'에 일치시킨다.

다음으로 조직도에서 제품이 해결하고자 하는 문제를 갖고 있는 얼리반젤리스트를 찾아낸다. 여러 번의 영업 연락으로 찾아낸 정보를 취합해서 누가 (세일즈 결정에) 영향력이 있는지, 추천을 하는지, 훼방꾼인지, 경제적 구매자인지를 판단한다 (3장을 살펴보자).

그림 10.8에서와 같이 이 회사는 기능 중심으로 구성되어 있다. CFO 카렌 로저스가 얼리반젤리스트다. 초기 버그투성이인 미완성된 기업용 재무 소프트웨어를 구매하는 것은 그녀가 결정한다. 카렌의 직속 라인인 니얼과 수잔은 그녀의 결정에 영향을 미칠 것이다. 카렌이 구매 전에 사내에 있는 두 명의 경쟁자를 이기거나 최소한 중화시켜야 한다. 영업 부서에 있는 재무 모델링과 IT 부서에 있는 도구 개발 담당자들이 그들이다. 추가적으로 그들의 상사인 CIO와 영업 부사장들도 카렌이 CEO로부터 구매 결정을 받아내기 전까지 고려해야 할 대상이다.

연락되는 모든 얼리반젤리스트의 영향지도를 만들고 일반적인 패턴을 찾아본다. 반복되는 패턴이 발견되면 판매가 쉽고 빠르게 이뤄질 것이다. 고객들이 직접 그들에게 어떻게 판매할 수 있을지 알려줄 것이다.

핵심 전략을 개선하라

388페이지에서 그림 10.9를 만들었고, 거래가 성공하려면 4개 그룹의 지원이 필요하다는 것을 배웠다. 우선순위로는 임원들로부터 지지를 받아내고 제품을 믿게끔 만드는 것이 최상위에 있었다(이 경우에는 예산을 가진 얼리반젤리스트 CFO다). 그러고 나면 그들의 열정을 활용해서 CIO의 지원을 얻어낸다. 최종 승인 단계에서 최종 사용자(CFO와 같이 일하는 담당자)로부터 지지를 얻어낸다. 이후 최종적으로 CIO 밑에서 일하는 IT 직원의 지원을 얻어낸다.

	실행	기술
(높음)	임원	CIO 또는 IT 부분 책임자
(낮음)	최종 사용자	IT 직원 또는 IT 부분 직원

그림 10.9 핵심 전략

접근 지도를 개선하라

가능성 있는 기업 계정의 권한을 어떻게 얻을 수 있는가? 누구에게 제일 먼저 연락해야 하는가? 가장 중요한 고위 임원에게 연락해야 하는가? 창업가의 순간적인 본능으로 판단할 때는 가장 중요하며 능력 안에서 찾을 수 있는 최고로 높은 임원과 연이 닿는 것일 것이다. 이때 C 레벨 고위 임원들과 여러 번의 미팅을 갖는 것이 일반적이지 않다는 것을 명심해야 한다. '제품 시장 일치'를 확신하기 전까지는 하위 직원을 대상으로 여러 번 연습하라.

다양한 회사를 대상으로 세일즈 연락을 했다면 스타트업 조직은 초반 관심과 문을 열어줄 수 있는 부서가 어딘지 알아냈을 것이다. 일단 내부 계정을 얻게 되면 회사의 요구를 요약하고, 세일즈 전략을 만들어 내고, 해결책을 제시해 해당 계정을 판매하도록 노력해야 한다. 그림 10.10은 접근 전략 지도 예시다.

관찰할 주요 패턴은 다음과 같다.

- 제일 빠른 판매가 되려면 잠재 고객 중 누구에게 제일 먼저 연락해야 하는가?
- 연락할 또 다른 잠재 고객이 누구인가? 어떤 순서로 연락해야 하는가?
- 판매에 필요한 승인은 누가 하며, 기간은 얼마나 걸리는가?
- 누가 긍정적이던 부정적이던 결정에 영향을 끼치며, 어떻게 그들에게 접근해야 하는가?

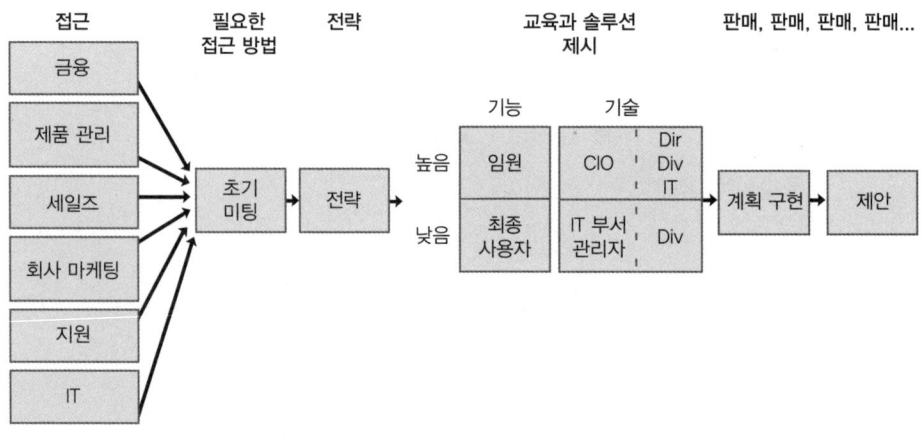

그림 10.10 접근 전략 지도에 대한 예

다음과 같은 다양한 질문의 답변에 대해 판매 전략 지도를 사용한다.

- 어떤 레벨에서 계정을 만들어야 하는가? 고위직 임원이거나 운영 스태프인가?
- 판매 승낙을 받기 위해서 조직도에 얼마나 많은 사람을 거쳐야 하는가?
- 고객 문제에 대해 부서별로 같은 인식을 갖고 있거나 관심도를 보이는가?
- 여러분과 협의하고 있는 레벨의 담당자가 얼마나 많은 구매력을 행사하고 있는가? 그들은 1,000달러짜리나 10,000달러에 대한 결정 권한을 갖고 있는가? 실 단위, 부서 단위, 고객 단위로 제품을 배포하려면 다른 결정권자의 허락이 필요한가?

누가 구매자인지, 영향을 미치는 자인지, 회사 내부 경쟁자인지, 판매가 이뤄지기 전에 짚고 넘어가야 하는 이슈에 대한 B2B 영업의 이해관계자들을 그려본다. 아래에 있는 조직 구성도와 영업 전략 지도 예를 확인하고 이러한 상황에 적합한 도구를 사용하라.

두 세 명의 영업 사원을 가진 회사가 아닌 20에서 30명의 영업팀을 구축한 회사라도 실행할 수 있도록 예측과 반복 가능한 패턴을 발견할 때까지, 영업 연락을 하면서 접근 전략 지도를 지속적으로 개선하라. 패턴이 보이게 되면 영업 전략도 보이게 될 것이다. 명확한 공통점이 발견되기 전까지 끝난 것이 아니다. 공통점이 하나도 발견되지 않았다면, 현장에 나가서 일련의 주문이나 패턴이 보일 때까지 더 많은 영업 연락을 시도해본다. 다음과 같은 '위험''한 패턴에 대해 주의해야 한다.

- 판매 전에 테스트나 데모를 요구하는 경우
- 공식 RFP, 입찰 프로세스, 신규 제품에 미치는 시간표를 요구하는 경우
- 구매 부서에 한하여 초기 제품 프레젠테이션을 할 것을 요구하는 회사
- 스타트업의 제품을 구매하기를 거절하는 회사(때로는 기업용 소프트웨어 경우)

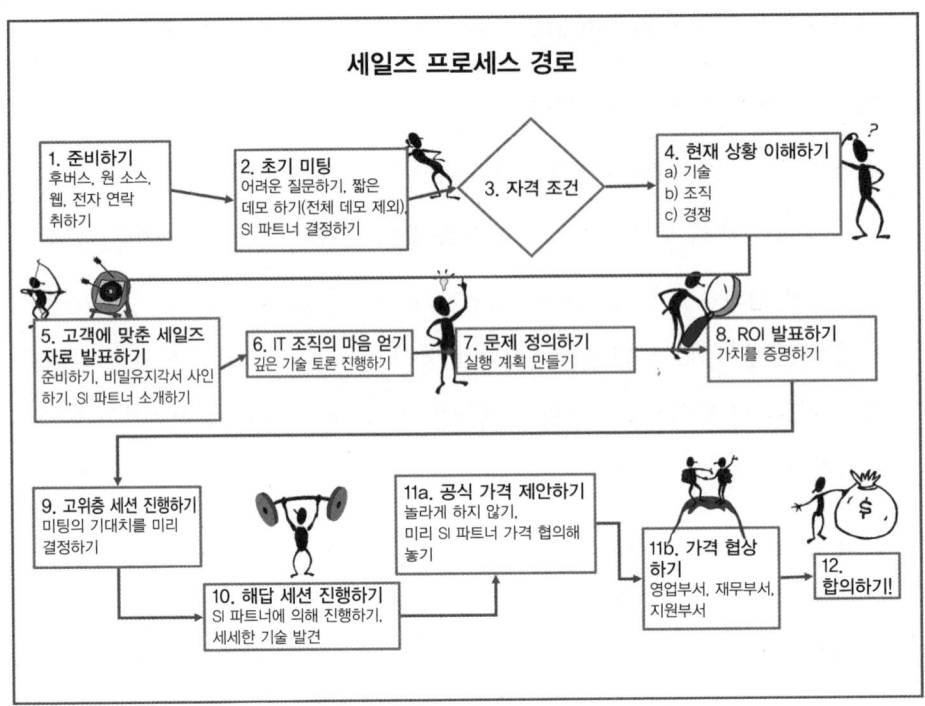

그림 10.11 세일즈 로드맵 예

세일즈 로드맵 개발

이번 연습의 궁극적인 목적은 세일즈 로드맵을 개발하는 것이다. 세일즈 로드맵은 영업 부사장에게 창업가가 직접 전달해줄 재구매가 가능한 방법이 자세하게 그려진 자료다. 또한 반복적이며 확장 가능한 세일즈 방법이 설명된 플레이북이다. 단계별 내용, 모든 발표 자료, 모든 이메일과 가격, 주문을 따면서 배운 모든 것이 담겨져 있고, 창업가는 세일즈 로드맵을 플로우 차트 형태로 만들고 각 단계를 문서화한다. 미래의 영업 부사장의 역량에 대한 테스트는 그들이 여러분이 준 자료를 무시하고 그들이 하던 방식인 그들의 명함첩으로 돌아가는지 아니면 자료를 활용하면서 개선해 나갈 수 있는지가 될 것이다.

대금이 지급될 때까지는 판매가 끝나지 않았다

세일즈 프로세스는 비전을 가진 고객들이 "최고다! 내가 사겠다"라고 얘기하고 끝나는 경우는 거의 없다. 특히 B2B 세일즈는 남편이나 아내의 동의가 반드시 필요로 하는 것처럼, 구매 결정을 한 시점부터 대금이 지불될 때까지 수많은 변수가 생길 수 있다. 판매가 완료되고 제품이 배달되었고 지불 시점 전까지 필요한 모든 단계를 인지하고 확인해야 한다.

예를 들어 다음과 같다.

- CEO와 CFO의 승인이 필요한가?
- 위원회나 조달부서의 승인이 필요한가?
- 부모의 영향력이 필요한가?
- 임대 또는 대출 요구사항이 예산 책정 주기 안에 포함되어 있는가?
- 반드시 회사는 승인된 업체여야 하는가?
- 다른 공급업체로부터 다른 시스템이나 구성요소가 있는가? 또는 재배선, 충분한 전기 공급, 공간 리노베이션 등 먼저 해결해야 할 내용이 있는가?

[웹/모바일] 현장으로 나가라: 유지와 성장 최적화

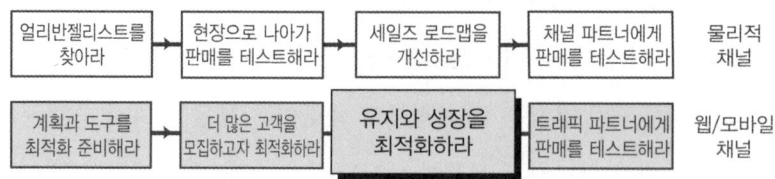

→ 일반 상식으로 새로운 고객 모집을 하는 것은 기존 고객을 지키고 성장하는 것보다 10배의 비용이 든다. 회사는 사용자나 고객을 확보하였으니, 이번 단계에서는 어떻게 고객을 유지하고 성장시킬 수 있는지 최적화 방법을 알아보겠다. 첫 최적화 단계에서는 최적화 도구 세트를 선택하였고 유지 및 성장 노력의 결과를 개선할 수 있도록 해당 도구를 배포하는 계획을 만들었다. 이제는 계획을 실행시킬 단계다. 이 과정은 절대 끝나지 않을 것이다.

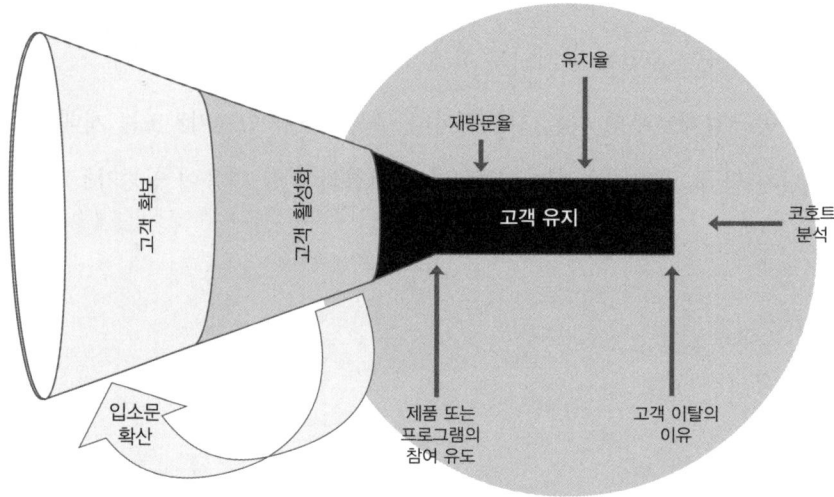

그림 10.12 웹/모바일 채널 내의 고객 유지 퍼널

 신중히 진행하라: 개요와 지침서임을 명심하라. 한 번에 모든 것을 구현하거나 진행시키는 것은 불가능하다.

고객 유지 프로그램 최적화 방안

고객 관계 가설에서 개발한 몇 가지의 기본 고객 유지와 고객 성장 프로그램을 실행한다. 예로는 로열티 프로그램, 고객 체크인 전화, 고객 만족도 조사, 제품 업데이트와 업그레이드, 고객 불만 모니터링이 있다. 아직 초기 단계이고 고객이 많지 않다는 것을 감안하고, 가능하다면 개별 프로그램들의 비용과 ROI를 모니터링하면서 점진적으로 수익이 되도록 해야 한다. 예를 들면 고객들이 '포인트' 프로그램에 비용을 더 지출하고 지속해서 사용하는가? 고객의 이탈을 방지하거나 고객을 유지하려면 최고의 제품들과 고객 서비스로 출발함을 명심하라. 고객 관계 가설은 고객 검증 기간에 지금 있는 프로그램 몇 가지를 어떻게 시험할 것인지에 대한 계획을 포함하고 있어야 한다.

가장 일반적인 고객 이탈 방지 프로그램에 대한 유의사항 몇 가지와 프로그램 결과를 최적화하는 방법에 대해 알아보자.

- **사용자 접선 프로그램** 이메일, 트위터, 전화로 제품 만족도에 대해 문의할 때 고객들이 어떤 반응을 보이는가? 아예 전화를 받지 않던지 이메일 답신을 하지 않는가? 반응이 없다면 이메일 대신 전화를 거는 것을 고려하거나, 긴급이나 야심찬 메일 제목을 넣어보는 방법도 테스트해볼 수 있다.

- 고객 반응 수가 아주 적다면, 활발한 고객 의견을 받기 위해 '저희에게 간단한 의견을 보내주는 것으로 한 달 서비스 무료'라는 인센티브를 추가해보라. 부정적인 고객 의견을 받았다면, 먼저 답신을 한 후 불평 고객을 포함한 모든 고객에게 주신 의견을 반영하여 개선하였다고 알려주도록 한다.

- **로열티 프로그램** 첫째로 고객들이 로열티 프로그램에 참여하고 있는가? 아니라면 충분히 야심차게 마케팅하고 있는가? "단지 가입하면 5000 보너스 포인트를 드립니다"라는 특별한 가입 제안에 대해 A/B 테스트를 진행하라. 고객이 가입하고 있다면, 다음 질문은 원하는 고객 행동이 프로그램으로 인해 자극이 되는가라는 부분이다. 예를 들면, 활발한 사이트 사용율이나 구매가 자주 일어나거나, 로열티 프로그램에 참여하고 있는 사용자들에게 최대한의 좋은 결과를 뽑기 위해 메시지, 인센티브, 프로모션도 A/B 테스트를 진행하라.

- **콘테스트와 이벤트** 사람들이 참여한다면 고객 유지에 도움이 될 수 있다. A/B 테스트와 홍보 문구 테스트를 실행하고, 프로모션 캠페인을 지속적으로 갱신하여 온라인 웹 사이트와 이메일로 전달한다. 이러한 변화가 더 많은 사람들의 참여를 이끌어 내는가? 그렇지 않다면 계속 실험한다. 시간이 지나면(최소 3주 이상이 될지 모르겠지만) 이런 프로모션과 콘테스트들이 여러분이 바라는 대로 행동 유

도가 되는지, 클릭 수가 높아지는지, 업로드/다운로드나 구매량이 높아지는지 계속 모니터링한다. 계속해서 새로운 옵션들을 A/B 테스트 해보자. 영원히!

- **정보 전달** 블로그, RSS 피드, 이메일, 연기 신호 등 어떤 방법을 사용하여 제품의 추가 기능, 노하우 팁, 도움되는 정보들을 고객들에게 전달하더라도 아무도 보지 않는다면 무용지물이다. 같은 메시지를 전달할 수 있는 헤드라인 제목과 제목 사이즈, 비디오, 만화, 도표 등 다양한 방법을 A/B 테스트한다. '게시물을 읽어 보는 것만으로도 보너스 포인트 지급'이라는 제안도 생각해본다. 고객 충성도에 대한 노력과 마찬가지로, 이러한 활동도 평생 해야 한다.

적어도 예상하기로 첫 1주일이나 10일 동안 모든 프로그램의 초기 결과를 확인할 수 있다. 실제로 장기적으로 최적화와 관심을 가지고 주시해야 된다. 결코 전체 프로그램을 돌아볼 수 없으며, 각 고객 유지 활동은 독립적으로 운영된다.

코호트 분석은 고객 유지 노력에 가이드 역할을 한다

코호트 분석은 지속적으로 고객을 유지하는 데 도움을 준다. 코호트는 공통된 고객 그룹을 말하며, 웹/모바일 채널에서 코호트의 핵심은 고객 활성화의 날을 주목한다. 왜 그런가? 기존 고객들은 세 달이나 네 달 후에 지쳐버릴 수도 있지만, 신규 고객인 경우에는 적어도 몇 달 동안은 지속될 것이다. 새로운 고객은 한 주에 10번씩 방문하고, 한 번 방문 시 20분 이상 체류하지만, 기존 고객들은 매번 10분 정도 한 주에 2번 정도 머무른다.

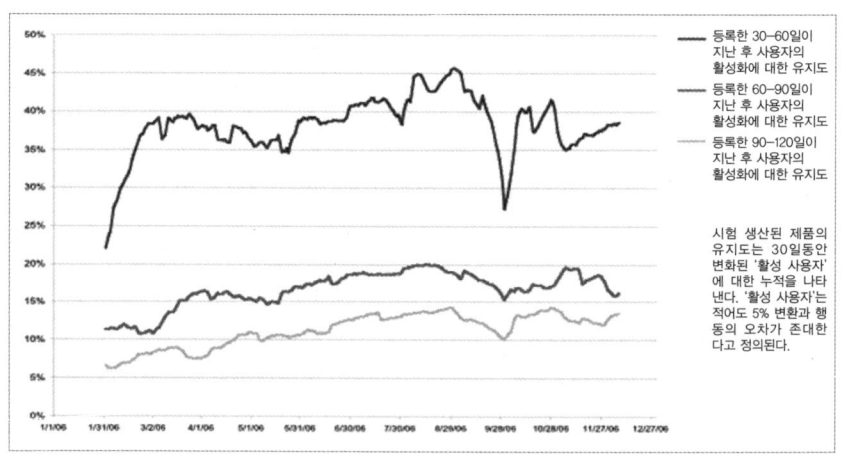

그림 10.13 세일즈 퍼널에 대한 코호트 분석

평균치로 고객 유지를 측정하는 것은 숫자에 속는 것이나 다름 없다. 매달 8% 정도 고객 이탈이 발생한다고 가정한다면, 유지율은 괜찮다라고 생각하게 된다. 하지만 이탈한 고객이 2달에서 5달 안에 사라질 해비유저이거나, 비용 지불자들 또는 둘 다인 경우라면, 이 회사는 명백한 문제가 발생한 것이다. 사용자 합계보다는 코호트 형태로 분석하는 것이 적신호를 발견하는 데 유리할 것이다.

또 다른 중요하게 다뤄야 하는 코호트는(적어도 수천명의 고객이 존재하는 경우) 유입 경로에 따른 사용자를 고려해야 한다. 구글로부터 유입된 고객이 빙 또는 야후로부터 유입된 고객보다 오랫동안 머무는가? 처음에 무료 시험판을 써본 사용자들이 첫 날부터 비용을 지불한 사용자보다 빨리 떠나는가? 각 코호트 분석은 고객 유지율을 향상시키는 전략을 만들어낸다.

고객 성장의 최적화

두 가지 고객 성장 방법이 있다. 더 많은 구매 고객을 모집하는 것과 다른 고객들의 추천으로 모집되는 것이다.

새로운 수익 성장을 위한 최적화 원칙은 3장(216페이지)에서 충분한 설명하였으며, 앞에 설명한 코호트 분석이 도움이 될 것이다.

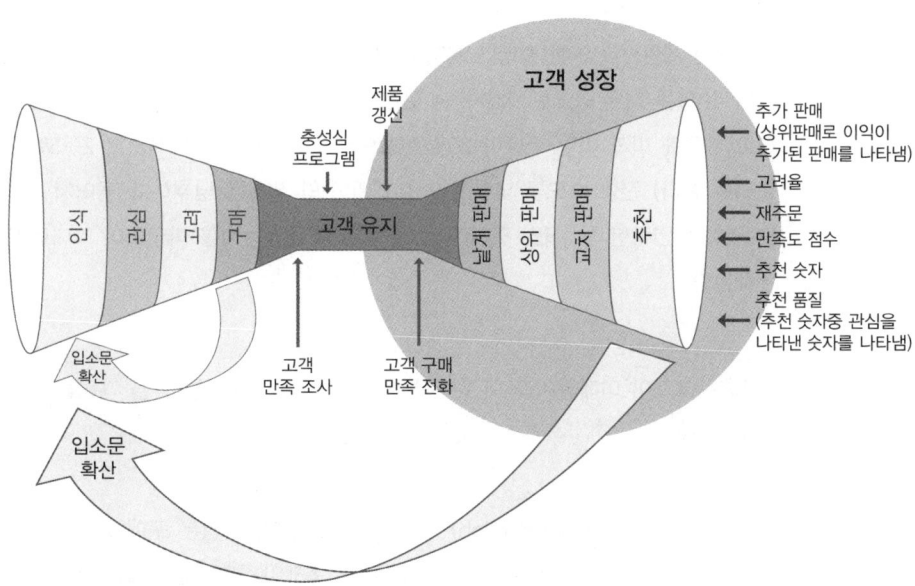

그림 10.14 웹/모바일 채널 내의 고객 성장을 위한 활성화 활동

더 많은 구매를 위한 고객 모집

여기에 수익과 고객 성장을 위한 최적화 핵심 지표가 있다.

- 초기 주문 후 모든 고객에게 평균적인 판매 수익의 증대를 가져온다. 같은 고객으로부터 15% 이상 더 많은 주문을 확보하지 못한다면, 더 열심히 노력해야 한다. 여러 다른 제안을 테스트해보고, 고객에게 후한 제안도 제시해보고, 제안을 할 수 있는 추가 장소를 확보하도록 한다.

- **고려율**(take rate) 고려율은 상위 판매나 대안 판매 제안에 대해(주문을 하거나) 고려중인 고객율을 말한다. 이것은 상위 판매가 얼마나 잘되고 있는지를 제시한다. 항상 달성할 수 없을 지라도 두 자릿수의 고려율을 목표로 하자. 여러 좋은 제안과 24시간 세일, 당일 세일과 같은 긴급하게 보이는 즉석 제안에 대해서도 A/B 테스트를 진행한다. 그리고 다른 혁신적인 장소, 미디어, 상위 판매를 할 수 있는 프로모션 아이디어를 발굴하도록 한다.

- **평균 구매 사이즈**(average order size) 물리적 채널에서 상용되고 있던 용어를 빌려서 '시장 바구니'라고도 불린다. 장기 구독, 상위 판매를 구매자들에게 '보너스' 상품, 및 상위 판매에 대한 폭탄 할인 같이 다양한 제안들로 A/B 테스트를 해서 주문 크기를 키운다. 이 고객을 확보하기 위해 충분히 큰 비용을 지불하였음을 기억하라. 점진적인 매출의 증대는 좀 더 작은 이윤에 대해 용인할 수 있게 한다.

- **부가적인 제안으로 인한 탈퇴나 계정 폐쇄 수** 고객에게 부담감을 주는지 빨리 파악할 수 있는 매우 중요한 '지켜봐야 할 숫자'다. 전반적인 탈퇴율을 확인한다. 그리고 제안에 따라 이런 확률이 25% 이상으로 상승한다면(일반적으로 2~3% 정도여야 한다) 진행 속도를 낮추거나 광고 문구의 색상을 낮추어 만들어서 고객 몇 명에게 연락한 후, 어떤 것이 맘에 들었고 안 들었는지를 파악하여 그대로 반영해본다.

> ❖ 많은 고객이 이메일이나 더 나은 방법인 직접적인 전화를 받을 때 좋아하는 것에 놀랄 것이다.

- **고객 만족**(customer satisfaction) 기존 고객으로부터 더 많은 구매를 이끌어 내려면, 그들이 제품이나 제품 성능과 가격에 만족해야 한다. 불만 고객은 다시는 구매하지 않을 것이다. 정기적인 만족도 설문조사, 고객 연락, 유사한 행위를 통해 고객들과 지속적인 관계를 유지한다.

많은 고객이 이메일이나 더 나은 방법인 직접적인 전화를 받을 때 좋아하는 것에 놀랄 것이다. "안녕하세요! 저희와의 거래에 대해 감사드립니다. 그리고 제품을 얼마나 좋아하는지 알고 싶습니다."로 시작하여, 이메일이나 직접적인 전화를 통해 더 많은 구매를 위한 할인이나 특별 제안을 친절하게 마지막에 살짝 넣는다. 이러한 기본적인 고객 성장 전략은 B2C와 B2B에서도 활용된다.

다른 고객의 추천을 통한 고객 모집

고객 추천은 현재까지 가장 강력하며 더 많은 고객 모집에 활용할 수 있는 기회이자 수익 증대로 이어진다. 친구로부터 "이거 써봐"라고 추천을 받는 것이 신뢰성이 높고 주로 무료이기 때문이다. 추천 지표를 최적화하는 내용은 다음과 같다.

- 친구에게 이메일, 트윗(tweet), 메시지를 보내는 고객 수와 백분율
- 고객별 추천에 대한 평균 수
- 고객 추천 제안의 전환율(수락율)
- 다른 멤버 또는 고객으로부터 추천받은 회원별이나 사용자별 구매량, 사용량이나 가입량

앞에서 거론되었던 많은 바이럴 마케팅 기술들, 페이스북에서 사용자들이 회사 페이지에서 '좋아요'를 누르게 하거나, 신규 게임이나 앱에 대한 뉴스를 리트윗하는 활동들은 마케팅 메시지에 대한 친구의 신뢰와 지지를 얻은 것이다. 대부분의 고객들은 마케터보다는 사용자가 관심 없는 내용들을 권유하지 않음을 잘아는 친구들로부터 메시지를 받는 것을 선호한다.

두 개의 성장 지표를 시작하라

바이럴 성장 요인과 고객 평생 가치, 두 개의 지표는 '성장' 노력의 모니터링 방향을 잡아준다. 바이럴 성장 요인이나 바이럴 계수는 현재 사용자로부터 추천을 통해 활성화된 사용자 수를 측정하는 데 도움이 된다. 사용자가 5명의 친구를 초대했으나 딱 한 명만 사이트에 가입하고 구매했다고 치면, 바이럴 계수는 1.0이 된다. 한 명의 사용자가 한 명의 신규 사용자를 1 대 1로 불러 왔기 때문이다. 그렇기에 이것은 진정한 바이럴 성장의 최소값이 된다. 생각해보면 모든 고객이 한 명의 고객 활성화를 양성했다고 가정한다면, 실제로는 2배의 사용자 풀을 가진 거나 다름 없다.

바이럴 계수는 어떻게 계산하는가?

예제를 참조해서 알아보자. 100명의 사용자가 각 10명의 친구를 추천한다고 생각하면, 웹 사이트나 앱을 1,000명에게 전달되어 고객 '확보'가 된다. 이제 초대된 15%(150명) 가 실제 가입을 하고, 구매하고 활성화된다고 상상해보자.

계산은 다음과 같다.

1. 사용자 100명으로 시작
2. 사용자가 추천한 사람의 평균을 곱하면 100×10
3. 그 다음 활성화된 전환 비율을 계산(이번 경우엔 15%)
4. 지금 150명의 새로운 사용자를 확보(1,000명의 15% 활성화)
5. 결과적으로 100의 존재하는 사용자에 의해 150명의 새로운 사용자는 1.5의 입소문 계수가 된다.

1.2나 1.3보다 큰 바이럴 계수를 달성하도록 노력하라. 이 수는 거의 완만하거나 살짝 상승되고 있는 모습이지 매우 큰 성장 곡선을 그리지는 않는다. 이상적으로는 상위 유튜브 비디오나 매우 웃긴 유머나 '공짜 아이패드를 받으세요' 같은 사기 이메일 같은 폭발적인 성장 경험을 할 수 있을 것이다. 많은 사람들은 재미있는 유튜브 동영상이나 유머를 수십 명이나 그 이상의 지인들에게 전달하고 이 중 많은 사람들이 이것을 본다. 이것은 엄청난 바이럴 계수인 12, 20, 그 이상으로 나타난다. 높은 계수일수록 바이럴 성장 결과가 빠르며, 같은 시간에 더 많은 고객들이 추가되고 있는 것이다. 바이럴 계수가 1 이하인 경우는 최고점에서 정체되어 있는 것을 나타낸다.

> ❖ 유튜브 비디오나 엄청 웃긴 유머는 엄청난 바이럴 계수를 만들어 낸다.

활성화된 사용자를 측정할 때 총 추천수만 계산하지 않도록 유의해야 한다. 전체 추천수만 확인하면 결과적으로 숫자에 속게 된다. 가게에 패션을 좋아하는 고객 10명을 데리고 왔다고 해도 한 푼도 쓰지 않는다면 무슨 소용이 있는가?

바이럴 계수를 올리는 작업은 정말 어려운 일이다. 최소 비용으로 새로운 고객 모집하는 최대의 소스이기 때문이다. 예전에 설명했던 모든 전략을 활용한다.

- 고객 제안, 광고 문구, 행동 유도 방법을 A/B 테스트한다.
- 인센티브, 프로모션, 거래, 할인을 기획하고 테스트한다.

- 고객들이 지인들에게 추천을 독려하는 다양한 인센티브를 테스트한다 이때 기존 및 잠재 고객 모두에게 인센티브 방안을 마련한다.
- 고객 모집의 핵심 전술을 모든 단계마다 적용한다. 내용은 추천이지만, 결론적으로는 신규 고객 유치다.

훌륭한 제품만큼 최고의 바이럴 확산 방법이 없음을 반드시 명심하라. 보통인 제품의 서비스를 하는 재미없는 회사에 대해 적극적으로 자진해서 지인들에게 얘기하는 사람은 많지 않다. 적어도 주차별로 바이럴 성장 요인에 대해 모니터링하고, 지속적으로 수치를 향상시키는 방법을 브레인스토밍하도록 하자.

> ❖ 최적화는 끝이 없다.

웹에 있는 모든 제품이 바이럴하지 않은 점을 명심하라. 소셜 미디어와 멀티플레이어 게임은 바이럴하지만, 데이팅 사이트, 외도 사이트, 합법적과 불법 의약품 사이트 등 특정 분류의 사이트들은 다수의 친구들에게 초대장을 보내지 않는다. 그에 반해 유투브는 높은 바이럴 계수를 갖고 있는 대표적인 사이트다. 마지막으로 보았던 가장 유머 넘치는 비디오를 본 적이 언제였는지 생각해보라. 얼마나 많은 친구들에게 영상을 전달해주었는가?

고객평생가치나 회사에게 주는 고객의 가치는 여러 방향으로 성장할 수 있다. 고객 구매가 늘어나거나, 신규 고객을 추천해줄 수도 있다. 다면 시장인 경우 고객의 온라인 활동이 많아지고 회사에 더 많은 이익을 가져다 주는 것이다. '고객 성장' 프로그램은 고객평생가치성장의 주요한 구성요소다.

시간에 따른 고객평생가치 성장을 모니터링해서 새로운 프로그램 및 제안을 실행해보고 효율성을 향상시켜라.

다면 시장은 반드시 다른 측면에서 최적화해야 한다

앞서 논의된 바와 같이, 다면 시장에서 사업하는 스타트업은 돈이 되는 시장의 '다른 측면'을 최적화할 필요가 있다. 이제는 현장으로 나갈 시간이 되었다. 특정 광고주들에게는 사용자 풀이 매력적이게 느껴지며, 수익 가능한 비즈니스 모델이라는 가정을 통해 CPM 광고료를 지불한다는 가설을 검증하라.

이 시점에서 주문이 들어온다면 매우 좋겠지만, 제일 중요한 목표는 당당하게 가설로 명시되어 있고 투자자에게 발표했던 내용인 잠재 수익의 검증이다.

창업가는 초반에 잡았던 '고객 모집' 프로세스를 따라, 두 번째로 모든 일을 대부분 다시 해야 한다는 것을 인지해야 한다(결과적으로는 창업가는 고객 유치를 해야 하는 것이다). 왜 다시 해야 하는가? 시장의 지불자 상황에서 고객 모집 활동과 세일즈 발표를 하는 것은 무료 사용자를 사이트나 앱으로 끌어들이는 자료, 포지셔닝 및 가치 제안을 하는 것과는 완전이 다른 차원의 일이다. 트래픽은 미비한 수준이기에 아직 주문이나 매출을 기대하지 말라.

그러나 다음을 고려해야 한다.

- **게임의 법칙을 습득하라** 사이트는 고려대상이 되기 위해서 한 주나 한 달에 백만 번의 페이지 뷰가 필요한가? 특정 광고나 기능이 요구되는가? 광고료에 프리미엄이 제공되어야 할 만큼 충분한 (숫자나 인원의) 특별한 대상 고객층이 있는가? 어떤 콘텐츠, 기간, 또 다른 무엇이든 거래가 성사되지 못하게 막는 제약사항이 있는가?

- **세일즈 로드맵을 결정하라** 주문을 받기까지 얼마나 걸리는가와 구매 승인 과정의 단계가 몇 개가 있는가? 광고주들은 1년에 한 번이나 두 번만 지불을 하는지 아니면 지속적으로 하는가? 초기 광고 삽입량이 얼마나 되는가? 웹 사이트, 가격, 콘텐츠에 대한 승인에 누가 필요한가? 어떻게 하면 주문을 앞당길 수 있는가?

요약: 최적화는 결코 끝이 없다!

[물리적] 현장으로 나가라: 판매 채널 파트너의 실험

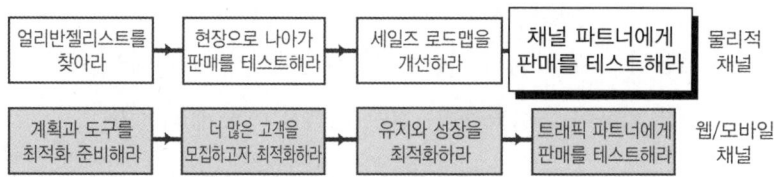

간접 판매 채널을 통해 판매하는 경우, 1단계에서 작성했던 채널 전략을 지금 검증할 시간이다. 검증은 세일즈 채널에서 예상 파트너로부터 하나의 주문이나 적어도 약속을 의미한다. 이전 채널 파트너로부터 주문을 받는 것을 시도했었다면, 열정적인 최종 사용자 없이는 역효과를 불러 일으켰을 것이다. 채널 파트너는 일반적인 대답했을 것이다. "재미있는 이야기지만 제품에 대한 어떤 수요가 있는가? 잠재 고객들은 어떤 생각을 하는가?" 예상 채널 파트너가 실제로 물어보는 것은 다음과 같다. "이 제품으로 돈을 어떻게 벌 수 있을까? 가능하다면 얼마나 팔릴 것인가?" 고객으로부터 실제 판매기록과 고객 열정의 리포트가 있다면 좀 더 신뢰할 수 있는 답변을 듣게 될 것이다.

예상 채널 파트너와 미팅에서 이들에 대해 최대한 많은 것을 배워야 한다.

- 채널 파트너는 가치 제안, 제안한 가격과 조건에 근거하여 제품 판매와 구매를 하는가?

- 제품의 소매 가격의 몇 퍼센트를 채널에서 요구하는가? 화물, 광고, 프로모션 등 다른 비용이 있는가? 반환 정책은 무엇인가?

- 채널 파트너는 예상 판매량의 대한 현실적인 감각이 있는가? 어디서, 어떻게 파트너는 제품을 프로모션하거나 판매할 것인가?

- 판매를 촉진하려면 어떤 방법으로 채널에 영향을 행사해야 하는가? 보너스 지급, 영업사원 교육, 세일즈 미팅, 제품 데모, 골프 대회 채널을 통해 판매를 촉진하는 데 어떤 방법이 알맞고 경제적인가?

- 채널은 가치 제안, 제안가와 조건에 따라 구매와 제품 판매 대상을 정할 것인가?
- 채널에서 제품의 소매 가격의 비율은 어떻게 되는가? 여기에는 화물, 광고, 프로모션과 같은 비용이 포함되는가? 환불 정책은 어떻게 되는가?
- 파트너는 잠재적인 판매량에 포함되는가? 파트너 촉진이나 제품 판매는 어디서 어떻게 이루어지는가?
- 채널 파트너의 수요 창출이나 이행에 대한 매우 중요한 것은 어떻게 실행되는가? 고객은 제품을 언제 찾게 되는가?

때로는 이러한 논의는 초기 주문으로 이어지는데, 주문으로 이어졌다면 축하한다. 그리고 주문의 결과를 만들어라. 초기 주문은 상점 몇 군데나 지역의 단위로 시장 테스트되고, 작은 양이지만 어떻게 제품이 판매되는지 이해하게 된다. 기회를 잘 잡아야 한다. 첫 번째 임무는 채널에 관해 가능한 많은 것을 배우는 것이다. 그리고 제품이 준비되면 시장에 실제 판매될 수 있다고 모든 사람들에게 확신을 심어주는 것이다.

채널 대상 식별

다양한 크기와 종류의 예상 채널 파트너를 테스트한다. 마치 고객에게서 듣는 것처럼 창업가는 주도적으로 각 채널들을 직접 만나 답변을 들을 수 있다.

각 대상 채널에 만나야 할 핵심 인물에 대한 리스트를 작성하는 것부터 시작한다. 채널에 대해 고객 발굴 리서치 단계에서 찾은 모든 것과 연락처를 포함한다. 전국 체인망을 가진 채널과 첫 번째 미팅을 하는 것은 승산이 낮은 게임을 하는 것처럼 어려운 일이다. 그래서 실망, 지속, 끈기 있는 모습을 갖추고 준비해라.

미팅을 정보 전달인 것처럼 포석을 깔아서 정기적으로 20분 회의에 참석하기 위해 비행기 타고 날아올 준비를 한다. 어떤 전국 체인망의 구매자는 세일즈 피치 시작 시점에 3분 타이머를 올려 놓고 시작한다고 알려졌다.

소매점과 연관된 채널인 경우, 검증하기가 조금 까다롭다. 언제 소매점에서 제품 실 구매에 대한 충분한 물량이 검증 가능한가? 테스트 시장에서 좀 더 큰 대형 체인에게 주문을 받을 수 있다는 성공에 대한 희망사항이 있다면, 제한적인 시장 테스트를 파트너가 신속히 동의하겠는가?

채널 검증은 독립적인 개인 영업담당자 및 유통 업체들과 미팅을 포함하기도 한다. 영업담당자는 자신들의 시장에 대한 뛰어난 감각을 가졌으며, 핵심 소매점 또는 구매 선호와 구매 패턴에 대해 아주 잘 아는 체인 고객 수를 확보하고 있다. 이런 것을 잘 아는 이유는 수입이 그들에게 의존하고 있기 때문이다.

다양한 시장 내에 이런 사람들과 대화를 나누어 본다. 해당 지역의 업계 1위나 2위 기업은 제품이 나오면 바로 구매하고 팔 수 있는가? 이 답은 "거의 불가능하다"다. 담당자는 경쟁력 있는 제품을 거의 소지하고 있지 않기 때문이다. 제품 구매 및 마케팅에 대한 핵심 고객의 잠재력을 담당자 입장에서는 어떻게 생각하는가? 제품이 유통되기까지 얼마나 걸린다고 생각하는가? 스타트업이 기대할 수 있는 물량은 얼마나 될지 알고 있는가? 유통사들과 만나서 같은 이슈에 대해 논의해라.

채널은 단지 가게 매대에 불과하다

채널 토론의 한 가지 유의사항은 절대 고객과 채널 파트너를 혼동하지 말아야 한다. 채널 파트너에게 제품을 입고하도록 설득하거나 대형 시스템을 통합 작업을 자사와 같이 하는 것과 고객에게 제품을 구매하도록 하는 것과는 명백하게 다른 것이다. 채널 파트너는 제품을 주문할 수 있겠지만, 고객 수요가 그들 채널을 통해서 나갈 동안에만 구매를 한다. 최종 사용자가 비용을 지불한다. 채널 파트너는 자사가 그들의 수익을 올려줄 때 진지하게 대한다.

> ❖ 절대 고객과 채널 파트너를 혼동하지 마라.

채널 파트너에게 가장 좋은 첫 소개는 "우리는 고객이 되어줄 사람들이 있다"다. 이건 매우 당연한 얘기겠지만, 채널 파트너와 계약을 맺으면 많은 스타트업은 '영업 문제는 이제 끝났다'라고 믿는 함정에 빠진다. 또는 간접 채널 파트너로부터 첫 물량 주문이 들어오면 샴페인을 터트린다. 이런 행위는 완전히 틀렸다! 모든 간접 채널은 식품점에 있는 매대라고 생각하라. 고객들이 새로운 브랜드가 익숙해지기 전까지는 제품을 절대 쳐다보지 않을 것이다. 그들이 장바구니에 담기 전까지는 판매된 것이 아니다. 소매점들과 마찬가지로, 채널 파트너들은 비용을 매우 늦게 지불하는 걸로 악명이 높다.

이런 점들을 유의해서 초기 고객 주문 정보로 업데이트한 채널/서비스 파트너 발표 자료를 만들어라. 바로 현장으로 나가서 그들에게 보여줘라. 목표는 확고한 관계형성 즉, 주문을 받고 돌아오는 것이다. 세일즈 리포트카드와 유사한 채널 영업 연락 성적표를 만들어라. 그리고 채널로부터 들어올 수 있는 주문량을 가늠하는 데 사용하라. 이 단계에서는 채널 물량 추정치는 어려울 수 있겠으나, 창업가라면 언젠가는 해야 하지 않겠는가?

[웹/모바일] 현장으로 나가라: 판매 트래픽 파트너 실험

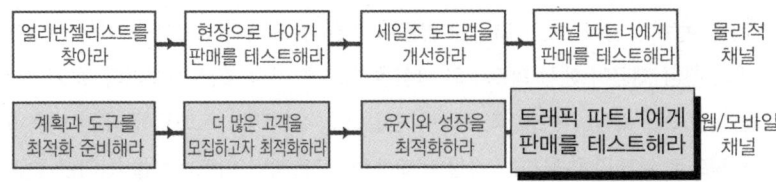

→ "웹 사이트는 만들었지만, 아무도 방문하지 않았다."라는 이야기를 듣는 것은 드문 일이 아니다. 이것은 웹/모바일 채널 스타트업에 대한 죽음의 전조다. 웹 사이트로 트래픽을 유도하는 파트너가 필요하다. 텍스트 링크로 사이트로 연결하거나, 배너 광고를 통해 파트너 사이트 방문객을 사이트로 유도시키거나, 사이트 링크를 삽입한 콘텐츠나 특징을 강조한다. 트래픽을 높이려고 다양한 파트너십을 활용할 수 있다. 웹 기반 회사는 이를 '비즈니스 개발'이라고 부른다.

파트너십 종류의 몇 가지 예는 다음과 같다.

- 소셜네트워크는 관련된 다른 상거래나 콘텐츠 웹 사이트로부터 트래픽을 얻을 수 있다.
- 아동용 게임 회사는 아동용 웹 사이트에서 무료 평가판을 제공할 수 있다.
- 컴퓨터 부품 전자소매업자는 컴퓨터 뉴스 사이트로부터 트래픽을 얻을 수 있다.

잠재적 파트너들과 만나서 트래픽 파트너 가설에서 실현될 트래픽 거래를 성사시키도록 노력한다. 이렇게 할 경우에는 얼마나 많은 수익이나 트래픽이 파트너들을 통해 실제로 발생할 것인가? 또한 어떤 비용이 발생되는가? 연결하기 원하는 같은 유형의 고객을 대상으로 하는 사이트 담당자와 미팅을 갖도록 하자. 그리고 다음과 같은 내용으로 거래를 성사시킨다.

- 파트너 사이트에 링크와 함께 콘텐츠를 서로 각자 사이트에 공유한다.
- 각 파트너의 메일 목록을 교환하면, 사용자나 다른 고객을 서로 알 수 있다.
- 파트너 사이트에 광고와 텍스트 링크를 올려 트래픽 교환 및 재고를 활용한다.
- '콘텐츠 파트너'로서 파트너를 강조하거나 서로의 사이트에 홍보한다.
- 무경쟁 콘텐츠나 제안 제공하는 마이크로 사이트를 서로 사이트에 만든다.
- 예를 들어, 소셜 네트워킹 또는 무료 게임과 같은 다른 사이트의 기능을 상대방 사이트에 제공한다.

트랙픽을 만들 수 있는 기회는 거의 무한하며, 하나의 파트너나 모두에게 엄청난 트랙픽 증가를 제공할 수 있는 매우 창조적인 도전을 제공할 수 있다. 하나의 파트너가 이득을 다른 쪽보다 많이 보면, 결국엔 현금이 다른 쪽으로 들어오게 되어서 거래가 동등해진다. 현금 제공이 예상 파트너의 관심을 이끄는 가장 좋은 방법이다. 초기에 했던 내용을 기반으로 확장 가능성, 파트너가 만들어준 수익이나 트래픽에 대한 비용과 회사 자체적으로 트래픽을 올리는 것을 비교해보자. 트래픽 파트너십을 최대한 빨리 성사하도록 한다. 그리고 결과를 모니터링하고 평가해야 한다.

> ❖ 파트너십의 기회는 매우 흔한 것으로 비춰진다.

트래픽 파트너 가설에서 만든 목록에서 원하는 파트너를 찾아낸다. 일반적으로 예상 파트너가 물어보는 질문이 "현재 트래픽이 얼마나 되십니까?"이고 파트너 검증 절차의 이번 단계에서 흔히 듣는 답변 대부분이 거의 숫자 0에 가깝기 때문에 예상 파트너들과의 미팅들은 대부분 탐색용이라고 인지해야 한다. 결론적으로 대부분의 파트너십은 상호간의 이득이 되어야 하고 미팅을 예약하기 전에 후보 파트너사들은 자신들의 이득이 무엇인지를 알고 싶어할 것이다. 이러한 미팅을 유도하기는 어렵다. 파트너십의 기회는 매우 흔한 것으로 비춰진다 그리고 회사는 제일 큰 기회 말고는 시간을 쓰기를 꺼려한다. 이 장벽을 넘는 몇 가지 팁을 알아본다.

- 고객 발굴의 고객 연락처 부분에 설명된 개인 추천이나 적극적인 후속조치(follow-up)를 사용한다.
- 예상 파트너에게 무엇을 함께할 것인지에 대한 소개 이메일에 집중한다. 내용에는 트래픽, 돈, 새로운 고객이 파트너십을 어떻게 구축하느냐에 따라 포함될 수 있다.
- 스타트업의 비전과 회사가 우리 회사와 파트너십을 가지는 것이 중요한지 이유를 설명한다.
- 관련된 컨퍼런스나 트레이드쇼에서 직접 파트너들을 만나 네트워킹 시간을 갖는다.
- 특히 이러한 약조를 얻을 수 있는 기회가 매우 어려운 일이기에, 모든 거래가 초기 미팅 시 성사되는 것은 아니다.

기회에 대한 크기를 산정하고 전망할 수 있는 사후미팅 보고서 양식을 만든다. 내용에는 트래픽 양과 비용이 얼마인지를 기록한다. 결과를 추적하고 정량화하기 위해 6장, 281페이지에 설명된 유사한 보고서 양식을 사용하라.

11장

고객 검증 3단계: 제품 개발과 회사 포지셔닝

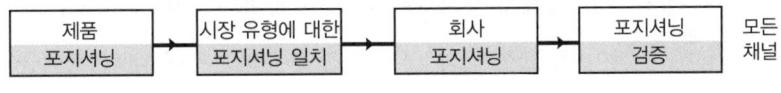

이 장에서는 고객에 대한 실험, 초기 가치 제안의 고객 반응과 구매 사유에 관한 실험의 테스트 결과를 모두 사용한다.

이 결과는 2개의 포지셔닝 문서positioning statements를 만드는 데 활용되며, 하나는 회사에 대한 것이고 나머지는 제품에 대한 것이다. 이 장에서는 다음 내용을 다룬다.

- 제품 포지셔닝 개발
- 시장 유형에 맞춰 제품 포지셔닝 일치
- 회사 포지셔닝 개발
- 포지셔닝을 증명할 수 있는 애널리스트들과 업계에 영향력을 있는 사람들을 대상으로 하는 발표 자료 만들기

포지셔닝은 경쟁 제품과 비교하게 되는 자사 제품이나 서비스에 대한 대중의 인식을 관리하는 데 사용된다. 검증의 첫 번째 장에서 제품과 회사에 대한 초기 포지셔닝을 설명했다. 그러나 제대로 된 포지셔닝은 많은 예측을 필요로 한다. 50명이나 250명의 고객을 대면한 인터뷰와 수천 명의 온라인 고객들과의 상호작용을 통해 회사는 고객 구매 사유와 실제 고객에 대한 추가 테스트와 포지셔닝 개선에 도움을 받아 실질적인 정보를 확보한다.

지금까지는 검증 단계까지 진행해오면서, 고객 모집을 위한 비용을 최소화하고 비교적 낮은 리스크를 유지했다. 그러나 이제는 수십이나 수백 명의 고객들에서, 심지어 수백만 명까지 확장 가능하도록 준비하려면 이 제품은 무엇이고, 어떻게 사용하는 것이며, 고객이 왜 구매하고 사용하는지에 대해 고객들과 소통할 준비가 되어 있어야 한다.

홍보 대행사는 필요없다

대부분 기술 기반 스타트업은 포지셔닝 구축을 위해 홍보대행사(public relations agency)의 전문적인 '마케팅 담당자'가 필요하다고 믿고 있다. 현실적으로 첫 성공은 제품 개발팀의 피드백을 받은 내부 고객 개발팀에서 하는 것이 가장 좋다. 이 시점에서 이 팀 외에는 어느 누구도 고객과 가까운 관계를 만들거나 제품이 어떤 고객 문제를 해결하는지 제대로 이해하지 못한다. 어느 누구도 고객의 요구사항 이해, 주문 접수, 반복 가능한 판매 프로세스를 찾기 위해 분투하지 않았다. 고객 개발팀은 회사와 제품의 희소성을 한 번에 설명해야 하는 의무가 있다. 이후 고객 창출 단계에서 '홍보 전문가'를 요청할 때가 되면 이때 매달 의뢰 비용과 청구서를 받게 될 것이다. 그때 비로소 고객 구매 사유를 설명할 수 있는 근거를 그들에게 전달할 수 있게 된다.

포지셔닝 평가

회사가 포지셔닝에 공을 들이기 전에 회의실 분위기를 전환시키고 외부로부터 제품/회사에 대한 현실을 알아야 한다. 그러한 현실을 알기 위한 최고의 방법으로 포지셔닝 평가가 있다. 포지셔닝 평가는 외부 사람들이 회사와 제품을 어떻게 인식하고 있는지 공정하게 알아볼 수 있는 방법이다. 외부 감사는 다양한 분야의 사람들을 대표하는 표본 집단을 인터뷰하는데, '회사에 대해 알거나 들어봤거나 못 들어 본 고객들, 회사 메시지를 전파하는 전문가들(산업 애널리스트 및 영향력을 있는 사람, 파워 블로거, 뉴스미디어 담당자 등), 경쟁사 및 업계와 시장에 대해 해박한 지식을 갖고 있는 사람들'이 대상이다.

각 인터뷰 대상 그룹들에게 회사와 핵심 경쟁자에 대해 어떻게 인식하고 있는지를 물어봐야 한다. 그들이 제품, 평판, 리더십 대해 알고 존중하는가? 믿을 수 있는 회사라고 생각하며, 제품이나 서비스 판매 업체로 그들을 신뢰하는가? 그들은 회사가 경쟁자군 중 가장 적합한 포지션이 어디라고 생각하는가? 인터뷰 결과는 그들이 생각하는 회사에 대한 인식의 기본 상황을 파악할 수 있다.

> ❖ 그들이 생각하는 회사에 대한 인식의 기본 상황을 파악해야 한다.

다른 사람들이 어떤 생각을 하는지 이해한 후, 스타트업은 그들의 의견을 변화시키고 다듬는 데 노력해야 한다(주로 많은 스타트업은 이러한 현실에 대해 쇼크를 느낀다). 고객, 언론사, 영향을 있는 사람들, 애널리스트를 위한 외부 평가 질문의 예는 그림 11.1을 참조하기 바란다.

외부 평가에 대한 질문들

인식
- 회사에 대해 들어보았는가? 그들이 무엇을 하는지 알고 있는가?

시장 초점
- 시장에서 유사한 다른 제품이 있는가?
- 제품들이 어떻게 서로 다른가?
- 어떤 것이 가장 마음에 드는가? 왜 그런가?
- 그렇지 않다면, 회사가 속한 위치를 어떻게 묘사하고 있는가?

고객 초점
- 회사에 전화를 거는 고객의 유형을 잘 알고 있는가?
- 고객이 가지고 있는 문제의 유형을 잘 알고 있는가?
- 제품이 고객의 문제를 해결할 것이라고 믿는가? 어떻게 해결할 것인가?

제품 초점
- 회사의 제품의 중요한 세 가지 특징을 알고 있는가?
- 꼭 필요한 기능이 있는가?
- 다음 출시 때 어떤 기능들을 시장에 보여줄 것인가? 그게 언제인가?
- 회사의 핵심 기술에 대해 어떻게 생각하는가? 독창적이라고 보는가? 또는 방어적인가? 시장에 들어오는 다른 제품과 비교해 어떤가?

포지셔닝
- 회사의 포지셔닝을 설명한 것을 들어 보았는가? 그것을 믿는가? 성공하리라 보는가?
- 회사의 미션을 설명한 것을 들어 보았는가? 그것을 믿는가?

경쟁
- 처음 일년 안에 경쟁자는 누구라고 생각하는가?
- 궁극적인 경쟁자는 누구라고 생각하는가?
- 경쟁자들에 대항하여 이기기 위해 회사가 무엇을 해야 하는지 알고 있는가?

판매/유통
- 판매 전략이 효과적인가?
- 판매 전략이 선택이 가능하게 여러 개인가?
- 올바른 가격 정책을 고수하고 있는가? 너무 비싸지는 않은가? 또는 너무 싸지는 않은가?

강점/약점
- 회사의 강점은 무엇인가?(제품, 유통, 포지셔닝, 파트너 등)
- 회사의 약점은 무엇인가?(제품 전체의 약점, 판매, 제품의 기능 등)

동향
- 기술/제품 동향에서 회사가 우려할 만한 사항은 무엇인가?
- 기술에 있어 핵심 리더는 누구인가? 누구를 존경하는가?
- 산업동향에 있어 회사가 우려할 만한 사항은 무엇인가?
- 산업동향에 있어 핵심 리더는 누구인가? 누구를 존경하는가?

고객 모집을 위한 정보
- 고객에게 제품 정보를 얻기 위해 가장 좋은 방법은 무엇이라고 생각하는가? 고객의 의견에 영향을 받는 것을 어떻게 생각하는가?
- 제품에 흥미를 느끼게 하기 위해 가장 좋은 방법은 무엇이라고 생각하는가? 회사는 고객에게 전화를 할 수 있는가?

그림 11.1 외부 평가를 위한 질문들의 예

이러한 외부 평가 활동은 홍보 대행사들이 잘하는 업무임이 틀림없지만, 그들에게 진행을 전부 맡기는 것은 스타트업에게는 치명적인 실수가 된다. 초기 영업 활동을 별도 영업 조직에 맡기기에는 너무 중요한 일인 것처럼, 회사 초기 감사 활동도 외부 홍보 대행사에게 맡기기엔 너무 중요한 일이다. 창업팀 멤버들은 적어도 5번이나 10번 정도 고객에게 직접 전화를 걸어봐야 한다.

회사의 외부 인식에 대해 귀를 기울이는 것은 평가 단계의 절반이며, 내부에 귀를 기울이는 것이 나머지 절반에 해당된다. 내부 평가는 창업팀 전원에게 똑같은 질문을 던진다. 대부분의 스타트업은 모든 이슈에 대해 동일한 내부 의견을 갖고 있다고 믿고 있다. 하지만 내부 평가에 각기 다른 의견이 있음을 발견하게 될 것이다(특히 투자자와 의견 일치를 원치 않을 것이다). 내부 평가에서 이러한 점들을 발굴하여 새로운 아이디어를 추출하는 것이다. 마지막 단계에서 포지셔닝에 대해 결정하기로 동의할 때 한 목소리를 낼 수 있도록 전체 조직의 결정에 대해 소통해야 한다.

포지셔닝 개발: 제품 포지셔닝

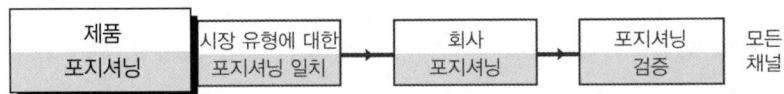

이 단계에서는 새로운 도전을 시작을 하게 될 것이고 제품 포지셔닝을 공식화할 것이다. 포지셔닝은 이후 고객 창출 시점에 다듬어질 것이기 때문에 지금 완벽할 필요는 없다. 이번 제품 포지셔닝 단계의 결과물은 초반에 개선한 포지셔닝 내용을 담은 한 페이지 '제품 포지셔닝 요약서product positioning brief'다. 영업 자료(데이터 시트, 세일즈 발표 자료, 웹사이트, 광고 문구), 마케팅 캠페인을 만드는 과정에 각기 다른 메시지들을 하나로 모을 수 있도록 이 요약서를 활용해야 한다.

초기 고객 발굴 및 고객 검증 단계에 받은 고객과 채널 파트너 피드백은 회사 포지셔닝 해답에 대한 개선이나 확증으로 활용된다. 초기 고객들이 왜 이 제품을 구매하는지를 설명한 세일즈 발표 자료를 만들 때 포지셔닝 내용의 첫 번째 버전을 작성했었다. 설명회 때 고객의 반응을 되새겨보자. 고객의 호응을 이끌어냈는가? 제품 내용이 믿을만 했는가? 고객들이 제품이 흥미로웠는지, 그렇지 않았는지에 대해 설명해주지 않았다면, 이유를 아는가? 이유를 모른다면, 다시 고객과 연락해서 물어봐야 한다. 제품을 직접 경험해본 사람들의 피드백만큼 제품 포지셔닝에 좋은 의견은 없다.

제품 포지셔닝 요약서

고객 검증 결과로서 간결하게 한 문장으로 작성한 포지셔닝 문구로 다시 돌아가 보자(페덱스FedEX의 문구인 '정말로, 확실하게, 하루 밤 안에'를 기억하는가?). 고객 검증 과정에서 만난 고객들이 작성한 문구에 공감하는가? 제품을 구매하는 이유나 제품이 해결하는 문제에 대해 작성한 문구를 통해 고객에게 설명이 된다고 생각하는가? 고객이 광고 문구를 보고 신뢰성을 느끼는 효과가 있다고 생각하는가? 아니면 다시 원점으로 돌아가서 문제를 파악해라.

기억을 상기시키기 위해 4장에 다루었던 제품 포지셔닝 예제를 복습하길 바란다.

제품 포지셔닝 문서의 예

- 모바일도우는 잦은 출장으로 바쁜 임원들을 위한 것이다.
- 그들이 원하는 것/요구사항은 최소한의 시간에 정확한 지출내역서를 작성하는 것이다.
- 모바일도우는 영수증 관리와 비용 집계를 쉽게 도와주는 도구다.
- 주 단위로 상세한 지출내역서를 10분 이내로 제공한다.
- 지출내역서 묶음들과는 다르게 모바일도우는 영수증을 스캔하고, 정리하고, 합산해서, 거의 최종 보고용 문서로 작성하여 11개의 대중화된 경비 지출내역서 포맷으로 만들어낸다.

그림 11.2 제품 포지셔닝의 예

고객 검증 인터뷰 직후에 포지셔닝 요약서를 꼼꼼하게 작성하며 들인 노력은 고객 창출 시점에 시간과 돈을 절약해준다. 이 신규 제품이 경쟁 제품과 비교해 고객에게 공감대를 형성하는 제품 포지셔닝을 알고 있다면, 회사는 PR이나 마케팅 커뮤니케이션 대행사를 고용하여 마케팅 버즈나 홍보물 혹은 둘 다 기획하는 작업을 바로 시작할 수 있다. 어렵고 비싼 포지셔닝 연구와 분석에 시간과 돈을 낭비하지 않아도 된다. 대신 대행사에게 "여기 포지셔닝이 준비되어 있으니, 더 좋은 아이디어가 없다면 이대로 실행하시오."라고 요청할 수 있다. 대행사는 제품의 패키지화, 홍보 메시지, 각종 마케팅 커뮤니케이션 도구를 어떻게 활용할지 알고 있으며 곧바로 가시적인 결과를 만드는 작업을 진행한다(대행사는 이런 것을 싫어한다. 사고 및 전략화 활동이 더 수익성이 좋고 책임 소지가 적기 때문이다).

	기존 시장	신규 시장	재분류 시장	복제 시장
회사 포지셔닝 명세	경쟁사의 제품과 비교한다. 제품의 몇 가지 특징과 속성이 어떻게 더 좋은지, 빠른지를 설명한다. – 점진적 향상	제품의 특징들이 고객들을 위해 무엇을 할 수 있는지를 이해하기에는 너무 이른 경우일 수 있다. 대신 제품이 해결하는 문제점과 고객 문제를 해결하여 얻는 이익을 설명한다. – 변화적 향상	경쟁사의 제품과 비교한다. 가격이 경쟁력이라면 가격과 제품 기능에 대해 설명한다. 틈새 시장이라면 경쟁사가 해결하지 못하는 고객 문제에 대해 제품의 몇 가지 기능이나 속성이 어떻게 해결하는지 방법을 설명한다. 새로운 문제 해결 방법으로 고객이 얻는 이익에 대해 설명한다.	사용자가 (유사) 해외 사이트에 익숙하다면, 해당 사이트와 비교해본다. 없다면 신규 시장으로 여긴다.

표 11.1 시장 유형에 따른 제품 포지셔닝

포지셔닝 개발: 시장 유형에 대한 제품 포지셔닝 일치

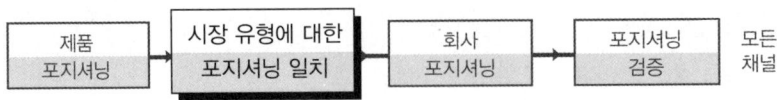

전달하고자 하는 회사 이미지나 제품에 대한 메시지에 따라 시장 유형을 완전히 변경해야 한다. 지금이 제품 포지셔닝과 선택한 시장 유형을 일치시켜야 할 시점이다.

기존 시장

기존 시장에 진입한다면 회사 포지셔닝이 차별성과 신뢰성을 갖고 있다는 인식을 만들어야 한다. 고객이 문제라고 믿고 있는 것을 회사가 해결해주는 것이 중요하다. 애플이 스마트폰 시장에 진입했을 때 사람들은 애플을 아이팟iPod 제조사로 인식하고 있었다. 하지만 이제는 아이팟뿐만 아니라 전화기와 웹 브라우저를 제공하고 있다.

회사 포지셔닝이 결정되면 제품 포지셔닝은 따라간다. 기존 시장에는 비교 제품이 존재함으로, 일반적으로 제품 포지셔닝을 경쟁 제품 기준으로 나누면, 자사 제품이 어떻게 다른지 설명해야 한다. 기존 시장에서 차별화는 1. 제품 속성의 차별성(빠름, 저렴함, 포만감이 적음, 30% 더 많음), 2. 유통 채널의 차별성(30분 완성 피자, 배달 가능, 가까운 대리점 검색, 웹에서 직접 홈페이지 구축) 3. 서비스의 차별성(5년 보증, 자동차 5만 마일 보증, 90일간 환불 보증, 평생 보증) 세가지 유형 중 하나를 취할 수 있다. 또는 제품이 고객 문제 해결에 어떻게 도움을 줄 수 있는가로 나눌 수 있다.

신규 시장

새로운 시장을 창출하려 한다면 회사 포지셔닝은 신규 시장에서는 비교 대상이 없기 때문에 차별성에 대해 정리할 수 없다. 신규 시장인 경우 회사는 가능성에 대한 비전과 열정에 대해 소통할 수 있도록 회사 포지셔닝을 해야 한다. "고장난 세상을 올바르게 고치고 싶은가?"와 "당신 회사가 무엇을 변화시킬 것인가?"라는 질문에 답을 제시해야 한다. 에어비앤비Airbnb는 '온라인상의 숙박 직거래'를 통해서 숙박업을 바꿔 놓았을 때 창업 멤버들은 아주 획기적인 아이디어를 최초로 제시했다. '사람들은 집을 남에게 빌려주기를 원하고 여행객은 낯선 사람 집에서 숙박을 하고 싶어한다'라는 아이디어를 생각해냈다.

회사 포지셔닝 후 신규 시장에 대한 제품 포지셔닝은 꽤 수월했다. 신제품의 특징을 광고하는 것은 비생산적이다. 제품에 대해 이해할 수 있는 사례도 없고, 비교 대상도 없어서 고객은 그들이 무슨 말을 하는지 전혀 이해하지 못한다. 에어비앤비가 '89달러짜리 방'이나 '남의 침대에서 잘 수 있다'라고 서비스를 포지셔닝했다면, 어느 누구도 그들이 무슨 말을 하는지 이해하지 못했을 것이다. 대신 에어비앤비의 포지셔닝은 '공유 경제'를 얘기하며 참여하는 모두에게 경제적 이득을 강조했다.

복제 시장

언어, 문화, 법적 상황 등의 여러 이유로 인해 우리나라에 없지만 미국에 현존하는 비즈니스 모델을 복제하는 것은 괜찮은 사업 전략이다. 복제 회사들은 주로 중국, 러시아, 브라질, 인도, 인도네시아(1억 명의 인구 이상인 나라)처럼 회사를 키울 수 있는 큰 내수 시장이 있는 나라에서 찾을 수 있다.

회사 포지셔닝은 현지 시장에는 아직 비교 대상이 되는 회사가 없기 때문에 차별성에 대해 언급하는 것이 아니라, 미래를 예측할 수 있는 것처럼 행동하면 된다. 미국 회사들이 어떻게 포지셔닝 되어 있는지 알고 있기에, 회사 포지셔닝을 복제하면 된다.

제품 포지셔닝도 동일하게 적용된다. 처음에는 새로운 제품의 기능에 대해 광고하는 것 역시 비생산적이다. 기능에 대해 이해할 근접한 사례가 없고, 비교 대상도 없으며, 무슨 말을 하는지 고객은 이해하지 못한다. 그러나 미국의 유사 회사들이 어떻게 포지셔닝했는지를 알고 있기에, 마찬가지로 미래를 알고 있는 점쟁이처럼 행동하면 된다. 시장이 어느 정도 이해를 할 시점에 곧 바로 그들의 포지셔닝을 복제하면 된다.

재분류 시장

기존 시장을 재분류한다면 회사 포지셔닝은 시장 분류에 따라 정해진다. 재분류는 독창적이며 이해할 수 있도록 고객의 마인드에 확실히 각인시키는 것을 말한다. 여기서 가장 중요한 것은 고객이 소중하게 여기고, 원하며, 지금 당장 필요한 것이 무엇인지 관심을 갖는 것이다. 이러한 시장에 포지셔닝하려는 회사는 제공되지 않았거나 제대로 제공받지 못했던 고객의 문제나 욕구 의식에 대해 깊이 이해하고 나누어야 한다. 그리고 이런 문제를 어떻게 독창적으로 해결할 것인지에 대한 통찰력이 필요하다.

재분류 시장에는 두 가지 유형이 있다. 틈새 시장과 저가 공급자다. 저가 공급의 두 가지의 예는 제트블루^{Jetblue}와 사우스웨스트 항공사$^{Southwest\ Airline}$가 있다. 둘 다 최소한의 기내 서비스 제공을 통해 저렴한 가격을 제안하는 방법으로, 단거리 노선 운행 시 높은 수준의 정확한 고객 서비스를 제공하는 저가 항공사업을 목표로 시장에 진입하였다.

> ❖ 재분류 시장에는 두 가지 유형이 있는데, 틈새 시장과 저가 공급자다.

월마트의 성장은 기존 시장을 틈새 시장으로 재분류하기에 알맞은 시기가 되었음을 창업가들이 인정한 또 다른 사례. 1960년도와 1970년도 사이에 시어스^{Sears}와 케이마트^{Kmart}는 대형 매장을 열기에 충분한 인구가 있는 곳에서 대량 할인 방식으로 소매시장을 지배하였다. 이외의 중소 지역의 경우 시어즈는 카탈로그 주문 매장을 열었고, 케이마트는 매장을 아예 열지를 않았다. 쌤 월튼$^{Sam\ Walton}$은 '너무 작은 지역'으로 무시했던 곳을 오히려 기회라고 생각했다. 그는 '작은 지역 먼저'라는 독창적인 방법으로 틈새 시장을 재분류하였다. 월마트를 지역에 세우면 대형 매장들이 전염병처럼 기피하던 할인업자^{discounter}라는 별명으로 스스로를 자랑스럽게 포지셔닝했다. 월마트는 인지도 있는 건강 제품과 미용 제품을 저렴하게 팔았다. 많은 광고를 투입한 전략을 통해 당시 저렴한 가격에 높은 마진을 주는 제품을 구매했던 고객의 발을 돌리게 하였다. 동일하게 중요한 점은 월마트는 최첨단 IT 기술을 도입하여 사람들의 쇼핑 행위와 구매를 관찰하고, 상품을 더욱 효율적으로 배달하는 능력을 갖추게 되었고, 경쟁사의 판매 비용에 비해 그들의 판매 비용을 낮출 수 있게 되었다. 2002년 케이마트는 망했고 월마트는 세계에서 가장 큰 기업으로 성장했다.

시장을 다시 재분류할 때 제품 포지셔닝은 기존 시장과 혼합형 시장$^{hybrid\ of\ market}$의 형태가 된다. 당신이 정한 재분류가 제품을 경쟁사의 공간 옆으로 포지셔닝하게 만들었기 때문에 제품 포지셔닝은 고객들에게 새롭게 재분류된 시장이 어떻게, 왜 차별화되고 중요한지를 설명해야 한다.

포지셔닝 개발: 회사 포지셔닝

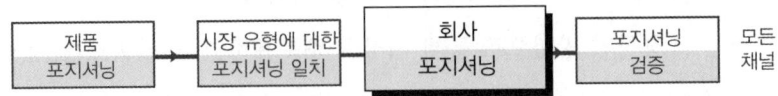

앞서 설명한 네 가지 시장 유형 중 하나를 선택하여 제품 포지셔닝을 할 때 회사 포지셔닝도 같은 방법으로 표현된다. 그렇다면 제품 포지셔닝과 회사 포지셔닝의 차이점은 무엇인가?

제품 포지셔닝은 시장 유형 내의 제품 특성에 집중한다. 회사 포지셔닝은 다음의 질문에 답을 해야 한다. 우리 회사가 고객에게 무엇을 해주는가? 고객은 우리 회사와 함께 비즈니스를 하기를 원하는가? 그리고 우리 회사는 왜 존재하며 경쟁사와 어떻게 다른가?

회사 포지셔닝 선언문을 처음 작성할 때 항상 고객의 입장을 고려하여 최대한 간단히 만들어야 한다. 잠재 고객의 반응을 만들어 낼 수 있도록 "내가 가지고 있는 문제를 해결하는 것이군요, 더 자세히 말해주세요."처럼 회사를 설명해야 한다.

아마존$^{Amazon.com}$의 "우리는 세 가지 중요한 고객군에 있어 지구에서 가장 고객 중심적인 회사를 추구한다. 세 가지 고객군은 소비자 고객, 판매자 고객, 개발자 고객이다."라는 포지셔닝은 길지만 좋은 예다.

세계적인 택배회사 UPS는 "세계 최대 규모의 패키지 배송 회사와 전문 운송 및 물류 서비스를 이끄는 글로벌 공급 업체로서, UPS는 제품, 정보, 자금유입을 통해 지속적으로 물류, 공급망 관리, 전자상거래의 선두주자로 발전한다."고 자사의 포지셔닝을 폭넓게 맞추고 있다.

마지막 예로, 단순하고 세밀하게 집중된 신발 쇼핑몰 자포스^{Zappos}는 "우리는 하나의 미션을 위해 전체 조직이 하나로 되어 있다. 할 수 있는 최고의 고객 서비스를 제공한다. 내부적으로 우리는 이것을 와우^{WOW} 철학이라고 부른다."처럼 고객이 비즈니스를 함께 해야 하는 이유에 대해 아주 분명하게 말한다. 앞에서 본 것처럼 회사 포지셔닝은 제품이나 기능에 관한 것만은 아님을 알 수 있다.

창업가들은 종종 신규 시장을 만들 때 이 신규 시장에 이름을 붙이고 싶어한다. 새로운 이름을 붙이는 것이 도움이 될 수는 있으나, 대부분 위험하고 높은 비용을 필요로 한다. 일반적으로는 휴대용 비디오 게임이나 즉석사진 같은 제품의 특징을 설명하기에 도움이 되는 경우에만 새로운 이름이 유용하다. 신규시장 이름이 귀엽거나 난해한 경우, 해당 시장을 설명하고 고객을 설득하고, 회사 포지셔닝을 설명할 비유 대상을 만드는 데 많은 돈을 지출할 각오를 해야 한다.

저가항공사와 VOD^{Video On Demand} 같은 사업은 새로운 회사들 스스로 시장과 포지셔닝을 설명해야 한다. 티보는 디지털 비디오 플레이어가 아님을 고객에게 설득시키는 데 수백만 달러를 지출했다.[1] 표 11.2는 시장 유형별 회사 포지셔닝을 설명한다. 제품 포지셔닝과 유사하게, 회사 포지셔닝은 고객 창출 단계에서 더욱 더 개선될 예정이기에 아직 완벽하게 작성할 필요는 없다.

	기존 시장	신규 시장	재분류 시장	복제 시장
회사 포지셔닝 명세	회사의 경쟁자와 비교한다. 회사가 어떤 차별성과 신뢰성이 있는지 설명한다.	비교할 다른 회사가 없는 새로운 시장에 있기 때문에, 회사가 어떤 차이점이 있는지를 고객이 이해하기에 너무 빠르다. 따라서 회사 포지셔닝은 비전과 열정을 어떻게 달성할 것인지에 대해 고객과 소통해야 한다.	재분류된 시장 유형에 대한 회사 포지셔닝은 선택한 세분화된 시장의 가치와 새롭게 회사가 가져올 혁신을 고객과 소통해야 한다. 어떻게 고객 가치, 요구, 필요를 가져올 것인가?	다른 나라에 존재하는 회사/제품에 대한 포지셔닝을 빌려온다. 현지화를 진행한다.

표 11.2 시장 유형에 따른 회사 포지셔닝

전에 제품 포지셔닝을 작성했던 것처럼, 이번 결과로는 회사 포지셔닝 요약서를 작성한다. 요약서는 실행하는 용어로 되어 있다. 마케팅 자료(보도자료, 세일즈 발표 자료, 웹 사이트)를 배포하기 시작할 때 일관성을 위해 이 요약서는 제품 포지셔닝 요약서와 함께 사용될 것이다.

---

[1] 티보: 미국 디지털 비디오 및 셋톱박스 회사 – 옮긴이

회사 포지셔닝에 대해 지속적으로 확인하면서 고객 발굴 과정에서 작성한 강령을 다시 찾아보라. 고객들은 검증 인터뷰에 어떻게 반응했는가? 고객이 왜 이 회사가 다른지, 특이한지, 이 회사와 사업을 해야 하는 이유에 대해 설명되었다고 느끼는가? 추가로 회사 내용과 강령을 경쟁사들과 비교해보라. 경쟁사의 회사 포지셔닝은 어떠한가? 그리고 특별히 고객에게는 이 새로운 회사의 포지셔닝이 뚜렷하게 구분되거나 차별화를 가지는가? 포지셔닝은 간략히 작성되어 있는가?

주의: 가장 쉽고, 가장 좋고, 가장 위대하고 라는 근거 없는 주장은 아무런 도움이 되지 않는다. 최고로 빠르고, 제일 저렴하다는 시연 가능하거나 증명 가능한 주장이 조금 더 설득력 있다. 하지만 '제일 저렴하다'는 것을 전략적으로 선택한다면 경쟁사가 빠르게 대응할 수 있기에 위험성이 매우 크다는 것을 알아둬야 한다.

> ❖ '가장 쉽고, 가장 좋고, 가장 위대하고'라는 근거 없는 주장은 아무런 도움이 되지 않는다. '최고로 빠르고, 제일 저렴하고'라는 시연 가능하거나 증명 가능한 주장이 조금 더 설득력 있다.

개발 포지셔닝: 포지셔닝 검증

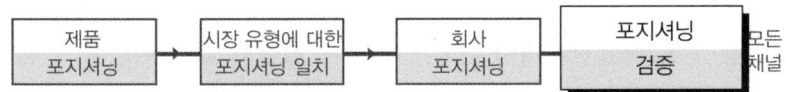

산업 애널리스트들과 영향력 있는 사람들은 스타트업이 필요로 하는 신뢰성을 초반에 제공하는 데 도움을 줄 수 있다. 산업 애널리스트는 무엇인가? 기술 분야에서 많은 기업들은 시장, 동향, 특정 제품과 시장에 적합한 독립적이고 냉정한 분석을 고객들에게 제공하여 비용을 청구한다. 이들 회사는 규모와 영향력에 따라 다양하다. 기업용 소프트웨어 시장인 경우를 예로 들면, 기술 시장에서 대기업에게 판매하는 것은 큰 전문 분석 리서치 회사(가트너, 포레스터, 양키)가 제품(특히 신제품)을 인정해주기 전까지는 매우 어려운 일이다. 엔터테인먼트 산업에서는 케이건 Kagan이 대표적이며, 소비자 제품 시장인 경우는 엔피디 NPD 그룹이 있다.

애널리스트와 다르게, 산업에 영향력 있는 사람들은 공식적인 분류에 속하지는 않는다. 모든 산업에서 몇 안 되는 소수의 전문가로 기사를 게재하고, 블로그에 글을 쓰며, 컨퍼런스를 주관하고 관련된 영향력 안에서 명성을 가지고 있다. 종종 이들은 산업의 선두 회사에서 근무하고 있으며 많은 컨퍼런스에서 발표를 한다. 또 다른 이들은 일반적인 영역, 비즈니스 영역, 상업 간행물 쪽으로 글을 쓴다. 또는 대학에서 교수로 활동하기도 한다.

> ❖ 그들이 회사와 같은 곳을 바라보는지 시험해야 한다.

애널리스트와 산업에 영향력 있는 이들을 식별하는 중요한 핵심은 고객 발굴에서 나타난다. 그들을 만나면 초기 포지셔닝(시장, 제품, 회사)을 생성하거나 제품의 특징에 대한 생각에 관해 영감이나 피드백을 얻을 수 있다. 그들이 회사와 같은 곳을 바라보는지 시험해야 한다(아니라면 왜 그런지 확인해야 한다). 얼리 어댑터들은 회사나 친구, 가족에게 제품을 초기에 소개해줄 것이지만, 외부로부터 "아, 네. 그

회사에 대해 들어봤어요. 아직 제품이 얼마나 좋은지는 모르겠지만, 아이디어는 꽤 좋은 것 같아요."처럼 인정받는 것이 회사에 도움이 된다. 고객 창출 단계에서 일어나게 될 언론과의 관계에서 산업 분석가와 영향력 있는 이들을 추천인으로 라인업을 구성하는 것이 중요하다.

실제 고객 연락처, 고객 의견, 고객 주문 없이 지금까지 진행하기 매우 어려웠을 것이다. 하지만 고객 발굴 시점부터 예의주시하고 있던 애널리스트와 영향력 있는 이들에게 지금 연락을 하는 것은 아주 적절한 타이밍이다. 컨퍼런스, 세미나, 무역 박람회에서 만나게 된 이들의 명함을 사내 데이터베이스에 저장해 놓았을 것이라고 생각한다. 그들과 미팅을 잡기 전에 창업팀은 시장과 제품 현황에 대한 그들의 의견을 이해할 시간을 가져야 한다(그렇지 못했다면 미팅 시간을 공부하는 시간으로 사용하지 말자. 사전에 숙제부터 하도록 한다).

애널리스트와 영향력 있는 사람들에게 연락하기 전에, 그들이 다루는 산업과 회사가 어디인지를 파악해야 하고 개별 애널리스트들이 다루는 특정 영역이나 회사가 무엇인지 알아야 한다(원치 않은 사람이나 회사를 만나게 되는 것만큼 심각한 것은 없다. 이런 상황이라는 것은 창업팀 누구도 숙제를 하지 않았다는 것이다). 그들과 만나야 할 이유를 설명할 수 있는 짧은 스크립트를 준비하자. 스크립트는 그들이 다루는 분야를 이해하고 자신들의 회사가 해당 분야를 좌지우지할 것인지, 자사 제품과 회사의 중요성을 설명한다. 이 부분이 완성되었다면, "그들에게 어떤 혜택이 있는가?"라는 질문의 답이 명확해진다. 그들은 이러한 영향력 있고 중요한 신규 회사를 놓치고 싶지 않을 것이다(그들은 대부분 신규고객 제품에 대한 (이론적으로는) 객관적인 컨설팅 서비스를 창업가들에게 판매하려고 할 것이다). 초기 고객과 제품이 해결하고자 하는 문제나 어려움을 필히 언급해야 한다. 그들과 미팅을 잡을 때, 그들이 할애할 수 있는 시간이 얼마나 되는지, 발표 자료는 어떤 형식이 좋은지(파워포인트 슬라이드, 제품 시연, 화이트보드 활용 등), 집중해야 하는 발표 주제가 기술, 시장, 고객, 문제점, 아니면 전체인지를 확인해야 한다.

> ❖ 각 전문 분석 기관 또는 영향력 있는 이들은 그들이 다루는 시장 또는 제품에 대한 각자의 관점이 있다.

세일즈 발표 자리가 아님을 유념하고 발표 자료를 정리한다. 발표 자료는 시장과 제품 포지셔닝, 제품 세부 기능에 집중해야 한다. 발표의 목적은 판매가 아닌 제품과 회사 포지션을 검증하고, 가능하면 그들 생각에 영향을 주는 것이다. 각 분석 기관이나 영향력 있는 이들은 시장 또는 제품을 다루는 것에 대한 관심을 갖고 있다는 것을 사전에 이해해야 한다. 화이트 보드에 그릴 수 있을 정도로 충분히 이해하고 있어야 한다. 신규 시장 창출인 경우는 창출된 시장이 영향을 미치게 될 인접한 시장의 현황 상태를 표현한 장표를 포함해야 한다.

산업에 영향력 있는 이들을 만날 때도 애널리스트와 동일하게 발표 자료를 요구할 수도 있거나, 아니면 근처 레스토랑에서 점심식사를 나눌 수도 있다. 그들이 어떻게 정보를 획득하고 전달하는지 사전에 숙지한다. 그리고 상황에 맞춰서 발표 자료 분량과 스타일을 정한다.

영향력 있는 이들과 애널리스트를 만날 때는 그들의 의견(그리고 추가적으로 매우 열정적인 관심까지)을 받는 것을 목적으로 한다는 것을 명심해야 한다. 그들과 대화를 통해 시장에 대한 중요 정보를 알아내야 한다. 중요한 학습 목표들에 대해 머리 속의 체크리스트를 만들어라.

예를 들면 다음과 같다.

- 다른 회사는 어떤 유사한 일을 하는지 알고 있는가?
- 어떻게 새로운 회사의 비전을 시장의 요구사항에 맞출 수 있는가?
- 고객의 요구사항을 함께 하는가?
- 제품, 시장에서의 위치, 회사 스스로 최고의 포지셔닝을 어떻게 할 수 있는가?
- 제품 가격 정책은 적절한가?
- 어떻게 경쟁사의 가격에 대해 비교우위를 가져갈 것인가?

애널리스트는 회사 내에 영업 대상을 명확히 짚어주며, 직면하게 될 문제점을 파악해준다. 이들로 받는 의견과 실제 고객들의 일부 의견을 바탕으로 고객 검증의 마지막 단계로 넘어가는지 12장에서 계속 살펴볼 것이다.

12장

고객 검증 4단계:
어려운 질문, 전환 또는 진행

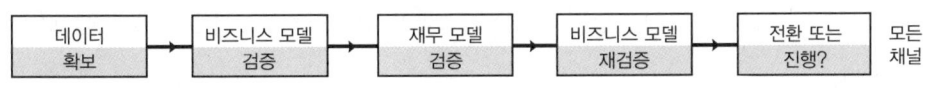

이번 고객 검증 단계는 가장 중요하며 정말 배가 아플 정도로 어렵고 힘들다. 확장 가능하고, 수익성이 있는 비즈니스 모델로 앞서 나가 정직하게 결정해야 한다. 고객 창출 단계에서 앞으로 나아갈 준비가 되어 있는가? 빠른 고객 성장을 위한 연료로 수백만을 소비할 때는 언제인가? 이 단계는 회사의 미래 방향에 대한 질문을 부른다. 이제 고객에 대한 학습과 수집한 사실로부터 통찰력을 얻어 모든 테스트 결과에 대해 공부할 시간이다. 회사가 확장을 위해 지출을 시작할 준비가 되어 있다면 위대하고, 유익한 기업이 되기 위한 결과를 만들어낼 시간이다.

'전환 또는 진행'의 중요한 질문에 답을 해야 하는 세 단계가 있다.

- 모든 고객 발굴과 고객 검증에서 핵심 사항을 조립하고 검토
- 비즈니스 모델 가설과 다른 가설에 대한 상호 작용을 검토
- 금융 모델에 있어 중요 지표$^{MTM, Matrics That Matter}$에 초점을 맞춤

전환 또는 진행: 유효한 데이터를 찾아 조립하라

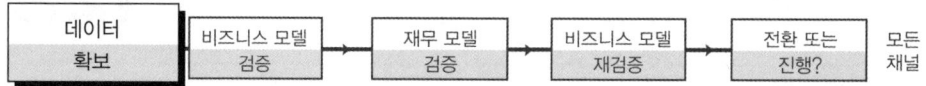

이쯤에서 산업계 보고서, 고객 세그먼트, 고객 피드백, 마케팅 프로그램 결과, 채널과 입력 비용, 그 이상의 것들이 하드디스크에 엄청난 양으로 남아 있을 것이다. 이러한 데이터가 어떤 차이점, 불일치, 변칙적인 내용에 대한 것인지 확인해야 한다. 몇 가지 예를 들어보자.

- 회사는 수익성을 위해 1만명 이상의 고객이 필요하지만, 시장은 충분히 크지 않다.
- 고객 획득이나 채널 비용이 지나치게 높고, 회사는 비수익성 상태다.
- 세일즈 로드맵은 너무 길고, 복잡하며, 세일즈 판매 방식에 비용이 너무 높다.
- 최선의 노력에도 불구하고, 추천을 통해 추가적인 고객이 유입되지 않는다.

이러한 비정상적인 것들은 모든 데이터를 하나로 모았을 때 가장 쉽게 발견된다. 이들은 잠재 고객, 채널이나 제품 개발 회의에서 자주 언급되어야 한다.

> 데이터의 더미를 번역하는 가장 좋은 방법은 가능한 시각화하는 것이다.

전략 회의실 구축

데이터, 보고서, 설문 조사를 번역하는 가장 좋은 방법은 가능한 시각화하는 것이다. 창업팀이 최상의 결과를 얻으려면 하나의 방에 모여 모든 가설을 단계적으로 하나씩 하루나 이틀에 걸쳐 토론을 하는 것이다. 그러면 최종 비즈니스 모델 캔버스에 깊이 빠져서 벽 하나를 가득 채우게 될 것이다. 가설들로 나머지 벽 전체를 가득 채우고, 가설의 여러 부분을 기억하여 모든 가설의 조각을 하나로 정리해야 한다. 다이어그램을 사용하여 다른 벽을 채우고, 가장 최근의 비즈니스 모델 캔버스와 첫번째나 두번째의 초기 반복된 캔버스를 위해 빈 공간을 남겨두어라. 큰 화이트보드에 질문과 변경에 대한 점수를 유지하고, 3장에서 깊게 논의했던 중요 지표에 대한 요소를 숫자로 매긴다. 다만 모든 다이어그램은 스타트업에 적절하지 않을 수도 있다. 검토해라.

- **워크플로 지도** 고객이 새로운 제품을 소유하거나 또는 소유하지 않는 양쪽 모두의 상태에서 그들의 직업과 삶에 대한 다이어그램으로 고객 원형을 보여준다.
- **구조/영향 지도** 고객이나 비즈니스맨의 상호작용, 빈도, 구매 결정에 어떤 영향을 주는지를 보여준다.
- **고객 모형** 자금을 어떻게 벌어들이고 지출하는지, 시간을 어떻게 사용하는지를 나타낸다.
- **시장 지도** 고객이 어디서에서 오는 것인지 보여준다.
- **채널 또는 세일즈 로드맵** 세일즈가 어떻게 일어나는지를 보여주는 다이어그램이다.
- **최종 업데이트된 비즈니스 모델 캔버스** 몇 개의 초기 버전이 포함될 수 있다.

데이터 검토

매우 중요한 정량적 데이터와 리뷰는 다음을 포함한다.

- 고객의 피드백, 제품에 대한 고객의 열정을 나타내는 세일즈 보고서와 시간의 경과에 따라 잠재적인 판매 수익 보고서
- 시장 규모와 시장 점유율 추정
- 채널 피드백과 수익 창출 가능성 요약서
- 가격, 고객 획득 비용, 주요 제품 가격 변경
- 업계, 고객과 자신의 행동에 대한 자세한 정보
- 경쟁 제품 및 가격 정보

> - 웹에서의 '확보, 유지, 성장'에 대한 테스트 결과
> - 고객 획득 비용과 입소문 확산 정보, 방문당 페이지뷰, 방문 빈도, 사용자 성장율, 최적화에 대한 최근 상태를 나타내는 자세한 정보
> - 사용자 테스트 결과, 활성화, 전환, 유지 및 성장 활동을 위한 개선의 속도를 보여주는 데이터

종종 투자자를 포함한 팀은 고객 발굴과 고객 검증에서 가설에 대한 문서의 최종 버전으로 통합하고, 다음 절에서 논의할 비즈니스 모델 캔버스 버전을 갱신한 학습된 모든 것을 보증하는 보조자료의 모든 것을 검토하려고 한다. 이 단계에서 중요한 활동은 교차점을 관찰하고, 상하관계, 비즈니스 모델 컴포넌트, 의심할 여지 없이 많은 컴포넌트들은 같은 방법으로 변경된다. 프로세스는 건강한 것이며 전환 또는 진행 프로세스의 다음 단계의 연료로 결과를 도출한다.

> 비즈니스 모델 컴포넌트간에 상호 작용이나 교차점을 관찰하라.

비즈니스 모델 체크리스트(그림 12.2)는 요청과 걱정에 대한 질문을 팀에게 담당하게 하고 관리해야 한다. 팀원들에게 출력해줘라. 수작업으로 진행하라. 그들이 올바르게 진행하는 것에 회사는 내기를 할 것인지를 걱정해라.

전환 또는 진행: 비즈니스 모델 검증

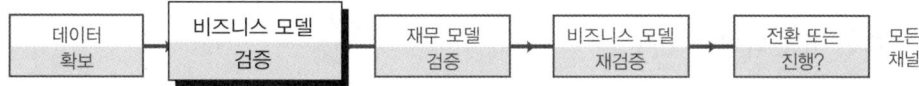

긴 여정을 달려왔다. 고객 발굴 단계에서 사실에 근거하여 비즈니스 모델 가설의 대부분을 변경했다. 면대면 고객 대응을 통해 값비싼 테스트를 완료했다. 고객 관계 가설이 서비스나 앱에 대해 지출과 활성화되어 매번 5개 중 하나의 고객만 모집된다면, 실제로 수천 명의 고객이 아니라도 수백 명이 검증 단계에서 실제로 일어날 것이다. 또한 제품이나 앱으로 세 번 방문하거나 한 번 방문 시 100달러를 지출하거나 일주일 평균 20분간 방문한다는 것을 증명하면 된다.

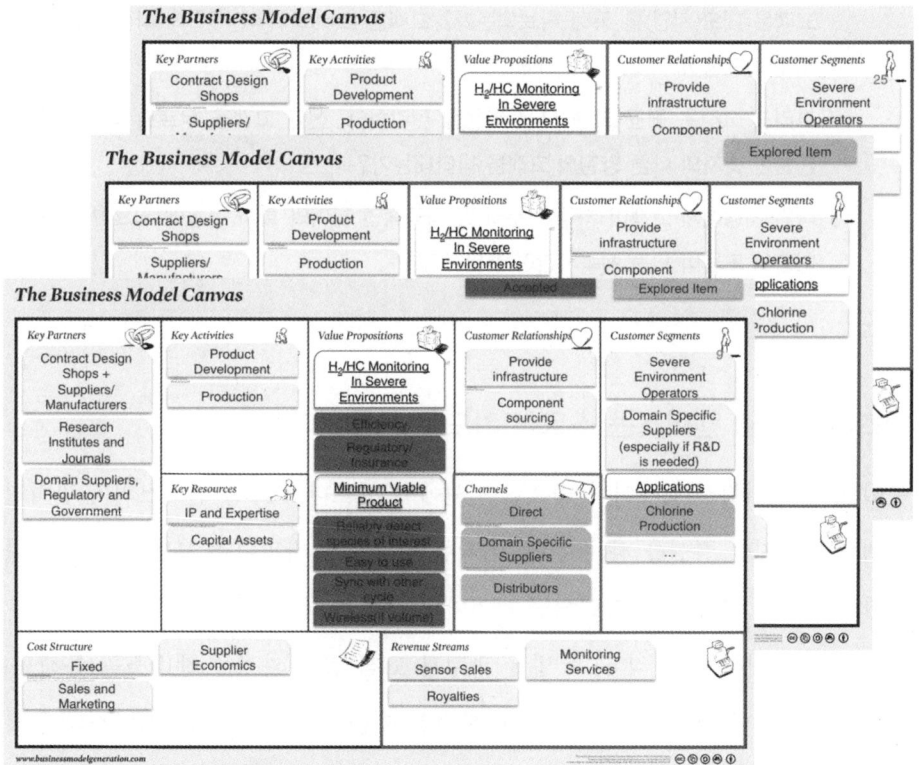

그림 12.1 비즈니스 모델 가설에 대한 검토

비즈니스 모델 가설을 통해 체크리스트로 전략 회의실 안에서 마지막 장에 모아진 데이터를 조립한다. 사실을 확인하고 체크리스트에 있는 최근 모든 질문들에 대한 최종 답변을 한다.

고객 검증의 마지막 장에서 고객 발굴의 4장과 같은 질문을 했다. 그러나 해당 시점에서 아주 많은 반박할 수 없는 질문에 대한 증거가 있었다. 지금은 더 많은 고객에게 말을 하고 더 많은 테스트를 진행해야 한다.

→ 웹/모바일 스타트업은 고객 관계 영역에서 '확보/유지/성장'에 대한 유효성 검사를 통해 비즈니스 모델 가설의 고유한 집합을 가진다. 여기에는 다음과 같은 질문을 포함한다.

- 비용 구조가 지출 선상에서 고객 모집과 고객 수가 지속적으로 증가하고 활성화 되는 것을 증명할 수 있는가?
- 고객은 데모(시연)를 통해 확보되는가? 고객은 소비와 수익 계획에 따른 비율로 회사의 지팡이가 되어 주는가?
- 그리고 고객은 평균 고객 모집 비용을 절감하고, 신규 고객을 무료로 이끌기에 충분한 숫자의 다른 양질의 고객을 나타내는가?
- 다면 시장에서 고객이 자주 방문하고, 적극적인 참여와 회사 성공에 필요한 수익 창출의 도움이 되는 지속시간이 충분한가?

비즈니스 모델 캔버스는 스코어 카드로 사용된다

운이 좋다면 매주 스냅샷이나 중요한 전환에서 비즈니스 모델 캔버스의 일반적인 스냅샷을 가지는 경험을 하게 된다. 이러한 방식으로 비즈니스 모델 캔버스를 완료한다면 마치 영화의 한 장면처럼 기업가의 과정을 남기게 될 것이다.

그림 12.1에서 보면 각 고객 발굴 과정과 고객 검증 과정은 캔버스를 통해 수정되고 완성된다. 실험(가설)을 실행, 반복적인 학습과 전환, 새로운 캔버스의 문서화를 완료한다(이를 위한 팁은 109페이지를 다시 읽어보라).

❖ "이 비즈니스인가?"에 대한 답변은 검증 프로세스 전반에 걸쳐진 다양한 테스트의 결과에서 찾을 수 있다.

"이 비즈니스인가?"에 대한 답변은 검증 프로세스 전반에 걸쳐진 다양한 테스트의 결과에서 찾을 수 있다. 종종 결과가 충분히 납득되지 않는 경우나 비즈니스 모델의 트래픽이나 재무 목표를 제공하지 않을 때는 이것을 반복하거나 전환할 때다. 그리고 새로운 접근 방식으로 결과를 향상시킨다면 다시 테스트를 통해 확인한다. 결국 회사는 고객 창출 단계에서 수백만 달러를 매우 짧은 기간에 지출하게 될 것이며, 결과적으로 예상된 것보다 더 리스크가 될 수 있다. 이것이 야망과 지나친 것으로 보일 수도 있지만, 기업이 좀 더 가까이 증거 기반 계획을 기반으로 진행한다면 비즈니스와 투자 성공에 대한 더 큰 기회를 얻을 수 있다.

사업 모델 체크리스트

√ **가치 제안:**
- 장기 제품 비전에 관한 열정이 고객에게 있는가? 예상 수익을 수치화하여 관리하는가?
- 제품 기능과 이익은 여전히 의미가 있는가? 개발 예산과 일정 내에 구축할 수 있는가?
- 고객 검증 인터뷰는 가치 제안 구성 요소로 확인되는가?

√ **고객 세그먼트:**
- 고객 세그먼트는 테스트되고 맵에서 입증할 수 있는가?
- 고객은 활성화 되거나 또는 긴급한 필요가 있는가? 예상 수익을 예측할 수 있는가?
- 제품은 생활 속에 일과를 향상시키는가?
- 고객의 구입에 있어 영향을 주는 것과 관련된 비용을 이해하는가?

√ **가치 제안 2: 시장 유형**
- 시장 유형 가설이 고객 의견으로 검증되는가?
- 적절한 시장 유형 선택 요인이 비용에 미치는 영향은 있는가?
- 팀의 확신하는 시장 유형 선택에서 예상되는 고객을 확신하는가?

√ **채널:**
- 완벽하게 먹이 사슬, 책임과 비용을 이해하고 있는가?
- 팀은 채널 수익에 대한 예측 로드맵을 확신하고 있는가?
- 영업 담당자 또는 프로모션 요금과 같은 중요한 간접 채널 비용이 있는가?
- 채널 파트너를 기꺼이 이용하겠는가?

√ **고객 관계:**
- 고객 모집 계획의 요소들은 일정에 맞추어 진행되는가?
- 고객의 모집/확보/성장의 완벽한 스케줄과 예산에 대한 테스트 계획이 있는가?
- 고객 모집 비용을 감당할 수 있는가?
- 다면 시장의 경우, 고객 모집 비용은 목표로 하는 고객의 집합에 모두에서 계산하는가?

√ **비용 구조:**
- 모든 핵심 기업 운영과 오버 헤드 비용(급여, 이자, 대여, 법률, 오버 헤드)을 명확하게 확인하는가?
- 모든 제품 개발과 제조 비용을 계산하는가?
- 기업의 비용(법률, 회계, 홍보, 세금)은 예측 가능한가?

√ **이익 흐름:**
- 회사는 시장 기회에 맞추어 성장하는가?
- 가격 모델 볼륨, 수요, 구매 빈도, 기타 수익 변수를 승인하는가?
- 예측은 점차 확장성, 점차 수익성 있는 사업으로 지표상에 나타나는가?
- 팀은 제품에 경쟁력 있는 응답이 수익에 미치는 영향을 고려했는가?

그림 12.2 비즈니스 모델 체크리스트

전환 또는 진행: 재무 모델의 검증

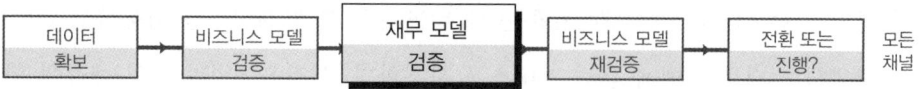

이 단계에서는 한 가지 중요한 질문에 대한 답을 필요로 한다. 확장 가능하고 성장 가능한 비즈니스에 모든 테스트를 수행할 수 있는가? 회사의 자금이 바닥나기 전에 이 모든 것이 가능한가? 이 단계에서는 잠재적인 사업 번창, 취미, 세금 손실에 관한 것을 알아낼 수 있다. 질문에 답을 하면 엄청난 양의 엑셀 스프레드시트나 50여 개 아이템으로 작성된 예산 목록이 필요없게 된다. 답변을 준 사람들, 고객, 짧은 목록의 숫자와 사실에 대한 지표들로 초기 가설에 대한 테스트를 진행하여 좀 더 사실로 만들어야 한다.

> 단순한 몇 개의 숫자가 확장 가능성, 수익성이 있는 비즈니스와 실패의 차이를 정의한다.

단순한 몇 개의 숫자가 확장 가능성, 수익성이 있는 비즈니스와 실패의 차이를 정의한다. 성공하는 기업가는 열거, 조정, 다루기 힘들거나 고객, 제품 가격, 고객이 잠든 사이에도 이익을 증가시키는 중요한 숫자를 재계산하여 처리할 수 있는 능력이 있어야 한다. 이것의 의미는 대부분의 사실들을 2가지 지표에 항상 집중해야 한다는 것이다. 은행에 남아 있는 자금은 몇 개월이나 쓸 수 있는가? 남은 자금은 얼마나 빠르게 지출되는가?

재무에 대한 다른 접근 방식은 대부분 비즈니스 스쿨에 던져버려야 한다. 그러나 이 단계에서 필요한 것은 비즈니스 모델의 유효성 검사를 통과하고, 고객 창출과 확장 유효성 검사로 이동할 준비가 되었는지를 테스트하는 모든 것을 필요로 한다는 것이다.

중요 지표들

이 책의 첫쪽부터 가설을 테스트하는 데 비즈니스 모델 캔버스를 사용하고 있다. 이 장에서는 재무 모델에 대해 캔버스를 사용한다. 이것은 5년간 이익 예측에 대한 스프레트시트를 사용하는 일반적인 방법에 비해 근본적으로 다른 접근 방법이다. 부모님에게 성적표를 집으로 가져간다고 생각해보라. 성적표가 A와 A+로 모두 채워져 있기를 희망할 것이다. 마찬가지로 B나 C의 성적으로는 위대한 회사를 만들 수 없다. 비즈니스 모델의 일부 요소는 이익이나 비용을 나타내며, 다른 요소들은 성장을 위한 연료와 같다. 물리적 또는 웹/모바일 채널의 비용은 매우 다양하게 나타난다. 이것은 마치 판매 비율과 성장 비율이 다르게 나타나듯이 마지막에는 세 가지 다른 방법으로 지표를 검토할 것이다.

물리적 채널에서 전체 이야기는 일반적으로 열 가지 이하로 말한다.

- **가치 제안** 제품 비용, 시장 규모, 실현 가능한 시장 점유율, 네트워크 효과가 고객에 미치는 영향은 무엇인가?
- **고객 관계** 고객 획득 비용, 전망 전환율, 고객 평생 가치, 고객 전환 비용과 같이 회사가 지불해야 하는 비용은 무엇인가?
- **시장 유형** 3장에서 논의(85페이지)되었던 다른 시장 유형의 장기적인 수익 예측을 고려하는 수익 곡선을 그려 본다.
- **비용 구조** 사업의 기본 운영 비용은 어떤 것이 있는가?
- **채널** 채널을 통한 판매 비용은 무엇인가? 채널 마진, 판촉, 진열 공간 요금 같은 것인가?
- **수익 창출** 평균 판매 가격, 총 수익 달성, 연도 별 고객 수는 어떠한가?
- **경비 지출 속도** 매달 회사의 경비 지출 속도는 얼마나 되는가? 회사의 자금은 언제 바닥날 것인가? 경비 지출 속도에 대한 정확한 공식은 없다. 그러나 창업가들이 종종 불을 지피는 이슈를 발생시킬 것이다. 창업가와 투자자는 경비 지

출 속도를 어떻게 조절할 것인지에 대해 의견을 모아야 하며, 확장 가능하고 수익 가능한 비즈니스 모델을 위한 탐색 과정에서 스타트업이 얼마나 많이 전환을 할 것인지에 대해 논의해야 한다.

→ 웹/모바일 채널에서 전체 이야기는 일반적으로 열 가지 이하로 말한다.

- **가치 제안** 사용자당 비용을 어떻게 계산하고, 사용자가 추가될 때 증가되는 비용이 어떤 것이 있는지 알고 있는가? 시장 크기, 달성 가능한 시장 점유율, 추천 또는 네트워크 효과의 고객 영향에 대해 계산해야 한다.
- **고객 관계** 고객 획득 비용, 예상 전환과 유지 비율은 어떠한가? 얼마나 많은 새로운 고객 또는 사용자가 급속하게 또는 무료로 모집되고 있는가?
- **시장 유형** 3장에서 논의(85페이지)되었던, 다른 시장 유형의 장기적인 수익 예측을 고려하는 수익 곡선을 그려야 한다.
- **비용 구조** 사업의 기본 운영 비용은 어떤 것이 있는가?(가치 제안 비용과 함께 또는 두 번 계산하지 않도록 주의한다)
- **채널** 채널을 통한 판매 비용은 어떤 것이 있는가? 앱 스토어, 아마존 같은 온라인 시장 사이트, 고객을 추천하는 사이트에 대해 지불하고 있는가?
- **수익 창출** 평균 판매 가격, 총 수익 달성, 연도별 고객 수는 어떠한가? 그리고 얼마나 오랫동안 자주 고객들에게 지출되는가?
- **경비 지출 속도** 매달 회사의 경비 지출 속도는 얼마나 되는가? 회사의 경비가 언제 바닥날 것인가?

경비 지출 속도에 대한 조언

벤처 투자자 프레드 윌슨은 모든 기업들에게 도움이 될 수 있도록, 웹/모바일 비즈니스 벤처 운영 시 경비 지출 속도에 몇 가지 조언을 했다.[1] 윌슨은 회사 성장 단계에 기반을 두고 경비 지출 속도를 유심히 살펴봐야 한다고 조언했다.

---

1 프레드 윌슨: Union Square Ventures 설립자, 미국 벤처 투자의 대부로 Foursquare, Twitter, Zynga 등의 기업에 투자했다. - 옮긴이

- **고객 발견 단계** 윌슨은 '제품 완성' 단계로 불렀다. 여기서 매달 경비 지출 속도를 50,000에서 75,000달러로 유지한다. 3~4명의 엔지니어를 팀으로 MVP를 개발하고, 여기에는 팀 비용, 임대비, 운영비와 같은 것들이 포함된다.
- **고객 검증 단계** 윌슨은 '제품 사용' 단계로 불렀다. 매달 경비 지출 속도는 10만 달러를 넘지 않도록 한다. 이 단계에서는 제품과 시장에 맞추어 고객을 모집하고, MVP를 이 책에서 논의된 대로 반복하여 추천과 성취를 이루는 시기다.
- **고객 창출 단계** 윌슨은 '비즈니스 완성' 단계로 불렀다. 회사의 팀을 구축하고, 시장을 활성하여 확대하고, 이익을 창출하는 시기로 매달 25만 달러 안에서 경비 지출을 조절해야 한다.

여기에 가이드라인이 있다. 그리고 엄청난 수의 예외 상황도 있다는 것을 명심하라.

고객 창출, 즉 고객 개발의 3번째 단계의 첫날부터 시작될 예정으로 내년도 사업 예측을 위한 모든 테스트 결과를 취합한다. 고객 창출을 통해 얻은 연간 재무제표 결과와 '중요 지표' 결과가 맞는 스타트업이 많이 있을 것이라고 생각되지 않는다. 부유한 이웃이나 삼촌이 VC 투자자로 스타트업에 투자하는 것이 좋은 결과라는 이유를 알고 싶어할 것이다. 마지만 단계에 재무상 숫자가 좋지 않다면, 예상한 대로 다시 고객 개발 단계나 고객 검증 단계로 돌아가서 가설을 다시 검토해봐야 할 것이다.

다음은 중요 지표에 뛰어들기 전에 고려해야 할 세 가지 사항이다.

- 주어진 시간을 잘 활용해서 당신의 스타트업에 대해 최대한 이해를 한다. 일반적으로 물리적 채널의 판매주기가 길어질수록(기업용 소프트웨어를 생각해보라), 계산 구간이 더 길어져야만 한다. 여기서는 분기별 예측 방법을 사용한다.
- 다음 년도 예측 결과로 1년 안에 자금이 소진된다던가 고객 창출 첫 해에 필요한 투자자금을 유치하지 못하였다면 이러한 분석 방법은 '전환 또는 진행' 과정에서 멈추게 된다.

- 이 중요한 단계에서 서두르지 말아야 한다. 창업가로서 지금 당장 필요하다고 해서 투자금을 받아서 진행했다가 실패한다면, 지분의 상당수를 주게 될 뿐 아니라 때로는 자리를 박탈당하게 될 것이다.

중요 지표의 시나리오

중요 지표는 스타트업 계산법에 근본적으로 새로운 접근 방식이다. 이런 방법은 일련의 예시로 설명하는 것이 제일 좋다. 다음 쪽에 있는 3개의 스프레드시트 시나리오는 사업을 평가할 수 있도록 중요 지표의 사용법을 보여준다. 세 가지 시나리오는 다음과 같다.

- 물리적 채널로 판매되는 제품
- 웹/모바일 채널에 판매되는 웹/모바일 제품
- 다중화된 웹/모바일 시장

중요 지표 예제 1

물리적 채널 사업 간편한 정원사(EZ 가드너)

물리적 채널에 대한 중요 지표가 스프레드시트 모습으로 어떻게 보이는지 표 12.1을 살펴보자.

다음은 (가상의 소비자 가격) 30달러짜리 EZ 가드너의 정원 도구 세트가 매장과 도매업자들에게 판매된 금액을 통해 대략적으로 분기별 자금 소진율을 계산한 것이다. 시기는 내년도로 결정하였다(스프레드시트는 고객 창출 과정의 첫 날을 시작으로 한다).

간편한 정원사(물리적 채널) 시장 유형(재분류 시장/틈새 시장)						
유형	q1	q2	q3	q4	합계	2년
1. 판매된 총합	15,000	18,000	27,000	48,000	108,000	180,000
2. 소매 판매 평균 가격	30	30	30	30		25
3. 총 매출액/체인/정원/유통업자	450,000	540,000	810,000	1,440,000	3,240,000	4,500,000
4. 채널 할인율(40%)	−180,000	−216,000	−324,000	−576,000	−1,296,000	−1,800,000
5. 기타 채널 비용	−90,000	−90,000	−120,000	−150,000	−225,000	−300,000
6. 회사 순 수익	180,000	234,000	516,000	714,000	2,595,000	2,400,000
7. 영업 비용: 담당자, 무역쇼	−120,000	−120,000	−150,000	−180,000	−570,000	−600,000
8. 제품 비용	−52,000	−63,000	−94,500	−168,000	−378,000	−540,000
9. 현재 운영 비용	−120,000	−120,000	−120,000	−180,000	−540,000	−720,000
10. 재무 비용	**−112,000**	**−69,000**	1,500	186,000	6,500	540,000
11. 잔금/분기별	388,000	319,000	330,500	516,500	516,500	1,056,500

참고: 제일 왼쪽의 숫자는 다음 설명을 참조한다.

표 12.1 통계 수치 문제 물리적 채널 모델

가상 사업을 고려한 숫자 결과에 대한 몇 가지 가정된 내용은 다음과 같다.

- '지인 및 친척' 자금으로 설립한 회사는 은행에 투자금액 50만 달러로 고객 창출을 시작했다. 대부분의 물리적 채널 마케팅과 마찬가지로, '간편한 정원사'도 온라인으로 진행한다. 창업가들은 이 책을 읽고, 충실하게 진행했으며, 현재 '가장 중요한 채널부터 공략' 중이다. 그렇기에 현재 온라인으로 제품 판매를 하지 않고 있다.

- 2년 동안 제품의 참신성이 떨어지면서 제품 가격도 떨어지기 시작한다.

- 제품 개발은 해외에서 이번 연 초에 완료하였으며, 판매 현황을 알기 전까지 추가 개발비는 없다.

- 시장 유형은 재분류/틈새 시장이기 때문에 매출은 급상승하지 않는다.

중요 지표 사용 방법

이 스프레드시트에 11가지 중요 지표가 있다. 스프레드시트의 왼쪽 열에 따라가 각 숫자를 보면서 숫자의 원조Origin 또는 출처Source에 대해 자세히 알아보자.

1. **제품의 총 판매 수** 이 숫자는 업체 담당자와 채널 파트너에서 활용하는 고객검증 성적표에서 추정할 수 있다. 유효 시장(가능하면 사용 시장 정보) 정보와 비교하여 시장 점유율을 파악한다(117페이지 참조). 이 두 종류의 숫자를 활용하여 분기별 판매 가능한 수를 예측한다. 만약 고객이 여러 번 구매를 했다면 숫자도 반영한다.

2. **평균 소매가격** 소비자가 평균적으로 제품에 얼마를 지불할 것인가를 결정한다. 가치제안 가설에 의해 결정된 숫자는 경쟁 분석과 고객, 채널 검증 논의를 통해 입증되어야 한다. 예제에는 제품 단위 가격으로 표시되어 있고, 가격은 채널에 따라 다를 수 있으므로, 일반적인 평균 소매가가 된다.

3. **모든 채널에 걸친 총 판매** 분기당 제품에 대한 총 소매 판매를 말한다. 회사는 하나의 판매 채널을 사용하기 때문에 비교적 계산이 간단하다. 그리고 소매 유통업체들이 판매 상품을 반환하여 환불 받을 수 있는 '보장 판매' 상황을 반드시 고려해야 한다.

4. **(지출) 채널 할인(40%)** 제품의 가격의 몇 퍼센트를 채널 판매 비용으로 가져가는가? 소매 가격을 공제하고 3번에서 계산된 모든 채널 매출을 적용한다. 여기서 매우 일반적인 체인 매장의 마진을 가정했다. 이 돈은 절대로 회사 금고로 돌아오지 않고, 따라서 회사 순수익을 계산하기 위해 차감해야 한다.

> ❖ 채널은 광고, 홍보, 진열 공간을 공급 업체에 부과하기로 악명이 높다.

5. **(지출) 기타 채널 비용** 채널은 광고, 홍보, 진열 공간을 공급 업체에게 부과하기로 악명이 높다. 또한 채널에 제품을 판매하는 독립 판매 담당자나 중개인의 비용이 있을 수 있다. 첫 해에 스타트업은 중요한 소매 채널의 진열 공간을 확보하기 위해 스페셜 프로모션을 자의든 타의든 구매해야 할 수도 있다. 채널 파트너와 충분히 논의하여 이러한 비용을 추정한다.

6. **회사 순 수익** 채널 순 수익(6번)은 총 판매(3번)에서 채널 할인(4번)과 기타 채널 비용(5번)을 뺀 금액이다.

7. **(지출) 영업 비용 (담당자, 무역쇼)** 가든 제품 채널 비용을 맞추기 위해 팀 비용은 얼마나 드는가? 특정 고객 모집 비용뿐만 아니라, 스타트업은 영업 인력, 판매, 마케팅 자료, 무역박람회에 참석하는 등이 지출된다. 이러한 비용은 비즈니스 모델 캔버스에 있는 고객 관계와 비용 구조에서 추가적으로 알아내야 한다.

8. **(지출) 제품 비용** 제품을 구축하고 제품을 만들기 위해 드는 비용은 얼마인가? 처음 가치 제안 및 비용 구조 상자에서 만들고, 예상가는 다음의 두 가지의 비용을 합한다.
   - 예제에서는 제품 개발비는 완납했다.
   - 제조비는 물리적 제품 비용이다.

9. **(지출) 현재 운영 비용** 매일 사용하는 사무실 전기사용요금을 계산한다. 이 말은 빈약한 설립자의 급여, 기타 급여, 임대료, 장비, 공과금, 법률 등 이와 같은 비교적 고정되어 있는 숫자로 고정비를 계산할 수 있다. 이 비용은 변동이 제일 적다. 차라리 다른 비용보다 낮은 것을 우려해라. 이 비용은 일반적으로 연 말 경이나 창업 2년째에 살짝 증가한다.

10. **재무 비용** 이번 분기에 돈을 벌었는가 아니면 손해를 봤는가? 얼마인가? 회사 순수익 (6번)에서 나머지 7번, 8번, 9번 모든 비용을 뺀 결과가 경비 지출, 회사의 은행 계좌에서 분기별 지출을 말한다. 위와 같은 예제는 회사는 손해를 보고 있으며, 고객 수가 증가가 되며 제품 개발 비용이 감소되면서 회사의 자

금흐름이 아주 좋아지게 되는 4/4분기까지 '돈을 태운다'라고 말할 수 있다.

11. **잔금** 1/4분기 첫날부터 은행 잔고를 계산해야 한다. 가상의 스타트업은 은행에 500,000달러 잔고를 기반으로 고객 창출의 첫 해를 시작했다. 분기가 마감될 때 경비 지출을 뺀 잔고가 얼마나 남았는지 계산해라.

지표에 따라 창업가가 해야 할 일

이 사업은 '작고 좋은 비즈니스'라고 말할 수 있다. 창업가들에게는 편안한 생활과 투자자들에게는 괜찮은 수익이 나올 것이다. 하지만 실리콘밸리의 많은 영웅들처럼 확장은 거의 불가능한 사업이다. 아무리 회사가 2년 차에 1년 차에 있었던 은행에 잔고만큼 세전 수익을 올린다고 해도 사업상 빨리 진행되지는 않는다. 이 사업은 단품종 회사이다. 강력한 수익 성장을 할 수 있었던 유일한 방법은 소매가를 줄인 것이다. 절대 좋은 징조가 아니다.

다음은 창업가와 전문위원회에서 논의해야 할 요점들이다.

- 회사의 미래 성장 전망에 큰 영향을 미칠 수 있는 비즈니스 모델에 잠재적으로 거창한 변화가 있습니까?
- 해외 시장은 어떤가? 성장 기회인가?
- 어떻게 회사는 한 번의 작은 성공을 잘 활용할 수 있는가? 다른 제품을 런칭하기 위해서 가든 산업 안팎으로 브랜드를 충분히 만들고 있는가? 충분히 창의적인가?
- EZWeeder와 최초의 EZhoe로 시작으로, 회사의 브랜드, 신뢰성과 채널 파트너 관계를 최대한 활용하여 회사를 신속하고 넓게 확장하기 위해 EZgrass 또는 EZflowers 제품군을 확대시키는 것은 어떤가?

- EZcooker 또는 EZcleaner, EZcleanup으로 제품을 확장하여 가든 산업 외부로 진출할 수 있는가? 신제품에 상관없이, 회사는 제품 개발에 만만찮은 비용을 지출하고 (특히 가든 산업에서 외부로 확장하려면) 성공이 보장되지 않은 상태에서 마케팅에 엄청난 비용을 쏟아 부어야 한다(창업가는 새로운 가설들을 수립해야 한다).
- 회사가 새로운 제품 개발에 투자하지 않는 한, 지금 사업은 확장용 비즈니스가 아닌 취미 생활을 하는 것이다.

위와 같은 생각을 마지막 '전환 또는 진행' 단계까지 고민해보자. 다음 단계에서는 웹과 모바일 채널에서 판매되는 소프트웨어 제품의 세 가지 비즈니스 모델 중 두 번째를 살펴보자.

중요 지표 예제 2

웹/모바일 채널을 통해 지출 보고서 프로그램을 판매

➡ 표 12.2를 살펴보면, 30달러짜리 비교 제품과 다운로드 가능한 XpensePro 소프트웨어는 오직 웹/모바일 채널로 판매된다.

지출보고서(웹/모바일) 시장 유형(재분류 시장/틈새 시장)						
유형	q1	q2	q3	q4	합계	2년
1. 직접적인 단위 판매(웹)	4,000	5,000	6,000	8,000	23,000	28,750
2. 직접 판매 총 수익 (단위당 30달러)	120,000	150,000	180,000	240,000	690,000	862,500
3. 고객 모집 비용 (6달러)	−24,000	−30,000	−36,000	−48,000	−138,000	−172,500
4. 웹 순수익	96,000	120,000	144,000	192,000	552,000	690,000
5. 직접 판매/ 모바일(단위)	2,000	2,500	3,000	3,500	11,000	13,000
6. 모바일 판매 총 수익	60,000	75,000	90,000	10,500	330,000	390,000
7. 추천 인센티브 지출 4달러	−8,000	−10,000	−12,000	−14,000	−44,000	−52,000
8. 모바일 순수익	52,000	65,000	78,000	91,000	286,000	338,000
9. 앱스토어 판매 (단위)	8,000	12,000	16,000	24,000	60,000	90,000
10. 총 수익 (단위당 30달러)	240,000	360,000	480,000	720,000	1,800,000	2,700,000
11. 시장/앱 스토어 수수료 30% 또는 9달러	−72,000	−108,000	−144,000	−216,000	−540,000	−810,000
12. 앱 스토어 순수익	168,000	252,000	336,000	504,000	126,000	1,890,000
13. 모든 채널별 총 수익	316,000	437,000	558,000	787,000	2,098,000	2,918,000
14. 제품/ 제품 개발 비용	−400,000	−300,000	−200,000	−150,000	−1,050,000	−480,000
15. 현재 운용 비용	−150,000	−150,000	−150,000	−150,000	−600,000	−720,000

유형	q1	q2	q3	q4	합계	2년
16. 재무 비용	−234,000	−13,000	208,000	487,000	487,000	1,718,000
17. 잔금/분기별	64,000	51,000*	259,000	746,000	746,000	2,464,000

*낮은 위험도

참고: 맨 좌측에 있는 숫자는 밑에 설명된 해설을 참고한다.

표 12.2 중요 지표: 웹/모바일 판매 모델

이 시나리오에서 회사의 가설은 자신의 웹 사이트나 앱 스토어를 통해 다운로드하여 XpensePro를 판매한다. 앞에 예제와 같이 다음의 숫자들을 반영해야 한다.

- 제품 개발비는 초기에 많이 소요되고 후반에 갈수록 줄어든다.
- 제품은 다운로드 가능하기에 제품 수 증가에 대한 비용은 거의 들지 않는다.
- 시장 유형은 재분류/틈새 시장이기에 매출은 드라마틱하게 급성장하지 않는다. 하지만 연간 매출 증가가 눈에 띄기에 후반부 사업 성공은 유망하다.
- 이 사업은 엔젤 투자 300,000달러를 기반으로 시작한다. 더 많은 자금 유치는 어렵다.

지표의 중요 항목

이 스프레드시트에서 주요 항목 5가지를 살펴보자.

- 매출은 3가지 채널로부터 나타난다.
  - 고객 모집의 총 비용을 제외한 웹 판매에서 직접 수익
  - 추천 인센티브를 제외한 직접 모바일 판매의 수익
  - 채널 비용 및 마케팅 비용을 제외한 앱스토어 채널의 수익
- 분기 동안의 경비 지출이나 분기 동안 벌어들인 수익
- 분기 마지막에 남은 잔금

각각의 세 가지 채널에서 사업이 개별 운영되기 때문에 위의 항목의 답을 만들려면 17가지의 각기 다른 정보가 필요하다. 하지만 위원회는 17가지 숫자보다는 5가지 숫자에 집중한다. 한 가지 숫자가 아주 이상하거나 예산에서 벗어난다면, 원인을 찾아서 좀 더 세밀하게 점검한다. 5가지 숫자를 만들 수 있는 기초 숫자는 단위 판매 수, 총 직접 매출, 고객이나 판매 비용, 채널의 순수익 등이다.

스프레드시트의 맨 좌측 열을 따라가 보면서 각 숫자의 기본과 출처를 살펴보도록 한다.

웹 수익은 다음과 같다.

1. **직접적인 웹 단위 판매** 얼마나 많은 웹 애플리케이션이 회사의 사이트에서 다운로드되는지를 나타낸다. 고객은 한 해에 여러 번 구매할 가능성이 낮다.
2. **총 직접 수익** 평균 판매 가격 30달러와 단위의 수(1번)를 곱한 값이다.
3. **(지출) 고객 모집 비용** 평균적으로 웹을 통해 판매하기 위해 드는 비용이다. 애드워즈, 인센티브, 이메일 등 유사 방법으로 한명의 고객을 확보하는 평균으로 6달러의 가치 비용이 든다. 단위의 수 (1번)와 6달러를 곱한 값이다.
4. **총 웹 수익** 웹 사이트 판매(2번)의 총 직접 수입에서 고객 모집 비용(3번)을 뺀 값이다.
5. **직접적인 모바일 단위 판매** 소수의 고객들이 회사 웹 사이트에 모바일 버전의 앱을 찾아 다운로드한다(대부분은 앱 스토어에서 구매한다). 485페이지에서 EZ 가드너 중요 지표 1번에 설명되어 있는 절차를 사용하여 분기별 단위를 계산할 수 있다.

❖ 표면상으로 이 사업은 정말 멋진 것 같다.

6. **총 수익/직접적인 모바일 단위** 평균 판매 가격 30달러(5번)와 직접적인 판매 모바일 단위의 수를 곱한 값이다.
7. **(지출) 추천 인센티브** 고객 관계 가설은 나타내는 것으로, 직접 판매의 1/3은 4달러의 추천 인센티브를 통해 유입된 행복한 고객이다. 직접적인 웹 판매(1번)와 모바일 단위 판매(5번)의 1/3을 4달러와 곱한 값이다.
8. **총 직접적인 모바일 수익** 이 채널을 통해 수익이 회사 계좌로 들어오는가? 수익/단위(6번)와 단위(5번)를 곱한 후 추천 인센티브(7번)를 제외하여 값을 구한다.
9. **앱스토어 채널 판매(단위)** 484페이지에 설명된 EZ 가드너 단위 판매 3번의 채널 방법을 사용하여 단위를 계산한다.

10. **채널 총 수익** 30달러 소매가격과 판매 채널 단위 (9번)를 곱한 값이다.

11. **(지출) 시장/앱 스토어의 30% 수수료** 모든 다운로드로 판매 수익 중 30%나 9달러 앱 스토어 수수료를 회사에 부과한다. 각 단위에 9달러를 곱하고 그 값을 채널 수익(10번)에서 뺀다.

12. **총 앱 스토어 순수익** 회사 은행계좌에 입금될 앱스토어 판매 수익은 채널 수익(10번)에서 앱스토어 수수료 (11번)를 뺀 값이다.

13. **총 순수익(모든 채널)** 숫자 3개인 직접적인 웹 수익(4번), 직접적인 모바일 수익(8번), 앱스토어 순수익(12번) 을 전부 더한 값이 회사의 총 수익이다.

14. **(지출) 제품/제품 개발 비용** 제품 개발 및 구축하는 비용은 얼마인가? 지속적인 제품 개발 비용 및 다운로드와 인터넷 대역폭을 합산한 비용을 계산한다. 제품 자체의 물리적 비용은 발생하지 않는다.

15. **(지출) 현재 운영 비용** 486페이지의 9번째 줄에 있는 1번째 예제와 똑같이 매일 사용하는 사무실 '전기사용요금'을 계산한다.

16. **재무 비용** 이번 분기에 돈을 벌었는가 아니면 손해를 봤는가? 얼마인가? 1번 스프레드시트의 10번째 줄에 명시된 현금지출 비용을 계산하는 절차를 따른다

17. **잔금** 1번 스프레드시트의 11번째 줄에 명시된 과정을 따른다.

지표에 따라 창업가가 해야 할 일

표면상으로는 정말 멋진 사업인 것 같다. 고객 창출의 첫 해에 746,000달러를 벌고, 2년차에 대략 3배의 현금흐름을 만들 수 있는 계획이다.

그러나 4년 만에 2.5억 매출을 달성하여 투자자와 창업가 모두를 행복하게 만들 수 있는 사업인가? 숫자가 50만달러 지출과 1년(또는 50만 달러 지출과 5년) 여부를 스프레드시트에서는 알 수 없기 때문에 결과에 박수를 칠지 또는 책망해야 할지 결정하기 어렵다. 이것은 우리가 결정할 수 있는 사항이 아니다.

이사회는 최신 비즈니스 모델 캔버스를 다시 검토해보면서, 무슨 일이 있더라도 사업을 크게 성장시킬 기회를 찾아야 한다. 스타트업은 이제 제품 개발이나 인력 소싱에 많은 비용을 투자하지 않는다(비용 증가는 비교적 미미하다). 그리고 목초와 같은 투자 가치가 없는 황무지로 밝혀지기 전에 오래 전부터 캐쉬 카우를 통해 지속적인 매출 원동력으로 자리매김해야 할 것이다.

결국 한 해에 거의 100,000여 명의 새로운 고객을 창출할 수 있는 거의 모든 비즈니스는 2년째 되는 해에 어떤 식으로 고객 수의 뒷자리에 0을 추가하거나 2년 차에 적어도 두 배로 증가시킬 것인지에 대한 방법을 강구해야 한다. 수익은 두 배로 측정했었지만, 간단히 훑어보기에는 회사의 2년차 계획 수립은 야심차 보이지 않는다.

유의사항은 다음과 같다.

- (7번) 4달러 인센티브 방식으로 판매가 거의 없을 수 있기에 인센티브를 늘리게 되면, 총 수익에 악영향을 줄 수 있다.
- (12번) 앱 스토어 승인 절차는 가장 큰 채널에 출시 기한을 지연시켜 수익에 악영향을 줄 수 있다.
- (15번) 지원, 채널 관계 등을 위한 직원이 더 필요할 수도 있다.
- (5번) 소비자에게 모바일 직접 판매가 실패한다면 수익에 악영향을 줄 수 있다.

스프레드시트의 숫자들이 정말 마음에 들어도, 서로 축하해주기 전에 여러 개선 방법을 찾아봐야 한다. 이들은 고객 검증 동안의 증명을 기준으로 추정한 숫자일 뿐이다. 실제 은행에 예치된 돈이 아니다. 지출을 줄일 수 있는 여러 방안을 강구하도록 1번 스프레드시트에 있는 '창업가가 할 일' 부분을 다시 검토해야 한다. 이번 단계의 마지막 부분인 '전환 또는 진행' 논의를 위해 위와 같은 고민과 여러 생각들을 계속 진행한다.

지출보고서(웹/모바일) 시장 유형(재분류 시장/틈새 시장)						
유형	q1	q2	q3	q4	합계	2년
1. 신규 활성화된 사용자	300,000	400,000	600,000	750,000	2,050,000	3,000,000
2. 신규 사용자 확보 비용 (평균 3달러)	900,000	1,200,000	1,800,000	2,250,000	6,150,000	6,000,000
3. 활성화된 총 사용자	300,000	700,000	1,300,000	2,050,000	2,050,000	5,000,000
4. 분기별 사용자 당 페이지뷰 평균	60	66	72	80		100
5. 분기별 총 페이지 합	18million	46million	93million	164million	321.8million	500million
6. 페이지뷰 이탈 (분기별 7% 내외)	n/a	-3,260,000	-6,420,000	-12.3million	-2,278,0000	-60,000,000
7. 총 판매 CPM	18,000	42,740	86,580	151,700	299,020	440,000

유형	q1	q2	q3	q4	합계	2년
8. 평균 CPM 2.5달러 (페이지당 4번 광고)	10	20	24	30		36
9. 총 광고 수익	180,000	854,700	2,077,920	4,551,000	7,663,620	1,5840,000
10. 이메일 리스트 렌탈 수익	0	14,000	78,000	164,000	256,000	2,000,000
11. 총 수익	180,000	868,700	2,155,920	4,715,000	7,919,620	17,840,000
12. 사용자 확보 비용	−900,000	−1,200,000	−1,800,000	−2,250,000	−6,150,000	−6,000,000
13. 제품/제품 개발 비용	−2,000,000	−1,500,000	−1,200,000	−600,000	−5,300,000	−6,000,000
14. 현재 운영 비용	−1,200,000	−1,200,000	−1,200,000	−1,500,000	−5,100,000	−6,000,000
15. 재무 비용	−3,920,000	−3,031,300	−2,044,080	365,000	−8,630,380	2,240,000
16. 잔금/분기별	6,080,000	3,048,700	1,004,620	1,369,620	1,369,620	$3,609,620!

* 2년간 고객 모집 비용을 1달러로 낮춘다.
** 일부 사용자는 서비스를 떠난다.

참고: 왼쪽 숫자는 다음과 텍스트 설명을 참조한다.

표 12.3 통계 수치 문제 Multi-sided/Ad-Supported 모델

중요 지표 예제 3

다면 시장의 예

다음은 동일한 제품인 XPensePro 소프트웨어에 대해 완전히 다른 비즈니스 모델 관점에서 볼 수있는 세 번째 방법이다. 제품은 동일하지만 사용자에게 완전히 무료로 제공되는 다면 시장을 살펴보자. 활성화된 지출 계정을 보유한 사업가들을 만나기를 원하는 광고주는 고객에게 전달될 수 있다면 기꺼이 비용을 지불할 것이다. 그리고 이런 다면 시장의 다른 '면'인 회사 수익은 광고와 이메일 리스트를 판매하는 것이다.

> ✧ 다면 시장은 제품이 동일하지만 사용자에게 완전히 무료다.

이 시나리오에서 우리의 벤처 투자된 다면 시장 스타트업은 광고주로부터 일주일에 두 번 이메일을 받는 것에 동의할 경우, 사용자에게 무료로 제품을 제공한다. 제품은 디지털로 다운로드할 수 있다. 하지만 상당한 자원을 사용한 광고 판매로 다른 시장을 확장해야 된다(다른 두 비즈니스 모델과 비교하면 중요 지표가 상당히 다른 점이 아주 흥미롭다). 이전의 예와 같이 이 숫자는 다음과 같은 상황을 고려한 것이다.

- 벤처 투자를 받은 위의 예제는 천만 달러의 자금이 있다.
- 제품 개발비는 초반에 많이 들지만 후반에 갈수록 줄어든다.
- 제품은 다운로드 가능하기에 제품 수 증가에 대한 비용은 거의 들지 않는다.
- 시장 유형은 '재분류/틈새 시장'이기에 매출은 절대 급성장하지 않는다. 하지만 연간 매출 증가가 눈에 띄기에 후반부 사업 성공이 유망하다.
- 광고비와 이메일 판매의 수익은 네트워크 망이나 영업 수수료 이익이 포함되어야 한다.
- 비록 제품은 무료임에도 불구하고 새로운 사용자 창출 비용인 광고, 이메일 및 여러 홍보 활동은 실제 돈이 든다. 회사가 개발을 반복하고 점점 똑똑해짐에 따라 고객 유치 비용은 2년 차에 감소한다.

중요 지표와 요약

우리는 다면 시장의 양쪽에 수익과 비용을 모니터링할 필요가 있기 때문에 이 스프레드시트에는 16가지 중요 지표가 있다(이 시나리오에서 회사는 사업 전환을 했으며 제품의 현금 판매를 중단했다). 스프레드시트의 왼쪽 열에 따라 각 숫자를 보면서 숫자의 원천(Origin)이나 시발점(Source)에 대해 면밀히 살펴본다.

1. **신규 활성화된 사용자** 얼마나 많은 사람들이 무료 앱을 다운로드하고 적극적으로 사용하는지를 알 수 있다. '활성화'는 생성되는 페이지뷰 최소 평균 수로 정의한다(4번).

2. **신규 사용자 확보 비용(평균가 3달러)** 평균적으로는 신규 사용자 한 명당 신규 사용자 확보비용이 든다(1번). 일부는 바이럴을 통해 무료로 유입되지만 다른 사람들은 6달러의 비용이 든다.

3. **활성화된 총 사용자** 한 분기에 확보된 평균 월 단위 사용자 수다.

4. **분기별 사용자당 평균 페이지 뷰** 활성화된 사용자(3번) 수를 총 페이지뷰(5번)로 나누면 실제 사용자가 사이트를 클릭한 수가 계산된다. 이 숫자는 사업의 건강과 성장에 중요한 측정값이다.

5. **분기별 총 페이지뷰** 이 기간 동안 사용 가능한 광고 판매 기회를 이해하려면 총 사용자(3번)와 사용자당 평균 페이지뷰(4번)를 곱한다.

6. **(지출) 페이지뷰 이탈** 많은 사용자들이 다운로드한 것을 사용하지 않고 비용을 지불하지 않는다(측정 도구를 통해 생산된) 이 숫자를 보는 것이 중요하다. 이탈 수는 연속적으로 두 달 동안 1주일에 한 번도 페이지뷰를 하지 않은 사용자 수라고 정의한다.

7. **총 판매 CPM(노출당 비용)** 총 페이지뷰(5번)에서 이탈 수(6번)를 뺀 후 필요한 '판매 가능한 CPM' 수를 구하기 위해 이 값을 1,000으로 나눈다. 더 많은 경쟁 업체가 등장으로 2년차에 평균 +/- 7%는 악화된다(CPM, Cost Per Thousand)이란 광고 판매 단위로서 천 단위 비용으로 계산된다).

8. **평균 CPM×4 광고/쪽** 경쟁력 분석과 '구매용' 고객 검증 연구는 CPM 광고주들이 이 고객들에게 전달될 수 있는 광고비를 결정한다. 쪽당 광고가 4개씩 붙는다면, 평균 CPM 단가에 4를 곱하여 1,000 페이지뷰에 해당되는 평균 수익을 계산한다. 이 예제에서 판매 수수료나 네트워크 광고 판매이던, 이미 우리는 세일즈 비용을 제외시켰다. CPM 수익은 광고주들에게 매력이 생기면서 (3~4분기에) 증가하게 된다.

9. **총 광고 수익** M의 숫자(7번) 또는 판매 가능한 총 CPM 수를 4X 평균 CPM(8번)을 곱해서 광고 수익을 계산한다. 사용자와 자사 사이트로 유입되는 트래픽이 증가함에 따라 숫자는 급격히 커진다.

> ❖ 비즈니스 모델은 매우 강력하고 매력적으로 보인다.

10. **이메일 리스트 렌탈 수익** 경쟁력 분석 및 구매 측 고객 유효성 연구를 기반으로 추청한 수익 모델이다. 아주 작고 저비용(이메일 1,000개 단위)으로 시작되며 사용자가 광고주에게 매력적인 크기가 되면서 CPM과 수익 사이즈가 커진다.
11. **총 수익** 광고 지원 및 다중화된 마케터는 수익 창출이 두 군데에서만 가능하다. 광고 수익(9번)과 이메일 리스트 렌탈 수익(10번)을 합산한다.
12. **(지출) 사용자 확보 비용** 비용을 두 번째 줄에서 뺀다.
13. **(지출) 제품/제품 개발 비용** 고객 검증 및 비즈니스 모델의 비용구조 상자에 있는 수로 계산한다. 일년 차 후반에 초기 제품이 완성도가 높아짐에 따라 비용은 감소하는 동안, 회사에서 새로운 고객을 유치하는 데 유리한 추가 기능을 구현하기 위해 2년 차 예산은 증가한다.
14. **(지출) 현재 운영 비용** 484페이지의 9번째 줄에 있는 EZ 가드너 예제처럼 매일 쓰는 사무실 '전기사용요금'을 계산한다.
15. **재무 비용** 총 수익 (11번)에서 세가지 비용 센터(12번, 13번, 14번)를 뺀 금액이 분기별 지출 비용이다.
16. **분기별 잔금** 한 분기 동안 소비한 비용(벌어 들인 돈)을 분기 말에 잔금을 계산하기 위해서 분기 첫째 날에 남아 있던 계좌 잔액에서 뺀다. 이 모델에서 오히려 숫자는 급격히 매력적일 것이다.

지표에 따라 창업가가 해야 할 일

스프레드시트는 인쇄된 종이 값보다 48.5배 더 가치가 있다는 스타트업의 명언이 있다. 이 스프레드시트에 중요 지표를 정확성에 가깝게 설정했다면 Expensereporter 사의 창립자와 투자자는 실제로 대박을 손에 쥐고 있는 것이다.

이 경우 비즈니스 모델은 너무 강력하고 뛰어나기에 창업가들은 2개의 명확한 우선순위가 있다. 1번 업무는 견고한 수비를 하는 것이다. 그리고 그들이 계획에 모든 핵심 숫자를 실제로 달성하는 것이다. 기억하겠지만 계획은 이미 고객 개발의 어려운 두 단계를 통해 확실한 근거로 만들어졌다. 이 과정에 실수가 없도록 하기 위해 쪽에 있는 모든 숫자를 하나씩 재검증한다. 다음 단계는 '최악의 경우' 분석을 진행한다.

모든 비즈니스와 마찬가지로 창업팀은 갖고 있는 중요 지표 세트를 3가지로 확장할 필요성이 있다. 최악의 경우, 최고의 경우, 지금 보여준 양면의 가설 지표 세트다. 이 사업은 광고 수익을 전적으로 의존하기 때문에, 그들은 신속하게 채널 검증 노력으로 돌아가 모두가 믿는 것이 유효하다는 것을 확증하도록 추가 조사를 진행해야 한다. 또한 사용자 이탈율을 줄이는 데 중점을 둬야 한다.

모든 검증이 끝난 후 비용을 절감하고 활성화 및 수익을 최적화하는 방법에 대한 스프레드시트 1번과 2번의 분석을 다시 검토한다. 그런 다음 만일의 경우에 대비해서 사무실 냉장고에 큰 프랑스 샴페인을 준비하라!

금융 모델에 대한 최종 의견

시장 유형은 수익 창출에 영향을 미친다. 4가지 각각의 시장 유형은 얼리반젤리스트에게 판매하던 것을 일반 사용자들에게로 판매 전환하는 데 생기는 고난 정도에 의해 형성된 특유의 판매 성장 곡선이 있다. 분명히 신규 시장에서는 많은 물량의 제품을 소화하는 일반 사용자들이 아닌 얼리반젤리스트를 넘어서 뻗어나가기에는 너무 많은 시간이 소모된다. 그렇기 때문에 초기 판매 성공은 빠른 수익 확장을 보장하지 않는다.

신규 시장과 기존 시장에 대한 판매 성장 곡선은 그래프를 통해 차이점을 확실히 보여준다. 얼리반젤리스트를 찾아서 성공적으로 판매가 되었지만, 일반 고객들이 제품을 받아들이는 속도가 다르기 때문에 이후의 판매 속도는 차이가 난다.

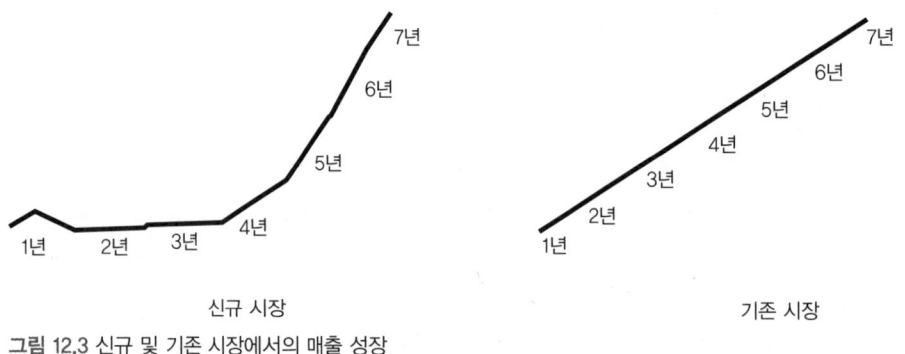

그림 12.3 신규 및 기존 시장에서의 매출 성장

기존 시장의 수익을 예측하는 것은 비교적 간단하다. 현재를 보고 성장하는 시장 사이즈의 스타트업이 매년 확보할 수 있는 백분율을 계산하는 것이다. 신규 시장의 사이즈를 예측하는 것은 아직 시장이 존재하지 않기 때문에 불가능한 것처럼 보인다. 어떻게 해야 하는가? 대리 또는 근접 시장에 기반한 기회를 예측한다. 유사한 회사들이 있는지 검색해보자. 타 회사들은 예측만큼이나 빨리 성장하는가? 왜 이 스타트업도 유사한 결과를 낼 것이라고 생각하는가?

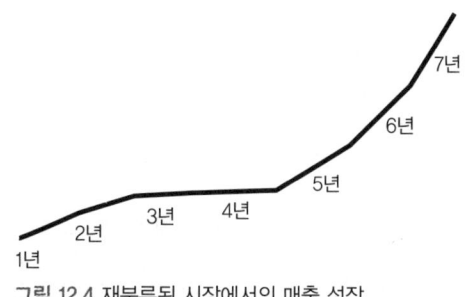

그림 12.4 재분류된 시장에서의 매출 성장

재분류 시장에서 판매 곡선은 예측하기 조금 수월하다. 힘을 얻기 위해 시간이 걸리는 점에서 신규 시장과 패턴이 비슷하다. 재분류 시장 평가는 세 단계로 나뉜다. 기존 시장의 크기를 평가하고 스타트업의 '세그먼트'가 충분히 큰지 파악한다. 이후 고객이 받아들이는 채택 속도나 신규 제품이 시장에서의 하나의 해답으로 인정받는 시간을 계산한다. 전환할 수 있는 세그먼트만 계산한다. 장기 계약, 서비스 계약, 교육비, 설치비 같은 '매몰 비용'처럼 사용자를 결속시키거나 전환하는 데 숨겨진 장벽을 주의해야 한다.

❖ 매출 성장 곡선은 시장 유형에 따라 달라진다!

수요 곡선은 수익에 영향을 미친다. '수요 곡선'은 판매량과 순이익 사이의 최적의 교차점을 찾는다. 예를 들면, 물리적 제품이 5,000단위로 찍어 내는 것이 가장 효율적이라 가정하고, 50개가 매월 팔리고 있다면 재고가 적당한 시간 내에 판매될 수 있는가? 신규 전기 자동차를 29,000달러에 판매하는 스타트업은 엄청난 수요를 창출할 것이다. 하지만 차 한대 제조 단가가 45,000달러라면 회사는 아주 빨리 파산하게 될 것이다. 다음을 사항을 고려해야 한다.

- 실제 개당 단가, 배수용 단가, 구독용 단가가 얼마인가?
- 가격 정책이 어떻게 활용되어야 더 많은 사용자를 끌어올 수 있는가?
- 어떻게 가격을 동일한 사용자에게 많이 또는 자주 구매하게 만들 수 있는가? 폭탄 할인, 무료 배송, 로열티 포인트, 유사한 가격 정책은 일반적으로 '시장 바구니'를 최적화하는 데 활용된다.
- 어떻게 가격이 수익성이나 물량을 늘리는 데 활용될 수 있는가?
- 경제 수준의 규모 곡선이 교차할 수 있도록어떻게 회사가 제품의 미래 가격을 매길 수 있는가?(한 번에 10,000개를 생산할 수 있다면, 생산 비용은 32%나 줄어들 것이다)

회계사를 고용할 타이밍

궁극적으로 예비 투자자, 은행가, 다른 투자자들은 손익계산서, 예측 등을 보고 싶을 것이다. 그것은 당연한 일이다. 사업의 타당성을 이해할 수 있는 중요 지표가 명확히 이해되며 검증되었을 때 회계에 관련된 사람은 누구든(아니면 수학을 잘하는 고등학생) 이런 숫자로 쉽게 VC용 손익계산서 스프레스시트, 대차대조표, 현금흐름표를 만들 수 있다.

간혹 중요 지표가 전혀 중요하지 않은 경우도 있다. 고객 발굴과 활성화가 달마다 엄청 빨리 진행되거나 경제가 좋아진 경우라면, 투자자는 거의 모든 지표를 무시하거나 걱정을 벗어버리고 빠르게 회사를 확장하는 데 동의할 것이다. 이런 상황은 아주 드물지만 당신에게 일어나길 바란다. 이런 경우는 거품이 많은 수직 시장에서 더 자주 일어날 수 있다. 소셜 네트워킹 분야나 다른 다면 시장 또는 강력한 IPO 시장에서 일어났었다. 엄청나게 많은 투자금을 쓸 때가 오면, 십중팔구 중요 지표는 상당히 중요해진다.

비즈니스 모델을 완성하라

이 단계는 비즈니스 모델이 얼마나 잘 만들어졌는지에 대해 중대한 성패^{make-or-break} 분석이 진행된다. 하지만 현재까지 숫자는 현명한 추측이라는 것을 명심하라. 수백명의 고객 스코어와 함께, 광범위하게 진행한 고객 발굴과 검증 노력을 통해 검증이 되었다고 믿고 싶다.

전환 또는 진행: 비즈니스 모델 재검증

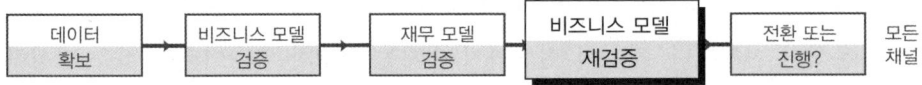

여러 가지 이유로, 지금은 비즈니스 모델의 핵심 구성 요소를 마지막으로 볼 수 있는 완벽한 시간이다. 며칠 후 투표에서 '앞으로 전진'이라고 고객 창출 단계로 가기로 결정이 났다면, 엄청난 변화가 생길 것이다. 고객 창출은 명백하게 서로 다른 단계로 회사는 비즈니스 모델을 탐색하는 단계에서 실행하는 단계로 급격히 전환된다. 이것은 더 이상 실수나 다른 길로 들어서는 것을 환영할 때가 아님을 의미한다. 실행 모드로 전력으로 달려간다는 의미는 수익 목표와 정해진 타임테이블을 지켜야 하며, 제품과 납품 계획을 짜고, 투자자와 이사회 멤버들에게 세분화되고 명확한 책임을 요구하는 것이다.

회사는 이제 곧 더욱 더 빠른 속도로 자금을 지출하게 될 것이며, 돌이킬 수 없는 상태가 됨에 따라 자신이 선택한 비즈니스 모델을 야심차게 만들려고 노력하게 된다. 이러한 노력은 일반적으로 창업가의 경력 위험요소가 따르기 마련이며, 이러한 미친 창업가 유형의 대표를 실행력이 증명된 숙련된 리더로 교체할지에 대해 투자자는 항상 의문이 들 것이다. 엄청난 양의 자금이 이익과 성공으로 확장시킬 수 있는 높은 가능성을 가진 비즈니스 모델이 발전됨에 따라 하나의 집중된 비즈니스 모델에 집행될 예정이다. 이사회와 투자자는 초반의 발굴 단계에서와는 달리 좀처럼 관대하지 않으며, "그 생각은 잘못된 것 같다" 또는 "예상한대로 움직이지 않았다"라는 보고서를 더 이상 좋아하지 않을 것이다.

요약하자면 마지막으로 핵심 비즈니스 모델 요소를 다시 살펴볼 시간이다.

최고의 거래

완성 단계에 거의 도달하였다. 마지막 부분에 있는 숫자를 실행한 결과, 여전히 당신의 사업은 우수하다고 믿는다. 그러나 최고의 가치 제안을 선택했는가? 제품 납품 일정은 확실한가? 최적의 수익 모델과 비용을 확신하는가? 그리고 전체 비즈니스 모델에서 놓친 최고의 결정들이 있는가? 여기에 몇 가지 마지막 확인 사항은 다음과 같다.

가치 제안이 올바른지 확인해라

12장에서 중요 지표를 경험한 후, 올바른 가치 제안이 만들어졌다고 절대적으로 확신하는가? 이 결과로 당신은 얼마 동안 진행할 것이다. 지금 시장에 '먹히는' 기분이 들지 않는다면, 시간이 지난다고 발전되지는 않는다. 제품을 재구성, 재포장, 개별적 가격을 제시해야 할 때일 수 있다. 그렇다면 고객 발굴 단계로 다시 돌아가 반복할 필요가 있다. 거기서 다시 핵심 기술을 활용해서 신규 제품, 구성, 배포 방안, 가격을 만든다. 이후에는 제품 발표 자료를 변경하고 3단계 (제품 발표 자료)로 돌아가서 다시 만든다. 이것은 뼈아픈 일이지만, 사업 실패보다 아프지는 않을 것이다.

제품 납품이 올바른지 확인해라

판매에 성공했더라도, 제품 개발팀과 확인하여 제품 배송 날짜를 확인해야 한다. 일정은 불가피하게 변경되지만, 변경이 적을수록 좋다. 지금 방금 판매된 물건을 회사가 배송해줄 수 있는가? 그리고 약속을 이행하는가? 아니면 베이퍼웨어를 판매한 것인가?[2] 베이퍼웨어라면 회사는 최고의 케이스로 몇 개의 파일럿 테스트 프로젝트로 끝나고 만다. 계속해서 뭔가 있는 것처럼 판매하는 것은 좋은 생각이 아니다.

---

2 베이퍼웨어: 수증기처럼 존재하지도 않은 제품 – 옮긴이

스케줄이 빗나가면 얼리반젤리스트를 약화시키고, 빠르게 확보된 레퍼런스도 증발하고 만다. 좋은 소식은 이러한 일들이 일어난다면 상황은 아직 복구 가능한 상태일 것이다. 많은 사람들이 아직 떠나지 않았어야 하며 자금이 떨어지는 속도가 느려져 있어야 한다(이것에 대해 이전에 논의했었다. 적어도 한 번 이상이 단계는 잘못하기에 충분한 돈을 가지고하는 것이 중요하다). 솔류션이 추가적인 판매를 종료하고, 실수를 인정하고, 유용한 무언가의 파일롯 프로젝트를 수행해야한다. 먼저 고객에 대한 것을 하고 다음에 마켓에 맞는 제품으로 시작해라.

수익은 높이고 비용은 낮춰야 한다

테이블에 돈을 남기거나 필요 이상으로 지출하는 것보다 안좋은 일은 없다. 다음 질문에 대한 답변을 하는 가장 좋은 방법은 한 번 더 비즈니스 모델을 통해 천천히 확인해보는 것이다.

- 가치 제안 단계에서 시작한다. 너무 많은 기능 또는 충분하지 못한 종류였는가? 낮은 가격으로 더 많은 판매나 낮은 취득 비용으로 같은 숫자의 판매가 가능한가? 제품을 무료 또는 3명, 5명, 10명의 고객을 함께 데려온 사람들에게 무료로 제공할 수 있는가?
- 고객 관계 가설에서 이 계획은 바위처럼 견고한 신뢰나 프리미엄, 다중화된 대안을 과감하고 빠른 성장을 제공 할 수 있는가? 비용이 많이 드는 애드워즈 노력은 계획된 결과가 전달되는가?
- 다른 채널은 적은 판매와 더 많은 이익을 제공할 수 있는가?
- 파트너는 당신이 필요로 하는 기대 수익의 성장을 전달할 수 있는가?
- 높은 수준의 비즈니스 모델 패턴을 놓친 것은 없는가?

비즈니스 모델이 올바른지 확인해라

새로운 비즈니스 모델 캔버스 장표와 포스트잇 노트를 준비해라. 진지하게 대안을 찾아보자. 수백만 개의 칩 더미를 집어 들고, 붉은색이나 검은색 칩을 수십만 개씩 통과나 실패에 올려 놓게 된다. 모든 팀 멤버는 선택한 것이 맞는지에 대해 확신하는가?

이 시점에서 방향을 틀어버리는 것은 대담한 행동이다. 특히 고난의 과정으로 고객 발굴과 고객 검증 단계를 거쳤기 때문에 이 시점에서 방향을 틀어버리는 것은 투자자가 기대했던 바가 아니다. 그렇다고 해도, 이런 행동은 위대한 기업가들이 해왔던 일이다. 이 시점에서 사업 전환을 통해 고객 검증과 더 많은 시간을 쓰더라도, 더 좋은 아이디어가 어딘가에 있을 가능성이 있다면, 지금 전환하는 것이 전력으로 달려 모든 자금을 탕진하는 것보다 낫다.

비즈니스 모델을 한 번 더 검증하라. 이익 창출 기회를 향상시키고 지출 절감 방법을 찾는 것뿐만 아니라, '판을 뒤엎는 아이템'을 찾아야 한다. 좋은 기능으로 판매된 제품에서 고객의 브랜드 경험으로 승화시켜 '꼭 가져야 할' 패션 아이템으로 변경할 수 있는가? 단위 판매에서 네트워크 효과 모델로 수익 모델을 변경할 수 있는가? 숨겨진 비즈니스 패턴을 찾아라. 현재 모델이 앞으로도 최고임을 팀이 믿고 있더라도, 이제 자문위원회의 도움을 받을 순간이 온 것이다. 고통스럽더라도 그들이 캔버스를 마음껏 돌팔매질을 할 수 있게 놔둬야 한다. 당신이 보지 못한 엄청난 전략을 그들은 보는가? 이제 막 검토가 완료된 재무 모델은 최소 몇 개의 질의와 새로운 기회를 포착할 수 있을 것이라고 확신한다. 비즈니스 모델 질문 체크리스트를 다시 살펴보자. 답변들 중에 다른 것이 있는가? 많은 자금을 은행에 예치하길 원하는가? 아니면 지출을 줄이기를 원하는가? 저축이 영향을 주는 곳은 어디인가? 또는 추가 자금을 어떻게 효과적으로 활용할 것인가?

팀이 비즈니스 모델의 개선과 근본적인 변화 양쪽으로 찾아서 모든 가능성을 타진해봤고 자신감이 아직도 남아 있다면, 이제는 마지막 질문을 할 때이다. "전환인가 또는 진행인가?"

어려운 스타트업 질문: 전환 또는 진행

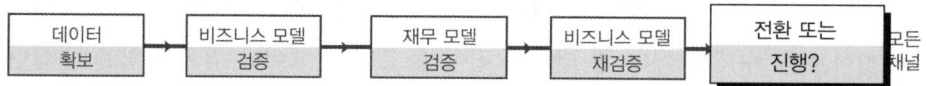

이 부분은 팀과 투자자가 엄청난 돈을 비즈니스 모델 실행을 위해 언제 투입할지를 투표하는 진실의 순간이다. 정직하게 투표하려면 팀은 이 단계에서 개발된 '전환 또는 진행' 분석을 진지하고 정확하게 바라봐야 한다. 고난의 고객 검증 과정과 같이 회사 모든 사람 앞으로 나아가기 위해 한 번 더 이 과정을 겪어야 한다. 그렇다고 절망하지 마라. 이런 전환 과정은 거의 모든 경우에 발생하며, 종종 처음의 고객 발굴 과정으로 돌아가는 것으로 결정될 수도 있다.

> ❖ 교만은 열정적인 기업가의 사악한 쌍둥이다.

대안은 훨씬 더 고통스러운 일이다. 과거에 투자자는 마법처럼 완벽한 실행을 가정하고 실패한 임원을 해고했다. 확장 또는 이익에 대한 성공에 대한 중요한 기회에 관해 심각하게 생각하고 이것을 반영할 때다. 이러한 결정은 끈기와 문제 해결 능력으로 자신감이 충만한 기업가에게는 매우 어려운 일이 된다. 확실한 근거와 통계 앞에서는 "나는 기업가다. 모든 어려움을 딛고 일어날 것이다"라는 자신감만으로 진행하기 어렵다. 열정 또는 사실과 교만을 혼동하지 말아라.

검증은 주장을 근거로 변환했는가? 아니면 모든 팀원들이 고객 창출을 위해서 목표로 이동하는가? 다음 단계에서는 진정으로 회사의 현금 지출 속도를 올려 잔금이나 남은 기간을 급격히 소진하거나 탕진할 것이다.

제품이 쉽고 잘 팔리는가? 명명백백하게 더 많은 자금을 고객 모집에 투여하면 고객은 지속적으로 예측 가능하게 수익성 있는 모습으로 유입되는가? 이 해당 질문은 거의 대부분 90%의 스타트업에게 비즈니스 모델의 구성요소를 개선하고 테스트하게끔 고객 개발의 과정으로 돌려보낼 것이다.

더 많은 고객들이 가파르게 상승하지 않고, 테스트 결과에서 매출과 수익이 예측 가능하지 않다고 판명된다면, 비즈니스를 전환해야 하는 이유가 될 수 있다. 고객 검증에서 배운 모든 것을 활용하여, 판매 준비 단계의 첫 단계로 돌아가 다시 시도하라. 미안하게 됐지만, 이것은 쉬운 일이 아니다.

모든 것이 확인되었다면 고객 검증의 끝은 정말 중요한 이정표다(처음부터 되는 경우는 아주 드물다). 고객의 문제를 이해하고, 얼리반젤리스트를 발견하고, 회사는 고객이 구매를 원하는 제품을 전달하고, 반복적이고 확장 가능한 프로세스를 개발하고, 이익 실현 가능한 비즈니스 모델을 만들어야 한다. 아마도 배움의 모든 것이 (비즈니스 모델 캔버스) 작성을 통해 표현되고, 비즈니스 모델 다이어그램이 갱신되는 것을 의미한다. 쉬운 일은 아니지만 투자진행이 전에 했던 것들보다 훨씬 쉽게 될 것이다. 위에 나열한 어려운 질문 리스트에 모두 "네"로 답을 했다면, 당신은 하루 밤 (아니면 1주일 정도) 휴식을 얻은 것이다. 축하한다. 회사는 이제 고객 창출 과정으로 전력으로 나갈 준비가 되었다.

➜ 다음 단계

고객 개발의 첫 번째와 두 번째 단계는 반복 가능하며 확장 가능한 비즈니스 모델에 대한 탐색하여 기업가의 사느냐 죽느냐를 결정하는 곳이다. 스타트업이 고객 검증을 성공적으로 완주하면, 비즈니스 모델 실행을 도와주는 회사 구축 자료들은 엄청나게 많다. 그래서 지금은 다음 두 단계(고객 창출과 회사 구축)를 바로 실행하고 싶은 마음이 있다면, 『깨달음에 이르는 네 단계(The Four Steps to the Epiphany)』(K&S Ranch, 2005)를 다시 보거나 특화된 교과서나 세밀한 지원을 찾아보기 바란다.

다음에 당신이 무엇을 하던, 고객 검증의 성공적 완주는 스타트업 삶의 매우 중요한 단계를 완성한 것이다. 아주 어려운 과정과 힘든 여정을 마쳤다. 진심으로 축하하며, 성공에 대해 배워보기를 기대한다!

부록 A

체크리스트

각 단계 완료 시 체크리스트 목록을 사용한다. 체크리스트는 장마다 설명된 작업이 완료된 것을 확인하는 데 도움이 된다. 스타트업의 유형, 목표, 상황에 맞추어 '할 일'의 목록과 작업을 알맞게 적용한다.

체크리스트 1

이사회와 구매 관리
모든 채널

목표: 투자자, 창업가, 팀 사이의 고객 개발 프로세스에 전념하기로 합의하기

참조: 2장, 선언 규칙 14항
- ☐ 시장 유형과 비즈니스 모델의 활용에 최선을 다한다.
- ☐ 비즈니스 모델에 대한 '탐색'과 사업 계획의 '실행'의 차이점을 이해한다
- ☐ 제품 개발과 고객 개발의 차이점을 학습한다.
- ☐ 투자금 내에 사업 전환 가능한 숫자에 대한 논의와 위원회 및 팀은 회사 진행 상황을 어떻게 측정할 것인지 방법을 논의한다.

고객의 개발 과정은 학습과 발견을 강조한다.
- ☐ 위원회와 창업팀은 이 프로세스에 동의를 하는가?
- ☐ 고객 발굴과 고객 검증 단계에서 2~3번의 사업 전환 대한 충분한 자금은 있는가?

시장 유형 논의(초기 결정)
- ☐ 존재하는 시장, 재분류된 시장, 새로운 시장 또는 복제시장인가?
- ☐ 시장 유형의 합의안을 위원회와 함께 우선적으로 통과시킨다.
- ☐ 시장 유형에 따라 상이한 자금의 필요성을 위원회와 함께 우선적으로 통과시킨다.

고객 개발 기간에 대한 합의
- ☐ 고객 발굴과 고객 검증에 대한 대략적인 기간을 산정한다.
- ☐ 고객 발굴의 종료 기준을 결정한다.
- ☐ 고객 검증의 종료 기준을 결정한다.

종료 기준
- ☐ 고객 개발 프로세스에 대한 팀과 위원회의 진행 합의
- ☐ 시장 유형과 모든 단계에 대한 종료 기준

고객 개발팀

모든 채널

목표: 고객 개발팀을 설정한다.

참고: 2장, 선언 규칙 1항

고객 개발 방법과 일반적인 제품 소개 과정의 차이점을 조직에서 검토한다.
- ☐ 설립자는 현장 밖에서 시간을 보낸다.
- ☐ 세일즈 임원 또는 마케팅 임원(VP)을 두지 않는다.
- ☐ 초기 팀의 업무(책임)를 검토한다.

팀 설정 및 목표
- ☐ 누가 팀을 이끌지를 합의한다.
- ☐ "현장으로 나가라"에 대한 방법론을 합의한다.
- ☐ 고객 의견과 단순 참여, (관람) 비율 %를 합의한다.
- ☐ 고객 개발의 4 단계의 각 팀 역할을 합의한다.

창업팀의 핵심 가치를 3~5가지로 열거한다.
- ☐ 선언문이 아니다.
- ☐ 이익과 제품에 대한 내용이 아니다.
- ☐ 핵심 이념은 회사가 믿고 있는 것들에 대해서 나타낸다.

종료 기준
- ☐ 고객 개발 프로세스에 대한 팀과 위원회의 진행 합의
- ☐ 담당할 작업에 적합한 사람인가?

체크리스트 3

시장 규모

모든 채널

목표: 회사의 총 시장 기회를 추정

참조: 4장, 시장 크기 가설

예상 시장 규모:
- [ ] TAM 또는 총 유효 시장
- [ ] SAM 또는 서비스 가능한 유효 시장
- [ ] 목표 시장

현재 제품과 후속 제품을 예측한다.
- [ ] 적절한 측정 지표를 결정
    - [ ] 단위/달러/페이지 뷰/기타 측정 지표?
    - [ ] 구독 서비스에 대한 회원 수/광고 기반 기업에 필요한 페이지 뷰에 대한 회원 수는?
- [ ] 전체 시장 규모에 대한 연구
    - [ ] 산업 분석 보고서, 시장 조사 보고서, 경쟁사의 보도 자료 등을 구독한다.
    - [ ] 투자자와 고객과의 대화한다.
- [ ] 기존 시장 또는 재분류 시장을 평가하는 경우, 고객 전환이 될 수 있는 인접 시장을 고려한다.
    - [ ] 스타트업의 제품은 전환을 장려할 것인가?
    - [ ] 전환 가능한 부분 집합만 집계한다(기존 사업자에 장기적으로 묶여 있는 상황 주의).
    - [ ] 모든 고객들의 소스로부터 3-5년 동안 성장을 계산한다.
- [ ] 새로운 시장을 평가하는 경우, 기회는 대체 시장과 인접 시장에 기반하여 결정된다.
    - [ ] 비교 가능한 회사들이 있는가?
    - [ ] 다른 회사들은 예상만큼 빠르게 성장하는가?
    - [ ] 왜 이 회사는 유사한 결과를 낼 것인가?

종료 기준
- [ ] 시장 규모에 대한 현실적 감각, 회사가 가질 수 있는 시장 규모 예상 완료
- [ ] 통과/실패 테스트를 확인

제품 비전

모든 채널

목표: 장기 비전과 18개월의 일정에 대한 팀의 합의

참조: 4장, 가치 제안 가설/제품 비전

비전
- ☐ 회사의 장기적인 비전은 무엇인가?
- ☐ 궁극적으로 원하는 변화 또는 문제 해결 방법은 무엇인가?
- ☐ 제품의 종류와 함께 하려고 하는 일은 무엇인가?
- ☐ 인접한 시장으로 확장은 어떻게 할 것인가?
- ☐ 행동의 변화로 고객 모집을 필요로 하는가?
- ☐ 현장에 도착한 후에 3년동안 세상은 어떻게 될 것인가? 5년 후에는?

☐ 전략에 대해 글 머리에서 짧은 이야기를 함께 써 넣는다.

배달 날짜
- ☐ MVP 납품일과 기능
- ☐ 18개월의 제품 비전과 배달 날짜

장기 제품 전략
- ☐ 제품은 네트워크 효과를 창출할 수 있는가?
- ☐ 예측 가능한 모델로 가격을 결정할 수 있는가?
- ☐ 고객 잠금lock-in 및 높은 전환 비용SW, tching costs을 창출할 수 있는가?
- ☐ 높은 상승 수익 기대할 수 있는가?
- ☐ 기본적인 수요 대비 요구되는 마케팅 지출은 얼마인가?
- ☐ 기대되는 18개월까지의 제품 향상 리스트
- ☐ 후속 제품 향상을 위한 핵심 리스트

종료 기준
- ☐ 비전
- ☐ 나레이션Narrative
- ☐ 장기 제품 전략
- ☐ 비즈니스 모델 캔버스 갱신

☐ 통과/실패 테스트를 확인

체크리스트 5

제품 특징과 장점   모든 채널

목표: 제품이 무엇인지 그리고 사람들이 구입과 사용하려는 이유를 설명한다.

참조: 4장, 제품 특징, 혜택 가설, 완성도 낮은 MVP 가설

무엇이 문제인지 또는 해결 방법은 무엇인가?
- [ ] 고객의 작업과 방법에서 가장 큰 고통은 무엇이라고 생각하는가?
- [ ] 마법의 지팡이를 사용한다면 무엇을 어떻게 바꾸고 싶은가?
- [ ] 제품은 문제 또는 필요성을 어떻게 해결할 것인가?
- [ ] 문제를 해결하기 위해 사람들이 지금 무엇을 해야 하는가?

제품 기능 목록
- [ ] 10개의 단어 또는 2개의 문장으로 제품의 특징을 묘사한다.
- [ ] 제품의 목표에 대해 설명한다.
- [ ] 틈새 시장 또는 시장의 세그먼트를 어디로 보고 있는가?
- [ ] 새롭고, 구별되고, 빠르고, 저렴한 방법으로 문제 또는 필요성에 대한 요구를 해결하고 있는가?

제품의 장점 리스트
- [ ] 고객의 눈을 통해 본 혜택 리스트는 무엇인가?
- [ ] 무엇이 새롭고, 더 좋으며, 더 나으며, 빠르고, 저렴하고, 기타 등?
- [ ] 나열한 기능들의 내부로 각각의 직접적인 혜택을 요약한다.
- [ ] 혜택들은 필요성을 설명하거나 인정되는가?

최소 기능 제품(MVP)을 설명한다.
- [ ] 무엇을 학습하길 원하는가?
- [ ] 누구로부터?
- [ ] 최소 기능 집합 Smallest feature see 은 무엇인가?

한 페이지 사용자 스토리를 만든다.
- [ ] 제품의 비전, 특징, 장점을 포함한다.

종료 기준
- [ ] 제품의 특징 및 장점을 설명한다.
- [ ] MVP를 설명한다.
- [ ] 제품이 어떤 작업을 수행하는지 설명하는 사용자 스토리를 만들어라.
- [ ] 비즈니스 모델 캔버스 갱신

- [ ] **통과/실패 테스트를 확인**

체크리스트 6

고객 세그먼트   모든 채널

목표: 누가 고객이며, 문제를 위해 제품을 어떻게 사용할 것인지 유도하는 가설을 개발한다.

참조: 4장, 고객 세그먼트와 가설의 원천

고객 문제 정의

- ☐ 고객은 잠재적, 수동적, 활성화 또는 비전의 문제/요구가 있는가?

고객 유형 정의

- ☐ 고객의 상이한 유형을 구별하여 정의한다.
- ☐ 매일 제품의 사용자는 누구인가?
- ☐ 영향력을 가지는 사람과 추천하는 사람은 누구인가?
- ☐ 경제적인 구매자는 누구인가?(누가 예산을 지불할 것인가?)
- ☐ 경제적인 구매자는 제품에 대한 예산 또는 승인을 얻기 위해 필요로 하는 것이 무엇이라 생각하는가?
- ☐ 의사 결정자는 누구인가?
- ☐ 구매 승인을 위해 필요한 다른 사람은 누구인가? 그리고 그것은 취소가 가능한가?

고객의 욕구와 필요는 무엇인가?

- ☐ '문제 인식의 크기'를 등급으로 나타낸다.
- ☐ 미션 크리티컬한 회사의 문제의 해결 또는 반드시 필요로 하는 것을 만족시킬 수 있는가?
- ☐ 이 문제가 얼마나 고통스러운가?

☐ 고객 모형을 그려라.
☐ 제품 전후에 따른 고객의 하루 생활을 그려라.

조직 및 고객의 영향 지도를 그려라.

- ☐ 고객의 구매 결정에 영향을 끼치는 사람들을 나열한다.
- ☐ 자신의 일상 생활 중에 제품의 영향력을 고려한다

종료 기준
- ☐ 고객 유형과 문제 또는 필요
- ☐ 고객 모형
- ☐ 고객의 일상 생활 중 하루를 묘사
- ☐ 조직과 고객의 영향 지도
- ☐ 비즈니스 모델 캔버스 갱신

☐ **통과/실패 테스트를 확인**

체크리스트 7

## 채널	모든 채널

목표: 유통 채널의 가설을 개발한다.

참고: 4장, 물리적 채널과 웹/모바일 채널의 가설

☐ 채널은 사용자로부터 구매까지 어떻게 이용되는가?

유통 경로 다이어그램을 그린다.
- ☐ 채널 비용은 얼마나 드는가?(직접 비용 또는 채널 할인)
- ☐ 간접 채널 비용은 있는가?(사전 판매 지원, 홍보 비용)
- ☐ 제품 사용/구입하기 위해 고객은 다른 어떤 것을 필요로 하는가?
- ☐ 고객 모집의 조각은 어떻게 되는가?
- ☐ 채널 비용 후 순 수익은 어떻게 되는가?

다면 시장인가?
- ☐ 시장의 각 측면은 어떻게 되는가?

종료 기준
- ☐ 선택한 유통 채널
- ☐ 비즈니스 모델 캔버스 갱신

☐ 통과/실패 테스트를 확인

시장 유형

목표: 초기 시장 유형을 선택

참조: 4장, 시장 유형

- ☐ 기존 시장에서 새로운 제품을 가지고 있는가?
- ☐ 기존 시장을 복제하려고 하는가?
- ☐ 시장을 재정의/재구성할 필요성이 있는가?
- ☐ 아니면 완전히 새로운 시장을 창출하려고 하는가?
    - ☐ 제품/서비스는 고객에게 무언가 이미 대용품이 있지 않는가?
    - ☐ 대체품이 있는가?
    - ☐ 이미 시장에는 변종이 있거나 무언가 새로운 것이 과거에 있었는가?
    - ☐ 완전히 새로운 것인가?

기존 시장에서의 위치
- ☐ 경쟁의 기준을 정의한다.
- ☐ 누가 기존 시장을 주도하고 있는가?
- ☐ 수평 또는 수직적인 시장 세그먼트 사이에서 어떤 장점이나 매력이 있는가?

기존 시장에서 재분류하기를 원하는 위치를 정의한다.
- ☐ 어떻게 시장을 변경할 것인지에 대한 기준을 정의한다.
- ☐ 누가 재분류하기를 원하는 기존 시장을 주도하는가?

새로운 시장에서의 위치
- ☐ 어떻게 시장을 만들 것인가?
- ☐ 시장 창출 비용을 예상한다.

종료 기준
- ☐ 초기에 시장 유형의 가설을 세운다.
- ☐ 비즈니스 모델 캔버스 갱신
- ☐ 통과/실패 테스트를 확인

체크리스트(물리적) 9

고객 관계 물리적

목표: 물리적 채널에서 '모집, 유지, 성장'을 어떻게 할 것인가?

참조: 4장, 고객 관계

- [ ] 모집/유지/성장 퍼널을 그려라.
- [ ] 고객 모집 전략을 설명한다.
    - [ ] 인식
    - [ ] 관심
    - [ ] 고려
    - [ ] 구매
- [ ] 고객 모집 전술은 무엇인가?
    - [ ] 무료 미디어
    - [ ] 유료 미디어
- [ ] 고객 유지 전략은 무엇인가?
    - [ ] 상호 작용
    - [ ] 유지
- [ ] 고객 유지 전술은 무엇인가?
    - [ ] 충성도 프로그램
    - [ ] 제품 업데이트
    - [ ] 고객 설문 조사
- [ ] 고객 성장 전략을 설명한다.
    - [ ] 기존 고객으로부터 새로운 수익
    - [ ] 고객 추천
- [ ] 고객 성장 전술은 무엇인가? 상위판매/교차판매/다른 전술
    - [ ] 테스트를 위한 고객 추천 생성 프로그램

종료 기준
- [ ] 서두에 모든 모집/유지/성장 활동에 대한 가설을 세운다.
- [ ] 비즈니스 모델 캔버스 갱신

- [ ] 통과/실패 테스트를 확인

고객 관계

웹/모바일

목표: 웹/모바일 채널에서 모집/유지 그리고 성장 고객을 어떻게 할 것인가?

참조: 4장. 고객 관계

- ☐ 모집/유지/성장 퍼널을 그려라.
- ☐ 고객 모집 전략을 설명한다.
    - ☐ 획득
    - ☐ 활성화
- ☐ 고객 모집 전술은 무엇인가?
    - ☐ 검색(SEM/SEO)
    - ☐ 입소문
    - ☐ PR
    - ☐ 시험판
- ☐ 고객 유지 전략은 무엇인가?
    - ☐ 상호 작용
    - ☐ 유지
- ☐ 고객 유지 전술은 무엇인가?
    - ☐ 커스터마이징?
    - ☐ 사용자 그룹? 블로그?
    - ☐ 로열티 또는 기타 물리적 채널 프로그램
- ☐ 고객 성장 전략을 설명한다.
    - ☐ 고객 수익 증가
    - ☐ 추천
- ☐ 고객 성장 전술은 무엇인가?
    - ☐ 업그레이드
    - ☐ 컨테스트
    - ☐ 상위판매/교차판매
    - ☐ 입소문

체크리스트(웹/모바일) 9

종료 기준
☐ 서두에 모든 모집/유지 증가 활동의 가설을 세워라.
☐ 비즈니스 모델 캔버스 갱신

☐ **통과/실패 테스트를 확인**

핵심 리소스의 가설

모든 채널

목표: 회사 성공을 위한 중요한 외부의 리소스를 식별하고, 발견하고 보호하는 방법을 정의한다.

참조: 4장, 핵심 리소스

모든 핵심 자원의 비용을 설명하고, 어떻게 획득할 것인지를 설명한다.

- ☐ 물리적 자원
- ☐ 재원
- ☐ 인적 자원
- ☐ 지적 재산권
- ☐ 기타 주요 자원
- ☐ 종속성 분석

종료 기준

- ☐ 요구되는 물리적, 재정적, 인적, 지적 재산권 자원
- ☐ 그들의 비용은 무엇인가?
- ☐ 그들은 어디서 찾을 수 있는가?
- ☐ 그들을 어떻게 확보 할 것인가?
- ☐ 비즈니스 모델 캔버스 갱신

☐ **통과/실패 테스트를 확인**

체크리스트 11

파트너 가설   모든 채널

목표: 중요한 파트너와 각 회사의 '가치 교환'을 확인

참조: 4장, 파트너 및 물류 파트너

잠재적인 파트너 유형을 이해한다.
- ☐ 전략적 제휴
- ☐ 공동으로 새로운 사업 활동
- ☐ 경쟁사간 협력
- ☐ 주요 공급 업체
- ☐ 물류 파트너

대상 파트너를 나열한다.
- ☐ 필요한 파트너
- ☐ 그들이 무엇을 제공할 것인가?
- ☐ 회사는 어떻게 화답할 것인가?

종료 기준
- ☐ 잠재적인 파트너 유형을 이해한다.
- ☐ 대상 파트너 목록, 분담금과 대가로 무엇을 제공할 것인가?
- ☐ 비즈니스 모델 캔버스 갱신

☐ **통과/실패 테스트를 확인**

수익과 가격 가설

모든 채널

목표: 비즈니스 모델은 경제 관념이 있는지를 알아본다.

참조: 4장, 수익과 가격 가설

우리는 얼마나 많이 판매할 것인가?
- ☐ 시장 규모 및 시장 점유율 가설
- ☐ 채널 가설

수익 모델은 무엇인가?
- ☐ 판매
- ☐ 구독율
- ☐ 유료 사용율
- ☐ 추천
- ☐ 제휴

가격 전술은 무엇인가?
- ☐ 가격 정책
- ☐ 경쟁력 있는 가격
- ☐ 볼륨 가격
- ☐ 포트폴리오의 가격
- ☐ 면도기/면도날 모델
- ☐ 구독
- ☐ 임대
- ☐ 프리미엄
- ☐ 기타
- ☐ 비즈니스는 충분한 가치를 가지고 있다고 보는가?

종료 기준
- ☐ 단위/사용자, 수익 모델 및 가격은 비즈니스가 충분한 가치가 있다고 보는가?

☐ **통과/실패 테스트를 확인**

체크리스트 13

디자인 테스트

모든 채널

목표: 비즈니스 모델 가설을 테스트하기 위한 실험을 고안한다.

참조: 5장, 디자인 테스트, 합격/불합격 실험
- ☐ 핵심 영역의 학습 리스트
- ☐ 디자인의 간단한 통과/실패 테스트
- ☐ 테스트 실행
- ☐ 결과 추적 학습에 대한 프로세스와 테스트 결과로부터 통찰력

종료 기준
- ☐ 목표는 비즈니스 모델 가설에 대한 합격/불합격 시험
- ☐ 추적 결과에 대한 프로세스

☐ **통과/실패 테스트를 확인**

고객 연락처에 대한 준비   물리적

목표: 고객의 문제를 이해하기 위해 잠재 고객과 미팅 스케줄을 만들고, 문제 해결을 위한 솔루션을 제안한다.

참조: 5장, 고객 연락처에 대한 준비
- ☐ 초기 대상 고객의 50 목록
- ☐ 참조되는 이야기를 개발
- ☐ 소개 이메일 기술
- ☐ 초기 연락처
- ☐ 약속을 기록하는 마스터 달력을 구축
- ☐ 연락처의 목록을 확장
- ☐ 혁신가 목록 만들기
- ☐ 자문위원회 후보의 초기 목록 만들기

종료 기준
- ☐ 대상으로 하는 잠재 고객의 숫자를 나열하여 미팅을 준비한다.

☐ **통과/실패 테스트를 확인**

체크리스트(웹/모바일) 14

완성도 낮은 MVP 개발
웹/모바일

목표: 고객의 문제에 대해 테스트와 이해 및 관심 있는 완성도 낮은 MVP를 개발한다.

참조: 5장, 완성도 낮은 MVP 개발

완성도 낮은 웹 사이트를 구축
- ☐ 가치 제안과 함께 랜딩 페이지 또는 스플래시 페이지를 개발
- ☐ 장점을 요약
- ☐ 액션을 호출(더 많은 학습, 조사, 선주문)
- ☐ 여러 개의 MVP를 고려하는가?

종료 기준
- ☐ 고객이 개발 중인 앱 또는 사이트에 대한 관심 여부를 테스트하는 간단한 라이브 웹 사이트 또는 프로토타입을 개발한다.

☐ 통과/실패 테스트를 확인

문제를 테스트하고 중요성을 평가한다.

물리적

목표: 고객이 알고 있는 필요성과 문제에 대한 심각성과 중요성을 측정한다.

참조: 5장, 문제를 테스트하고 중요성을 이해하고 평가한다.

문제에 대한 프레젠테이션 개발
- ☐ 감지된 문제
- ☐ 현재 솔루션
- ☐ 스타트업이 제안한 솔루션
- ☐ 고객 통화로부터 배우는 상위 3가지
- ☐ 다면 시장에 대한 2개의 프레젠테이션
- ☐ 프레젠테이션 연습

데이터 수집에 대한 보고서를 만들어라.
- ☐ 감지된 문제에 대한 고객 순위를 만들어라.
- ☐ 비용
- ☐ 현재 솔루션
- ☐ 스타트업의 솔루션
- ☐ 추천

결과에 대한 스코어카드를 만들어라.

종료 기준
- ☐ 문제에 대한 프레젠테이션 개발하고 리허설을 연습한다.
- ☐ 모든 통화에 대한 데이터를 수집하고 보고서를 작성한다.
- ☐ 결과에 대한 스코어 카드를 작성한다.

☐ **통과/실패 테스트를 확인**

체크리스트(웹/모바일) 15

완성도 낮은 MVP로 문제를 테스트한다   웹/모바일

목표: 스타트업이 해결하려는 문제와 필요성을 실현시키는 데 충분한 사람들의 관심을 결정한다.

참조: 5장, 완성도 낮은 MVP로 문제를 테스트한다.

- ☐ 완성도 낮은 MVP로 고객을 초대
    - ☐ 밀기 전술
    - ☐ 당기기 전술
    - ☐ 유료 전술
- ☐ 가까운 연락처에 대한 이메일을 수집한다.
- ☐ 응답을 측정한다.
    - ☐ 원천 웹에 대한 히트율
    - ☐ 전환 비율
    - ☐ 웹 사이트에서 보낸 시간
    - ☐ 사용자 출처
- ☐ 온라인 응답을 개인별 인터뷰에 추가한다.
- ☐ 의견 분석을 위한 프로세스, 확장성을 결정한다.

종료 기준
- ☐ 문제 또는 필요에 대한 완성한 고객의 관심
- ☐ 스타트업의 솔루션 제안에 대한 높은 응답 비율

- ☐ 통과/실패 테스트를 확인

고객의 이해를 얻는다

모든 채널

목표: 잠재 고객에 대한 깊은 이해한다.

참조: 5장, 고객 발굴에서 문제를 알아내려면 현장으로 나간다. 관심을 보이는가

- [ ] **연구와 고객 인터뷰**
    - [ ] 고객의 돈과 시간이 소비되는 방법
    - [ ] 현재 워크플로
    - [ ] 고통 또는 필요
    - [ ] 현재 솔루션과 비용
    - [ ] 워크플로는 스타트업의 제품 어떻게 변경할 것인가
    - [ ] 고객 간행물
    - [ ] 고객에 대한 영향력
- [ ] 고객은 하루 일과를 어떻게 보내는가?
- [ ] 고객 이벤트에 참석한다.
- [ ] 고객이 되어 본다.
    - [ ] 고객의 웹 사이트 및 간행물
    - [ ] 온라인 경험
    - [ ] 어떻게 그리고 어디서 시간을 보내는가?
    - [ ] 어떻게 그리고 어디서 시간을 보낼 수 있는 새로운 방법을 발견할 수 있는가?
- [ ] 학습한 정보를 기록하는 보고서를 작성한다.
- [ ] 수집한 데이터를 분석하는 프로세스를 수립한다

종료 기준

- [ ] 어떻게 읽고, 누가 듣고, 어떻게 작업하며, 여가 시간과 비용 지출에 대한 고객의 깊은 이해를 한다.
- [ ] 통과/실패 테스트를 확인

체크리스트 17

시장 지식, 트래픽/경쟁을 파악한다   모든 채널

목표: 전체 시장을 이해한다.

참조: 5장, 시장 지식과 트래픽/경쟁을 분석한다.

인접 시장에 있는 동료, 업계 전문가, 언론인, 다른 주요 영향 요인을 만난다.
- ☐ 산업 동향
- ☐ 주요 해결되지 않은 고객의 필요
- ☐ 핵심 참가자
- ☐ 공간에서 잠재적 경쟁자/혁신가

☐ **연구!**
- ☐ 동향
- ☐ 핵심 참가자/영향 요인
- ☐ 비즈니스 모델
- ☐ 주요 지표
- ☐ 트래픽 측정 작업, 비교 도구
- ☐ 앱 스토어
- ☐ Quora.com(질문/지식 사이트)

☐ 경쟁 그리드를 구축

☐ 시장 지도를 구축

☐ 업계 행사에 참석
- ☐ 데모
- ☐ 경쟁자와 인접 제품을 함께 체험하는 시간
- ☐ 재능, 동향 발견

종료 기준
- ☐ 전체 시장, 자신의 재능, 참가자, 성장에 대한 현재 제품과 비전을 깊게 이해한다.

☐ 통과/실패 테스트를 확인

비즈니스 모델과 팀을 갱신한다

모든 채널

목표: 앞으로 또는 전환 이동할지에 대한 여부를 평가하기 위한 준비를 한다.

참조: 4, 5, 6장 고객 발굴

- [ ] 고객 데이터를 조립한다.
    - [ ] 고객의 프로토타입의 워크플로 지도를 구축
    - [ ] 새로운 제품 또는 앱 유무에 따른 고객 워크플로 작성한다.

- [ ] 고객 인터뷰에 대한 상세 결과를 작성한다.
    - [ ] 고객은 어떠한 문제를 가지고 있는가?
    - [ ] 고통의 수준
    - [ ] 문제가 해결되는 방법
    - [ ] 무엇을 배웠는가?
    - [ ] 가장 큰 놀라움/ 아주 큰 실망

- [ ] 데이터의 평가
    - [ ] 얼마나 고객의 문제를 해결하기 위한 제품의 사양이 좋은가
    - [ ] 제품/시장 일치
    - [ ] 검토 및 기능 목록의 우선 순위
    - [ ] 고객 문제에 기능 일치
    - [ ] 고객의 관심/열정의 양

- [ ] 1단계 가설을 검토한다.
    - [ ] 비즈니스 모델 캔버스 갱신
    - [ ] 18개월 동안 일정을 업데이트

- [ ] 전환 또는 진행에 대한 토론

종료 기준
- [ ] 가치 제안이 작동하는 경우 회사는 많은 고객이 해결하는 열망, 또는 문제를 발견했는지 여부를 확인
- [ ] 비즈니스 모델 캔버스 갱신

- [ ] 통과/실패 테스트를 확인

제품/솔루션 프레젠테이션

물리적

목표: 심각한 고객의 문제를 해결 또는 중요한 필요성을 채워주는 제품을 고객의 사용으로 확인하는 솔루션 프레젠테이션을 개발한다.

참고: 6장, 제품/솔루션의 프레젠테이션 만들기

- ☐ 솔루션 중심의 프레젠테이션을 개발한다.
    - ☐ 문제 토의
    - ☐ 제품 설명(5개 핵심 기능)
    - ☐ 고객의 의견에 대한 복수의 질문을 묻는다.
    - ☐ 마케팅 또는 포지셔닝 정보는 없다.
- ☐ 고객의 워크플로 다이어그램을 그리기
    - ☐ 제품 전
    - ☐ 제품 후
    - ☐ 제품의 18개월 후 미래
- ☐ 가능하면 데모나 프로토타입을 개발한다.
- ☐ 고객의 반응을 추적하기 위해 스코어카드를 유지한다.

종료 기준
- ☐ 고객 프로그램을 설정, 스타트업의 솔루션을 보여주고, 추가로 고객 의견을 받아 상세한 프레젠테이션을 만든다.
- ☐ 통과/실패 테스트를 확인

완성도 높은 MVP 테스트

웹/모바일

목표: 제품에 대한 고객 열정의 강도를 확인하는 테스트를 하여 식별한다.

참고: 6장, 완성도 높은 MVP 테스트

- [ ] **완성도 높은 솔루션 테스트를 실행한다.**
    - [ ] 제한된 고객의 수를 초대
    - [ ] 라이브 런치를 하지 않는다. 단지 초대를 해서 작은 규모에서 테스트한다.
    - [ ] 행동에 대한 호출을 포함한다. – 즉시 구매, 가입, 상세 정보

- [ ] **고객 응답을 측정한다.**
    - [ ] 활성화하기 전에 방문한 사람들의 숫자
    - [ ] 친구로 이야기되는 사람들의 숫자
    - [ ] 사람들의 활성화 속도
    - [ ] 사이트로 다시 돌아오는 고객의 비율

종료 기준
- [ ] 앱 또는 웹 사이트에 관심을 보이는 고객을 평가하는 간단한 테스트를 실시한다.
- [ ] 응답을 측정하는 전술

- [ ] **통과/실패 테스트를 확인**

체크리스트(물리적) 20

고객과 함께 제품 솔루션을 테스트한다 물리적

목표: 고객이 제품을 구매한다면, 중요한 문제를 해결할 강력한 솔루션이라고 신뢰하는 수치를 측정한다.

참고: 6장, 고객과 함께 제품 솔루션을 테스트한다.

- ☐ 회의를 준비한다.
    - ☐ 소개 이메일
    - ☐ 참고 이야기
    - ☐ 소개글
- ☐ 고객 대면을 실시한다.
    - ☐ 최초의 문제에 대한 프레젠테이션을 고객에게 한다.
    - ☐ 연락처 확장의 목표를 잡는다.
    - ☐ 고객 유형을 몇 개로 정의한다.
    - ☐ 제품을 설명하는 데모 또는 프로토타입, MVP를 활용한다.
    - ☐ 간접 판매: 잠재적인 채널 파트너를 사용한다.
- ☐ 고객 의견을 정리하여 고객 성적표를 개발한다.
    - ☐ 제품과 기능
    - ☐ 사용처 시장
    - ☐ 가격
    - ☐ 유통
    - ☐ 추천
- ☐ 감사장

종료 기준

- ☐ 고객의 문제를 완벽히 이해한다.
- ☐ 제품에 확고한 고객의 관심
- ☐ 간접 판매의 경우, 각 채널 파트너의 비즈니스 모델을 그린다.

☐ 통과/실패 테스트를 확인

고객의 행동을 측정한다

웹/모바일

목표: MVP에 대한 고객의 열정을 확인한다.

참고: 6장, 고객 행동을 측정한다.

- [ ] **중요한 고객 지표를 식별한다.**
    - [ ] 구매
    - [ ] 참여
    - [ ] 유지
    - [ ] 추천
    - [ ] 코호트

- [ ] **데이터를 수집한다.**
    - [ ] 트래픽 소스
    - [ ] 확보, 활성화 비율
    - [ ] 고객 참여(사이트 사용시간, 사용자 등록 전 방문한 숫자 등)
    - [ ] 추천 수

종료 기준
- [ ] 고객의 확보한 관심과 흥분 – 앞으로 전진하기에 충분한가?

- [ ] **통과/실패 테스트를 확인**

체크리스트 21

첫 번째 자문위원회 회원을 식별한다 모든 채널

목표: 첫 번째 자문위원회 회원을 식별하기 시작한다.

참고: 6장, 첫 번째 자문위원회 회원을 식별한다.

- [ ] **잠재적인 자문 위원에게 접근한다.**
    - [ ] 기술적인 문제
    - [ ] 주요 고객을 소개
    - [ ] 특정 도메인 지식
    - [ ] 제품 개발
- [ ] **잠재적인 자문 위원에게 접근한다.**

종료 기준
- [ ] 예상되는 자문 위원회의 초기 목록을 작성한다.

- [ ] **통과/실패 테스트를 확인**

제품 시장 일치를 확인한다

모든 채널

목표: 심각한 문제를 식별하고, 문제가 어디에 존재하는지, 제품에 대해 고객이 기꺼이 지불하기에 충분한지를 확인한다.

참고: 7장, 제품/시장 일치를 확인한다.

- ☐ 평가: 심각한 문제 또는 핵심적인 필요는 무엇인가?
    - ☐ 문제를 가진 고객의 숫자
    - ☐ 고객의 문제를 평가하는 방법
    - ☐ 고객이 집에서 성장 해결책을 시도 여부
    - ☐ 새로운 제품 유무에 따른 워크플로 다이어그램을 그린다.

- ☐ 평가: 제품의 위치 또는 필요성은 무엇인가?
    - ☐ 고객 의견을 검토
    - ☐ 제품에 대한 고객의 열정 크기
    - ☐ 추천 비율
    - ☐ 활성화/취득 비율
    - ☐ 의견 검토
    - ☐ 제품 메시지 검토

- ☐ 평가: 충분한 고객이 있는가?
    - ☐ 시장 규모, 기업 및 예상
    - ☐ 고객 의견
    - ☐ 경쟁 위협

종료 기준
- ☐ 문제를 해결하기 위한 충분 수요를 확인한다.
- ☐ 고객의 눈에 제품이 충분한 수요를 채우고 있는지를 확인한다.
- ☐ 비즈니스 모델 캔버스 갱신

- ☐ **통과/실패 테스트를 확인**

체크리스트 23

고객이 누구이며 어떻게 도달할 것인지를 확인한다   모든 채널

목표: 고객을 이해하고, 도달하는 방법을 확인한다.

참고: 7장, 고객이 누구인지 확인한다.

- ☐ 고객 모형
- ☐ 고객의 인생에서 하루
- ☐ 고객의 반응 평가
- ☐ 고객 행동, 영향력을 평가
- ☐ 채널 지도
- ☐ 제품 이동의 각 단계에 대한 평가한 비용
- ☐ 고객 모집 비용의 변화를 반영한 비즈니스 모델 갱신

종료 기준

- ☐ 고객에게 도달하는 방법과 얻기 위한 비용에 대해 상세히 이해한다.
- ☐ 비즈니스 모델 캔버스 갱신

☐ **통과/실패 테스트를 확인**

수익 실현이 가능한지 확인한다

모든 채널

목표: 수익 가능성 여부를 결정한다.

참고: 7장, 고객 발굴, 비즈니스 모델의 전환 또는 진행을 확인한다.

- [ ] 수익 모델 데이터
    - [ ] 고객의 성적표, 시간이 지남에 따라 나타나는 잠재적인 매출을 요약한다.
    - [ ] 시장 규모 추정
    - [ ] 산업계, 고객, 그들의 행동에 관한 자세한 정보
    - [ ] 경쟁력 있는 제품과 가격 정보
    - [ ] 채널 비용과 수익 잠재력을 요약
    - [ ] 가격 계획
    - [ ] 고객의 구입 비용

- [ ] 다음 4-8분기 동안 3가지 방법에 대한 이익 전망을 산출한다.
    - [ ] 직접 수익
    - [ ] 전체 채널의 매출
    - [ ] 총 수익
    - [ ] 취득 비용
    - [ ] 기본 운영 비용
    - [ ] 자금 소진율
    - [ ] 분기 말, 또는 분기별 현금율

종료 기준
- [ ] 다음 4-8분기에 걸쳐 예상되는 매출을 대략적으로 추정한다.
- [ ] 비즈니스 모델 캔버스 갱신

체크리스트 25

비즈니스 모델 확인한다: 전환 또는 진행   모든 채널

목표: 고객 검증에서 수정된 가설이 대규모 테스트를 진행하기 위한 견고한 기반을 제공 여부를 평가한다.

참고: 7장, 고객 발굴, 비즈니스 모델의 전환 또는 진행을 확인한다.

- ☐ 수정된 가설 평가
    - ☐ 문제/필요성 확인
    - ☐ 제품/필요를 해결하는 제품
    - ☐ 시장의 크기
    - ☐ 실행, 확장, 수익성 있는 비즈니스 모델
    - ☐ 사용자, 구매자 그리고 채널의 조직도
- ☐ 명확하고, 측정 가능한 유효성 검사를 확인한다.

종료 기준: 고객의 발굴의 검색 노력을 전체적으로 정직하게 평가한다.
- ☐ 제품에 대한 충분한 시장의 규모가 있는가?

회사 포지셔닝을 기술한다   모든 채널

목표: 제품의 구매 가치와 차이점에 대한 이유를 명확하고 강력한 메시지로 작성한다.

참조: 9장, 고객 검증 1단계: 판매 준비

- ☐ 선언문
    - ☐ 하나의 구문 또는 문장으로 함축된 가치 제안
    - ☐ 감정에 호소한다.
    - ☐ 신뢰할 만한 요소
    - ☐ 계정에 따라 시장 유형을 가져온다.

- **종료 기준**
    - ☐ 회사의 존재 이유, 제품이 무엇을 하는지, 왜 고객이 제품을 구매하고, 신뢰하고, 도움을 주는지에 대한 힘찬 메시지를 간략하게 만든다.

체크리스트(물리적) 27

판매 준비하기: 세일즈와 마케팅 자료 물리적

목표: 세일즈에 도움을 주는 보조적인 마케팅 도구 세트의 첫 번째 버전을 만든다.

참조: 9장, 고객 검증 1단계: 판매 준비

- ☐ 온라인 도구
    - ☐ 웹 사이트
    - ☐ 소셜 마케팅 도구
    - ☐ 이메일 메시지와 이메일 전송 가능한 마케팅 도구

- ☐ 물리적 세일즈를 위한 보조 자료 및 재료
    - ☐ 세일즈 프레젠테이션을 위한 파워포인트
    - ☐ 프레젠테이션 휴가 숨김 폴더 또는 브로셔
    - ☐ 백서 또는 기타 요약본
    - ☐ 제품 기능 사양 시트
    - ☐ 제품 문제/솔루션 개요
    - ☐ 고객 성공 사례
    - ☐ 명함, 주문 패드 등

- ☐ 세일즈 프레젠테이션
    - ☐ 문제 프레젠테이션 갱신
    - ☐ 솔루션 프레젠테이션 갱신
    - ☐ 제품 프레젠테이션 갱신

- ☐ 데모/프로토타입
    - ☐ 제품이 작동하는 방법
    - ☐ 핵심 판매 포인트
    - ☐ 옛날 방식 대비 새로운 문제 해결 방법

- ☐ 데이터 시트
    - ☐ 기존 시장에 대한 제품 데이터시트
    - ☐ 신규 또는 복제 시장에 대한 솔루션 데이터시트
    - ☐ 재분류 시장에 대한 제품 및 솔루션 데이터시트

- ☐ 기타 재료
    - ☐ 가격 목록
    - ☐ 계약
    - ☐ 결재 시스템
- ☐ B2B 기업을 위해 보조 홍보물의 3가지 버전을 준비한다.
    - ☐ 얼리반젤리스트 버전
    - ☐ 기술 문지기 버전
    - ☐ 주류 구매자 버전
- ☐ B2C 기업을 위해
    - ☐ 자기 소개
    - ☐ 소매 포장
    - ☐ 쿠폰
    - ☐ 광택지 광고
    - ☐ 목적을, 각 목표와 타이밍을 구별하여 계획한다.

종료 기준
- ☐ 판매 재료와 세일즈 초기 버전에 대한 전체를 보완한다.
- ☐ 통과/실패 테스트를 확인

체크리스트(웹/모바일) 27

판매 준비하기: 획득/고객 활성화   웹/모바일

목표: 앱과 사이트에 가입 또는 구매에 대한 고객 모집 계획을 고안한다.

참조: 9장, 고객 검증 1단계: 판매 준비

- ☐ **고객 획득 계획 및 도구들**
    - ☐ 프로그램 구동 책임자는 누구인가?
    - ☐ 전술
    - ☐ 예산
    - ☐ 타이밍
    - ☐ 획득 목표
    - ☐ 여러 시장 또는 그 외
    - ☐ 소셜, 네트워크 및 입소문 요소
    - ☐ 4주간 초기 활성화의 가치를 테스트

- ☐ **고객 활성화 계획 및 도구들**
    - ☐ 방문 페이지
    - ☐ 웹 사이트에 도착하는 방법
    - ☐ 언어/초대 억양을 강화
    - ☐ 활성화를 위한 다양하고 선명한 호출 문제
    - ☐ 문제를 해결하기 위한 제품을 설명한다.
    - ☐ 방문 페이지를 떠날 때 하는 전술을 테스트한다.
    - ☐ A/B 테스트

종료 기준
- ☐ 처음 4주간 초기 고객 획득과 고객 활성화 계획을 한다.

- ☐ **통과/실패 테스트를 확인**

판매 준비하기: 세일즈 판매자(책임자, 종결자)를 고용한다   물리적

목표: 필요한 기술과 적절한 경험을 가진 사람을 식별한다.

참조: 9장, 고객 검증 1단계: 판매 준비
- ☐ 스타트업에서 세일즈 판매원 경험 여부
- ☐ 목표 시장에 대한 좋은 연락처 확보
- ☐ 뛰어난 청취력, 패턴 인식과 협업 능력
- ☐ 이해의 차이: 판매자 vs. 영업 부사장
- ☐ 창업가는 개인적으로 고객 앞에 나아가지 않는다.

종료 기준
- ☐ 숙련된 판매 책임자를 고용한다.

체크리스트(웹/모바일) 28

완성도 높은 MVP 만들기

웹/모바일

목표: 세련되고, 기능성 있는 MVP를 개발한다.

참조: 9장, 고객 검증 1단계: 판매 준비

- ☐ 고객 개발 과정에서 고객 의견을 끌어내어 완성도 낮은 MVP를 세련되고 완성된 버전으로 개선한다.
- ☐ 제품의 부품: 불완전하지만 세련되게 가공된 제품 버전을 만든다.
- ☐ 제한된 특징이지만 이류 제품은 아니다.
- ☐ 고객 획득에서 더 많은 사용자를 초대하여 제품을 테스트하고 활성화 전술을 시행한다.
- ☐ 고객에게 전달된 모형과 제품 동작을 데이터로 기록한다.

종료 기준

- ☐ 완성도 높은 MVP는 지속되는 고객 유입을 생성하고 제품 동작 데이터는 비즈니스 모델과 제품을 개선한다.

채널 계획에서 세일즈 활동   물리적

목표: 고객 발굴 과정에서 채널 가설에 대한 테스트를 채널 활동 계획에서 선도적인 판매를 개발한다.

참조: 9장, 고객 검증 1단계: 판매 준비

☐ 유통 채널 계획을 개선한다.

☐ "먹이 사슬"을 그린다.
  ☐ 회사와 최종 사용자간의 전체 조직을 정의한다.
  ☐ 회사와 다른 확인된 관계들 사이의 조직을 정의한다.

☐ 채널 책임 지도
  ☐ 회사의 유통 채널의 관계 다이어그램을 그린다.
  ☐ 모든 채널 책임에 대한 설명을 작성한다.

☐ 채널의 각 계층간의 재무 관계를 그린다.
☐ 채널 관리 계획을 수립한다.
☐ 채널 모니터링 관리 계획에 대한 프로세스를 확인한다.

종료 기준 선도 영업 활동 계획에서
  ☐ 채널의 먹이 사슬과 수반되는 책임을 설명한다.
  ☐ 채널의 각 계층과 관련된 비용을 명확하게 한다.
  ☐ 세일즈 채널의 주소 관리

☐ 통과/실패 테스트를 확인

체크리스트(웹/모바일) 29

지표 도구를 만든다

웹/모바일

목표: 비즈니스 핵심 지표를 측정하고 수집된 모니터링 데이터를 위한 시스템 또는 대시보드 개발을 결정한다.

참조: 9장, 고객 검증 1단계: 판매 준비

- [ ] 12개 핵심 지표를 확인한다. 기본적인 방문자 지표들(페이지뷰, 순 방문자수, 페이지/방문 비율)
    - [ ] 획득 활동과 행동
    - [ ] 활성화 활동과 행동
    - [ ] 추천 활동과 행동

- [ ] 대시보드를 만들거나 데이터를 수집하고 모니터링할 수 있는 제품을 구매
    - [ ] 모든 지표가 아닌 핵심 지표에 집중한다.
    - [ ] 쉽고 한눈에 볼 수 있는 형태로 한다.
    - [ ] 지속적 추천, 사용자 코호트 분석을 포함한 모니터링을 위해 차후 추가 가능한 편리한 지표가 가능해야 한다.

종료 기준
- [ ] 고객 획득, 활성화, 추천 노력을 측정하는 핵심 지표의 목록을 작성한다.
- [ ] 거의 실시간 모니터링 가능한 지표 시스템

세일즈 로드맵 수정/개발

물리적

목표: 회사의 고객은 누구이며, 제품 구매는 어떻게 이루어지는가?

참조: 9장, 고객 검증 1단계: 판매 준비
- ☐ 세일즈 로드맵 개발
- ☐ 조직 및 영향 지도 개선
- ☐ 고객 접근 지도 개선
- ☐ 세일즈 전략 개발
- ☐ 구현 계획을 고안
- ☐ 팀 구성원은 계획의 각 측면을 관리할 수 있도록 확인한다.

종료 기준
- ☐ 세일즈 개발, 세일즈 로드맵에 대한 인지, 이 모든 문제를 실행하기 위한 계획이 통과된다.

체크리스트(웹/모바일) 30

데이터 분석 책임자를 고용한다   웹/모바일

목표: 고위 관리 팀에 분석 전문가를 포함시킨다.

참조: 9장, 고객 검증 1단계: 판매 준비

- [ ] **분석 책임자를 확인한다.**
    - [ ] 숫자와 분석 도구에 기민함
    - [ ] 타고난 호기심
    - [ ] 높은 창의력
    - [ ] 좋은 협력자
    - [ ] 작업하기 쉬운 동료
    - [ ] 전환이 필요할 때 일어날 수 있는 것들에 영향력을 가진다.

- [ ] 보고 일정을 고안

종료 기준

- [ ] 데이터 분석 전문가는 지속적인 향상을 위해 반드시 고용한다.

자문위원회 공식화 모든 채널

목표: 공식적으로 높은 수준의 소개를 촉진하는 고문을 참여하고, 격이 다르게 뛰어난 사상가를 포함한다.

참조: 9장 고객 검증 1단계: 판매 준비

- [ ] **자문위원회 로드맵을 구성한다.**
    - [ ] 크기: 품질 대 수량
    - [ ] 높은 수준의 소개서를 만드는 능력
    - [ ] 기술 전문가
    - [ ] 모임 또는 비모임
    - [ ] 주요 잠재 고객
    - [ ] 도메인 전문가
    - [ ] 노련한 CEO형
    - [ ] 보상에 대한 결정

종료 기준
- [ ] 회사의 자문위원회의 크기, 구성, 운영에 대한 형식을 정의한다.

체크리스트(물리적) 32

얼리반젤리스트를 찾아라   물리적

목표: 초기 비전에 대한 판매 시도를 확인한다.

참조: 10장, 고객 검증 2단계: 현장으로 나가 팔아라!

- ☐ **얼리반젤리스트를 확인**
- ☐ **약속을 만든다.**
    - ☐ 소개 이메일
    - ☐ 참고 이야기
    - ☐ 스크립트
- ☐ **히트율 결과를 추적**
- ☐ **연락처를 확대한 목록을 작성**

종료 기준
- ☐ 얼리반젤리스트에게 판매를 약속

최적화 계획 및 도구를 준비한다

웹/모바일

목표: 비즈니스 모델을 테스트하기 위한 도구를 준비한다.

참조: 10장, 고객 검증 2단계: 현장으로 나가 팔아라!

- [ ] 최적화 지표를 확인
- [ ] 최적화 우선순위 설정

- [ ] 테스트 도구를 장소에 놓는다.
    - [ ] 모니터링 결과를 대시보드에 나타낸다.
    - [ ] 완성도 높은 MVP
    - [ ] 획득 계획, 도구들
    - [ ] 활성화 계획, 도구들

종료 기준
- [ ] 최적화를 위한 고객 획득 지표를 정의한 계획을 세운다.
- [ ] 모니터링과 최적화를 위한 고객 행동에 대한 계획을 세운다.

- [ ] 통과/실패 테스트를 확인

체크리스트(물리적) 33

현장으로 나가 팔아라!   물리적

목표: 제품 판매를 테스트한다.

참조: 10장, 고객 검증 2단계: 현장으로 나가 팔아라!

- ☐ 판매 결과를 수집하여 보고서를 작성
- ☐ 첫 회의 이해: 의제, 목표
- ☐ 적절한 수준에서 계획에 동의한다.
- ☐ "이전"과 "이후"에 대한 시각화
- ☐ 사용자 정의 프레젠테이션
- ☐ 구매 행동 계획(긍정적 회의 후)
- ☐ 고위 관리자를 참여
- ☐ 다음 진행을 위한 감사장
- ☐ 주문 제안(서명)
- ☐ 성공/실패 통계에 대한 시트, 요약 데이터
- ☐ 검증을 증명하는 주문 번호를 합의

종료 기준: 제품의 판매 가능성의 현실적인 의미를 검토

- ☐ **통과/실패 테스트를 확인**(주문 유효성 검사를 증명하기 위해)

고객 모집의 최적화

웹/모바일

목표: 고객 모집 최적화에 노력한다.

참조: 10장, 고객 검증 2단계: 현장으로 나가 팔아라!

- ☐ 고객 관계 가설을 검토한다.
- ☐ 매일 모니터링 하고 테스팅에 대한 몇 가지 지표를 확인한다.
- ☐ 모집 퍼널의 최적화에 대한 순차적인 계획
- ☐ 아래 방법으로 최적화를 계획
- ☐ 매일 모니터링에 대한 시트 작성, 다음 단계
- ☐ 테스트
- ☐ 재테스트
- ☐ 다시 재테스트

종료 기준: 고객 모집에 대한 빠르고, 비용 효과적인 방법을 검증한다.

☐ **통과/실패 테스트를 확인**

체크리스트(물리적) 34

영업 로드맵 수정   물리적

목표: 효과적인 영업 프로세스를 개발한다.

참조: 10장, 고객 검증 2단계: 현장으로 나가 팔아라!

- ☐ **기업 조직과 영향 지도**
    - ☐ 영향력 있는 사람, 추천인, 방해자, 경제적 구매자의 신원
- ☐ **전략 맵을 판매**
    - ☐ 계정 입력하는 방법
    - ☐ 누구에게 연락할 것인가?
    - ☐ 통화 주문
    - ☐ 프레젠테이션
- ☐ **판매 과정을 묘사한 순서도**
- ☐ **세일즈, 제품 배송을 완료하는 단계를 확인한다.**

종료 기준: 반복 확장 가능한 세일즈 프로세스를 위한 각본을 완성한다.

- ☐ **통과/실패 테스트를 확인**

유지와 성장 결과를 최적화

웹/모바일

목표: 고객 유지와 성장을 위한 방법을 향상시킨다.

참조: 10장, 고객 검증 2단계: 현장으로 나가 팔아라!

- ☐ 기본적인 고객 유지와 성장 프로그램을 시작한다.
    - ☐ 비용과 ROI를 각각 모니터링한다.
- ☐ 코호트 방법으로 분석
- ☐ 두 개의 성장 지표
    - ☐ 입소문 성장 요인
    - ☐ 고객평생가치(LTV)
- ☐ 다면 시장의 다른 측면도 최적화한다.
    - ☐ 다른 쪽이 어떻게 작동하고 구매하는지를 이해한다.
    - ☐ 다른 쪽의 세일즈 로드맵을 결정한다.
- ☐ 수익 모델은 최적화 노력으로부터 학습되어 개선된다.

종료 기준
- ☐ 유지와 성장 프로세스를 최적화
- ☐ 잠재적인 웹과 사이트에 세일즈를 확인

- ☐ 통과/실패 테스트를 확인

체크리스트(물리적) 35

채널 파트너의 판매를 테스트한다
물리적

목표: 채널 전략의 유효성을 검증한다.

- ☐ 채널의 대상을 식별하고, 연구한다.
- ☐ 회의 계획
    - ☐ 소개 이메일
    - ☐ 참고 스토리와 스크립트
- ☐ 채널/서비스 파트너 프레젠테이션은 초기 채널 주문에 의해 갱신된다.
- ☐ 각각의 채널로부터 세일즈 추정에 대한 보고서를 작성
- ☐ 요약 데이터로부터 스프레드시트 작성

종료 기준
- ☐ 예상된 채널 파트너로부터 주문 또는 확정 계약
- ☐ 각 채널로부터 세일즈 추정

- ☐ 통과/실패 테스트를 확인

트래픽 파트너의 판매를 테스트한다

웹/모바일

목표: 트래픽 파트너 전략의 유효성을 검증한다.

참조: 제10장, 고객 검증 2단계: 현장으로 나가 팔아라!

- ☐ 트래픽 파트너의 대상 식별 및 연구
- ☐ 회의 계획
    - ☐ 소개 이메일
    - ☐ 참고 스토리와 스크립트
- ☐ 각 채널로부터 세일즈 추정에 대한 보고서 작성
- ☐ 요약된 데이터로부터 스프레드시트 작성

종료 기준

- ☐ 예상된 트래픽 파트너로부터 거래 및 계약 확정

- ☐ 통과/실패 테스트를 확인

체크리스트 36

제품 포지셔닝을 개발한다 모든 채널

목표: 시장 유형에 따른 제품 포지셔닝을 형식화한다.

참조: 제11장, 고객 검증 3단계: 제품 개발과 회사 포지셔닝
- ☐ 초기 제품 포지셔닝의 간략한 검토
- ☐ 고객 의견을 반영
- ☐ 제품 포지셔닝 갱신과 개선

종료 기준
- ☐ 수정된 간략한 제품 포지셔닝

시장 유형에 따른 포지셔닝 일치　　　　　　　　　　　　모든 채널

목표: 제품 포지셔닝과 시장 유형을 일치시킨다.

참조: 제11장, 고객 검증 3단계: 제품 개발과 회사 포지셔닝
  - ☐ **기존 시장과 재분류 시장:** 경쟁사와 제품을 비교한다.
  - ☐ **신규 시장:** 비전과 열정을 어떻게 소통할 것인가?
  - ☐ **복제 시장:** 미래를 예측할 수 있는 상대적 지식을 가진다.

종료 기준
  - ☐ 제품 포지셔닝과 시장 유형을 일치시킨다.
  - ☐ 고객과 함께 포지셔닝을 검증한다.

체크리스트 38

회사 포지셔닝 개발　　　　　　　　　　　　　　　　　　　모든 채널

목표: 분명한 회사 포지셔닝

참조: 제11장, 고객 검증 3단계: 제품 개발과 회사 포지셔닝

- ☐ 고객 발굴로 돌아가서 강령을 작성한다.
- ☐ 회사를 소개, 경쟁사와 강령을 비교한다.
- ☐ 회사 포지셔닝 문구를 완성한다.
    - ☐ 간단하게
    - ☐ 고객의 마음에서
    - ☐ 고객을 위해 회사는 무엇을 할 것인가?
    - ☐ 왜 비즈니스를 같이 하려고 하는가?
    - ☐ 회사는 왜 존재하고 무엇이 다른가?
    - ☐ 시장 유형과 일치

종료 기준
- ☐ 비전과 열정이 가득 찬 선언문 작성

포지셔닝 검증   모든 채널

목표: 제품과 회사 포지셔닝, 제품의 특징에 대해 검증한다.

참조: 제11장, 고객 검증 3단계: 제품 개발과 회사 포지셔닝

- [ ] **핵심 분석가와 산업계에 영향력 있는 사람과 함께 회의를 한다.**
    - [ ] 고객 발굴에서 대상을 모니터링하고 추적한다.
    - [ ] 연구보고서, 언론사 기사, 웹 사이트 등 각종 연구물
    - [ ] 스크립트 개발

- [ ] **분석 프레젠테이션 조립**
    - [ ] 시장과 제품 포지셔닝
    - [ ] 제품의 상세 기능

- [ ] **지능적인 자료 수집, 의견 추적에 대한 보고서**

종료 기준
- [ ] 핵심 분석가와 산업계에 영향력 있는 사람들로부터 제품과 시장에 관한 자세한 의견을 받는다.

체크리스트 40

데이터 조립   모든 채널

목표: 모든 데이터, 보고서, 설문지, 지도, 그림 등 모든 것을 조립한다.

참조: 제12장, 고객 검증 4단계: 어려운 질문, 전환 또는 진행

- ☐ 고객의 프로토타입의 워크플로 지도
- ☐ 조직도/영향 지도
- ☐ 고객 모형
- ☐ 비즈니스 모델 다이어그램을 완전히 갱신한다(몇 가지 이전 버전을 추가하여).
- ☐ 판매보고서로부터 고객 의견
- ☐ 시장 크기와 시장 점유율 예측
- ☐ 채널 의견과 예상되는 수익에 대한 요약
- ☐ 가격, 고객 획득 비용, 중요 제품의 비용 변화
- ☐ 산업계, 고객, 그들의 행동에 대한 자세한 정보
- ☐ 경쟁력 있는 제품과 가격 정보

종료 기준

- ☐ 모든 주요 의견, 하드 데이터, 그림, 가장 최근의 비즈니스 모델 캔버스에 대한 검토
- ☐ 고객 발굴과 검증으로부터 학습된 가설 문서의 최신 버전과 비즈니스 모델 캔버스 갱신을 포함한다.
- ☐ 비즈니스 모델 캔버스 구성요소간의 상호 작용과 교차점을 검토한다.

- ☐ **통과/실패 테스트를 확인**

비즈니스 모델 검증

모든 채널

목표: 비즈니스 모델 검증을 위한 사실 수집

참조: 제12장, 고객 검증 4단계: 어려운 질문, 전환 또는 진행

- [ ] 비즈니스 모델 점검 목록
    - [ ] 가치 제안
    - [ ] 고객 세그먼트
    - [ ] 가치 제안 2: 시장 유형
    - [ ] 채널
    - [ ] 고객 관계
    - [ ] 비용 구조
    - [ ] 수익 흐름

종료 기준
- [ ] 모든 비즈니스 모델 가설은 사실을 기반으로 입증되어야 한다.

- [ ] 통과/실패 테스트를 확인

체크리스트 42

금융 모델 검증
모든 채널

목표: 현금이 바닥나기 전에 스타트업은 수익과 확장 가능한 비즈니스를 만들어야 한다.

참조: 12장, 고객 검증 4단계: 어려운 질문, 전환 또는 진행

- [ ] 가치 제안
    - [ ] 제품 비용
    - [ ] 시장 규모
    - [ ] 달성 가능한 시장 점유율
    - [ ] 네트워크 영향의 고객 효과

- [ ] 고객 관계
    - [ ] 고객의 구입 비용
    - [ ] 전환율의 전망치
    - [ ] 고객평생가치
    - [ ] 고객 전환 비용

- [ ] 시장 유형별 고려 사항
- [ ] 기본적인 운영 비용

채널 비용
- [ ] 채널 마진, 판촉 및 유통 공간 비용

- [ ] 수익 흐름
    - [ ] 평균 판매 가격
    - [ ] 총 달성 매출
    - [ ] 고객/연 숫자

- [ ] 현금 잔액
- [ ] 숫자로 나타낸다.

종료 기준
- [ ] 회사의 성공 능력의 전체 금융 그림을 그린다.

- [ ] 통과/실패 테스트를 확인

비즈니스 모델을 재검증한다

모든 채널

목표: 비즈니스 모델을 추가적인 검증

참조: 12장, 고객 검증 4단계: 어려운 질문, 전환 또는 진행, 금융 모델을 재검증한다.

- [ ] **비즈니스 모델 캔버스 재조명**

- [ ] **비즈니스 모델의 검증 항목을 재점검**
    - [ ] 가치 제안
    - [ ] 고객 세그먼트
    - [ ] 가치 제안 2 : 시장 유형
    - [ ] 채널
    - [ ] 고객 관계
    - [ ] 비용 구조
    - [ ] 수익 흐름

종료 기준
- [ ] 가능한 최선의 방법이 가능한지를 결정한다.
- [ ] 만약 수익이 높거나 또는 현실적으로 낮은 비용으로 평가한다.

- [ ] **통과/실패 테스트를 확인**

체크리스트 44

전환 또는 진행할 것인가?   모든 채널

목표: 비즈니스 모델을 실행할지 여부를 결정한다

참조: 12장, 고객 검증 4단계: 어려운 질문, 전환 또는 진행
- ☐ 검증 노력이 실제로 의견에서 사실로 변환되었는가?
- ☐ 비즈니스 모델 다이어그램을 갱신한다.
- ☐ 제품은 비교적 쉽게 판매되는가?
- ☐ 명확하게 고객들이 꾸준히, 예측 가능한, 수익 있는 단계로 도달될 것인가?
- ☐ 반복과 확장 가능한 세일즈 프로세스를 개발한다.
- ☐ 제품 배송 시간을 확인한다.
- ☐ 약속된 무엇을 팔고 있는지를 확인해야 한다.
- ☐ 수익성 있는 사업 모델로 만들어야 한다.
- ☐ 전환 또는 진행 여부?

종료 기준
- ☐ 앞으로 진행할 것인지에 대한 의사 결정

☐ **통과/실패 테스트를 확인**

부록 B

용어집

A/B 테스팅^{A/B Testing} 서로 다른 버전의 웹 페이지 A와 B를 비교해서 더 좋은 결과를 선택하는 테스팅 방법이다.

ARPU^{Average Revenue Per User} 고객당 평균매출액으로 고객 1명의 서비스 지출 비용에 대한 평균 지표다. 예를 들면 고객이 휴대폰/데이터 요금과 같은 서비스를 장기간 지출할 경우의 평균 금액을 말한다.

CPA^{Cost Per Acquisition} 구매당 광고 비용을 말하며, 파트너 사 또는 다양한 웹 비즈니스로부터 고객 모집이나 구매 시 소요된 비용을 말한다.

가격 정책^{Pricing} 스타트업이 수익 모델을 구현하기 위하여 적절한 가격을 결정하는 전략을 말한다. 예를 들면 부분 유료화, 정기구독, 소량판매, 대량판매에 따라 유동적인 가격 책정을 들 수 있다.

가설Hypotheses 스타트업 창업가는 이미 알고 있는 지식을 활용한 추측을 바탕으로 비즈니스 모델의 가설을 설립한다. 가설은 비즈니스 모델 캔버스에 표현되며, 고객 개발 프로세스 과정에서 실험과 검증 과정을 거쳐 개선된다.

가치 제안 Value Proposition 고객의 문제를 해결해주는 방법을 제시하는 것이다. 가치 제안은 고객의 문제와 요구사항(생산성, 상태분석, 간략화, 편의성 등)에 대한 해결책을 제공한다. 가치 제안은 스타트업의 고객 분류와 일치해야 한다.

고객 개발 Customer Development 『깨달음으로 가는 4단계The Four Steps to the Epiphany』(K&S Ranch, 2005)에서 처음 언급된 용어다. 고객 개발은 반복과 확장 가능한 비즈니스 모델을 찾아가는 4단계 과정으로 고객 개발팀에 의해 실행된다.

고객 개발팀 Customer Development Team 전통적인 영업, 마케팅, 사업 개발팀을 대신하여 스타트업에서 고객을 발굴하고 검증하는 일을 실행한다. 고객 개발팀은 고객들을 직접 만나 비즈니스 모델의 가설을 검증하는 일을 책임진다. 회사 전략의 변화를 결정할 수 있는 창업가 중에 한 명이 반드시 포함되어야 한다.

고객 검증 Customer Validation 고객 개발의 4단계 중 2번째 단계로, 창업가는 검증된 가설을 통해 초기 주문, 사용자, 고객을 모집한다.

고객 관계(관리) Customer Relationship 세일즈 채널로 고객 모집을 유도하고, 모집된 고객을 유지, 시간이 지남에 따라 추가적인 매출과 추천을 통한 신규 고객을 창출하여 가치를 성장시키는 회사의 전략을 말한다.

고객 모집 Customer Acquisition 웹/모바일 세일즈 퍼널의 3단계(모집, 유지, 성장) 중 첫 번째 단계다. 웹 사이트로 사람들을 유입시키고 다양한 활동, 구매를 할 수 있도록 서비스를 제공, 만족감을 높여 결과적으로 잠재 고객을 확보하는 방법이다. 고객 모집 방법에는 무료 매체와 광고 매체를 이용하는 방법이 있다. 일반적으로 무료 매체 방법으로는 검색 최적화(SEM/SEO), 이메일, PR/블로그, 바이럴, 소셜네트워크를 활용한다.

고객 발굴 Customer Discovery 고객 개발 4단계 중의 첫 번째 단계로, 창업가는 비즈니스 모델에 대한 가설을 분명히 하고 고객과 직접 만나 문제를 테스트하며 해결책을 실험하는 단계다.

고객 세그먼트 Customer Segment 전체 고객 유형 중 스타트업이 타깃으로 하는 특정 고객의 묶음이다. 예를 들면 '한 달에 2번 이상 골프를 치는 50대 이상' 고객 묶음으로 정의하면 다른 고객 그룹과 차별화되며, 요구사항도 포함된다. 기업은 이러한 고객 세그먼트에 대한 차별화된 가치 제안을 확정한다.[1]

고객 원형 Customer Archetypes 고객 특성을 기술하는 것으로 정량적 데이터hard(소비자 인구통계, 소비자심리통계)와 정성적 데이터soft(인터뷰, 이야기 소재)가 있다. 이러한 데이터로 고객 프로필과 회사 고객들의 그룹 또는 유형에 대한 전체 스토리를 작성하는 데 사용된다. 대부분 스타트업들은 하나 이상의 고객 원형을 가지고 시작한다. 원형은 목표 고객에 좀 더 집중하기 위해 제품과 고객 개발 과정에서 사용된다.

고객 창출 Customer Creation 고객 개발 4단계 중 3번째 단계로, 창업가는 비즈니스 모델을 검증하고 영업과 마케팅 활동을 확장하여 (신규 고객을 창출함으로서) 회사를 성장시킨다.

고객 활성 Customer Activation 웹/모바일 세일즈 퍼널의 3단계(모집, 유지, 성장) 중 두 번째 단계다. 고객 모집 후 웹 사이트로 접속한 고객들이 가입, 참여, 구매를 한다. 고객 활성 방법에는 무료 체험 기간 제공, 광고 목적의 랜딩 페이지 활용이 있다.

고객보상 프로그램 Loyalty Program '포인트제', '단골고객 보상제'와 같이 기존 고객을 유지하고, 이탈을 줄이는 방법이다. '이탈' 항목을 참고하기 바란다.

고객생애가치LTV, LifeTime Value 한 명의 사용자가 회사의 고객으로 지속되는 기간 동안 얼마만큼의 매출 가치를 지니는지를 금액으로 나타낸 것이다(이 책에서는 지속 기간을 3년으로 본다). LTV는 회사가 한 명의 고객을 확보하는 데 사용된 비용의 규모를

---

1 고객 세그먼트별로 갖고 있는 문제나 요구사항에 부합되는 가치 제안을 만들어 매칭시킨다. - 옮긴이

계산하는 데 활용된다.

고객의 문제/요구사항 Problem/Need(Customer) 왜 고객이 제품을 구매하는가를 설명한다. 시장의 일부 고객들은 직면한 문제를 해결할 수 있는 제품을 찾아보고 있다. 예를 들면 생각하는 소프트웨어, 눈길에 필요한 스노우 타이어, 소변을 빼주는 도뇨관catheters 같은 것이다. 다른 시장에서는 감성적인 필요를 느껴 구매하도록 하는 제품이 있다. 예를 들면 영화, 패션, 비디오 게임, 소셜네트워크 같은 것이다.

고려Consideration 물리적 채널로의 '고객 모집' 세일즈 퍼널의 3번째 단계. 세일즈 퍼널은 인식, 관심, 고려, 구매 단계가 있다.

관심Interest 물리적 채널에서 '고객 모집' 세일즈 퍼널의 4단계 중 2번째 단계. '인식' 항목을 참고하기 바란다.

광고 매체 Paid Media TV, 옥외광고, 광고 우편물, 웹을 통한 광고 메일과 같이 유료 광고 매체를 말한다. 광고 매체는 고객 모집 프로그램의 한 부분이다. '무료 매체'에 대해 참조하길 바란다.

광고효율지표Cost Per Thousand 웹 사이트의 배너 광고나 잡지 광고와 같은 광고 매체에 지불되는 광고시장의 효율을 측정하는 방법이다. 광고 가격은 CPM에 기반하여 산정된다. 예를 들어 잡지가 6,000,000부가 팔렸다면 6,000M으로 표기한다.

교차판매Cross-Sell 구매 고객에게 관련된 제품을 추가적으로 구매하도록 유도하는 전략으로 평균주문량을 증가시킨다. 예를 들면, 책 구매 시 관련된 책을 사면 10% 할인해준다거나 여행 가방을 사면 세면용품을 증정하는 방법이다. 관련 항목으로 '상위제품판매'를 참조한다.

극댓값/최댓값 Local/Global Maximum 비즈니스 가설을 검증한 결과로 사용된다. 짧은 기간 동안 확보한 결과물에서 나타난 가장 높은 값을 극댓값이라고 한다. 또한 전체 기간 동안 확보한 데이터 중 가장 높은 값을 최댓값이라고 한다. 짧은 기간 동안 진행된 검증 결과에서는 최댓값이 간과되기 쉽다.

기업 설립 Company Building 고객 개발 프로세스의 4단계 중 마지막 4번째 단계로, 기업 창업가들이 비즈니스 모델 발굴에 집중했던 조직을 검증된 비즈니스 모델을 통한 사업을 실행할 수 있는 조직으로 변경하는 단계다.

내부 평가 Internal Audit 회사 구성원이 회사에 대해 알고 있는 것, 제품 또는 포지셔닝에 대한 이해와 인식을 조사하는 것을 말한다. '외부 평가' 항목을 참고하기 바란다.

다면 비즈니스 모델 Multi-sided Business Model 서로 상이한 고객 세그먼트를 가지는 비즈니스 모델을 말한다. 상이한 분류(시장)는 서로 다른 가치 제안, 수익 모델, 채널을 가진다. 예를 들면 구글의 검색 비즈니스는 검색 사이트를 이용하는 데 돈을 지불하지 않는 사용자, 애드센스를 사용하는 광고주와 일반 사용자에게 광고를 게재하여 비용을 지급받는 광고 게시자로 분류된다. 다른 비즈니스 모델로는 의료장비 같은 것을 예로 들 수 있다. 의료장비는 환자, 의사, 보험사, 병원들로 구성된 고객 분류로 4개 이상의 복잡한 형태로 나타난다.

데이터 책임자 Data Chief 모바일/웹 회사에서 고객 모집, 고객 활성, 고객 유지를 위한 활동의 결과를 지속적으로 관리하고 최적화하는 고위 의사결정권자다. 일반적으로 CMO, 마케팅 부사장, 데이터베이스 마케터가 수행한다.

랜딩 페이지 Landing Page 고객이 링크, 광고 또는 이메일을 클릭할 때 나타나는 웹 페이지로 스플래시Splash 페이지라고도 부른다. 때로는 회사 홈페이지로 바로 연결된다. 랜딩 페이지는 광고 또는 링크를 연결된 광고 문구를 보여준다. '홈페이지' 항목을 참고하기 바란다.

레퍼런스 스토리 Reference Story 제품을 소개하는 자료다. 이메일이나 전화로 제품을 처음 소개할 때 활용한다. 제품이 해결할 수 있는 문제, 문제 해결의 중요성, 강구하려는 해결책, 잠재 고객에게 필요한 이유 등을 강조해 꼭 필요한 제품임을 강조한다.

린 스타트업 Lean Startup 고객 개발 방법과 애자일 엔지니어링을 결합하여 에릭 리스Eric Ries에 의해 대중화되었다.

마이크로사이트Microsites 대형 웹 사이트 내의 작은 소규모 웹 사이트로 오로지 하나의 특정 목적을 위해서 만들어진다. 예를 들면 대형 은행의 웹 사이트에 은퇴 설계 웹 사이트를 운영하는 것이다. 마이크로사이트는 종종 웹 사이트 외부와 내부 고객들 모두에게 흥미를 유발시키기 위해 사용된다.

모집, 유지, 성장 Get, Keep and Grow 회사는 고객에 대해 고객 모집, 고객 보유, 고객 확장의 단계를 거친다. 고객 모집은 종종 수요 창출로 불리며, 선택된 세일즈(영업 또는 판매) 채널을 통해 고객을 모집한다. 고객 유지 또는 보유는 고객에게 회사와 제품을 지속적으로 이용해야 할 이유를 제시한다. 고객 성장은 기존의 고객에게 판매 촉진하고 새로운 고객을 데려오도록 독려한다.

무료 매체 Earned Media 기업을 (거의) 무료로 노출시키는 홍보 매체다. 널리 알려진 무료 매체 도구로는 SEO나 검색 결과, 보도 자료, 제품 리뷰, 간행물 기고가 있다. 무료 매체는 회사의 고객 모집 과정의 일부로 사용된다.

물리적 채널 Physical Channel 판매와 주문이 가능한 배송과 고객 접점 간의 유통 경로를 말한다. 접점으로는 물류창고, 소매점, 방문 판매 등이 포함된다. '웹/모바일 채널' 항목을 참고하기 바란다.

바이럴 루프 Viral Loop 비즈니스, 웹, 모바일 또는 오프라인을 통해 서비스를 만족한 고객이 다른 사람들을 데려오는 과정을 말한다. 바이럴 루프는 고객/사용자/트래픽에 있어 지수상승 곡선으로 확장된다. '바이럴 마케팅' 항목을 참고하기 바란다.

바이럴 마케팅 Viral Marketing 고객이 회사를 지인에게 추천하여 급격히 확산시키는 마케팅 활동이다.

반복Iteration 비즈니스 모델 캔버스의 9개 블록에서 하나 이상의 내용을 일부 변화되는 것을 말한다. 예를 들면 12~15세 소년에서 15~19세 소년으로 고객 구분이 변경될 경우 가격을 39.99달러에서 79.99달러로 변경하는 것이다. '전환' 항목을 참고하기 바란다.

보조 홍보물 Collateral Materials 물리적 채널을 통해 제품의 브로셔, 홍보물, 자료 현황, 백서, 판매 현황, 여러 가지 인쇄물들을 말한다. 이들은 제품이나 서비스의 시장 활성화를 돕는다.

분할 테스팅 Split Testing 가설을 검증하는 데 사용된다. 'A/B 테스팅' 항목을 참고하기 바란다.

비즈니스 모델 실행 Executing a Business Model 반복과 확장 가능한 비즈니스 모델을 발굴한 후에 실행으로 옮기는 것을 말한다. 다듬고 검증된 계획을 통해 회사의 매출을 올리는 실행 과정이다. 이것을 위해서는 기업의 구조 개혁이 반드시 필요하다. '비즈니스 모델 탐색' 항목을 참고하기 바란다.

비즈니스 모델 탐색 Search for a Business Model 스타트업은 확장과 반복 가능한 비즈니스 모델을 발굴 전까지의 모든 행위를 말한다. '탐색'은 이 책의 고객 개발 프로세스 파트에 설명되어 있다. '비즈니스 모델 실행' 항목을 참고하기 바란다.

비즈니스 모델 Business Model 조직의 가치 생성, 서비스/제품 전달, 가치 확보를 어떻게 할 것인가를 설명하는 방법이다. 이 책에서는 알렉산더 오스터왈더의『비즈니스 모델의 탄생』(타임비즈, 2011)에 나오는 9개의 블록으로 구성된 비즈니스 모델 캔버스를 말한다.

사업계획서Business Plan 회사에 대한 설명과 관련된 시장에 진출을 위해 작성된다. 스타트업은 수십 년간 사업 계획서를 써왔지만, 고객과 만나는 순간 어떤 사업 계획도 무용지물이 된다는 사실을 깨닫지 못했다. 사업계획서의 항목으로는 기회, 시장 분석, 경쟁사 분석, 마케팅 계획, 운영 계획, 경영 개요, 재정 계획이 있다.[2]

상위제품판매Up-Sell 확보한 고객을 성장시키는 전략으로, 고객이 더 많은 양을 구매하거나 높은 가격의 제품을 구매하여 평균 주문량을 늘리는 방법이다. '교차판매' 항목을 참고하기 바란다.

---

[2] 사업계획서는 가설로 채워진 리서치 데이터를 기반한 문서로 실제 고객을 통해 확보한 검증된 데이터로 만들지 않았기 때문이다. – 옮긴이

생산품Physical Product 하나의 완성된 제품을 말한다. 자동차, 비행기, 컴퓨터, 식품은 물리적 생산품이지만 소셜네트워크와 검색 엔진은 물리적 생산품이 아니다. '웹/모바일 채널' 항목을 참고하기 바란다.

세일즈 로드맵 Sales Roadmap 세일즈 퍼널의 각 단계를 어떻게 실행할 것인지를 책임자, 실행 순서, 판매 전략 등에 대해 구체적으로 설명한 문서다.

세일즈 퍼널 Sales Funnel 아령과 같은 형상을 한, 판매 현황을 트래킹하는 시각화된 개념(도구)이다. 세일즈 퍼널은 모집, 유지, 성장의 3단계로 구성된다. 세일즈 퍼널의 첫 유입점(넓은 입구)에서 사용자들이 들어오게 되면, 세일즈 퍼널의 모집 단계에서 단계적으로 사용자에서 구매자로 숫자가 좁아진다. 사용자에서 구매 가능자로 좁혀지고 퍼널의 가장 좁은 구역에서는 고객으로부터 구매가 이루어진다. 두 번째 단계인 유지Keep 단계는 좁은 손잡이 모양 부분이며, 세일즈 퍼널의 마지막 단계인 성장 단계는 다시 확장된 출구 모양으로서 기존 고객으로부터 매출 증가를 표현한다.

수요 창출 Demand Creation 스타트업이 전략적으로 선택한 세일즈 채널(판매, 유통 등)들을 통해 고객 창출을 유도하는 모든 활동을 말한다. 이것은 고객 관계(관리)Customer Relationships 형성을 위한 '모집/유지/성장' 프로세스에서 사용자를 모집하는 부분이다.

수익 모델 Revenue Model 회사가 어떻게 수익을 창출할 것인가에 대한 방법을 설명한 것이다. '수익을 어디로부터 낼 것인가?'에 대한 답을 제시해야 한다. 예를 들면 이베이eBay는 웹 사이트에서 일어나는 모든 거래에 대해 소액의 수수료를 수익 모델로 한다. 넷플릭스Netflix는 매달 정기구독 비용을 수익 모델로 한다. '가격 정책' 항목을 참고하기 바란다.

스타트업Startup 확장과 반복 가능한 비즈니스 모델의 답을 찾아 가는 임시 조직이다.

스플래시 페이지 Splash page 과거에 랜딩 페이지 또는 홈페이지를 이르던 용어다. '홈페이지' 항목을 참고하기 바란다.[3]

---

3 스플래시 페이지는 홈페이지가 보여지기 전에 간단하게 내용이나 제목을 소개하는 페이지로도 사용된다. – 옮긴이

시장 유형 Market Type 스타트업의 시장 진입 전략에 따라 다음 4가지로 나타난다.

　　1) 높은 수준의 제품으로 기존 시장에 진입

　　2) 틈새 시장 또는 저비용 전략으로 기존의 시장을 재분류하여 진입

　　3) 기존에 존재하지 않았던 신규 시장을 창출하여 진입

　　4) 다른 나라로부터 비즈니스 모델을 복제하여 국내 시장에 진입

실험Experiments 스타트업이 비즈니스 모델의 가설을 테스트하는 활동을 말한다. 실험은 가설에 대해 통과/실패 테스트를 수행할 수 있도록 디자인되어야 한다. 예를 들면 '구글 애드워즈Google Adwords 클릭 단가가 20센트라면 사용자를 확보할 수 있다'라는 가설을 실험할 수 있다.

아이 트래킹 Eye Tracking 웹 페이지상에 머무르는 사용자의 시선을 따라가며 경로를 분석하는 도구다. 웹 페이지 디자인에서 명확하지 않은 작업을 제거하는 데 유용하게 사용된다. '히트 맵' 항목을 참고하기 바란다.

애자일 개발 Agile Development 서비스나 제품(하드웨어 또는 소프트웨어) 개발 방법론으로, 고객의 피드백에 대해 유동적으로 대응하여 반복과 점진적 향상을 통해 제품을 완성한다. 이는 고객의 요구와 제품의 최종 사양에 대해 처음부터 완벽하게 알 수 없기 때문이다. 따라서 순차적인 개발 프로세스를 가지는 기존의 폭포수 개발 방법론과 대비된다.

얼리반젤리스트Earlyvangelist '얼리 어답터Early Adopter'와 '전도사Evangelist'의 합성어로, 스타트업에서 첫 번째 고객이며, 그들의 문제 해결 또는 시급한 요구사항을 해소하기 위해서 제품을 선구매한다.

완성도 낮은 MVP Low-fidelity MVP 최소한의 기능으로 실제품의 형태만을 모방하여 구현된 MVP(최소 기능 제품)로, 예를 들면 가입 시 더 많은 정보를 획득하기 위한 랜딩 페이지, 제품에 대한 골판지 모형 같은 것이다. 고객의 문제에 대한 유효성을 검증하고 고객 의견을 모으는데 사용된다. '완성도 높은 MVP' 항목을 참고하기 바란다.

완성도 높은 MVP High-fidelity MVP　실 제품에 가깝게 구현된 MVP로, 예를 들면 웹 사이트에 있어 핵심 기능들을 구현하거나 생산품에 대한 데모 버전이다. 보통 기본에 충실하거나 단순하게 만들어진다. 일반적으로 고객의 솔루션에 대한 유효성을 검증하고 고객 의견을 모으는 데 사용된다. '완성도 낮은 MVP' 항목을 참고하기 바란다.

외부 평가 External Audit　회사와 또는 생산된 제품, 소비자 인터뷰로부터 얻은 정보에 대해 외부인의 인식을 조사하는 것을 말한다.

웹/모바일 제품 Web/Mobile Product　컴퓨터 프로그램으로 작성된 제품/서비스를 말한다. 예를 들면 소셜네트워크, 비디오 게임, 모바일 애플리케이션이다. '물리적 제품' 항목을 참고하기 바란다.

웹/모바일 채널 Web/Mobile Channel　인터넷으로 메시지와 PC, 랩탑, 모바일 기기로 제품을 전달하는 데 사용되는 고객 주문 처리를 위한 유통망과 영업망을 말한다. 웹/모바일 채널은 웹 사이트, 클라우드, 스마트폰용 앱 스토어를 포함한다. '물리적 채널' 항목을 참고하기 바란다.

이탈Churn　일정 시간 동안 서비스 미사용 고객 또는 가입자에 대한 수를 말한다. 일반적으로 월별 백분율로 표시된다. 10명의 고객 중에 1명이 서비스를 사용하지 않는다면 이탈율은 10%가 된다. 이탈은 다른 말로 감소라고 한다.

인식Awareness　물리적 채널의 세일즈 퍼널에서 '고객 모집'의 첫 번째 단계로 무료 매체(PR, 블로그, 브로셔, 리뷰)와 광고 매체(광고, 프로모션), 온라인 도구를 사용하는 방법을 말한다.

전환Pivot　비즈니스 모델 캔버스의 9개 블록 중에 하나 이상의 대단위 변경이 발생하는 경우를 말한다. 예를 들면 수익 모델을 정기구독에 대해 무료 또는 부분 유료로 변경 또는 12~15세 소년에서 45~60세 여성으로 고객 세그먼트를 변경시키는 경우다. '반복' 항목을 참고하기 바란다.

제품 개발 Product Development　개발팀에서 제품을 만드는 것을 말한다. 스타트업 제품 개발팀은 주로 애자일 엔지니어링을 사용한다.

채널 스터핑 Channel Stuffing 유통업체에게 최종 소비자가 요청된 것보다 더 많은 상품을 전달하는 것을 말한다. 종종 기업의 매출을 부풀리기 위해서 사용된다. 이것은 유통 업체가 최종 소비자에게 판매한 것을 매출로 집계하는 것이 아니라 유통 업체로 전달된 상품으로 매출을 확인할 때 발생된다.

채널Channel**(유통 경로)** 판매와 유통을 모두 포함하여 말한다. 채널은 고객에게 기업의 상품이 어떻게 전달되는지를 나타낸다. 이 책에서는 채널을 '물리적 채널'과 '웹/모바일 채널'로 나누어 설명한다.

최소 기능 제품MVP, Minimum Viable Product MVP는 고객의 피드백을 받아 최소한의 기능을 구현한 제품이다. 초기의 MVP는 파워포인트 슬라이드, 비디오, 데모와 같이 단순한 표현으로 정의될 수 있다. 웹/모바일 제품인 경우 고객의 핵심 문제/요구사항에 따라 '완성도 낮은 MVP' 또는 '완성도 높은 MVP'로 표현할 수 있다. MVP는 제품 솔루션 데모로도 표현이 가능하다.

최소 기능 집합 Minimum Feature Set은 MVP를 나타내는 다른 용어다.

추가 구매율 Take Rate 고객에게 상위 제품이나 신제품 구매를 권했을 때 구매하는 비율이다.

출하Sell-In 유통(판매점)사가 신제품을 주문하는 것을 말한다. 또는 크리스마스 전에 제품을 미리 확보하는 시즌 주문 같은 것을 말한다.

캔버스Canvas 알렉산더 오스터왈더의 비즈니스 모델 캔버스를 말한다. 『비즈니스 모델의 탄생』(타임비즈, 2011)에서는 9개의 블록을 사용하여 비즈니스 모델의 가설을 세우고, 가설을 검증하는 평가지표로 사용된다.

코호트 분석 Cohort Analysis 고객의 연령 또는 동세대와 같이 정해진 집단에 대해 일정 시간이 경과 후 측정 분석하는 방법이다.[4]

---

[4] 이 책에서는 10장의 '현장으로 나가라: 유지와 성장 최적화'에서 고객 유지 최적화 노력으로 코호트 분석을 사용한다. – 옮긴이

트래픽Traffic 얼마나 많은 사용자가 상점이나 웹 사이트를 방문했는지를 측정하는 지표를 말한다. 예를 들면 광고 매체(구글, TV, 페이스북 광고)나 무료 매체(PR, 유입 경로)로부터 방문을 산정하는 데 사용된다.

판매 담당자 Sales Closer 고객 개발팀의 일원으로서 얼리반젤리스트에게 초기 제품 판매를 책임지고 종결짓는 역할을 한다. 세일즈 경험이 없는 창업가를 대신하여 고객을 대상으로 영업을 맡아 구매 업체 협의, 계약 조건 협의 등을 진행한다. 이들은 영업 매니저가 아니며 회사의 영업 총괄 책임자가 될 가능성이 적다.

판매량Sell-Through 유통점을 통해 최종소비자에게 판매된 제품량을 말한다. 제품의 구매량은 회사에 좀처럼 확인하기 어렵다. '채널 스터핑' 항목을 참고하기 바란다.

폭포수 개발 Waterfall Development 제품(하드웨어, 소프트웨어, 서비스)을 정해진 순서와 순차적 단계로 개발하는 방법론이다. 전체 제품과 모든 기능을 처음에 정의한다. 폭포수의 단계별로 각기 다른 팀에게 할당하여 프로젝트 관리 및 납기 준수를 책임지게 한다. 폭포수 개발은 '애자일 개발'과 대비되는 방법론이다.

현장으로 나가라 Get out of the building 고객 개발의 핵심 명제로 스타트업은 기존의 회사들과 달리 사업 근거를 내부에서 찾을 수 없다. 창업가는 현장으로 나가 고객과 소통하며 비즈니스 모델의 가설을 고객을 통해 검증할 수 있다.

홈페이지Home Page 회사의 제품 또는 웹 사이트에 대한 초기 또는 공식 웹 페이지를 말한다. '랜딩 페이지'와 '스플래시 페이지' 항목을 참고하기 바란다.

히트 맵 Heat Map 웹 페이지를 볼 때 사용자의 시선이 첫 번째와 두 번째, 세 번째로 집중하는 곳이 어디인지 보여주는 도구다. 이것은 아이 트래킹에 의존하며, 사용자의 시선이 웹 페이지에서 어떻게 이동하는지를 관찰하는 데 사용된다.

부록 C

웹 스타트업을 시작하는 방법:
간단한 개요

웹 스타트업을 시작하는 방법: 린 런치패드 편

개발자와 사용자 인터페이스 디자인 경험이 있다면, 루비 온 레일스, Node.js, Balsamiq, 웹 사이트로 함께 작업하는 것보다 쉬운 것은 없을 것이다(실리콘밸리의 종업원조차도 할 수 있다).

그러나 정신의 휴가를 위해 유행으로부터 눈을 돌리면 "웹에서 좋은 아이디어를 어떻게 할까? 웹 사이트를 구축하는 단계는 무엇일까?"와 같은 질문을 하게 된다. 그리고 더 중요한 질문으로는 "비즈니스 모델 캔버스와 고객 개발을 사용하여 실제 비즈니스를 테스트해볼까?"다.

학생들의 이러한 질문에 대한 첫 번째 시도는 www.steveblank.com의 스타트업 도구 페이지를 함께 하는 것이다. 이 사이트는 스타트업에 대한 사용 가능한 도구들을 모아 놓은 것으로, 편리하게 참조하였으나 초보자에게는 도움이 되지

않았다. 그래서 다음 시도를 알려준다.[1]

웹 스타트업을 시작하는 방법: 린 런치 패드 편

학생들은 단계별 과정으로 린 런치패드 수업을 활용한다. 모든 단계는 4~6장에 설명되어 있다.

1. 팀을 관리하기 위한 논리적 설정
2. 회사의 가설에 대한 작업
3. 다른 사람들이 이해하는 가치 제안 문장을 작성
4. 웹 사이트 논리적 설정
5. 완성도 낮은 웹 사이트를 구축
6. 웹 사이트에 고객 모집
7. 사이트가 작동하도록 숨겨진 작동 코드를 추가
8. 고객 데이터 함께 문제를 테스트
9. 완성도 높은 웹 사이트를 구축하여, '솔루션'을 테스트
10. 돈을 요구(선택한 도구의 자원으로 www.steveblank.com에서 스타트업 도구 페이지를 사용한다.)

 이 단계에서 도구 목록은 예제다. 권장 사항은 아니며 추천하는 것으로, 사용 가능한 대표적인 것이다. 새로운 도구는 매일 나타난다. 공부해라. 최근 도구의 리스트에 대해 www.steveblank.com을 참조한다.

---

1 루비 온 레일스: 루비 언어로 작성된 웹 프레임워크 / Node.js: V8(자바스크립트 엔진) 위에서 동작하는 이벤트 처리 입출력 프레임워크로, 웹 서버와 같이 확장성 있는 네트워크 프로그램 제작을 위해 고안됨 / Balsamiq: 빠르게 애플리케이션 및 앱의 목업을 제작할 수 있는 응용 소프트웨어 (출처: 위키디피아) – 옮긴이

1단계: 팀 논리적 설정

- 2장 읽기: 고객 개발 모델 및 고객 개발 선언문
- 고객 개발 진행 상황을 문서화하는 워드프레스 블로그를 설정
- 팀 대화를 위한 스카이프 또는 구글 플러스의 행아웃을 사용

2단계: 회사 가설들을 기술

- 9개의 비즈니스 모델 캔버스 가설을 작성
- 핵심 기능 목록/최소 기능 제품을 계획
- 기회에 대한 시장 크기, 구글 트렌드, 구글 인사이트, 페이스북 광고를 사용하여 잠재적인 시장 크기를 추정한다. 경쟁사에 대한 정보로 크런치베이스 Crunchbase를 사용한다.
- 총 유효한 시장을 계산, 고객 가치
- (기존, 신규, 재분류) 시장의 유형을 선택
- 매주 진행 상황을 요약을 준비: 비즈니스 모델 캔버스 갱신 + 매주 고객 개발 개요(10단계 이후에 설명)

3단계: 다른 사람들이 이해하는 고유의 판매 제안 문장을 작성한다

- 왜 존재하는지에 대한 쉬운 설명을 할 수 없는 경우, 연결된 다음 이유는 없다. 좋은 문장 형식은 "우리는 Y가 Z를 할 수 있도록 X를 도와준다."다.
- 다른 몇 명의 사람들이 발견할 수 있도록 형식에서 한 문장만 가진다(그들이 목표 시장이라도 상관없다). 그리고 센스가 있다면 그들에게 물어봐라.
- 그렇지 않다면, 그들에게 충분한 설명을 제공하고 돌아가서 요약한 것들을 그들에게 물어본다. 다른 사람들이 이해할 수 있는 고유의 세일즈 제안을 작성하는 것보다 더 나을 것이다.

4단계: 웹 사이트 로지스틱스

- 회사에 대한 도메인 이름을 가진다. 가능하다면 도메인을 빠르게 찾는다. Domize 또는 Domainr에서 시도한다.[2]
- 그 다음 godaddy 또는 namecheap에서 이름을 등록하여 사용한다(등록하고자 하는 많은 상이한 도메인으로, 브랜드 이름, 다양한 버전의 이름, 조금은 틀린 이름으로 등록할 수 있다).[3]
- 도메인을 확보하였다면, 도메임에 구글 앱을 설정한다(무료다). 여기에 회사 이름, 이메일, 캘린더 등을 입력한다.

개발자를 위해 웹 호스트를 설정한다.

- Slicehost 또는 Linode 같은 가상의 개인 서버[VPS]를 사용한다(저렴하게 20달러/월, 다양한 애플리케이션 및 웹 사이트를 실행할 수 있도록 계획한다.)[4]
- 가상 호스팅에 아파치 또는 Nginx를 설치할 수 있다. 선택한 MySQL과 같은 데이터베이스와 같은 다양한 도구를 사이트를 추가하여 실행한다.[5]
- 직접 실제 앱을 코딩하는 경우라면, PASS[Platform As a Service]를 사용한다. 앱 개발 스택에 맞는 것을 선택하여 업체로는 HeroKu, DotCloud or Amazon Web Service가 있다.

실제로 애플리케이션을 코딩하는 경우 애플리케이션 개발 스택 자신의 제품을 적합한 경우라면 Heroku, DotCloud, 아마존 웹 서비스와 같은 서비스로서의 플랫폼[PAAS]을 사용한다.

---

2 국내에서는 gabia.com 또는 whois.co.kr에서 도메인을 검색한다. – 옮긴이
3 국내에서는 다양한 호스팅 회사에서 도메인을 등록할 수 있다. Hosting.kr 또는 viaweb.co.kr, webtizen.co.kr, domainclub.kr에서 저렴하게 등록할 수 있다. – 옮긴이
4 국내에서는 cafe24.com 또는 hosting.kr, godo.co.kr에서 저렴하게 등록하여 사용할 수 있다. 1천원 미만/월 – 옮긴이
5 국내 호스팅 업체에서는 해당 서비스를 간략한 버튼으로 설치, 운영이 가능하도록 해준다. – 옮긴이

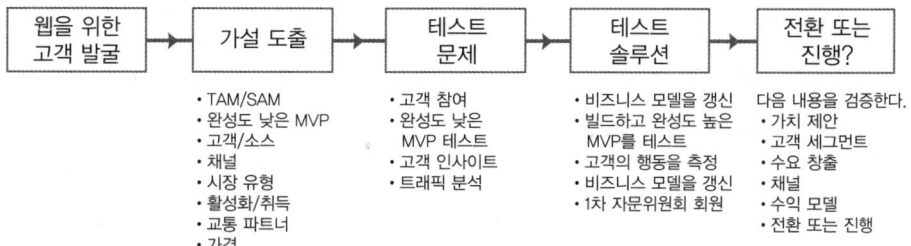

웹에 대한 고객 검색

5단계: 완성도 낮은 웹 사이트 구축

- 제품에 따라 간단한 시작 페이지일 수도 있다. 가치 제안, 혜택을 요약, 더 많은 정보를 얻기 위한 전환 연결, 짧은 설문조사에 대한 답변, 선 주문 등을 받는다.

- 설문 조사 그리고 선 주문 양식인 경우, Wufoo, 구글 양식을 사용하면 최소한의 코딩으로 사용하면 웹 사이트에 포함할 수 있다.

비개발자를 위해 다음을 한다.
- 빠른 프로토타입을 위해 파워포인트 등으로 작성한다.
- Unbounce, 구글 사이트, Weebly, GODADDY, 워드프레스, Yola를 사용한다.
- 설문조사나 선주문 형태인 경우 Wufod와 Google 폼은 최소한의 코딩으로 쉽게 사이트에 추가할 수 있다.

개발자를 위해 사용자 인터페이스를 구축한다.
- 웹 사이트 뼈대를 위한 프로토타이핑 도구를 선택한다(JustinMind, Balsamiq).[6]

---

6 FreeMind도 사용 가능하다. – 옮긴이

- 99 Designs은 충분히 훌륭한 그래픽 디자인을 얻을 수 있는 멋진 곳이다. 웹 디자인은 콘테스트를 이용하여 매우 저렴하게 작업할 수 있다. Themeforest도 훌륭한 디자인이 있다.
- 웹 사이트의 뼈대를 완성하고 완성도 낮은 웹 사이트를 시뮬레이션해본다.
- 고객 참여를 테스트하기 위한 임시 가입과 주문 양식을 생성한다. 대안으로 소셜의 초기 페이치를 생성하거나 LaunchRock, KickoffLabs를 사용한다.
- 웹 사이트에 Slideshare와 같은 슬라이드 쇼를 포함하거나, 유튜브나 비메오 사용하여 비디오/사용법을 추가한다.
- Usertesting나 Userfy 사용하여 사용자 인터페이스 테스트를 수행한다.

6단계: 고객 참여(초기 웹 사이트에 대한 트래픽을 유도한다)

- 잠재 고객에게 사이트를 보여주고, 고객 세그먼트 및 가치 제안을 테스트한다.
- 최소 실행 가능한 웹 사이트로 사람들을 이끌기 위한 자연 검색, 페이스북 광고, textlinks, 구글 애드워즈와 같은 광고를 사용한다.
- 대상 고객을 발견하기 위해 네트워크를 사용한다. 누군가 문제를 알고 있는가? 그렇다면 이 메시지를 그들에게 전달할 수 있는가? 2~3 문장으로 묘사하여 제공하여 연락 가능하도록 질문을 한다.
- B2B 제품의 경우, 트위터, Quora, 산업계 메일링 리스트는 대상 고객을 찾기에 좋은 장소다. 스팸을 할 필요는 없지만, 이미 적극적으로 참여한다면 웹 사이트에 몇 가지를 참조하여 뿌릴 수 있다. 또한 이미 적극적으로 참여하고 있는 외부 사람들에게 연락처를 요청할 수 있다.
- 이메일 전송과 보낼 그룹을 만들기 위해 Mailchimp, Postmark나 Google 그룹스를 사용한다.
- Wufoo 또는 Zoomerang과 같은 온라인 설문 조사 만들어 사용한다.
- 최소 기능 제품과 사용자 인터페이스를 사용하여 의견을 수렴한다.

7단계: 좀 더 완벽한 솔루션을 만든다(사용자 인터페이스에 코드를 연결한다)

- 웹 애플리케이션 프레임워크에 UI를 연결한다(예를 들면 Node.js, Ruby on Rails, Django, SproutCore, jQuer, Symfony, Sencha 등).[7]

8단계: 고객 데이터를 수집하여 고객 문제를 테스트한다.

- 방문율, 지속시간, 방문자 원천을 추적하여 웹 사이트 분석을 사용한다. 초기 사이트에서 구글 분석기는 빠른 설치와 적절한 정보를 제공한다. 초기 MVP를 넘어서기 위해서 향상된 고급 분석 플랫폼을 고려해야 한다(Kissmetrics, Mixpanel, Kontagent 등).

- 제품의 사용자 만족도를 측정한다. GetSatisfaction, UserVoice 등을 사용하여 제품과 새로운 기능에 대한 제안과 의견을 받는다.

- "사용자 가입으로부터 어떠한 예방 기능은 있는가? 솔루션이 고려해야 할 추가적인 것이 있는가?"와 같은 특별한 질문들은 일반적인 의견에 대한 요청보다 더 풍부한 고객 의견을 요청을 얻으려는 경향이 있다.

- 가능하면 더 깊이 있는 대화를 위해, 개인에게 연락할 수 있도록 이메일 주소를 수집한다.

9단계: 완성도 높은 웹 사이트의 전체 기능을 완성하기 위해 '고객 솔루션'을 테스트한다

- 5~8단계에서 배운 정보를 사용하여 웹 사이트를 갱신한다.
- 완성도 높음이란 완벽한 제품을 의미하지 않는다. 작지만 주문이 지속적으로 확인되는 동안 전문적이고 신뢰할 만하게 보여질 필요가 있다.

---

[7] 국내에는 XE 제로보드, 그누보드, 킴스큐 등의 PHP 기반 솔루션이 있다. - 옮긴이

- 고객 분석을 수집하여 보관한다.
- "이것은 대단한 것이다, 하지만 X는 추가하지 않는 것이 좋은가?"와 같은 목표에 귀를 기울여야 한다.

10단계: 돈을 요구

- 현금 또는 완성된 제품을 가지고 있기 전까지 결제 정보를 수집하여 예약 주문 양식에 넣는다.
- 충전을 시작할 때이다. 요금과 구독 비용을 위해 Recurly, Chargify, PayPal과 같은 결제 제품을 찾아서 생각한 것보다 아마도 쉽게 사용할 수 있다.

모든 단계에서

팀은 매주 교훈 진행 보고서를 수업 진도에 따라 제출한다.

- 비즈니스 모델 캔버스를 올리는 것으로 시작한다.
- 전 주의 변경 사항은 빨간색으로 강조한다.
- 수업 진도. 매 주 변경된 것과 배운 것에 대해 그룹에 알린다. 슬라이드로 설명한다.

    1. 어떤 생각을 하는가? (주에 맞추어서)
    2. 무엇을 찾고 있는가? (고객 발굴의 매 주마다)
    3. 무엇을 하고 있는가? (다음 주에 대해서)
    4. 비즈니스 모델 캔버스의 구성 요소에 할당된 주에 대해 발견을 완료한 것은 강조한다(채널, 고객, 수익 모델). 그러나 비즈니스 모델에 관해 배운 다른 것들은 포함하지 않는다.

찾아보기

ㄱ

가격 가설 216
가격/인센티브 369
가격 정책 224
가격 질문 281
가벼운 문제 129
가설 84, 229
가입형 제품 424
가치 기반 책정 219
가치 제안 82, 121, 123, 321, 354, 480
가치 제안(1차) 109
가치 제안(2차) 110
간접 판매 채널 378
감소 180
개발, 검증, 학습 56
개발 소스 208
개별판매 202
건당 과금 217
검색최적화 192
검증 112, 113
경비 지출 속도 480
경쟁 가격 책정 219
경쟁력 분석 264
계약 209
고객 개발 95
고객 개발 선언문 78
고객 검증 23, 73, 352
고객 검증 단계 68
고객 검증팀 324
고객 고착 200
고객 고착 및 높은 전환 비용 182
고객 관계 82, 109, 171, 186, 322, 354, 480
고객 관리 프로그램 199
고객 만족 442
고객 만족도 조사 182
고객 모집 173, 189, 352
고객 모집 도구 356
고객 모집 방안 191
고객 모집 퍼널 175
고객 모형 473

고객 반응 293
고객 발굴 23
고객 발굴 단계 68, 71
고객 발굴 철학 요약 111
고객보상 프로그램 181, 182, 199
고객 보유 181, 197
고객 분류 321, 354
고객생애가치 183, 223
고객 서비스 문제 파악 182
고객 성장 183, 439
고객 세그먼트 82, 109
고객/시장 위험 34
고객 연락처 234
고객 영향 관계도 141
고객 원형 138
고객 유지 180, 439
고객 유형 131, 133
고객의 유형 131
고객의 일상 139
고객 이메일 명부 대여 218
고객 접근 지도 389
고객 주문 승부 247
고객 창출 68, 76
고객 최적화 전략 406
고객 추천 443
고객평생가치 408
고객 확인 전화 182
고객 활성화 189, 194, 359
고객 활성화 유인 195
고객획득비용 408
고려 174
고려율 442
고문 207
고문단 247
공작원 132
과점 시장 159
관계도 137
관심 174
광고 매체 177
교차판매 202
구독 217, 220

구매 174, 286
구매 가능자 132
구매 결정자 132
구매 비용 280
구매 영향자 131
구매 전환 406
구조/영향 지도 473
구현 계획 391
국내 도매업자 375
규모 406
그루폰 81, 153
극댓값 231
금융 자원 206
기업 설립 76
기업 설립 단계 68
기업용 소프트웨어 303
기존 비즈니스 모델 복제 87
기존 시장 86, 460
기존 시장의 재분류 86
기존 시장 진입 방식 159
깜짝 판매 153
깨달음에 이르는 4단계 30
깨달음의 순간 331
끌어오기 252

ㄴ

나선형 모델 51
내비게이션 367
너무 이른 확장 325
네트워크 효과 스타트업 304
높은 전환 비용 200

ㄷ

다면 시장 222, 379
단면 시장 74
단일 시장 222
대기업 33
대대적인 예산 집행 94
대량 가격 책정 219
대시보드 384
대형 판매점 147
대회 199
데모 342
도메인 208
독점 시장 159

ㄹ

랜딩 페이지 241, 361
로고 208
로열티 프로그램 439
린 스타트업 31, 67

ㅁ

마일스톤 57
마케팅 자료 339
마켓플레이스 424
맞춤형 고객 서비스 200
먹이 사슬 375
면도기/면도기 칼날 방식 220
명함 323
모바일 앱 커머스 153
모바일 앱 푸시 알림 199
모션 238
모집 계획 351
모집, 유지, 성장 171
목표 고객의 이메일 내역 구입 193
목표 시장 118
무료 매체 176
무료 체험판 368
문제 243
문제와 해법 일치 103
문제 프레젠테이션 242
문제 해결 129
물리적 자원 205
물리적 채널 24, 39, 143
밀어넣기 252

ㅂ

반복 80, 88, 89
반복할 수 있는 단계 93
발명 위험 34
백엔드 판매 218
베스트바이 144
베이퍼웨어 503
벤처캐피탈 29
보충자료 345
복제 시장 461
부가가치 판매대행사 146
부분 유료화 채널 154
분석 책임자 392
불명확한 사용자 156
브랜드 208

블로그 199
블루 오션 전략 87, 163
비용 406
비용 구조 82, 480
비전 130
비즈니스 개발 451
비즈니스 모델 82, 93
비즈니스 모델 디자인 31
비즈니스 모델의 탄생 82
비즈니스 모델 재검증 502
비즈니스 모델 체크리스트 478
비즈니스 모델 캔버스 82, 109, 473
비즈니스 환경 분석 88
비즈니스 효과 249
비트 41

ㅅ

사업 계획서 81
사용성 테스트 412
사용자 이야기 128
사용자 접선 프로그램 439
사이트/앱 최적화 작업 406
사회적 기업 34
산업 애널리스트 467
상위제품판매 202
상표권 208
상향식 386
새로운 시장 86
생애주기가치 425
성과 지표 88
성장 가능성이 있는 고객 403
성장 곡선 498
세일즈 로드맵 63, 385, 436, 473
세일즈 발표 내용 341
세일즈 채널 로드맵 374
세일즈 파이프라인 59
소규모 비즈니스 기업 32
소매 유통업자(소매점) 147
소매 판매자(서점) 375
소비자 제품 304
소셜네트워크 304
소셜네트워크 활용 192
소셜 서비스 커머스 153
소유/도입 비용 총계 220
손익 대차 대조표 88
손자병법 162
솔루션 데이터시트 343

솔루션 테스트 270
솔루션 프레젠테이션 279
수요 곡선 499
수익 216
수익 모델 322
수익 창출 480
수익 채널 155
수익 흐름 82, 110, 224
스타트업 29, 32, 54
스타트업의 결정 89
스타트업 인재 90
스터핑 379
스프레드시트 483
시스템 통합사업자 146
시장 구조도 163
시장 규모 109
시장 규모 가설 118
시장 규모 추정 117
시장 선도자 159
시장요구사항명세 51, 103
시장 유형 85, 157, 460, 480
시장 지도 473
시장 지식 수집 261
시험 판매 321, 417
식스 시그마 267
신규 비즈니스를 위한 합작 213
신규 시장 165, 460
신사업 추진 전략 49
실패의 연속 79
실험의 결과를 평가 113
심각한(긴급한) 문제 130

ㅇ

아마존 144, 464
아이 트래킹 415
알렉산더 오스터왈더 82, 109
알파/베타테스트 52
애니메이션 368
애드워즈 231
애드워즈 광고 193
애자일 개발 31, 79
액션 238
얼리반젤리스트 104, 325, 344, 402
얼리어답터 104
에릭 리스 66, 70
에반젤리스트 104
에어비앤비 461

엘리베이터 피치 335
열정 지표 286
열 지도 413
영업 보조자료 341
영업 프로세스 418
영향지도 432
온라인 고객 선도 192
온라인 도구 346
온라인 설문 조사 도구 253
와이어 프레임 프로토타이핑 도구 239, 240
완성도 낮은 MVP 127
완성도 낮은 MVP 개발 239
완성도 낮은 MVP로 문제 테스트 251
완성도 높은 MVP 372
완성도 높은 MVP 테스트 277
외부 평가 457
요구사항 129
워런 버펫 396
워크플로 지도 473
월마트 462
웹/모바일 애플리케이션 304
웹/모바일 채널 24, 42, 150
웹밴 47
윌 하비 66
유료 고객 모집 192
유지 287
유통업자 146, 375
유통 채널 82
유효성 검증 88
유효 시장 118
의사 결정권자 132
의존도 분석 211
이리듐 65, 99
이메일 185, 369
이메일 목록 253
이메일 폭포 369
이벤트 개최 199
이익 지표 88
이탈 180
인식 174
인적 자원 207
인정받는 모바일 데이터 공급업체 253
일반 도구 369
임대 220
입소문 마케팅 191, 193

ㅈ

자문위원회 394
자본 설비 304
자원 82
자포스 464
작업자 194
잠재 고객 목록 234
잠재된 문제 129
잠재적 고객들 325
장기적 고객 보유 183
장비 임대 구입 206
재무 관리 58
재분류 462
저비용 전략 87, 163
저작권 208
적은 사용자 155
전략적 동맹 212
전용 쇼핑몰 151
전체 시장 118
전통적인 개발 방법론 55
전통적인 신사업 추진 전략 55
전통적인 온라인 매체 광고 192
전환 80, 89, 271, 310, 421
전환의 힘 320
전환이나 진행 331
전환 전략 294
점증 모델 51
정보 전달 440
정찰 가격 책정 219
제너럴 일렉트릭 267
제이콥 닐슨 416
제품 개발팀 122
제품 개선과 보완 199
제품 기능 명세 123, 124
제품 기반 가격 책정 220
제품 데이터시트 343
제품 모형 342
제품 사용 전의 생활 275
제품 사용 후의 생활 275
제품 성과 지표 323
제품 솔루션 프레젠테이션 275
제품/시장 일치 297, 300
제품의 최신 정보 공유 182
제품의 핵심 기능 107
제품 포지셔닝 458
제품 포지셔닝 요약서 458
제프리 무어 336

제휴 마케팅 192
제휴 수익 또는 수익 배분 218
조셉 캠벨 36
존 워너메이커 380
주류 고객 403
주문자상표부착생산 148
주요 고객 문제들 322
죽음의 마케팅 행진 61
중계 유통업체 152
지적재산권 210
직접 판매 144
진행 271, 310

ㅊ

차별화 163
참고 사례 235, 236
참여 286
창업가의 비전 112
채권 매도 206
채널 109, 322, 480
채널 관리 378
채널 책임 376
채널 파트너 447
채널 할인과 재무정보 376
척도 301
초기 구매 프로그램 417
초기 자문 위원회 296
초기 창업팀 329
총 고객 모집 비용 306
최댓값 232
최소 기능 제품 72
최적화 전략 409
최적화 핵심 지표 442
최종 사용자 131
추천 배너 광고 193
추천 수익 218
추천업체 152
추측 84, 229
출판업체 고용 253
출하 378
측정 도구 세트 380

ㅋ

카피 문구 416
컨설턴트 78
코호트 분석 440

콘테스트와 이벤트 439
크런치베이스 138
클릭당 과금 192

ㅌ

탈출 속도 70, 74
탐색 단계 92
테스트 230
통과/실패 실험 232
통과/실패 테스트 288
투자수익률 221
트래픽 264
트래픽 제휴사 194, 214
특허권 209
틈새 시장 공략 163
틈새 전략 87

ㅍ

파워포인트 240
파트너 82
판매 217
판매 담당자 333, 371
판매 대리점 145
판매대행사 144, 146
판매량 378
판매자 금융 206
판매 전략 321, 390
페이스북, 트위터 활용 193
평균 구매 사이즈 442
포지셔닝 메시지 335
포지셔닝 평가 455
포커스 그룹 51
폭포수 개발 과정 55
폭포수 모델 51
프레드 윌슨 120, 481
피인수 스타트업 33

ㅎ

하우스홀딩 319
하향식 386
학습과 발견 94
해결되면 좋은 문제 243
해결 방법 249
핵심 공급자 제휴 213
핵심 의사 결정자 249
핵심 자원 110, 205

핵심 전략 433
핵심 제휴사 212
핵심 파트너 110
현금 보존 단계 92
현금 유동성 예측 88
현장으로 나가라 78, 93, 102
협조적 경쟁 213
홈/랜딩 페이지 363
홍보대행사 454
홍보 활동 191
확보 188
확보 계획 351
확장 가능한 단계 93
확장 가능한 스타트업 32
활동 82
활성화 188
활성화 지표 382
회사 포지셔닝 453, 464
후속판매 202

A B

A/B 테스트 412
acid test 301
Action 238
Advisors 207
Aggregators 152
Airbnb 461
Amazon.com 464
average order size 442
Back-end offers 218
bottom-up 386
brain trust 247
buyable startup 33

C D

Channel 322
Competitive pricing 219
Contract 209
Coopetition 213
Copyright 208
Cross-sell 202
CrunchBase 138
Customer Acquisition 189
Customer Activation 189
customer order of battle 247
Customer relationshi 322

customer satisfaction 442
Customer segments 321
Decision-maker 132
Dedicated e-commerce 151

E F

early adopter 104
early stage venture 329
Economic buyer 132
E-mail list rentals 218
End User 131
enthusiasm indicators 286
Equipment lease line 206
Eric Ries 66
escape velocity 70
Etsy eBay 424
evangelist 104
Factoring 206
Financial resources 206
Flash sales 153
focus group 51
Free-to-paid channel 154

G H

General Electric 267
Geoffrey Moore 336
heat map 413
Householding 319

I J

incremental 51
Indistinct audiences 156
Influencer 131
Iridium 65
Joint new business 213

K L

key customer problems 322
Key supplier relationships 213
Lean Startup 67
Leasing 220

M N

MBA 29

Milestone 57
Mobile-app commerce 153
Motion 238
MRD, Market Requirement Document 51
must-solve 243
MVP 106, 125
Next-selling 202
nice-to-solve 243

P R

Patents 209
Pay-per-use 217
Physical resources 205
pivot-or-proceed 331
Portfolio pricing 219
power of the pivot 320
PPC, Pay-Per-Click 192
premature scaling 325
Product-based pricing 220
Product/Market Fit 297
product performance metrics 323
prospects 325
Public relations 191
public relations agency 454
Recommender 132
reference story 235
Referral revenue 218
resellers 144
Revenue model 322
revenue sharing 218
ROI, Return On Investment 221
rolodex 323

S T

Saboteur 132
Sales 217
sales pipeline 59
sales roadmap 63
SAM, Served Available Market 118
sell in 378
sell through 378
single-sided market 74
Six Sigma 267
Small audiences 155
Social commerce 153
spiral 51

Strategic alliances 212
Subscription 220
take rate 442
TAM, Total Addressable Market 118
Target Market 118
TCO, Total Cost of Ownership/Adoption 220
test sell 321
the sales strategy 321
Three-Letter Acronym 165
TLA 165
top-down 386
Two-step e-distribution 152

U V

Unbundling 202
UPS 464
Up-selling 202
Usability Test 412
User story 128
Value pricing 219
Value proposition 321
Vendor financing 206
Viral marketing 191
Volume pricing 219

W Z

waterfall 51
Webvan 47
Zappos 464

숫자

3글자로 된 고유한 영문 약어 165
30/10/10 법칙 120

지은이 소개

스티브 블랭크 Steve Blank

지금은 은퇴했지만, 여덟 가지 분야의 창업가로서, 스타트업이 대기업의 작은 버전이 아니라는 통찰력을 바탕으로 스타트업이 설립되는 방법과 기업가 정신을 가르치는 방법을 새롭게 정리하고 있다. 관찰을 통해 대기업은 비즈니스 모델을 실행하며 스타트업 모델을 찾는다는 사실을 알았고, 대기업을 관리하는 방법과는 현저히 다른 스타트업을 위한 도구의 필요성을 알게 되었다.

스티브의 첫 번째 스타트업 도구인 고객 개발 방법론은 린 스타트업 운동을 만들어냈다. 고객 개발의 기초는 스티브의 첫 번째 저서이며, 전 세계의 창업가, 투자자, 기업들에게 필독으로서 자리잡은 『깨달음에 이르는 4단계 The Four Steps to the Epiphany』(K&S Ranch , 2005)와 www.steveblank.com 블로그에서 자세히 다루고 있다.

스탠포드 대학, UC 버클리 하스 Hass 경영대학, 콜롬비아 대학에서 고객 개발과 기업가 정신을 가르친다. 고객 개발 과정은 전 세계에 있는 수많은 대학에서 가르치고 있다. 2011년에 실습형 수업인 린 런치패드 Lean Launchpad를 개발하였다. 이 수업은 비즈니스 모델 디자인과 고객 개발을 통합하여 빠르고 실질적인 고객 상호 작용 및 비즈니즈 모델을 반복적으로 실습한다. 2011년에 국립 과학 재단에서는 스티브의 수업을 아이 군단 I-Corps용으로 채택하였다. 최고의 과학자와 엔지니어를 훈련시켜 대학 실험실용 아이디어를 산업 시장으로 나올 수 있도록 훈련시키는 이노베이션 군단 Innovation Corps을 아이 군단 I-Corps이라고 부른다.

스티브는 어린 창업가를 가르치는 것을 좋아하는 저자이자 연설가다. 2009년에 스탠포드 대학 관리 과학과 엔지니어링 분야에서 학부교육상을 수상하였다. 2010년에는 U.C. 버클리 하스 경영대학원에서 Earl F. Cheit 우수교육상을 수상하였다. 산호세 머큐리 뉴스 기사는 스티브를 실리콘밸리에서 가장 영향력 있는 10명의 인사 중 한 명으로 꼽았다. 이러한 여러 수상 경력에도 불구하고, 스티브는 자신이 뉴욕시 고등학교 다닐 때 '성공할 가능성이 가장 낮은 아이'로 뽑혔다고 말했다.

21년간 여덟 개의 스타트업

베트남 전쟁 당시 태국에서 전투기 전자장비 수리 담당자로서 일을 마치고, 1978년에 실리콘밸리에 정착했다. 그리고 여덟 개 중 첫 번째 스타트업에 입사하였는데, 반도체 업체인 질로그^{Zilog}와 밉스 컴퓨터$^{MIPS\ Computer}$였다. 이후 융합 기술, 픽사^{Pixar} 컨설턴트, 수퍼컴퓨터 회사인 아덴트^{Ardent}, 주변기기 공급사인 수퍼맥^{SuperMac}, 군사정보 시스템 공급사인 ESL, 로켓 과학 게임회사였다. 스티브는 에피퍼니^{Epiphany} 사를 1996년 자신의 거실에서 8번째로 공동 창업하게 되었다. 종합해보면 스티브는 두 개의 뼈저린 실패와 몇 번의 안타, 닷컴 버블이 가져다 준 대형 홈런으로 이어졌고, 이러한 경험적 학습을 저서인 『깨달음에 이르는 4단계 The Four Steps to the Epiphany』로 남겼다.

역사, 과학, 기업가 정신 분야의 독서광인 스티브는 다른 곳에선 사장되는 기업가 정신이 실리콘밸리에서는 어떻게 꽃을 피울 수 있었는지에 대한 호기심으로 탐구를 시작했다. 이러한 호기심 때문에 스티브는 비공식적인 창업 전문가가 되었고 종종 '실리콘밸리의 숨겨진 역사'라는 주제의 강사가 되었다. 여유 시간에는 스티브는 캘리포니아 해안가의 토지 사용과 공공 허가를 관장하는 공기관인 캘리포니아 해안위원회의 위원으로 활동한다. 스티브는 어두본Audubon 캘리포니아 및 페닌슐라 오픈 스페이스 랜드 트러스트POST 조직의 이사회에 참여하였다. 또한 U.C. 산타 크루즈의 트러스티trustee로 활동하였고 캘리포니아 보존 유권자 리그CLCV의 이사를 역임하였다. 스티브가 제일 자랑스러워하는 스타트업은 와이프 앨리슨 엘리엇과 공동으로 '개발한' 두 딸인 케이티와 새라다.

밥 도프 Bob Dorf

22세의 나이에 첫 번째 성공을 경험했다. 여섯 번을 창업하였는데 '두 번의 큰 홈런과 두 번의 안타, 세 번의 막대한 손해'였다. 이후 창업한 수보다 많은 스타트업들의 조언이나 투자를 한다. 밥 도프는 종종 '고객 개발의 산파'라고 거론되었다. 이유는 스티브 블랭크가 1996년에 8번째 스타트업인 에피퍼니 사를 5명의 멤버와 처음으로 설립할 때, '고객 개발' 배포를 도와준 초창기 멤버이기 때문이다. 밥 도프의 여섯 번째 스타트업인 마케팅 1대1은 에피퍼니 사의 첫 고객과 거래를 시작할 수 있도록 도와주었다. 스티브의 『깨달음에 이르는 4단계The Four Steps to the Epiphany』의 초기 버전을 에피퍼니 사의 일을 하면서 혹독하게 비평하였으며, 이 인연을 계기로 스티브와는 오랜 친구이자 동료가 되었다.

밥 도프와 스티브가 저술을 하지 않을 땐 K&S 목장 컨설팅을 운영했다. 밥 도프의 포춘 500 회사들과의 오랜 컨설팅 경험과 온라인 마케팅 경험은 스티브의 벤처투자와 소프트웨어 중심 경험과 평행을 이루었다. 고객 개발과 스타트업을 제대로 자리잡는 것에 대한 전 학기 과정인 '벤처 개론'을 컬럼비아 경영 대학에서 가르친다.

12살때부터 기업가 정신을 품은 밥 도프는 창업을 하기 위해 뉴욕 WINS 라디오의 에디터를 그만두고 약 40년 전에 마지막으로 세금고지서(W-2)를 받았었다. 자신의 거실에서 시작한 도프+스탠턴 커뮤니케이션 사는 처음에 밥 도프와 세이트 버나드로 딱 두 명이었던 회사를 1989년에 매각 당시에 150명 이상으로 성장시켰다. 더불어 '기증 개발'에 대해 수십 개의 비영리 단체를 상담해줬다. 밥 도프는 초기 고객 관계 관리 전략 회사인 마케팅 1대1 사를 공동 창업하였고, 전 세계적으로 400명 이상의 조직으로 성장하였다. 나중에 회사는 페퍼스 앤 로저스 그룹Peppers & Rogers Group이 되었다. 창업 CEO로서 주요 전략적 고객 프로그램 선두에 섰다. 3M, 베르텔스만Bertelsmann, 포드Ford, HP, 재규어Jaguar, NCR, 오라클, 슈와브를 포함한 다양한 회사가 있다.

미국과 해외 청중들 대상으로 많은 연설을 하였으며, 깊이 있는 하버드 비즈니스 리뷰 트리티즈를 포함하여 수십 개의 글을 출판하였다. 코네티컷주의 스탬포드에 테라피스트이자 세 번의 출판을 한 작가인 와이프 프랜과 살고 있다. 최고의 자랑스러운 스타트업은 딸인 레이첼이다. 심리학자인 레이첼은 최근에 밥의 손녀딸인 마야 로즈 고틀러를 공동 창업했다.

감사의 말

나는 세 번의 삶을 살았다. 내 첫 번째 경력은 베트남 전쟁에서 공군으로 시작했다. 다음은 실리콘밸리에서 기술 창업가로서 20년을 보냈다. 지금은 교육자로서 두 번째 인생의 10년째를 맞이하고 있다.

내 인생은 중요한 순간에 몇 명에 의해 바뀌었다. 존 스코긴스는 첫 번째 상사로서 태국에서 전투기와 무장 헬기의 전체 비행 경로를 담당하고 있었다. 19살의 나를 전자 상점의 일부를 운영하도록 배치해주었다. 나는 창업가로서 20대와 30대를 4명의 뛰어난 멘토와 함께 했던 행운을 가졌다. 그들은 각자의 분야에서 뛰어난 분들이었다. 벤 웨그브레이트는 사고하는 방법을, 고던 벨은 무엇을 생각해야 하는지를, 롭 반 나르덴은 고객에 대해 생각하는 방법을 가르쳐줬다. 그리고 알렌 미첼은 직접적이고 도전적인 행위로 직관적으로 생각하는 방법을 가르쳐줬다.

여덟 번의 스타트업은 빌 페리, 존 모우사우리스, 존 헤네시, 스킵 스트리터, 존 루벤스타인, 글렌 미란커, 클리브 몰러, 톰 맥머라이, 존 상구인네티, 알비 레이 스미스, 크리스 크리잔, 카렌 딜런, 마가레트 휴즈, 피터 베렛, 짐 위켓, 카렌 리차드슨, 그렉 왈시, 존 맥캐스키, 로저 시보니처럼 뛰어난 몇 명의 사람들과 함께 보낼 수 있었다. 이 중 몇 명은 활동적인 멘토였으며, 다른 이들은 어깨 넘어로 배웠다.

스타트업 이사회에 있을 때 세계 최고 수준의 창업가들인 스티브 웨인스타인, 프레드 아모로소, 프레드 더햄, 마헤시 제인, 윌 할비가 일하는 모습을 보았다. 투자된 회사들의 문제를 풀 수 있도록 도움을 주는 모습을 보면서 카튼 굴드, 존 피버, 마이크 메이플스, 빌 데이비도우 외의 많은 벤처 투자자들이 얼마나 명석하고 생각이 깊은지 알 수 있었다. 100년된 기업에서 스타트업의 민첩성과 고객 개발을 활용해 에너지 저장 부서를 신설한 프레스콧 로건도 볼 수 있었다.

IMVU의 이사회 멤버로 활동하고 있을 때 월 하비와 에릭 리스는 나와 함께 고객 개발 프로세스를 구현하는 최초의 기업인이 되었다. 최고의 제자인 에릭 리스는 고객 개발이 애자일 개발과 결합될 때 린 스타트업이라고 부르는 강력한 힘을 가진다는 귀중한 사실을 알게 되었다(그는 내가 고객 검증과 발굴의 단계 사이에 표현했던 피드백 루프를 전환^{Pivot}이라고 명명했다).

일본의 유명한 벤처캐피탈 중의 한 명인 타카시 츠즈미는 고객 개발의 개념을 일본에서 적용하는 것이 매우 시급하다 생각하여 직접 번역해서 고객 개발 4단계와 개념을 널리 전도했다. 다른 창업가들은 크라우드소싱 형태로 프랑스어, 러시아어, 한국어, 중국어로 번역하여 전파했다. 브랜드 쿠퍼와 패트릭 블라스코비츠는 『고객 개발을 위한 창업가 가이드』에서 나의 아이디어를 확장했다. 알렉산더 오스터왈더의 비즈니스 모델 디자인과 『비즈니스 모델의 탄생』(타임비즈, 2011)의 혁신적인 개념을 이 책 3장의 고객 발굴 프로세스를 점수화하는 방법으로 활용하였다. 너무 감사드린다. 데이브 맥클루어의 웹/모바일 스타트업 지표를 위한 수요 창출에 대한 통찰력은 여러 곳에서 다루었던 웹 고객 퍼널 논의에 대해 영감을 주었다.

내 생각을 진지하게 받아주기 전에 UC 버클리의 하스 경영 대학의 제리 엥겔은 고객 개발에 대한 첫 번째 포럼을 가르치도록 기회를 주었다. 첫 번째 교수 파트너로 로브 마텔레즈는 교수 항목과 일치하도록 일관성을 보장했다. 스탠포드 공과 대학의 톰 베이어스, 티나 실링, 케시 아이젠하드는 스탠포드 기술 벤처 프로그램에서 같이 강의할 수 있도록 초대해줬다. 그들은 추가적인 통찰력, 격려, 기업가 정신을 가르치는 새로운 방법으로 린 런치패드 수업을 만들고 충분한 지원을 해줬다.

특별히 국가 과학 재단 팀의 에롤 알키닉, 돈 밀란드, 바바 다스굽타에게 감사를 드린다. 린 런치 패드 과정과 고객 개발 과정을 혁신 단체 교육으로 채택해줬다. 그리고 강의를 도와준 존 훼이버, 앤 미우라 고, 존 버크, 짐 혼썰, 알렉센더 오스터왈더, 오웬 야곱에게 감사드린다. 마지막으로 콜롬비아 경영 대학은 UC 버클리 하스 대학과 함께 MBA 협동 과정으로 학생들에게 제공할 수 있는 단기 과정을 제공해줬다. 기업가 정신에 대한 새로운 방법을 실험하는 동안 고객 개발 과정의 무의식적 피해자로서 내 수업을 거쳐간 수천명의 학생들을 통해 정말 많은 것을 알게 되었다. 몇 년간 계속해서 묵묵히 수행했던 조교들이 없었다면 이 수업은 절대 제대로 만들어질 수 없었을 것이다. 앤 미우라 고, 토마스 헤이모어, 바빅 조시, 크리스티나 카시오포, 에릭 카는 제일 우수했다.

정기적으로 가르치는 학교들 외에 다른 대학에서도 가르치고, 강의하고 배울 수 있도록 초청해주었다. 크리스토발 가르시아 교수와 산티아고시의 폰티피시아 우니버시다드 카톨리카 데 칠레, 공대 학장인 데이비드 먼센, 그리고 미시간 대학의 창업가 부학장인 토마스 저버첸, 내 비즈니스 모델 경쟁을 (비즈니스 플랜 경쟁 대신) 첫 공식적인 콘테스트로 제시한 브리햄 영 대학의 네이튼 퍼 교수, 핀란드에 있는 헬싱키 알토 대학과 툴라 테리 총장, 기업가정신 센터장인 윌 카드웰, 나를 반겨준 크리스토 오바스카와 린다 리우카스, 하버드 경영 대학의 창업 관리 담당인 톰 아이젠맨 교수와 반년에 한 번씩 만날 때마다 함께 강의 전략과 노트를 비교하며 얘기할 수 있었다. 모두 너무 감사하다.

기업가 정신을 가르치는 방법을 알려준 팀에 속했던 스티븐 스피넬리는 당시 뱁슨 대학에 있었다. 필라델피아 대학 총장이 되었을 때, 내가 받을 수 없는 어떤 것을 주었다. 카프먼 재단의 칼 스람은 창업 교육에 대한 새로운 방법을 찾는 동료가 되었다. 수많은 작가들이 내가 쓴 『깨달음에 이르는 4단계』의 각 단계에 대해 광범위하고 명료하게 저술했다.

고객 개발의 대부분의 빌딩 블록은 처음으로 명확히 표현한 분들은 다음과 같다. 에릭 본 히펠(사용자를 리드하라), 리타 건터 맥그래스와 이안 맥밀란(발굴 기반 성장), 매리 소낵, 마이클 래닝, 마이클 보스워스(솔루션 판매), 토마스 프리스, 니얼 랙햄, 메이헌 칼사, 스티븐 조지 비얼, 에버렛 로저스, 제프리 무어로 인해 유명해진 시장 유형은 클레이튼 크리스텐슨의 천부적인 작품을 확장한 것이다. 김위찬과 르네 마보안의 『블루 오션 전략』은 이번에 쓴 책에 영향을 줬다. 스타트업 및 회사 구축 전략의 혼란과 불확실성을 다루는 공식적인 절차는 존 보이드와 OODA 루프의 이론에 많은 도움을 받았다. 프랭크 로빈슨 내가 책을 쓰기 아주 오래 전부터 개인적으로 고객 개발과 고객 검증에 대한 많은 개념을 고안했었다. 프랭크는 '최소 기능 제품' 용어를 창시하였다. 첫 책에서 썼던 '최소 기능 세트'보다 마음에 들었다.

내 첫 파트너이자 공동 저자인 밥 도프는 공동 저자로서 상상 이상으로 잘 참아주었다. 밥의 공은 참을성에 빗댈 수 있을 것이다. 노련한 창업가인 밥은 다양한 분야의 창업가였으며 강점인 세일즈, 마케팅, 웹 분야에서 상당한 힘을 실어주었다.

그가 에피퍼니 사 사무실에 들어올 때 처음 만났다. 당시 스타트업은 다섯 명이었고 밥의 팀은 열 두명 정도 있었다. 나는 밥의 판매 홍보에 만족했고 밥은 나를 도와 에피퍼니 사의 고객 개발과 프로모션을 시작했다. 2010년도에는 아예 목장에 합류했고, 우리 모두가 자랑스러워하는 이 책을 작성하는 데 도움을 준 두 번째 파트너가 되었다. '모집/유지/성장' 부분과 '주요 지표' 부분에 정성이 담겨 있다. 우리의 리서처이자 편집자인 테리 배넥은 우리의 무리한 요구사항을 다루어주었다.

용맹스런 리뷰어들에게도 감사의 표시를 전한다. News.me의 창업가인 제이크 레빈, 로스 고틀러, Gabardine.com의 피터 리드스, MovieLabs의 스티브 와인스타인, GE의 에너지 저장 기술 부서의 프레스톤 비엘과 프레스캇 로건, MDV의 벤처투자자인 존 파이버, Floodgate의 앤 미우라 고, True Ventures의 존 버크, Cumulus Partners의 마이크 발로우, 미츠이 스미모토 벤처의 타카시 쯔스미, 국립 과학 재단의 에롤 아킬릭이다. 그들의 의견을 반영하여 책은 정말로 좋아졌다. 그리고 이것은 수백년의 집단지성을 녹여낸 작품이다.

마지막으로 나의 아내 앨리슨 엘리엇 여사는 초기 스타트업 단계를 위한 방법론을 찾겠다는 고집과 기업가 정신 교육에 대한 열정을 감싸준 것뿐만 아니라, 그녀의 현명한 상담과 통찰력은 (책 교정 수십 번과 함께) 내가 명료한 사고를 할 수 있도록 도움이 되었다. 그녀 없이는 이 책은 세상에 나오지 못했을 것이다.

옮긴이 소개

김일영(tensun@leanstartupkorea.com)

오산대학교 인터넷정보처리과 겸임교수로 린스타트업 코리아와 스타트업트리 대표이며, 사단법인 1인창조기업협회 사업단장을 맡고 있다. IT 분야와 창업 분야에 관심을 두고 국내 린스타트업 전도사로 린스타트업을 널리 알리기 위해 페이스북에서 LeanStartup Korea Group을 운영 중이며, 다양한 창업 교육과 멘토링을 진행하고 있다.

박찬(channiya@leanstartupkorea.com)

플로리다 주립대학교를 졸업하고 PRIORIA ROBOTICS를 창업했다. 스마트 그리드 회사 AON을 창업하여 대표이사를 맡고 있다. 린스타트업과 서비스 디자인을 중심으로 한 다양한 문제 해결 방법 연구와 세미나, 외부 강연에 참여하고 있다. 린스타트업을 널리 알리기 위해 페이스북에서 LeanStartup Korea Group을 운영 중이며, 해외 스타트업의 국내 안착과 다양한 스타트업 커뮤니티에 참여하고 있다.

김태형(jeremy.th.kim@gmail.com)

연세대 신문사 연세춘추의 웹진 편집장을 맡아 IT에 입문했다. 국내 최초 온라인 소개팅 '이음'에서 사용자 요구사항에 기반한 서비스 디자인을 담당했다. 현재 다음카카오에서 사용자 경험 개선을 위한 UX디자이너로 활동하고 있다.

옮긴이의 말

우리는 왜 실패하는가? 왜 잘못된 길을 가고 있는가? 이에 대해 그동안의 창업 관련 도서들은 올바른 지침을 내려주지 못했다.

책이 알려주는 마케팅, 영업, 제품 개발, 비즈니스 모델, 회계, 법률, 사업 계획 등은 스타트업과 창업을 위한 요소이지 핵심이 아니다. 이 모든 것들은 스타트업과 창업에서 해야 할 일일 뿐, 정작 성공에 이르는 가장 중요한 핵심은 빠져 있다.

지금은 변화의 시대다. 몇 년 전까지만 해도 2G였던 것이, 3G로, 다시 LTE로 빠르게 무선 통신 시대를 열어가고 있다. 스마트폰이 보급되면서 인터넷은 이제 손 안에 주어졌으며, 3D 프린터 보급으로 가정과 회사에서 다양한 제품을 손쉽게 제작할 수 있게 되었다.

이러한 기술 혁명으로 소비자와 시장의 눈높이는 높아져가고, 기업 간의 경쟁 장벽 또한 커지고 있다. 소비자와 시장은 좀 더 자신에게 맞는 상품과 자신이 원하는 서비스, 새롭고 혁신적인 제품을 원하고 있는 것이다. 최근 미국의 킥스타터(kickstarter.com)를 보면 혁신적이고 다양한 제품과 서비스를 기반으로 창업을 하거나 회사를 이끌어가는 점을 매우 눈여겨봐야 한다. 이들의 성공의 핵심은 기술이 아니라 소비자와 시장에 눈높이를 맞추고 있다는 것이다.

> 고객이 제품을 사는 이유를 깨달은 스타트업이 시장의 승자가 된다. 패자는 고객에게 관심을 기울이지 않는다. - 스티브 블랭크

이 책의 저자 스티브 블랭크는 스타트업과 창업의 성공 핵심을 가르쳐준다. 우리는 고객이 제품을 사는 이유를 알아야 한다. 이것을 고객 개발$^{Customer\ Development}$이라고 부르며, 고객 개발은 이후 에릭 리스에게 영감을 주어 린 스타트업으로 발전하는 계기가 된다.

린 스타트업은 고객 개발과 애자일 엔지니어링을 결합하여 얻은 깊은 통찰력의 결과다. 애자일이 아닌 다른 UI/UX나 실험 개발 방법론 등 다양한 현장에서 검증되거나 가설의 실험과 결과를 추적할 수 있는 방법론이 결합한다면 다양한 린 스타트업 모델이 나올 수 있다. 또한 자신의 경험과 사례로 린 스타트업을 만들 수도 있다.

고전 속 모든 영웅은 험난한 역경을 넘어 성공에 이르게 된다. 때로는 좌절하고 때로는 눈물 짓게 하는 아픔을 극복하는 이야기는 마치 우리의 삶을 보는 것 같다. 스타트업과 창업도 알려지지 않은 영웅의 이야기와 같다. 이 이야기를 해피엔딩으로 만들려면 영웅의 피나는 노력뿐만 아니라 영웅의 길로 이끌어주는 현명한 스승이 필요하다.

이 책은 바로 스승의 가르침과 같다.

> 스타트업이 성공을 향한 여정에는 역경과 고난이 따른다. 금전적 위기가 생길 수 있지만, 더 어려운 것은 체력, 민첩함, 용기에 대한 시험이다. - 스티브 블랭크

마지막으로 수고한 아내와 응원해준 가족들에게 고마움을 전하고 싶다. 그리고 조언을 아끼지 않은 주위 분들과 하나님께 감사드린다.

아마존 리뷰

기업가 정신에 대해 지난 25년간 출간된 도서 중에 가치 있는 책이다!
- 팀 헌틀리, An Entrepreneurial Life

당신의 벤처가 태어나는 순간 죽음을 피하려고 한다면, 반드시 이 책을 읽고 실천해야 성공의 기회를 가질 수 있다.
- 알렉산더 오스터왈더, 『비즈니스 모델의 탄생』 저자

기업가 정신 교육의 새로운 체험과 탐구 기반의 방법에 대한 중요한 책이다.
- 패트릭 블라스코비츠, 『고객 개발을 위한 창업가의 안내서』의 공동 저자

당신의 스타트업을 위한, 40달러의 가장 좋은 투자
- 에드서지, 창업가와 투자자를 위한 교육 사이트

모든 유형의 창업가를 위한 자료를 완비한 책
- 엑스코노미, 융합 기술과 비즈니스 뉴스 사이트

제품과 서비스에 대한 놀랍고 간단한 2단계 프로세스
- 킴벌리 비플링, 창업가, 작가

창업가를 위한 바이블이다. 창업가와 투자자는 읽고 또 읽어야 한다.
- 익명의 창업가

창업가가 되려는 사람, 처음 창업을 하는 사람, 노련한 창업가를 위한 필수 도서
- 벤 마펜, 창업가, 린런치랩

실리콘밸리 스타일의 확장 가능한 스타트업을 만드는 방법에 대한 진정한 청사진
- 익명의 창업가

기업을 시작하기 전에 이 책을 읽으면, 창업가는 판단 착오로 인한 수많은 자금과 인력 낭비를 절감할 수 있다.
- 스콧 호프만, 소호 비즈니스 주창자이자, 연설가 겸 저자

스티브 블랭크는 기업과 창조적인 스타트업에 있어 내가 아는 가장 현명하고 실용적인 사상가다.
- 데렉 톰슨, 아틀란틱 뉴스 미디어

이 책은 게임의 법칙을 바꾸어 놓을 것이다.
- 인디아 비즈니스 블로그

기업가 정신의 바이블이 된 『깨달음에 이르는 4단계』를 뛰어 넘는 이 책은 신생기업을 만들기 위한 명확한 가이드를 제공한다. 대기업과 스타트업의 모든 창업가를 위한 책이다.
- 콘라드 에구사, 브라운스타인 앤 에구사

이 책에서 말하는 프로세스는 지나치게 서두른 출시 혹은 고가의 제품 출시로 인한 실패와 오류, 낭비를 막아준다.
- 키아 데이비스, 왐다닷컴

 에이콘출판의 기틀을 마련하신 故 정완재 선생님 (1935-2004)

기업 창업가 매뉴얼 The Startup Owner's Manual
창업가를 위한 린 스타트업과 신규 비즈니스 성공 전략

발 행 | 2014년 1월 29일

지은이 | 스티브 블랭크, 밥 도프
옮긴이 | 김일영, 박찬, 김태형

펴낸이 | 권 성 준
편집장 | 황 영 주
편 집 | 이 지 은
디자인 | 송 서 연

에이콘출판주식회사
서울특별시 양천구 국회대로 287 (목동)
전화 02-2653-7600, 팩스 02-2653-0433
www.acornpub.co.kr / editor@acornpub.co.kr

Copyright ⓒ 에이콘출판주식회사, 2014, Printed in Korea.
ISBN 978-89-6077-519-0
http://www.acornpub.co.kr/book/startup-manual

이 도서의 국립중앙도서관 출판시도서목록(CIP)은 서지정보유통지원시스템 홈페이지(http://seoji.nl.go.kr)와 국가자료공동목록시스템(http://www.nl.go.kr/kolisnet)에서 이용하실 수 있습니다.(CIP제어번호: CIP2014001963)

책값은 뒤표지에 있습니다.